Ancient Laws and Institutes of England Comprising Laws Enacted Under the Anglo-Saxon Kings from Aethelbirht to Cnut: With an English Translation of the Saxon; the Laws Called Edward the Confessor's, the Laws of William the Conqueror and Those Ascribed to

Benjamin Thorpe, Great Britain, Great Britain. Record Commission

ANCIENT
LAWS AND INSTITUTES
OF
ENGLAND.

ANCIENT
LAWS AND INSTITUTES

OF

ENGLAND;

COMPRISING

Laws enacted under the Anglo-Saxon Kings from
Æthelbirht to Cnut,

With an English Translation of the Saxon;

The Laws called Edward the Confessor's;

The Laws of William the Conqueror, and those ascribed
to Henry the First;

ALSO,

MONUMENTA ECCLESIASTICA
ANGLICANA,

FROM THE SEVENTH TO THE TENTH CENTURY;

AND THE

𝕬𝖓𝖈𝖎𝖊𝖓𝖙 𝕷𝖆𝖙𝖎𝖓 𝖁𝖊𝖗𝖘𝖎𝖔𝖓 𝖔𝖋 𝖙𝖍𝖊 𝕬𝖓𝖌𝖑𝖔-𝕾𝖆𝖝𝖔𝖓 𝕷𝖆𝖜𝖘.

WITH

A COMPENDIOUS GLOSSARY, &c.

VOLUME THE SECOND;
CONTAINING THE ECCLESIASTICAL LAWS, ETC.

PRINTED BY COMMAND

OF

HIS LATE MAJESTY KING WILLIAM IV.

UNDER THE DIRECTION OF

THE COMMISSIONERS ON THE PUBLIC RECORDS
OF THE KINGDOM.

MDCCCXL.

1872, Dec.20.
Lane Fund.

COMMISSIONERS

ON

THE PUBLIC RECORDS OF THE KINGDOM,

APPOINTED BY

HIS MAJESTY'S COMMISSION

OF THE

12th of March 1831.

———————

HIS GRACE THE ARCHBISHOP OF CANTERBURY.

THE RIGHT HONOURABLE LORD BROUGHAM AND VAUX.

THE RIGHT HONOURABLE THE SECRETARY OF STATE FOR THE HOME
    DEPARTMENT.

THE RIGHT HONOURABLE THE SPEAKER OF THE HOUSE OF COMMONS.

THE RIGHT HONOURABLE THE CHANCELLOR OF THE EXCHEQUER.

THE RIGHT HONOURABLE THE MASTER OF THE ROLLS.

THE RIGHT HONOURABLE THE LORD CLERK REGISTER OF SCOTLAND.

THE RIGHT HONOURABLE EARL SPENCER, K.G.

THE RIGHT HONOURABLE THE EARL OF ABERDEEN, K.T.

THE RIGHT REVEREND THE LORD BISHOP OF LLANDAFF.

THE RIGHT HONOURABLE THOMAS GRENVILLE.

THE RIGHT HONOURABLE CHARLES WATKIN WILLIAMS WYNN, M.P.

THE RIGHT HONOURABLE SIR JAMES MACKINTOSH.

THE RIGHT HONOURABLE HENRY HOBHOUSE.

THE RIGHT HONOURABLE LORD DOVER.

THE RIGHT HONOURABLE MR. BARON PARKE.

THE RIGHT HONOURABLE MR. JUSTICE BOSANQUET.

SIR ROBERT HARRY INGLIS, BART., M.P.

LOUIS HAYES PETIT, ESQUIRE.

HENRY BELLENDEN KER, ESQUIRE.

HENRY HALLAM, ESQUIRE.

JOHN ALLEN, ESQUIRE.

EDWARD PROTHEROE, ESQUIRE.

EDWARD VERNON UTTERSON, ESQUIRE.

WILLIAM BROUGHAM, ESQUIRE.

———————

CHARLES PURTON COOPER, ESQUIRE, SECRETARY.

———————

A 3

TABLE OF CONTENTS.

MONUMENTA ECCLESIASTICA.

LEGUM ANGLO-SAXONICARUM
VERSIO ANTIQUA.

A 4

TABLE OF CONTENTS.

MONUMENTORUM ECCLESIASTICORUM
VERSIO ANTIQUA.

Index.

Glossary.

MONUMENTA ECCLESIASTICA.

MONUMENTA ECCLESIASTICA.

*LIBER PŒNITENTIALIS

THEODORI ARCHIEPISCOPI CANTUARIENSIS ECCLESIÆ.

---

* Textus ex ms. *O.* sumitur.

XLVIII. DE RELIQUIIS SANCTORUM, VEL RITU SACERDOTUM ET
DIACONORUM LAICORUMQUE IN ÆCCLESIA.

XLIX. QUOD NULLI SIT ULTIMA PŒNITENTIA DENEGANDA.

L. DE HIS QUI MORIENTIBUS PŒNITENTIAM DENEGANT.

———

DE PŒNITENTIARUM DIVERSITATE.

ITEM DE EADEM RE.

———

I. QUALITER APUD ORIENTALES PROVINCIAS GER-MANIÆ ATQUE SAXONIÆ, PRO DIVERSIS CRIMINI-BUS, PŒNITENTIÆ OBSERVATUR MODUS.

Si quis, pro qualicunque criminali peccato, diutina pœnitentia fuerit puniendus, placuit quibusdam, ut tam diu ab ingressu æcclesiæ amoveatur, quam diu pœnitentiæ ipsius mensura extenditur. Nonnullis etiam in locis ita observatur, ut si quis VII. annorum vel VII. carinarum pœnitentia fuerit dampnatus, primo anno vel prima carina se ab introitu æcclesiæ abstineat; deinde semper tres quadragesimas per sex sequentes annos custodiat. In orientalibus vero, id est Germaniæ Saxoniæque, partibus, sicut experimento didicimus, capitalium criminum reus, verbi gratia, si parricida extiterit, VII. annis ab ingressu domus Dei alienatur, atque peregrinationem suscipiens, nudipes laneisque indutus perambulat, pane et aqua atque holeribus contentus; nisi tantum dominicis ceterisque præcipuis festivis diebus, et hoc secundum mensuram sibi constitutam. Quosdam etiam vidimus, quibus, per omnes VII. annos, commorandi uno loco, nisi unius diei et noctis [spatio], interdicta erat licentia, excepta infirmitatis causa, vel causa præcipuæ festivitatis.

II. DE TEMPERANTIA PŒNITENTIUM.

Pro capitalibus criminibus, id est, sacrilegiis, homicidiis, adulteriis, et his similibus, sancti patres nostri spatium pœnitentiæ, secundum mensuram et secundum ordinem cujusque, [constituerunt.] Quanto autem quisque altioris ordinis fuerit, tanto debet majoris esse continentiæ; quapropter, quia multa paucis verbis explicare non possumus, saltem pronuntiamus quia pro præscriptis criminibus et eis similibus, quidam constituere laico pœnitentiam IIII. annorum; et si servus est, duorum annorum; canonico V.; subdiacono VI.; diacono VII.; presbitero X. annorum; æpiscopo autem XII. annorum. Pro peccatis itaque

levioribus levigandum judicabant modum pœnitentiæ. Parri-
cidiis vero et aliis nefandis criminibus omnimodo artam constituere pœnitentiæ mensuram; quia, ut Cyprianus dicit: 'Qui
peccantem verbis adulantibus palpat, peccandi fomitem sub-
ministrat, nec premit delicta illius, sed fovet.' Ormisda papa
dicit: 'Quæ est ista inimica benignitas, palpare criminosos, et
vulnera eorum usque ad diem judicii incurata servare?' Alibi
quoque scriptum est: 'Facientes et consentientes æquali pœna
puniuntur.' Ideoque non segniter animarum salus perscrutanda
est, sed instanter, secundum diversitatem culparum, vulnera
animarum medicamento veræ pœnitentiæ curanda sunt. Me-
dicus enim debet sanare ægrotum, secundum austeritatem artis
suæ, et non palpare molliter, secundum voluntatem infirmi.

III. DE DIVERSIS HOMICIDIIS.

§ 1. Sinodus Romana decrevit, parricidium faciens XIIII.
annis pœnitere, et semper religiose vivere. § 2. Si nolens
patrem, vel matrem, vel fratrem, vel sororem, vel conjugem,
aut filium, casu occiderit, VII. annis districte in peregrinatione
pœniteat, et nunquam sine religione fiat. Item sinodus Romana. § 3. Si quis uxoratus nolens occiderit conjugem, VII.
annis pœniteat, cum una peregrinatione, et dividat omnem
substantiam suam in tres partes: primam parentibus ejus,
secundam Deo in elemosynam dividendam, terciam in sustentationem vitæ ejus. § 4. Si autem de industria, vel meditatione, spiritu zelotipiæ occiderit, et si non habuerit manus ejus
unde reddat, XIIII. annis pœniteat, et nunquam conjugem
habeat, arma relinquat, et Deo serviat. Si autem habuerit
unde reddat, ipse dimidium spatium pœniteat; et si genuerit
filios et filias, augeatur pœnitentia; quia conjugem suam et
matrem filiorum occidit. Si autem illam pregnantem occiderit,
XIIII. annis graviter pœniteat in exilio; quia reus conjugis
et filii est; et in dimidio spatio non privetur communione.
§ 5. Item, Qui æpiscopum occiderit, arma relinquat, XIIII.
annis exul in pane et aqua pœniteat; vel, secundum placitum
universalis concilii, semper pœniteat, et instanter Deo serviat.
§ 6. Qui presbiterum occiderit, arma relinquat, XII. annis in
pane et aqua pœniteat, et semper Deo serviat. § 7. Qui
diaconum occiderit, x. annis in pane et aqua pœniteat.
§ 8. Qui subdiaconum occiderit, VIII. annis in pane et aqua
pœniteat. § 9. Qui laicum occiderit, VII. annis pœniteat.
Et si casu homicidium perpetraverit, XL. diebus ab ingressu

æcclesiæ se abstineat; si sponte, annum I. vel plures, ut æpiscopus judicaverit. § 10. Multimodis enim causis homicidium perpetratur; aliquando enim pro contentione temporalium rerum; aliquando per æbrietatem; aliquando non sponte, sed coactus, resistendo resurgenti; aliquando certando pro justitia, vel pro consanguinea vindicta; aliquando causa regali, adversus resistentes, vel catholicam ecclesiam devastantes. § 11. Si quis, pro contentione temporalium rerum, propinquum, vel presbiterum, vel compatrem, occiderit, oportet illum VII. annis exulem a patria [se] ejicere, et, per diversas provincias, Sanctorum requirere loca, absque armis et calceamentis, et absque communione Christianorum, et non diutius quam diei et noctis unius spatio in una habitatione quiescere, nisi causa infirmitatis, vel sollempnitatis Sanctorum; ut sicut incurrit propter propria in culpam, e contrario pœniteat in aliena. § 12. Qui vero, pro eadem re, alienum hominem, id est [non] propinquum, occiderit, infra patriam VII. annis pœniteat, suspendaturque ab æcclesia vel consortio Christianorum tanto tempore vel hora qua visum fuerit æpiscopo, sive XL. I., sive I. carinam, vel II., vel III. carinas, vel annum I. aut plures. § 13. Qui vero per æbrietatem hominem occiderit, pari culpa homicidium incurrit. Una est illi culpa, quia per gulam semet necat, altera, quia Christianum jugulat. Illi per omnia, ut supra dictum est, pœnitentia injungatur, sed multo magis jejuniis quam abstinentiis cæteris affligatur; ut, sicut per gulam sumpsit peccati initium, per parsimoniam reparetur ad gratuitatis donum. § 14. Si vero aliquis certando pro justitia perpetraverit homicidium, non illum gravari oportet tam diu annuali jejunio, neque XL^mali., sed [per] triduana, vel biduana, seu ferialia jejunia, et per elemosinas, expietur ab sanguinis effusione, ut æpiscopus judicaverit. § 15. Simili modo pæne agatur et de eo qui resistendo insurgentem prostraverit. § 16. Si autem rex infra regnum exercitum duxerit adversus insurgentes seu rebelles, et permotus bellum egerit, pro regno vel æcclesiastica justitia decertando, quicunque illi opem ferendo homicidium incurrerit, absque gravi culpa erit; tantummodo, propter sanguinis effusionem, se, ut mos est, ab ecclesia XL. diebus abstineat, et aliqua ferialia jejunia, pro humilitatis causa, ab æpiscopo suscipiat, et post XL. dies reconciliatus, communionem habeat. § 17. Quod si incursio paganorum terram occupaverit, æcclesias devastaverit, terram depopulaverit, et populum Christianum ad bellum concitaverit, quisquis aliquem dejecerit, absque gravi culpa erit, sed tantum per VII., vel XIIII., vel XL. dies, ab æcclesiæ ingressu se abstineat, et sic purificatus æcclesiam petat.

IV. ITEM DE PŒNITENTIA.

Qui enim multa mala fecit in homicidio, in sacrilegio, in parricidio, in furto, in rapina, in fornicatione, in adulterio, in mendacio, et perjurio, et postea conversus pœnitere cupit, relinquat terrena omnia, intrans in monasterii servitium, et pœniteat quæ gessit quamdiu vixerit, ut sacerdos judicaverit. Si autem in monasterii servitium intrare noluerit, duriter, in laico habitu, exul, usque ad exitum vitæ pœniteat.

V. DE PŒNITENTIBUS, UT A PRESBITERIS NON RE-CONCILIENTUR, NISI PRÆCIPIENTE ÆPISCOPO.
EX CONCILIO AFFRICANO.

[1] Ut pœnitentibus, secundum differentiam peccatorum, æpiscopi arbitrio pœnitentiæ tempora decernantur, et ut presbiter, inconsulto æpiscopo, non reconciliet pœnitentem, nisi absentia episcopi, necessitate cogente. Cujuscunque autem pœnitentis publicum et vulgatissimum est crimen, quod universam æcclesiam commoverit, ante absidem manus ei inponatur.'

VI. ITEM, EX CONCILIO CARTAGINENSI,
DE EADEM RE.

Aurelius æpiscopus dixit: ' Si quisquam in periculo fuerit constitutus, et se reconciliari divinis altaribus petierit, si æpiscopus absens fuerit, debet utique presbiter consulere æpiscopum, et sic periclitantem ejus præcepto reconciliare:' quam rem debemus salubri consilio roborare. Ab' universis æpiscopis dictum est: ' Placet quod sanctitas vestra necessaria nos instruere dignata est.'

---

[1]' Romani reconciliant hominem intra absidem: Græci nolunt. Reconciliatio penitentium in cœna Domini tantum est ab episcopo, et consummata penitentia: si vero episcopo difficile sit, presbytero potest, necessitatis causa, præbere potestatem ut impleat. Reconciliatio in hac provincia non est, quia et publica penitentia non est. *P*

VII. ITEM DE CAPITALIBUS CRIMINIBUS.

Capitalia igitur crimina iterum secundum canones explicabo: Id est, Superbia, Vana Gloria, Invidia, Ira, Tristitia, Avaritia, Gula, Luxuria. Pro istis itaque fieri oportet poenitentia magna.

INCIPIUNT JUDICIA POENITENTUM.

VIII. [DE SUPERBIA.]

Dominus in Evangelio dicit: 'Omnis qui se exaltat humiliabitur;' ideo necesse est, ut superbus veraciter se humiliet, et tres annos poeniteat.

IX. DE INANI GLORIA.

Apostolus prohibet dicens: 'Nolite effici inanis gloriae cupidi;' ideo qui in suis gloriatur benefactis, cognoscat quicquid boni habet vel facit quia a Deo habet, et non a se, in cujus laude agere debet quicquid facit, ut. fiat quod scriptum est: 'Qui gloriatur, in Domino glorietur:' et tres annos poeniteat.

X. DE INVIDIA.

§ 1. 'Invidia diaboli,' dicit scriptura, 'mors intravit in orbem terrarum;' imitantur autem illum, qui sunt ex parte ejus; ideo necesse est, ut invidus diligat eum cui invidebat, et III. annos poeniteat. § 2. Qui causa invidiae detrahit alio, vel libenter audit detrahentem, III. dies in pane et aqua poeniteat. § 3. Qui vero illi qui praeest per invidiam detrahit, VII. dies in pane et aqua poeniteat, et serviat ei libenter.

XI. DE IRA.

§ 1. 'Ira viri,' dicit Apostolus, 'justitiam Dei non operatur:' ideo quisquis iram longo tempore in corde servat contra proximum, veraciter cum mansuetudine et caritate ad pacem redeat, et III. annos poeniteat. § 2. Si autem duo inter se iram tenuere, et ille unus placare, et ille alter non vult eum recipere ad pacem; ille, qui placare vult, poeniteat judicio sacerdotis; is autem, qui recipere eum non vult, quanto tempore implacabilis est, tanto cum pane et aqua vivat; id est, si men-

sem, vel dimidium, vel integrum annum, inplacabilis est.
§ 3. Si quis contra alterum iram tenet in corde, homicida
judicetur, sicut Apostolus dicit: ' Qui odit fratrem suum, homicida est.' Si vero non vult reconciliari fratri suo, sicut
Dominus in Evangelio præcipit:—' Si affers,' inquit, ' munus
tuum ad altare, et ibi recordatus fueris quia frater tuus habet
aliquid adversum te,' et cetera,—quam diu in ira permanet,
tam diu in pane et aqua pœniteat, usque dum reconcilietur
ei.   § 4. Si quis fratrem suum cum furore maledixerit,
primo satisfaciat ei, deinde VII. dies pœniteat in pane et
aqua.   § 5. Qui verba asperiora in furore protulerit, primo
satisfaciat ei, deinde III. dies cum pane et aqua pœniteat. Si
tamen cum pallore vultus vel tremore corporis, verba tamen
injuriosa protulerit, primo satisfaciat ei, deinde unum diem
cum pane et aqua pœniteat.   § 6. Qui in mente tantum
commotus fuerit, ille qui eum commovit satisfaciat ei. Si
vero non vult ei satisfacere, abscidatur pestifer ille a cœtu
fratrum. Si autem postea pœniteat, primo satisfaciat ei, deinde quanto tempore contradixerit ei, tanto cum pane et
aqua pœniteat.   § 7. Qui diu amaritudinem in corde contra alterum tenet, hilari vultu lætoque corde satisfaciat ei.
Si autem non cito eam deponit, III. dies cum pane et aqua
pœniteat. Si autem iterat, abscidatur a societate fratrum,
donec alacer lætusque, cum pane et aqua, cognoscat delictum
suum.

XII. DE TRISTITIA SÆCULI.

§ 1. 'Tristitia hujus sæculi,' dicit Apostolus, ' mortem
operatur.' Quisquis ergo tali tristitia diu egrotat, gaudium
spiritale et remunerationem præmii futuri in animo ponat,
mortemque cotidie ante oculos suos suspectam habeat, et III.
annos pœniteat.   § 2. Qui fratrem suum contristat, satisfaciat ei, et unum diem cum pane et aqua pœniteat.

XIII. DE AVARITIA.

§ 1. ' Avari,' dicit Apostolus, 'regnum Dei non possidebunt.'
Idcirco quisquis vitio avaritiæ implicatus est, desinat aliena
appetere, et discat propria indigentibus largiter tribuere, et III.
annos pœniteat.   § 2. Qui vero permanet in avaritia, anathematizetur, quousque confiteatur peccatum suum, et postea III.
annos pœniteat.

LIBER PŒNITENTIALIS.

XIV. DE VENTRIS INGLUVIE.

Triplex enim natura est ventris ingluvies; una quæ congruam refectionis horam prævenire compellit; alia quæ tantummodo ventris ingluvie, et saturitate quarumlibet æscarum; tercia quæ accuratioribus æpulis et æsculentioribus oblectatur. Ideoque adversus eam necesse est observantiam triplicem custodiri; id est, ut primum legitimum tempus absolutionis expectet; deinde, ut castigatis; tertio, ut qualibuscunque æscis vilioribusque contentus sit. Qui vero ventris vitio ingluviei deditus est, discat sobrie vivere, et III. annos pœniteat.

XV. DE LUXURIA.

Luxuria quippe est omnis immunditia corporalis, quæ fieri solet ex incontinentia libidinis et mollitie animæ, quæ consentit suæ carni peccare. Luxuria maximum est peccatum, quia per carnis inmunditiam templum Dei violat, et, tollens membrum Christi, facit membra meretricis. Si quis vero vitio luxuriæ implicatus est, pœniteat, sicut in sequentibus capitulis demonstremus.

XVI. DE FORNICATIONE LAICORUM.

§ 1. Apostolus dicit: 'Neque fornicarii regnum Dei possidebunt.' § 2. ¹'Adolescens si cum virgine peccaverit,' I. annum pœniteat. Si una tantum vice cum illa peccat, aliquid levigetur, et tamen usque ad annum plenum.² § 3. Si intra viginti annos puella et adolescens peccaverint, I. annum, et in secundo III. XL^mas. ac legitimas ferias. Si propter hoc peccatum servitio humano addicti sunt, III. XL^mas. Si nitens tantum et non inquinatus, XX. diebus pœniteat. § 4. Mulier qualicunque molimine, aut cum seipsa, aut cum altera fornicans, III. annos pœniteat. § 5. ³Si sæpe fornicatur laicus cum laica, III. annos ille pœniteat; similiter et illa.⁴ Et quanto sæpius ac

---

¹ Si quis fornicaverit cum virgine, *N.*
² Si cum marita, IIII. annos; II. integros, II. alios in XL^mis tribus; et III. dies in ebdomada peniteat. *N. add.*
³ Qui sepe fornicaverit, primus canon judicavit X. annos peniteat; secundus canon VII.; sed pro infirmitate hominis, per concilium dixerunt III. annos penitere. *N.*
⁴ Si cujus uxor fornicata fuerit, licet dimittere eam et aliam accipere; hoc est, si vir dimiserit uxorem suam propter fornicationem, si prima fuerit uxor, licitum est ut aliam accipiat uxorem; illa vero, si voluerit penitere sua peccata, post duos annos alium accipiat

negligentius, tanto magis et tempus addatur et modus.'
§ 6. Si quis laicus cum multis laicis, id est, cum vacantibus
fæminis, unaque cum propinquis fornicationem imitatur, simulque latrocinio serviens, XII. annos pœniteat, III. in pane et aqua.
§ 7. Si quis laicus fornicationem imitatur cum multis laicis
vacantibus, simulque cum pecude peccans, VII. annos pœniteat.
Si puer est, v. annos.   § 8. Viri inter fæmora fornicantes,
I. annum pœniteant.[1] Si iterant, II. annos pœniteant.   § 9. Si
vero inter crura fornicantur, si pueri sunt, I. annum; si viri,
annos II.; si autem in consuetudinem vertunt, III. annos.
§ 10. Qui concupiscit mente fornicari, et non potuerit fornicari
cum ea, id est, quia non vult suscipere eum mulier, II. annos
pœniteat.   § 11. Si laicus fornicaverit cum vidua, aut cum
puella, III. annos pœniteat; reddet tamen humiliationis ejus
præcium parentibus ejus. Si uxorem non habet, et voluntas
illorum et parentum est, ipsam accipiat in uxorem, ita ut annos
v. pœniteant simul.   § 12. Si quis laicus uxorem habens cum
jumento fornicaverit, *III. annos pœniteat. Si uxorem non
habens, III. annos pœniteat.   § 13. Si quis virgo virgini conjunctus fuerit, si voluerint parentes ejus, sit uxor illius; tantum
I. annum pœniteant, et sint conjugales; si vero noluerint, II.
annos pœniteant.   § 14. Si quis laicus fornicaverit cum
sanctimoniali, vel Deo dicata, v. annos pœniteat.   §.15. Si
quis virginem vel viduam rapuerit, IIII. annos pœniteat.
§ 16. Si quis, per concupiscentiam vel libidinem, per seipsum
fornicaverit, I. annum pœniteat.   §.17. Vidua stuprum faciens
annos III. pœniteat. Si usque ad generationem filii, III. annos
integros, et II. annos lævius. Si occiderit in utero, x. annos;
si post nativitatem, xv. annos.   § 18. Qui in æcclesia consecrata nubunt, VII. annos pœniteant.   § 19. Si quis cum
uxore sua retro nupserit, [2]pœniteat quomodo de animali, id est
annum. Si in consuetudine habuerit, III. annos.'   Si vero
in terga nupserit, [3]III. annos pœniteat, quia sodomiticum scelus
est.'   Si in consuetudine habuerit, VII. annos pœniteat.

---

virum. Mulieri non licet virum dimittere, licet sit fornicator. : Basilius hoc judicavit. Maritus si ipse seipsum in furto aut fornicatione
servum facit, vel quocunque peccato, mulier, si prius non habuit
conjugium, habet potestatem, post annum, alterum accipere virum.
Diaconi autem relictæ non licet. *P.Q. add.*

[1] vel III. XL^mas. Si seipsos coinquinant, XL. dies. *N. add.*
[2] XL. diebus peniteat primo. *N.*
[3] penitere debet quasi ille qui cum animalibus. *N.*

§ 20. Qui diutius fornicationi, perjurio, latrocinio, cæterisque
flagitiis serviunt, xv. annos pœniteant.　　§ 21. Si quis vir aut
mulier vovet virginitatem, et postea jungitur in matrimonio, non
dimittatur illud, sed pœniteat III. annos.　　§ 22. Vota stulta
frangenda sunt, et inportabilia.　　§ 23. Mulieri non licet
votum vovere, sine consensu viri; sed et si voluerit, dimitti
potest, et pœniteat judicio sacerdotis.　　§ 24. Puellæ quæ
non parentum coactæ imperio, sed spontaneo judicio, virginitatis propositum atque habitum susceperunt, si postea nuptias
diligunt, prævaricantur, etiam si consecratio non accessit, cujus
utique non fraudarentur munere, si in proposito permane-
rent.　Talibus studiose remedium quærentibus pœnitentia
non denegetur, quia Deus dixit: 'Cum conversus ingemueris,
salvus eris:' v. annos pœniteant, et nunquam sine pœnitentia
fiant, et ultra se non conjungant.　　§ 25. Si laicus cum
meretrice fornicaverit, IIII. annos pœniteat.　Si in consuetudine
habuerit, v. annos.　Similiter et illa pœniteat; quia Christiana
religio fornicationem in utroque sexu pari ratione condempnat.
§ 26. Si laicus fornicationem cum multis fæminis imitatur, id
est cum vacantibus, sive cum sanctimonialibus, ita ut etiam
numerum nesciat, x. annos pœniteat, III. in pane et aqua.　Si
vero cum uxore alterius, simulque cum sanctimoniali et vacantibus sæpe fornicationem imitatur, XII. annos pœniteat, III. in
pane et aqua.　　§ 27. Si filia in domo parentum fornicationem
facit, III. annos pœniteat.　　§ 28. Si vir et mulier conjunxerint
se in matrimonio, et postea dixerit mulier de viro, non posse
nubere cum eo; si quis poterit probare quod verum sit, accipiat
alium.　　§ 29. Puellam desponsatam non licet parentibus
dare alteri viro, nisi illa omnino resistat; tamen ad monasterium licet ire, si voluerit; illa autem desponsata, si non vult
habitare cum eo viro, cui est desponsata, reddatur ei pæcunia
quam pro ipsa dedit, et tertia pars addatur; si autem ille noluerit, perdat pæcuniam quam pro illa dedit.　　§ 30. Mulier
quæ semen viri sui in cybum miserit, ut inde amoris ejus plus
accipiat, VII. annos pœniteat.　Similiter illa pœniteat, quæ
semen viri sui neglexerit, aut in arborem putridam ponit, ut
non generet liberos.[1]　　§ 31. Uxor quæ sanguinem viri sui
pro remedio gustaverit, XL. dies in pane et aqua pœniteat.

---

[1] Qui semen in os miserit, VII. annos peniteat; hoc pessimum
malum. Alias ab eo judicatum est, ut ambo usque in finem vitæ
peniteant, vel XXII. annos, vel, ut superius, VII. *N. add.*

§ 32. Si servum et ancillam dominus amborum in matrimonio conjunxerit, postea liberato servo vel ancilla, si non potest redimi qui in servitio est, libero licet, sicut quibusdam placet, ingenuo conjungere; sed tamen, juxta sententiam Domini, mœchus probatur. Qui vero taliter egerit, id est, ut primam uxorem propter servitium humanum dimittat, et postea libera-tam* deducat uxorem, III. annos pœniteat, I. in pane et aqua; quia contra mandatum Domini fecit. Similiter et mulier pœni-teat, si taliter fecerit. § 33. Si quis liber ancillam, aut suam aut alterius, in matrimonio acceperit, non habet licentiam dimittere eam, si ante cum consensu amborum conjuncti sunt.[1] Si vero dimiserit eam, et aliam ducit uxorem, sive ancillam sive liberam, III. annos pœniteat, I. in pane et aqua. § 34. ²Si quis laicus cum pecude peccaverit, vel jumento, quidam x. annos, quidam VII. annos, id est sueti; quidam III., quidam I., quidam c. diebus, ut pueri.' Oportet discretionem esse inter qualitatem pecudum vel hominum, sicut supra diximus. § 35. Si qua Christiana fæmina a perfidis Judæis munera sus-cipit, ac cum eis voluntarie fornicationem fecerit, annum inte-grum separetur ab æcclesia, et cum magna tribulatione vivat; deinde IX. annos pœniteat. Si autem liberos genuerit, XII. annos pœniteat. Si invita passa est, v. annos pœniteat. Si autem cum gentili Christiana fæmina voluntarie fornicationem fecerit, VII. annos pœniteat. Si vero invita passa est, IIII. annos pœniteat, nisi forte hoc eveniat, quod Apostolus dicit: 'Sal-vatur enim vir infidelis per mulierem fidelem.'

XVII. DE OBSERVATIONE CONJUGATORUM.

§ 1. Qui in matrimonio sunt, abstineant se in III. XL^{mas}., et in Dominica nocte, et in Sabbato, et feria IIII. et VI. quæ legi-timæ sunt, et III. noctes abstineant se antequam communicent, et I. postquam communicent, et in Pascha usque ad octabas; inde ait Apostolus: ' Nolite fraudare invicem, nisi ex consensu, ut vacetis orationi ad tempus.' § 2. Mulier III. menses absti-neat se a viro ante partum, quando concipit; et post partum,

*liberam?

---

[1] Si prægnantem quis liberam comparat, liber est ex ea generatus. Qui ancillam prægnantem mulierem liberat, quem generat est servus. *P. add.*

²Qui sepe cum masculo aut cum pecude fornicat, x. annos ut peniteret judicavit. Item aliud. Qui cum pecoribus coierit, xv. annos peniteat. Qui coierit cum masculo post xx. annos, xv. peni-teat. Si masculus cum masculo fornicaverit, x. annos peniteat. *N.*

XL. diebus et noctibus, sive masculum sive fæminam genuerit; et tunc cum lumine et oblatione intret æcclesiam.[1] Qui autem nupserit his diebus, XL. dies pœniteat. § 3. Qui autem in XL^{ma}. ante Pascha cognoscit mulierem suam, et non vult abstinere, I. annum pœniteat, vel suum precium reddat ad æcclesias, vel pauperibus dividat, vel XXVI. solidos reddat. Si per ebrietatem vel aliqua causa acciderit, sine consuetudine, XL. dies pœniteat. § 4. Qui vero in XL^{ma}. post Pentecosten, aut ante Natale Domini, non vult a sua conjuge abstinere, XL. dies pœniteat. Si vero per ebrietatem fecerit, et non fuit ei consuetudo, XX. dies pœniteat. § 5. Si quis cum muliere tempore menstrui sanguinis nupserit, XXX. dies pœniteat. § 6. Qui Dominica nocte, vel natale Sanctorum, nupserit, VII. dies pœniteat. § 7. Qui IIII. feria et VI. seu sabbato nupserit, III. dies pœniteat. § 8. Mulieres menstruo tempore non introeant æcclesiam neque communicent, nec sanctæmoniales nec laicæ. Si præsumant, '[2]III. dies pœniteant.' Similiter pœniteant quæ intrant æcclesiam ante mundum sanguinem post partum, id est, ante XL. dies.[3] § 9. In primo conjugio, presbiter debet missam agere, et benedicere ambos, sicut in Libro Sacramentorum continetur, et postea abstineant se ab æcclesia XXX. diebus; quibus peractis, pœniteant [4]XL. dies et vacent orationi, et postea communicent cum oblatione. § 10. Presbiterum in nuptiis bigami prandere non convenit; quia, cum pœnitentia bigamus egeat, quis erit presbiter, qui, propter convivium, talibus nuptiis possit præbere concessum? § 11. Si quis vir, aut si quæ mulier, Dominica die, vel in natale Sanctorum, panes Deo offerant, necnon et communicaverint, non debent sequenti nocte nubere; quod si fecerint, et nolent se abstinere, totam ebdomadam jejunent. Quod si propter ebrietatem acciderit, sine consuetudine, IIII. dies pœniteant.[5]

---

[1] Mulieri quoque licet per omnia ante communicare, quando debet parere. *P. add.*

[2]III. ebdomadibus jejunent. *N.*

[3] Qui autem nupserit his temporibus, XX. dies peniteat. Qui nubit Dominico, petat a Deo indulgentiam et I. vel II. seu III. diebus peniteat. Si menstruo tempore coierit cum ea, XL. dies jejunet. *N. add.*

[4] XV. *P.*

[5] Legitimum conjugium non licet separare, sine consensu amborum; potest tamen alter alteri licentiam dare accedere ad servitutem Dei in monasterio, et sibi nubere, si in primo conjugio erat, secundum

XVIII. DE FORNICATIONE CLERICORUM SIVE SANCTIMONIALIUM.

§ 1. Æpiscopi, presbiteri, diaconi, fornicationem facientes, in canone præcipitur, ut gradum perdant, et pœniteant, judicio æpiscopi; tamen communicent.[1] § 2. Æpiscopi, presbiteri, diaconi, monachi, subdiaconi, et reliqui clerici, cum sanctimonialibus aut Deo dicatis fornicationem imitantes; clerici v. annos pœniteant, II. in pane et aqua; diaconi et monachi VIII. annos, IIII. in pane et aqua; presbiteri x. annos, v. in pane et aqua; æpiscopi XII. annos, VII. in pane et aqua. Similiter et illæ pœniteant, si cum talibus personis voluntarie fornicationem imitantur. § 3. Si vero, quod absit, æpiscopi, presbiteri, diaconi, monachi, subdiaconi, et reliqui clerici, ex talibus personis filios procreant, tunc augenda est pœnitentia; id est, clerici VI. annos pœniteant, III. in pane et aqua; subdiaconi VIII. annos, IIII. in pane et aqua; diaconi et monachi x. annos, v. in pane et aqua; presbiteri XII. annos, VII. in pane et aqua; æpiscopi XV. annos, VIII. in pane et aqua. Similiter et illæ pœniteant, si ex talibus personis filios generant. Si autem occiderint, usque ad exitum mortis pœniteant. § 4. Si qui æpiscopi, presbiteri, diaconi, monachi, subdiaconi, et reliqui clerici, cum uxore alterius adulterium fecerint; clerici v. annos, II. in pane et aqua; diaconi et monachi VII. annos, IIII. in pane et aqua; presbiteri x. annos, v. in pane et aqua. Si autem filios procreant, tunc augenda est pœnitentia, sicut superius scriptum est. § 5. Si quis clericus, vel superioris gradus, qui uxorem habuit, et post conversionem vel honorem clericatus iterum eam cognovit, sciat sibi adulterium commisisse; sicut superiori sententia, unusquisque juxta ordinem suum pœniteat. § 6. Presbiter vel diaconus, si uxorem extraneam duxerit, in conscientia populi deponatur. Si vero adulterium perpetraverit cum illa, et in conscientia populi devenit, projiciatur

---

Græcos; et tamen non est canonicum. Sin tamen in secundo erat, non licet tertio, vivente viro vel uxore. *P. add.*

[1] Si quis, postquam se voverit Deo, sæcularem habitum acceperit, iterum ad aliquem gradum accedere omnino non debet; nec mulier meruit velari, multo magis ut non dominaretur in ecclesia. Si quis concubinam habet, non debet ordinari. Similiter hoc: Qui occiderit hominem, seu fornicationem fecerit, deponatur. Puerum monasterii non licet ordinare ante XXV. annos. Si quis viduam accipit ante baptismum, vel post baptismum, non potest ordinari, sicut bigami. *N. add.*

extra æcclesiam, et pœniteat inter laicos quamdiu vixerit. § 7. Æpiscopi, et presbiteri, diaconi, monachi, subdiaconi, et reliqui clerici, si cum laicis fæminis fornicationem imitantur, id est, cum viduis, vel puellis; clerici IIII. annos pœniteant, I. in pane et aqua; subdiaconi v. annos, III. in pane et aqua; presbiteri VIII., IIII. in pane et aqua; æpiscopi x., v. in pane et aqua. Similiter et illæ feminæ pœniteant, si cum talibus personis junctæ fuerint, juxta ordinem uniuscujusque; quia Christiana religio fornicationem in utroque sexu pari ratione condempnat. § 8. Si autem, causa celandi, filios taliter generatos occiderint, antiqua quidem diffinitio, usque ad exitum vitæ, non solum eas, sed etiam quæ agunt secum ut utero conceptos excutiant, ab æcclesia removet; nunc humanius diffinitum est, ut x. annos pœniteant, et nunquam sine aliqua pœnitentia fiant. § 9. Si æpiscopus cum quadrupede fornicat, VII. annos pœniteat; presbiter v.; diaconus et monachus IIII.; subdiaconus III.; clericus II. Si in consuetudine habuerint, æpiscopus x. annos pœniteat, IIII. in pane et aqua; presbiter VII. annos pœniteat, III. in pane et aqua; diaconus et monachus v. annos peniteant, II. in pane et aqua; subdiaconus IIII. annos pœniteat, I. in pane et aqua; clericus III., dimidium in pane et aqua. § 10. Item si æpiscopi, presbiteri, diaconi, monachi, subdiaconi, et reliqui clerici, fornicationem cum propinquis imitantur, aut forte cum illa fæmina peccaverint, quam antea cognatus eorum habuit, primitus anathematizentur, deinde pœniteant; clerici v. annos, II. in pane et aqua; subdiaconi VIII. annos, III. in pane et aqua; diaconi et monachi x. annos, IIII. in pane et aqua; presbiteri XII. annos, v. in pane et aqua; æpiscopi xv. annos, VI. in pane et aqua. Similiter illæ pœniteant, si cum talibus personis voluntarie peccaverint. Si autem ex talibus personis filios genuerint, tunc augenda est utrisque pœnitentia, id est, clerici VIII. annos; subdiaconi IX.; diaconi et monachi XII.; presbiteri xv.; æpiscopi XXI. Similiter et illæ pœniteant. § 11. In canone qui dicitur Apostolorum, scriptum est, ut æpiscopus, presbiter, diaconus, qui in fornicatione, aut perjurio, aut furtu, captus est, deponatur, tamen non communione privetur; quia non vindicat Deus bis in id ipsum; sed tamen longo tempore convenit eis duriter pœnitentiam agere, in vigiliis, in jejuniis, in orationibus, in elemosinis; et per multas lacrimas, veniam a Deo quærere. Post annos vero IIII. vel v., aliquid eis levigandum est, ita tamen ut nunquam sine pœnitentia fiant. § 12. Item, si clericus, aut monachus, vel diaconus, aut presbiter, cum multis fœminis fornicationem imitatur, id est, cum uxore alterius, et cum sanctimonialibus, simulque cum nonnullis vacantibus, aut cum propinquis; clerici pœniteant x. annos; subdiaconi xii.; diaconi et monachi xv.; presbiteri xx.; et nunquam postea sine pœnitentia fiant. Si filios ex talibus genuerint, tunc augenda est pœnitentia. § 13. Æpiscopi, presbiteri, diaconi, subdiaconi, votum monachicum habentes, cum sanctimonialibus vel Deo dicatis fornicationem imitantes, subdiaconi viii. annos pœniteant, iii. in pane et aqua; diaconi x. annos pœniteant, iiii. in pane et aqua; presbiteri xii. annos, v. in pane et aqua; æpiscopi xii. annos, vi. in pane et aqua. Similiter et illæ pœniteant. Si autem genuerint liberos, tunc augenda est pœnitentia, id est, subdiaconi x. annos, iiii. in pane et aqua; diaconi xii. annos, v. in pane et aqua; presbiteri xv. annos, vi. in pane et aqua; æpiscopi xx. annos, vii. in pane et aqua. § 14. Item æpiscopi, presbiteri, diaconi, subdiaconi, votum monachicum habentes, si fornicationem cum laicis fœminis imitantur, id est, cum viduis, aut puellis; subdiaconi vi. annos, iii. in pane et aqua; diaconi viii., iiii. in pane et aqua; presbiteri x. annos, v. in pane et aqua; episcopi xii. annos, vi. in pane et aqua. Similiter et illæ pœniteant, si cum talibus personis conjunctæ fuerint. § 15. Item æpiscopi, presbiteri, diaconi, subdiaconi, votum monachicum habentes, si cum uxore alterius adulterium fecerint, pœniteant sicut supra dictum est de sanctimonialibus, vel Deo dicatis. § 16. Si quis clericus, aut monachus, postquam se Deo voverit, ad secularem habitum iterum reversus fuerit, aut uxorem duxerit, x. annos pœniteat, iii. ex his in pane et aqua, et nunquam postea in conjugio copuletur. Quod si noluerit, sancta synodus, vel sedes apostolica, separabit eos a communione et convivio catholicorum. Similiter et mulier, postquam se Deo voverit, si tale scelus admiserit, pari sententiæ subjacebit. § 17. Monachus quærens fornicationem et non inveniens, unum annum et dimidium pœniteat. § 18. Si quis clericus aut monachus concupiscit mulierem alienam, et non potest peccare cum ea, id est, aut non vult eum recipere mulier, aut locum peccandi non invenit, i. annum pœniteat, medium in pane et aqua; diaconus ii. annos; presbiter iii.; æpiscopus iiii. annos, i. in pane et aqua. § 19. Laicus habens uxorem maculans se cum ancilla Dei, vi. annos pœniteat, ii. annos in pane et aqua. Si genuerit ex ea, vii. annos pœniteat, ii. in pane et aqua. Similiter et illa pœniteat. Si autem occiderint, xv. annis. Si sine conjugio est, v. annos. § 20. Sanctimonialis fæmina, si cum sanctimoniali per aliquam machinam fornicaverit, vii. annos pœniteat. Si cum laica, v. annos, i. in pane et aqua.

XIX. DE ADULTERIO.

§ 1. Apostolus, inter alia vitia enumerando, dicit: ʻNeque adulteri regnum Dei possidebunt.' § 2. Si quis laicus propriam uxorem dimiserit, uxoremque alterius duxerit, viii. annos pœniteat. § 3. Si quis vacans uxorem alterius polluit, v. annos pœniteat. § 4. Si uxoratus virginem polluit, similiter pœniteat. § 5. Si uxoratus cum multis vacantibus fæminis unaque cum uxore alterius se polluit, viii. annis pœniteat. § 6. Qui dimiserit uxorem propriam, aliamque in conjugio duxerit, non tamen uxorem alterius, sed vacantem quempiam, vel virginem, vii. annos pœniteat. § 7. Si uxoratus cum ancilla sua dormierit, i. annum pœniteat; et in secundo anno, iii. quadragesimas, cum legitimis feriis, et in tribus mensibus primis, a sua uxore se abstineat. Illa si invita passa est, xl. dies; si consentiens est, iii. xl^{mas}. ac legitimas ferias. § 8. Si uxoratus intrat ad ancillam suam, eamque concubinam habuerit, i. annum pœniteat, eamque liberam dimittat, maxime si ex ea filium genuerit. § 9. Si ab aliquo sua discesserit uxor, [1] et iterum reversa fuerit, suscipiat eam, et ipsa i. annum in pane et aqua pœniteat. Si vero ille interim aliam duxerit, similiter pœniteat, eamque dimittat.' § 10. Si mulier suaserit alterius mulieris maritum ut cum illa dormiat, et ille ei consentit in tali peccato, illa sit excommunicata a Christianis, ille vero vii. annos pœniteat, i. in pane et aqua. § 11. Si quis adulterare voluerit et non potuerit, id est, si non fuerit susceptus, xl. dies pœniteat. § 12. Si quis legitimam uxorem habens dimiserit illam, et aliam duxerit, vii. annos [2]pœniteat. Illa vero quam duxerit non est illius, ideo non

---

[1] / i. annum peniteat ipsa, si impolluta revertitur ad eum; ceterum iii. Ipse unum, si aliam duxerit. Mulier adultera vii. annos peniteat; et de hoc in canone eodem modo dicitur. N.

[2] cum tribulatione peniteat, vel xv. levius. Qui maculat uxorem proximi sui, iii. annos absque uxore propria jejunet in ebdomade ii. dies, et iii. xl^{mas}. Si virgo sit, unum annum peniteat, sine carne vinoque et medone. Si puellam Dei maculaverit, iii. annos peniteat, sicut supra diximus, licet pariat an non pariat filium ex ea. Si ancilla ejus sit, liberet eam, et sex menses peniteat. N.

manducet, neque bibat, neque omnino in sermone sit cum illa
quam male accepit, neque cum parentibus illius; ipsi tamen, si
consenserint, sint excommunicati; illa vero excommunicatio
talis fiat, ut neque manducent, neque bibant cum aliis Christianis, neque in sacra oblatione participes existant, et a mensa
Domini separentur, quousque fructum pœnitentiæ dignum, per
confessionem et lacrimas, ostendant. § 13. Si cujuslibet
hominis mortua fuerit uxor, habet potestatem, post unum mensem, accipere alteram. § 14. [1]Mortuo viro, post annum
licet mulieri alterum tollere virum, vel, sicut quibusdam placuit,
post mensem; ne crimen fornicationis incurrat.' § 15. Di-
gamus tamen I. annum, et in IIII. et VI. feriis, et in tribus
XL^{mis}. abstineat se a carnibus; non dimittat tamen uxorem.
§ 16. [2]Trigamus ut superius, id est, III., IIII., vel V., vel plus;
III. annos, in IIII. et VI. feriis, et in III. XL^{mis}.' abstineat se a
carnibus; tamen non separentur. Sanctus Basilius hoc judicavit.[3] § 17. Si cujus uxor adulterata fuerit, vel si ipsa
adulterium commiserit, VII. annos pœniteat. § 18. Mulier
si [4]adulterata est, et vir ejus non vult habitare cum ea, dimittere eam potest, juxta sententiam Domini, et aliam ducere;
illa, si vult in monasterium intrare, IIII^{tam}. partem suæ hereditatis obtineat.[5] § 19. Cujuscumque mulier adulterium perpetraverit, in potestate erit viri ejus, si vult, reconciliari mulieri
adulteræ; si reconciliaverit, non proficiscitur in clero vindicta
illius, ad proprium enim virum pertinet. § 20. Vir et mulier
in matrimonio juncti, si ille voluerit dimittere eam et illa
noluerit, vel illa voluerit dimittere eum, vel ille infirmatus, seu
illa infirmata, tamen omnino, nisi cum consensu amborum, non
separentur.[6] § 21. Mulier quæ vovet ut post obitum viri
ejus non accipiat alium, mortuo illo, prævaricatrix accipiat

---

[1]'Muliere mortua, licet viro post mensem alteram accipere. Mortuo
viro, post annum licet mulieri alterum tollere virum. *P.*

[2]'Trigamus et supra, id est in quarto aut quinto vel plus VII. añ
IIII. feria, et in VI. et in tribus XL^{mis}. *N.*

[3] In canone autem IIII. annos peniteat. *N. add.*

[4] adultera *P.*

[5] Si non vult, nihil habeat. *P. add.*

[6] Legitimum conjugium equaliter licet indie et nocte, sicut scriptum est: 'Tuus est dies et tua est nox.' Si quis dimiserit gentilem
uxorem post baptismum, in potestate ejus erit eam habere vel non
habere. Simili modo, si quis eorum baptizatus erit, alter gentilis,
sicut Apostolus dicit: 'Infidelis autem si discedit discedat.' Ergo
cujus uxor infidelis et gentilis, et non potest converti, dimittatur.
P.Q. add.

alium, iterumque nupta, pro eo postea pœnitentia mota, si implere vult vota sua, in potestate est viri ejus, utrum impleat an non. § 22. Si quis in sæculari habitu votum voverit, sine consensu æpiscopi, ipse æpiscopus habet potestatem ejus votum mutare, si vult. § 23. Si mulier discesserit a viro suo, despiciens eum, nolens revertere et reconciliari viro, post v. annos, cum consensu æpiscopi, ipse aliam accipiat uxorem. Si continens esse non poterit, III. annos pœniteat; quia, juxta sententiam Domini, mœchus comprobatur. § 24. Si cujus uxor in captivitatem per vim ducta fuerit, et redimi non poterit, post annos VII. potest alteram accipere. Item, si in captivitate ducta fuerit, et sperans quod debet revertere, vir ejus v. annos expectet. Similiter autem et mulier, si viro talia contigerint. Si igitur vir interim aliam duxerit uxorem, et prior iterum mulier de captivitate reversa fuerit, eam accipiat, posterioremque dimittat. Similiter autem et illa, sicut superius diximus, si viro talia contigerint, faciat.[1] § 25. Maritus non debet uxorem suam nudam videre. § 26. Puer usque in xv. annos sit in potestate patris sui, postea seipsum potest facere monachum, si vult.[2] § 27. Puella vero xvi. vel xvii. annorum sit in potestate parentum; post hanc ætatem, non licet parentes ejus dare eam in matrimonium, contra ejus voluntatem. § 28. Pater filium suum VII. annorum, necessitate compulsus, potestatem habet tradere in servitium; deinde, sine voluntate filii, licentiam tradendi non habet. § 29. Homo XIII. annorum sese potest servum facere. § 30. Non licet homini a servo suo tollere pæcuniam quam ipse labore suo adquisivit; si autem fecerit, restituat ei quod injuste abstulit, et pœniteat

---

[1] Si cujus uxorem hostis abstulerit, et ipse eam adipisci non potest, licet aliam tollere: melius est sic facere quam fornicari. Si iterum posthæc uxor illa venerit ad illum, non debet recipi, si aliam habet; sed illa tollat alium virum, si unum ante habuerit. Eadem sententia de servis transmarinis. In tertia propinquitate carnis licet nubere, secundum Græcos, sicut in lege scriptum est: in quinta, secundum Romanos; tamen in tertia non solvunt, si post factum fuerit. Ergo in quinta generatione conjugantur; in quarta, si inventi fuerint, non separentur. In tertia tamen propinquitate non licet uxorem alterius accipere post obitum ejus. Æqualiter vir conjungitur in matrimonio his qui sibi consanguinei sunt, et uxoris suæ consanguineis post mortem uxoris. Duo quoque fratres duas sorores possunt habere; et pater filiusque matrem et filiam. Maritus qui cum uxore sua dormierit, lavet se antequam intret in æcclesiam. *P.Q. add.*

[2] Puella autem xiii. annorum sui corporis potestatem habet. *P.Q. add.*

judicio sacerdotis. § 31. Si quis vir uxorem suam invenit adulteram, et non vult dimittere eam, sed in matrimonio suo adhuc habere, annis duobus pœniteat, duos dies in ebdomada, et [1] III. XL^{mas}; aut quamdiu ipsa pœniteat, abstineat se a matrimonio ejus; quia adulterium perpetravit illa; ipsa vero VII. annos pœniteat. § 32. Si uxoratus uxorem alterius polluit, VII. annos pœniteat. § 33. Qui uxorem simul habet et concubinam, non communicet; tantum unius mulieris conjunctione sit contentus; alias vero vivens, abjiciatur donec desinat, et ad pœnitentiam revertatur; et quando ad pœnitentiam venerit, I. annum pœniteat, et in secundo anno III. XL^{mas}. cum legitimis feriis.

XX. DE INCESTUOSIS.

§ 1. Si quis monacham, quam Dei ancillam appellant, in conjugio duxerit, anathema sit. § 2. Si quis commatrem spiritalem in conjugio duxerit, anathema sit. § 3. Si quis fratris uxorem duxerit in conjugio, anathema sit. § 4. Si quis neptam duxerit in conjugio, anathema sit. § 5. Si quis proneptam aut abneptam duxerit in conjugio, anathema sit. § 6. Si quis de propria cognatione, vel quam cognatus habuit, duxerit in conjugio, anathema sit. § 7. Si quis novercam, aut nurum suam, vel socrum suam, duxerit in conjugio, anathema sit. § 8. Si quis privignam suam duxerit in conjugio, anathema sit. § 9. Si quis viduam, nisi desponsaverit, furatus fuerit in uxorem, cum consentientibus eis, anathema sit. § 10. Si quis uxorem legitimam habens, et cum filia ejus, quæ privigna dicitur, forsitan nesciens concubuerit, id est, aut nimio potu sopitus, vel etiam æstimans quod propria uxor sit, v. annos pœniteat, I. in pane et aqua. Si vero scienter taliter peccat, VII. vel XIIII. annos, II. in pane et aqua. Illa vero, si invita passa est, III. annos pœniteat. Si consentiens est, IIII. pœniteat, dimidium in pane et aqua, et nunquam postea taliter se commisceant. § 11. Si quis sponsam habens, sorori ejus forsitan vitium intulerit, et cohæserit tanquam suæ, hanc autem uxorem duxerit, id est desponsatam, illa vero quæ corrupta est laqueo se peremit; omnes autem hi, qui in hujus facto consentientes sunt, x. annos in pane et aqua redigantur, secundum statuta canonum. § 12. Mulier si duobus fratribus nupserit, abjici eam debere oportet usque ad diem mortis; sed

[1] Jejunia religionis *N.*

propter humanitatem, in extremis suis, sacramento reconciliari oportet: illa tamen, ut, si forte sanitatem recuperavit, matrimonio soluta, ad pœnitentiam admittatur. Quod si defuncta fuerit mulier hujusmodi consortio constituta, difficilis erit pœnitentia in vita remanenti; quam sententiam tam viri quam mulieres tenere debent. § 13. Si quis cum matre fornicaverit, xv. annos pœniteat, et nunquam mutet, nisi in die Dominico.[1] § 14. Si cum filia vel sorore fornicaverit, [2]similiter pœniteat. § 15. Si quis cum duabus cognatis scienter fornicationem fecerit, primitus anathematizetur, deinde x. annos pœniteat. Similiter et illæ, si consentientes sunt. Si vero quis ignoranter taliter peccat, viii. annos pœniteat; similiter et illa. § 16. Qui cum fratre naturali fornicaverit, ab omni carne se abstineat xv. annis. § 17. Si mater cum filio suo parvulo fornicationem imitatur, [3]ii. annos pœniteat, et iii. xl.^{mas}., ac legitimas ferias, et diem i. in unaquaque ebdomade jejunet ad vesperam.' § 18. Si quis cum spiritali matre peccaverit, primitus, sicut superius dictum est, a sancta æcclesia anathematizetur, deinde viii. annos pœniteat, et nunquam postea cum illa se conjungat. Similiter et illa pœniteat, si ei consentit. Si invita passa est, v. annos. § 19. Si quis cum pronepta, aut abnepta, vel cum trinepta peccaverit, primitus separetur a cœtu fidelium, deinde pœniteat vi. vel vii. vel x. annis, et ulterius non se cum talibus conjungat. Similiter et illa pœniteat, si ei consentit. Si vero invita passa est, iii. annos; quia scriptum est: ' Omnis homo ad proximam sanguinis sui non accedet, ut revelet turpitudinem ejus.' Et iterum: ' Anima quæ fecerit quippiam ex istis, peribit de medio populi sui.' Item in lege: ' Non accipiet homo uxorem patris sui, nec revelabit operimentum ejus.' Item: ' Turpitudinem uxoris fratris tui non revelabis.' Item: ' Qui enim duxerit uxorem fratris sui, rem facit inlicitam; quia turpitudinem fratris sui revelavit.' Item: ' Cum uxore proximi tui non coibis, nec seminis commixtione maculaberis.' Alibi quoque scriptum est: ' Inter sex igitur propinquitatis gradus, ad conjugalem copulam nemini accedere convenit, nec eam quam aliquis ex propria consangui-

---

[1] Similiter alio modo dicitur, ut cum peregrinatione perenni, vii. annos peniteat. *N. add.*

[2] xiiii. *P.*

[3] iii. annos se abstineat a carne, et diem unum jejunet in ebdomada usque ad vesperam. *N. Reg.*

nitate conjugem habuit, in conjugium ducere nulli profecto Christianorum licet, vel licebit; quia incestuosus talis coitus abhominabilis est Deo.' Item: ' Si quis autem de propria cognatione, vel quam cognatus habuit, duxerit in conjugio, primitus anathematizetur, deinde VII. vel X. annos pœniteat. Similiter et illa, si consensit.' Si quis vero ignoranter taliter peccat, III. vel V. annos pœniteat. § 20. Gregorius dicit: ' Si quis monacham, vel commatrem spiritalem, vel fratris uxorem, vel neptam, vel novercam, vel consobrinam, vel de propria cognatione, vel quam cognatus habuit, duxerit uxorem, anathema sit.' Item: ' Si quis cum duabus cognatis fornicationem fecerit, primitus anathematizetur, deinde VII. vel X. annos pœniteat. Sane quibus conjunctio inlicita interdicitur, habebunt ineundi melioris conjugii libertatem.' § 21. Si quis cum noverca sua, aut nuru, aut socru, peccaverit, anathematizetur, sicut superius dictum est, deinde X. annos pœniteat. Similiter illæ, si consentientes sunt. Si invitæ passæ sunt, VII. annos pœniteant. § 22. Si uxoratus cum uxore cognati sui frequenter peccat, primitus anathematizetur, deinde VIII. annos pœniteat. Similiter et illa, si ei consentit. Si vero invita passa est, V. annos. § 23. Si quis concubinam habens eamque dimiserit, ac legitime uxorem duxerit, si forte postea frater ejus aut propinquus cum ea scienter peccaverit, primitus, propter tam nefariam rem, ab æcclesia separetur, deinde X. annos pœniteat. Similiter illa, si ei consentit. Si vero invita passa est, VII. annos pœniteat. § 24. Si pater et filius cum una fæmina scienter peccaverint, primitus anathematizentur, deinde XV. annos pœniteant, et nunquam cum illa se conjungant. Si vero ignoranter taliter peccaverint, id est, ut illa illum cum quo primitus peccaverat celat, ut liberius cum sequenti possit peccare, XII. annos pœniteant; illa vero abjiciatur usque ad mortem; verumtamen in extremis reconciliari oportet. § 25. Si quis cum illa fæmina peccaverit, quam cognatus suus in conjugio habuerit, anathematizetur, deinde VII. annos pœniteat. Similiter illa, si consentiens est ei. Si vero invita passa est, IIII. annos pœniteat. § 26. Si quis cum illa fæmina scienter peccaverit, cum qua forsitan avunculus, vel alius quislibet cognatus suus fornicationem perpetraverit, anathematizetur primitus, deinde VII. annos pœniteat. Similiter et illa, si consentiens est. Si vero invita passa est, V. annis pœniteat. Si vero quis ignoranter taliter peccaverit, V. annos pœniteat, et nunquam se cum talibus copulet.

XXI. DE HOMICIDIIS.

§ 1. Qui voluntarie homicidium fecerint, pœnitentiæ quidem jugiter se submittant; circa exitum autem vitæ communione digni habeantur. § 2. Qui non voluntarie sed casu homicidium perpetraverit, v. annos pœniteat. § 3. Mulieres quæ fornicantur et partus suos necant, et eas quæ agunt secum, ut utero conceptos excutiant, antiqua quidem diffinitio usque ad exitum vitæ eas ab æcclesia removet; nunc humanius diffinitum est, ut x. annos pœniteant. § 4. Mulier partum suum ante dies XL. sponte perdens, annum pœniteat. Si vero post XL. dies, [1]III. annos pœniteat.' Si vero postquam animatus fuerit, quasi homicida, id est, x. annos; sed distat multum, utrum paupercula, pro difficultate nutriendi, an fornicaria, causa sui sceleris celandi, faciat. § 5. [2]Mulier si voluntarie abortum fecerit, x. annos pœniteat.' § 6. Mulier si aliquem interemerit malitia sua, id est, per poculum aut per artem aliquam, [3]VIII. annos pœniteat. Si paupercula est, [4]v. annos. § 7. Si mater filium suum occiderit, xv. annos pœniteat, et nunquam mutet, nisi die Dominico, et festis diebus. § 8. Si mulier paupercula filium suum occiderit, VII. annos pœniteat.[5] § 9. Si quis occiderit monachum, vel clericum, arma relinquat, et Deo serviat. Quod si hoc noluerit, VII. annos peniteat, [6]si casu perpetraverit; si autem voluntarie fecerit, usque ad exitum vitæ peniteat.' § 10. Qui autem æpiscopum, vel presbiterum, aut diaconum occiderit, regis judicium est de eo. § 11. Si quis laicus laicum, odii meditatione, [7]vel possidendæ hereditatis ejus causa, voluntarie occiderit, sicut superius dictum est, usque ad exitum vitæ pœniteat; verum in extremis, communionem mereatur consequi.' § 12. Si quis servum proprium, sine conscientia judicis, occiderit, excommunicationem, vel pœnitentiam biennii, reatum sanguinis emundabit.

---

[1]ut homicida peniteat. *N.*

[2]Mulieres que abortivum faciunt antequam animam habeat, I. annum, vel III. XL^{mas}. vel XL. diebus, juxta qualitatem culpæ, peniteant; et postea, id est post XL. dies accepti seminis, ut homicida peniteat, id est III. annos in IIII^{ta}. feria et VI. et in III. XL^{mis}. Hoc secundum canones decennium judicatur. *N. add.*

[3] VII. *Reg.*   [4] IIII. *Reg.*

[5] In canone dicitur, si homicida sit, x. annos peniteat. *N. add.*

[6]in judicio episcopi est. *N.*

[7]si non vult arma relinquere, peniteat VII. annos; sine carne et vino III. annos. *N. Hr. M.*

§ 13. Si fæmina, furore zeli accensa, flagellis verberaverit ancillam suam, ita ut infra diem tertium animam cruciatu effundat, et quod incertum sit, voluntate an casu occiderit; si voluntate, VII. annos; si casu, per quinquennii tempora, ac legitima pœnitentia, a communione placuit abstinere. Quod si infra tempora constituta fuerit infirmata, accipiat communionem. § 14. Si servus per jussionem domini sui hominem occiderit, [1]XL. dies in pane et aqua pœniteat; in tribus XL^{mis}. cum legitimis feriis, a carne et potu abstineat. Dominus vero ejus, qui hoc jussit, X. annos pœniteat.' § 15. Qui occiderit hominem in publico bello cum rege, [2]ut supra de servo, similiter pœniteat.' § 16. Si clericus homicidium fecerit, et proximum suum occiderit, usque ad exitum vitæ, sicut superius dictum est, pœniteat. Si vero casu fecerit homicidium, X. annos pœniteat. § 17. Si diaconus et presbiter homicidium fecerint, deponantur, et pœniteant judicio æpiscopi. § 18. Si quis patrem aut matrem casu occiderit, XV. annos pœniteat. Si quis voluntarie tale homicidium fecerit, duriter valde exul, usque ad exitum vitæ pœniteat. § 19. Si quis casu filium suum occiderit, XII. annos pœniteat. Si vero voluntarie, usque ad exitum vitæ, exul pœniteat. § 20. Qui casu patrem vel matrem vulneraverit, II. annos pœniteat. Si voluntarie fecerit, eumque volens occidere, VII. annos pœniteat. § 21. Si quis forte casu fratrem, aut sororem, aut avunculum, vel patruum, aut amitam, vel quemlibet propinquum, occiderit nolens, X. annos pœniteat. Si vero per iram vel odium quis tale homicidium fecerit, duriter exul, usque ad exitum vitæ pœniteat. § 22. [3]Si quis clericus, pro ultione propinqui, aut pro vindicta fratris, hominem occiderit, X. annos pœniteat.' 'Mihi vindictam, ego retribuam, dicit Dominus.' Et iterum: 'Non vosmetipsos defendentes, karissimi, sed date locum iræ.' Si vero vult reddere propinquis pæcuniam æstimationis, brevior erit pœnitentia.[4] § 23. Si laicus alium percusserit baculo et lapide, et sanguinem effuderit, XL. dies in pane et aqua pœniteat; si clericus L. dies; si

---

[1] 'XL. diebus abstineat se ab ecclesia. *N.*

[2] 'XL. dies peniteat. Si per iram, III. annos; si casu I. annum. Si per poculum vel artem aliquam, IIII. annos aut plus. Si per rixam, annos X. peniteat. *N.*

[3] 'Qui occiderit hominem pro vindicta fratris, III. annis peniteat. In alio loco, X. annos dicitur penitentia. Homicida autem X. vel VII. annis. *N. Hr. M.*

[4] i. e. dimidio spatii. *N. add.*

diaconus VI. menses; presbiter annum I. pœniteat. § 24. Si quis liber, jubente seniore suo, hominem innocentem occiderit, annum I. in pane et aqua pœniteat, et sequentes duos, III. XL^{mas}, cum legitimis feriis, in pane et aqua. § 25. Qui per rixam ictu debilem vel deformem hominem fecerit, reddat impensas in medicos, et maculæ precium, et opus ejus donec sanetur restituat, et dimidium annum pœniteat.[1] § 26. Qui ad feriendum hominem surrexerit, volens eum occidere, III. septimanas in pane et aqua pœniteat. Quod et si vulneraverit eum, XL. dies in pane et aqua pœniteat. Si clericus fuit, VII. menses; si vulneraverit eum, annum totum. Si diaconus vel presbiter, annum totum; si vulneraverit, II. annos pœniteat. Sed et pæcuniam pro modo vulneris, licet lex non commendat, cui inflixit tribuat, ne lesus scandalizetur. § 27. Qui ictum proximo dederit, et non nocuit, III. dies in pane et aqua pœniteat. Si clericus est, VII. dies; subdiaconus, x. dies; diaconus, xv. dies; presbiter, xx. § 28. Si quis quodlibet membrum voluntate sua truncaverit, III. annos pœniteat, I. ex his in pane et aqua. § 29. Si quis laicus amputaverit sibi virilia, III. annos pœniteat, I. in pane et aqua; quia sui est insidiator existens; clericus IIII. annos. § 30. Si quis in gradu est, et semetipsum abscidit, omnino dampnetur; quia suus est homicida, et ejus conditionis inimicus. § 31. Parvuli invicem percutientes se, aut vapulent, aut VII. dies pœniteant. § 32. Si vero adolescentes se percutiunt, ita ut sanguinem effundant, XL. dies pœniteant. § 33. Qui præbent ducatum barbaris, IIII. annos pœniteant, si tamen non acciderit strages Christianorum: si vero strages Christianorum acciderit, vel incendium æcclesiarum, projectis armis, usque ad mortem, mundo mortui, pœniteant. § 34. Infans infirmus et paganus, commendatus presbitero, si moritur sine baptismo, presbiter deponatur. Si neglegentia parentum fuerit, [2]III. annos pœniteant, I. in pane et aqua.′ § 35. Si quis ad homicidium faciendum consenserit, et factum fuerit, VII. annos pœniteat, I. in pane et aqua. Si quis voluit et non potuit facere, III. annos, dimidium in pane et aqua. § 36. Si quis laicus infantem suum oppres-

---

[1] Si non habuerit, unde reddat, an. I. pœniteat. *P. add.*
[2]′I. annum peniteat. Et si moritur infans trium annorum sine baptismo, III. annos peniteant pater et mater. Hoc quodam tempore, quia contigit ad eum delatum, sic judicavit. Qui necat filium suum sine baptismo, in canone, x., sed per concilium, VII. annos peniteat. *N.*

serit, III. annos pœniteat, I. in pane et aqua. Similiter et
clericus, vel plus observet; diaconus VI. annos; presbiter VIII.
annos. § 37. Si quis per iram alium percusserit, et sanguinem fuderit, aut debilitaverit, solvat ei primo mercedem, et
medicum quærat. Si laicus est, [1]XL. dies in pane et aqua
pœniteat; clericus, [2]III. XL^{mas};' diaconus, VI. menses; presbiter
annum I.[3] § 38. Si quis ignoranter alium cum aqua calida
superfuderit, eumque *incenoverit, ita ut infra diem tercium
animam cruciatu effundat, V. annos pœniteat, I. in pane et aqua.
Si vero mortuus non fuerit, solvat ei primo mercedem, deinde
XL. dies in pane et aqua pœniteat. Si laicus per [4]scandalum
[sanguinem] effuderit, reddat illi quantum nocuit; et si non
habet unde reddat, solvat opera proximi sui quamdiu ille infirmus est, et post XL. dies in pane et aqua pœniteat. § 39. Qui
hominem casu occiderit, XL. dies abstineat ab æcclesia, et
jejunet in pane et aqua, et postea suprascriptam pœnitentiam
agat.

XXII. DE FALSO TESTIMONIO ET MENDACIO.

§ 1. Falsos testes a communione æcclesiastica summovent,
nisi pœnitentiæ satisfactione crimina admissa deleverint.
§ 2. Si quis per cupiditatem falsum testimonium dixerit, VII.
annos pœniteat, III. ex his in pane et aqua. Qui autem consenserit ei, V. annos pœniteat, I. in pane et aqua. § 3. Si
quis propter odium falsum testimonium super alterum dixerit,
VII. annos pœniteat, III. in pane et aqua; quia scriptum est:
'Falsus testis non erit impunitus.' Et iterum: 'Qui falsum
testimonium profert contra proximum suum, extinguatur
lucerna ejus in die ultimo.' § 4. Qui falsum testimonium
dicit, placet primum proximo suo, deinde suprascriptam pœnitentiam agat. § 5. Si quis mendacium dixerit per ignorantiam, et non nocuit, confiteatur ei cui mentitus est, et sacerdotis
judicio hora tacendi dampnetur, vel XII. psalmos cantet. Si
vero scienter mendacium dixerit, et alteri nocere desiderat, et
tamen ei non nocuit, quia non potuit, XV. dies in pane et aqua
pœniteat. § 6. Si quis pro cupiditate mendacium dixerit,
ut inde aliquid adquirere valeat, placet ei cui frustravit, et
jejunet ebdomadas IIII. in pane et aqua. § 7. Illi vero qui

---

[1] xx. *P.*　　　　[2] xxx. *P.*
[3] Episcopus II. annos et VI. menses. *P. add.*
[4] dolum *P.*

semper mentiendi [causa] huc illucque discurrunt, et per hoc
multa dampnabilia adquirunt, sed ad pœnitentiam convertunt,
primitus omne mendacium exsecrare debent, sicut Apostolus
jubet: ' Deponentes igitur omne mendacium, loquimini veritatem unusquisque cum proximo suo;' deinde v. annos pœniteant, I. in pane et aqua; quia scriptum est: ' Perdes omnes
qui locuntur mendacium.'

XXIII. DE FURTO, ET INCENDIO, ET SEPULCHRORUM VIOLATORIBUS.

§ 1. Si quis aliquid de ministeriis sanctæ æcclesiæ furatus
fuerit, aut neglexerit, VII. annos pœniteat, III. ex his in pane
et aqua, et reddat integrum quod abstulerit.   § 2. Si quis
furtum capitale commiserit, id est, quadrupedia furatus fuerit,
vel domum effregerit, ¹aut quælibet meliore præsidio' furatus
fuerit, laicus IIII. annos pœniteat, I. in pane et aqua; clericus
v. annos, I. in pane et aqua; subdiaconus VI. annos, II. in pane
et aqua; diaconus VII., III. in pane et aqua; presbiter x., IIII.
in pane et aqua; episcopus XII., v. in pane et aqua.   § 3. Si
quis de minoribus semel furtum fecerit, reddat proximo suo
quod furatus fuerit, et III. XL^{mas}. in pane et aqua pœniteat. Si
reddere non potuerit, annum I. pœniteat, III. XL^{mas}. in pane et
aqua. Si sæpius fecerit, et non habet unde reddat, annum I.
in pane et aqua pœniteat, et III. annos III. XL^{mas}, et elemosinam
de proprio labore pauperibus tribuat, et sic postea in Pascha
reconcilietur.   § 4. Qui sæpe furtum fecerit, VII. annos pœniteat, vel ut sacerdos judicat, juxta quod componi potest quibus nocuit, et semper debet reconciliari ei quem offendebat, et
restituere juxta quod nocuit, et indigentibus de proprio labore
largiter tribuere, sicut apostolica jubet doctrina: ' Qui furabatur, inquid, jam non furetur, sed magis laboret operando
manibus suis quod bonum est, ut habeat unde tribuat necessitatem pacientibus;' et multum breviavit pœnitentiam ejus, id
est, dimidium spatium. Si vero noluerit, aut non potest, constitutum tempus pœniteat per omnia.   § 5. Ille vero qui sæpe
fures in domum suam suscipit, et cum eis prædam illorum
dividit, vicinisque suis semper insidiator existens; primo illorum
societatem declinet, et in susceptione pauperum, quantum
potest, studiose insistat, et VII. annos pœniteat, II. in pane et

---

¹'et quæcumque majoris præsidii. *Ecgb. Pœnit. Lat.*

aqua.   § 6. Puer x. annorum aliquid furtum faciens, vii. dies pœniteat.   § 7. Puer xx. annorum aliquid furtum scienter comedens, vii. dies pœniteat, in pane et aqua. Si vero ignoranter fecerit, et postea cognoverit, iii. dies in pane et aqua pœniteat.   § 8. Si quis scienter carnem vel cybum quod furatum est sæpe manducat, ii. annos a carne abstineat. Si vero propter inopiam, fame cogente, hoc fecerit, i. annum pœniteat.   § 9. Si quis vero carnem ignoranter vel cybum quod furatum est, manducat, et postea cognoverit, i. annum a carne abstineat. Si vero pauper est, iii. xl^{mas}. cum legitimis feriis. § 10. Qui semel furatur cybum vel potum, xl. dies in pane et aqua pœniteat; si iterum, iii. xl^{mas}; si iii^{o}., i. annum pœniteat; si vero, iiii^{o}., ii. annos; si v^{o}., iii. annos, vel quousque hoc vitium dimittat.   § 11. Si quis alii consentit ut furtum faciat, et tamen hoc non cum illo dividat, si capitale furtum est, iii. annos pœniteat; si modicum, iii. xl^{mas}, aut quadraginta dies, vel etiam sicut sacerdos judicat, juxta qualitatem culpæ; quia scriptum est: ' Non solum qui faciunt, sed etiam qui consentiunt facientibus, digni sunt morte.'   § 12. Si quis laicus de monasterio monachum duxerit [1]furtim, ac per hoc propositum suum reliquerit, aut intret in monasterium Deo servire, [2]vel vii. annos pœniteat.' Si laicus monachum duxerit in furtum, similiter pœniteat.   § 13. Si quis servum alterius, vel quemcunque hominem, furtu quolibet, malo ingenio, in captivitatem duxerit aut transmiserit, [3]vii. annos, [4]ii. in pane et aqua. § 14. Si quis sepulchrum violaverit, vii. annos, iii. in pane et aqua.   § 15. Si quis patrem vel matrem expulerit, impius vel sacrilegus judicandus est, sicut apostolica insinuat doctrina: ' Qui curam suorum, et maxime domesticorum,' inquid, ' non providet, fidem denegat, et est infideli deterior;' tanto tempore pœniteat, quanto in impietate exstiterit.   § 16. Si quis domum vel arcam cujuscunque voluntarie igne concremaverit, iii. annos pœniteat, i. in pane et aqua.   § 17. Pæcunia quæ in alia provincia[5] rapta fuerit, id est, rege alio superato, tercia pars ad æcclesiam tribuatur, vel pauperibus; quia jussio regis erat. Qui vero eam rapuerit, xl. dies pœniteat.   § 18. Si quis per necessitatem furatus fuerit cybaria, vel vestem, sive

---

[1] furtim *N.* in furtum *O.*

[2] aut humanum subeat servitium. Pecunia æcclesiis furata sive rapta, reddatur quadruplum; sæcularibus duplum. *N.*

[3] iii. *Reg.*   [4] i. *Reg.*

[5] ab hoste superato *N. add.*

quadrupedem, per famem, aut per nuditatem, illi venia datur;
tamen jejunet III. XL^{mas}.; et si reddiderit quod furatus fuerit,
non cogetis eum jejunare, nisi ebdomadas II.   § 19. Si quis
caballum, aut bovem, aut jumentum, vel vaccam, sive cybaria,
vel alia pecora, per necessitatem fuerit furatus, unde familiam
suam nutriat, III. XL^{mas}. cum legitimis feriis a carne abstineat.
§ 20. Si quis aurum, vel argentum, vel vestem, aut aliam rem
perditam in via, aut in agro, vel in silva, invenerit, reddat eam
illi qui eam perdiderat; si autem timet eam reddere, ne forte
aliquid dampnum propter hoc paciatur, I. annum, vel II., aut
III. pœniteat; juxta qualitatem culpæ, vel magnitudinem rei
perditæ, judicio sacerdotis pœniteat.   § 21. Qui fraudatum
comedit et scit, et est inops, vel ebes, VII. dies pœniteat; qui
sæpe faciunt, III. XL^{mas}. vel annum.   § 22. Si quis latronem
in furtu compræhenderit, et eum ligaverit, ac in custodia ponit,
ibique, sine judicio comitis ac judicum, mortuus fuerit, v. annos
pœniteat; quia contra mandatum Domini fecit, ubi dicit:
* * * *

XXIV. DE PERJURIO.

§ 1. Si quis scienter perjurium fecerit, laicus [1]IIII. annos; clericus v.; subdiaconus vi.; diaconus et monachus [2]vii.; presbiter
x.; æpiscopus xII.   § 2. Qui perjurium fecerit in æcclesia,
aut in sancto Evangelio, sive in reliquiis Sanctorum, XI. annos
pœniteat; si in manu æpiscopi, vel presbiteri, aut diaconi, seu
in altare, vel in cruce consecrata perjurat, III. annos pœniteat;
si vero in cruce non consecrata perjurat, I. annum pœniteat; si
autem in manu hominis laici juraverit,[3] nihil est.   § 3. Qui
perjurat sciens, compulsus a domino suo, III. XL^{mas}. pœniteat,
et legitimas ferias.   § 4. Qui ducit alium in perjurium igno-
rantem, VII. annos pœniteat.   § 5. Qui ductus est in perjurium ignorans, et postea cognoscit, annum I. pœniteat.
§ 6. Qui suspicatur quod in perjurium ducitur, et tamen jurat
per consensum, II. annos pœniteat.   § 7. Si quis coactus pro
qualibet causa necessitatis perjurat, III. XL^{mas}; alii judicant ut
III. annos pœniteat, I. ex his in pane et aqua.   § 8. Si quis
laicus per cupiditatem perjurat, totas res suas vendat, et donet
pauperibus, et conversus tondat se, et intret in monasterium,
[et] usque ad mortem serviat Deo; si autem hoc non vult, aut

---

[1] III. *Reg.*   [2] VIII. *Reg.*
[3] apud Grecos *N. add.*

non poterit, x. annos pœniteat. § 9. Si vero non per cupiditatem, sed per mortis periculum, incurrit juramentum, III. annos inermis, exul pœniteat, I. in pane et aqua, et II. abstineat se a carne et vino; dimittat pro se servum, aut ancillam ingenuam, si habet; si vero non habet, in aliis rebus, quantum potuerit, elemosinam faciat; et post annos v. judicio sacerdotis communicet.

XXV. DE RAPINA, ET DE USURA, ET QUI HOSPITES NON RECIPIT, ET MANDATA EVANGELICA NON IMPLET.

§ 1. Apostolus per Spiritum Sanctum ita pronuntiat, dicens: 'Neque rapaces regnum Dei possidebunt.' § 2. Si quis, per potestatem aut quodlibet ingenium, res alienas malo ordine invaserit vel tulerit, primitus reddat hoc quod abstulerat, deinde III. annos, I. in pane et aqua. § 3. Si quis usuras undecunque exigerit, III. annos, I. in pane et aqua. § 4. Quicunque hospitem non receperit in domum suam, sicut Dominus præcipit, et regna cœlorum promittit, ubi dicit: 'Venite benedicti Patris mei, percipite regnum;' quantum tempus hospites non receperit, et mandata evangelica non implevit, nec pedes pauperum lavit, nec elemosinam fecit, tanto tempore pœniteat in pane et aqua, si non emendat. § 5. Qui repetit auferenti ea quæ sunt contra interdictum Domini, tribuat indigentibus ea quæ repetivit. § 6. Clericus habens superflua, donet ea pauperibus; sin autem, excommunicetur. § 7. Si quis laicus thesaurizat sibi superflua in crastinum tempus, tribuat illa pauperibus; si autem hoc non vult, audiat quod scriptum est: 'Thesaurizat, et ignorat qui congregabit ea.' Talis, si ad pœnitentiam conversus fuerit, primitus ea quæ thesaurizavit pauperibus tribuat, deinde, judicio sacerdotis, III. annos pœniteat.[1] § 8. Item cupidus, avarus, rapax, superbus, ebriosus, invidus, detractor, vel fratri suo odio habens, maledicus, et his similia, quæ enumerare longum est, III. annos pœniteant, et juxta vires suas elemosinam faciant.

XXVI. DE EBRIETATE ET VOMITU.

§ 1. Apostolus dicit: 'Neque ebriosi regnum Dei posside-

---

[1] Furatus consecrata III. annos peniteat sine pinguedine, et tunc communicet. *N. add.*

bunt.'   § 2. Si quis æpiscopus, presbiter, diaconus, vel quis ordinatus, in consuetudine ebrietatis vitium habuerit, aut desinat, aut deponatur.   § 3. Si quis presbiter, aut diaconus, per ebrietatem vomitum facit, xl. dies cum pane et aqua pœniteat; subdiaconus xxx. dies; clericus xx.; laicus xv.   Si monachus per ebrietatem vomitum facit, xxx. dies pœniteat. § 4. Æpiscopus si per ebrietatem, vel voracitatem, evomuerit eucharistiam, xc. dies pœniteat; presbiter lxx.; diaconus et monachus lx.; clericus xl.; laicus xxx. Si infirmitatis causa, vii. diebus unusquisque; quidam psalterium, quidam bis psalterium.   § 5. Si vero sacrificium in ignem projecit vel in flumen, c. psalmos cantet.   § 6. Si canes comedunt tale vomitum, c. dies pœniteat, si scit; si non scit, xl.   § 7. Si fidelis laicus per nequitiam inebriat alterum, xl. dies pœniteat. § 8. Si quis presbiter, aut diaconus, vel monachus, subdiaconus, clericus, aut laicus, per infirmitatem, vomitum facit, sine culpa est.   § 9. Si quis longo tempore se abstinuerit, et in consuetudine non erat ei multum bibere vel manducare, aut pro gaudio in Natale Domini, aut in Pascha, aut pro alicujus Sanctorum commemoratione, faciebat vomitum, et tunc plus non accepit quam decretum est a senioribus, nihil nocet. Si æpiscopus jusserit, non nocet, nisi ipse similiter faciat.[1] § 10. Si sacerdotes se inebriant per ignorantiam, vii. dies pœniteant in pane et aqua; si per neglegentiam faciunt, xv. dies; si per contemptum, xl. dies pœniteant; diaconi et monachi iiii. ebdomadas; subdiaconi iii.; clerici ii.; laici i. ebdomadam.   § 11. Qui cogit hominem ut inebrietur, humanitatis causa, xx. dies pœniteat; si per odium facit, ut homicida judicetur.   § 12. Si quis presbiter, aut diaconus, vel quislibet clericus, tantum bibit ut psallere non possit, stupens in lingua sua, xii. dies in pane et aqua pœniteat, et deleat peccatum suum.   § 13. Qui superfluam ventris distensionem doloremque saturitate sentit, id est, usque ad vomitum, sine infirmitate, vii. dies cum pane et aqua pœniteat. § 14. Qui vero inebriantur vino vel cervisia, contra præceptum

---

[1] Si laicus fidelis pro ebrietate vomitum facit, xv. dies peniteat. Qui vero inebriatur contra Domini interdictum, si votum sanctitatis habuerit, vii. dies in pane et aqua, vel xx. sine pinguedine peniteat; laici sine cervisia. Qui per nequitiam inebriat alium, xl. dies peniteat. Qui pro satietate vomitum facit, iii. dies peniteat; si cum sacrificio cum mŏ, vii. dies peniteat; si infirmitatis causa, sine culpa. *N. add.*

Domini Salvatoris ac Apostolorum ejus, (hoc est ebriositas, quando statum mentis mutant, et linguæ balbutiunt, et oculi turbantur, et vertigo erit capitis, et ventris distensio, ac dolor sequitur), laicus ebdomadam I. cum pane et aqua pœniteat; clericus ebdomadas II.; subdiaconus XV. dies; diaconus et monachus ebdomadas III.; presbiter IIII.; episcopus V. §15. Si quis clericus, ante horam canonicam, causa gulæ, cybum sumit, non infirmitatis necessitate, careat cœna, vel duos dies in pane et aqua pœniteat.

XXVII. DE IDOLATRIA ET SACRILEGIO, ET QUI ANGELOS COLUNT, ET MALEFICOS, ARIOLOS, VENEFICOS, SORTILEGOS, DIVINOS, ET VOTA REDDENTES NISI AD ÆCCLESIAM DEI, ET IN KALENDAS JANUARII IN CERVULO ET IN VITULA VADIT, ET MATHEMATICOS, ET EMISSORES TEMPESTATUM.

§ 1. Apostolus dicit: 'Neque idolis serviens regnum Dei possidebit.' Si quis immolat dæmonibus in minimis, I. annum pœniteat; qui in magnis, X. annos. § 2. Si quis manducaverit vel biberit per ignorantiam juxta fanum, promittat quod deinceps nunquam reiteret, et XL. dies in pane et aqua pœniteat. Si vero per contemptum hoc fecerit, id est, postquam sacerdos ei prædicavit quod sacrilegium hoc erat, et mensa demoniorum, III. XL^{mas}. in pane et aqua pœniteat. Si vero pro cultu dæmonum, et honore simulacri, hoc fecerit, III. annos pœniteat. § 3. Si quis secundo vel III°. immolat dæmoniis, III. annos subjaceat pœnitentiæ; deinde duos, sine oblatione communionis; tertio v., id est post quinquennium, ad perfectionem suscipiatur. § 4. ¹Si quis manducaverit hoc quod idolis est immolatum, et non fuit ei necessitas, jejunet ebdomadas XII. in pane et aqua; si vero pro necessitate fecerit, jejunet ebdomadas VI.' § 5. Si qui simul celebrant festivitatem in locis abhominandis gentilium, et suam æscam ibi deferentes, simulque comederint, placuit eos biennio subjacere

---

ᵛ Qui cibum immolatum comederit, deinde confessus fuerit, sacerdos considerare debet personam, in qua ætate, vel quomodo edoctus, aut qualiter contigerit; et ita auctoritas sacerdotalis circa infirmum moderetur. Et hoc in omni penitentia semper et confessione omnino, in quantum Deus adjuvare dignetur, cum omni diligentia conservetur. N.

pœnitentiæ, et suscipi ad oblationem, in qua biennio perdurantes, tunc ad perfectionem suscipi; et post oblationem unumquemque spiritum probare, et vitam singulorum discutere.　　§ 6. Si quis sacrilegium fecerit, id est, quod aruspices vocat, qui auguria colunt per aves, aut quocunque auguriaverit malo ingenio, III. annos pœniteat, I. ex his in pane et aqua.　　§ 7. Non licet Christianos æcclesiam Dei derelinquere, et ire ad auguria, atque angelos nominare, et congregationes facere, quæ interdicta noscuntur. Si quis igitur inventus fuerit huic occultæ idolatriæ serviens, quia dereliquit Dominum nostrum Jesum Christum, filium Dei, et se idolatriæ tradidit, * * *　　§ 8. Non licet clericos vel laicos, magos aut incantatores, existere, aut facere philacteria, quæ animarum suarum vincula comprobentur; eos autem qui his utuntur, ab æcclesia pelli præcipimus.　　§ 9. Si quis maleficio suo aliquem perdiderit, [1]VII. annos pœniteat, [2]III. ex his in pane et aqua.　　§ 10. Si quis pro amore veneficus sit, et neminem perdiderit, si laicus est, dimidium annum pœniteat; si clericus, I. annum in pane et aqua; si subdiaconus, II. annos pœniteat, I. annum in pane et aqua; si diaconus, [3]IIII., duos in pane et aqua; si sacerdos, V. annos, III. in pane et aqua. Si autem per hoc mulieris partum quis deceperit, III. annos pœnitentiæ unusquisque superaugeat in pane et aqua, ne homicidii reus sit.　　§ 11. Si quis ariolos quærit, quos divinos vocant, vel aliquas divinationes fecerit, quia et hoc dæmoniacum est, V. annos pœniteat, III. ex his in pane et aqua.　　§ 12. Si quis sortes habuerit, quas Sanctorum contra rationem vocant, vel aliquas sortes habuerit, vel qualicunque malo ingenio sortitus fuerit, vel divinaverit, III. annos pœniteat, I. in pane et aqua.　　§ 13. Si qua mulier divinationes vel incantationes diabolicas fecerit, I. annum pœniteat, vel III. XL^{mas}, vel XL. dies, juxta qualitatem culpæ pœnitentis.　　§ 14. Si qua mulier filium suum vel filiam super tectum pro sanitate[4] posuerit, vel in fornace, VII. annos pœniteat.　　§ 15. Qui grana arserit ubi mortuus est homo, pro sanitate viventium [5]et domus, V. annos, in pane et aqua' pœniteat.　　§ 16. Si quis, pro sanitate filioli, per foramen terræ exierit, illudque spinis post se concludit, XL. dies in pane et aqua pœniteat.

---

[1] v. *Hr.M.*　　　　　　　　　　　[2] II. *Hr.M.*
[3] III. *Hr.M.*　　　　　　　　　　[4] febris *N. add.*
[5] et domus, v. annos, *N.*　ebdomadas v., vel annum, *O.*

§ 17. [1]Qui divinationes expetunt, et more gentilium subsequuntur,' aut in domos suas hujusmodi homines introducunt, exquirendi aliquid arte malefica, aut expiandi causa, isti, si de clero sunt, abjiciantur; si vero sæculares, confessi pœnitentiæ quinquennio subjaceant, secundum regulas antiquitus constitutas.   § 18. Si quis ad arbores, vel ad fontes, vel ad lapides, sive ad cancellos, vel ubicunque, excepto in æcclesia Dei, votum voverit, aut exsolverit, III. annos cum pane et aqua pœniteat; et hoc sacrilegium est, vel dæmoniacum. Qui vero ibidem ederit, aut biberit, L. annum pœniteat in pane et aqua.   § 19. Si quis in kalendas Januarii in cervulo
*commutant? aut vetula vadit, id est, in ferarum habitus se *communicant, et vestiuntur pellibus pecudum, et assumunt capita bestiarum; qui vero taliter in ferinas species se transformant, III. annos pœniteant; quia hoc dæmoniacum est.   § 20. Si quis mathematicus est, id est, per invocationem dæmonum hominis mentem converterit, V. annos pœniteat, I. in pane et aqua. § 21. Si quis emissor tempestatis fuerit, id est maleficus, VII. annos pœniteat, III. in pane et aqua.   § 22. Si quis ligaturas fecerit, quod detestabile est, III. annos pœniteat, I. in pane et aqua.   § 23. Qui auguria vel divinationes in consuetudine habuerit, V. annos pœniteat. · § 24. Qui observat divinos, vel præcantatores, philacteria etiam diabolica, et somnia, vel herbas; aut V. feriam, honore Jovis, vel kalendas Januarii, more paganorum, honorat; si clericus est, V. annos pœniteat; laicus III. annos pœniteat.   § 25. Qui student exercere quando luna obscuratur, ut clamoribus suis ac maleficiis sacrilego usu eam defendere confidant, V. annos pœniteant. § 26. Qui in honore lunæ pro aliqua sanitate jejunat, unum annum pœniteat.

XXVIII. DE SODOMITIS ET MOLLIBUS, ET IMMUNDIS POLLUTIONIBUS.

§ 1. Nemo igitur fornicationem faciat, quia Apostolus dicit: 'Fornicarii regnum Dei non possidebunt.' Scriptumque est in lege: 'Omnis homo ad proximam sanguinis sui non accedet, ut revelet turpitudinem ejus; anima, quæ fecerit quippiam ex istis, peribit de medio populi.' Item in lege

---

[1]'De hoc in canone dicitur: Qui auguria, auspicia, sive somnia, vel divinationes quaslibet, secundum mores gentilium observant N.

Dominus dicit: 'Qui dormierit cum masculo coitu fæmineo, uterque operatus est nefas, morte moriantur.' Paulus itaque Apostolus dicit: 'Propter nequitiam enim hominum, tradidit illos Deus in passiones ignominiæ; nam fæminæ eorum mutavere naturalem usum in eum usum qui est contra naturam; similiter et masculi, derelicto naturali usu fæminæ, exarsere in desideriis suis in invicem; masculi ergo in masculos turpitudinem operantes; et sicut non probavere Deum habere in notitiam, tradidit illos Deus in reprobum sensum, ut faciant quæ non conveniunt; repleti sunt autem omni iniquitate;' omnis enim immunda pollutio iniquitas est, et fornicatio dicitur. Item Apostolus dicit: 'Neque molles, neque masculorum concubitores, regnum Dei possidebunt.' § 2. Qui hoc vitio implicatus est duriter pœniteat, id est, æpiscopus XIII. annos pœniteat; presbiter XII.; diaconus VIIII.; subdiaconus VIII.; clericus VII.; laicus V. annos pœniteat, et nunquam cum alio dormiat. § 3. Mollis vero vir semetipsum coinquinans, primo C. dies pœniteat; et si iterans, annum I. pœniteat. Si cum gradu est, addatur pœnitentia. § 4. Pueri se invicem manibus coinquinantes, dies XL.; majores C. dies. § 5. Pueri se inter fæmora sordidantes, dies C.; majores vero III. XL^{mas}. ac legitimas ferias. § 6. Parvulus a majore puero obpressus, septimanam pœniteat; si consenserit, dies XV. § 7. Puer seipsum voluntarie polluens, XXX. dies; juvenis XL. § 8. Qui complexu feminæ inlecebroso osculo polluitur, dies XXX. § 9. Qui contactu ejus inverecundo ad carnem, III. menses pœniteat. § 10. Qui in turpiloquio polluitur, neglegens, VII. dies pœniteat. § 11. Qui in pugnatione cogitationis et naturæ inquinatur nolens, VII. dies; vel quinquagenos psalmos canat, et IIII. et VI. feria jejunet ad nonam, vel ad vesperam. § 12. Puer XV. annorum semetipsum coinquinans, XL. dies pœniteat.[1] § 13. Qui per turpiloquium vel aspectum coinquinatus est, tamen non voluit fornicari temporaliter, XX. dies, vel XL. pœniteat. § 14. Si autem in pugnatione cogitationis violenter coinquinatus est, VII. dies pœniteat. § 15. Qui diu illuditur a cogitatione, tepidus est repugnans I. vel II. vel plurimos dies, quantum exigerit diuturnitatis cogitatio,

---

[1] Pueri qui fornicantur inter seipsos, judicavit ut vapulentur. Qui concupiscit fornicari sed non potest, XL. dies vel XX. peniteat. Si frequentaverit, si puer sit, XX. dies, vel vapuletur. *N. add.*

pœniteat. § 16. [1]Item sodomitæ annos v. Si in consuetudine est, annos vii. vel plus.' Si monachi sunt, aut in
gradu, vii. annos vel plus, sicut superius de unoquoque gradu
scriptum est. Si parvulus oppressus talia patitur, x. dies
pœniteat, vel psalmis aut continentia castigetur. § 17. Pueri
ante xx. annos se invicem manibus coinquinantes, et confessi,
antequam communicent, xx. dies; si iteraverint post pœnitentiam, c. dies; si vero frequentius fecerint, separentur, et
annum pœniteant. § 18. Minimi vero fornicationem imitantes
et irritantes se manibus, coinquinati non sunt, propter imma-
turitatem, xx. dies; si vero frequenter fecerint, xl. dies
pœniteant. § 19. [2]Si sacerdos per turpiloquium seu aspectum coinquinatur, non tamen vult coinquinari, xx. dies
pœniteat, vel quale sit delictum.' § 20. Presbiter si
osculatus est fæminam per desiderium, xx. dies pœniteat.
§ 21. Clericus si semen fuderit, vii. dies pœniteat; subdiaconus
x.; diaconus et monachus ebdomadas ii.; presbiter xx. dies;
episcopus xxx. dies. § 22. Item. Si presbiter per cogitationem semen fuderit, [3]vii. dies pœniteat;' æpiscopus xx.
dies; diaconus et monachus vii. dies; subdiaconus iiii.; clericus ii.; laicus i. § 23. Item. Si presbiter tangit manum
cum manu, iii. ebdomadas; episcopus iiii.; diaconus et
monachus xv. dies; subdiaconus xii.; clericus x.; laicus vii.
§ 24. Aliter. Si clericus manum cum manu tangit, xxx. dies
vel xx. pœniteat; quanto magis alii gradus? § 25. Qui in
somno, non voluntate, pollutus sit, surgat, cantetque vii.
psalmos pœnitentiales, id est, 'Domine ne in furore,' 1^{mum}.;
'Beati quorum;' 'Domine ne in furore,' 2^{dum}.; 'Miserere
mei;' 'Domine exaudi,' 1^{mum}.; 'De profundis;' 'Domine
exaudi,' 2^{dum}.; vel unusquisque, secundum suam virtutem;
et in mane, cantet xxx. psalmos, flectendo genua in finem
uniuscujusque psalmi.[4] § 26. Volens quasi in somno peccare,
sive quia pollutus sit sine voluntate, xv. psalmos cantet, et per

---

[1]' Sodomite vii. annos peniteant. Molles sicut adulteri. Item
hoc. Virile scelus semel faciens iiii. annos peniteat, si in consuetudine fuerit, ut Basilius dicit. Sustinens unum annum, ut mulier.
Si puer sit, primo 2^{bus}. annis; si iterat, iiii. *N.*
[2]' Sacerdos si tangendo mulierem aut osculando coinquinabitur,
xl. dies peniteat. *N.*
[3]' ebdomadam jejunet; si tangit manu, iii. ebdomadas jejunet; *N.*
[4] Monachus vel sacra virgo fornicationem faciens vii. annos peniteat. *N. add.*

uniuscujusque psalmi finem dicat ter, 'Deus in adjutorium meum intende.' § 27. Peccans non pollutus XXIIII. psalmos cantet; si in somno peccans sine cogitatione, XV. psalmos cantet. § 28. Item. Si in somno peccans, et ex cogitatione pollutus fuerit, XXV. psalmos cantet. § 29. Si semen fundit in æcclesia per dormitationem, 'cantet psalterium, vel III. dies pœniteat.' § 30. Si voluntarie semen in æcclesia fudit, mala cogitatione, si clericus est, XIIII. dies pœniteat; sub-diaconus XV.; diaconus XXV.; presbiter XL.; episcopus L. § 31. Item. Clericus diligens mente aliquam fæminam, VII. dies pœniteat. § 32. Qui sæpe per violentiam cogitationis semen fuderit, XX. dies pœniteat. § 33. Agustinus dicit, quod post pollutionem quæ nobis nolentibus fieri solet, nobis communicare non liceat, nisi præcedat compunctio et ele-mosina; et, si infirmitas non prohibet, etiam jejunium.

XXIX. DE MALEDICTIONE ET DETRACTIONE.

§ 1. Apostolus dicit: Neque maledici regnum Dei posside-bunt. Pensate quam gravis culpa sit maledictio, quæ separat a regno vitæ; apud districtum namque judicem, otiosus sermo repræhenditur, quanto magis noxius? Hinc ergo colligendum est, quantum sit dampnabilis qui a malitia non vacat: sed et ille sermo pœnalis est qui a bonitate utilitatis vacat; unde per semetipsam Veritas in Evangelio dicit: 'Qui dixerit fratri suo racha, id est, inanis vel vacuus, reus erit concilio; qui autem dixerit fatue, reus erit gehennæ ignis.' § 2. Si quis fratrem suum maledixerit cum furore, primo satisfaciat ei, deinde VII. dies cum pane et aqua pœniteat. § 3. Si quis consuetudinem habuerit maledicendi, III. annos pœniteat. § 4. Si quis proximum suum per invidiam detrahit, aut libenter

---

¹′ III. dies jejunet. Si excitat ipse, primo XX. dies, iterans XL. dies peniteat; si plus, addantur jejunia; si in femoribus, I. annum, vel III. XL^{mas}. Qui seipsum coinquinat, XL. dies peniteat. Si puer sit, XL. dies, vel vapuletur. Si cum ordine, III. XL^{mas}, vel annum, si frequentaverit. Si quis renunciaverit seculo, postea reversus in secularem habitum, si monachus esset, et posthæc penitentiam egerit, X. annos peniteat. Post primum triennium, si probatus fuerit in omni penitentia, in lacrimis, et orationibus, humanius circa eum epis-copus potest facere. Si monachus non esset quando recessit ab ecclesia, VII. annos peniteat. Basilius judicavit puero licentiam nubere ante XVI. annos, si se abstinere non potuisset, quamvis monachus ante fuisset, et inter bigamos esset; et I. annum peni-teat. N.

audit detrahentem, III. dies cum pane et aqua pœniteat.
§ 5. Qui vero magistrum vel dominum detrahit, VII. dies
pœniteat, et serviat ei libenter. § 6. Qui vero verbositatem
diligit, fratremque suum derogat, unum diem vel II. tacens
pœniteat. § 7. Qui vero detractioni cavere noluerit, audiat
prophetam ex persona Christi dicentem: 'Detrahentem secreto
proximo suo,' et cætera. § 8. Qui vitium detractionis in usu
habent, laici VII. dies in pane et aqua pœniteant; clerici
ebdomadas II.; subdiaconi III.; diaconi IIII.; presbiteri V.;
æpiscopi VI. § 9. Qui causa nocendi sæpe fratrem suum
detrahit, IIII. annos pœniteat.

XXX. DE COMMUNIONE HERETICORUM.

§ 1. Si quis laicus per ignorantiam cum hereticis communicaverit, stet inter catecumenos, id est, separatus ab æcclesia,
XL. dies, et alios XL. in extremis pœnitentibus, et sic culpam
suam deluat. Si vero, postquam illi sacerdos prædicavit ut
cum heretico non manducaret, iterum fecerit, annum I. pœniteat
in pane et aqua; et in secundo III.XL.^{mas}. in pane et aqua,
et III. annos abstineat a carne et vino. § 2. Si quis ab
hereticis ordinatus fuerit, iterum debet ordinari, si inrepre-
hensibilis fuerit; sin minus, deponi oportet. § 3. Si quis
a catholica æcclesia ad heresin transierit, et postea reversus
fuerit, pœnitere debet quæ egerit, et non potest ordinari, nisi
post longam abstinentiam, aut pro magna necessitate. Hinc
Innocentius Papa nec pœnitentem clericum fieri canonum
auctoritate asserit permitti.[1] § 4. Si quis contempserit
Nicenæ synodi concilium, et fecerit Pascha cum Judæis
XIIII. lunæ, exterminabitur ab omni æcclesia, nisi pœnitentiam
egerit ante mortem. §.5. Si quis autem cum [2]hereticis
oraverit, quasi cum clerico catholico, ebdomadam I. pœniteat.
Si iteraverit, XL. dies pœniteat. § 6. Si quis defendere
voluerit heresin eorum, nisi pœnitentiam agat, similiter exterminabitur, Domino dicente: 'Qui non est mecum contra me
est.' § 7. Si quis baptizatus fuerit ab heretico, qui recte
in Trinitatem non crediderit, iterum baptizetur.[3] § 8. Si

---

[1] Ergo hoc Theodorus ait, pro magna tantum necessitate, ut dicitur,
consultum permisit, quia numquam Romanorum decreta mutari a se
sepe jam dicebat voluisse. *N. add.* [2] illo *N.*
[3] Hoc Theodorum dixisse non credimus, contra Niceanum concilium et sinodi decreta, sicut de Arrianis conversis, Trinitatem non
recte credentibus; confirmatur. *N. add.*

quis dederit aut acceperit communionem de manu heretici, et nescit quod æcclesiæ catholicæ contradicit, postea intelligens, annum integrum pœniteat. Si autem scit et neglexerit, et postea pœnitentiam agere voluerit, x. annos pœniteat; alii dicunt VII.; alii humanius diffiniunt, ut v. annos pœniteat. Sciendum tamen, quod illa varietas ex qualitate delicti evenit. § 9. Si quis permiserit heretico missam suam cælebrare in æcclesia catholica, et nescit quia hereticus est, XL. dies pœniteat. Si quis pro reverentia facit, annum integrum pœniteat. Si pro dampnatione æcclesiæ catholicæ facit, projiciatur ab æcclesia, sicut hereticus, nisi pœnitentiam agat. Si vero voluntarie pœnitentiam agere voluerit, x. annos pœniteat. § 10. Si quis recesserit ab æcclesia catholica in congregatione hereticorum, et alios persuaserit, et postea pœnitentiam egerit, XII. annos pœniteat, IIII. annos extra æcclesiam, et VI. inter auditores, et II. adhuc extra communionem. De his in [1]canone dicitur: 'x°. anno communionem [2]cum oblatione accipiant.'' § 11. Si æpiscopus jusserit clericum suum, aut abbas monachum suum, pro hereticis[3] missam cantare, non licet et non expedit obœdire ei.   § 12. Si presbitero contigerit, ubi missam cantaverit, et aliis recitaverit nomina mortuorum, ut simul nominaverit hereticum cum catholicis, illo sciente, ebdomadam L. pœniteat. Si frequenter fecerit, annum integrum pœniteat. § 13. Si quis autem post mortem heretici missam ordinaverit, et pro religione sua reliquias sibi tenuerit, quia multum jejunaverit, et nescit differentiam fidei, et postea intellexerit, pœnitentiamque agere voluerit, reliquias debet in igne concremare, et x. annos pœnitere. Si autem scit et neglegit, pœnitentia iterum commotus, [4]xiiii. annos pœniteat.   § 14. Si quis a fide Dei discesserit sine ulla necessitate, et postea, ex toto animo conversus, pœnitentiam agere voluerit, III. annos extra æcclesiam, id est, inter auditores fiat; et VI. annos omni se contritione dejiciat; duobus autem annis sine oblatione populo in oratione communicet; deinde ad communionem admittatur.

XXXI. DE DISCRETIONE CIBORUM, MUNDIS ET INMUNDIS.

§ 1. Qui manducat carnem inmundam, aut morticinam, aut dilaceratam a bestiis, XL. dies pœniteat; si necessitate famis

---

[1] sinodo *N.*   [2] sive oblationem recipiant. *N.*
[3] mortuis *N. add.*   [4] x. *N.*

cogente, ¹multo levius.'   § 2. ²Mus si ceciderit in liquorem,
tollatur inde, et aspergatur liquor ille aqua benedicta. Si
vivens sit, utatur; si mortuus fuerit inventus, omnis liquor
projiciatur foras, nec ab hominibus sumatur, sive lac sit, sive
cervisia, vel aliquid hujusmodi; et mundetur vas.   § 3. Quod
si multus sit liquor ille in quo mus vel mustela incidens
moritur, purgetur, decimetur, et aspergatur aqua sancta, et
sumatur, si necesse sit.   § 4. Si in farina, aut in aliquo
sicco cybo, aut in pulte, aut in melle, aut in lacte coagulato,
mus vel mustela mortui inveniuntur, quæ in circuitu ejus sunt
projiciantur foras; quod reliquum est aspergatur aqua benedicta, et utatur.   § 5. Si aves stercorant in quemcunque
liquorem, tollatur ab eo stercus, et mundetur cybus aqua
benedicta, et sumatur.   § 6. Si gallina aut quodcumque
animal in puteum ceciderit, et ibi mortuum inventum fuerit,
puteus evacuetur, et iterum mundetur aqua benedicta cum
oratione. Si scienter quis ex eo biberit, jejunet ebdomadam I.
Si vero ignoranter fecerit, feria IIII. et VI. jejunet, usque ad
nonam.   § 7. Si homo in puteum aut cisternam ceciderit, et
ibi mortuus inventus fuerit, puteus aut cisterna evacuetur, et
iterum aqua sanctificata mundetur cum oratione. Si scienter
quis ex eo biberit, XL. dies a potu abstineat, et jejunet feria
IIII. et VI. usque ad nonam. Si vero ignoranter fecerit, XX.
dies pœniteat.   § 8. Si mus, vel gallina, aut aliud quid,
ceciderit in oleum, aut in mel, et ibi mortui inveniuntur,
oleum expendatur in lucernam, mel vero in medicinam, vel
in aliam necessitatem.   § 9. Animalia quæ a lupis seu a
canibus lacerantur, non sunt comedenda, nisi forte ab hominibus adhuc viva occidantur prius, sed porcis et canibus dentur;
nec cervus, nec caprea, si mortui inventi fuerint.   § 10. Aves
vero et animalia cætera, quæ in retibus strangulantur, non
sunt comedenda hominibus, quia suffocata sunt.   § 11. Animal vero, sive avis, quod canis, aut vulpis, sive acceptor, aut
falco, mortificaverit, aut de fuste, vel de lapide, sive sagitta
quæ non habet ferrum, mortuum fuerit, hæc omnia suffocata
sunt; non manducentur; quia *IIII. capitulum Actuum Apo-
XV. stolorum præcipit abstinere a fornicatione, et suffocato, et sanguine, et idolatria. Et qui de talibus manducat, v. ebdomadas
a carne abstineat. Si famis necessitate cogente fecerit, ebdomadas II. jejunet.   § 12. Si quis sagitta percusserit cervum,

sive aliud animal, aut avem, et post tercium diem inventum
fuerit, et forsitan ex eo lupus, ursus, canis, aut vulpis, gustaverit, nemo manducet; et qui manducaverit, jejunet ebdomadas IIII. § 13. Qui vero necessitate manducat animal
quod inmundum videtur, vel avem, aut bestiam, non nocet.
§ 14. Hæc itaque proferentes non utique inmemores sumus
sermonis Domini, dicentis: 'Audite et intelligite; non quod
intrat in os coinquinat hominem, sed quod procedit de ore,
hoc coinquinat hominem.' Et Apostolus dicit: 'Nemo, inquid,
vos judicet in cybo et potu, aut neomænia, quæ sunt umbra
futurorum.' Et iterum: 'Omnis Dei creatura bona, et nihil
rejiciendum, quod cum gratiarum actione percipitur.' Sed
tamen in his antiqua religiosa consuetudo, et a sanctis patribus
tradita atque custodita, prætermittenda non est, cum constet
quia ex fide non deviat; verum sicut Apostolus dicit: 'Unusquisque abundet in suo sensu; de his salva fide et religione
nihil præjudicamur.' § 15. Pisces licet comedere, quamvis
mortui inveniuntur.[1] Sicut quibusdam placet, non manducentur; qui autem manducaverit, jejunet ebdomadas IIII.
§ 16. Leporem licet comedere.[2] § 17. Equum non prohibemus, tamen consuetudo non est comedere. § 18. Apes
si occidunt hominem, ipsas quoque occidi festinanter oportet;
mel tamen expendatur in medicinam, vel in aliis necessariis.
§ 19. [3]Si casu porci vel gallinæ sanguinem comedent, non
abjiciendos esse credimus, sed manducentur; tamen cum sale
benedicto saliatur caro eorum, et aspergatur aqua sanctificationis. § 20. Si porcus vel gallina manducaverit de corpore
hominum, non manducentur, neque serventur ad semen, sed
occidantur, et canibus tradantur. Alii dicunt, quod liceat eos
manducare postquam macerentur,' et post anni circulum.
§ 21. Animalia coitu hominum polluta occidantur, et nemo
manducet de lacte ejus, carnesque ejus canibus projiciantur;
adeps vero ejus mittatur in causis necessariis, tamen corium
assumant. Ubi autem dubium est, non occidantur. § 22. Qui

---

[1] quia alterius naturæ sunt. *N.Q. add.*
[2] et bonum est pro desintiria, et fel ejus miscendum est cum pipero
pro dolore. *N.Q. add.*
[3] Si casu porci carnem morticinorum aut sanguinem hominis
comedent, non abjiciendos credimus, nec gallinas; ergo porci qui
sanguinem hominis gustant manducentur. Sed qui cadaver mortuorum lacerantes manducaverunt, carnem eorum manducare non
licet, usquedum macerentur, *N.*

comedit vel bibit intinctum a familiari bestia, id est, cane et catto, et scit, c. psalmos cantet, [1] vel II. dies jejunet. Si nescit, L. psalmos, vel I. diem jejunet.' § 23. Si quis dederit alicui liquorem in quo mus vel mustela mortua inveniuntur, sæculares VII. dies pœniteant, clerici [2] ccc. psalmos cantent. Qui noverit postea quod tale potum biberit, si clericus est, psalterium cantet; si laicus est, III. dies jejunet, usque ad nonam, et a potu abstineat. § 24. Si quis semicoctum comederit inscius, III. dies jejunet, vel psalterium cantet; sciens autem VII. dies pœniteat. § 25. Si quis casu inmunda manu cybum tangit,[3] non nocet.[4] § 26. Si quis scienter tinxerit manum in aliquo cybo liquido, [5] c. psalmatis' emundetur. § 27. Qui sanguinem proprium inscius cum saliva sorbet, non ei nocet; si autem scit, pœnitentiam agat, juxta modum pollutionis. § 28. Si qua bestia aliquam bestiam occiderit, non comedatur; qui autem comederit, ebdomadas II. jejunet, usque ad nonam.[6] § 29. Quod sanguine vel quocunque inmundo polluitur, si nescit qui manducat, nihil est; si autem scit, juxta modum pollutionis, pœniteat. § 30. Qui sanguinem vel semen biberit, III. annos pœniteat. § 31. Si quis voluntarie sanguinem animalium, contra præceptum Domini faciens, comederit, III. annos pœniteat, I. in pane et aqua. § 32. Si quis *cutere, vel scabiem sui corporis, vel vermiculum qui *peducla nuncupatur, aut stercora, vel terram, comederit; nec non suam bibens urinam, annum integrum cum pane et aqua pœniteat. Si vero infans aut puer est, verberum disciplinis corripiatur.

*cutem?
*peduculus?

XXXII. DE HIS QUI ÆCCLESIASTICA JEJUNIA ABSQUE NECESSITATE DISSOLVUNT, ET DE HIS QUI VENATIONES EXERCENT.

§ 1. Si quis contempnit jejunium indictum in æcclesia, absque necessitate corporea, et contra decreta seniorum fecerit,

---

[1] ' Si nescit, II. dies jejunet, vel si redimere vult, L. psalmos cantet. *P.*   [2] cc. *Reg.*

[3] vel canis, vel pulex, mus, aut animal inmundum quod sanguinem edit, *N. add.*

[4] Et qui pro necessitate manducat animal quod inmundum videtur, vel avem vel bestiam, non nocet. *N. add.*

[5] ' et non idonea manu, c. psalmatis *P.*

[6] Sanguinem inscius sorbere cum saliva non est peccatum. *N. add.*

si sine XL^{mo}. est XL. dies, usque ad nonam jejunet; cum pane et aqua pœniteat. Si autem in XL^{mo}. est, annum I. pœniteat. Si frequenter fecerit, et in consuetudine ei erit, exterminabitur ab æcclesia; Domino dicente: 'Qui scandalizaverit unum de pusillis istis qui in me credunt,' et reliqua. § 2. Infirmis vero licet omni hora cybum sumere, quando desiderant vel possunt, si expectare non possunt. § 3. Si mulier pregnans in XL^{ma}. voluerit jejunare, potestatem habet; si autem non potuerit, aut parturierit, post Pascha, cum potuerit, impleat XL. dies. Talibus tamen in Pascha communicare non licet. § 4. Si clericus venationes exercuerit, I. annum pœniteat; diaconus II.; presbiter III. annos pœniteat.

XXXIII. DE OTIOSITATE, ET VERBOSITATE, ET SOMNOLENTIA.

§ 1. Scriptum quippe est: 'Otiositas inimica est animæ.' Si quis diligit otiositatem, opus ei injungatur, ut non otio vacet, audiatque Apostolum dicentem: 'Qui non vult operari, nec manducet.' Qui vero verbositatem diligit, I. diem vel duos tacens pœniteat; audiatque Scripturam dicentem: 'In multiloquio non deerit peccatum.' Et iterum: 'Vir linguosus non dirigetur in terra.' § 2. Somnolentus vigilia longiore aliis, id est, tribus vel VII. psalmis, occupetur. § 3. Vagus instabilisque,* mansione unius loci, operis sed * non *add.*? utilitate sanetur.

XXXIV. DE INOBEDIENTIA ET BLASPHEMIA.

§ 1. Inobædiens maneat extra cybum, et pulset humiliter, donec recipiatur. § 2. Quanto tempore quis inobædiens fuerit, tanto cum pane et aqua pœniteat. § 3. Qui autem industria cuicunque seniori flecti dedignatur, cœna careat; quia scriptum est: 'Invicem honore prævenientes.' § 4. Blasphemus etiam similiter sanetur, et opus ejus abjiciatur, cum semi pane aquaque maneat. § 5. Qui alium causa nocendi blasphemat, tamen ei non nocuit, quia non potuerit, III. XL^{mas}., cum legitimis feriis, pœniteat. Si autem ei nocuit, I. annum pœniteat. § 6. Qui sæpe alium causa lesionis blasphemat, eumque in aliquibus ledit, II. annos pœniteat; quia Dominus in Evangelio dicit: 'De corde enim exeunt cogitationes malæ, et hæc sunt quæ coinquinant hominem.'

XXXV. DE COGITATIONIBUS MALIS.

§ 1. Dominus dicit in Evangelio: 'Ab intus enim de corde hominum cogitationes malæ procedunt.' Si autem in cogitationibus malis peccatum non esset, nunquam Dominus per prophetam dixisset: 'Auferte malam cogitationem ab oculis meis.' Malarum cogitationum indulgentia est, si opere non impleantur et consensu.[1] § 2. Quisquis diu a cogitationibus nefariis illuditur, cum jejuniis, et vigiliis, et orationibus, veniam a Deo quærat, quousque superet.

XXXVI. DE VERBO OTIOSO.

§ 1. Dominus dicit in Evangelio: 'Dico autem vobis, quia omne verbum otiosum, quod locuti fuerint homines, reddent de eo rationem in die judicii.' Otiosum quippe verbum est, quod aut utilitate rectitudinis, aut ratione justæ necessitatis caret. Otiosa ergo colloquia ad ædificationis studium convertite; quia vanus sermo cito polluit mentem. Unde Apostolus perhibet dicens: 'Turpis sermo ex ore vestro non procedat.' § 2. Qui assidue loquitur verbum otiosum, cum psalmis, et orationibus, et vigiliis assiduis, veniam a Deo quærere debet.

XXXVII. DE CURIOSITATE.

§ 1. Grave namque curiositas est vitium, quæ dum cujuslibet mentem ad investigandam vitam proximi exterius ducit, semper ei sua intima abscondit, ut aliena sciens se nesciat. § 2. Curiositas periculosa præsumptio est. Multi aliorum vitia discernunt, sua non aspiciunt; et cum ipsi maximis criminibus teneantur obnoxii, minima peccata fratribus non dimittunt. Quisquis ergo curiositatis vitio implicatus est, discat veraciter propria discutere vitia, alienaque omittere, semperque cum bonis operibus, quantum potuerit, curet emundare.

---

* L. egris.

[1] Item xii. triduana pro anno pensanda. Theodorus laudavit, 'De *egressis,' quoque pretium viri vel ancillæ pro anno, vel dimidium omnium que possidet dare; et si quem frauderet, reddere quadruplum, ut Christus judicavit. Ista testimonia sunt de eo quod in prefatione diximus de libello Scottorum, in quo, ut in ceteris, illa aliquando inibi fortius firmavit de pessimis, aliquando vero lenius, ut sibi videbatur, modum imposuit pusillanimis. N. add.

XXXVIII. DE BAPTISMO REITERATO, ET DE OPERE DIE DOMINICO, ET QUI DIE DOMINICO JEJUNANT.

§ 1. Qui bis baptizati sunt ignoranter, non indigent pro eo pœnitentia, nisi quod, secundum canones, non possunt ordinari, nisi pro magna necessitate. § 2. Qui autem non ignoranter iterum baptizati sunt, quasi iterum Christum crucifixerunt, [1]vi. annos pœniteant, iiii. et vi. feria, et iii. xl^{mas}., si pro vitio aliquo fecere; si autem pro munditia licitum putavere, iii. annos pœniteant, sicut suprascriptum est. § 3. Mulier paupercula, si secunda vice filium baptizat, ut inde aliquid adquirat, iiii. annos pœniteat. § 4. Si quis baptizat pro temeritate, non ordinatus, abjiciendus est extra æcclesiam, et numquam ordinetur. § 5. Si quis ordinatus est per ignorantiam, antequam baptizatus sit, debet baptizari qui ab illo gentili baptizatus fuerat, et ipse non ordinetur. Hoc iterum a Romano pontifice sedis apostolicæ aliter judicatum est; asseritur itaque, ut non homo qui baptizat, licet sit paganus, sed Spiritus Dei subministret gratiam baptismi. Sed et illud de presbitero pagano, qui se baptizatum existimat, fidem catholicam operibus tenens, aliter quoque hoc judicatum est, aliter hæc judicia habent; id est, ut baptizetur et ordinetur. § 6. Die Dominico Greci et Romani [2]navigant et equitant;' non faciunt panem, nec in curru ambulant, nisi ad æcclesiam tantum, nec balneant. § 7. Greci Dominico die non scribunt publice, tamen pro necessitate seorsum in domo scribunt. § 8. A vespera usque ad vesperam dies Dominica servetur, secundum quod in lege Dominus præcepit. Opera vero servilia diebus Dominicis nullo modo agantur; id est, nec viri ruralia opera exerceant, nec in vinea colenda, nec in campis arando, metendo, vel fœnum secando, vel sæpem ponendo; nec in silvis stirpare, nec arbores cædere, vel in petris laborare, nec domos construere; nec in orto laborent, nec ad placita conveniant, nec venationes exerceant. Item feminæ opera texilia non faciant, nec abluant vestimenta, nec consuant; nec lanam carpere, nec linum batere, nec vestimenta lavare, nec verveces tondere, vel aliquid hujusmodi habeant licitum; ut omnimodis honor et requies Dominicæ resurrectionis diei servetur. Et ad missarum sollennia ad æcclesias undique conveniant, et laudent Deum pro omnibus bonis, quæ nobis in illa die fecit.

---

[1] vii. *P.*   [2] non navigant nec equitant; *P. Q.*

Et quando ad æcclesiam venerint, oblationes pro semetipsis, et pro parentibus ac proximis offerre debent. Et ut nulli in ipsa æcclesia, vel ubi lectio divina recitata fuerit, verbosare præsumant, sed lectiones sanctas libenter convenit audire, sicut Dominus per Moysen dicit: ʻAudi Israel, et tace.' Et Apostolus dicit: ʻMulieres in æcclesia taceant.' § 9. Jocationes, *et saltationes, et *circum, vel cantica turpia et luxuriosa, vel *lusa diabolica, nec ad ipsas æcclesias, nec in domibus, nec in plateis, nec in ullo loco alio facere præsumant; quia hoc de paganorum consuetudine remansit. § 10. Vigilias vero in nocte Dominica, aut in natale Sanctorum, in nullo alio loco, nisi in æcclesia, observare debent; ibique devota mente cum candelis orationibusque vacare convenit. § 11. ¹Qui operantur die Dominico vapulent, si tales personæ sunt; sin autem, VII. dies cum pane et aqua vivant.' § 12. Lavacrum capitis potest esse in die Dominico, si necessitas contigit; pedes quoque lavare licet. § 13. Balneare, ac radere, et tondere, in die Dominico non licet; si quis hoc fecerit, feria IIII. et VI. cum pane et aqua vivat. § 14. Si quis autem die Dominico pro neglegentia jejunaverit, totam ebdomadam debet abstinere; si secundo, dies xx. pœniteat; si postea, III. XL. dies; si pro dampnatione diei jejunaverit, sicut Judæi, ²exterminabitur ab æcclesia catholica,' quoadusque per confessionem ad pœnitentiam redeat.³

XXXIX. DE NEGLEGENTIA EUCHARISTIÆ.

§ 1. Si quis eucharistiam neglegentiæ causa perdiderit, I. annum, vel III. XL^{mas}., seu XL. dies, pœniteat. § 2. Si sacrificium in terra ceciderit, causa neglegentiæ, ⁴L. psalmos cantet. § 3. Qui non bene custodierit sacrificium, et mus

---

¹ʻQui operantur die Dominico, eos Greci, prima vice, arguunt; secunda, tollunt aliquid ab eis; tercia vice, partem tertiam de rebus, aut vapulent, vel VII. diebus peniteant. *N.*

²ʻabhominetur ab omnibus ecclesiis catholicis, *N.*

³Græci et Romani dant servis suis vestimenta, et laborant sine Dominico die. Græcorum monachi servos non habent, monachi Romanorum habent. In illa die ante Natale Domini hora nona expleta missa, id est vigilia Domini, manducant Romani; Græci vero dicta vespere missa cœnant. De peste mortalitatis Græci et Romani dicunt, ipsos infirmos visitare debere, sicut Dominus præcipit. Græci carnes morticinorum non dant porcis, pelles tamen ad calceamenta, et lanam, et cornua accipere licet non ad aliquod sanctum. Lavacrum capitis in Dominica, et in lixivia pedes lavare licet; sed consuetudo Romanorum non est hæc lavatio pedum. *P.Q. add.* ⁴ XL. *P.*

comederit illud, xL. dies pœniteat. § 4. Qui autem perdiderit, et non inventum fuerit, xx. dies pœniteat. § 5. Qui
neglexerit sacrificium, ut vermes in eo sint, aut colorem non
habet saporemque, xx. vel xxx. vel xL. diebus pœniteat, et
in igne projiciatur, cynisque ejus sub altare abscondatur.
§ 6. Si ceciderit sacrificium de manibus offerentis terra tenus,·
et non inveniatur, omne quodcunque inventum fuerit in loco
quo ceciderit comburatur igni, et cynis ejus sub altare
abscondatur; ¹sacerdos deinde medio dampnetur.' Si vero
inventum fuerit sacrificium, locus scopa mundetur, et stramen
igni comburatur, cynisque, ut supradictum est, abscondatur;
sacerdos vero xx. dies pœniteat. Si usque ad altare tantum
lapsum fuerit, xv. dies pœniteat. § 7. Si de calice per
neglegentiam aliquid stillaverit in terra, lingua lambatur,
terraque radatur. Si tabula fuerit, vel petra, ubi ceciderit,
similiter radatur, et quod rasum fuerit igni sumatur, et, ut
supradictum est, abscondatur; sacerdos vero, L. dies pœniteat.
§ 8. Si super altare stillaverit calix, sorbeat minister stillam,
tresque dies pœniteat. Si super lintheum pervenit ad aliud,
vii. dies pœniteat; si usque ad tercium pervenit, ix. dies
pœniteat; si usque ad iiii., xi. Lintheamina vero, quæ
tetigerit stilla, tribus vicibus lavantur; aqua vero ablutionis
sumatur, et in ignem vel currentem aquam projiciatur.
§ 9. Si quis perfundit aliquid de calice super altare, quando
auferuntur lintheamina, vii. dies pœniteat. § 10. Si ceciderit
sacrificium de manu portantis in stramen, vii. dies pœniteat
a quo ceciderit. § 11. Qui perfundit calicem in fine
sollempnitatis missæ, xL. dies pœniteat. § 12. Qui acceperit
sacrificium post cybum, vii. dies pœniteat.² § 13. Omne
sacrificium vetustate sordida corruptum igni comburendum
est.³ § 14. Si casu quis sacrificium perdit, relinquens illud
feræ vel avi devorandum, ⁴xL. dies pœniteat; si neglegens,
i. annum pœniteat.' § 15. Qui in æcclesia modicam partem
perdiderit, et non invenerit, xx. diebus pœniteat, vel unoquoque
die psalmos Lxx. cantet. § 16. Si quis acceperit sacrificium,

---

¹′ille medium annum pœniteat. *P.*

²in judicio episcopi est illius. *N. add. cum hac nota:* hoc in
quibusdam non additur, ' esse in judicio episcopi.'

³Confessio autem Deo soli ut agatur licebit, si necesse est. *N.
add. cum hac nota:* et hoc ' necessarium' in quibusdam codicibus
non est.

⁴′si casu, iii. ebdomadas jejunet, si neglegens, iii. xL^{mas}, *N.*

pollutus nocturno tempore, antequam pœniteat, xx. dies
pœniteat, vel v. psalteria cantet.   § 17. Qui communicaverit
ignoranter excommunicatum ab æcclesia, xL. dies pœniteat. Si
autem scienter fecerit, similiter excommunicabitur.   § 18. Si
laicus, in ipsa die quando communicaverit, per æbrietatem
vel voracitatem, sacrificium evomuerit, xL. dies pœniteat.[1] Si
autem postquam dormierit, ante mediam noctem, fecerit, xxx.
dies a potu abstineat. Si vero post mediam noctem fecerit,
xx. dies a potu abstineat. Si matutino vel mane fecerit, x.
dies a potu abstineat.   § 19. Si vero canes lambuerint talem
vomitum, c. dies absque aqua pœniteat qui vomit. Si in igne
projecit, c. psalmos cantet, vel ii. dies cum aqua pœniteat.
Si infirmitatis causa fecerit, vii. dies pœniteat cum aqua.
§ 20. Si quis sacerdos alicui crimen capitale admittenti ac
publicam pœnitentiam agenti, ante reconciliationem, communionem tribuerit, vii. dies pœniteat.   § 21. Diaconus obliviscens
oblationem offerre sine lintheamine, xL. dies pœniteat; quia in
Evangelio scriptum est, quod Joseph corpus Domini in sindone
munda involvit.

XL. DE NEGLEGENTIA NOVI AC SANCTIFICATI PANIS, SIVE DE ALIIS CREATURIS.

§ 1. Qui autem perdiderit suum crisma, aut solum sacrificium,
in regione qualibet, ut non inveniatur, iii. xL^{mas}., aut annum
L pœniteat.   § 2. Qui creaturam perdiderit, hoc est, thus,
tabulas, aut scedulam, aut sal benedictum, aut panem novum
consecratum, vel aliquid huic simile, iiii. dies pœniteat.

XLI. DE RECONCILIATIONE PŒNITENTUM.

§ 1. Quia quod sæpe varia necessitate perpendimur canonum
instituta de reconciliandis pœnitentibus, id est, in cœna Domini
pleniter nequimus, tamen nec omnino dimittatur, curet unusquisque presbiter, post acceptam confessionem, pœnitentiamque
datam, mox singulos data oratione reconciliari, exceptis his
qui publicam agunt pœnitentiam, vel qui non latenter in
criminali peccato lapsi sunt; tales vero nullo modo reconciliari
oportet, nisi in cœna Domini. Si vero periculum mortis,
propter aliquam infirmitatem, incurrerint, ante constitutum

---

[1] si sit clericus, vel monachus, seu diaconus; presbyter LXX. dies;
episcopus xc. *P. add.*

tempus reconciliari eos oportet, ne forte, quod absit, sine communione ab hoc sæculo discedant. § 2. De communione privatis et ita defunctis, in æpistola Leonis papæ ita scriptum est: 'Horum,' inquid, 'causa Dei judicio reservanda est, in cujus manu fuerit, ut talium obitus usque ad communionis remedium differatur; nos autem quibus viventibus non communicavimus, mortuis communicare non possumus.' §3. Si quis ad pœnitentiam venit, et postea aliqua egritudo ei contigerit, et non potuerit adimplere quod illi mandatum est a sacerdote, quamvis excommunicatus fiat, tamen suscipiatur ad sanctam communionem; et si voluerit Deus salvum facere, eique vitam concedere, jejunet postea. § 4. Si quis non pœnitet, et forsitan cæciderit in ægritudinem, et quæsierit communicare, non prohibeatur, sed date ei sanctam communionem, ita tamen ut omnia sit ante confessus; et mandate illi ut, si placuerit Dei misericordiæ ut evaserit de ipsa ægritudine, mores suos et actus, in quibus antea deliquit, omnino corrigere debeat, cum pœnitentia; quia omnibus morientibus, secundum auctoritatem Niceni concilii, sine cunctamine, communio et reconciliatio præbeatur. § 5. Si autem aliquis excommunicatus fuerit mortuus, qui jam sit confessus, et non occurrit communicare, sed occupavit eum subita mors, sive in via, sive in domo; si est aliquis ex parentibus ejus, qui aliquid pro eo offerat, ad sanctum altare, aut ad redemptionem captivorum, vel pauperibus tribuat. § 6. In Affricano etiam concilio scriptum est, ut scenicis atque istrionibus, ceterisque hujusmodi personis, reconciliatio non negetur.

XLII. DE COMMUNIONE JUDÆORUM VEL GENTILIUM.

§ 1. Si quis Christianus a perfidis Judæis azima eorum accipit, vel alium quemlibet cybum, vel potum, et communicat impietatibus eorum, XL. dies cum pane et aqua pœniteat; quia scriptum est: 'Omnia munda mundis, coinquinatis autem et infidelibus nihil est mundum, sed omnia sunt communia.' §2. Si quis Christianus cum gentilibus festa eorum cælebrat, aut manducat vel bibit cum eis, et communicat pravitatibus eorum qui sine Deo sunt, XL. dies pœniteat, exceptis his qui per vim ducuntur in captivitatem, et quos ad talia comedenda necessitas compellit; hi vero, si quando reversi fuerint, omnem ritum gentilium execrare debent, et pœnitere judicio presbiteri; quia scriptum est: 'Non potestis bibere calicem Domini et calicem dæmoniorum;' et 'Quæ societas tenebris cum luce?' § 3. Si quis Christianus Christianum hominem, quamvis servum proprium, in manu Judæorum vel gentilium vendiderit, ac per hoc, separatus ab æcclesia catholica, Christianitatem suam perdiderit, ille non est dignus inter Christianos requiem habere, donec redimat eum. Si autem non potuerit redimere eum, precium quod accepit, det pro eo, et alium de servitute alio precio redimat, et III. annos abstineat a carne, et vino, et medone; et ferias legitimas, in unaquaque ebdomade, jejunet ad nonam, et manducet de sicco cybo. Si autem pauper est, et forsitan precium non habuerit unde aliquem redimat, tamen de labore suo aliquid det pro eo, et pœniteat VII. annos. § 4. Si quis Christianus alterum Christianum suaderit, ac in alteram regionem seduxerit, ibique eum vendiderit pro proprio servo, ille non est dignus inter Christianos requiem habere, donec redimat eum, et reducat ad proprium locum. Si autem non potuerit redimere eum, redimat alterum de servitute, et det pro eo aliquid de labore suo, et pœniteat II. annos. Si autem pauper est, et non habet unde redimat eum, VII. annos pœniteat, et oret pro eo jugiter. § 5. Si quis Christianus alterum Christianum vagantem reppererit, eumque furatus fuerit, ac vendiderit, non debet habere inter Christianos requiem, donec redimat eum, et pro illo furto VII. annos pœniteat. Si autem non potuerit redimere eum, precium quod accepit det pro eo in elemosinam illius, et alium redimat de servitute, et pœniteat VII. annos. Si autem pauper est, et non habet unde alium redimere valeat, tamen aliquid det pro eo, et pœniteat X. annos.

XLIII. DE PRESBITERIS QUI MORIENTIBUS PŒNITENTIAM DENEGANT, ET QUI INFIRMOS NON BAPTIZANT.

§ 1. Si quis presbiter pœnitentiam morientibus abnegaverit, reus erit animabus eorum; quia Dominus dicit: 'Quacunque die conversus fuerit peccator, vita vivet et non morietur.' Vera ergo ad Deum conversio in ultimis positorum, mente potius est estimanda quam tempore, propheta hoc taliter asserente: 'Cum conversus ingemueris, tunc salvus eris.' Cum ergo Dominus sit cordis inspector omni tempore, non est deneganda pœnitentia postulanti. Denique latro positus in cruce, propter confessionem unius momenti, hora ultima, meruit esse in paradyso; Domino dicente: 'Amen dico tibi, hodie mecum eris in paradyso.' § 2. Quicunque enim presbiter, in provincia propria, aut in aliena, vel ubicunque inventus fuerit, commendatum sibi infirmum baptizare non vult, quamvis de parrochia alterius sit, vel pro intentione itineris, et sic sine baptismo moritur, deponatur. § 3. Sed et omnibus fidelibus licet, ubi forte morituros invenerint non baptizatos, necessitate cogente, baptizare; immo præceptum est animas eripere a diabolo per baptismum, id est, benedicta simpliciter aqua, in nomine Domini, baptizare illos, in nomine Patris, et Filii, et Spiritus Sancti, intinctos aut superfusos aqua.

XLIV. QUOD GRECI SINGULIS DOMINICIS COMMUNICENT.

§ 1. Greci omni die Dominico communicant, clerici et laici; et qui in tribus Dominicis non communicaverint, excommunicantur, sicut canones habent. § 2. Romani similiter communicant, qui volunt; qui autem nolunt, non excommunicantur. § 3. Greci et Romani tribus diebus abstinent se a mulieribus antequam communicent, sicut in lege scriptum est. § 4. Pœnitentes, secundum canones, non debent communicare ante consummationem pœnitentiæ; nos autem, pro misericordia Dei, post annos II. vel I., aut post menses VI. licentiam damus communicandi, ne forte absque communione ab hac vita discedant, quia de communione privatis et ita defunctis superius satis est expressum; ea tamen ratione, ut ante vita et conversatio eorum discutiatur, et si digna inventa fuerit, tunc hanc benivolentiam demum consequantur. Sciendum est vero, quia pro qualitate criminum varietas temporum posita est.

XLV. DE COMMEMORATIONE DEFUNCTORUM, VEL DE MISSA PRO EIS, ET CUR III., VII., VEL XXX., AUT ANNIVERSARIUS DIES CÆLEBRETUR.

§ 1. Missa pro mortuis in hoc differt a consueta missa, quod sine Gloria, et Alleluïa, et pacis osculo, cœlebratur. Solemus memoriam mortuorum generaliter celebrare tercia, ac septima, et tricesima die; unde talem habemus auctoritatem in Veteri Testamento; scriptum est in libro Numerorum, *l. xix. capitulo *xlvii.: 'Qui tetigerit cadaver hominis, et propter hoc fuerit inmundus vii. dies, aspergatur aqua benedicta die iii. et vii., et sic mundabitur.' § 2. In celebratione autem dierum xxx. suffulti sumus Moysi et Aaron celebratione; ita *l. xx. scriptum est in eodem libro, capitulo *l.: 'Omnis multitudo videns occubuisse Aaron, flevit super eo xxx. diebus, per cunctas familias suas.' Et iterum in Deuteronomio, de Moysi, *l. xxxiv. capitulo *cliiil.: 'Fleverunt super eum filii Israel, in campestribus Moab, xxx. diebus.' § 3. Inmundum autem cadaver hominis pollutam animam significat mortuis operibus. § 4. Purgatio mortui hominis per sacrificium sacerdotis, tertia die et vii., congruit naturæ humanæ: peccatum animæ, quæ neglexit Dei cultum in cogitatione, vita, et in intellectu, humiliter confitendo, offerimus Deo sacrificium tercia die, ut ab his peccatis purgetur: similiter peccatum quod per corpus gessit, cupimus purgari in quarto die post tercium diem, id est, vii. post mortem suam, quia corpus notissimis elementis subsistit. § 5. Duobus modis committitur omne peccatum, aut faciendo ea quæ non debuimus facere, aut omittendo ea quæ debuimus facere. § 6. Omnia peccata quæ egit et non debuit agere, deflemus usque ad septimum diem, in quo numero designatur universitas; deinceps, usque ad tricesimum diem, rogamus et pro illis quæ debuit facere et non fecit. § 7. Seorsum vero rogamus pro anima, et seorsum pro corpore; quando vero studemus ut opera amicorum nostrorum sint plena coram Deo, tricesimo die pro eis sacrificium offerimus. Solent vero nonnulli interrogare, si liceat cotidie orare, et sacrificium Deo offerre pro mortuis? Quibus respondetur, quia plerique in Dominicis diebus sacrificium pro mortuis non offerant, propter singularem reverentiam Dominicæ resurrectionis, videlicet, quia Ille solus inter mortuos liber fuit, ideo valde condecet ut ejus singularis resurrectio venerabiliter ab omnibus, et sine alicujus admixtione defuncti, cælebretur; quia vero quod agitur in tercia, et septima, et tricesima die, publice agitur, et generaliter ab omnibus amicis. § 8. Anniversarius dies ideo reppetitur pro defunctis, quoniam nescimus qualiter eorum causa habeatur in alia vita. Sicut Sanctorum anniversarias dies in eorum honore ad memoriam nobis reducimus, super utilitatem nostram, ita defunctorum ad utilitatem *atque *add.? illorum, et nostram devotionem implendam, credendo nos * eos aliquando venturos ad consortium Sanctorum. § 9. Alioquin omni tempore bonum est orare pro defunctis, etiam si nesciatur dies defuncti pro oblivione, seu per ignorantiam, vel prætermittatur propter occupationem aliquam terrenam, sicut scriptum est: 'Sancta ergo et salubris est cogitatio pro defunctis orare, ut a peccatis solvantur.'   § 10. Pro defuncto monacho missa agatur die sepulturæ ejus, et tercia die, ac septima, vel xxx., et postea quantum voluerit abbas.   § 11. Missam quoque monachorum per singulas septimanas cantare, et eorum nomina recitare, mos est.   § 12. Consuetudo etiam est Romanæ æcclesiæ, monachos, vel homines religiosos defunctos, in æcclesiam portare,[1] ibique missam pro eis cælebrare; deinde cum cantatione portare ad sepulturam; et cum positi fuerint in sepulchro, funditur pro eis oratio; deinde humo vel petra operiuntur. Prima, et iii., et [2]vii., nec non et tricesima die, pro eis, sicut superius dictum est, missa cælebratur, [3]et postea quantum voluerit.'   § 13. Missa sæcularium mortuorum ter in anno, tertia die, et [2]vii., et xxx., [4]quia surrexit Dominus [tertia die], et vii. dies jejunavere filii Israel pro Saul, et xxx. dies, sicut superius dictum est, Moysen planxere.' § 14. Solent nonnulli dicere etiam quod non liceat missam pro infantibus cantare ante vii. annos, sed hi nimirum improvida consideratione falluntur; quia videlicet et in Libro Sacramentorum missa repperitur pro nuper baptizato. § 15. Nonnulli solent interrogare, si pro omnibus regeneratis liceat sacrificium Mediatoris offerre, quamvis flagitiosissime viventibus, et in malis operibus perseverantibus? De hac questione varia expositio patrum invenitur; sed singula ante oculos ponemus, quæ ad memoriam recurrunt, ut unusquisque quod velit assumat. Venerabilis pater namque Agustinus ad Paulinum, 'De cura pro mortuis gerenda,' libro secundo, ita dicit: 'Quamvis non pro quibus fiunt omnibus prosint, sed eis tantum pro quibus dum vivunt comparantur ut prosint; sed quia non discernimus qui sint, oportet ea pro regeneratis omnibus facere, ut nullus eorum prætermittatur, ad quos hæc

---

[1] et cum chrismate ungere pectora, *P. add.*

[2] nona *P. Q.*

[3] exinde post annum, si voluerit, servetur. *P. Item alio loco:* postea quantum voluerit abbas: pro laico bono tertia die vel septima; et propinquos ejus oportet jejunare septem diebus, et oblationem offerre ad altare, sicut in Jesu filii Sirach legitur: 'Et pro Saul filii Israël jejunaverunt;' postea quamdiu voluerint presbiteri.

[4] quia surrexit Dominus tertia die, et nona hora spiritum emisit, et triginta diebus Moysen planxerunt filii Israel. *P. Q.*

beneficia possint et debeant pervenire; melius enim super-
erunt super eis quibus nec obsunt nec prosunt, quam eis
deerunt quibus prosunt.' Sed huic sententiæ videtur contrarium quod Johannes Apostolus dicit: 'Est peccatum usque
ad mortem, non pro illo dico ut quis roget.' Et hoc capitulum
idem venerabilis pater ita exponit: 'In eo quod dicit, est
peccatum usque ad mortem, non pro illo dico ut quis roget,
aperte ostendit esse quosdam fratres, pro quibus orare nobis
non præcipitur, cum Deus etiam pro persecutoribus nostris
orare nos jubeat. Nec ista questio solvi potest, nisi fateamur
esse aliqua peccata in fratribus, quæ inimicorum persecutione
graviora sint. Fratres autem Christianos significare, multis
divinarum Scripturarum documentis probari potest; manifes-
tissimum tamen illud est quod Apostolus ponit: Sanctificatus
est enim vir infidelis in uxore, et sanctificata est mulier
infidelis in fratre: non enim addidit nostro, sed manifestum
existimavit eum fratris nomine Christianum intelligi, qui
infidelem haberet uxorem. Peccatum ergo fratris ad mortem
esse puto, quod post agnitionem Dei, per gratiam Domini
nostri Jesu Christi, quisque obpugnat fraternitatem, et adversus ipsam gratiam, qua reconciliandus est Deo, invidiæ
facibus agitatur.' Aliter est. 'Peccatum usque ad mortem
utique peccat ille peccator, qui in hujus temporalis vitæ cursu
pœnitentiam non agit. Ecce hic dicit, quod pro fratribus sic
peccantibus non liceat orationem fundere; quanto magis nec
sacrificium Mediatoris offerre? Et quomodo potest esse con-
veniens, ut pro omnibus regeneratis liceat sacrificium offerre,
quando pro fratribus sic peccantibus saltem non conceditur
vel precem fundere; nisi forte ita intelligamus, ut eos solummodo dicat regeneratos in Christo, qui fidem Dominicam, quam
in baptismate percipiunt, usque ad exitum vitæ inconcussam
cum bonis operibus student custodire; et quia scriptum est:
Fides sine operibus mortua est; et iterum: Confitentur se
nosse Deum, factis autem negant?' Et Johannes Apostolus
dicit: 'Qui dicit se in Christo manere, debet ambulare sicut
ipse ambulavit.' His quoque sententiis concordat auctoritas
canonica. In concilio Bracarensi, cap. VI. ita scriptum est:
'Placuit ut hi qui sibi ipsis, aut per ferrum, aut per venenum,
aut per precipitium, vel quolibet modo, violenter inferant
mortem, nulla his commemoratio fiat; neque cum psalmis ad
sepulturam eorum cadavera deducantur; multi etiam hoc sibi
jus per ignorantiam usurpant. Similiter de his placuit qui

pro suis sceleribus puniuntur.' 'Dyonisius Ariopagita, antiquus videlicet et venerabilis pater, dicit blasphemias Deo
facere qui missam cælebrat pro malis et impiis hominibus.
Item Agustinus, in libro Enchiridion ad Laurentium, 'De
cura pro mortuis gerenda,' cap. cxiiii., ita dicit: 'Neque
negandum est, defunctorum animas pietate suorum viventium
relevari, cum pro illis sacrificium Mediatoris offertur, vel
elemosinæ in æcclesia fiant: sed eis hæc prosunt, qui cum
viverent ut hæc sibi postea possent prodesse meruere.' Est
enim quidam vivendi modus nec tam bonus, ut non requirat
ista post mortem, nec tam malus, ut non ei prosint ista post
mortem; est vero talis in bono, ut his non requirat, et item
rursus talis in malo, ut nec his valeat, cum vita transierit,
adjuvari. Quocirca hic omne meritum comparatur, quo possit
post hanc vitam relevari quispiam vel gravari. Nemo autem
se speret quod hic neglexerit, cum obierit, a Deo promereri.
Quinetiam hoc meritum sibi quisque, cum in corpore viveret,
comparavit, ut ei possint ista prodesse, non enim omnibus
prosunt; et quare non omnibus prosunt, nisi propter differentiam vitæ quam quisque gessit in corpore? Cum ergo
sacrificia, sive quarumcunque elemosinarum* pro baptizatis   * largitiones
defunctis omnibus offeruntur, pro valde bonis gratiarum   *add.?*
actiones sunt; quibus autem prosunt, aut ad hoc prosunt, ut
sit plena remissio, aut certe, ut tolerabilior fiat ipsa dampn-
natio.' Beatus vero Gregorius, 'De cura gerenda pro mortuis,' ita dicit: 'Si culpæ, inquid, post mortem insolubiles
non sunt, multum solet animas etiam post mortem sacra
oblatio hostiæ salutaris adjuvare; ita ut hoc nonnunquam
ipsæ defunctorum animæ videantur expetere.' Hoc autem
sciendum est, quia illic saltem de minimis nihil quisque pur-
gationis obtinebit, nisi bonis hoc actibus, in hac adhuc vita
positus, ut illic obtineat promereatur.

XLVI. DE RITU MULIERUM IN ÆCCLESIA.

Non oportet mulieres ingredi ad altare, neque aliquid ex
his quæ virorum sunt officiis deputata attingere: id est, non
velent altare cum corporale, nec oblationes, neque calicem,

---

¹ʼ Sed licet Dionysius Areopagita dicat blasphemiam Deo facere,
qui missas offert pro malo homine, Augustinus tamen dicit, pro
omnibus Christianis hoc esse faciendum, quia hoc vel eis proficit, aut
offerentibus aut petentibus. *P.*

super altare ponant, neque stent inter ordinatos in æcclesia, neque in convivio sedeant inter sacerdotes, neque alicui pœnitentiam præsumant judicare, neque crucem, vel reliquias Sanctorum, bajulent, neque sacrificium dispensent; tamen possunt, sub nigro velamine, accipere sacrificium, ut Basilius judicavit.

XLVII. DE ÆCCLESIA IN QUA MORTUORUM CADA-VERA, FIDELIUM SIVE INFIDELIUM, SEPELIUNTUR.

§ 1. Missam celebrare in æcclesia licet, ubi fideles ac religiosi sepulti fuerint. Si vero infideles, ac heretici, vel perfidi Judæi sepulti fuerint, sanctificare, vel missam cælebrare, non licet; sed si apta videtur ad consecrandum, inde evulsis corporibus, et rasis vel lotis parietibus, *sanctificabitur, si antea consecrata non fuit. § 2. Æcclesiam licet poni in alium locum, si necessitas fuerit. § 3. Et in loco altaris crux debet poni. § 4. Nonnulli dicunt, quod non debeat iterum sanctificari, sed tantum presbiter aquam spargere debet; sed tamen melius videtur ut sanctificetur ille locus, quia in dedicatione æcclesiæ canitur: ' Locus a Deo iste factus est.' § 5. Ligna æcclesiæ non debent ad aliud opus [poni], nisi ad aliam æcclesiam, vel igne comburenda, aut ad aliquid profectum in monasterio. Fratribus coquere cum eis panem licet. Talia vero ligna in laicata opera non debent poni.

sanctificetur?

XLVIII. DE RELIQUIIS SANCTORUM, VEL RITU SACERDOTUM, ET DIACONORUM, LAICORUMQUE IN ÆCCLESIA.

§ 1. Alia veneratio est in Deo, alia in Sanctis: solum namque æternum Deum, Patrem scilicet, et Filium, et Spiritum Sanctum, adorare debemus, eique soli sacrificium et preces vel vota persolvere; unde scriptum est: ' Dominum Deum tuum adorabis, et illi soli servies.' § 2. Forte aliquis quærit, quomodo conveniat quod hic præcipitur, Domino soli serviendum, Apostoli verbo, qui dicit: ' Servite per caritatem invicem?' Sed huic facile linguæ Grecæ, ex qua Scriptura translata est, origo satisfacit, in qua servitus duobus modis ac diversa significacione solet appellari; dicitur latria, dicitur et dulia; sed dulia intelligitur servitus communis, sive Deo, sive homini, sive cuilibet rerum naturæ exhibita; a qua etiam

servus, id est dulos, nomen accepit. Latria autem vocatur
servitus illa, quæ soli Divinitatis cultui debita est, neque ulli
est participanda creaturæ; unde et idolatræ nuncupantur hi,
qui vota, preces, et sacrificia, quæ uni Deo debuerant,
inpendunt creaturæ. Jubemur ergo per caritatem servire
invicem, quod est Grece * ΑΤΑΫΩΝ; jubemur uni Deo servire, *ʟ ΛΟΤΑΕΥΕΙΝ.
quod est Grece * ΛΛΘΡΥΩΝ; unde dicitur: 'Et illi soli servies,' *ʟ ΛΑΤΡΕΥΕΙΝ.
quod est Grece * ΛΛΘΡΗΤCΥC. Et iterum: 'Nos enim simus *ʟ ΛΑΤΡΕΥΣΕΙΣ.
circumcisione Spiritui Dei servientes,' quod est in Greco
latreuontes. Itaque, ut prædiximus, alia veneratio est in Deo,
alia in Sanctis. Solam Trinitatem adorare debemus, Sanctos
vero intercessores pro peccatis nostris quærere. Unde et ad
distinguendas has duas venerationes, optime in Lætania
scribitur, in primis namque dicitur, 'Christe, audi nos;' ac
deinde, 'Sancta Maria, ora pro nobis:' neque dicitur, Christe,
ora pro nobis, et Sancta Maria, vel Sancte Petre, audi nos,
sed, 'Christe, audi nos;' et, 'Fili Dei, te rogamus, audi nos.'
¹'Reliquiæ tamen Sanctorum venerandæ sunt, et, si potest
fieri, in æcclesia, ubi reliquiæ Sanctorum sunt, candela ardeat
per singulas noctes.' Si autem paupertas loci non sinit, non
nocet eis. In natale Sanctorum incensum incendatur pro
reverentia diei; ²quia ipsi sunt lilia quæ dedere odorem
suavitatis, et primitus æcclesiam aspersere sicut spargit incensum.' § 3. Æpiscopum licet in campo confirmare, si necessitas fuerit.³ § 4. Presbiterum duas missas in uno altare
cantare licet. § 5. Presbiter, si responsorium cantat in
missa, vel quæcumque agat, cappam suam non tollat; si
Evangelium legit, super humeros ponat. § 6. Non licet
diaconum laico pœnitentiam judicare, sed æpiscopi et pres-

---

¹' Gradus non debemus facere ante altare, ubi reliquiæ Sanctorum
venerandæ sunt. Si potest, candela ardeat ibi per singulas noctes.
P. Q.

²' quia ipsi, sicut lilia, dederunt odorem suavitatis, et asper-
serunt ecclesiam Domini, sicut incenso aspergitur primitus juxta
altare. *P.*

³ Similiter et presbitero agere, si diaconus, vel presbiter ipse, calicem
vel oblationem manibus tenuerit. Episcopus non debet abbatem
cogere ad sinodum ire, nisi etiam aliqua rationabilis causa sit. Episcopus dispensat causas pauperum, usque ad ʟ. solidos; rex vero si
plus est. Episcopus et abbas hominem sceleratum servum possunt
habere, si pretium redimendi non habet. Episcopo licet votum solvere, si vult. Presbitero soli licet missas facere, et populum benedicere in Parasceve, et crucem sanctificare. Presbiter decimas dare
non cogitur. Presbitero non licet peccatum episcopi prodere, quia
super eum est. *P. Q. add.*

biteri judicare debent.　　§ 7. Diaconi possunt baptizare, et cybum vel potum benedicere.　　§ 8. Subdiaconi non possunt baptizare, neque panem dare, vel calicem benedicere.　　§ 9. Non licet subdiaconos habere locum in diaconio.　　§ 10. Non licet diaconum coram presbiteris sedere, sed jussione presbiteri sedeat. § 11. Similiter autem et diaconus honorem habeat ab obsequentibus, id est subdiaconis et omnibus clericis.　　§ 12. Diaconi apud Grecos non dicunt, ' Dominus vobiscum.'　　§ 13. Sacrificium non est accipiendum de manu sacerdotis qui orationes vel lectiones secundum ritum implere non potest.[1]　　§ 14. Laicus in æcclesia juxta altare non debet lectionem recitare ad missam, nec in pulpito Alleluia cantare, sed psalmos tantum aut responsoria, sine Alleluia.　　§ 15. Aqua benedicta domos suas aspergant, quotiens voluerint, qui habitant in eis.　　§ 16. Et quando presbiter consecraverit aquam, primum orationem dicat. § 17. Nullus namque presbiter nihil aliud in sacrificio offerat, præter hoc quod Dominus docuit offerendum; id est, panem sine fermento, et vinum cum aqua mixtum; quia de latere Domini sanguis et aqua exivit.　　§ 18. Cum ad cælebrandas missas in Dei nomine convenit, populus non antea discedat ab æcclesia quam missa finiatur, et diaconus dicit: ' Ite, missa est.'　　§ 19. Si quis æpiscopus aut presbiter juxta præceptum Domini non baptizaverit, id est, in nomine Patris et Filii et Spiritus Sancti, sed in tribus sine initio principibus, aut in tribus filiis, aut in tribus paraclitis, deponatur.　　§ 20. Item si quis æpiscopus aut presbiter non trinam mersionem in baptismo celebret, sed semel mergat, quod dare videtur in morte Domini, deponatur; non enim dixit nobis Dominus: In morte mea baptizate, sed, ' Ite, docete omnes gentes, baptizantes eos in nomine Patris et Filii et Spiritus Sancti.'　　§ 21. Mulier baptizare non præsumat, nisi cogente necessitate maxima. § 22. In catecumeno, et baptismate, et confirmatione, unus potest esse pater, si necesse est.　　§ 23. Virum autem licet fæminam suscipere in baptismo, similiter et fæminam licet virum suscipere.　　§ 24. Non licet baptizatis manducare cum catecumenis, neque osculum eis dare.　　§ 25. Necesse est ergo vobis sacerdotibus, fratres karissimi, sollicitos esse pro

---

[1] Presbiter fornicans, si, postquam compertum fuerit, baptizaverit, iterum baptizentur illi quos baptizavit. Si quis presbiter ordinatus deprehendit se non esse baptizatum, baptizetur et ordinetur iterum. Diacones cum Grecis non frangunt panem sanctum, nec collectionem dicunt, vel ' Dominus vobiscum,' vel completam. *P. Q. add.*

peccantibus; quia sumus alterutrum membra, et si quid patitur unum membrum, compatiuntur omnia membra. Ideoque si videris aliquem in peccatis jacentem, festina eum ad pœnitentiam per tuam doctrinam vocare; et quotienscumque dederis consilium peccanti, simul quoque da illi pœnitentiam statim, quantum debeat jejunare, et redimere peccata sua; ne forte obliviscaris quantum eum oporteat pro suis peccatis jejunare, tibique necesse sit ut iterum exquiras ab eo peccata; ille, si forsitan erubescet iterum peccata sua confiteri, invenietur amplius jam judicari. Non enim omnes clerici hanc scripturam usurpare aut legere debent qui inveniunt eam, nisi soli illi quibus necesse est, hoc est presbiteri. Sicut enim sacrificium offerre non debent nisi æpiscopi et presbiteri, quibus claves regni cœlestis traditæ sunt, sic nec judicia ista alii usurpare debent.[1] Unusquisque autem sacerdos studiose cogitet de medicamento animarum, quomodo suam et aliorum animas salvare valeat, in erudiendo, in docendo sanum sermonem; quia qui bene ministrat, bonum gradum sibi adquirit apud Eum qui est super omnia Deus benedictus in sæcula sæculorum. Amen.

XLIX. QUOD NULLI SIT ULTIMA PŒNITENTIA DENEGANDA.

Vera ergo ad Deum conversio in ultimis positorum mente potius est estimanda quam tempore, propheta hoc taliter asserente: 'In quacumque die peccator conversus fuerit ingemueritque, salvus erit.' Et evangelicus sermo dicit: 'Gaudium est angelis Dei super uno peccatore,' et reliqua. Cum ergo Dominus sit cordis inspector quovis tempore, non est deneganda pœnitentia postulanti, cum illi se obliget judici, cui occulta omnia noverit revelari. Dominus enim, per Ezechiel Prophetam, cum jurejurando promisit, dicens: 'Vivo ego, nolo mortem peccatoris, sed magis ut convertatur et vivat.' Item dicit: 'Si impius egerit pœnitentiam ab omnibus peccatis suis, et fecerit judicium et justitiam, vita vivet et non morietur.' Heu quam terribiliter iterum dicit: 'Si averterit se justus a justitia sua, et fecerit iniquitatem, omnes justitiæ ejus quas fecerat non recordabuntur; in peccato enim suo quod peccavit, in ipso morietur.' Unumquemque enim Deus de suo

[1] Si autem necessitas evenerit, ut presbyter non fuerit præsens, diaconus accipiat pœnitentem ad communionem sanctam. *P. add.*

fine, non de vita præterita, judicat; non enim inchoantibus
præmium promittitur, sed perseverantibus datur. Nunc igitur
simus melioris consilii nobismetipsis, adtendentes illud prophe-
ticum Isaiæ: 'Lavamini, mundi estote, auferte malitiam de
cordibus vestris; quiescite agere perverse, discite bene facere;
et si fuerint peccata vestra ut coccinum, quasi nix dealba-
buntur.' Ambulemus igitur, fratres, dum lucem habemus, ne
nos tenebræ comprehendant; nec differamus de die in diem,
dum nescimus si vel unius diei spatium habemus. 'Qui
sequitur me,' inquid Dominus, 'non ambulat in tenebris, sed
habebit lumen vitæ.' Satis itaque alienus a fide est, qui ad
agendam pœnitentiam tempora senectutis expectat; metuendum
est ne, dum sperat misericordiam, incidat in mortem. Salomon
enim dicit: 'Spes quæ differtur affligit animam.' Et Isidorus
dicit: 'Qui mala agere non desistunt, vana spe indulgentiam
de Dei pietate requirent.' Corrigamus igitur nosmetipsos, et
indulgentiæ spem habeamus; nulla tam gravis est culpa, quæ
non habeat veniam; cui enim venia de peccato cadit, desperatio pejor est omni peccato; nulla itaque securitas nos a
pœnitentiæ intentione suspendat. Multi enim se credebant
longo tempore vivere, et ita illos mors repentina subtraxit,
ut nec ad momentaneam potuissent pœnitentiam pervenire.
Erubescimus modo parvo tempore pœnitentiam agere, et non
timemus sine ullo termino æterna supplicia sustinere. Qui
enim pro peccatis sibi ipsi non parcit, Deus cito illi indulgentiam tribuet, cui honor et gloria, in sæcula sæculorum.
Amen.

L. DE HIS QUI MORIENTIBUS PŒNITENTIAM DENEGANT.

Si quis presbiter pœnitentiam morientibus abnegaverit, reus
erit animarum; quia omnibus morientibus, secundum auctoritatem Niceni concilii, sine cunctatione, communio post
confessionem, et reconciliatio præbeatur. Denique latro in
cruce positus, propter confessionem unius momenti, hora
ultima, meruit esse in paradyso.

DE PŒNITENTIARUM DIVERSITATE.

Legimus in Pœnitentiali, pro criminalibus culpis, annum I. aut II. aut III. sive IIII. aut V. vel VI. vel VII. pœnitentiam agere in pane et aqua; vel pro aliis minutis culpis, diem I., aut ebdomadam, vel mensem I., sive dimidium annum. Sed hæc causa et ardua et difficilis est, et istis jam temporibus id suadere pœnitentibus non possumus. Et ideo, qui ita non potest consilium damus, ut unusquisque pœnitenti in aliis piis operibus quantum potest suadeat diluere peccata sua; id est, in orationibus, et psalmis, ac vigiliis, et elemosinis, et assiduis lamentationibus, sive in cruce stando, ac sæpius flectendo genua; nec non et in susceptione pauperum et peregrinorum; et jejunet, sicut venerabilis presbiter Beda ordinavit. Ita enim dicit: 'Pœnitentia semper isto ordine servata sit, ab uno anno et deinceps, de qualicumque peccato: id est, in unaquaque ebdomada, III. dies sine vino, et medone, et carne; et jejunet ad vesperam, et manducet de sicco cybo, et III. XL.^{mas}. semper de sicco cybo vivat; in diebus vero Dominicis, et festivitatibus præcipuis, faciat caritatem, sicut sui compares clerici vel laici faciunt; ebrietatem autem et ventris distensionem in omnibus caveat, faciatque quod Apostolus dicit: Sive manducatis, sive bibitis, sive quicquid facitis, omnia ad gloriam Dei facite;' tunc ergo digna pœnitentia est, si hoc modo impletur.

ITEM DE PŒNITENTIARUM DIVERSITATE.

Theodorus, 'De ægris, qui jejunare non possunt; precium viri, vel ancillæ, pro mense, vel pro anno.'———Pro mense dicit, vel anno, quia potentes plus dare possunt pro mense, quam pauperiores pro anno. Et qui potest implere quod in Pœnitentiali scriptum est, valde bonum est; quia qui per corpus peccat, per corpus et pœniteat. Qui autem jejunare pro infirmitate non potest, secundum posse pauperibus elemosinam tribuat; id est, pro unaquaque die denarium, vel II., vel III., et dimittat debitoribus, et in se peccantibus, convertatque peccatores ab errore. Item. Pro anno donet in elemosinam solidos XXX.; secundo anno XX.; tertio anno XV.

 Ex argumento, ex mentione Bedæ, nec non ipsius Theodori, satis patet hoc et sequens capitulum ad ejusdem Librum Pœnitentialem non pertinere; itaque non est visum ea inter rubricas libro præfixas numerare.—*T.*

Item. Potentes potenter pœniteant, vel pœnitentiam potenter
redimant, id est, ut Zacheus dicit: 'Domine dimidium bonorum meorum,' et reliqua. Et qui potest, de terra aliquid
æcclesiis Dei offerat in elemosinam, et de mancipiis dimittat
liberos, ac captivos redimat, et quod injuste egit, ab illo die
non repetat. Item. Cantatio unius missæ pro tribus diebus,
tres missæ pro ebdomada, duodecim missæ pro mense, duodecies XII. missæ pro anno. Item. Pro uno die, L. psalmi
cum genuflexionibus, vel psalterium totum, sine genuflexione.
Item. Qui psalmos non novit, et jejunare, sive vigilare, vel
se ? genucleare, vel in cruce stare, aut *sæpe prosternere, seu aliter
pœnitere, pro infirmitate non potest, eligat qui pro illo hoc
impleat, et de suo precio aut labore hoc redimat; quia scriptum
est: 'Alter alterius honera,' et reliqua. Alia. Quidam dicunt;
quod non liceat missam cantare pro illo qui publice pœnitentiam agit; nisi prius laverit peccata sua cum lacrimis; et
Johannes Apostolus dicit: 'Est peccatum usque ad mortem, pro
illo dico ut quis non roget:' id est, qui in hujus vitæ cursu
pœnitentiam non agit, pro illo orationem fundere non licet;
quanto magis nec sacrificium Mediatoris offerre? Qui autem
vel in ultimo vitæ spiritu fiducialiter pœnituerit, confitendo
peccata, pro illo oportet orare, illumque reconciliari; quia in
actione pœnitentiæ, non tam consideranda est mensura temporis quam doloris; Dominus namque per prophetam attes-
tatus est, dicens: 'In quacumque die peccator conversus fuerit
et ingemuerit, salvus erit.' Et psalmista dicit: 'Cor contritum
et humiliatum Deus non spernit.' Cui Deo honor et gloria in
sæcula sæculorum. Amen.ᵃ

ᵃ Codex *N.* his clauditur versiculis:

> Te nunc, sancte speculator,
> Verbi Dei digne dator,
> Hæddi, pie presul, precor,
> Pontificum ditum decor,
> Pro me tuo peregrino,
> Preces funde Theodoro.

CAPITULA ET FRAGMENTA

THEODORI OPERUM,

EX DIVERSORUM SCRIPTIS EXCERPTA.

EX ''PŒNITENTIALI THEODORI.'

'DE ORDINATIONE DIVERSORUM.'

In ordinatione episcopi debet missa cantari ab ipso episcopo ordinante. In ordinatione presbyteri sive diaconi oportet episcopum missas celebrare, ²sicut Græci solent in electione abbatis agere, vel abbatissæ.' In monachi vero ordinatione, abbas debet missas agere, et tres orationes super caput ejus complere : et septem dies velet caput suum cuculla sua, et septima die abbas tollat velamen suum. Sicut in baptismo presbyter solet infantibus auferre, ita et abbas debet monacho, quia secundum baptisma est, juxta judicium patrum, in quo omnia peccata dimittuntur. Presbyter potest abbatissam consecrare cum missæ celebratione. In abbatis vero ordinatione, episcopus debet missam agere, et eum benedicere inclinato capite, cum duobus vel tribus testibus de fratribus suis, et donet ei baculum et pedules. Sanctæmoniales vero basilicas sibi commissas semper debent consecrare. Græci simul benedicunt viduam et virginem ; et utramque semper habent consecrare. Abbatem eligunt. Romani non velant viduam. Secundum Græcos presbytero licet virginem sacro velamine consecrare, et reconciliare pœnitentem, et facere oleum exorcizatum, et infirmis chrisma, si necesse est. Secundum Romanos, non licet, nisi episcopi soli.

---

¹' Incipit judicium de penitentia Theodori episcopi. **Q.**
²' Similiter faciunt quando abbatem faciunt, vel abbatissam. **Q.**

ᵃ A Jacobo Petit edito, ex duobus codicibus ᴍss. Bibliothecæ Thuanæ.

DE ABBATIBUS, ET MONACHIS, VEL MONASTERIIS.

Abbas potest pro humilitate, cum permissione episcopi, locum suum derelinquere; tamen fratres eligant sibi abbatem de ipsis, si habent; sin autem, de extraneis. Nec episcopus debet violenter retinere abbatem in loco suo. Congregatio debet sibi eligere abbatem post ejus mortem, aut eo vivente, si discesserit vel peccaverit. Ipse non potest aliquem ordinare de suis propinquis, neque alienis, nec alium abbatem dare, sine voluntate fratrum. Si vero peccaverit abbas, episcopo non licet tollere possessionem monasterii, quamvis peccaverit abbas; sed mittat eum in aliud monasterium, in potestate alterius abbatis. Non licet abbati, neque episcopo, terram ecclesiæ convertere ad aliam, quamvis ambæ in potestate ejus sint. [1] Si mutare vult terram ecclesiæ, faciat cum consilio episcopi, et fratrum suorum,' et dimittat in priorem locum presbyterum ad ministeria ecclesiæ. Non licet viris feminas habere monachas, neque feminis viros; tamen non destruamus illud quod consuetudo est in hac terra. Monacho non licet votum vovere, sine consensu abbatis; sin minus, frangendum est. Abbas si habuerit monachum, quem elegit congregatio, ut ordinet eum in gradu presbyterii, non debet dimittere priorem conversationem suam. Si autem postea inventus fuerit ut superbus, vel otiosus, et in meliori gradu priorem vitam quærat, deponatur, et in ultimum locum constitutus satisfactione emendet. In potestate et libertate monasterii est susceptio infirmorum in monasterio. In libertate quoque monasterii est lavandi pedes laicorum; nisi in cœna Domini non coguntur. Nec libertas monasterii est pœnitentiam secularibus judicare, quia proprie clericorum est.

DE COMMUNIONE SCOTTORUM VEL BRITTONUM, QUI IN PASCHA ET TONSURA CATHOLICÆ NON SUNT ADUNATI ECCLESIÆ.

Qui ordinati sunt Scottorum vel Brittonum episcopi, qui in Pascha vel tonsura catholicæ non sunt adunati ecclesiæ, iterum a catholico episcopo manus impositione confirmentur. Licentiam quoque non habemus eis poscentibus chrisma vel eucha-

---

[1] ' Si mutare vult ecclesiæ terram, cum consensu amborum sit. Si quis vult monasterium suum in alio loco ponere, cum consilio episcopi et fratrum suorum faciat, *Q.*

ristiam dare, nisi ante confessi fuerint velle nobiscum esse in unitate ecclesiæ. Et qui ex eorum similiter gente, vel quicumque de baptismo suo dubitaverit, baptizetur.

DE VEXATIS A DIABOLO, ET DE IIS QUI SE OCCIDUNT.

Si homo vexatus est a diabolo, et nescit aliquid, nisi ubique discurrere, ét occidit semetipsum quacumque causa, prodest ut oretur pro eo, si ante religiosus erat. Si pro desperatione, aut pro timore aliquo, aut pro causis ignotis, Deo relinquamus hoc judicium, et non ausi sumus orare pro illo. Qui se occiderit propria voluntate, missas pro eo facere non licet, sed tantum orare et eleemosynas largiri. Si quis subita tentatione mente sua exciderit, vel per insaniam seipsum occiderit, quidam pro eo missas faciunt.

DE DIVERSIS QUÆSTIONIBUS.

Oratio potest sub velamine esse, cum necessitas cogit. Mulieres possunt sub nigro velamine accipere sanitatem. Demonium sustinenti licet petras vel holera habere sine incantatione. Infans pro infante potest dari Deo ad monasterium, quamvis alium vovisset; tamen melius est votum implere: similiter pecora æquali pretio possunt mutari, si necesse sit. Rex si alterius regis terram habet, potest donare pro anima sua. Inventio in via tollenda est; si inventus fuerit possessor, reddatur ei. Tributum ecclesiæ sit sicut est consuetudo provinciæ, id est, ne tantum pauperes in decimis, aut in aliquibus rebus vim patiantur. Decimas non est legitimum dare, nisi pauperibus et peregrinis. Pro reverentia regenerationis, in albis Pentecostes orandum est; in Quinquagesima oratur. Qui pro homine mortuo jejunat, seipsum adjuvat. De mortuo autem Dei solius est notitia.

Jejunia legitima tria sunt in anno; * * * * præterea quadraginta ante Natale Domini, et post Pentecosten quadraginta dies. De promissione sua laici non debent facere moram, quia mors non tardat. Servo Dei nullatenus licet pugnare, multorum licet sit consilio servorum Dei.

Pecunia æcclesiastica furata sive rapta reddatur quadruplum, popularia dupliciter.

―――――――――

EX "CAPITULIS THEODORI."

PŒNITENTIA ILLIUS ANNI UNIUS, QUI IN PANE ET AQUA JEJUNANDUS EST, ISTO ORDINE OBSERVARI DEBET.

Antiquus liber pœnitent. Andegavensis. cap. de remedio pœnitentis.

Pœnitentia illius anni unius, qui in pane et aqua jejunandus est, talis esse debet in unaquaque hebdomada. Tres dies, id est feriam quintam et sabbatum, a vino, medone, mellita et cervisia, a carne et sagimine, a caseo et ovis, et ab omni pingui pisce se abstineat. Manducet autem minutos pisciculos, si habere potest. Si habere non potest, tantum unius generis piscem, et legumina, et olera, et poma, si vult, comedat, et cervisiam bibat; et in diebus Dominicis, et in Natali Domini illos quatuor dies; et in Epiphania unum diem; et in Pascha, usque ad octavum diem; et in Ascensione Domini, et Pente-

Concilium Triburiense, sub Formoso Papa, c. 56, 57, 58.

costes quatuor dies; et in festo Sancti Johannis Baptistæ, et Santæ Mariæ, et sanctorum duodecim Apostolorum, et Sancti Michaelis, et Sancti Remigii, et Omnium Sanctorum, et Sancti Martini, et in illius Sancti festivitate, qui in illo episcopatu celebris habetur. In his supradictis diebus faciat charitatem cum ceteris Christianis, id est, utatur eodem cibo et potu quo illi, sed tamen ebrietatem, et ventris ingluviem semper in omnibus caveat.

Iste annus secundus est ab illo anno qui pane et aqua jejunandus est: et post illum jejunandus est, qui etiam dandus est illis, qui viros ecclesiasticos occidunt, et in consuetudine habent sodomiticum scelus, et qui in consuetudine habent contra naturam peccare, et in ecclesiis homicidia sponte committunt, et ecclesias incendunt, et in ecclesiis adulteria committunt, et qui alia hujusmodi perpetrarunt.

Pœnitentia istius anni talis esse debet, ut duos dies, id est secundam feriam et quartam in unaquaque hebdomada, jejunet ad vesperam, et tunc reficiatur sicco cibo, id est, de pane et leguminibus siccis sed coctis, aut pomis, aut oleribus crudis; unum eligat ex his tribus, et utatur, et cervisiam bibat sed sobrie. Et tertium diem, id est, sextam feriam, in pane et aqua observet, et tres quadragesimas jejunet ante Natale Domini unam, secundam ante Pascha, tertiam ante missam

---

* Ex antiquo MS. optime descripto, Jacobo Petit a Nicolao Favier, advocato in senatu Parisiensi, communicato.

Sancti Joannis. Et in his tribus quadragesimis jejunet duos dies ad nonam in hebdomada, et de sicco cibo comedat, ut supra notatum est. Et sextam feriam jejunet in pane et aqua, et in Dominicis diebus, et in Natali Domini, et in Pentecoste quatuor illos dies; et in Epiphania unum diem, et in Pascha usque ad septimum diem, et in Ascensione Domini, et in missa Sancti Joannis Baptistæ, et reliqua ut supra.

DE ILLIS QUI JEJUNARE NON POSSUNT, ET AD-IMPLERE QUOD IN PŒNITENTIALI SCRIPTUM EST.

Qui jejunare potest, et implere quod in Pœnitentiali scriptum est, bonum est, et Deo gratias referat. Qui autem non potest, ei per misericordiam Dei consilium damus tale, ut nec sibi, nec alicui necesse sit desperare vel perire.

Bedæ canones ad remedia peccatorum, cap. 14. de diversis causis. Regino. L 2. c. 444.

DE REDEMPTIONE ILLIUS ANNI, QUEM IN PANE ET AQUA JEJUNARE DEBET.

Primo die, quem in pane et aqua jejunare debet, quinquaginta psalmos in ecclesia, si fieri potest, decantet flexis genibus; sin autem, in loco convenienti eadem faciat, et unum pauperem pascat, et eo die, excepto vino carne et sagimine, sumat quicquid velit. Si autem talis est, qui tamdiu in genibus jacere non possit, faciat autem sic in ecclesia, si fieri possit; sic autem, in uno loco stando, intente septuaginta psalmos per ordinem decantet, et pauperem pascat, et eo die, excepto vino carne et sagimine, sumat quicquid velit. Qui in ecclesia genua centies flexerit, id est, si centies veniam petierit, si fieri potest, in ecclesia fiat: hoc justissimum est. Si autem fieri non potest, secrete in loco convenienti hoc faciat. Si sic fecerit, eo die, excepto vino et carne et sagimine, sumat quod placet. Qui psalmos non novit, unum diem, quem in pane et aqua pœnitere debet, dives denariis tribus, pauper uno denario redimat; et eo die, excepto vino carne et sagimine, sumat quod placet. Alio modo, quidam dicunt viginti palmatas valere pro uno die.

DE REDEMPTIONE UNIUS HEBDOMADÆ, QUAM IN PANE ET AQUA JEJUNARE DEBET.

Pro una hebdomada, quam in pane et aqua jejunare debet, trecentos psalmos genibus flexis in ecclesia decantet. Si autem hoc facere non potest, tria psalteria in ecclesia, vel in loco con-

Regino. l. 2. c. 440. Burch. l. 9. c. 18.

venienti, intente decantet; et postquam psallerit, excepto vino carne et sagimine, sumat quidquid velit.

Regino. l. 2.
c. 339.
Burch. l. 19.
c. 19.

Pro uno mense, quem in pane et aqua pœnitere debet, psalmos mille ducentos, flexis genibus, decantet; et omni die, si velit, et si abstinere non vult, reficiat se ad sextam horam, nisi [feria] quarta; sexta jejunet ad nonam; et a carne, et sagimine, et vino, totum mensem se abstineat. Alium autem cibum, postquam psalmos supradictos cantaverit, sumat. Isto ordine totus ille annus redimendus est.

DE ILLIS, QUI JEJUNARE NON POSSUNT, ET NESCIUNT QUOMODO PŒNITENTIAM UNIUS ANNI, QUEM JEJUNARE DEBENT IN PANE ET AQUA, REDIMERE POSSINT.

Regino. l. 2.
c. 441.
Burch. l. 19.
c. 20.

Qui vero psalmos non novit, et jejunare non potest, pro uno anno, quem in pane et aqua jejunare debet, det pauperibus in eleemosynam viginti duos solidos, et omnes sextas ferias jejunet in pane et aqua, et tres quadragesimas, id est, quadraginta dies ante Pascha, quadraginta dies ante festivitatem Sancti Johannis Baptistæ, (et si ante festivitatem aliquid remanserit, postea adimpleat), et quadraginta dies ante Natale Domini. In istis tribus quadragesimis, quidquid ori suo præparatur in cibo, vel in potu, vel cujuscumque generis sit, illud æstimet quanti pretii sit, vel esse possit; et medietatem illius pretii distribuat in eleemosynam pauperibus, et assidue oret, et roget Dominum, ut oratio ejus, et eleemosynæ ejus, apud Deum acceptabiles sint.

DE REDEMPTIONE UNIUS ANNI, QUEM PŒNITERE DEBET IN PANE ET AQUA.

Pœnit. Rom.
tit. 9. c. 28.
Burch. l. 19.
c. 21.
Ivo, p. 15. c. 201.
ex Theodoro.

Item. Qui jejunare non potest, et observare quod in Pœnitentiali scriptum est, faciat hoc quod Sanctus Bonifacius Papa constituit pro uno die, quem in pane et aqua pœnitere debet. Roget presbyterum, ut missam cantet pro eo, nisi sint crimina capitalia, quæ confessa prius lavari cum lacrymis debent. Et tunc ipse adsit, et audiat, et devote ipse offerat propriis manibus panem et vinum manibus sacerdotis, et intente respondeat, quantum sapit, ad salutationes et exhortationes sacerdotis, et humiliter Dominum deprecetur, ut oblatio, quam ipse et presbyter, pro se et pro peccatis suis, Deo obtulerat, Deus Omnipotens misericorditer per angelum suum suscipere dignetur; et eo die, excepto vino carne et sagimine, comedat quicquid vult; et sic redimat reliquos dies anni.

DE IIS QUI JEJUNARE NON POSSUNT, ET HABENT UNDE REDIMERE POSSINT.

Si quis forte non potest jejunare, et habuerit unde redimere possit, si dives fuerit, pro septem hebdomadibus det solidos viginti. Si non habuerit unde tantum dare possit, det decem solidos. Si autem multum pauper fuerit, det solidos tres. Neminem conturbet, quod jussimus dare solidos viginti, aut minus, quia facilius est illi, si dives fuerit, dare solidos viginti, quam pauperi tres. Sed attendat unusquisque cui dare debeat, sive pro redemptione captivorum, sive super sanctum altare, seu Dei servis aut pauperibus in eleemosynam.

Poenit. Rom. tit. 9. c. 29. Halitgar. Regino. l. 2. c. 438. Burch. l. 19. c. 22. Ivo, p. 15. c. 202.

DE IIS QUI NON POSSUNT ADIMPLERE QUOD IN PŒNITENTIALI SCRIPTUM EST.

Qui non possunt sic agere pœnitentiam ut superius diximus, faciat sic: Si tres annos continuos jejunare debet, et jejunare non potest, sic redimere potest; primo anno eroget solidos ? viginti* in eleemosynam, secundo anno eroget solidos viginti, et tertio anno octodecim solidos, hoc est, solidos sexaginta quatuor. Potentes autem homines plus dare debent, quia cui plus committitur, plus ab eo exigetur. Qui illicita committunt, etiam a licitis abstinere debent, et corpus debent affligere jejuniis, vigiliis, et crebris orationibus; caro enim læta trahit ad culpam, afflicta autem reducit ad veniam.

Poenit. Rom. tit. 9. c. 30. Regino. l. 2. c. 445. Burch. l. 19. c. 23. Ivo, p. 15. c. 203.

DE IIS QUI JEJUNARE NON POSSUNT, NEC HABENT UNDE REDIMERE POSSINT.

Qui jejunare non potest, et non habet unde redimat, et psalmos novit, pro uno die quem in pane et aqua jejunare debet, tribus vicibus 'Beati immaculati' usque ad 'Dominum contribularer' decantet, et sexties 'Miserere mei Deus,' et septuagies prosternat se in terram, et per singulas genuflexiones 'Pater noster' decantet. Qui autem psalmos nescit, pro uno die, quem in pane et aqua jejunare debet, centies prosternat se in terram, et per singulas genuflexiones 'Pater noster' decantet.

DE REDEMPTIONE SEPTEM ANNORUM.

Item alio modo. Duodecim triduanæ, singulæ cum psalteriis tribus impletis, et cum palmatis trecentis per singula psalteria, excusant unius anni pœnitentiam. Et viginti quatuor biduanæ, similiter cum psalteriis impletis, et cum palmatis trecentis per singula psalteria, excusant duos annos. Septuaginta quinque psalmi, cum palmatis trecentis, excusant biduanam. Centum psalmi, cum palmatis trecentis, excusant triduanam. Centum viginti missæ speciales, singulæ cum tribus psalteriis, et cum trecentis palmatis, excusant annum. Centum solidi dati in eleemosynam annum excusant.

Ista a nullo antiquo auctore ecclesiastico citantur ex Theodoro.

DE PŒNITENTIBUS.

Regino. l. 1. c. 291. ex Conc. Agathensi. Burch. l. 19. c. 36.

Ut in Capite Jejunii omnes publice pœnitentes in civitate veniant ante fores ecclesiæ, nudis pedibus, et, cilicio induti, episcopo suo se repræsentent. In Capite Quadragesimæ omnes pœnitentes, qui publicam suscipiunt aut susceperunt pœnitentiam, ante fores ecclesiæ se repræsentent episcopo sacco induti, vultibus in terram prostratis, reos se esse ipso habitu et vultu proclamantes. Ibi adesse debent archipresbyteri parochiarum, id est, presbyteri pœnitentium, qui eorum conversationem diligenter inspicere debent, et, secundum modum culpæ, pœnitentiam per præfixos gradus injungant. Post hæc in ecclesiam eos introducat, et cum omni clero septem pœnitentiales psalmos, in terram prostratus, cum lachrymis, pro eorum absolutione decantet: tunc resurgens ab oratione, juxta quod canones jubent, manus eis imponat, aquam benedictam super eos spargat, cinerem prius mittat; deinde cilicio capita eorum cooperiat, et cum gemitu, et crebris suspiriis eis denunciet, quod sicut Adam projectus est de Paradiso, ita et ipsi pro peccatis ab ecclesia abjiciuntur. Post hæc jubeat ministris, ut eos extra januam ecclesiæ expellant; clerus vero prosequitur eos cum responsorio, ' In sudore vultus tui,' etc.; ut videntes sanctam ecclesiam pro facinoribus suis tremefactam atque commotam, non parvipendant pœnitentiam. In sacra autem Domini cœna, rursus ab eorum presbyteris ecclesiæ luminibus repræsententur.

UT NULLUS EPISCOPUS, VEL PRESBYTER ALTERIUS PŒNITENTEM, SINE LITERIS SUI EPISCOPI, SUSCIPIAT.

Curandum est vero maxime, et omni cautela providendum,

ne quis fratrum coepiscorumque nostrorum, aut etiam presbyterorum in alterius civitate vel diœcesi pœnitentem, vel sub manu positum sacerdotis, aut eum qui reconciliatum se dixerit esse, sine episcopi vel presbyteri testimonio et literis, ad cujus pertinet parœchia, suscipiat.

DE ILLIS QUI DIU RETICENT PECCATA SUA.

Sciendum vero est, quantum quis opere moratur in peccatis, tanto magis agenda est pœnitentia.

Regino. l. 2.
c. 136.
Burch. l. 9.
c. 68.

DE ILLIS QUI SIBI IPSIS MORTEM INFERUNT.

Quicunque se propria voluntate, aut in aqua jactaverit, aut collum ligaverit, aut de arbore præcipitaverit, aut ferro percusserit, aut cuilibet voluntariæ se morti tradiderit, istius oblatio non recipiatur.

Conc. Brachar.
II. c. 15, 16.
Burch. l. 19.
c. 130.

DE ILLIS FEMINIS QUÆ ANTE MUNDUM SANGUINEM ECCLESIAM INTRANT, ET QUÆ NUPSERINT HIS DIEBUS.

Mulier quæ intrat ecclesiam ante mundum sanguinem post partum; si masculum genuerit, triginta tres dies; si feminam, quinquaginta sex. Si quæ autem præsumpserit ante tempus præfinitum ecclesiam intrare, tot dies in pane et aqua pœniteat, quot ecclesia carere debuerat. Qui autem concubuerit cum ea ex his diebus, decem dies in pane et aqua pœniteat.

DE ILLIS QUI LIBIDINOSE OBTRECTAVERINT PUELLAM, AUT MULIEREM.

Si quis obtrectaverit puellæ aut mulieris pectus vel turpitudinem earum; si clericus est, quinque dies; si laicus, tres dies pœniteat. Monachus, vel sacerdos a ministerio divino suspensi, si quid tale fecerint, viginti dies pœniteant. Scriptum est enim: ' Neque tetigeris, neque obtrectaveris turpitudinem feminarum.'

Regino. l. 2.
c. 251.
Burch. l. 17.
c. 42.

DE ILLIS QUI CUM MULIERIBUS IN BALNEO SE LAVERINT.

Si quis in balneo se lavare præsumpserit cum mulieribus, tres dies pœniteat, et ulterius non præsumat.

Pœnit. Rom.
tit. 3. c. 28.
Burch. l. 16.
c. 138.
Ivo, p. 15.
c. 148.

DE TEMPORIBUS QUIBUS SE CONTINERE DEBENT CONJUGATI.

Regino. l. 1.
c. 328. ex
Conc. Helib.
Burch. l. 19.
s. 55.

In tribus quadragesimis anni, et in die Dominico, et quarta feria, et sexta, conjugati se continere debent; nec illis diebus copulari, quamdiu gravata fuerit uxor, id est, a quo die filius in utero motum fecerit, usque ad partum; a partu post triginta dies, si filius; si autem filia, post quinquaginta sex.

DE ILLIS QUI PARENTUM HONOREM NON SERVANT.

Pœnit. Rom.
tit. 4. c. 11, 12.

Si quis inhonoraverit patrem aut matrem, tres annos pœniteat. Quod si manum levaverit, aut ei percussionem intulerit, septem annos pœniteat.

DE ILLIS QUI DIE DOMINICO NUPSERINT.

Conc. ap. Theo-
donis villam
can. 4.

Si quis die Dominico nupserit, petat a Domino indulgentiam, et quatuor dies pœniteat.

DE ILLO QUI PRESBYTERUM OCCIDERIT.

Conc. Mogunt.
sub Rhab.
c. 24.
Regino. l. 20.
c. 43.
Burch. l. 7.
c. 7.

Qui presbyterum occiderit, duodecim annorum ei pœnitentia, secundum canones, imponatur, etiamsi negaverit. Si liber est, [1]septuaginta dies jejunet; si autem servus, super duodecim vomeres ferventes se expurget. Convictus noxa, ad ultimum vitæ tempus careat cingulo militiæ, et [2]absque spe conjugii.

DE EODEM.

Conc. Wormac.
c. 26.
Conc. Tribur.
c. 5.
Regino. l. 2.
c. 42.
Burch. l. 6. c. 8.

Qui sacerdotem voluntarie occiderit, carnem non comedat, et vinum non bibat, cunctis diebus vitæ suæ jejunet usque ad vesperam, exceptis diebus festis; atque arma non sumat, equum non ascendat: ecclesiam per quinque annos ingrediatur, nondum vero communicet, sed inter audientes. Cum autem duodecimi anni cursus finitus erit, communicandi ei licentia concedatur, et equitandi tribuatur remissio. Maneat autem in reliquis observationibus tres dies per hebdomadam, ut perfectius purgari mereatur.

---

[1] cum duodecim juret *Hr. M.*
[2] uxorem amittat *Hr. M.*

NE PRESBYTERI, SINE CONSENSU EPISCOPORUM, PER ECCLESIAS CONSTITUANTUR, VEL AB EIS RECIPIANTUR.

Quicunque presbyter ecclesiam per pretium adeptus fuerit, omnino deponatur; quum eam contra ecclesiasticæ regulæ disciplinam habere dignoscitur. Qui autem presbyterum legitime ad ecclesiam ordinatum per pecuniam expulerit, eamque sibi totaliter vendicaverit; quod vitium late diffusum summo studio emendandum est. Itemque interdicendum est clericis sive laicis, ne quis quamlibet ecclesiam presbytero dare præsumat sine licentia et consensu sui episcopi.

Conc. Turon. 3. c. 15.
Conc. Mogunt. sub Rhab. c.12.
Rhab. ep. ad Herib. c. 19.
Regino. l. 1. c. 338.

QUOT TESTIBUS CLERICI DEVINCI DEBEANT.

Presbyter non adversus episcopum, non diaconus adversus presbyterum, non subdiaconus adversus diaconum, non acolytus adversus subdiaconum, non exorcista adversus acolytum, non lector adversus exorcistam, non ostiarius adversus lectorem det accusationem aliquam. Et non condemnabitur præsul, nisi in triginta duo, neque summus judicabitur a quoquam; quoniam scriptum est: ' Non est discipulus super magistrum.' Presbyter autem in cardine constitutus, nisi in quadraginta et quatuor testibus damnabitur. Subdiaconus, acolytus, exorcista, lector, ostiarius, nisi, sicut scriptum est, in septem testibus non condemnabitur. Testes autem sine aliqua sint infamia, uxores et filios habentes, et omnino Christum prædicantes.

V. Conc. Rom. vulgo dictum 11. sub Silvest. c. 3.

DE FUGITIVIS CLERICIS.

Ut unusquisque episcopus in sua parœchia diligenter presbyteros vel clericos inquirat, quinam sint. Et si aliquem fugitivum invenerit, ad suum episcopum redire faciat.

Ex decret. Leonis I. c. 39.
Regino. l. 1. c. 421.

DE HIS QUI SUSPENDUNTUR IN PATIBULO.

Quæsitum est ab aliquibus fratribus, de his qui in patibulo suspenduntur pro suis sceleribus, post confessionem Deo peractam, utrum cadavera illorum ad ecclesiam deferenda sint, et oblationes pro eis offerendæ, et missæ celebrandæ, an non? Quibus respondemus: Si omnibus de peccatis suis puram confessionem agentibus, et digne pœnitentibus, communio in fine, secundum canonicum jussum, danda est, cur non eis qui, pro peccatis suis, pœnam extremam persolvunt et confitentur, vel

Conc. Mogunt. sub Rhab. c. 27.
Regino. l. 2. c. 93.
Burch. l. 11. c. 76.

confiteri desiderant? Scriptum est enim: 'Non judicabit Dominus bis in idipsum.' Nam ipse Dominus ait: 'In quacunque die conversus fuerit peccator, peccata ejus non reputabuntur ei.' Et iterum: 'Nolo mortem peccatoris, sed ut convertatur et vivat.' Salutem ergo homini adimit, quisquis mortis tempore ei pœnitentiam denegavit.

DE FURIBUS ET RAPTORIBUS.

Conc. Tribur.
c. 31.
Regino. l. 1.
c. 94.
Burch. l. 11.
c. 59.

De furibus et raptoribus placet ut, si in ipsa præda occiduntur, pro eis minime orandum sit. Si vulnerati in desperationem prolapsi fuerint, et de pravitatibus suis se pœnituerint, et si supervixerint, Deo et sacerdoti se emendaturos repromiserint, communionem eis impendere non negamus.

DE HOMICIDIIS NON SPONTE COMMISSIS.

Pœnit. Rom.
tit. 1. c. 1.
Conc. Tribur.
c. 53.

De homicidiis non sponte commissis, quali pœnitentiæ submittantur ii qui fecerunt, in episcopi sententia maneat: postquam viderit illorum dignam pœnitentiam, clementius erga illos agat. Si quis filium suum non sponte occidit, juxta homicidia non sponte commissa pœniteat.

DE CONTINENTIA SACERDOTIS.

Can. Ap. c. 34.
Basil. c. 3. ep.
Can. ad Amphiloc.
Burch. l. 17.
c. 39.

Episcopus, aut presbyter, aut diaconus, qui in fornicatione, aut perjurio, aut furto, lapsus est, deponatur; non tamen communione privetur; dicit enim Scriptura: 'Non vindicabit Dominus bis in idipsum.'

DE EPISCOPIS VEL CLERICIS.

Ex decretis
Leon. l. c. 17.
Rhab. ep. ad
Herib. c. 11.
Regino. l. 1.
c. 96.

Lex continentiæ eadem est altaris ministris quæ episcopis, aut presbyteris, qui cum essent laici, sive lectores, licite et uxores ducere, et filios procreare potuerunt: sed cum ad prædictos pervenerint gradus, cœpit eis non licere quod licuit. Unde et de carnali fit spiritale connubium. Oportet eos nec dimittere uxores, et quasi non habeant sic habere; quo salva sit charitas connubiorum, et cesset operatio nuptiarum.

DE CRIMINE PERPETRATO IN ATRIO ECCLESIÆ.

Conc. Tribur.
c. 4. 6.
Regino. l. 7.
c. 37.
Burch. l. 3.
c. 195.

Si in atrio ecclesiæ quislibet injuriaverit aliquem presbyterum, vel ibidem aliquod sacrilegium perpetraverit, altari et Domino componatur.

DE INGENUO FIDELI ACCUSATO.

Scelere si, quis ingenuus fidelis notatur, liceat ei cum juramento se expurgare.   Quod si quilibet ingenuus gravi infamia publicetur, ut eum populus superjuraverit criminosum haberi, si se excusare voluerit, ferro se examinet.

Rhab. Pœnit. l. 3. c. 6. Aimoin. de gestis Francorum l. 5. c. 34. Regino. L 2. c. 43. Burch. l. 6. c. 7.

DE ILLO QUI EVOMIT SACRIFICIUM, ET A CANIBUS CONSUMITUR.

Qui evomuerit sacrificium, et a canibus consumitur, annum unum pœniteat; sin autem, quadraginta dies pœniteat.   Si in die quando communicaverit, sacrificium evomuerit, si ante mediam noctem, tres superpositiones faciat; si post mediam noctem, duas; si post matutinas unam.

Ivo, p. 2. c. 57.

DE ILLIS QUI NON BENE CUSTODIERINT CORPUS ET SANGUINEM DOMINI.

Qui non bene custodierit sacrificium, et mus vel aliquod animal aliud comederit illud, quadraginta dies pœniteat.   Qui autem perdiderit illud in ecclesia, aut pars ejus ceciderit, et non inventa fuerit, viginti dies pœniteat.   Profundens aliquid super altare de calice, quando offertur, sex dies pœniteat; aut si abundantius, septem dies pœniteat.   Qui autem perfundit calicem, dum solemnitas missæ celebratur, quadraginta dies pœniteat.   Et qui acceperit sacrificium pollutus nocturno tempore, septem pœniteat.   Diaconus obliviscens oblationem offerre, donec offeratur linteamen, quando recitantur nomina pausantium, similiter pœniteat.   Qui negligentiam erga sacrificium fecerit, ut vermibus consumptum ad nihilum devenerit, tres quadragesimas in pane et aqua pœniteat.   Si integrum inventum fuerit, in eo vermis comburatur, et cinis sub altare condatur.

Ivo, p. 2. c. 60.

Gregorii III. judicia, c. 28.

UT NULLUS INJUSTAS MENSURAS, ET PONDERA INJUSTA, LUCRI CAUSA DARE PRÆSUMAT.

Ut mensuræ et pondera justa fiant, sicut in divinis legibus sancitum est; ergo statuimus ab omnibus hoc observandum. Et si quis justas mensuras, et justa pondera lucri causa mutare præsumpserit, in pane et aqua viginti dies pœniteat.

Capit. Aquisgr. c. 74. Conc. Arelat. VI. c. 14. Conc. Turon. III. c. 41.

DE MATRE QUÆ INFANTEM SUUM JUXTA IGNEM POSUERIT, ET SUA NEGLIGENTIA MORTUUS EST.

Conc. Tribur. temp. Formosi Papæ, c. 37.

Mater, si juxta focum infantem suum posuerit, et homo aquam in caldarium miserit, et ebullita aqua infans superfusus mortuus fuerit; pro negligentia mater pœniteat, et ille homo securus sit.

DE VIRIS ORDINATIS, QUORUM PECCATA OCCULTA SUNT.

Pœnit. Rhab. c. 1. Isid. Hisp. ep. ad Massonem episc.

De viris ordinatis, quorum peccata occulta nec manifeste ab aliquo argui possunt, si salubriter compuncti pro peccatis, confessionem episcopo sive presbytero occulte faciunt, bonum mihi videtur, ut secundum id quod decretum fuerit ab episcopo vel presbytero, pœnitentiam agant, non tepide nec tarde, sed ferventer et sollicite; ac sic se veniam peccatorum a Domino percepturos, et gradum se retenturos confidant.

---

*CAPITULA THEODORI COLLECTA EX FRAGMENTIS.

Una pœnitentia est viduæ et puellæ; majorem meruit quæ virum habet, si fornicationis crimen commiserit.

Ingenuus cum ingenua conjungi debet.

Ille qui prius manducare probatur, ad osculum non permittitur.

Infantes monasterii quatuordecim annis carnem manducant.

Ivo, p. 2. c. 45. ex Eutychiano.

Qui acceperit sacrificium post cibum, septem diebus in judicio episcoporum.

Beda de remed. peccat. c. 15.

Si laicus alterum odii meditatione occiderit, si non vult arma relinquere, pœniteat septem annis sine carne; si per iram subitam, tribus annis; si autem casu vel eventu, uno anno.

Si quis fornicaverit cum virgine, uno anno pœniteat; si cum maritata, tribus annis, unum integrum; duo alios XL. dies pœniteat.

---

* Ex capitulis a R. D. Luca Acherio editis in Spicileg. tom. IX.

Mulier quæ se fornicationis amore ad alteram conjunxerit, *Pœnit. Rom. tit. 3. c. 15.*
septem annis pœniteat.

Sacrata virgo fornicans septem annos pœniteat.

Qui homicidium vel furtum commiserit, et non composuit *C. M. capit. l. 3. c. 20.*
illis quibus nocuit, quando confessus fuerit episcopo vel
presbytero peccata sua, debet illis aut propria reddere, vel
componere.   Si vero non habuerit substantiam, unde componere potest, vel nescierit quibus nocuit, pœnitentia plus
augetur.

Ante Natalem Domini nostri Jesu Christi, Græci sera, et
Latini nona hora missas celebrant.

Qui duxerit viduam in uxorem sibi, vel post baptismum vel *Ecgb. Exc. 32.*
ante baptismum, non potest esse presbyter.

Non communicet vir cum uxore sua adultera.   Similiter et
uxor cum adultero viro non ineat pacem communicationis.

Si quis episcopus vel presbyter, fracta oblatione, non com- *Can. sub. nom. Ap. 9.*
municaverit, dicat rationabilem causam; sin aliud, deponatur.

Omnes fideles, qui ingrediuntur ecclesiam, ac sanctam *Can. Ap. 14.*
oblationem non præsumunt, nec percipiunt sacrificium, cum *Conc. Antioch. c. 2.*
convenit privari communione. *Conc. Brachar. II. c. 83.*

Episcopus non exeat ad aliam parochiam, et suam relinquat; *Proficiat. 5.*
nisi episcopus multorum judicio et maxime supplicatione *Conc. Antioch. c. 3.*
perficiat.

Eunuchus si per insidias hominum factus est, vel si in *Can. Ap. c. 21, 22, 23, 24.*
persecutione ejus amputata sunt virilia, vel si ita factus est *Conc. Nicen. c. 1.*
natura, et est dignus, efficiatur episcopus.   Si quis amputaverit
sibimetipsi virilia, omnino non potest esse clericus.   Si quis
post gradum amputaverit virilia omnino damnetur.   Si quis
semetipsum absciderit, tribus annis communione privetur.

Nullus per pecuniam obtineat gradum; sin vero, et ipse et *Can. Ap. 30.*
ordinator ejus omnibus modis a communione projiciantur.

Qui carnes immundas manducaverit, et olera quæ cum carne
coquuntur, cessare oportet a ministerio.

Episcopus, presbyter, diaconus, confiteri debet peccatum *Greg. III. jud. c. 30.*
suum.

Dæmonium sustinenti licet petras et olera habere sine *Ivo, p. 11. c. 75.*
incantatione.

Stando orandum pro reverentia Dei.

Regino. interr.
7, et 15.

Basilius judicavit pueris licentiam nubere ante sexdecim annos, si abstinere non potuerint, quamvis monachi fuissent.

EX EXCERPTIONIBUS ECGBERTI, EBOR. ARCH.

c. lvii.

Statutum est, ut sine auctoritate vel consensu episcoporum, presbiteri, in quibuslibet æcclesiis non constituantur, nec inde expellantur; et si quis hoc facere temptaverit, sinodali sententia feriatur.

c. lxvii.

Monachi non migrent de loco ad locum, sed in ea permaneant obedientia, quam tempore suæ conversionis promiserunt.

EX PŒNITENTIALI ROMANO.

DE ILLIS QUI PRO VINDICTA PARENTUM HOMICIDIUM COMMITTUNT.

Tit. I. c. 10.

Qui pro vindicta fratris aut aliorum parentum, hominem occiderit, [1]ita pœniteat ut homicidia sponte commissa; cum ipsa Veritas dicat: Mihi vindictam, et ego retribuam.'

DE ILLIS QUI SE SCIENTER PERJURAVERINT.

Tit. II. c. 4.

Si quis suspicatur, quod ad perjurium ducatur, et tamen ex consensu jurat, quadraginta dies pœniteat, et septem sequentes annos, et nunquam sit sine gravi pœnitentia.

DE HIS QUI FORNICATI SUNT SICUT SODOMITÆ.

Tit. III. c. 24.

Si quis fornicatus fuerit sicut sodomitæ fecerunt, si episcopus, viginti quinque annos pœniteat, quinque ex his in pane et aqua, ex omni officio deponatur, peregrinando finiat dies vitæ suæ. Presbyter quindecim annos pœniteat, quinque ex his in pane et aqua, superiori sententia deponatur. Diaconus et

---

[1]'annum unum pœniteat, et sequentibus duobus tres quadragesimas observet, et legitimas ferias, id est, secundam, quartam, et sextam feriam. *Regin.*

monachus duodecim annos, tres in pane et aqua, et deponatur. *Addit. Anselm.*   Si autem senex, aut æger fuerit, carceribus tenebrosis reclusus, pœniteat omnibus diebus vitæ suæ.

DE EO QUI FORNICARI VULT, ET NON POTEST.

Si quis concupiscit fornicari, et non potuerit, aut mulier non susceperit eum; si episcopus, septem annos pœniteat; presbyter quinque; diaconus vel monachus tres; ex his unum in pane et aqua; clerici vel laici duos annos pœniteant. Tit. III. c. 25.

QUALITER PŒNITERE DEBEAT QUÆ LENOCINIUM
OPERATUR.

Exercuisti lenocinium, aut in teipsa, aut in aliis; ita dico, ut tuo meretricio more tuis amatoribus corpus tuum ad tractandum, et ad sordidandum, pro pretio tradidisti; seu, quod crudelius aut periculosius, alienum corpus, filiæ dico, vel neptis, et alicujus Christianæ amatoribus vendidisti, vel concessisti, vel internuncia fuisti, vel consiliata es, ut stuprum aliquod tali modo perpetraretur, duos annos pœniteas per legitimas ferias.   Tamen in concilio Elibertano præcipitur, ut illa quæ hæc perpetraverit, nisi in fine accipiat communionem. Ib. c. 29. c. xii.

QUOD UT SACRILEGUS JUDICANDUS EST, QUI
PATREM VEL MATREM EXPULERIT.

Si quis patrem vel matrem expulerit, impius et sacrilegus judicandus est: pœniteat autem æquali tempore, quamdiu in impietate illa extiterit. Tit. III. c. 11.

DE EADEM RE.

Maledixisti patri vel matri tuæ, vel flagellasti eos, vel in aliquo dehonestasti, quadraginta dies in pane et aqua, cum septem sequentibus annis pœniteas; quia Dominus dixit: ' Qui maledixerit patri suo vel matri, morte moriatur.' Ib. c. 12.

DE CRAPULA ET EBRIETATE.

Sacerdos quislibet si inebriatur per ignorantiam, septem dies pœniteat in pane et aqua; si per negligentiam, quindecim dies; si per contemptum, quadraginta dies.   Diaconus, vel monachus, secundum ordinem, ut scriptum est, seu ut reliqui clerici ut ministri, juxta ordinem, judicio sacerdotis pœniteant. Laici velut vota non habentes, si inebriantur, arguantur a Tit. v. c. 3.

sacerdote, quod ebriosi regnum Dei non possidebunt, et interitus sit ebrietas, et compellat eos pœnitere.   Qui cogit hominem ut inebrietur, humanitatis gratia, accerrime corripiatur, et septem dies pœniteat ; Si per contemptum, triginta dies.   Nullus Christianus alium plus libere cogat quam naturæ sufficiat ; quod si fecerit, juxta id quod in Pœnitentiali habetur pœniteat.

DE ILLIS QUI CHRISTIANA MANCIPIA CAPTI-VAVERINT.

Tit. vii. c. 30.   Si quis quemcunque hominem quolibet ingenio captivaverit, aut transmiserit, tres annos pœniteat.

DE ADMINISTRATIONE XENODOCHII.

Ib. c. 31.   Si quis xenodochia pauperum administrat, vel decimas populi susceperit, et exinde vel suis secularibus lucris sectandum aliquid subtraxerit ; quasi rerum invasor reus damnum restituat, et sub canonico judicio reformetur, et agat pœnitentiam tres annos. Scriptum est enim : ' Talem Dominus dispensatorem quærit, qui sibi de suis nihil usurpet.'

NUBENTES POST VOTUM NON SUNT AB INVICEM SEPARANDI.

Tit. viii. c. 11.   Si vir [1]votum virginitatis habens adjungitur uxori, postea non dimittat uxorem, sed tribus annis pœniteat.

EX PŒNITENTIALI HRABANI MAURI.

DE PŒNITENTIIS LAICORUM.

Lib. iii. c. 6.   Qui occiderit hominem in publico bello, quadraginta diebus
*l. casu.   pœniteat ; si per iram, tres annos ; si *causa, uno anno ; si
*l. poculum.   per *populum, vel per artem aliquam, septem annos aut plus ; si per rixam, decem annos pœniteat.

---

[1] simplex votum ap. *Grat.*

EX *DUOBUS LIBRIS REGINONIS DE ECCLE-SIASTICIS DISCIPLINIS.

DE TEMPORIBUS QUIBUS SE CONTINERE DEBENT CONJUGATI AB UXORIBUS.

Uxoratus contineat se quadraginta dies ante Pascha et Lib. ı. c. 329.
Pentecosten, seu ante Natale Domini, et omnem Dominicam
noctem, et quartam et sextam feriam, et a conceptione mani-
festata, usque post natam sobolem.   Uxor, post natam sobolem,
abstineat se ab ecclesia; si filius est, dies triginta; si filia,
dies quadraginta.

QUOD ANTE COMMUNIONEM ABSTINERE DEBET A CONJUGE.

Omnis homo, ante sacram communionem, a propria uxore   Ib. c. 331.
abstinere debet vii. aut v. aut iii. dies.

QUI PER FAIDAM HOMINEM OCCIDERIT.

Qui per iram et rixam et ebrietatem subito hominem Lib. ii. c. 24.
occiderit, quatuor annos pœniteat.

DE EADEM RE.

Si quis liber, jubente domino suo, servum occiderit, qua-   Ib. c. 25.
draginta dies pœniteat.   Et si quis liber, jubente domino suo,
hominem innocentem occiderit, annum unum pœniteat, et in
duobus aliis annis, tres quadragesimas observet, et legitimas
ferias.

SI ALIQUIS ORDINATUS HOMICIDIUM FECERIT.

Si quis episcopus aut aliquis ordinatus homicidium fecerit,   Ib. c. 46.
decem annos pœniteat, tres ex his in pane et aqua.

SI QUIS CONSANGUINEUM SUUM OCCIDERIT, AUT SENIOREM.

Si quis proximum et consanguineum suum occiderit, decem   Ib. c. 48.
annos pœniteat.   Similiter, si quis seniorem et dominum suum
dolo trucidaverit.

---

* A Stephano Baluzio ad fidem vetustissimi codicis emendatis.

DE CLERICO QUI PROXIMUM SUUM OCCIDIT.

Lib. ii. c. 52.   Si clericus homicidium fecerit, et proximum suum occiderit, odii meditatione, exul septem annos pœniteat.

DE PARRICIDIS.

Ib. c. 53.   Si quis hoc crimen perpetraverit, quidam judicaverunt ut septem annis pœniteat, vel quatuordecim pœnitentiam egisset; quidam usque ad finem vitæ, sicut Cain, qui similia perpetraverit.

DE FEMINA CUJUS FILIUS PER NEGLIGENTIAM OBIERIT NON BAPTIZATUS.

Ib. c. 62.   Pariens femina, cujus filius per negligentiam non baptizatus obierit, annum unum pœniteat, et nunquam sit sine aliqua pœnitentia.

QUID SI UNUS ABSOLUTUS ET ALTER COPULATUS ADULTERATI FUERINT.

Ib. c. 134.   Si quis vacans uxore polluit se cum alterius uxore, annis duobus pœniteat. Similiter de feminis observandum.

SI UXORATUS ANCILLAM PROPRIAM TENUERIT.

Ib. c. 135.   Si uxoratus ancillam propriam tenuerit, annum unum pœniteat, vel in alio anno tres quadragesimas et legitimas ferias; et tribus mensibus prius se a sua contineat conjuge. Ancilla vero si vim passa est, quadraginta dies; si consentiens fuerit, tres in anno quadragesimas et legitimas ferias pœniteat.

DE FORNICATIONE DIVERSARUM PERSONARUM.

Ib. c. 246.   § 1. Si uxoratus cum virgine fornicatus fuerit, duos annos pœniteat, itá primum omnium, ut a sua se contineat. Si ei consenserit, uxori etiam addatur modus pœnitentiæ. § 2. Laicus maculans se cum ancilla Dei, duos annos pœniteat. Si genuerit ex ea filium, annos tres pœniteat. Si sine conjugio est, tres quadragesimas et legitimas ferias. § 3. Si canonici sunt et fornicantur, annum unum; si frequenter, duos. Qui in gradu est, tres annos pœniteat. § 4. Monachus sine gradu, vel canonicus gradum habens, si cum puella laica fornicati sunt, annos tres pœniteant. Si cum sanctimoniali,

annos septem pœniteant. § 5. Monachi cum gradu fornicationem facientes, septem annos pœniteant. § 6. Si monachus laicam duxerit, tres annos pœniteat, illa duos et legitimas
ferias. Si usque ad generationem filii, quatuor annos pœniteat.
Si occiderit, septem annos pœniteat. § 7. Si episcopus
fornicatus fuerit, octo annos pœniteat. Alii judicaverunt
duodecim annorum pœnitentiam. Post annum tertium levius
pœniteat. § 8. Presbyter cum puella fornicans, annos quatuor et tres quadragesimas in anno, et ferias quartam et sextam
in pane et aqua. Si cum ancilla Dei fornicatus fuerit, septem
annos pœniteat.

DE INCESTIS.

§ 1. Si adolescens sororem suam duxerit, quinque annos
pœniteat. Si matrem, septem annos; et quamdiu vixerit,
nunquam sit sine pœnitentia. § 2. Qui habet matrem et
filiam, duas sorores, uxorem patris et fratris, patruelis aut
avunculi, neptem aut consobrinam, aut qui in prima, secunda,
vel tertia generatione juncti sunt, istis volumus indicare ut
separentur; et, propter novellam plantationem ecclesiæ, ut
septem annos agant pœnitentiam, tres primos annos tres dies
in hebdomada, id est, feria secunda, et quarta, et sexta;
quadraginta dies ante Pascha; viginti ante missam Sancti
Johannis, viginti ante Natale Domini: quatuor vero reliquos
annos, feria quarta et sexta, et quatuordecim noctes ante
missam Sancti Johannis, et alias ante Natale Domini. Si
se redimere vult, donet unum denarium, aut pretium unius
denarii, pro uno die. Si pauper est, donet dimidium
denarium.

Lib. II. c. 247.

DE VIRIS INTER SE FORNICANTIBUS.

Viri inter femora fornicantes, annum unum pœniteant. Si
in terga, tres annos. Si pueri sunt, duos annos pœniteant.

Ib. c. 249.

DE MULIERUM FORNICATIONE.

Si sanctimonialis cum alia sanctimoniali, per aliquod machi-
namentum, fornicatur, septem annos pœniteat.

Ib. c. 250.

DE ILLECEBROSO AMPLEXU, &c.

Qui in somnis voluntate pollutus est, surgat et cantet septem
psalmos pœnitentiales, et dies triginta. Qui peccare voluerit
in somnis, et non fuerit pollutus, triginta quatuor psalmos
cantet.

Ib. c. 251.

DE QUADRUPEDUM FORNICATIONE.

Lib. ii. c. 253.   Qui cum pecude peccat, annum unum; quidam judicant annos decem, quidam septem, quidam quatuor, quidam centum dies.

DE SODOMITIS.

Ib. c. 254.   Qui fornicaverit sicut sodomitæ, quidam judicaverunt decem annos, quidam septem, alii unum; pueri centum dies. Alii judicaverunt: Si in consuetudine est, laicus annos quinque, clericus septem, subdiaconus et monachus octo, diaconus decem, presbyter duodecim, episcopus tredecim pœniteat.

DE FURTO ET RAPINA.

Ib. c. 265.   Qui cupiditate captus furtum fecerit, quod abstulerit reddat, et annos quinque pœniteat.

DE PERJURIO.

Ib. c. 324 et 325.   § 1. Quicunque sciens perjuraverit, septem annos pœniteat, et post hæc communionem accipiat.   § 2. Si quis perjuraverit, ultra ad sacramentum non admittatur.

DE INCANTATORIBUS, MALEFICIS, ET SORTILEGIS.

Ib. c. 355.
c. 356.   § 1. Qui nocturna sacrificia dæmonum celebraverint, vel incantationibus dæmones invocaverint, capite puniantur.   § 2. Qui auguriis vel divinationibus inserviunt, quinque annos pœni-
c. 358.   teant.   § 3. Auguria, vel sortes quæ dicuntur false Sanctorum, vel divinationes, qui eas observaverit, vel quarumcunque scripturarum, vel vota voverit vel persolverit ad arborem, vel ad lapidem, vel ad quamlibet rem excepto ad ecclesiam, omnes excommunicentur. Si ad pœnitentiam venerint, clerici annos tres, laici unum et dimidium pœniteant.

DE MORTICINIS.

Ib. c. 370.   Qui fraudatum, raptum, vel furatum sciens manducat, si pauper est, septem dies; si potens, quadraginta dies pœniteat. Infirmi vero, si sciunt, quindecim dies pœniteant.

DE SANGUINE.

Ib. c. 373.   Si quis sanguinem alicujus animalis manducaverit, quadraginta dies pœniteat.

EX BURCHARDO.

DE ILLIS QUI IN CODICIBUS FUTURA REQUIRUNT.

In tabulis vel codicibus sorte futura non sunt requirenda; Lib. x. c. 26.
et ut nullus in Psalterio, vel in Evangelio, vel in aliis rebus,
sortiri præsumat, nec divinationes aliquas in aliquibus rebus
observare. Quod si fecerit, quadraginta dies pœniteat.

DE ILLIS QUI IN LINGUA LASCIVI FUERINT.

Si quis lascivus in lingua fuerit, triduana pœnitentia expietur. Lib. xii. c. 5.

DE EPISCOPO QUI SECUNDUM NATURAM FORNI-CATUS FUERIT, ET DE ALIIS.

Si quis pontifex fornicationem fecerit naturalem, synodus Lib. xvii. c. 39.
judicavit ut x. annos pœniteat, et multis lacrymis et eleemosynis
veniam a Domino petat. Presbyter non prælato monachi voto
cum puella vel meretrice peccans, annos iii., et in tribus
quadragesimis secundam, et quartam, et sextam feriam, et
sabbato semper de sicco cibo pœniteat. Si cum ancilla Dei,
aut masculo, plus addatur jejunium, id est, septem annos, si
in consuetudine est. Similiter diaconi, si monachi non sunt,
duos annos, sicut etiam monachi qui sine gradu sunt. Si
diaconi monachi sunt, septem annos. Monachi cum gradu
septem annos pœniteant. Item episcopus, si sine voto monachi
cum puella vel meretrice peccaverit, x. annos pœniteat.
Clericus cum tali puella, sine voto monachi, si fornicatus
fuerit, unum annum pœniteat; si frequenter, duos annos. Si
cum canonica, duos annos; si frequenter, tres annos; si
genuerit ex ea filium, quatuor annos; alii dicunt septem.
Theodorus dixit: 'Monachus fornicationem faciens, septem
annos pœniteat.'

EX IVONE.

SUFFICIT ILLA CONFESSIO QUÆ PRIMUM DEO, DEINDE SACERDOTI OFFERTUR.

Quidam Deo solummodo confiteri debere peccata dicunt, ut
Græci; quidam vero sacerdotibus confitenda esse percensent,
ut tota fere sancta ecclesia. Quod utrumque non sine magno
fructu fit intra sanctam ecclesiam; ita duntaxat, ut Deo, qui

remissor est peccatorum, peccata nostra confiteamur, et hoc perfectorum est, ut cum David dicamus: 'Delictum meum cognitum tibi feci, et injustitiam meam non abscondi. Dixi, confiteor adversum me injustitiam meam, et tu remisisti impietatem peccati mei.' Sed tamen Apostoli institutio nobis sequenda est, ut confiteamur alterutrum peccata nostra, et oremus pro invicem, ut salvemur. Confessio itaque quæ soli Deo fit, quod est justorum purgat peccata: ea vero quæ sacerdoti fit, docet qualiter ipsa purgantur peccata: Deus namque, salutis et sanctitatis auctor et largitor, plerumque hanc præbet suæ pœnitentiæ medicinam invisibili adminis-tratione, plerumque medicorum operatione.

---

*EX COLLECTIONE CANONUM.

UT NULLUS ORDINATUS DE MINISTERIIS ECCLESIÆ ALIQUID VENDERE PRÆSUMAT.

Si quis presbyter aut diaconus inventus fuerit de ministeriis ecclesiæ aliquid venundasse, quia sacrilegium commisit, placuit eum in ordinatione ecclesiæ non haberi; judicio tamen epi-scopi dimittendum est, sive sit dignus, sive indignus, in suo recipi gradu.

---

* Olim in bibliotheca S. Victoris servata.

DIALOGUS ECGBERTI,

ARCHIEPISCOPI EBURACENSIS.

**INCIPIT SUCCINCTUS DIALOGUS ECCLESIAS-
TICÆ INSTITUTIONIS A DOMINO ECGBERTO
ARCHIEPISCOPO EBURACÆ CIVITATIS COM-
POSITUS.**

*Prima fronte præsentis paginæ tuam venerabilem petimus
Sanctitatem, ut ea, quæ sacrorum apicum attestatione, ad
pontificalem providentiam a nobis directa sunt, grato animo
cum caritate suscipias; caritas enim edificat, et si qua in eis
acceptione videntur digna, Fraternitatis tuæ cirographo firmen-
tur; si qua vero minus apte prolata noscuntur, tu quasi
subtilissimus interpres utiliora interserere non dedigneris: et
post informationem eorum, quæ ad te missa sunt verborum,
Beatitudinis tuæ consilia nobis literarum caracteribus insinuare
cupimus, quatenus vicissim menbranis discurrentibus unum
atque id ipsum sentiamus vinculis caritatis innexi. Ut autem
Fraternitas tua certius de supradictis judicare possit, propo-
nimus utraque simul, consulta videlicet et responsa.

I. INTERROGATIO.

Si necessitas coegerit, in quantum valet juramentum episcopi,
presbiteri, vel diaconi, sive monachi?

RESPONSIO.

Ordines supradicti, secundum gradus promotionis, habeant
potestatem protestandi: presbiter secundum numerum cxx.
tributariorum; diaconus vero juxta numerum lx. manentium;
monachus vero secundum numerum xxx. tributariorum; sed
hoc in criminali causa. Cæterum si de terminis agrorum oritur
altercatio, presbitero liceat juramenti sui adtestatione terram

---

* Textus, qui nullum sibi titulum præfixum habet, ex ms. Z.
sumitur.

videlicet unius tributarii in jus transferre æcclesiæ. Duobus quoque diaconis id ipsum conceditur. Testificatio vero trium monachorum in id ipsum sufficiat.

II. INTERROGATIO.

Presbiter, diaconus, si possint testes fieri verborum novissimorum, quæ a morientibus fiunt de rebus suis?

RESPONSIO.

Adsumat etiam secum unum vel duos, ut in ore duorum vel trium testium stet omne verbum; ne forte sub prætextu avariciæ propinqui defunctorum his contradicant, quæ ab ecclesiasticis dicuntur, solo presbitero vel diacono perhibente testimonium.

III. INTERROGATIO.

Presbiter, diaconus, sive monachus, si in nefandis accusantur facinoribus, nullo existente evidenti argumento; qua ratione, si inculpabiles sunt, possunt expiari?

RESPONSIO.

Dum constat fidele testimonium esse in ore duorum vel trium testium, nos ne forte videamus angusto judicio eum, qui sine peccato est, opprimere, [et] * * * facta testium difficultate obruatur innocentia, liceat accusato sub · regula constituto cuilibet ex his tribus gradibus, presbiteri scilicet, diaconi, vel monachi, testes producere ad purificandum se. Sat enim satis est, exinde duos vel tres, quos poterit secum educere ad defensionem sui. Cui vero desunt excusatores, vel propter terrorem accusantium, ipse solus sibi sufficiat in defensione innocentiæ suæ, quem nec visus testium nec filii procreati produnt culpabilem. Inhonestum est enim ut aut per negligentiam sacerdotum iniquitas cumuletur, aut per inopiam virium opprimatur puritas. Pro idcirco sancimus eum, cui crimen impingitur, ut ponat super caput suum crucem Domini, et testetur per Viventem in secula, cujus patibulum est crux, sese immunem esse a peccato hujusmodi. Et sic omnia dimittenda sunt judicio Dei.

IIII. INTERROGATIO.

Presbiter vel diaconus, si examinati corrupti inveniuntur, qua vigilantia pastorum præcavendum est, ne ab officio quidem remoti in alio diocesi prætemptent ministrare, ac per hoc nonnulli scandalizentur?

RESPONSIO.

Presbiter vel diaconus, si clarescentibus culpis a proprio episcopo [1]ejectus in æcclesia alia ministrare pertemptaverit, mox ut cognitum fuerit, ab episcopo, cujus est diœcesis, expellatur; et sic per omnes sedes ecclesiarum nunquam stabilis, semper vagus et profugus versetur, donec longa afflictione humiliatus, redeat ad sustinenda jura æcclesiastica.

V. INTERROGATIO.

Quid habemus de sacris ministeriis, quæ ante dampnationem presbiter corruptus peregit, vel quæ postea dampnatus inconsulte usurpavit?

RESPONSIO.

Ministeria vero, quæ usurpato nomine sacerdotis non dicatus ignorante populo peregit, minime credimus abjicienda; nam male bona ministrando ipse sibi reus, aliis non nocuit. Scienti autem causas minime detersas, et qui tamen particeps factus est dampnati, quomodo tribuitur ei perfectio, quæ in dante non erat, quam ipse accipere potest dampnationem, utique qui per quod habuit per prava officia dedit, ut ejus particeps similem sortiatur excommunicationis sententiam. Sed hoc de baptismo accipi fas non est, quod iterari non debeat. Reliqua vero ministeria per indignum data, minus firma videntur.

VI. INTERROGATIO.

Presbiter, diaconus, sine nutu prioris sui transiliens in alia si liceat diocesi ministrare?

RESPONSIO.

Desertorem vero propriæ æcclesiæ interdictum habemus in alia ministrare; ministrantem vero taliter a suo submoveri officio, donec reconcilietur æcclesiæ suæ.

VII. INTERROGATIO.

Si quis cujuscunque dignitatis transfugam, clericum vel monachum, ausu improbo sub se habere præsumpserit; quid de his, carissimi, decernitis?

---

[1] MS. electus.

RESPONSIO.

Quisquis vero fratrum, contra interdicta venerabilium canonum, transfugam, clericum vel monachum, sine litteris pacificis susceperit, et conventus in hac obstinatione perduraverit, reddat quod statutum est, xxx. quidem siclos, xv. vero episcopo loci, xii. abbati, cujus monachum sine nutu prioris sui susceperat, et fugitivum dimittat, aut amplius excommunicatus periclitetur. Quicunque vero ex laicis, qui monasteriis præesse noscuntur, taliter aliquem ad se minime pertinentem susceperit, reddat debitum statutum, regi quidem x. siclos, x. vero episcopo loci, x. vero abbati, cujus domesticum sine consensu æcclesiæ susceperat, et desertorem relinquat, aut tantam adhuc reddat pecuniam, quantam et ante dedisse cognoscitur. Jam postea excommunicetur usque ad satisfactionem, quatenus obstinati quique, qui Deum minime timentes censuram excommunicationis omnino spernunt, saltem amissione rerum suarum ex parte dampnati minime præsumant statutis contraria. Hæc autem definitio maneat erga monasteria virginum, quæ sub regula esse probantur.

VIII. INTERROGATIO.

Si quis monachorum sacrilega se contagione miscuerit, vindicta quidem sceleris si pertinet ad laicos, qui sunt eorum propinqui, nunc persequamini?

RESPONSIO.

De his qui intra æcclesiam in gravibus vel in levibus commissis delinquunt, nichil vindictæ pertinet ad eos qui foris sunt; maxime cum Apostolus dicat, omnes causas æcclesiæ debere apud sacerdotes dijudicari. Si qui vero æcclesiastici crimen aliquod inter laicos perpetraverint, homicidium, vel fornicationem, vel furtum agentes, hos placuit a secularibus in quos peccaverunt omnimodo occupari; nisi animo fuerit æcclesiæ pro talibus satisfacere. Laici vero qui sacrilega se contagione miscuerint velatis, non eodem modo quo lex publica fornicarios puniri percensuit, set duplicata xxx. siclorum pecunia, hoc est, lx. argenteos volumus dare ecclesiæ adulterantes, quia graves causæ graviores et acriores querunt curas.

IX. INTERROGATIO.

Si permittendum est presbiteris, sive peregrinis, sive nostri generis, passim ministrare absque conscientia episcopi loci, in cujus diocesi interim demorantur, maxime sub laicis, nusquam stabiles, nec loco nec auctoritate pontificali primitus fundati?

RESPONSIO.

Presbiteros peregrinos, vel absolute ordinatos, sine litteris commendaticiis, circumeuntes provincias, nusquam eos ministrare patimur, vel sacramenta tradere, absque conscientia episcopi loci. Quæ vero necessaria sunt, placuit eos administrare. Ad ministeria tamen sacrorum tales nolumus admitti, sine grandi discretione.

X. INTERROGATIO.

Si quis frater vel soror aliqua ad se pertinentia, ut estimat, non ita repetit, ut judicantibus æcclesiarum præsulibus ei pacifice restituantur, sed contempto proprio episcopo irrationabiliter rerum properat optinere ea, quæ [sibi] juste vel injuste vindicat: Quid ad hæc dicitis?

RESPONSIO.

Quicunque frater vel soror rem aliquam ad se, ut estimat, pertinentem non ita repetit, ut judicantibus æcclesiarum sacerdotibus, sed per exteras [potestates vim] faciens obtineat, etiam hoc quod violentus evicit [omnino perdat, aut ab] ecclesia expellatur. Nec tamen æcclesiæ suæ præjudicium inponimus, sed post obitum anathematizati, integris omnibus in statu suo manentibus, partibusque in medio collocatis, quid antiquitas aut veritas habeat, diligenter requiratur. Et sic dimittendum est judicio episcoporum.

XI. INTERROGATIO.

Quid ad hæc dicitis? Quoniam quidem nonnulli propria' habentes monasteria, ita ea inconsulte disponunt, ut, post obitum illorum, duo simul utriusque sexus unum possideant monasterium, aut equali sorte dividant, si interesse non convenerint?

RESPONSIO.

Venerabilis congregatio unum ex duobus eligat, quem sibi præesse desiderat, et hic cum consilio episcopi loci constituatur abbas. Eo vero defuncto qui prælatus est, iste secundus qui connumeratus est ab initio heres, accipiat regimen totius monasterii, quod ante non ex toto sed ex parte sibi concessum gaudebat; si tamen dignus inveniatur, suo episcopo judicante.

Quod si aliter factum fuerit, hujusmodi votum inefficax atque irritum judicetur; sitque faciens, vel consentiens accipiensque anathema.

XII. INTERROGATIO.

Quod si quis ex laicis clericum vel monachum occiderit, utrum precium sanguinis, secundum legem natalium parentum, propinquis ejus reddendum sit, an ampliori pecunia senioribus suis satisfaciendum sit, Vestra Unanimitas sanciat?

RESPONSIO.

Quicunque vero ex laicis occiderit episcopum, presbiterum, vel diaconum, aut monachum, agat pœnitentiam secundum gradus pœnitentiæ constitutos, et reddat precium æcclesiæ suæ; pro episcopo secundum universalis consilii*, pro presbitero octingentos siclos, pro diacono sexingentos, pro monacho vero quadringentos argenteos; nisi aut dignitas natalium, vel nobilitas generis majus reposcat precium. Non enim justum est, ut servitium sanctæ professionis in meliori gradu perdat quod exterior vita sub laico habitu habuisse jure parentum dinoscitur. Cui vero non est substantia, ut redimat se a perpetrato homicidio, regi dimittendus est ad puniendum, ne interfectores servorum Dei se putent impune posse peccare. Hæc vero vindicta, quam de homicidiis presbiterorum percensuimus, maneat erga abbates, qui sunt sine ordine; nisi aliquem ex his sinodale collegium altiori consilio aut superiorem aut inferiorem judicaverit.

* placitum add. ?

XIII. INTERROGATIO.

Quod si ex convenientia amborum legitimum dissolvitur conjugium, propter infirmitatem viri vel uxoris, si liceat sano incontinenti secundum inire connubium, infirmo consensum præbente, et promittente sese continentiam in perpetuo servaturum: Vestra Sanctitas quid de hoc judicat?

RESPONSIO.

Nemo contra Evangelium, nemo contra Apostolum sine vindicta facit, idcirco consensum minime præbemus adulteris; onera tamen, quæ sine periculo portari non possunt, nemini inponimus, ea vero, quæ Dei sunt mandata, confidenter indicimus. Quem autem infirmitas implendi præpedit, uno profecto multum reservamus judicio Dei. Igitur ne forte videamur silentio fovere adulteros, aut diabolus qui decipit adulteros de adulteris exultet, [1]ulterius audi: 'Quod Deus conjunxit, homo non separet.' Et item: 'Qui potest capere, capiat.' Sepe namque temporum permutatione, necessitas legem frangit. Quid enim fecit David, quando esuriit? et tamen sine peccato est. Ergo in ambiguis non est ferenda sententia. Sed consilia necesse est periclitari pro salute aliorum, hac conditione interposita, ut ei qui se continentiæ devovit, nullo modo concedatur secundas inire nuptias, vivente priore.

XIV. INTERROGATIO.

Quid ad hæc dicimus? Si quis de laicis clericum vel monachum obnoxium esse pronunciat, pro causis aliquibus jam pridem sub laico habitu perpetratis, sed necdum finitis; sive quia minime prævaluit, sive quod ante dissimulando tacuit usque nunc, et modo ecclesiæ molestus et inportunus insistit?

RESPONSIO.

Quisquis vero secularis servitium sanctæ professionis subire desiderat, si interrogatus respondeat, conditionis servilis sese non esse obnoxium, nec homicidium palam perpetrasse inemendatum, neque res alieni juris modo sub se habere dicat; iste profecto nemini quicquam debeat, nisi Deo, cujus est servus, propter offensam peccati. Quod si fefellit æcclesiam Dei, et crimen suum dolose celaverit, placuit æcclesiam habere potestatem dimittendi eum, vel satisfacere pro eo, si voluerit. Eos vero, qui tales inveniuntur, ab æcclesiæ limine per vim volumus abstrahi, neque a die conventionis tempus æcclesiæ concedi reos deinceps ad occultandos, sed ut Deo agatur reverentia, absque ulla lesione veriusque relinquendi sunt; quod æcclesia domus propitiationis est, non spelunca latronum. Lege dedicationem templi Salomonis. Res vero si quas æcclesiæ optulerat, eas sacerdos reddat, ut habeat unde se redimat.

XV. INTERROGATIO.

Pro quibus criminibus nullus sacerdos potest fieri, vel pro quibus jampridem ordinatus deponitur?

RESPONSIO.

Hujusmodi tunc ordinatio episcopi, presbiteri, vel diaconi, rata esse dicitur: si nullo gravi facinore probatur infectus; si

---

[1] *Ms.* ultoribus.

secundam non habuit [uxorem], nec à marito relictam; si pœnitentiam publicam non gessit, nec ulla corporis parte vitiatus apparet; si servilis aut ex origine non est conditionis obnoxius; si curiæ probatur nexibus absolutus; si adsecutus est literas; hunc elegimus ad sacerdotium promoveri. Pro his vero criminibus nullum licet ordinari, sed promotos quosque dicimus deponendos; idola scilicet adorantes; per aruspices [et divinos atque] incantatores captivos se diabolo tradentes; fidem suam falso testimonio expugnantes; homicidiis vel fornicationibus contaminatos; furta perpetrantes; sacrum veritatis nomen perjurii temeritate violantes. Eos tamen, nisi per pœnitentiam publicam non oportet admitti ad promerendam communionis gratiam, non ad recuperandum pristinæ dignitatis honorem; alienum est enim ab æcclesia pœnitentes sacrosancta ministrare, qui dudum vasa fuerant vitiorum.

XVI. INTERROGATIO DE JEJUNIO QUATUOR TEMPORUM.

Legitima jejunia mensis primi, quarti, septimi, et decimi, utrum initio ipsorum mensium, an aliter celebranda sint; et quo auctore, aut quomodo, vel pro quibus causis instituta, consona sententia exponite; ut uniformiter ab omnibus cælebrentur per universas Dilectionis Vestræ sedes et Anglorum æcclesias.

RESPONSIO.

Quia igitur mundus quatuor plagis continetur, orientis, occidentis, meridiei, et aquilonis; et homo quatuor elementis constat, id est, igne, aere, aqua, et terra; et interior sensus ex quatuor continetur virtutibus, prudentia, temperantia, fortitudine, atque justitia; et quatuor flumina paradisi ad inrigandam universam terram, in typo quatuor Evangeliorum profluunt; et quatuor temporibus annus, vere, estate, autumno, et hieme convertitur; et ex omni parte quadratus numerus perfectus dinoscitur; idcirco autem quatuor temporum jejunia veteres patres instituerunt, secundum Dei legem, et nunc in Novo Testamento, sancti viri atque apostolici doctores.

DE PRIMO JEJUNIO.

De primo mense Dominus ait ad Moysen: 'Mensis iste vobis principium mensium, primus erit in mensibus anni.' Et iterum Dominus ad Moysen: 'Observate mensem novarum frugum, quando egressi estis de terra Ægypti, legitimum erit in generationibus vestris.' Quod jejunium sancti patres in prima epdomada mensis primi statuerunt, quarta et sexta feria, et sabbato, exceptis diebus quadragesimalibus. Nos autem in ecclesia Anglorum idem primi mensis jejunium, ut noster didascalus beatus Gregorius, in suo Antiphonario et Missali Libro, per pedagogum nostrum beatum Augustinum transmisit ordinatum et rescriptum, indifferenter de primæ epdomadæ computatione, in prima epdomada quadragesimæ servamus.

DE SECUNDO JEJUNIO.

Secundum jejunium quarti mensis a veteri lege exortum est, quando lex [data] est Moysi in Monte Sinai, et præceptum est a Domino ut sit populus paratus ad audiendam vocem in diem tercium, et ne adpropinquent uxoribus suis. Et iterum Dominus ad Moysen : ' Tolletis de cunctis frugibus vestris primitias, et offeretis ea Domino Deo vestro.' Quod et in Novo Testamento constitutum est, juxta id quod Dominus ait : ' Non possunt filii sponsi jejunare quandiu cum illis est sponsus,' et reliqua. Quod juxta congruentiam temporum post ascensionem Domini ad cœlos, præsentia corporali subtracta, tunc indictum est jejunium quarti mensis secundo sabbato. Hoc autem jejunium idem beatus Gregorius, per præfatum legatum, in Antiphonario suo et Missali, in plena epdomada post Pentecosten Anglorum ecclesiæ cælebrandum destinavit. Quod non solum nostra testantur Antiphonaria, sed et ipsa quæ cum Missalibus suis conspeximus apud Apostolorum Petri et Pauli limina.

DE TERCIO JEJUNIO.

Tercium jejunium septimi mensis a Domino per Moysen præcipitur dicente : ' Loquere filiis Isräel, et dices ad eos : Decimus dies mensis septimi vocabitur sanctus, humiliabitis animas vestras in jejunio. Omnis anima, quæ afflicta non fuerit die hoc, peribit de populo suo.' Idcirco autem in ecclesia hoc jejunium cælebratur secundum antiquam consuetudinem, vel quia decrescit dies et nox augetur, quia ad defectum solis et noctis augmentum vita nostra deficere adveniente morte ostenditur, quæ mors in judicio Dei et resurrectione reparabitur ad vitam. Et si vitæ nostræ terminus in defectione dierum exprimitur, mortisque adventus in augmento noctis, necessarium duximus, ut ob memoriam et recordationem tanti misterii, omni anno humiliemus animas nostras, ut filios Israel hoc in tempore fecisse legimus, in jejunio et afflictione, non solum a cibis, sed ab omnibus vitiorum contagiis, adtendentes sermonem Evangelii: ' Ambulate dum lucem habetis, ut non tenebræ vos comprehendant; veniet autem nox, quando nemo potest operari.' Hoc Anglorum æcclesia in plena epdomada ante equinoctium, neglecta terciæ epdomadæ computatione, solet cælebrare.

DE QUARTO JEJUNIO.

Quartum jejunium mense Novembrio a veteribus colebatur, juxta præceptum Domini ad Jeremiam dicentis : ' Tolle volumen libri, et scribe in eo omnia verba, quæ locutus sum adversus Israel et Judam. Et factum est in mense nono, prædicaverunt jejunium in conspectu Domini omni populo in Jerusalem.' Hac ergo auctoritate divinarum Scripturarum æcclesia catholica morem optinet, et jejunium atque observationem mense cælebrat decimo, sabbato quarto, propter advenientem venerabilem sollempnitatem Domini nostri Jesu Christi; ubi ante plures dies et continentia carnis et jejunia exhibenda sunt, ut unusquisque fidelis præparet se ad communionem corporis et sanguinis Christi cum devotione sumendam. Quod et gens Anglorum semper in plena epdomada ante Natale Domini consuevit, non solum quarta et sexta feria, et sabbato, sed et juges XII. dies in jejuniis, et vigiliis, et orationibus, et elemosinarum largitionibus, et in monasteriis, et in plebibus, ante Natale [Domini], quasi legitimum jejunium exercuisse perhibetur. Nam hæc, Deo gratias, a temporibus Vitaliani papæ, et Theodori Dorobernensis archiepiscopi inolevit in æcclesia Anglorum consuetudo, et quasi legitima tenebatur, ut non solum clerici in monasteriis, sed etiam laici cum conjugibus et familiis suis ad confessores suos pervenirent, et se fletibus a carnalis concupiscentiæ consortio his duodecim diebus cum elemosinarum largitione mundarent, quatenus puriores Dominicæ communionis perceptionem in Natale Domini perciperent. Preter hæc namque constituta jejunia quarta et sexta feria, propter passionem Christi, et sabbato, propter quod ipso die jacuit in sepulchro plerique jejunaverunt.

EXCERPTIONES ECGBERTI,

EBORACENSIS ARCHIEPISCOPI,

E DICTIS ET CANONIBUS SANCTORUM PATRUM CONCINNATÆ.

---

*INCIPIT DE CANONIBUS.

Canones dicimus regulas quas sancti patres constituerunt, in quibus scriptum est quomodo canonici, id est, regulares clerici vivere debent.

AUGUSTINUS AURELIENSIS EPISCOPUS DICIT:

Ut nulli sacerdotum suos liceat canones ignorare, nec quicquam facere, quod patrum possit regulis obviare. Et ne excusatio de ignoratione nascatur, vel per oblivionem aliquid negligatur, frequenter in hoc libello, quasi in speculo, prospiciant, quod canonum est regulis definitum. Veruntamen non omnes clerici judicia canonicæ constitutionis usurpare aut legere debent, sed solummodo presbiteri; sicut enim sacrificium offerre non debent, nisi episcopi et presbiter, sic nec judicia ista alii usurpare debent.

INCIPIUNT EXCERPTIONES DOMINI ECGBERHTI, ARCHIEPISCOPI EBURACI CIVITATIS, DE SACERDOTALI JURE.

I. ITEM. JUS SACERDOTALE.

Ut unusquisque sacerdos ecclesiam suam cum omni diligentia ædificet; et reliquias Sanctorum cum summo studio vigiliarum noctis, et divinis officiis conservet.

---

*In Oxoniensi MS. priores istæ XXI. excerptiones ante Lib. Pœnit. Ecgberti inseruntur, sub titulo: 'Hæc sunt jura sacerdotum quæ tenere debent.' *W.* Textus ex *G.* sumitur.

II. ITEM.

Ut omnes sacerdotes, horis competentibus diei et noctis, suarum sonent ecclesiarum signa, et sacra tunc Deo celebrent officia; et populos erudiant, quomodo aut quibus Deus adorandus est horis.

III. ITEM.

Ut omnibus festis et diebus Dominicis unusquisque sacerdos Evangelium Christi prædicet populo.

IIII. ITEM.

Ut unusquisque sacerdos cunctos sibi pertinentes erudiat, ut sciant qualiter decimas totius facultatis ecclesiis divinis debite offerant.

V. ITEM.

Ut ipsi sacerdotes a populis suscipiant decimas, et nomina eorum quicunque dederint scripta habeant, et secundum auctoritatem canonicam coram *[Deum] timentibus dividant; et ad ornamentum ecclesiæ primam eligant partem; secundam autem, ad usum pauperum atque peregrinorum, per eorum manus misericorditer cum omni humilitate dispensent; tertiam vero sibimetipsis sacerdotes reservent.

VI. ITEM.

Ut unusquisque sacerdos orationem Dominicam et symbolum populo sibi commisso curiose insinuet, ac totius religionis studium, et Christianitatis cultum eorum mentibus ostendat.

VII. ITEM.

Ut cuncti sacerdotes precibus assiduis pro vita et imperio domini imperatoris, et filiorum ac filiarum salute orent.

VIII. ITEM.

Ut unusquisque sacerdos cotidianis assistat orationibus pro pontifice, cujus gubernatur regimine.

IX. ITEM.

Ut nullus sacerdos in domibus vel aliis locis, nisi in ecclesiis dedicatis, celebrare missas audeat.

---

* Walkerus 'Deum' *addit.*

X. ITEM.

Ut a cunctis sacerdotibus jus et tempus baptismatis temporibus congruis, secundum canonicam institutionem, cautissime observentur.

XI. ITEM.

Ut omnes sacerdotes, quibuscunque horis, omnibus indigentibus baptismum, infirmitatis causa, diligentissime tribuant.

XII. ITEM.

Ut nullus presbiter sacrum officium, sive baptismatis sacramentum, aut aliquid donorum spiritalium pro aliquo precio vendere præsumat; ne vendentes et ementes in templo columbas imitentur; et pro his que adepti sunt per gratiam divinam, non pretia concupiscant terrena, sed solam regni celestis gloriam promereantur accipere.

XIII. ITEM.

Ut nullus presbiter a sede sanctæ ecclesiæ sub cujus titulo ordinatus fuit, *ammonitionis causa ad alienam pergat ecclesiam, sed ibidem devotus, usque ad vite permaneat exitum.

*ambitionis?

XIIII. ITEM.

Ut nullus ex sacerdotum numero ebrietatis vitium nutriat, nec alios cogat per suam jussionem inebriari.

XV. ITEM.

Ut nullus sacerdos extranearum mulierum habeat familiaritatem, nec in sua domu, in qua ipse habitat, ullam mulierem unquam permittat habitare.

XVI. ITEM.

Ut nulli sacerdotum liceat fidejussorem esse, neque derelicta propria lege ad secularia judicia accedere.

XVII. ITEM.

Ut nemo sacerdotum ex numero arma pugnantium unquam portet, nec litem contra proximum ullam excitet.

XVIII. ITEM.

Ut nullus presbiter edendi aut bibendi causa gradiatur in tabernas.

XIX. ITEM.

Ut nullus sacerdos quicquam cum juramento juret, sed simpliciter cum puritate et veritate omnia dicat.

XX. ITEM.

Ut cuncti sacerdotes omnibus illis confitentibus eorum crimina, dignam petitentiam cum summa vigilantia ipsis judicent, et omnibus infirmis ante exitum vitæ viaticum et communionem corporis Christi misericorditer tribuant.

XXI. ITEM.

Ut secundum diffinitionem sanctorum patrum, si quis infirmatur, a sacerdotibus oleo sanctificato cum orationibus diligenter ungatur.[a]

XXII. ITEM.

Ut presbiter eucharistiam habeat semper paratam ad infirmos, ne sine communione moriantur.

XXIII. ITEM.

Ut sine auctoritate vel consensu episcoporum, presbiteri in quibuslibet ecclesiis nec constituantur, nec expellantur.

XXIIII. ITEM.

Ut æcclesiæ antiquitus constitutæ, nec decimis, nec alia ulla possessione priventur, ita ut novis oratoriis tribuantur.

XXV. ITEM.

Ut unicuique æcclesiæ vel una mansa integra absque alio servitio adtribuatur, et presbiteri in eis constituti non de decimis, neque de oblationibus fidelium, nec de domibus, neque de atriis vel ortis juxta æcclesiam positis, neque de præscripta mansa, aliquod servitium faciant præter æcclesiasticum; et si aliquid amplius habuerint, inde senioribus suis, secundum patriæ morem, debitum servitium impendant.

---

[a] Hucusque conveniunt codex noster et Oxon. ms. Post hæc vero in Oxon. Cod. sequuntur tituli de capitalibus criminibus, usque ad finem libri primi, et noster codex progreditur in hunc modum. *W.*

XXVI. ITEM.

Ut episcopi et presbiteri non longe ab æcclesia hospitiolum habeant.

XXVII. ITEM.

Ut episcopus in æcclesia consessu presbiterorum sublimior sedeat, intra domum vero collegam se presbiterorum esse cognoscat.

XXVIII. ITEM.

Ut unusquisque episcopus in sua parrochia diligenter provideat, ut æcclesiæ Dei bene constructæ, et restauratæ, et ornatæ fiant, tam in *officio, et luminaribus, quamque in *ædificio? reliqua restauratione; et, ut servi Dei regulariter vivant, unusquisque secundum sui ordinis gradum, maxime episcopus curam habeat, sed et canonicas horas ut tempore statuto simul celebrent, ipse præcaveat.

Septem igitur sinaxes sancti patres canendas constituerunt, quas omni die clerus singulis horis canere debet; quarum prima est nocturnalis sinaxis; secunda prima hora diei; tertia ipsa hora est quam tertiam vocamus; quarta vero sexta hora est; quinta nona hora est; sexta autem sinaxis vespera hora est; septimam namque sinaxim completorium vocitamus. Has ergo septem sinaxes omni die debemus sollicite reddere Deo pro nobis et pro omni populo Christiano, sicut psalmista testatur, dicens: 'Septies in die laudem dixi tibi super judicia justitiæ tuæ.' Et insuper missas non omittere, sicut fecerunt sancti patres, quos confessores nuncupamus, id est, episcopi et presbiteri, qui in castitate servierunt Deo.

XXIX. DE EPISCOPIS PAULUS DICIT:

Oportet enim episcopum per omnia inreprehensibilem esse, sicut Dei dispensatorem, non superbum, non iracundum, non vinolentum, non percussorem, non turpis lucri cupidum; sed hospitalem, benignum, sobrium, sanctum, et cetera.

XXX. ITEM APOSTOLUS:

Oportet igitur episcopum testimonium habere bonum ab his qui foris sunt, ut doctrinam Dei nostri ornet in omnibus.

XXXI. DE MAGNA SINODO.

Interdicit per omnia magna sinodus, non episcopo, non presbitero, non diacono, nec alicui omnino qui in clero est, licere subintroductam mulierem habere.

XXXII. ET ITEM.

Canones quoque docent, ut si quis acceperit viduam aut dimissam mulierem, aut qui bis duxerit uxorem, nunquam fiat diaconus, nunquam sacerdos.

XXXIII. ITEMQUE.

Episcopus, presbiter, aut diaconus, qui in fornicatione, aut perjurio, aut furto, aut homicidio captus est, deponatur.

XXXIIII. INSTITUTIONES SANCTORUM PATRUM.

Observandum itaque est episcopis, ut in caritate radicati et fundati, veram pacem et concordiam integram invicem habeant; ita ut sit in omnibus quasi cor unum et anima una, et in ore omnium veræ fidei integra doctrina * * *.[a]

XXXV.

Non oportet aliquid ponere in æcclesia, nisi quæ ad ministeria ecclesiastica pertinent: In Deuteronomio scriptum est: 'Non plantabis lucum nec statuam juxta sanctuarium Domini.'

XXXVI. INCIPIT DE SABBATO.

Deus Creator omnium creavit hominem in sexta feria, et in sabbato requievit ab operibus suis, et sanctificavit sabbatum propter futuram significationem passionis Christi, et quietis in sepulchro. Non ideo requievit quia lassus esset, qui omnia sine labore fecit, cujus omnipotentia non potest lassari; et sic requievit ab operibus suis, ut non alias creaturas quam antea fecerat postea fecisset. Non fecit alias creaturas postea, sed ipsas quas tunc fecit, omni anno usque in finem seculi facit. Homines creat in animabus et corporibus, et animalia et bestias sine animabus; omnis anima hominis a Deo datur, et ipse renovat creaturas suas, sicut Christus in Evangelio ait: 'Pater meus usquemodo operatur, et ego operor.' Christus pro nobis passus est in sexta ætate mundi, in sexta feria; et reformavit perditum hominem passione sua, et operatis miraculis suis. Requievit in sepulchro per sabbatum, et sanctificavit Dominicam diem resurrectione sua; nam Dominica dies prima dies seculi est, et dies resurrectionis Christi, et dies Pentecostes, et

[a] In hac parte codicis, duarum fere paginarum scriptura ita est deleta ut legi nequeat.

ideo sancta est; et nos ipsi debemus esse spiritaliter sabbatum sabbatizantes, id est, vacantes ab operibus servitutis, id est, peccatis, quia 'Qui facit peccatum, servus est peccati.' Sed quia non possumus esse sine peccatis, caveamus in quantum possumus, et emendemus quicquid peccaverimus; demus bona exempla subditis nobis, et corrigemus nosmetipsos et subditos, et exhortemur ad meliora jugiter.   Amen.

XXXVII. ITEM SANCTORUM PATRUM.

Pascha certis temporibus celebrare omnibus generaliter satagendum est, id est, post XIIII. lunam primi mensis.

XXXVIII. SINODUS AGATENSIS.

Seculares qui in Natale Domini, et Pascha, et Pentecosten, non communicaverint, catholici esse non credantur.

XXXIX. CANON AFFRICANENSIS.

Penitentes secundum canones non debent communicare ante consummationem penitentiæ; nos autem, pro misericordia miserantis Dei, post annum, vel duos, vel tres, aliquibus licentiam damus.

XL. ITEM SANCTORUM PATRUM.

Baptismatis sacramenta indifferenter presbiteri indigentibus tribuant, et penitentiam quærentibus citissime succurrant, nullum exinde pretium requirentes, nisi ipsi, aut parentes eorum, seu elemosinarii sponte aliquid dederint.

Si quis vero his institutionibus contraire tentaverit, aut excommunicationis sentiet pœnam, aut carceris erumpnam diu sustineat.

XLI. CANON PATRUM.

Placuit de infantibus, quoties non inveniuntur certissimi testes, qui eos baptizatos esse testentur, neque ipsi sunt per ætatem idonei de traditis sibi sacramentis respondere, absque ullo scrupulo hos esse baptizandos, ne ista trepidatio eos faciat sacramentorum purgatione privari.

XLII. ITEM.

Sunt quidam qui miscent vinum cum aqua baptismatis non recte; et Christus non jussit baptizari vino, sed aqua.

XLIII. CANON CALCEDONENSIS.

Ut nullus presbiter sine chrismate proficiscatur.

XLIIII. CANON APOSTOLORUM.

Si quis episcopus, aut presbiter, aut diaconus, per pecunias hanc obtinuerit dignitatem, dejiciatur et ipse et ordinator ejus, et a communione modis omnibus abscindatur, sicut Simon Magus a Petro.

XLV. CANON AFFRICANUS.

Episcopus, absque consilio presbiterorum, clericos non ordinet.

XLVI. CANON.

Episcopus nullius causam audiat absque præsentia clericorum suorum, excepta causa confessionis.

XLVII. CANON CARTHAG'.

Nihil rector sine fratrum suorum consilio faciat; scriptum est enim: 'Omnia fac cum consilio, et post factum non penitebis.'

XLVIII. CIPRIANUS EPISCOPUS DICIT:

Firmum decretum esse non potest, quod non plurimorum videbitur habuisse consensum.

XLIX. CANON ROM'.

Si in qualibet provincia ortæ fuerint quæstiones, ad majorem sedem vel sinodum, seu etiam ad apostolicam sedem Romæ referantur.

L. CANON EPISCOPORUM.

Non temere quemquam communione privet episcopus,[a] et ne quem alius episcopus ab æcclesia expulerit, sive clericum sive laicum, suscipiat alius.

LI. CANON NICEN'.

Nemo eum qui ad alium pertinet subripiens, in sua æcclesia ordinet, absque consensu illius ad quem pertinet.

---

[a] In MS. 'justo judicio' superscribitur manu antiqua.

LII. CANON CALCEDONENSIS.

Ut nullus absolute ordinetur, et sine pronunciatione loci, ad quem ordinandus est.

Altaria nisi lapidea chrismatis unguine non consecrentur.

LIII. CANON EPAONENSIS.

Non oportet in domibus non dedicatis oblationes celebrari ab episcopis vel presbiteris.

LIIII. CANON SANCTORUM.

Nemo in precibus, vel Patrem pro Filio, vel Filium pro Patre nominet; sed cum altari assistitur, semper ad Patrem dirigatur oratio.

LV. ITEM.

Et sufficit sacerdoti unam missam in una die celebrare, quia Christus semel passus est, et totum mundum redemit; in Levitico quoque scriptum est: * 'Non debere Aaron ingredi assidue interius in sancta.'

LVI. CANON AURELIANENSIS.

Episcopus pauperibus et infirmis, qui debilitate faciente non possunt suis manibus laborare, victum et vestimentum, in quantum possibilitas fuerit, largiatur.

LVII. THEODORUS DICIT:

Statutum est, ut sine auctoritate vel consensu episcoporum, presbiteri in quibuslibet aecclesiis non constituantur, nec inde expellantur; et si quis hoc facere temptaverit, sinodali sententia feriatur.

LVIII. CANON EPISCOPORUM.

Episcopi nullatenus secularibus negotiis, plusquam Dei servitiis, quod absit, subditi existant, sed maxime curam animarum habeant, ut, secundum Apostolum, populum Dei suis exemplis bene corrigant, et sanæ quoque doctrinæ sermonibus instruant.

---

* Cap. XVI. 1, 2.

LIX. CANON.

Clerici omni subjectione episcopis subjecti illis debitam praebeant obedientiam, et nullo jactantiae suae studio semetipsos attollant.

LX. CANON CALCEDON'.

Si qui ergo clerici vel monachi reperti fuerint conjurantes, aut conspirantes, aut insidias ponentes episcopis, gradu proprio penitus abjiciantur.

LXI. CANON NICEN'.

Si quis alicujus episcopi clericum vel monachum susceperit, absque consensu illius, sacrilegus judicetur, et a communione suspendetur, quoadusque clericum vel monachum proprio episcopo restituat; quo etsi clericus contumax redire noluerit, anathema sit.

LXII. CANON HIBERN'.

Qui levaverit manum cum asta aut gladio ad percutiendum aliquem juxta episcopum, redimat manum vel perdat; quod etsi vulneraverit, tondeat caput cum barba, et Deo serviat; primo tamen episcopo sed et cui laesit satisfaciat. Si quis autem clericum vulneraverit, vel alicui ex ecclesiastico ordine nocuerit, secundum ordinis quantitatem; septempliciter emendet, et secundum ordinis dignitatem peniteat, aut extorris propria patria exulet; Dominus enim per prophetam dicit: ' Nolite tangere christos meos,' et reliqua.

LXIII. CANON AURELIAN'.

Abbates pro humilitatis religione in episcoporum potestate consistant, et si quid extra regulam fecerint, ab episcopis corrigantur; qui semel in anno in loco ubi episcopus elegerit, accepta vocatione conveniant. Monachi autem abbatibus omni se obedientiae devotione subjiciant. Quod si quis per contumaciam extiterit indevotus, aut per loca aliqua evagari, aut peculiare aliquid habere praesumpserit, omnia quae adquisierit ab abbatibus auferantur, secundum regulam monasterio profuturam. Ipsi autem qui fuerint pervagati, cum auxilio episcopi, tanquam fugaces, sub custodia revocentur, et reum se ille abbas futurum esse cognoscat, qui hujusmodi personas non regulari [1]animadversione distrinxerit, vel etiam qui monachum susceperit alienum.

LXIIII. CANON AURELIAN'.

Si quis autem abbas cautus in regimine, et humilis, castus, sobriusque, misericors, et discretus non fuerit, ac divina præcepta verbis et exemplis non ostenderit, ab episcopo in cujus consistit territorio, et a vicinis abbatibus et ceteris Deum timentibus, a suo arceatur honore, etiamsi omnis congregatio, vitiis suis consentiens, abbatem eum habere voluerit.

LXV. CANON [2]EPISCOPORUM.

Si extiterit abbas divinis jussionibus prævaricator, regulæque sanctæ contemptor, ab episcopo civitatis, cum consensu abbatum aliorumque monachorum timentium Deum, honore abbatis privetur.

Convenit enim episcopum civitatis, ut sancta et magna sinodus Calcedonensis decrevit, competentem monasteriorum providentiam gerere.

LXVI. LEO PAPA DICIT:

Propositum monachi deseri non potest aliquo pacto; quod enim quis vovet Deo reddere debet. Psalmista namque dicit: ' Vovete et reddite Domino Deo vestro.'

LXVII. THEODORUS DICIT:

Monachi non migrent de loco ad locum, sed in ea permaneant obedientia, quam tempore suæ conversionis promiserunt.

LXVIII. FRUCTUOSUS DICIT:

Monachus sanctæ regulæ violator sive contemptor, vel parvulorum incestuose aut adolescentium consectator, publice verberetur, coronam capitis, quam gestat, amittat, decalvatusque turpiter obprobria patiatur, vel vinculis artatus ferreis carcerali angustia maceretur.

LXIX. CANON AGATENSIS.

Si quis monachus adulterium aut furtum fecerit, quod potius sacrilegium dici potest, id censuimus ordinando, ut virgis

---

[1] adversione MS. *male.*
[2] apostolorum. MS. *male.*

*suscipiat?   cesus tanti criminis reus, nunquam officium clericatus *excipiat.
Si vero jam clericus in id facinus fuerit deprehensus, nominis
ipsius dignitate privetur.

LXX. AURELIENSIS EPISCOPUS DICIT:

Carnes in cibo monachi nunquam sumant: pulli vero vel
altilia cuncta in congregatione non ministrentur; infirmis tantum provideantur et accipere liceat.

LXXI. ISIDORUS EPISC. DICIT:

Abbati vel monacho monasterii servum non licet facere
liberum. 'Impium est ut qui res ecclesiæ non contulerit,
damnum inferat.'

LXXII. CANON.

Si quis episcoporum, aut presbiterorum, vel ministrorum, ex
rebus æcclesiæ, quæ in quibuscunque locis a fidelibus lar-
giuntur, aliquid aufert, et male rapta cum confusione restituet,
et excommunicationis annuæ sententiam subibit.

LXXIII. CANON HIBERN'.

Pecunia æcclesiastica furata sive rapta reddatur quadruplum,
popularia dupliciter.

LXXIIII. ITEM CANON HIBERN'.

Si quis furatus fuerit pecuniam ab æcclesia, mittatur sors, ut
aut illius manus abscindatur, aut in carcerem mittatur, diu
jejunans et gemens; et reddat integrum quod abstulit, aut
peregrinus abjiciatur, et restituat duplum; et si in patria
permanserit, quadruplum restituat, et semper peniteat.

LXXV. CANON TOLETAN'.

Si clericus in demoliendis sepulchris fuerit deprehensus, a
clericatus ordine pro sacrilegio submoveatur. Si quis sepulchrum violaverit, VII. annos peniteat; tres ex his in pane
et aqua.

*Eliberitan.?   ### LXXVI. CANON *HEBRITAN'.

Eos qui ad æcclesiam confugerint trahi non oportet, sed eos
domini sui promissa intercessione persuadeant. Quod si ab
æcclesia exeuntibus penale aliquid dominus intulerit, ut ecclesiæ
inimicus habeatur excommunicatus.

LXXVII. CANON HIBERN'.

Si quis alicui aliqua ratione nocuerit sub confugio æccle-
siastico, vel sub aliquo sanctimonii signaculo, septempliciter
emendet, reddat, et restituat, sed et VII. annos in dura penitentia permaneat; sin aliter, excommunicandus est ab omni
æcclesia catholica.

LXXVIII. HIERONIMUS DICIT:

Æcclesia defendit quos in sinu suo recepit, more gallinæ,
quæ pullos proprios et alienos nutrit et defendit; ita et æcclesia cunctos fugientes in se defendere debet.

LXXIX. CANON HIBERN'.

Qui occiderit hominem intra septa monasterii, exul cum
damnatione exeat, vel projectis armis, raso capite et barba,
reliquum vitæ suæ tempus Deo serviat, primo tamen æcclesiæ
et parentibus satisfaciens.

LXXX. HIERONIMUS DICIT:

Qui peccant in loco sancto, in eodem quoque occidendi sunt;
in loco castrorum Finees interfecit virum et meretricem;
Mathathias Judæum, qui immolabat simulacro. Quicunque
enim maculaverit sanctum, sancta non defendent eum. Christus
malefacientes in templo flagris compescuit.

LXXXI. HIERONIMUS DICIT:

Qui percusserit malos, eo quod mali sunt, minister
Domini est.

LXXXII. ITEM HIERONIMUS DICIT:

Homicidas et sacrilegos punire non est effusio sanguinis, sed
legum ministerium; nocet itaque bonis qui parcet malis.

LXXXIII. CANON ARAUSICAN'.

Amentibus quæcunque [opera] pietatis sunt conferenda.

LXXXIIII. CANON CARTAG'.

Omni die exorcistæ inerguminis manus imponant.

LXXXV. CANON ARAUSICAN'.

Qui palam aliquando arrepti sunt, non solum non assumendi

ad ullum ordinem clericatus, sed si jam aliqui ordinati sunt, ab inposito officio repellendi.

LXXXVI. CANON CARTAG'.

Sacerdote verbum in aecclesia faciente, qui egressus de auditorio fuerit, excommunicetur.

LXXXVII. CANON CARTAG'.

Laicus praesentibus clericis, nisi ipsis [1]rogantibus, docere non audeat.

LXXXVIII. ISIDORUS DICIT:

Omnis mundialis sapiens, si sapiens sit, non judicet judicia aecclesiae.

LXXXIX. CANON CARTAG'.

Mulier, quamvis docta et sancta sit, viros in conventu docere non audeat.

XC. CANON CARTAG',

Sponsus et sponsa cum benedicendi sunt a sacerdote, a parentibus aut paranimphis offerantur, qui cum benedictionem acceperint, eadem nocte, pro reverentia ipsius benedictionis, in virginitate permaneant.

XCI. CANON DICIT.

Presbiterum convivio secundarum nuptiarum interesse non debere, maxime cum petatur secundis nuptiis penitentiam tribuere.

XCII. GELASII PAPÆ.

Devotis Deo virginibus *[vel viduis] nisi aut in Epiphania, aut in albis Paschalibus, aut in Apostolorum nataliciis sacrum minime velamen imponant, nisi forsitan, sicut de baptismate dictum, gravi languore correptis, ne sine hoc munere de seculo transeant, implorantibus non negetur.

XCIII. CANON CARTAG'.

Placuit ut ante xxv. annos aetatis, nec diaconus ordinetur, nec virgines consecrentur, nisi rationabili necessitate cogente.

---

[1] *ms.* provocandis *male.*

---

* Ab antiqua manu superscripta.

XCIIII. BASIL' EPISCOPI.

Oportet tamen infantes cum voluntate et consensu parentum, immo ab ipsis parentibus oblatos, sub testimonio plurimorum suscipi.

XCV. ISIDOR'.

Quicunque a parentibus propriis in monasterio fuerit delegatus, noverit se ibi perpetuo mansurum; nam Anna Samuel puerum natum et ablactatum Deo optulit, qui in ministerio templi permansit.

XCVI. CANON ROMAN' ET FRANCORUM.

Parvulus usque annos xv. pro delicto corporali disciplina castigetur; post hanc vero aetatem, quicquid deliquerit, vel si furatur, retribuat, seu etiam secundum legem exsolvat.

XCVII. CANON NEOCÆSARIENSIS.

Ut nullatenus presbiter ordinetur ante tricesimum aetatis annum, nisi rationabili necessitate cogente; quia Dominus Jesus non praedicavit ante xxx. aetatis annum.

XCVIII. CANON NICEN'.

Ut episcopus, si fieri potest, a totius provinciae episcopis ordinetur, et si hoc difficile est, certe non minus a tribus. Episcoporum autem ordinationes fieri oportet Dominicis diebus, non in agris vel in villulis, sed in urbibus praecipuis, pro tanti nominis dignitate.

XCIX.

Presbiterorum vero et diaconorum in quattuor temporum sabbatis, scilicet, ut, dum haec ordinatio coram populo agitur, sub omnium testificatione electorum ordinatorumque, opinio discutiatur.

C. CANON SANCTORUM.

Sacerdotes Dei diligenter semper procurent, ut panis et vinum, et aqua, sine quibus nequaquam missae celebrantur, pura et munda fiant; quia si aliter agatur, cum his qui acetum cum felle mixtum Domino optulerunt, nisi vera penitentia subvenerit, punientur.

CI. DE DECIMIS.

In lege Domini scriptum est: 'Decimas et primitias non tardabis offerre.' Et in Levitico: 'Omnes decimae terrae, sive de frugibus, sive de pomis arborum, Domini sunt; boves, et oves, et capræ, quæ sub pastoris virga transeunt, quicquid decimum venerit, sanctificabitur Domino.' Non eligetur nec bonum nec malum, nec alterum commutabitur.

CII. AUGUSTINUS DICIT:

Decimæ igitur tributæ sunt ecclesiarum et egentium animarum. O homo, inde Dominus decimas expetit, unde vivis. De militia, de negotio, de artificio redde decimas; non enim eget Dominus noster, non præmia postulat, sed honorem.

CIII. ITEM IN LEGE.[a]

'Cum messueris segetem terræ tuæ, non tondebis usque ad solum superficiem terræ, nec remanentes spicas colliges, neque in vinea tua racemos et grana decidentia congregabis; sed pauperibus et peregrinis carpenda dimittes.'

CIIII. ET IN LEGE.[b]

'Si intraveris in segetem amici tui, frange spicas, et manu contere; falce autem non metas.' Hoc et discipuli Salvatoris fecerunt, spicas videlicet manibus fricantes et manducantes sabbatis, ut Evangelium dicit.

CV. ITEM IN LEGE.

'Ingressus itaque vineam proximi tui, comedes uvas quantum tibi placuerit; foras autem ne feras tecum.'

CVI. INSTITUTIO PATRUM.

Die Dominico nihil aliud agendum est, nisi Deo vacandum in ymnis, et psalmis, et canticis spiritalibus. Dies quoque paschalis ebdomadæ omnes æquali religione colendi sunt.

CVII. CANON AURELIAN'.

Id etiam miserationis intuitu æquum duximus custodire, ut qui pro quibuscunque culpis carceribus deputantur ab archidiacono seu a præposito ecclesiæ, singulis Dominicis diebus requirantur, ut necessitas vinctorum, secundum præceptum divinum, misericorditer sublevetur, atque a pontifice competens victus de domo ecclesiæ tribuatur.

---

[a] Lev. xix. 9, 10. xxiii. 22. Deut. xxiv. 19.
[b] Deut. xxiii. 25. Matt. xii. 1. Mar. ii. 23. Luc. vi. 1.

CVIII. ITEM.

Qui Dominica nocte nupserit[a], VII. dies peniteat. Qui IIII[ta] vel VI[ta] feria, III. dies peniteat. Qui in Quadragesima ante Pascha, I. annum peniteat.

CIX. ITEM.

Indicta jejunia nullus præsumat infringere vel violare, ne iram Dei incurrat.

CX. EX CONCILIO BRACARENS'.

Non oportet homines religiosos ante sacram horam diei III. cibum sumere, nec convivia inire; neque clericos aliquando, nisi himno dicto, edere panem, et post cibos gratias Auctori referre.

CXI. CANON SANCTORUM.

Qui in matrimonio sunt, abstineant se III. noctes antequam communicent, et unam postquam communicaverint. Inde ait Apostolus: 'Nolite fraudare invicem, nisi ex consensu, ut vacetis orationi ad tempus.'

CXII. GREGORIUS DICIT:

Si quis conjugem suam, si fieri potest, non cupidine voluntatis, sed solummodo creandorum liberorum gratia utitur, iste profecto sive de ingressu ecclesiæ, seu de sumendo Dominici corporis sanguinisque mysterio, suo est relinquendus judicio; quia a nobis prohiberi non debet, cum ei juxta præfinitam sententiam, etiam ecclesiam licuerit intrare; veruntamen quia ipsa licita admixtio conjugis sine voluntate carnis fieri non potest, ideo aliquando a sacri loci ingressu abstinendum est, quia voluntas ipsa esse sine culpa nullatenus potest.

CXIII. DE CONJUGIO SCRIPTUM EST IN LEGE.[b]

Si seduxerit quis virginem necdum desponsatam, dormieritque cum ea, dotabit eam, et habebit eam uxorem.

CXIIII. AUGUSTINUS DICIT:

Qui uxorem optat accipere, sicut illam virginem invenire desiderat, ita et ipse usque ad nuptias virginitatem custodiat.

---

[a] Voci 'nupserit' superimponitur in MS. 'cum propria conjuge.'
[b] Exod. XXII. 16.

CXV. SINODUS ROM. DICIT:

Filii cum ad annos pubertatis venerint, cogantur aut uxores ducere, aut continentiam profiteri; sic et filiæ eadem ætate debent eandem legem servare.

CXVI. PAULUS APOSTOLUS DICIT: [a]

'Propter fornicationem unusquisque suam propriam uxorem habeat, et unaquæque virum suum.' Legitimum quoque conjugium nullus separare præsumat: 'Quod ergo Deus conjunxit, homo non separet.'

CXVII. PAULUS DICIT: [b]

Mulier sui corporis potestatem non habet, sed vir; similiter et vir sui corporis potestatem non habet, sed mulier.

CXVIII. SINODUS DICIT:

Muliere mortua, licet viro post mensem accipere alteram; post annum vero licet mulieri accipere alterum virum.

CXIX. PAULUS APOSTOLUS DICIT: [c]

Mulier alligata est legi quanto tempore vivit vir ejus, quod si dormierit vir ejus liberata est; cui vult nubat, tantum in Domino: beatior autem erit, si sic permanserit.

CXX. ITEM CANON AFFRICANENSIS.

Legitimum igitur conjugium non licet separari sine consensu amborum, potest tamen alter alteri, cum consilio episcopi, licentiam dare ad servitium Dei accedere. Quidam etiam dicunt, si vir, sive mulier, ex consensu religionem ceperit, licet alterum accipere novum conjugium, sed puellam vel puerum, si continens esse non poterit; quod non laudo. Sed si quis vult conjugatus converti ad monasterium, non est recipiendus, nisi prius a conjuge, castimoniam profitente, fuerit absolutus; nam si illo vivente per incontinentiam alteri nupserit, proculdubio adultera erit, et qui eam dimisit, particeps erit peccati illius.

CXXI. ITEM DE LEGITIMO CONJUGIO.

Legitimum enim conjugium nullus separare præsumat, nisi

---

[a] I. Cor. VII. 2.   [b] Ibid. VII. 4.   [c] Ibid. VII. 39.

ex amborum consensu, et propter amorem Christi, qui ait: [a]'Qui reliquerit uxorem et reliq. centuplum accipiet, et vitam æternam possidebit.' Et nemo aliter uxorem dimittat, nisi propter fornicationem, quia [b]'Pharisæi temptantes Dominum nostrum, Jesum Christum, interrogaverunt eum, si licet hominem dimittere uxorem suam pro quacunque causa? Respondit Jesus et ait eis: Non legistis, quia qui fecit ab initio masculum et fœminam, fecit eos, et dixit: Propter hoc relinquet homo patrem et matrem, et adhærebit uxori suæ, et erunt duo in carne una? Itaque jam non sunt duo, sed una caro. Quod ergo Deus conjunxit, homo non separet. Dicunt illi: Quid ergo Moyses mandavit dare libellum repudii, et dimittere? Ait illis: Quoniam Moyses, ad duritiam cordis vestri, permisit vobis dimittere uxores vestras; ab initio autem non fuit sic. Dico autem vobis, quia quicunque dimiserit uxorem suam, nisi ob causam fornicationis, et aliam duxerit, mœchatur.' Unde et Apostolus dicit: [c]'Præcipio, non ego, sed Dominus, uxorem a viro non discedere.' Et iterum: [d]'Alligatus es uxori? noli quærere solutionem: solutus es ab uxore? ne quæsieris uxorem.' Alibi namque de adulterio vel fornicatione scriptum est: [e]'Qui adulteram tenet, stultus et impius est.' De filiis quoque adulterarum ejiciendis cum matribus suis, et Ezechiel dicens: [f]'Ejicite matrem fornicariam et filios fornicationis,' et rl. Et Augustinus dicit: 'Si mulier fornicata fuerit, relinquenda est, sed illa vivente altera non est ducenda.' Ubicunque igitur est fornicatio, et fornicationis vera suspicio, libere uxor dimittitur; aliter ergo, etiamsi sterilis est, si deformis, si fœtida, si temulenta, si iracunda, si malis moribus, si luxuriosa, si fatua, si gulosa, si vaga, si jurgatrix, si maledica, [*]habenda erit, velis nolis; et qualiscunque accepta est, tenenda   [*] tenenda? erit, [g]Apostolus enim dicit: 'Cum enim eras liber, sponte servituti te subjecisti.'

CXXII. CANON AFFRICANENSIS.

Secundum evangelicam disciplinam, nec uxor a viro dimissa alium accipiat virum, vivente viro suo, nec vir aliam accipiat

---

[a] Matt. xix. 29.
[b] I. Cor. xix. 4.
[c] Ibid. vii. 10.
[d] Ibid. vii. 27.
[e] Prov. xviii. 23.
[f] forte Gal. iv. 30.
[g] forte Gal. v. 1.

uxorem, vivente uxore priore; sed ita maneant, aut sibimet reconcilientur.

CXXIII. AUGUSTINUS DICIT:

Si mulier fornicata fuerit, relinquenda est; sed illa vivente, altera non est ducenda.

CXXIIII. CANON DICIT:

Si mulier discesserit a viro suo, despiciens eum, nolens revertere et reconciliari viro, post v. vel vii. annos, cum consensu episcopi, ipse aliam accipiat uxorem, si continens esse non poterit; et pœniteat iii. annos, vel etiam quamdiu vixerit; quia, juxta sententiam Domini mœchus comprobatur.

CXXV. ITEM.

Si cujus uxor in captivitatem ducta fuerit, et ea redimi non poterit, post annum vii. alteram accipiat; et si postea propria, id est prior mulier de captivitate reversa fuerit, accipiat eam, posterioremque dimittat. Similiter autem et illa, sicut superius diximus, si viro talia contigerint, faciat.

CXXVI. DE MATRIMONIO SERVULORUM.

Si servum et ancillam dominus amborum in matrimonio conjunxerit, postea liberato servo vel ancilla, si non potest redimi qui in servitio est, libero licet, sicut quibusdam placet, ingenuo conjungere; sed tamen, juxta sententiam Domini, mœchus probatur. Qui vero taliter egerit, id est, ut primam uxorem, propter servitium humanum dimittat, et postea liberam ducat uxorem, iii. annos pœniteat, unum in pane et aqua; sed et quamdiucunque vixerit, semper aliquid peniteat. Similiter quoque et mulier peniteat, si taliter fecerit. Si quis liber ancillam, aut suam aut alterius, in matrimonio acceperit, non habet licentiam dimittere eam, si ante cum consensu amborum conjuncti sunt: si vero dimiserit eam, et aliam ducit uxorem, sive ancillam, sive liberam, ut supra scriptum est, peniteat.

CXXVII. DE CONCUBINIS.

Augustinus dicit: 'Quale est quod multi virorum ante nuptias concubinas sibi adhibere non erubescunt, quas post

annos dimittant; et sic postea legitimas uxores accipiant?
Unde coram Domino et coram angelis ejus testor atque
denuncio, Deum ista conjugia semper prohibuisse, et nunquam
placuisse, et præcipue temporibus Christianis concubinas habere
nunquam licuit, nunquam licet, et nunquam licebit.'

CXXVIII. ITEM IN LEGE.

Nemo incestis conjunctionibus se inquinet, quia in ᵃLevitico
scriptum est: 'Omnis homo ad proximam sanguinis sui non
accedat, ut revelet turpitudinem ejus.' Et iterum: ᵇ'Anima
quæ fecerit quippiam ex istis, peribit de medio populi sui.'
Sane quibus conjunctio inlicita interdicitur, habebunt ineundi
melioris conjugii libertatem.

CXXIX. SINODUS DICIT:

Quicunque inlicito matrimonio fuerint commixti, post penitentiam non debent fieri in una domu, ne se invicem, causa
amoris, copulent.

CXXX. ITEM SINODUS DE THORO FRATRIS DEFUNCTI.

Audi decreta sinodi: 'Superstes frater thorum defuncti
fratris non ascendat, Domino dicente: ᶜ'Erunt duo in carne
una.' Ergo uxor fratris tui soror tua est.

CXXXI. GREGORIUS DICIT:

Si quis monacham, vel commatrem spiritalem, vel fratris
uxorem, vel neptam, vel novercam, vel consobrinam, vel de
propria cognatione, vel quam cognatus habuit, duxerit uxorem,
anathema sit.

CXXXII. ITEM DE CONSANGUINEIS, GREGORIUS INTERROGATIONIBUS AUGUSTINI ITA RESPONDIT.

Quædam terrena lex in Romana republica permittit, ut sive
᾿frater et soror, seu duorum fratrum germanorum, vel duarum   * fratris et
                                                                    sororis?

ᵃ Lev. xviii. 6.   ᵇ Ibid. 29.   ᶜ Gen. ii. 24.

I 3

sororum filius et filia misceantur; sed experimento didicimus, ex tali conjugio sobolem non posse succrescere; et sacra lex Mosaica prohibet cognationis turpitudinem revelare: unde necesse est, ut jam tertia vel quarta generatio fidelium licenter jungi debeat, nam secunda, quam prædiximus, a se omnimodo abstinere debet.

CXXXIII. ITEM DE RATIONABILI CAUSA.

Vere post multum temporis, a Felice, Messanæ Siciliæ præsule, requisitus Gregorius[a], utrum Augustino scripsisset, ut Anglorum quarta generatione contracta matrimonia minime solverentur? humillimus pater, inter cetera, talem reddidit rationem: 'Quod scripsi Augustino, Anglorum gentis episcopo, nostro alumno, videlicet de consanguinitatis conjunctione, ipsi et Anglorum genti, quia nuper ad fidem venerat, ne a bono quod ceperat, metuendo austeriora, recederet, specialiter et non generaliter certissime scripsisse cognoscas: unde et mihi omnis Romana civitas testis existit, nec ea intentione hæc illis scriptis mandavi, ut postquam firma radice in fide fuerint solidati, si infra propriam consanguinitatem inventi fuerint, non separentur, aut infra affinitatis lineam, id est, usque ad septimam generationem conjungantur; sed adhuc illos neophitas existentes, cœpisse eos prius illicita docere, et verbis et exemplis instruere, et quæ post de talibus egerint, rationabiliter et fideliter excludere oportet; nam juxta Apostolum, qui ait: [b]'Lac vobis potum dedi, non escam,' ista illis modo, non posteris, ut præfixum est, temporibus tenenda indulsimus, ne bonum quod infirma adhuc radice plantatum erat, erueretur; sed aliquantulum firmaretur, et usque ad perfectionem custodiretur.'

CXXXIV. CANON ROMAN'.

Laicus maculans se cum ancilla Dei, vel cum spiritali commatre, vel cum propinqua, aut forte cum illa quam antea cognatus habuit, primitus anathematizetur; postea VII. annos peniteat, III. in pane et aqua. Similiter et illa peniteat; quia Christiana religio fornicationem in utroque sexu pari ratione condemnat.

---

[a] Regist. l. XII. epist. 31.   [b] I. Cor. III. 2.

CXXXV. ITEM.

Gregorius apostolicus papa ante corpus beatissimi Petri in sinodo residens, dixit: ' Si quis presbiteram duxerit in conjugium, anathema sit.'

CXXXVI. ITEM.

Si quis monacham, quam Dei ancillam appellant, duxerit in conjugium, anathema sit.

CXXXVII. ITEM.

Si quis de propria cognatione, vel quam cognatus habuit, duxerit uxorem, anathema sit; ad quod respondentes, omnes dixerunt 'Amen.'

CXXXVIII. ITEM.

Si quis cum duabus cognatis fornicationem fecerit, primitus anathematizetur, deinde vii. vel x. annos peniteat.

CXXXIX. ITEM GREGORIUS FELICI EPISCOPO.[a]

Progeniem suam unumquemque usque ad septimam servare decernimus generationem, et quamdiu se agnoscunt affinitate propinquas in conjugium ducere nulli profecto Christianorum licet vel licebit. Et nolumus nos in hac re a vobis sive a ceteris fidelibus reprehendi, quia in his Anglorum genti indulsimus, non formam dando, sed considerationem, ne Christianitatis bonum quod ceperant, imperfectum dimitterent, egimus.

CXL. DE STEMMATIBUS.

Stemmata dicuntur ramusculi in genere, cum gradus cognationum partiuntur; ut puta ille filius, ille pater, ille avus, ille agnatus, et ceteri, quorum figuræ in subsequentibus apparent.

Et hæc consanguinitas, dum se paulatim propaginum ordinibus dirimens, usque ad ultimum gradum subtraxerit, et propinquitas esse desierit, eam rursus lex matrimonii vinculo repetit,

[a] Regist. L xii. indict. vii. epist. 31.

I 4

et quodammodo revocat fugientem; ideo autem usque ad sextum generis gradum consanguinitas constituta est; ut sicut sex ætatibus mundi generatio et hominis status finitur, ita et propinquitas generis tot gradibus terminaretur. Inter hos itaque propinquitatis gradus, ad conjugalem copulam nemini accedere convenit; nec eam quam aliquis ex propria consanguinitate conjugem habuit, in conjugium ducere nulli profecto Christianorum licet vel licebit; quia incestuosus talis coitus abhominabilis est Deo. Incestuosos vero nullo conjugii nomine deputandos a sanctis patribus dudum statutum esse legimus.

CXLI. VIGILIUS PAPA.

Si motum fuerit altare, denuo consecretur ecclesia. Si parietes tantum mutantur, et non altare, sale et aqua exorcizetur. Si homicidio vel adulterio fuerit violata, diligentissime expurgetur, et denuo consecretur.

CXLII. EX CONCILIO CARTAGINENSI GREGORIUS.

Quis cum ad judicium venerit, si voluerit clericus, et necesse fuerit, induciæ ei petenti a patribus constitutæ, absque impedimento concedantur, et judices a se electi tribuantur a patre. Si ibi vim aliquam temerariæ multitudinis metuerit, locum sibi congruum eligat, quo absque timore suos, si necesse fuerit, testes habere, et absque impedimento suam canonice sentenciam finire valeat; quia multa pro surreptione evenire solent. Sentenciam fratris, quæ misericordiam vetat, non solum tenere, sed etiam audire refugite; quia pocior est omnibus holocaustis misericordia. *Non ita agendum est in ecclesiasticis negociis sicut in secularibus; nam in secularibus priusquam qui legibus est coactus, venerit et decertaverit, et responsum dederit, ante peractam causam non potest recedere; in ecclesiasticis vero, dicta causa, licet recedere, si necesse fuerit, aut si se prægravari viderit.

CXLIII. IN NICENA SINODO.

Statutum est, quod judices alii non deberent esse, nisi quos ipse qui impetitur elegerit, aut quos consensu suo ejus primates

---

* De hoc loco obscuro conf. vol. i. Legg. Hen. L. v. § 4. et notam *
ibidem.

auctoritate hujus sacræ sedis constituerunt; quia indignum est ut externis judicetur, qui provinciales et a se electos debet habere judices.

Irrita erit donacio episcopi, vel vendicio, vel commutacio rei ecclesiasticæ, absque collaudacione et subscripcione clericorum.

CXLIV. ROMANUM CONCILIUM.

Tempore Constantini Augusti, congregavit Silvester papa sinodum Romæ cum LXXIII. episcopis, quorum consensu et subscripcione constitutum est: ' Ut nullus laicus clerico crimen audeat inferre:' Testimonium ergo laici adversus clericum non recipiatur.   Accusatores consanguinei, nec familiares, nec domo prodeuntes adversus extraneos testimonium non dicant; nec accusatores, nec testes suspecti recipiantur; quia propinquitatis, ac dominacionis, ac familiaritatis affectio, plerumque veritatem impedire solet: sed si voluerint, et invicem consenserint, inter se parentes testificentur, non in alios; amor enim carnalis, atque timor, et amaritudo, plerumque sensus hebetant humanos, et pervertunt opiniones.

CXLV.

Nullus monachorum præsumat judicare, nec accusacionem secularem in clericum audeat accipere; quod si quis probatur admittere, velut exactor *fœneris, aut usurarum possessor,   * furoris MS. secundum statuta patrum, se senciat degradandum.   In gravibus peccatis quis positus, dum suis premitur, aliena non diluit.

CXLVI. DE CONJUGIO ANTIQUO.

Satis igitur manifestum est, non posse filios Adam in primordio seculi uxores accepisse, nisi proprias sorores aut propinquas consanguineas; sed semper erat illicitum ab initio uxorem aut concubinam patris violare; unde Jacob patriarcha dixit filio suo Ruben: ª' Effusus es sicut aqua, non crescas; quia ascendisti cubile patris tui, et maculasti stratum ejus:' unde et Paulus Apostolus, doctor gentium, de tali sacrilego scripsit, dicens: ᵇ' Auditur inter vos fornicatio, et talis fornicatio, qualis nec inter gentes, ita ut uxorem patris aliquis habeat.   Et vos inflati

---

ª Gen. XLIX. 4.   ᵇ I. Cor. v. 1, 2.

estis, et non magis luctum habuistis, ut tolleretur de medio vestrum, qui hoc opus fecit.' Ecce Apostolus judicavit de medio Christianorum auferri, qui novercam violare præsumpsit, dicens, nec inter gentes, id est, paganos, tale scelus fieri. Verum itaque est, et satis late patet, Deum Omnipotentem, in lege *Moysis, prohibuisse uxorem patris, et fratris, et proximi accipere, aut cum ea concumbere; sed et hoc quod in Deuteronomio scriptum est, ut ᵃfrater, scilicet, accipiat uxorem defuncti fratris, et suscitet semen fratri suo, non carnaliter intelligendum est, sed spiritaliter tenendum: et valde cæcus doctor est, qui nescit discretionem inter Vetus Testamentum et Novum; sed adhuc errat cæcatus umbra antiquæ caliginis, nesciens veritatem gratiæ Christi, et nescit legem et prophetas usque ad Johannem Baptistam prophetasse; nam ipse Dominus ait: ᵇ'Lex et prophetæ usque ad Johannem; a diebus autem Johannis Baptistæ usque nunc, regnum cœlorum vim patitur, et violenti rapiunt illud:' et quicunque cæcatus corde adhuc solam litteram sequitur cum Judæis, sine spiritu vivificante, et gratia Christi, perdurat manducans crustas panis, et non micas internas.

*Moysi ɴꜱ.

Magna distantia est inter litteram occidentem et spiritum vivificantem; et valde ignarus, et ignavus, et insipiens doctor est, qui post tot annos, et post tot tractatores, qui libros de lege *Moysis tractaverunt, a Deo inspirati, adhuc judaizare vult, contemnendo Christum et omnes sanctos doctores. In Deuteronomio ᶜ enim legimus, ut 'quando habitaverint fratres simul, et unus ex eis absque liberis mortuus fuerit, uxor defuncti non nubet alteri, sed accipiet eam frater ejus, et suscitabit semen fratris sui, et primogenitum ex ea filium nomine ejus appellabit, ut non deleatur nomen ejus ex Israel. Sin autem noluerit accipere uxorem fratris sui, quæ ei lege debetur, perget mulier ad portam civitatis, et interpellabit majores natu, et dicet: Non vult frater viri mei suscitare nomen fratris sui in Israel, nec me in conjugium sumere: et statim arcessi eum facient, et interrogabunt eum: si responderit: Nolo eam uxorem accipere, accedet mulier ad eum coram senioribus, et tollet calceamentum de pede ejus, spuetque in faciem ejus, et dicet: Sic fiet homini qui non ædificat domum fratris sui: et vocabitur nomen ejus in Israel domus decalceati.'

*Moysi ɴꜱ.

ᵃ Deut. xxv. 5.   ᵇ Matt. xi. 12.   ᶜ Deut. xxv. 5.

De hoc enim quod in Deuteronomio scriptum est, et in Evangelio, quod 'frater accepit uxorem defuncti fratris, ut suscitaret semen fratri suo,' non est Christianis tenendum carnaliter, sed spiritaliter. Christus ait in Evangelio: [a] 'Omnes autem vos fratres estis, et unus est pater vester, qui in coelis est.' Et cum habitaverint fratres spirituales simul, et ille frater, qui praeest ecclesiae Dei, transierit de seculo ad Christum, accipiat tum frater ejus aecclesiam Dei regendam, et suscitet spirituales filios Deo, ne deficiente uno doctore, mortali condicione sterilis fiat sponsa Christi, quae est mater omnium nostrum. Et si quispiam doctor non vult regere aecclesiam, post obitum alterius doctoris, non curans de salute aliorum, sed de sua propria, erit tunc discalceatus, contra hoc quod Paulus dixit: [b] 'Et calceati pedes in praeparatione Evangelii pacis:' et iterum: [c] 'Quam speciosi pedes evangelizantium pacem, evangelizantium bona.' Si non vult verbum Dei seminare, si potest, sed talentum Christi in sudario, hoc est, torpore ignaviae suae abscondere, erit consputus ab aecclesia in facie confusione dignus: [d] 'projectus in tenebras exteriores, ubi erit fletus et stridor dentium.' Sed accipiat semper doctor post doctorem aecclesiam Dei regendam, usque in finem seculi, ut suscitentur spirituales filii Christo de sponsa sua virgine, sicut ipse instituit; quia qui non vult laborare pro Deo, non est dignus mercede.

CXLVII. CANON LAODICENSIS.

Ut nullus Christianus judaizare praesumat, sed nec conviviis eorum participare.

CXLVIII. ITEM.

Ut nullus Christianorum paganas superstitiones intendat, sed gentilium inquinamenta omnia omnimodo contemnat.

CXLIX. CANON BRACHAREN'.

Si quis paganorum consuetudinem sequens, divinos et sortilegos in domum suam introduxerit, quasi ut malum foras mittant, aut maleficia inveniant, vel lustrationibus paganorum serviant, v. annos peniteant.

---

[a] Matt. XXIII. 8, 9.   [b] Eph. VI. 18.
[c] Rom. X. 15.   [d] Matt. XXV. 30.

CL. CANON SANCTORUM.

Si quis Christianus Christianum hominem in manum Judæorum vel gentilium vendiderit, anathema sit; in Deuteronomio enim scriptum : [a] ' Si deprehensus fuerit homo sollicitans aliquem de genere Israhel et vendito eo acceperit pretium, interficietur.'

CLI. ITEM CANON SANCTORUM.

Nefas igitur est, ut quos Christus sanguinis sui effusione redemit, Judæorum vel gentilium vinculis sint irretiti.

CLII. DE TONSURA.

Exordium tonsuræ a Nazareis incepit, qui, crine servato, post vitæ magnæ continentiam, caput radebant, ut devotionem Domino consecrarent. In canonibus quoque sanctorum patrum scriptum invenimus: ' Si quis catholicus capillos totonderit more barbarorum, ab æcclesia Dei alienus habeatur, et ab omni Christianorum mensa, donec delictum emendet.'

CLIII. DE TONSURA PETRI.

Petrus itaque Apostolus clericali tonsura primo usus est, gestans in capite imaginem coronæ spinæ Christi; unde canon Affricanus præcipit, ut clericus nec comam nutriat, nec barbam.

CLIV. E CAN' ROM' DIC'.

Quicunque clericus visus fuerit in æcclesia sine colobio vel cappa; et si non more Romano capillos et barbam totonderit, excommunicetur; non debet etiam clericus indui se monachico habitu, nec laicorum vestibus uti; et vir, si utetur veste muliebri, excommunicetur; aut mulier, si virili utetur indumento.

CLV. ITEM.

Clericus quoque non debet armis uti, nec ad bellum procedere; quia canones docent, ut: ' Quicunque clericus in bello aut in rixa mortuus fuerit, neque oblatione neque oratione postuletur pro eo, sepultura tamen non privetur.' Apostolus

---

[a] Deut. XXIV. 7.

quoque dicit: ' Nemo militans Deo implicet se negotiis secularibus;' unde non est liber a laqueis diaboli, qui se militiæ mundanæ voluerit implicare. Et ideo omnimodis dicendum est presbiteris et diaconibus, ut arma non portent, sed magis confidant in defensione Dei, quam in armis.

CLVI. ITEM.

Cavendum quoque est clericis, ut non sint judices in condemnatione hominis.

CLVII. ITEM.

Canonum auctoritas prohibet, ne quis episcopus aut clericus assensum præbeat in morte cujuslibet hominis, sive latronis, sive raptoris, seu homicidæ.

CLVIII. ITEM.

Statutum est, ut presbiteri indiscrete per diversa non mittantur loca, nec ab episcopis, nec ab aliis prælatis, nec etiam a laicis; ne forte propter eorum absentiam animarum pericula ª[oriantur], maximeque ᵇmors infantum absque chrismate, et ecclesiarum [in quibus] constituti sunt, negligantur officia.

CLIX. CANON AFFRICANUS.

Omnes clerici, qui ad operandum sunt validi, et artificiola et litteras discant.

CLX. CANON CÆSARIEN'.

Duo igitur sunt genera clericorum; unum ecclesiasticorum sub episcopali regimine, alterum acephalorum, id est, sine capite; de quibus Gregorius dicit: ' Si qui clerici vulgares sunt, extra sacros ordines constituti, id est, nec presbiteri, nec diaconi, qui se continere non possunt, sortiri uxores debent, et stipendia sua exterius accipere: sacerdotes autem nequaquam uxores ducant, sed ecclesiam diligant, nec utantur bellicis armis, sed spiritalem militiam exerceant.'

ª Lectio dubia est, syllaba ' ant' solum manente.
ᵇ Absciditur a MS.

CLXI. ITEM DE MILITIA.

Fratres, scitote quia divisa est potestas secularis et potestas spiritalis. Bonis enim secularibus decet, ut sint defensores ecclesiæ, et propugnatores gregis Christi; spiritalibus autem convenit, ut sint intercessores pro omni populo Dei: miles quidem Christi armis humanis uti non debet, ut testimonia multa declarant. Incipiamus testimonium a Deo et Domino nostro Jesu Christo, qui dum pro humano genere crucis vellet subire tormentum, et a militibus esset tentus, Petro prohibuit ne gladio pugnaret. Quod si ille non habuit licentiam pugnandi pro injuria Domino suo illata, quid rectius nobis est, quam ut ejus imitemur exempla? Intelligite ergo, quia non in asta solummodo et gladio salvat Deus, sed potius in assiduis orationibus et cæteris divinis servitiis. Sanctus quoque Christi confessor Martinus, dum a Juliano Apostata jussus fuisset militaria suscipere indumenta, dixit se Christi esse militem, et ideo non posse pugnare. De libro quoque Exodi utile habemus exemplum; scilicet, dum pugnaret Josue adversum Amalech, Moyses non armis pugnabat, sed extensis palmis ad cœlum Deum orabat, et vincebat Israeliticus populus; ut autem remittebat manus, invalescebat Amalech. His et aliis multis declaratur exemplis, episcopum, presbiterum, diaconum, vel monachum, nulla portare arma in prælio, nisi tantum ea de quibus legitur: ' In omnibus sumentes scutum fidei, in quo possitis omnia tela nequissimi ignea * extinguite, et galeam salutis assumite, et gladium spiritus, quod est verbum Dei.' Contrarium itaque omnino est ecclesiasticis regulis, post ordinationem redire ad militiam secularem.

* extinguere
MS.

CLXII. DE HOMICIDIO, INSTITUTIO SANCTORUM.

Si presbiter vel diaconus homicidium fecerit, degradetur, et usque ad exitum vitæ peniteat.

CLXIII. ITEM.

Si quis clericus homicidium fecerit, x. annos exul peniteat; iii. ex his in pane et aqua; post hæc recipiatur in patriam, si bene egerit penitenciam, testimonio comprobatus episcopi, vel sacerdotis, vel cui commissus fuerit, quod bene penituit, et satisfaciat parentibus ejus quem occidit; si autem non satisfecerit parentibus illius, nunquam recipiatur in patriam, sed more Cain vagus et profugus sit super terram. Si vero homi-

cidium casu fecerit, id est, non volens, v. annos [a] peniteat,
III. ex his in pane et aqua. Si ad homicidium consenserit,
et factum fuerit, VII. annos [a] peniteat, III. ex his in pane et
aqua. Si voluerit, et non perfecerit, I. annum peniteat. Si
quis percusserit, et sanguinem fuderit, XL. diebus in pane et
aqua peniteat; si diaconus, VI. menses; si presbiter, annum
unum. Si laicus laicum occiderit XL. dies abstineat ab æcclesia,
et jejunet in pane et aqua; et post, ut sacerdos judicaverit,
peniteat.

---

[a] Ab antiqua manu superscribuntur sequentia: 'vel v. carinas, vel
plus minusve;' et postea: 'vel VII. carinas.'

CONFESSIONALE et PŒNITENTIALE

ECGBERTI,

ARCHIEPISCOPI EBORACENSIS.

CONFESSIONALE.

---

*ÞER ONLINNAÐ ÞISSE BOLE LAPITULAS· ÞE
þe ÞATAÐ SLRIFT-BÓL.

ÞIS LAPITULAS ELLBYRDT ALEBISLEOP ON EOFORPIL
APENDE OF LEDENE ON ENLLISL· ÞÆT ÞA UNLE-
LÉREDAN ÞIT ƿIÐTON ÞE ED UNDERSTANDAN:·

  I. Be þær mæsse-pneostes gescessþiisnysse:·
  II. Dóm be manegum synnum:·
  III. Be bisceopes soþligne:·
  IV. Be mæsse-pneostes soþligne:·
  V. Be þam sacenbe þe hine sylsne bermít þunh unsysne
      sppæce· oþþe þunh ænige oþþe únlustas:·
  VI. Be þam pneoste þe soppýnnð sulsihtes son neobe his sæne:·
  VII. Be unsullobon mæsse-pneoste· ꝺ be þam ðe he sullobe:·
  VIII. Be bisceope ꝺ mæsse-pneoste þe hýna hæð sonleogað:·
  IX. Be þam sacenbe þonne he mæssað· hpæt he on him hæbbe:·
  X. Be sacenbe gis he his calic axýt· ꝺ be æte æp husl-ganze:·

  XI. Be pneoste gis he hpæt mýceles sopstele:·
  XII. Be biacone ꝺ munuce gis hig hi sopliczon:·
  XIII. Be munuce ꝺ be mýnecenon gis hig hi sopliczon:·
  XIV. Be læpebum mannum gis hig hi sopliczon:·
  XV. Be unpihtum bæbum geongpa manna:·
  XVI. Be monað-ables hæmebe· ꝺ be oþpum unpiht-hæmebe:·
  XVII. Be hæþenpa manna hæmeb-þinzce· ꝺ be þam ðe nýtenbe
      beoð túpa gesullobe· ꝺ be þam ðe beoð gesullobe· spam
      unpiht-hæmenbum mæsse-pneoste· ꝺ be þam ðe beoð
      túpa hýpa sýls-piller gesullobe:·
  XVIII. Be þam ꝥ pep mót his pífe on sulpihte onsón· ꝺ ꝥ pís þam
      pepe:·

---

*Textus ex *O.* sumitur.

CONFESSIONALE ET PŒNITENTIALE
ECGBERTI,
ARCHIEPISCOPI EBORACENSIS.

CONFESSIONALE.

HIC INCIPIUNT HUJUS LIBRI CAPITULA, QUEM LIBRUM CONFESSIONALEM VOCAMUS.

HÆC CAPITULA ECGBERTUS, ARCHIEPISCOPUS EBORA-
CENSIS, VERTIT EX LATINO IN ANGLICUM, UT
INDOCTI EA FACILIUS INTELLIGERE POSSENT.

1. De presbyteri prudentia.
2. Judicium de variis peccatis.
3. De episcopi fornicatione.
4. De presbyteri fornicatione.
5. De sacerdote qui seipsum impuro sermone, vel quibuscunque aliis libidinibus polluit.
6. De presbytero qui baptizare detrectat, propter necessitatem itineris.
7. De non baptizato presbytero, et de iis quos baptizaverit.
8. De episcopo et presbytero qui ordinem suum perdunt.
9. De iis quibus indutus esse debet sacerdos, cum missam celebrat.
10. De sacerdote, si calicem suum effundat, et de cibo ante eucharistiæ acceptionem.
11. De presbytero, si aliquid magni pretii furetur.
12. De diacono et monacho, si fornicentur.
13. De monacho et monacha, si fornicentur.
14. De laicis, si fornicentur.
15. De pravis factis juniorum.
16. De coitu in menstruali tempore, et de alio pravo coitu.
17. De gentilium hominum matrimonio, et de iis qui inscientes bis baptizati sunt, et de iis qui a fornicante presbytero baptizati sunt, et de iis qui bis sua sponte baptizati sunt.
18. De eo, quod vir uxorem suam in baptismate suscipere possit, et uxor virum.

Ðonne man to hiſ ſcꞃiꝼte ȝanȝeð þonne ſceal he mib ſƿýðe mýcelum Lobeſ eȝe ⁊ eabmobnýſſe beꝼoꞃan him hine aþenian· ⁊ hine bibban ƿeþenbꞃe ſteꝼne· þ he him bǽbbote tǽce eallꞃa þæꞃa ȝýlta þe he onȝean Lobeſ ƿýllan ȝebon hæbbe· ⁊ he ſceal him anbbettan hiſ miſbǽba· þ þe ſaceꞃb ƿite hƿylce bǽbbote he him tǽcan ſcýle· Ðonne ſceal ſe ſaceꞃb hine acſian hƿýlcne ȝeleaꝼan he to Lobe hæbbe· ⁊ hine mæniȝ-ꝼealblice tihtan to hiſ ꞃaþle þeaꞃꝼe ⁊ mýnȝian ⁊ þuſ cpeþan· Lelýꝼſt þu on Lob Ælmihtiȝne· ⁊ on þone Sunu· ⁊ on þone Haliȝan Laſt· Lelýꝼſt þu þ ealle menn ſcýlon aꞃiſan on bomeſ bæȝe oꝼ beaþe· Oꝼþinceð þe ealleſ þæſ þe ðu to ýꝼele

19. De viri et mulieris promisso.
20. De eo, quod virum non deceat uxorem suam nudam videre, et
    de eo, quod coire nequeat.
21. De pravis coitibus.
22. De diversis homicidiis.
23. De episcopi, et presbyteri, et monachi occisione.
24. De variis homicidiis.
25. De fratribus, quam prope cognatas uxores habere possint, et
    de multis rebus aliis.
26. De viri lotione post coitum.
27. De adolescentibus et puellis, in qua ætate seipsos gubernare
    possint.
28. De eo, quam prope cognatis coire liceat, et quamdiu mulier
    gravida a viro se abstinere debeat.
29. De muliere, si artem magicam exerceat.
30. De muliere, si infantem suum, postquam natus est, arte magica
    occiderit.
31. De muliere quæ infantem suum occiderit; et de eucharistiæ
    acceptione, et esu sanguinis.
32. De sacrificio dæmonibus; et de veneficio, ubi aliquis grana
    comburit.
33. De veneficio mulieris; et de eo, si illa fornicetur; et de
    voto ejus post viri sui [obitum].
34. De perjurio.
35. De profanis operibus die Dominico.
36. De missæ cantu pro monacho, et pro laicis.
37. De mulierum acceptione eucharistiæ.
38. De piscibus, et de avibus, et de equis, et de feris, quænam
    comedenda sint?
39. De apibus, si aliquem pungunt, et de multis rebus.
40. De inquinatis porcis, et de aliis impuris animalibus.
41. De Sancti Dionysii, et Sancti Augustini dictis.

Quando aliquis confessorem suum adierit, tunc, cum maximo
timore Dei et humilitate, coram eo se prosternere debebit, et
eum flente voce rogare, ut sibi pœnitentiam præscribat omnium
eorum delictorum, quæ contra Dei voluntatem fecerit; et
debebit ei malefacta sua confiteri, ut sciat sacerdos qualem
pœnitentiam ei præscribere oportebit.   Tunc sacerdos eum
interrogare debebit, quamnam fidem in Deum habeat: et eum
vario modo hortari, ad animæ suæ necessitatem, et admonere,
et ita dicere: Credisne in Deum Omnipotentem, et in Filium,
et in Spiritum Sanctum? Credisne omnes homines resurre-
cturos esse a morte in die judicii? Num te pœnitet omnium

hæfſt ȝeþorht ȝecƿeden ⁊ ȝeþoht· Þylt þu forȝyfan ælcon
þæra ðe ƿið þe æfre aȝylton. Ȝif he cƿyð· ic þylle· cƿeð
him þænne to. Ȝod Ælmihtiȝ ȝemiltriȝe þín· ⁊ me ȝeunne
þ ic móte. Fæſt ælce dæȝe on þiſ lenȝtene to nóneſ· ⁊
forȝang hƿít· ⁊ bebeoh þe ƿið þa eahta heah fynna· þ þu
þa ne fremme· þ ſynt morþur· ⁊ ſtala· ⁊ mæne áðaſ· ⁊
ȝýtſunȝ· ⁊ unriht-hǽmedu· ⁊ ȝýfernyſ· ⁊ tælnyſſe· ⁊
leaſe ȝeƿitnyſſe· ⁊ heald þa tƿelf ymbren-daȝaſ þe on tƿelf
monðum beoð· ⁊ bebeorh þe ƿið lýblacaſ· ⁊ attor-cræftaſ·
⁊ dýrne ȝeliȝeru· ⁊ tƿý-ſpræcnyſſe· ⁊ ofermódnyſſe· ⁊
ȝýrnyſſe oðra manna æhta. þu ðe bebeorh ƿið ealle þaſ·
⁊ luſa þínne Dryhten mid eallum móde· ⁊ mid eallum mæȝene·
⁊ eallum mihtum· ⁊ mid ealre inneweorðre heortan ſærtlice·
⁊ beo earmum mannum milde· ⁊ manþƿære· ⁊ ælmýſ-ȝeorn·
⁊ cýric-ȝeorn· ⁊ teoðunȝ-ȝeorn to Ȝodeſ cýricean ⁊ earmum
mannum. þonne bið þe Ȝod hold ⁊ milde ⁊ blíðe· ⁊ þu morſt
mið him þonne ricrian on ealra worulda woruld· á butan
ende· ȝif þu þuſ deſt· ⁊ ic bidde þe þ þu arecȝe me eall þ
þu to ýfele æfre ȝeþorhteſt· forþan betere iſ þe þ ðe
ſceamiȝe nú heſ beforan mé ánum ýrminȝce þonne eft
[1]beforan Ȝode on þam mýcelan dóme· þær heofon-þaru· ⁊
eorð-þaru· ⁊ hel-þaru beoð ealle ȝeſomnode· þær úſ neriȝe
Ƿealdend urne:'

1. Ðæt ȝedafenað ælcum racerðe þonne he mannum
fæſten ſcriſeð· þ he ƿíte hƿylc ſe man ſiȝ· þrum þe untrum-
þeliȝ þe þearfa· hú ȝeonȝ he ſiȝ· oððe hú eald· hƿæþer he
ſiȝ ȝehádod þe lǽƿede· ⁊ hƿylce hneorpe he hæbbe· ⁊ hƿæþer
he ſiȝ hæȝrteald þe hǽmed-ceorl.   On eallum mannum
behorað ȝerceaðƿiſnyſſe· þeah ðe hi ȝelíce ſýnne[2] fremmen·
ſícum mannum man ſceal ſtranȝor déman þonne þam heanum·
æfter canoneſ dóme:·

11. [2]Ðeoðoruſ ſe [3]halȝa ⁊ ſe ȝóda' biſceop ȝeſette þaſ

---

[1]' on dómeſ dæȝe· beforan Ȝode ſýlfum· þær eall heofon-þaru·
⁊ eorð-þaru· ⁊ hel-þaru beoð ealle ætȝromne· þær eall open bið þ
þe heſ on worulde dóð oððe ȝeþencað· beo hit ȝód beo hit ýfel· ælcon
men þær ȝebémed býð be hiſ áȝenum ȝehƿýrhtum· þær uſ þonne
ȝeneriȝe ƿealdend eallra. X.

[2] Be Ðeoðoreſ ȝeſetnyſſe· hú man ſceall fæſten alýſan. Rubr.
X. add.

[3]' mǽra X.

---

[a] D. post 'ſýnene' addit 'ne,' male, ut

eorum, quæ tu male fecisti, dixisti, et cogitavisti? Visne remittere omnibus eorum, qui unquam in te peccaverunt? Si dixerit volo; tunc ei dicat: Deus Omnipotens tui misereatur, et mihi concedat ut ipse possim. Jejuna quotidie hoc quadragesimali tempore usque ad nonam, et abstine te ab albo, et cave tibi ab octo capitalibus criminibus, ne ea committas; hæc sunt Homicidium, et Furtum, et Perjurium, et Avaritia, et Fornicatio, et Cupiditas, et Detractio, et Falsum Testimonium; et observa duodecim jejunii solennis dies, qui in duodecim mensibus sunt, et cave tibi a maleficiis, et veneficiis, et fornicatione, et biloquio, et superbia, et cupiditate aliorum hominum possessionum: cave tibi ab his omnibus, et dilige Dominum tuum ex toto animo, et omni virtute, et omnibus viribus, et ex toto corde intimo firmiter. Et esto pauperibus benignus et mitis, et eleemosynas libenter erogans, et ad ecclesiam libenter frequens, et sedulo decimas erogans ecclesiæ Dei, ac pauperibus; tunc erit tibi Deus propitius, et benignus, et mansuetus; et tunc poteris cum ipso regnare in seculo seculorum, absque fine, si ita feceris. Et oro te, ut mihi narres omnia quæ unquam male fecisti; quoniam melius est tibi nunc hic coram me solo misero pudefieri, quam posthac [1]coram Deo, in magno judicio, ubi cœlicolæ, et terricolæ, et inferi omnes congregabuntur, ubi servet nos Dominus noster.'

1. Convenit cuilibet sacerdoti, quum jejunium hominibus injungit, ut sciat qualis homo sit, validus an invalidus, dives an pauper, quam juvenis sit, vel quam senex, utrum ordinatus sit an laicus, et qualem pœnitentiam habeat, et utrum cœlebs sit an uxoratus. Erga omnes homines discrimine opus est, etsi similia crimina committant: potentes severius judicandi sunt quam humiles, juxta sententiam canonis.

2. Theodorus, sanctus et bonus episcopus, instituit hanc

---

in die judicii, coram Deo ipso, ubi omnes cœlicolæ, et terricolæ, et inferi congregabuntur; ubi omnia erunt manifesta, quæ hic super terra egimus aut cogitavimus, sit bonum sit malum; ubi quisque judicabitur secundum opera sua; ubi tunc servet nos Dominus omnium.

De Theodori Instituto, quomodo quisque jejunium redimere debeat.

---

videtur, repetita syllaba precedente.

ræðinȝe to býrene ꝩ to láre ælcum þæra þe hir ȝýltar ƿið
Ꝛoð bétan ƿylle· ꝩ þus cƿæð. Þe ræððon on þam *Peni-
tentiale þ man rceolde ðón ðæðbóte ꝼon heáꝼoðlicum ȝýltum
ȝeap oððe tƿá oððe þneó· on hláꝼe ꝩ on pætepe· ꝩ be þam
lærrum ȝýltum pucan oððe monoð· eall be ȝelícon· ac þir ir
mið rumum mannum rƿýþe ȝeandýne þinȝ ꝩ eapꝼoðlic þinȝ·
ꝼonþiȝ þe ƿýllað técean mið hƿylcum þinȝum hit alýran mót
reðe þir ꝼærten ȝelærtan ne mæȝ· þ ir· þ he rceal mið
realm-ranȝe·[1] ꝩ mið ælmýr-ðædum· ðón ðæðbóte rƿýþe [2]lanȝe·
ꝩ reðe eall ȝeꝼýllan mæȝ þ on þape béc ȝecƿeden ir· þ bið
rƿýðe ȝóð ꝩ hit bið piht endebýpðnýr· ꝩ reðe ne mæȝ ȝerinȝe
he ꝼiꝼtiȝ realma[3] be endebýpðnýrre on cýpicean· oððe on
oþpe diȝolpe rtope· ꝩ reðe rcýle áne pucan on hláꝼe ꝩ on
pætepe ðæðbóte ðón· pinȝe he þpeo hund realma cneopiȝende·
oððe ·IIII· hund ꝩ tpentiȝ butan cneopunȝe· eallrpa hit hep
buꝼan ȝecƿeden ir· ꝩ reðe rcýle monoð ðæðbóte ðón on hláꝼe
ꝩ on pætepe· rýnȝe he tpelꝼ hund mið cneopunȝa· oððe butan
cneopunȝe þuꝼenð ꝩ pix [4]hund ꝩ hundeahtatiȝ·[5] ꝩ ælce dæȝe
ȝepeopðiȝe him to mið-dæȝer· buton Ƿoðner-dæȝe ꝩ Ꝼpiȝe-
dæȝe· þonne he rceal ꝼærtan to nóner· ꝩ [6]ꝼopȝanȝe ꝼlærc ꝩ
ƿín· þ ir ælcer cýnner ðpinc þe man mæȝ [7]ꝼoꝛe-ðpuncniȝan·
ꝩ bpuce him oðeppa metta [8]rƿýlce he þonne hæbbe·' æꝼtep
þam ðe he ȝepunȝen hæbbe· ꝩ reðe realmar ne cunne ne
ꝼærtan ne mæȝe· ȝedæle he æȝhƿýlce ðæȝe énne penninȝ
oððe peniȝer ƿýpð þeapꝼendum mannum· ꝩ on ælcepe pucan
ꝼærte he énne dæȝ to nóner· ꝩ oðepne to æꝼener· ꝩ bpuce
þær ðe he hæbbe eallrpa hit buꝼan ȝecƿeden ir. Ánd reðe
rcýle án ȝeáp þýllice ðæðbóte ðón· þonne ȝedæle he ·xxvi·
rcýllinȝa on ælmýrran· ꝩ on æȝhƿýlcepe pucan ꝼærte ·II·
daȝar· eallrpa hit buꝼan ȝecƿeden ir· ꝩ armeaȝe on þam þpim
lenȝctenum hpæt hir [9]biȝliꝼen rý· ꝩ dæle þ healꝼ on ælmýrran. On þam oðpum ȝeape man mót lihtan hir ðæðbóte
ꝼpam Dpihtner ȝebýpð-tíðe oð tpelꝼtan dæȝ· ꝩ ꝼpam Eartpon
oð Pentecortén. Ánd re man þe ne mæȝe ðæðbóte ðón hir
rýnna· rpa hit buꝼan ȝecƿeden ir· ȝedæle he on þam ꝼopman

---

[1] ꝩ mið ȝebéðum. *Y. add.*   [2] lanȝne ꝼýprt *X. Y.*

[3] ꝩ ȝecneopiȝe æt ælcon heopa· ꝩ ȝiꝼ he þonne ȝecneopian ne mæȝe-
rinȝe hund-reoꝼontiȝ realma. *X. Y. add.*

[4] *O. omit. X. Y. add.*   [5] realma *X. add.*

[6] ꝼopȝán *O.* ꝼopȝanȝe *X. Y.*

[7] ꝼopeðpuncen beón *X.* oꝼðpuncen beón *Y.*

[8] rƿýlcepa rƿýlce him Ꝛoð rýlle *X. Y.*   [9] bíȝleoꝼa *X. Y.*

lectionem, in exemplum et doctrinam omnibus illis qui delicta sua erga Deum emendare velint, et ita dixit: Legimus in Pœnitentiali, quod pœnitentia agenda sit, pro capitalibus criminibus, annum, vel duos, vel tres, in pane et aqua, et pro minoribus criminibus, hebdomadam, vel mensem, omnibus similiter; sed hoc apud nonnullos res ardua est et difficilis; ideo docere volumus quomodo hoc redimere possit, qui jejunium hoc servare nequeat; id est, ut psalmorum cantu et eleemosynis, valde diu pœnitentiam agere debeat; et qui omnia implere possit quæ in illo libro dicta sunt, valde bonum est, et rectus ordo; et qui non possit, cantet quinquaginta psalmos juxta ordinem, in ecclesia, vel in alio semoto loco. Et qui unam hebdomadam jejunare debeat in pane et aqua, cantet trecentos psalmos genuflectens, vel quadringentos et viginti sine genuflexione, prout supra dictum est. Et qui per mensis spatium pœnitentiam agere debeat in pane et aqua, cantet mille et ducentos cum genuflexionibus, vel sine genuflexione mille sexcentos et octoginta; ac quotidie se reficiat ad meridiem, exceptis diebus Mercurii et Veneris, quando jejunare debet ad nonam, et abstinere se a carne et vino, hoc est, omnis generis potu quo quis inebriari possit, et utatur aliis cibis, quales tunc habeat, postquam cantaverit. Et qui psalmos non novit, nec jejunare potest, distribuat quotidie denarium unum vel denarii valorem pauperibus; et quaque hebdomada jejunet unum diem ad nonam, et alium ad vesperam, et utatur eo quod habeat, prout supra dictum est. Et qui annum unum talem pœnitentiam agere debeat, distribuat xxvi. solidos in eleemo-synas, et quaque hebdomada jejunet ii. dies, prout supra dictum est; et computet per tres quadragesimas quanti victus ejus sit, dimidiumque in eleemosynas distribuat. Secundo anno licebit homini levare pœnitentiam suam a Nativitate Domini ad Epiphaniam, et a Paschate ad Pentecosten. Et homo qui non potest peccatorum suorum pœnitentiam agere, uti supra-dictum est, distribuat in primo anno xxvi. solidos in eleemo-synas, et secundo xx., et tertio xviii., qui sunt sexaginta

et inter singulos eorum in genua procumbat; si autem in genua procumbere nequit, septuaginta psalmos cantet.

* *Theod. pp.* 61, 67.

ȝeaþe ·xxvi· rcýllinȝa on ælmýrran· ⁊ on þam oðrum ·xx·
⁊ on þam þriddan ·xviii· þ rýnd feopen ⁊ rixtiȝ rcýllinȝa.
Ǽnd ƿíte re ríca man þe him God hæfð micelne pelan ⁊
æhta þýrer lífer to-forlǽten· hú he rcýle hir heafodlican
ȝýltar bétan. ¹Ȝeníme him þ godrpell ⁊ rǽde þæron· hú
Zachéur ƿið Drihten rprǽc· þa he hine to ȝeneorðe on hir
húr onfenȝ· þa clýpode he to him ⁊ þur cpæð· Drihten
ealra mínra ȝóða ic rýlle healfne dæl þearfum· ⁊ ȝif ic þurh
únriht fácn ænigum men aht ætbrǽð· þ ic forȝýlde feopen-
fealdlice. Ǽnd þa ȝeeaȝnode he fram Drihtne to ȝehýrenne·
To-dæȝ ir þýrre híƿrædenne hǽl ȝeporden· þ ir ealra rýnna
forȝýfennýr. Ǽnd to-eacan þýrum ȝódum peorcum þe þe
hér buran ȝecpeden habbað· fneóȝe he þeope men ⁊ alýre þa
ðe on hæfð-nýde rýnt· ⁊ of þam dæȝe þe he hir unrihtan
peorc forlǽte· ne ȝeeðlǽce he hiȝ eft ná· þe lær þe he riȝ
ȝeanlícod þam húnde þe frýt þ he ǽr arpáp· Ǽnd þ nir ná
to forlǽtenne þ re Áportol cpæð· Seðe þurh hir licháman
ȝerýnȝie· he eac þurh hir licháman hit ȝebéte· þ ir on
fǽrtene· ⁊ on pæcceum· ⁊ on ȝebédum· ⁊ on halrunȝum
to Gode mid heortan onbrýrðnýrrum· ⁊ mid teára aȝotennýrre :·

Seo ǽrýrte forlǽtennýr ir fýnena fulpiht· reo æftere ir
Godes lufu· reo þridde ir ælmýrran ²lurt· reo feorþe ir
teára aȝotenýr on ȝóðre hreope· reo fifte ir andetnýr
fýnena· reo rýxte ir ȝerpencednýr heortan ⁊ licháman on
ȝepinnum ⁊ fǽrtenum· reo feoroðe ir þ man hir þearar béte
for Gode· reo eahtoðe ir haliȝra ȝebéda for þone fýnen-
fullan· reo niȝoðe ir mildheortnýr ⁊ ȝód ȝeleafa· reo teoðe
ir þ man oðerne hpýrfe fram fýnenum to Goder pillan· reo
enlýfte ir ȝód forȝýfennýr· þ þurh þ God hir ³fýnena him
forȝife· reo tpelfte ir martýrhád· rpa þam rceaþan peard æt
Criʃter þropunȝe :·

III. ⁴Birceop ȝif he hine dearnunȝa forlicȝe· æfter canoner
dóme fǽrte he ·xii· pinter· ⁊ ælmýrran rýlle rpýðe· ⁊ on
teára aȝotennýrre bidde him Goder áre. Sume pýllað þ he
riȝ eft unháðod :·

IIII. ⁵Mæsse-preort ȝif he hine forlicȝe· fǽrte ·iii· pinter·

¹ȝemúne Y.   ²pærtm X.Y.   ³rýnna Y.

quattuor solidi. Et sciat vir potens, cui Deus multas opes et possessiones hujus vitæ concrederit, quomodo ei crimina sua capitalia emendanda sint: sumat Evangelium, et in eo legat, quemadmodum Zacheus cum Domino locutus est, quum ad prandium eum in domum suam susceperat; tunc invocabat eum, ita dicens: 'Domine, omnium meorum bonorum do dimidiam partem pauperibus: et si per injustam fraudem alicui aliquid abstuli, id reddo quadruplum.' Et tunc a Domino promeruit audire: 'Hodie domui huic salus facta est:' id est omnium peccatorum remissio. Et præter hæc bona opera, de quibus supradiximus, liberet servos homines, et redimat eos qui in captivitate sunt; et ab illo die quo injusta sua opera dereliquerit, ne repetat illa postea, ne adsimuletur cani, qui devorat quod prius evomuit. Neque negligendum est illud quod Apostolus dixit: 'Qui per corpus suum peccat, per corpus suum etiam emendet;' id est jejunio, et vigiliis, et orationibus, et precibus ad Deum, cum compunctione cordis, et cum lacrymarum effusione.

Prima remissio est peccatorum baptismus; secunda est amor Dei; tertia est desiderium eleemosynarum; quarta est effusio lacrymarum in vera pœnitentia; quinta est confessio peccatorum; sexta est afflictio cordis et corporis laboribus et jejuniis; septima est ut homo mores suos corrigat coram Deo; octava est preces Sanctorum pro peccatore; nona est misericordia et bona fides; decima est ut homo alium a flagitiis ad Dei voluntatem convertat; undecima est bona remissio, ut per hanc Deus ei peccata ejus remittat; duodecima est martyrium, sicut latroni fuit ad Christi passionem.

3. Episcopus, si fornicatus fuerit, juxta sententiam canonis, XII. annos jejunet, et eleemosynas reddat largiter, et cum lacrymarum effusione veniam a Deo petat. Nonnulli volunt ut denuo ordine careat.

4. Presbyter, si fornicatus fuerit, III. annos jejunet, et tribus

Th. XVIII. 1, 2.

ꞁ ·ɪɪɪ· ꝼ-ꝼæꞟtenu on þucan ꝼæꞟte he ·ɪɪ· ꝺaᵹaꞟ to æꞟeneꞟ. Ᵹɪꞟ he ¹þɪꝺ nunnan hǽme· ꞟɪᵹ hɪm hɪꞟ ꝼæꞟten þe ꞟꞟɪþoꞟ ᵹeíceꝺ· ꝥ ɪꞟ ·ᴠɪɪ· ᵹeaꞟ.′

v. ªᵹaceꞟꝺ ꞟeꝺe þuꞟh unꞟýꞟne ꞟꞟꞟǽce· oꝺꝺe þuꞟh ᵹeꞟýhꝺe· oꝺꝺe ꞟceapunᵹa ꝼíꞟeꞟ hɪne beꞟꞟɪteꝺ· ꞁ ne ᵹeꝼeoꞟꞟɪᵹe hɪne· ꝼæꞟte ·xx· ꝺaᵹa.′ ᵹeꝺe mɪꝺ hɪꞟ þɪllan bɪꝺ beꞟꞟɪten ꞟꞟýꝺlɪce· ꝼæꞟte he ·c· ꝺaᵹa. ᵇᵹeꝺe onþɪllan hɪꞟ ꞟlæþeꞟ bɪꝺ beꞟꞟɪten· aꞟíꞟe he ꞁ aꞟɪnᵹe ꞟalteꞟe ꞟealma· ꞁ on moꞟᵹen ꝺó hɪꞟ hleóꞟ ·xxx· ꞟɪꝺum to eoꞟꝺan. ᵹeꝺe bɪꝺ butan þɪllan beꞟꞟɪten· oꝺꝺe ꞟeꝺe þɪllenꝺe on ꞟlæþe ᵹeꝼýꞟenaꝺ· ꞟɪnᵹe ·xxɪɪɪɪ· ꞟealma.′ ᶜᎥꞟ man on cɪꞟɪcean ꞟlæþenꝺe hɪꞟ ꞟǽꝺ aᵹeóte· ªaꞟíꞟe ꞁ aꞟɪnᵹe ꞟalteꞟe.′ ᵈªᵹaceꞟꝺ ᵹɪꝼ he mɪꝺ hɪꞟ luꞟte þíꞟman cýꞟꞟe· hꞟeoꞟꞟɪᵹe ꝥ ·xx· ꝺaᵹa.′ ³ᶜᵹaceꞟꝺ ᵹɪꝼ he beꞟꞟɪten ꞟɪᵹ· þý þe he þíꞟe onhꞟíne· ꝼæꞟte ·xʟ· nɪhta· ꞟume þɪllaꝺ ·xxx.′ ꝼ⁴ᵹaceꞟꝺ ᵹɪꝼ he mɪꝺ þohteꞟ þɪlnunᵹa ꞟý beꞟꞟɪten· ꝼæꞟte ⁵þucan.′ ⁵ᵹɪꝼ he mɪꝺ hanꝺa hꞟýne· ꝼæꞟte ·ɪɪɪ· þucan.′ ʰᵹeꝺe þonne ᵹelóme ꝺýꞟne ᵹelɪᵹeꞟ ꞟꞟemme· canon ꝺémeꝺ ꝥ he ꝼæꞟte ·x· pɪnteꞟ· ꞟume þɪllaꝺ ·ᴠɪɪ· ꞁ mɪꝺ ᵹeþeahte ·ɪɪɪ· ː′

vɪ. ¹ᵹþa hþýlc þꞟeoꞟt ꞟþa on hɪꞟ áᵹenꞟe ⁶ꞟcýꞟe· oꝺꝺe on hþýlceꞟe oꝺꞟe ꝼáꞟɪenꝺe býꝺ· ꞁ hɪne man on hɪꞟ ꝼóꞟe ꞟulꞟɪhteꞟ bɪꝺꝺeꝺ· ꞁ he þýꞟne ꝼoꞟ óꝼꞟte hɪꞟ ꝼóꞟe· ꞁ ꞟe man hæþen ꞟꞟelte· ꞟý he unháꝺoꝺ ː′

vɪɪ. ᵏᵹþa hþýlc mæꞟꞟe-þꞟeoꞟt ⁷ꞟeꝺe þíte′ ꝥ he únꞟulloꝺ ꞟý· ꞟullɪᵹe man hɪne· ꞁ ⁸ealle þa ꝺe he ǽꞟ ꞟulloꝺe. Papa on

---

¹ mɪꝺ *Y.*   ²′·ɪɪɪɪ· ꝺaᵹaꞟ ꝼæꞟte *Y. Bx.*
³ Ᵹɪꝼ bɪꞟceop oꝺꝺe mæꞟꞟe-þꞟeoꞟt *Y. Bx.*
⁴ᵹeꝺe oꝼt þuꞟh ꞟꞟɪꝺꝼæꞟtneꞟꞟe [nýꝺɪnᵹa *Bx.*] hɪꞟ ᵹeþohteꞟ ꞟǽꝺ aᵹeoteꝺ ·xx· [·xʟ· *Bx.*] ꝺaᵹa ꝼæꞟte. *X. Y. Bx. add.* Ᵹɪꝼ he eꝼt ᵹeꝺꝺ· ꝼæꞟte ·xʟ· ꝺaᵹa. *X. Y. add.*
⁵ ·xx· ꝺaᵹa *Bx.*   ⁶ ꞟꞟɪꝼt-ꞟcýꞟe *Y.*
⁷′ ꞁ man ᵹeacꞟɪᵹe *Bx.*
⁸′ halᵹɪe· [ꞟý he þonne eꝼt ᵹeꝼulloꝺ ꞁ ᵹeꞟꞟýmeꝺ mɪꝺ bɪꞟceopeꞟ bleꝼꞟunᵹe· *Bx.*] ꞁ þa men þe he ǽꞟ ꞟulloꝺe ꞟullɪᵹe hý man eꝼt· ꞟꞟa hɪt ᵹeꞟette án Papa on Rome· ꝥ ᵹɪꝼ ꞟe þꞟeoꞟt ꞟýnꝼul ꞟý oꝺꝺe hæþen· ᵹeꞟullɪᵹe man hɪne. *Y. Bx.*
Papa on Rome ꞟþa-þeana ᵹeꞟette· þeh ꝺe ꞟe mæꞟꞟeꞟe ꞟýnꝼul ꞟý·

ª′ *Th.* xxvɪɪɪ. 19.   ᵇ′ *Ib.* xxvɪɪɪ. 25, 26.
ᶜ′ *Ib.* xxvɪɪɪ. 29.   ᵈ′ *Ib.* xxvɪɪɪ. 22.
ᵉ′ *Ib.* xxvɪɪɪ. 8.   ꝼ′ *Ib.* xxvɪɪɪ. 22.

legitimis jejuniis duos dies per hebdomadam jejunet usque ad vesperam. Si cum moniali fornicatus fuerit, multo auctius sit ei jejunium, id est per VII. annos.

5. Sacerdos qui per turpiloquium, vel per visum seu aspectum mulieris, se coinquinaverit, et se non mundet, XX. dies jejunet. Qui sua voluntate admodum coinquinatus fuerit, C. dies jejunet. Qui invitus in somno fuerit pollutus, surgat et cantet psalterium psalmorum, et crastino die vultum suum XXX. vicibus ad terram inclinet. Qui præter voluntatem fuerit coinquinatus, vel qui volens in somno peccaverit, XXIIII. psalmos cantet. Si quis in ecclesia dormiens semen suum effuderit, surgat, et psalterium cantet. Presbyter, si osculatus est feminam per desiderium, XX. dies pœniteat. Sacerdos, si coinquinatus fuerit, eo quod mulierem tetigerat, XL. dies jejunet; nonnulli volunt XXX. Sacerdos, si desiderio cogitationis coinquinatus fuerit, hebdomadam jejunet; si manu tetigerit, III. hebdomadas jejunet. Qui autem crebro fornicationem commiserit, canon judicat ut X. annos jejunet; nonnulli volunt VII.; juxta concilium vero III.

6. Quicunque presbyter in propria provincia sua, vel in quavis aliena iter faciat, et in itinere ejus baptisma aliquis ab eo flagitet, quod ille festinandi itineris sui causa deneget, et homo gentilis moriatur, ordine suo privetur.

7. Omnis presbyter, qui noverit quod non sit baptizatus, baptizetur, et omnes illi quos antea baptizaverat. Papa

---

Qui sæpe præ violentia cogitationis suæ semen fuderit, XX. dies jejunet. Si postea fecerit, XL. dies jejunet.

et cognoscitur
et consecrentur; [tunc iterum baptizetur et confirmetur, cum episcopi benedictione,] et homines quos antea baptizaverit, denuo baptizentur, prout statuit Papa quidam Romanus; quod si presbyter peccator sit, vel ethnicus, baptizetur.
Papa Romanus tamen statuit, si presbyter, vel quicunque fuerit

g' Ib. XXVIII. 23.   h' Ib. XVI. 5. et n. 3.
i' Ib. XLIII. 2.   k' Ib. XXXVIII. 5.

Róme ſette þeah þe ſe mæꝼꝼeꞃe ꞃýnꝼull ꝼý· oððe hæþen·
ꝥ þæſ Ꝺalȝan Ꝉaꞃceſ þenunȝ þæꞃe on þæꞃe ȝýꝼe þæſ ꝼull-
ƿihceſ ſƿa-þeah· nalleſ þæſ manneꞃ :''

v111. Ꝉiꝼ hƿá háð ꝼoꞃleóꞃe· mæꝼꝼeꞃe oððe biꞃceop· ꝼý he
on hꞃeope oð deað· ꝥ hiſ ꝼapl lýbbe· ᵃ8aceꞃð ȝiꝼ he man
ꞃleſ· oððe ðeaꞃnunȝa hine ꝼoꞃlicȝe· ꞃiȝ he oꝼ hiſ háðe apoꞃꞃen·
ȝiꝼ he man ȝeꝼúnðiȝe· ꝼæꞃce ·c· ðaȝa :'

1x. ᵇ¹8aceꞃð þonne he mæꝼꝼan ꞃinȝe· ne hæbbe he on
heðen ne cæppan· ac ȝiꝼ he ȝoðꞃpel ꞃæðe lecȝe him ²on þa
ꞃculðꞃu :'

x. ᶜ8aceꞃð ȝiꝼ he hiſ calic aȝeóce þonne he hæbbe mæꝼꝼan
ȝeꝼunȝen· ꝼæꞃce ·xxx· nihca· Sæðe æce æꝼþam þe he co huꞃle
ȝá· ⁊ æꝼceꞃ þam þe he huꞃl þicȝe· ꝼæꞃce ·v11· niht :'

x1. ᵈ³Ꝉiꝼ ƿꞃeoꞃc mýcele ꞃcále ꝼoꞃꞃcéle· ꝼæꞃce ·v· ƿinceꞃ·
oððe ſƿa him biꞃceop cǽce :'

oððe oðeꞃ man ꞃeðe ꝼulloðe· ꝥ þæſ Ꝺalȝan Ꝉaꞃceſ þenunȝ þæꞃe in
ðæꞃe ȝiꝼe þæſ ꝼulluhceſ ſƿa þeah· nalæſ þæſ manneſ in cꞃiꞃcnunȝe·
⁊ on ðam ꝼulluhce án ꝼæðeꞃ mæȝ beón· ȝýꝼ hic nýð-þeaꝼſ bið· Ne
móc ſe oðꞃum onꝼón ꞃeðe him bið unꝼulloð oððe uncꞃýmeð· X.
¹ Ꝼꞃeoꞃc X. — ᶜ8pa hƿýlc ſƿa pile æc mæꝼꝼe-cíðum leccioneſ
[ꞃæðinȝe Y.] ꞃæðan· oððe ꝼeꞃꝼoꞃꞃ ſinȝan· ne bið he nýðeð co þon
ꝥ he him oꝼð hiſ oꝼeꞃ-hacelan oððe heðen· ac ȝýꝼ he euanȝelium
[ȝoðꞃpel Y.] ꞃæðe· ƿýꞃpe him oꝼ heðen oððe cappan on hiſ ȝe-
ꞃcýlðꞃo· X.Y.
²Ꞁ þæꞃe hóð oꝼeꞃ þa ꞃculðꞃa· X. Et proxime post in X. et Y.
habemus capitula sequentia: ꝼꝆæꝼꝼe lǽꝼeðꞃa manna þꞃipa on ȝeaꞃe
man beð· þý þꞃiððan bæȝe· ⁊ þý niȝoðan· ⁊ ðý ðꞃeoceoðan *ꝼoꞃan co
ðan' þe Cꞃiꞃc aꞃǽſ þý ðꞃiððan bæȝe· ⁊ in ðæꞃe nýȝoðan cíbe hiſ ȝaꞃc
onꞃenðe· ⁊ ·xxx· ðaȝa Iꞃꞃahele heoꝼoðon Ꝇoýꞃen.'' ᶜꝆuneca
mæꝼꝼan man móc ꞃinȝan ȝehƿýlce ꞃunnan-bæȝe· ⁊ heoꞃa naman
ꞃæðan· Romane ne ꞃæðað þapa manna naman on ꞃunnan-bæȝe æc
mæꝼꝼan·'
³ ᵇꝉýꝼ man mýcelꞃe þýꞃðe ꝼoꞃꞃcéle· ꝼeoðeꞃ-ꝼóc [ꝼeðeꞃ-ꝼece Y.]
neac· hoꞃſ oððe hꞃýðeꞃ· oððe húꞃ bꞃece· ꝼæꞃce án ȝeaꞃ·' ⁊ ꝼoꞃȝýlðe
ꝥ he ꝼoꞃꞃcólen hæbbe· oððe ·11· ȝeaꞃ ꝼæꞃce· Ꝉiꝼ máꞃan ꞃcálan
ꝼoꞃꞃcéle· ꝼæꞃce ·1111· ƿinceꞃ· oððe [·111· ȝeꞃ oððe cpa Y.] ſƿa him
hiſ ꞃcꞃiꝼc béme· X.Y. ¹Ꝉiꝼ hƿá ꝼoꞃꞃcéle eꞃne oððe mannan· ꝼæꞃce
·11· pinceꞃ·' Y.

ᵃ Th. xxi. 16, 26. xviii. 1.   ᵇ Ib. xlviii. 5.
ᶜ Ib. xxxix. 11, 12.   ᵈ Ib. xxiii. 2.
ᵉ Ib. xlviii. 5.   ᶠ Ib. xlv. 13.

Romanus statuit, etiamsi presbyter peccator sit vel gentilis, ministerium Spiritus Sancti esse nihilominus in gratia baptismi, non hominis.

8. Si quis ordinem perdiderit, presbyter vel episcopus, pœnitentiam agat usque ad mortem, ut ejus anima vivat. Sacerdos, si hominem occiderit, vel fornicatus fuerit, ordine suo privetur; si hominem vulneraverit, c. dies jejunet.

9. Sacerdos, cum missam cantat, ne portet cucullum nec cappam; si autem Evangelium legat, super humeros ponat.

10. Sacerdos si calicem effundat postquam missam cantaverit, xxx. dies jejunet. Qui edit antequam eucharistiam acceperit, et postquam eucharistiam sumserit, vii. dies jejunet.

11. Si presbyter furtum magnum commiserit, v. annos jejunet, vel prout episcopus ei præscripserit.

---

qui baptizaverit, peccator esset, ministerium Spiritus Sancti esse nihilominus in gratia baptismi, haudquaquam hominis in baptizando. Et in baptismo unus sponsor potest esse, si necesse sit. Non licet ei alium suscipere qui ipse non baptizatus, vel non confirmatus sit.

Quicunque tempore missæ lectiones legere vel responsiones cantare velit, non necesse est ei cappam suam vel cucullum exuere; si autem Evangelium legit, cucullum vel cappam super humeros dejiciat.

Missa laicorum [mortuorum] ter in anno celebratur, tertia die, et nona, et tricesima, quia surrexit Christus tertia die, et nona hora spiritum suum emisit, et triginta dies Moysen planxerunt filii Israel. Missam monachorum quoque die Dominico cantare licet, et eorum nomina recitare. Romani nomina eorum hominum die Dominico missæ tempore non recitant.

Si homo magnum quid furatus fuerit, animal quadrupes, equum, vel bovem, vel domum effregerit, annum unum jejunet, et quod furatus fuerit, reddat, vel ii. annos jejunet. Si majus aliquid furatus fuerit, iiii. annos [iii. annos, vel ii.] jejunet, sicut ei confessarius ejus injunxerit. Si quis servum vel hominem furatus fuerit, ii. annos jejunet.

ᵈ *Ib.* xlv. 11.   ᵇ *Ib.* xxiii. 2.
ᵛ *Ib.* xxiii. 13.

xii. ªDiacon ȝıf he hıne foꞃlıcȝe· fæꞃte ·iii· pınteꞃ· ꞃ
eallꞃpa munuc· ȝıf he beaꞃn ȝeꞃtꞃýne· fæꞃte he þe ꞃpýðoꞃ·
ꞃpa hım bıꞃceop ¹oððe deman tecan·′ Ænð unhaðoð man ꞃ
unȝemunecoð· ȝıf he hıne foꞃlıcȝe· fæꞃte ·xii· monoð· ȝıf
he beaꞃn beȝýt· fæꞃte ²·iii· pınteꞃ· ȝıf he hıt ofꞃlea· fæꞃte
·vii· pınteꞃ :·″

xiii. ᵇꞂunuc oððe ȝehalȝoð fæmne ȝıf hı ³foꞃlıcȝon hıȝ·′
fæꞃton ·vii· pınteꞃ· ꞃume pýllað ·iii·″ Ne mot man
ıunȝum men ꝥıf foꞃȝýfan· ȝıf he hıne æꞃ to munuchaðe
⁴ȝemýnte :·

xiv. ᶜLæpeðe man hım ꝥıf aȝenðe ȝıf he oðꞃeꞃ ceopleꞃ ꝥıf
pemme· oððe fæmnan· ⁵fæꞃte ·i· pınteꞃ′ ȝıf he beaꞃn hæbbe·
fæꞃte ·iii· pınteꞃ· ȝıf he þonne heȝꞃtealð ꞃý· fæꞃte ·vii·
pınteꞃ· ꞃume pıllað ·x·″ ᵈSeðe mıð hıꞃ meðeꞃ· oððe
ꞃpýꞃteꞃ· oððe ðehteꞃ hæme· fæꞃte ·xii· pınteꞃ·′ ꞃ ꞃpa þeah
ȝeꞃeo ꞃe ꞃaceꞃð on hpýlcum haðe he ꞃıȝ· ᵉSpa hpýlc man
ꞃpa mıð nýtene hæme· fæꞃte ·x· pınteꞃ oððe ·vii· ꞃume
pýllað ·iii· pınteꞃ· ꞃume pýllað an· ꞃume ·c· ðaȝa· ȝeꞃeo he
hpýlc ꞃe man ꞃıȝ oððe ꝥ neat·   On eallum þınȝum behoꞃað
ꞃe ꞃaceꞃð ȝeꞃceaðpıꞃnýꞃꞃe ꞃpa þe befoꞃan cꝥeðon·′   ᶠSpa hpýlc
man ꞃpa on muð ꞃæð foꞃlæteð· fæꞃte ·vii· pınteꞃ·′ ᵍSpa hpýlc
man ꞃpa mıð hıꞃ mennen ȝehæme· fæꞃte an pınteꞃ· ȝıf heo
beaꞃn hæbbe· ȝefꞃeoȝe hıȝ·′ ꞃ fæꞃte þeah an pınteꞃ :·

xv. ʰLýtel cnıht ȝıf he bıð fꞃam maꞃan ofþꞃıcceð on
hæmeðe· fæꞃte ·v· nıht· ȝıf he hım ȝeþaꞃıȝe· fæꞃte ⁶·xx·
nıhta·′ ⁱȝıf he ꞃtele· oððe mýꞃten ete· ꞃ he hıt ꝥıte· fæꞃte
·vii· ðaȝaꞃ·′ ᵏȝıf he hæbbe ·xx· pıntꞃa ꞃ he apıht þýlceꞃ
ðo· fæꞃte ·xx· nıhta·′ ˡȝıf þeꞃ ýlca mıð hıꞃ hanða hıne

---

¹′ ðeme oððe mæꞃꞃe-pꞃeoꞃt X. Y.   ² ·iiii· X.
³′ beaꞃn ȝeꞃtꞃeonan· Y. Bx.   ⁴ ȝepınȝað X.
⁵′ ·iii· ȝeꞃ fæꞃte· butan hıꞃ aȝenum ꝥıꞃe· ꞃ on oðꞃe pucan tꞃeȝen
ðaȝaꞃ· oððe ·iii· xl. ȝıf hıt bıð fæmne ·i· ȝeꞃ fæꞃte butan ꞃlæꞃce
ꞃ ealoð· ᵐȝıf he nunnan ȝepemme ·iii· ȝeꞃ fæꞃte·′ ꞃpa heo cenne·
ꞃpa heo na ne cenne· ȝýf hıt mennen ꞃý ·vi· [·vii· Y.] monað
fæꞃte· ꞃ eac alýꞃe hý· Y. Bx.
⁶ ·xv· X.

ᵃ′ Th. xviii. 2, 3.   ᵇ′ Ib. xviii. 2.
ᶜ′ Ib. xix. 12. n. 2.   ᵈ′ Ib. xx. 13, 14.
ᵉ′ Ib. xvi. 34.   ᶠ′ Ib. xvi. 30. n. 1.

12. Diaconus, si fornicatus fuerit, III. annos jejunet; similiter et monachus; si infantem genuerit, severius jejunet, prout episcopus vel judices ei praescripserint. Et homo non ordinatus, nec monachus, si fornicatus fuerit, XII. menses jejunet; si infantem genuerit, III. annos jejunet; si occiderit eum, VII. annos jejunet.

13. Monachus vel puella consecrata, si fornicati fuerint, VII. annos jejunent; nonnulli volunt III. Juveni uxor danda non est, si prius se monachismo addixisset.

14. Laicus uxorem habens, si alterius viri uxorem maculaverit, vel puellam, I. annum jejunet; si infantem habeat, III. annos jejunet; si autem coelebs sit, VII. annos jejunet; nonnulli volunt X. Qui cum matre sua, vel sorore, vel filia coiverit, XII. annos jejunet; et videat tamen sacerdos in quo gradu sit. Quicunque homo cum pecude coiverit, X. annos jejunet, vel VII.; nonnulli volunt III. annos; nonnulli volunt unum; nonnulli centum dies; videat [sacerdos] qualis homo sit, vel pecus. In rebus omnibus sacerdoti discretione opus est, ut supra diximus. Quicunque homo semen in os effuderit, VII. annos jejunet. Quicunque homo cum ancilla sua coiverit, I. annum jejunet. Si ipsa infantem habuerit, liberet eam, et nihilominus I. annum jejunet.

15. Parvus puer, si a majore oppressus fuerit in coitu, v. dies jejunet; si ei consenserit, xx. dies jejunet; si furatus fuerit, vel morticinam ederit, et hoc norit, VII. dies jejunet; si xx. annos habeat, et tale quid fecerit, xx. dies jejunet; si idem manu sua se polluerit, xx. dies jejunet; si homini in virili

---

III. annos jejunet sine propria sua uxore, et secunda quaque hebdomada, duos dies, vel III. quadragesimas; si puella sit, I. annum jejunet, sine carne et cerevisia; si monialem maculaverit, III. annos jejunet, sive genuerit, sive non genuerit; si ancilla sit, VI. [VII.] menses jejunet, et insuper liberet eam.

Ib. XIX. 8.
Ib. XXIII. 6.
Ib. XXVIII. 4.
Ib. XXVIII. 6.
Ib. XXVIII. 17.
Ib. XVI. 14. XIX. 12. *n.* 2.

beꞃmíte· ꝼæꞃte ·xx· ðaʒa· ʒiꝼ men on ƿeꞃlicꞃe ýlðo opiht
þꝋꞃlicer ʒelimpe· ꝼæꞃte ·xl· nihta· ꞃume pýllað ·c· nihta:·'

xvi. *Sƿa hƿýlc ceoꞃl ꞃƿa mið hꝋꞃ ꝼꝋꝼe hǽme on monað-
able· ꝼæꞃte ·xl· nihta·' ᵇÆnð ꞃƿa hƿýlc ꞃƿa ¹hꝋꞃ blóð oððe
manner ꝼǽð ðꞃꝋnce· ꝼæꞃte ²·v· pꝋnteꞃ·' ᶜSƿa hƿýlc man ꞃƿa
on ciꞃꝋcean hǽme· ðéme þ³ ꞃe biꞃceop ꞃƿa him ꞃꝋht þꝋnce· ꞇ
pꝋtnꝋʒe be þam·' ᵈSeðe mið neate hǽme oððe mið pæꞃneðum
men· ꝼæꞃte ·x· pꝋnteꞃ·' ᵉCnꝋhtaꞃ ʒꝋꝼ hꝋ him betpýnan
hǽmeð-þꝋnʒ ꝼꞃemmen· ꞃpꝋnʒe hꝋ man·' ꝼNýten ʒꝋꝼ hꝋt ꞃꝋʒ
manner énðe beꞃmíten· ꞃleá man hꝋt ꞇ ꞃýlle húnðum· ʒꝋꝼ him
tꞃeoʒe· lǽte lýbban:·'

xvii. ᵍSƿa hƿýlc hæþen man ꞃƿa ꝼoꞃlǽt hæþen ꝼíꝼ on hꝋꞃ·
anpealðe· æꝼteꞃ hýꞃa ꝼulpꝋhte· hƿæðeꞃ heᐟ hæbbe þe næbbe·
ꞃƿaᐟ ʒelíce· Lꝋꝼ hýꞃa oðeꞃ bꝋð hæþen oþeꞃ ʒeꝼullóð· ꞃe
hæþena mót ꝼꞃam þam ʒeꝼulloðan· ꞃƿa ꞃe Áꞃoꞃtol cƿæð·
Inꞃꝋbelꝋꞃ ꞃꝋ ðꝋꞃceðꝋt ðꝋꞃceðat·' ʰÐa ðe ꝼæ̇ꞃoꞃn tupa ʒeꝼullobe
ꞃƿa hꝋʒ nýꞃton· ne ʒeʒæ̇ð him þeꞃ næ̇nꝋʒ ꝼæꞃten· butan hꝋ
man ne mót hálʒꝋʒan· æꝼteꞃ cánoneꞃ ðóme· ᶦþeah þ neað-
þeaꞃꝼ ʒebýꞃꝋʒe·' ᶦLꝋꝼ mann ꞃý ꝼꞃam ðýꞃꞃe ꝼoꞃleʒenum
ꝼꞃeoꞃte ʒeꝼullóð· ꝼullꝋʒe man hꝋne eꝼt ꞃóna·' ᵏ⁷Sƿa hƿýlc
man ꞃƿa mið hꝋꞃ ʒepꝋtnýꞃꞃe hꝋne oðꞃe ꞃꝋþe ꝼullað·' þ ꝋꞃ
ꞃƿýlce he Cꞃꝋꞃt eꝼt abenʒe· ꝼæꞃte he ⁸·vii· pꝋnteꞃ· þa ·ii·
ꝼæꞃten-ðaʒaꞃ on pucan·' ꞇ ·iii· ꞃꞃ-ꝼæꞃtenu ꝼullice:·''

xviii. ¹Þeꞃ mót hꝋꞃ ꝼíꝼe on ꝼulluhte⁹ onꝼón· ꞇ ꝼíꝼ þam
ƿeꞃe·' ᵐNe mót ʒeꝼullóð ꝋnne mið þam ʒecꞃꝋꞃtneðan étan·
ne hꝋne cýꞃꞃan· ꞃƿa mýcele má· ꞃƿa he ne mót mið þam
hæþenan :·¹⁰

---

¹ manneꞃ *Y. Bx.*   ² ·iii· *Y. Bx.*
³ᐟ biꞃcop· ꞇ þonne pꝋtnꝋʒe ꞃƿa him ꞃꝋht þꝋnce *X.*
⁴ hꝋt *X. add.*   ⁵ ꞇ *X. add.*
⁶ butan *X. Y.*

¹⁰ Cꝋlð ʒýꝼ hꝋt hæðen ꞃƿelte· ꝼæꞃte hꝋꞃ ꝼæðeꞃ ꞇ hꝋꞃ moðoꞃ ðꞃeo·
pꝋnteꞃ· Seðe oꝼꞃleá hꝋꞃ beaꞃn hæðen· ꝼæꞃte ·x· pꝋnteꞃ· æꝼteꞃ
cánoneꞃ ðóme· ꞃume pꝋllað ·vi· pꝋnteꞃ· Þæðen cꝋlð ʒꝋꝼ hꝋt bꝋð ꝼꞃeoꞃte
bebóðen· ꞇ hꝋt ꞃý untꞃum· ꞇ hꝋt hæðen ꞃƿelte· ꞃý ꞃe ꝼꞃeoꞃt oꝼ hꝋꞃ

ᵃᐟ *Th.* xvii. 5, 8. *n.* 3.   ᵇᐟ *Ib.* xvi. 31.
ᶜᐟ *Ib.* xvi. 18.   ᵈᐟ *Ib.* xvi. 34.
ᵉᐟ *Ib.* xxviii. 12. *n.* 1.   ᶠᐟ *Ib.* xxxi. 21.

ætate hujus simile quid acciderit, XL. dies jejunet; nonnulli volunt c. dies.

16. Quicunque vir cum uxore sua in consuetudine ejus menstrua coiverit, XL. dies jejunet. Et quicunque sanguinem suum, vel viri semen biberit, v. annos jejunet. Si homo quis in ecclesia coiverit, judicet de eo episcopus, prout sibi rectum videatur, et juxta hoc puniatur. Qui cum bestia, vel cum viro coiverit, x. annos jejunet. Pueri, si inter se fornicationem commiserint, flagellentur. Bestia, si a viro sit polluta, occidatur, et detur canibus; si dubitetur, vivere permittatur.

17. Quicunque gentilis homo dimiserit mulierem gentilem in potestate sua, post baptismum ejus, utrum eam habeat an non habeat, æquale est. Si alter eorum sit gentilis, alter baptizatus, gentilis a baptizato [discedere] potest, sicut Apostolus dicebat: 'Infidelis si discedit, discedat.' Qui bis baptizati sunt, ita ut nescirent, non opus erit eis jejunare, nisi quod, juxta sententiam canonis, ordinari non possunt, etiamsi necesse fuerit. Si quis a fornicante presbytero baptizatus fuerit, statim iterum baptizetur. Quicunque sciens secunda vice baptizatus sit, id est quasi iterum Christum crucifixerit, VII. annos jejunet, duobus jejunii diebus per hebdomadam, et III. legitimis jejuniis plene.

18. Viro licet uxorem in baptismo suscipere, et uxori virum. Non licet baptizato cum catecumeno comedere, nec tanto magis eum osculare; sicut hoc ei non licet cum gentilibus.

7' Ða þe nyton hwæþer hiȝ ȝefullode beoð· ꝥ læteð hy eft fullian· Bx.
8' þa hƿile ðe he libbe ælce Friȝe-bæȝ to æner mæler. Bx.
9' for neode X. add.

Infans si gentilis mortuus fuerit, jejunet pater et mater tres annos. Qui infantem suum gentilem occiderit, x. annos jejunet, juxta sententiam canonis; nonnulli volunt VI. annos. Infans gentilis, si presbytero commendatus fuerit, et infirmus sit, et gentilis moriatur,

---

g' Ib. XIX. 20. n. 6.
i' Ib. XLVIII. 13.
i' Ib. XLVIII. 23.
k' Ib. XXXVIII. 1.
k'' Ib. XXXVIII. 2.
m' Ib. XLVIII. 24.

XIX. *[1] Ȝif æniȝ ƿeꞃ oððe ƿif ȝehāte ꝥ he ƿylle mædenhād
ȝehealdan· ⁊ æꞃteꞃ þon þæꞃe on ꞃiht-hǣmeð ȝeƿeoðeð· ne
ꞃoꞃlǣte hyꞃa naþoꞃ ꝥ he ne ꝼæꞃte ·iii· ƿinteꞃ ꞃoꞃ þam
dȳꞃeȝan ȝehāt· ⁊ þa ūn-āꞃꞃæꞃnodan þurþað toƀꞃocenne·' [b]Ȝif
æniȝeꞃ manneꞃ ƿif deaꞃꞃunȝa hiȝ ꞃoꞃliȝe· ꞃe ceoꞃl hiȝ mōt
ꞃoꞃlǣtan· ⁊ oðeꞃ nīman· ²Ȝiꞃ ꝥ þær ꝥ æꞃꞃyꞃte ƿiꞃ· ȝiꞃ hit þær
ꝥ æꞃteꞃe oððe ꝥ þꞃidde· ne mōt he þonne oðꞃum onꞃōn·'

[*] tǣbbōte add. ? Ðæt ƿiꞃ ȝiꞃ heo hiꞃe ꞃȳꞃena* dōn ƿylle· embe ·v· ƿinteꞃ heo
mōt oðeꞃꞃe ceoꞃl nīman·'' [c]Ƿiꞃeꞃ ƿeꞃ ȝiꞃ he ꞃoꞃð-ꞃæꞃð·
ȳmbe ·xii· monað þær heo mōt nīman oðeꞃꞃe·' [d]Sꝥa hƿylc
man ꞃꝥa ꞃoꞃlǣte hiꞃ ƿiꞃ ⁊ hine to ūnꞃiht-hǣmede þeoðeð·
ꝼæꞃte he ·vii· ƿinteꞃ' heaꞃðum ꝼæꞃtene· oððe ·xv· leohtlicoꞃ·
[e]Sꝥa hƿylc ꞃꝥa ꞃela ȳꝼela dō on mōꞃðꞃe· ⁊ on manꞃlihte· ⁊
on māne· ⁊ on ūnꞃiht-hǣmede· mið nȳtenum ⁊ mið ƿiꞃum· ȝā
on mȳnꞃteꞃ· ⁊ ā ꝼæꞃte oð hiꞃ daȝa ende· ȝiꞃ he ꞃꝥȳðe ꞃela
ꞃꞃemede:'

XX. [f]Ceoꞃle ne ȝedāꞃenað ꝥ he hiꞃ ƿiꞃ nacode ȝeꞃeo·'
[g]Ƿeꞃ ⁊ ƿiꞃ ȝiꞃ hiȝ ȝeƿeoðe beoð· ⁊ ꞃe ƿeꞃ mið hiꞃe hǣman
ne mæȝe· ꝥ ƿiꞃ hiꞃe mōt ꞃoꞃlǣtan· ⁊ hiꞃe oðeꞃꞃe nīman· ȝiꞃ
ꝥ on þone ceoꞃl cūð bȳð·' [h]Ða ȝeƿeddodan ꝼæmnan hiꞃe
ȳlðꞃan hi ne mōton ꞃȳllan oðꞃum men· buton heo eallunȝa
þone ꞃið-cꝥeðe ꝥ heo hine nelle· heo þonne mōt· ȝiꞃ heo ƿile·
ꝥ ꞃoꞃlǣtan· ⁊ hȳꞃe mȳnꞃteꞃ-ȝanȝ ȝeceōꞃan· ȝiꞃ heo ƿile·

---

hǣbe aꞃoꞃꞃen· ȝiꞃ hit ꞃȳ on hiꞃ ȳlðꞃum ȝelanȝ· ꝼæꞃte ꞃe ꞃꞃeoꞃt ān
ƿinteꞃ· **X. add.**

Seo þe acꞃelleð hiꞃe beaꞃn butan ꞃulluhte ·x· ȝēꞃ ꝼæꞃte· ꞃꝥa hiꞃe
ꞃoꞃuꞃt hiꞃe tǣce· ⁊ ȝiꞃ ꝥ cilb ꞃꝥelte ·iii· ƿintꞃa ealb butan ꞃulluhte
·x· ƿinteꞃ ꝼæꞃte· oððe ·iii· be þam ꞃullan· ꝼæðeꞃ ⁊ moðeꞃ· Ȝiꞃ
heo beaꞃn onꞃehð· ⁊ ꝥ acꞃelð on hiꞃe innoðe ·i· ȝēꞃ ꝼæꞃte· **Y.**

[1]' Ȝiꞃ hƿylc ƿiꞃ oððe ceoꞃl ȝehāte· ꝥ hȳ ƿyllon on mæȝðhǣbe
þuꞃþuꞃian· ⁊ þonne ꞃe ceoꞃl hine ȝeƿeoðe to hƿylcum ƿiꞃe· ne mōt
he nā ꝥ ꞃoꞃlǣtan· ne heo hine· ꞃoꞃ þam ȝehātum· ꞃoꞃþȳ bȳꞃlicu
ȝehāt ⁊ unaƀeꞃenðlicu beoð to aƀꞃecanne mā þonne to heal-
denne· **Y. Bx.**

²' **Y. omit.**

³' Ȝiꞃ ƿeꞃ ⁊ ƿiꞃ hȳ ȝeꞃomnien· ⁊ heo þonne ꞃecȝe ꝥ he ne mæȝe
hǣman mið hiꞃe· ȝiꞃ heo hit þonne ȝecȳðan mæȝe ꝥ hit ꞃōð ꞃȳ· nīme
hiꞃe oðeꞃꞃe· **Y. Bx.**

---

[a]' *Th.* XVI. 21, 22.   [b]'' *Ib.* XVI. 5. *n.* 4. XIX. 18.
[c]' *Ib.* XIX. 14.   [d]' *Ib.* XIX. 6.

19. Si quis vir aut mulier voverit virginitatem servare, et postea jungatur in matrimonio, ne prætermittat uterque eorum quin III. annos jejunet, pro voto illo stulto, et quæ non toleranda sunt, dirimantur. Si uxor alicujus viri adulteraverit, marito licet eam dimittere, et aliam ducere, si ea prima sit uxor; si secunda sit vel tertia, non licet ei tunc aliam ducere. Uxor illa, si pro flagitiis suis [pœnitentiam] agere velit, post annos v. licebit ei alium virum accipere. Mortuo viro, post annum licet mulieri alium accipere. Quicunque vir dimiserit uxorem suam, et fornicatione se associaverit, VII. annos jejunet duro jejunio, vel xv. levius. Quicunque multa mala perpetraverit in cæde, et in homicidio, et in perjurio, et in illicito concubitu, cum bestiis et cum mulieribus, eat in monasterium, et semper jejunet, usque ad vitæ suæ finem, si valde multa commiserit.

20. Non decet maritum uxorem suam nudam videre. Si vir et mulier conjunxerint se in matrimonio, et vir cum ea coire non valeat, licet mulieri eum deserere, et sibi alium sumere, si hoc de marito manifestum sit. Puellam desponsatam non licet parentibus suis dare alteri viro, nisi illa omnino declarat se eum nolle; tunc, si velit, licebit ei id derelinquere, et vitam monasticam sibi eligere, si velit. Si puella

deponatur presbyter de gradu suo; si culpa parentum acciderit, presbyter annum unum jejunet.

Quæ infantem suum occiderit sine baptismo, x. annos jejunet, prout confessarius ejus ei præscripserit; et si infans III. annorum sine baptismo mortuus fuerit, x. annos jejunent, vel III. plene, pater et mater. Si infantem conceperit, et in utero suo occiderit, I. annum jejunet.

Si aliqua mulier vel vir voverit in virginitate se velle permanere, et vir postea cum muliere aliqua se conjunxerit, non licet viro mulierem deserere, neque mulieri virum, propter vota illa; quia vota stulta et intoleranda potius frangenda sunt, quam servanda.

Si vir et mulier in matrimonio se conjunxerint, et illa dicat quod ille secum coire nequeat; si vero probare possit, quod verum sit, sumat sibi alium.

e/ Ib. xvi. 20.   f/ Ib. xix. 25.
g/ Ib. xvi. 28.   h/ Ib. xvi. 29.

¹Ȝif ſeo fæmne nele mið þam þeþe eaꞃðiȝan þam þe heo ǽꞃ
beꞃeððoð þæſ· aȝife man him eft þ feoh þ he foꞃ hiȝ ſealðe·
ȝ eac þone þꞃiððan ðæl þæſ ýꞃfeſ· ȝ ȝif he þ nelle· þoliȝe
þæſ feoſ·ˊ ȝ ſeo fæmne ȝá on mýnſteꞃ· oððe ælcoꞃ on hiꞃe
clǽnnýſſe hiȝ healðe :ˊˊ

xxi. ᵃƿan ȝif he hinðan hǽme mið hiſ ƿife· fæſte ·xl·
nihta·² ȝif he on hiꞃe bæc-þeꞃm hǽme· fæſte ·x· ƿinteꞃ·ˊ
ᵇSƿa hƿýlc man ſƿa hǽme Sunnan-ðæȝe oððe on niht· fæſte
·iii· ðaȝaſ· Þeꞃ ne hǽme mið hiſ ƿife ·xl· nihta ǽꞃ Eaſ-
tꞃon· ne ·vii· nihtum ǽꞃ Pentecoſten· ne ·xl· nihtum ǽꞃ
miððan-ƿintꞃa :ˊ

xxii. Ȝif man ſlýhð oðeꞃne on móꞃð· on ýꞃꞃum mode· ȝ
mið behýðnýſſe· fæſte ·iiii· ȝeaꞃ· ꞃume pýllað ·vii· ᶜSƿa
hƿýlc ſƿa móꞃþoꞃ-ſleȝe þaꞃað· ȝ hine man þonne fꞃemmeð·
fæſte ·v· ƿinteꞃ· ꞃume pýllað ·vii·ˊ ȝ he ·xl· nihta on
ciꞃicean ne cume. ᵈSƿa hƿýlc man ſƿa hiſ man ofſleá· fæſte
án ȝeaꞃ·ˊ ᵉSƿa hƿýlc man ſƿa on ȝecýnðe oðeꞃne þanɢ̆álne
ðó· oððe him pom-plite on-ȝepýꞃce· foꞃȝýlðe him ꞏꞏꞏꞏom-
plite ȝ hiſ peoꞃc pýꞃce· oð þ ſeo púnð hál ſiȝ· ꞏꞏꞏ feoh
þam læce ȝýlðe· ȝ fæſte he ·ii· ǽ-fæꞃtenu oððe ꞏꞏꞏˊ ȝif he
nýte hú he hit ȝýlðe· fæſte ·xii· monoð. Sƿa hƿilc man
ſƿaˢ man ofſleá· fæſte ·iii· ƿinteꞃ· ˊȝif he hit eft þæꞃ
manneſ maȝum ȝýlðan ƿýle· fæſte þonne oðeꞃ healf ȝeáꞃ·ˊ
ᵍȜif man oðeꞃne⁴ ȝepúnðiȝe· foꞃ þæſ blóðeſ ȝýte fæſte ·xl·
nihta :ˊ

xxiii. ʰSeðe biſceop ſleá oððe mæꞃſſe-pꞃeoſt· þ ſceal ȝán
on cýninȝeſ ðóm·ˊ oððe biſceopeſ· ˡ⁵Sƿa hƿýlc man ſƿa

---

¹ˊˊ Ȝif beꞃeððoð mæðen nele to þam þe heo beꞃeððoð bið· ȝ þæꞃ
hiꞃe pilla· foꞃȝýlðe þonne þ feoh þ heo ǽꞃ unðeꞃfenȝ· ȝ þæꞃ-to
ȝeðó ſpýlcne eacan ſpýlce þæſ feoſ þꞃiððan ðæl ſý· ȝ þa máȝaſ
foꞃȝýlðon heoꞃa peðð. Ȝif he þonne nýlle hý ꞃíman· hæbbe foꞃſealð
þ feoh þ he ſealðe. Y. Bx.
² On oðꞃe ſtope hit cƿýð· þ he ſcule hꞃeoꞃſunȝe ðón ſƿa ſƿa ſeðe
mið nýtenum hǽmð. Y. Bx. add.
³ ᵏ in hiſ mæȝe pꞃece·ˊ Y. add.
⁴ ſleá ȝ hine X. add.
⁵ˡ Ȝif hƿýlc man munuc oððe cleꞃic acpelle· foꞃlǽte hiſ pæpnu ȝ
Loðe þeoꞃiȝe·ˊ oððe ȝeaꞃ fæſte· ȝ þ beo be biſceopeſ ðóme. Y.

ᴶ *Th.* xvi. 19.   ᵇ *Ib.* xvii. 1. 3. 4. 6. 7.
ᶜ *Ib.* xxi. 35.   ᵈ *Ib.* xxi. 12.
ᵉ *Ib.* xxi. 25.   ᶠ *Ib.* xxi. 22.

cum viro habitare nolit, cui antea desponsata erat, reddatur ei pecunia, quam pro illa dederat, et præterea tertia pars hereditatis. Si autem ille id noluerit, perdat pecuniam, et eat puella in monasterium, vel alibi in castitate se contineat.

. 21. Si quis cum uxore sua retro coiverit, xl. dies jejunet. Si in tergo ejus coiverit, x. annos jejunet. Quicunque homo Dominica die vel nocte coiverit, iii. dies pœniteat. Vir cum uxore ne coeat xl. dies ante Pascha, nec vii. dies ante Pentecosten, nec xl. dies ante Natalem Domini.

22. Si quis alterum occiderit in 'morth,' per iram, et in occulto, iiii. annos jejunet; nonnulli volunt vii. Quicunque ad homicidium consenserit, et id postea factum fuerit, v. annos jejunet, nonnulli volunt vii., et xl. dies in ecclesiam non ingrediatur. Quicunque homo hominem suum occiderit, annum unum jejunet. Quicunque homo alium in genitalibus debilem fecerit, vel ei vulnus in faciem inflixerit, emendet ei vulnus, et opus ejus operetur, donec vulnus sanetur; et mercedem medico solvat, et ii. vel iii. legitima jejunia jejunet; si nesciat quomodo id solvere possit, xii. menses jejunet. Quicunque homo hominem occiderit, iii. annos jejunet; si postea hominis cognatis id compensare velit, tunc annum et dimidium jejunet. Si quis alium vulneraverit, pro sanguinis effusione xl. dies jejunet.

23. Si quis episcopum vel presbyterum occiderit, id ad regis judicium pertinet, vel episcopi. Quicunque sacerdotem vel

---

Si puella desponsata cum eo esse nolit, cui voluntate sua desponsata erat, tunc reddat pecuniam quam antea accepisset, cui talem addat accessionem qualis tertiæ parti pecuniæ æqualis sit; et solvant propinqui suum 'wedd.' Si autem ille eam accipere nolit, perdat pecuniam quam dederat.

In alio loco dicitur, quod pœnitentiam agere deberet, sicut ille qui cum bestia coiverit.

'pro vindicta fratris'

percusserit, et eum

Si quis monachum vel clericum occiderit, arma relinquat, et Deo serviat, vel annum jejunet; et id sit juxta episcopi sententiam.

---

v' *Ib.* xxi. 26.   h' *Ib.* xxi. 10.
v/ *Ib.* iii. 6.   k' *Ib.* xxi. 22. *n.* 3.
v *Ib.* xxi. 9.

ƿreort oððe munuc ofsleá· þ bið birceoper dóm·" hƿæþer
he þæƿn forlǽte ᵹ on mýnrter ᵹá· þe he ·vii· ƿinter
færte:·"

xxiv. ᵃ¹Ᵹif man ofsleá oþerne on folcᵹefeohte· oððe for
neode· þær he hir hlaforder ceap periᵹe· færte he ·xl·
nihta·' Man ᵹif he oðerne ofsleá naller on mórð ·xii·
monoð færte he. ᵇᵹif man ofsleá hir fæder oððe hir
modor· rƿýrtor oððe broþor· runu oððe dohtor· þ ir birceoper dóm· rume pýllað þ he hreopriᵹe on elþeodiᵹum
lande ·x· ƿinter·' ᶜðe man bið mýrðra reðe hir broðor
hatað· rƿa Iohanner re ᵹodrpellere cƿæð. Qui odit fratrem
ruum homiciba ert:·'

xxv. ᵈTreᵹen ᵹebroðru móton rƿá ᵹefƿýrtru to ƿífe
habban· ᵹ fæder ᵹ runu modor ᵹ dohtor·' ᵉᵹif þeopa ᵹ
þeopen hýna beᵹra pýller² hiᵹ ᵹeramniᵹon· ᵹ æfter þam ᵹif
hýra aðer freoh bið· ᵹ ne mæᵹe þone þeopan alýran·' hýra
rƿa hƿæþer rƿa freoh bið mót þam þeopan freot ᵹeƿinnan.
ᶠðpa hƿýlc freoh man rƿa him ᵹenimð þeopne ƿimman him
to ƿífe· ne mót he hiᵹ eft lǽtan· ᵹif hiᵹ ǽr *þeope pæron
mid hýra beᵹra pýllan·' ᵍðpa hƿýlc man rƿa cennende ƿíf
freo ᵹedeð· þ bearn bið rƿa-þeah á þeop·' ʰÐa þe on rihtum
hǽmede beoð ·iii· nihton ǽr þam ·xl· nihta færtene· hiᵹ ne
ᵹeramniᵹen hiᵹ· ᵹ rƿa þ ·xl· nihta ealle· oð þa niᵹoðan niht
on Eartron·' ðpa hƿýlc reðe hafað mannan oððe ƿíf ᵹifte
únalifeðlice rƿa-þeah· hé mót rƿa hƿýlcne mete þýcᵹan rƿa he
hæfð· forþam re pitᵹa cƿæð. Domini ert terra et plenitudo
eiur. Þer ᵹ ƿíf þa ðe him on hǽmede ᵹeþeodde pæron· ᵹif
oðer pýle ᴸoðer þeopa beón ᵹ oðer nele· ᶦoððe hýra oðer býð
úntrum· oþer bið hál· rƿa-þeah mid hýra beᵹra ᵹeþafunᵹe hi
hiᵹ ᵹedǽlon· ᵹif hi pýllon:·'

xxvi. ᵏᴸeorl ᵹif he mid hir áᵹenum ƿífe hǽme· þpea hine

---

¹'ðeðe man ofrlýhð on folcer ᵹefeohte· færte ·xl· baᵹa· ᵹif he hit
þurh ýrre dó ·iii· ᵹér béte.   Ᵹif he þurh bruncen oððe þurh oðerne
cræft man ofsleá ·iii· ᵹér færte oððe má· ᵹif he þurh unnýtte ceafte
man ofsleá· færte ·x· ᵹer. **Y. Bx.**
² in hǽmeð **X. add.**

ᵃᵛ *Th.* xxi. 15. *et n.* 2.　　　ᵇᵛ *Ib.* xxi. 18.
ᶜᵛ *Ib.* xi. 3.　　　　　　　　ᵈᵛ *Ib.* xix. 24. *n.* 1.
ᵉᵛ *Ib.* xvi. 32.　　　　　　　ᶠᵛ *Ib.* xvi. 33.

monachum occiderit, id est juris episcopi, utrum arma deponat et in monasterium eat, an VII. annos jejunet.

24. Si quis alium in bello publico occiderit, vel ex necessitate, ubi rem domini sui tuebatur, XL. dies jejunet. Si quis alium occiderit, non in 'morth,' XII. menses jejunet. Si quis patrem suum, vel matrem suam, sororem vel fratrem, filium vel filiam occiderit, id est juris episcopi; nonnulli volunt ut X. annos in terra peregrina pœniteat. Homo, qui fratrem suum odit, homicida est, uti Joannes Evangelista dixit: 'Qui odit fratrem suum homicida est.'

25. Duobus fratribus duas sorores in uxores ducere licet, et patri ac filio matrem et filiam. Si servus et ancilla mutua voluntate se conjunxerint, et si postea alter eorum liber factus sit, et servilem redimere nequeat, eorum quicunque liber sit, licebit ei servili libertatem obtinere. Quicunque liber homo ancillam in uxorem duxerit, non licet ei dimittere eam, si prius cum consensu amborum conjuncti fuerint. Quanquam quis prægnantem mulierem liberam fecerit, infans tamen semper erit servus. Qui in legitimo matrimonio sunt, III. dies ante jejunium quadragesimale non congregentur, ita etiam per totos illos XL. dies, usque ad nonum diem in Pascha. Quicunque vero virum aut mulierem habuerit illicite matrimonio conjunctum, licet ei qualemcunque cibum habeat comedere, quoniam Propheta dixit: 'Domini est terra et plenitudo ejus.' Vir et mulier in matrimonio conjuncti, si alter velit Dei servus esse, et alter nolit, vel alter eorum infirmus sit, alter sanus, separentur, si velint, attamen cum consensu amborum.

26. Maritus si cum propria sua uxore coiverit, lavet se

Qui aliquem in bello publico occiderit, XL. dies jejunet; si per iram faciat, III. annos emendet; si ex ebrietate, vel alio artificio aliquem occiderit, III. annos jejunet, vel diutius; si per rixam inutilem aliquem occiderit, X. annos jejunet.

Ib. XVI. 33. *n.* 1.　　　*Ib.* XVII. 1.
Ib. XIX. 20.　　　*Ib.* XIX. 24. *n.* 1.

æn he on cyꞃcean ȝā.' [a]Ðiꞅ ȝiꝼ heo ꞃoꞃꞅꝼyð hiꞃe ƿeꞃ hyꞃe
ꝼꞃam· ⁊ nele eꝼt-ȝehƿyꞃꝼan ⁊ him ꞃiðþinȝian· ymb ·v· ƿinteꞃ
þæꞃ ꞅe ceoꞃl mōt· be biꞅceopeꞅ þaꞃunȝe· oðꞃum ƿiꝼe onꝼōn·'
[b]Liꝼ ƿiꝼeꞅ ƿeꞃ ꞃiȝ on hæꞃt-nyðe ȝelæbeð· onbyðe heo hiꞅ
·vi· ƿinteꞃ· ⁊ ꞅƿa ðō ꞅe ƿeꞃ þam ƿiꝼe· ȝiꝼ hiꞃé hæꞃt-nyð
ȝelympe· ȝiꝼ ꞅe ƿeꞃ onꝼō oðꞃum ƿiꝼe· ⁊ þ ȝehæꞃte ymbe ·v·
ƿinteꞃ cume· ꞃoꞃlǽte he þ æꝼteꞃe ⁊ þam ȝehæꞃtan onꝼō· þam
þe he æꞃ [1]nime·' [c]Ðano ꞅƿa ȝelíce ƿeꞃ· ȝiꝼ he ȝeþeoðeð bið
on hǽmeðe þam ƿiꝼe þe hiꞅ cynneꞅ ꞃiȝ· æꝼteꞃ hiꞅ ƿiꝼeꞅ ðeaðe
ȝeþeoðe eꝼt þæꞃ ƿiꝼeꞅ maȝum on ealꞃiht :·'

XXVII. [d]Feoƿeꞃtyne ƿinteꞃ mæden heo mōt áȝan hiꞃe
lichaman ȝeƿealð·' [e]Cniht oð þ he ꞃiȝ ·xv· ƿinteꞃ eald ꞃiȝ he
on hiꞅ ꝼædeꞃ ȝeƿealðum· ꞅyððan he hine mōt munecian· ȝiꝼ
he ƿyle· ⁊ nā æꞃ·' [f]Fæmne oð þ heo ꞃiȝ ·xiii· oððe ·xiiii·
ƿinteꞃ ꞃiȝ heo on hyꞃe ylðꞃena mihtum·' æꝼteꞃ þæꞃe ylðo
hiꞃe hlaꝼoꞃð hi mōt ȝeꝼón mið hiꞃe ƿyllan· [g]Ꞅe ꝼædeꞃ hiꞅ
ꞅunu· ȝiꝼ him mycel neoð bȳð· he hine mōt on þeoƿet
ȝeꞅyllan· oð þ he bið [2]·vii· ƿinteꞃ· oꝼeꞃ þ· butan þæꞃ ꞅuna
ƿillan· he hine ne mōt ꞅyllan·'[3] [h]Liꝼ [4]ꞅeonð æniȝeꞅ manneꞅ
ðíꞅ him on-ȝeníme· ⁊ he hit eꝼt beȝytan ne mæȝe· he mōt
him oðeꞃ níman· [i]ꞃoꞃþan hit iꞅ ꞅƿa ꞅelꞃe þonne he ðyꞃne-
ȝeliȝꞃeꞅ leahtoꞃ ꝼꞃemme :·'

XXVIII. [b][6]On þæꞃe ꝼiꞃtan cneoꞃyꞅꞅe ȝeleoꝼe men hiȝ mōton
ȝeꞃamniȝan· ⁊ on þæꞃe ꝼeoꞃþan· ȝiꝼ hiȝ ȝemette ꞃin· ne

---

[1] hæꞃðe· ⁊ ꞅƿa heo him· ȝiꝼ heo oðeꞃne æꞃ níme· ꞅꞃa hanð ȝelíce X.
[2] ·vi· X.
[3] Feoƿeꞃtyne ƿintꞃe man hine ꞅylꞃne mæȝ þeoƿne ȝebōn.
Y. Bx. add.
[4] heꞃe Y. Bx.   [b] Y. Bx. omit.

[6] DE GENERATIONIBUS QUOMODO POSSUNT NUBERE.

[h] In þam þꞃibban cneoꞃe mið Cꞃecum mōt man ðíꞅ níman in ꝼiꞃtan
mið Romanum· ne ꞅꞃa-þeana in þam þꞃibban hi hit bꞃecað·' Ðealíce
ȝeȝabeꞃunȝa ne mōt mon ȝeꞃceában butan beȝea ȝebaꝼunȝa· heoꞃa
æȝðeꞃ mōt oðꞃum lýꞃan mynꞅteꞃ-ȝanȝ· ⁊ him níman oðꞃune
*ȝeȝaȝan· ȝiꝼ hi in þæm hæꞃeꞃtan hǽmeðe ƿæꞃon· mið Cꞃecum þ iꞅ
ꞅꞃa-þeah ꞃiht ȝiꝼ hit in þæm æꝼteꞃan hǽmeðe bið· ne mōt heoꞃa aðeꞃ
þꞃibban habban liꝼiȝenðum þam ƿeꞃe· oððe þam ƿiꝼe· Ðꞃibban
ƿiꝼeꞅ ceoꞃl *   *   * ꝼæꞃte heoꞃa æȝðeꞃ tꞃeȝen baȝaꞅ on ƿucan· ⁊

* ȝeȝaban?

---

[j] Th. xix. 23.   [b] Ib. xix. 24.
[c] Ib. xix. 24. n. 1.   [d] Ib. xix. 26. n. 2.

antequam in ecclesiam intrat. Si mulier virum suum a se rejiciat, et nolit revertere et reconciliari cum eo, post v. annos, viro licet, cum consensu episcopi, aliam ducere uxorem. Si vir mulieris in captivitatem ductus fuerit, expectet eum vi. annos; et ita faciat vir uxori, si ei captivitas evenerit; si vir aliam uxorem duxerit, et captiva post v. annos redierit, dimittat posteriorem, et sumat captivam, quam antea duxerat. Et æqualiter vir, si in matrimonio conjunctus sit mulieri quæ suæ cognationis sit, post uxoris suæ mortem, legitime conjungat se cognatis uxoris suæ.

27. Puellæ quatuordecim annorum corporis sui potestatem habere licet. Puer, usque ad xv. ætatis annum, in potestate sit patris sui; deinde se monachum potest facere, si velit, et non antea. Puella, usque ad xiii. vel xiiii. annum, sit in potestate parentum suorum; post hanc ætatem dominus ejus illam capere potest, cum voluntate sua. Pater potest filium suum, magna necessitate compulsus, in servitutem tradere, usque ad septimum annum; deinde, sine voluntate filii, eum tradere non potest. Si hostis viri alicujus uxorem abstulerit, et ipse eam recuperare non potest, licet ei aliam ducere; sic enim melius est, quam fornicationis crimen committere.

28. In quinto propinquitatis gradu licet caris hominibus in matrimonium ire, et si in quarto inventi fuerint, ne separentur;

---

habuit, et ita illa illi, si alium ante duxisset; simili modo

Quatuordecim annorum homini licet se servum facere.

In tertio propinquitatis gradu apud Græcos viro licet uxorem ducere, in quinto apud Romanos; in tertio tamen non dissolvunt. Legitima conjugia, sine consensu amborum, non licet separare. Potest alter eorum alteri licentiam dare in monasterium ire, et alium sibi conjugem sumere, si in primo conjugio erat; apud Græcos vero id legitimum est, si in secundo conjugio erat: neutri eorum licet tertium habere conjugem, vivente viro vel uxore. Tertiæ uxoris vir * * * jejunet uterque eorum duobus diebus in hebdomada, et

---

e/ *Ib.* xix. 26.　　　　f/ *Ib.* xix. 27.

g/ *Ib.* xix. 28.　　　　h/ *Ib.* xix. 24. n. 1.

tƿæman hī man.' æt [1]þriddan cneoƿe totƿǽman hī man.' [a]Forgange ꝥ ƿíf hire ƿer ·vii· monðas ǽrþam þe heo cenne· ⁊ [2]æfter hire beorðre ·xl· nihta.' [b]Sƿa hƿýlc man sƿa mid his ƿífe on þýsum hǽme fæste ·xx· oððe ·xl· nihta.' [c]Ƿíf on hire monað-adle cýrcean ne sece· ne heo to husle ne gā· naðor ne nunne ne lǽƿede ƿíf· gif hi hit dōn· fæston hi ·xx· nihta :·'[8]

XXIX. [d][4]Gif ƿíf drý-cræft· ⁊ galdor· ⁊ unlibban ƿýrce· fæste ·xii· monað· oððe ·iii· ǽ-fæstenu· oððe ·xl· nihta· geƿíte hū mýcel seo fýren sig.' [e]Gif heo mid hire ūnlýbban man acƿelleð· fæste [5]·vii· ƿinter.' [f]Ƿíf ꝥ gæð on cýrcean ǽrþan heo clǽne sig hire blōde· fæste ·xl· [6]daga.' [g]Ƿíf seoðe mengð ƿeres sǽd on hire mete ⁊ þone þicgð· ꝥ heo þam ƿæpned-men þe leofre sig· fæste heo ·iii· ƿinter :·'

XXX. [h][7]Ƿíf seoþe to ǽƿýrpe gedō hire geeácnunga on hire hrýfe· ⁊ cƿelle ýmbe ·xl· nihta þæs ðe heo þam sǽde onfō· ǽrþam þe hit gesaƿlod ƿære· sƿa sƿa mýrðra· fæste ·iii·

ðreo ǽ-fæstenu· flæsces ꝥ hi nān ne étan. [i]In þære ǽrestan geþeodnýsse ƿeres ⁊ ƿífes preoste gedāfenað ꝥ he mæssan singe· ⁊ ða gesamnunga bletsige· ⁊ heo æfter þon hie ahebban ꝥ hý cýrican
*feoƿertyne? secan mid ælmessan.' ⁊ ðam nihtum *forð-getenum hie hi gebiddan· ⁊ fæsten ·xl· nihta· ⁊ æfter ðam gān to husle. *X.*

[1]' þam þriddan cneoƿe sýn hý gesceādene *X.Y.*

[2]' Gif he monðe ǽr þam beorþre hǽmð ·xl· dagas fæste. *Y. Bx.*

[3] Forlegene ƿíf ·vii· gear fæste. *Bx. add.*

[4]' Gif hƿýlc ƿíf ƿiccunga begā· ⁊ þa deoflican galdor-sangas· blinne ⁊ fæste ·i· gēr· ⁊ þa ·iii· ǽ-fæstenu· oððe þon̄ gýt mā· æfter þære geear-nunge. *Y. Bx.*

On canone hit cƿýð· seðe halsunga· ⁊ galdor-cræftas· ⁊ sƿefen-raca behealdað· þa beoð on hæðenra manna geríme. Eac sƿýlce þa ðe oðre men on þam drý-cræfte gebringað· gif hý on mýnstre sýnd· sýn hý ūt-aƿorpene· gif he on folce sýn béton fulre bōte. *Y. Bx.*

[5] ·vi· *X.*   [6] nihta *X.Y.*

[7]' Ða ƿíf þe dōð aƿeg-aƿorpnesse heora bearna· þi ýlcan gemete sýn hý gedēmde· ǽrþan þa bearn cƿice sýn· ⁊ þon̄ æfter þam· þis ýs ýmb ·xl· nihta þæs sǽdes onfengnesse· sýn hý geteald to man-mýrðrum· ⁊ fæste þon̄ ·iii· gēr ælce Ƿodnes-dæge· ⁊ ælce Frige-dæge· ⁊ þa þreo ǽ-fæstenu. *Y. Bx.*

---

a/ *Th.* XVII. 2.   b/ *Ib.* XVII. 5.
c/ *Ib.* XVII. 8.   d/ *Ib.* XXVII. 13.

in tertio gradu separentur. Abstineat se mulier a marito suo
VII. menses antequam pariat, et post partum suum XL. dies.
Quicunque vir cum uxore sua per illud tempus coeat, XX. vel
XL. dies jejunet. Mulier in morbo suo menstruo ne introeat
ecclesiam, aut eucharistiam percipiat, nec monialis nec laica;
quod si fecerit, XX. dies jejunet.

29. Si mulier artem magicam, et incantationes, et maleficia
exerceat, XII. menses, vel tria legitima jejunia, vel XL. dies
jejunet: sciatur quantum sit flagitium. Si maleficiis suis
aliquem occiderit, VII. annos jejunet. Mulier quæ ecclesiam
intraverit antequam a sanguine suo munda sit, XL. dies jejunet.
Mulier quæ semen viri cum cibo suo miscuerit, et id sumserit, ut masculo carior sit, III. annos jejunet.

30. Mulier quæ utero conceptum excusserit, et XL. diebus
post semen receptum occiderit, antequam animatus fuit, quasi
homicida III. annos jejunet, et qualibet hebdomada II. dies ad

tribus legitimis jejuniis, ita ut carnem nullam comedant. In primo
conjugio viri et mulieris, presbytero convenit missam celebrare, et
conjugium benedicere; et illi deinde suam ab ecclesia abstinentiam
eleemosynis pensent, et *quatuordecim* dies vacent orationi, et XL. dies
jejunent, et postea eucharistiam accipiant.

in tertio gradu separentur.

Si mensem ante partum coiverit, XL. dies jejunet.

Mulier fornicaria VII. annos jejunet.

Si mulier aliqua veneficia exerceat, et diabolica cantica magica,
cesset, et I. annum et III. legitima jejunia jejunet, vel adhuc amplius,
secundum meritum.

In canon dicitur, quicunque exorcismos et incantationes, et som-
niorum interpretationes observat, cum gentilibus adnumerandus est.
Similiter qui alios homines in artem magicam ducunt, si in monasterio sint, expellantur; si de populo sint, plena emendatione
emendent.

Mulieribus quæ fecerint abortionem infantum suorum, idem sit
judicium judicatum; antequam infans vivus esset, vel postea, id est,
XL. dies post semen receptum, habeantur pro homicidis, et tunc
III. annos jejunent, diebus Mercurii et Veneris, et tribus jejuniis
legitimis.

ᵗ *Ib.* XXVII. 9. ᵛ *Ib.* XVII. 8. ˣ *Ib.* XVI. 30.
ᵘ *Ib.* XXI. 3, 4. ʷ *Ib.* XVII. 9, 10.

pinteр· ꞁ æȝhƿýlceꝛe ƿucan ·ıı· daȝaꝛ to æꝼeneꝛ· ꞁ ·ııı·
ē-ꝼæꝛtenu· ȝıꝼ heo beoꝛþoꝛ ꝼoꝛleoꝛe ·ı· ȝeaꝛ· oððe ·ııı·
ē-ꝼæꝛtenu :·

xxxı. [a]ꟃoðoꝛ ȝıꝼ heo oꝼꝼleā hıꝛe beaꝛn· ꝼæꝛte ·xv· pinteꝛ
butan blınnýꝛꝛe· butan Sunnan-daȝum·[b] ȝıꝼ heo þeaꝛꝼende
ꝛıȝ· ꝼæꝛte ·vıı· pinteꝛ·[c] Þíꝼ ȝıꝼ heo mıð oðꝛum[1] hǣme·
ꝼæꝛte [2]·x· pinteꝛ·[d] Þíꝼ ȝıꝼ heo mıð hƿýlcum cꝛæꝼte hıꝛe
hǣmeð ȝeꝛenað· ꝛƿa heo ꝛýlꝼ pǣt· ꝼæꝛte ·ıı· ȝeaꝛ·[e] ꝼoꝛþan þ
hıꝛe bıð beꝛmıtennýꝛ· [e]Ān ꝼæꝛten ȝeȝæð ƿudeƿan ꞁ ꝼæmnan·
māꝛe ȝeȝæð ƿíꝼe þam ðe ƿeꝛ haꝼað· ȝıꝼ heo ðýꝛne ȝelıȝꝛu
ȝýꝛneð·[3] [f]Ne mōt ƿíꝼ hıꝛe ceoꝛl ꝼoꝛlǣtan· þeah he ðeaꝛ-
nunȝa ꝼoꝛlıcȝe· Þíꝼ mōt to huꝛle ȝān ēꝛþam heo cenne· ȝıꝼ
hıꝛe nýð-þeaꝛꝼ bıð. [g]Þíꝼ ȝıꝼ heo þıcȝð hıꝛe ƿeꝼeꝛ blōð ꝼoꝛ
hƿýlcum lǣceðōme· ꝼæꝛte ·xl· nıhta :·

xxxıı. [h]Lıꝼ man meðmýcleꝛ hƿæt-hƿeȝa ðeoꝼlum onꝛæȝð·
ꝼæꝛte ·ı· ȝeaꝛ· ȝıꝼ he mýcleꝛ hƿæt onꝛecȝe· ꝼæꝛte ·x·
pinteꝛ· [i]Spa hƿýlc man ꝛƿa ꝼeonðum ȝeꝛenoðne mete
[5]þıcȝeð· ꞁ eꝼt pꝛeoꝛte ȝeanðet· ꝛceapıȝe ꝛe ꝛaceꝛð hƿýlceꝛ
hāðeꝛ ꝛe man ꝛıȝ· oððe on hƿýlceꝛe ýlde· oððe hū ȝetýð ꝛe
man beo· ꞁ þonne ꝛƿa ðēme ꝛƿa hım ƿíꝛlıcoꝛt þınce·[k] Spa
hƿýlc man ꝛƿa coꝛn bæꝛne on þæꝛe ꝛtoƿe þæꝛ [6]man ðeað
pæꝛe· lýꝛıȝendum mannum to hǣle· ꞁ on [7]hıꝛ hūꝛe· ꝼæꝛte
·v· pinteꝛ :·[l]

xxxııı. [8]Þíꝼ ȝıꝼ heo ꝛet hıꝛe ðohtoꝛ oꝼeꝛ hūꝛ· oððe on
oꝼen· ꝼoꝛþam ðe heo ƿýlle [9]hıȝ ꝼeꝼeꝛ-aðle ȝehǣlan·[m] ꝼæꝛte

[1] ƿíꝼe X. *add.* [2] ·ııı· X.
[3] Ne mōt ƿíꝼ ȝehāt ȝehātan· butan hıꝛe ƿeƿeꝛ leāꝼnýꝛꝛe.
X.Y. *add.*
[4] [m] Nıꝛ þam ƿíꝛe nū alýꝼeð þ heo ꝼoꝛlǣte hıꝛe ƿeꝛ· butan leāꝼe·
þeah he ꝼoꝛleȝen beo· butan Baꝛlıuꝛ bēmbe þ heo moꝛte ȝān ın
mýnꝛteꝛ· ȝıꝼ heo ƿolðe· Y.Bx.
[5] onꝛæȝð O. þıcȝeð X.
[6] ðeaðe men beoð bebýꝛıȝðe· Y.Bx.
[7] hýꝛe O. hıꝛ hūꝛe X.Y.
[8] Lıꝼ hƿýlc ƿíꝼ ꝛeteð hıꝛe beaꝛn oꝼeꝛ hꝛōꝼ oððe on oꝼen· ꝼoꝛ
hƿýlceꝛe unꝛꝛýmðe hǣlo ·vıı· ȝeaꝛ ꝼæꝛte. Y.Bx.
[9] ꝼeꝼeꝛ-aðle men ȝehǣlan· X.Y.

---

[a] *Th.* xxı. 7.   [b] *Ib.* xxı. 8.
[c] *Ib.* xvı. 4.   [d] *Ib.* xvı. 4. (?)
[e] *Th. Cap. p.* 76.   [g] *Th.* xvı. 5. *n.* 4.

vesperam, et III. legitima jejunia; si partum perdiderit, annum unum vel III. legitima jejunia.

31. Mater si infantem suum occiderit, XV. annos jejunet sine intermissione, nisi diebus Dominicis; si pauper sit, VII. annos jejunet. Mulier si cum alia fornicata fuerit, X. annos jejunet. Mulier, si aliquo molimine, uti ipsa novit, fornicationem suam peregerit, II. annos jejunet; quia id ei pollutio est. Unum jejunium competit viduæ et puellæ; majus competit mulieri virum habenti, si adulterium committere desiderat. Mulieri non licet virum suum deserere, etiamsi adulteretur. Mulieri licet eucharistiam accipere antequam pariat, si ei necesse sit. Mulier si sanguinem viri sui pro aliquo remedio gustaverit, XL. dies jejunet.

32. Si quis dæmonibus exigui quid immolaverit, annum I. jejunet; si magni quid immolaverit, X. annos jejunet. Quicunque cibum dæmonibus immolatum comederit, et deinde sacerdoti confessus fuerit, videat sacerdos cujus conditionis homo sit, vel in qua ætate, vel quomodo edoctus, et deinde ita judicet prout ipsi prudentissimum videbitur. Quicunque grana combusserit in loco ubi mortuus est homo, pro sanitate viventium et domus, V. annos jejunet.

33. Si mulier filiam suam super domum, vel in fornace posuerit, eo quod eam a febri sanare velit, VII. annos jejunet.

Non licet mulieri votum vovere, absque viri sui venia.

Non licet mulieri virum suum sine venia deserere, etsi adulter sit: judicavit autem Basilius quod liceret ei, si vellet, in monasterium intrare.

homines mortui sepeliuntur,

Si mulier aliqua infantem suam super tectum vel in fornacem posuerit, alicujus morbi sanandi causa, VII. annos jejunet.
a febri homines sanare

ᵗ *Ib.* XVI. 31.
ᵘ *Ib.* XXVII. 4. *n.* 1.
ᵛ *Ib.* XXVII. 14.
ᵂ *Ib.* XXVII. 1.
ˣ *Ib.* XXVII. 15.
ʸ *Ib.* XVI. 5. *n.* 4.

heo ·vii· ƿinceṛ." [a] Ɣiſ ȝiſ heo ṛiȝ on unṛihcum hǽmeðe· ⁊
hiṛe ƿeṛ miðꝜ hiṛe eaṛðiȝan nelle· ȝꝛ heo on mýnſceṛ· ȝiſ heo
ƿýlle· ȝiſ heo nelle· nime þone ſeoṛðan ðæl þæſ ýṛſeſ·
[b] Liſ hƿýlc ƿiſ ṛiȝ þe unṛihc-hǽmeð ſṛemme· hýṛe ṛice ṛiȝ
on hiṛe ƿeṛeſ hanðum· [c] Ɣiſ þ bið be ánum ƿeṛe ⁊ heo
þonne Ꞁoðe ȝeháteð· þ heo æſceṛ hiṛe ƿeṛeſ ðeaðe oðeṛne
nelle·[1] ⁊ heo oðeṛne onſehð· þonne hṛeopeð hiṛe þ heo hiṛe
ȝehác ne ȝeſýlðe· ƿýle eſc ȝebécan ýmb enðlýſon ȝeaṛ þæṛ
ðe hiȝ ȝeṛamneðon· on hiṛe ƿeṛeſ anƿealðe þ bið hƿæþeṛ heo
hic ȝeſýlle· þeah-hƿæðeṛe mið nýðnýſſe hiṛe man móc lýſan
þ heo mið [2] þam ṛiȝ. Liſ hƿýlc man· bucan biſceopeſ ȝeþa-
ſunȝe· ȝehác ȝeháce· on þæſ biſceopeſ anƿealðe þ bið hƿæþeṛ
he hic onƿénðe þe ná :·

---

xxxiv. [d3]Seðe mǽnne áð ſƿeṛiȝe on cýṛcean· oððe on
[4]Ꞓṛiſceſ béc·' oððe on hálȝan ṛeliquian· ſæſce ·iiii· ƿinceṛ.
Seðe mǽnne áð ſƿeṛiȝe on biṛceopeſ hanða· oððe on mæſſe-
pṛeoſceſ· oððe on ðiaconeſ· oððe on ȝehálȝoðum Ꞓṛiſceſ
mæle· ſæſce ·i· ȝeaṛ." [e]Seðe bið on áðe ȝelæðð· ⁊ he mce
þæṛon bucan ṛihc· ⁊ he ſƿa-þeah mið þam oðṛum mán-ſƿeṛiȝe·
⁊ ſƿa bið beſƿicen· ⁊ eſc ƿác þ hic leaſ ƿæſ· ſæſce ·iiii·
áð-ſæſcenu·' [f]Seðe hiſ þanceſ mǽnne áð ſƿeṛiȝe· ⁊ he ƿíce
þ he mǽne bið æſceṛ þam· ſæſce ·iii· ƿinceṛ oððe ·ii·'
[g]Seðe ſƿéṛeð on lǽpeðeſ manneſ hanðum niſ þ [5]ſoṛ ſnahc
hƿǽðeṛ mið Ꞡṛecum·' Fæſce man æſceṛ canoneſ ðóme
ǽṛ he co huṛle ȝá. Ꜵþþon hýṛa ſæſcen ṛiȝ aſæſc·
ſume ƿýllað þ hi ſona ýmbe ·xii· monað ȝán co· oððe
ýmb ·vii· monað· ſume ƿýllað þonne hiȝ habbað hiṛa
ſæſcen aſæſc :·

---

[1] þonne ſƿelceð ſe hiṛe ƿeṛ X.Y. add.

[2] þone X. him Y.

[3]/ Se man ṛeðe mǽnne áð ſƿeṛað on cýṛcean ·xi· ȝéṛ ſæſce· ȝiſ he
hic ſoṛ neoðe bó ·iiii· ȝéṛ [·iii· ſeoṛeṛciȝo Bx.] ſæſce. Seðe on
manneſ hanða áð ſƿeṛað· ne habbað þ Ꞡṛecaſ ſoṛ nahc· [ṛihc Bx.]
ȝiſ he ſƿeṛað on biṛceopeſ hanða· oððe on mæſſe-pṛeoſceſ· oððe on
ðiaconeſ· oððe on ſeoṛoðe· oððe on ȝehálȝeðum Ꞓṛiſceſ mæle· ⁊ ſe
áð bið mǽne ·iii· ȝéṛ béce· ȝiſ he on unȝehálȝeðum Ꞓṛiſceſ mæle
mánſƿeṛað ·i· ȝéṛ ſæſce. Y. Bx.

[4]/ euanȝelio X.

[5] O. omit.

---

[a]/ Th. xix. 18. [b]/ Ib. xix. 19. (?)
[c]/ Ib. xix. 21. [d]/ Ib. xxiv. 2.

Mulier si adultera est, et vir ejus non vult habitare cum ea, intret in monasterium, si velit; si nolit, quartam hereditatis partem accipiat.   Si mulier aliqua adulterium perpetraverit, pœna ejus sit in manibus viri sui.   Si mulier, vivente viro, voverit Deo, quod post obitum viri sui non accipiat alium, et alium accipit, deinde pœnitentia mota, quod votum suum non impleverit, post annum undecimum, ex quo conjuncti fuerint, emendare velit; in potestate viri sui erit, utrum impleat an non; tametsi si necesse sit, licet viro ejus ei permittere secum esse.   Si quis absque consensu episcopi votum voverit, in potestate episcopi erit, utrum mutet an non.

34. Qui perjuraverit in ecclesia, vel in Evangelio vel in reliquiis sanctis, IIII. annos jejunet.   Qui perjuraverit in manu episcopi, vel presbyteri, aut diaconi, vel in cruce consecrata, annum I. jejunet. Qui ductus est in juramentum, et in eo nihil nisi rectum scit, et nihilominus cum aliis perjurium facit, itaque decipitur, et postea norit quod falsum fuerit, III. legitima jejunia jejunet.   Qui sua sponte perjuraverit, et postea scit quod perjurus est, III. annos vel II. jejunet.   Si quis in manu hominis laici juraverit, pro nihilo quidem est apud Græcos. Juxta sententiam canonis, jejunet quisque antequam ad eucharistiam adeat.   Antequam jejunium eorum jejunatum fuerit, nonnulli volunt ut statim post menses XII. adeant, vel post VII. menses; nonnulli volunt postquam jejunium eorum jejunaverint.

---

tunc moritur ejus vir,

Homo qui in ecclesia perjuraverit, XI. annos jejunet; si ex necessitate fecerit, IIII. annos jejunet.   Qui in manu [laici] hominis juraverit, Græci id pro nihilo reputant; si in manu episcopi vel presbyteri vel diaconi, vel super altare, vel in cruce consecrata juraverit, et juramentum falsum sit, III. annos emendet; si in cruce non consecrata perjuraverit, I. annum jejunet.

---

^o *Ib.* XXIV. 5.   ^q *Ib.* XXIV. 1. (?)
^p *Ib.* XXIV. 2.

XXXV. [a][1]Ða þe on Sunnan-dæȝe ƿýrceað· Ƿecaſ þa men
æꝼýꞃſt mid ƿoꞃdum þꞃeatiað· ȝiꝼ he eꝼt dóð· þonne nimð him
man hýꞃa ceapeſ hƿæt-hƿeȝa· on þꞃiddan ſiðe hiȝ ſpinȝað·
oððe hatað ꝼæſtan ·VII· niht·' [b]Ƿecaſ ƿillað æȝhƿýlce
Sunnan-dæȝe to huſle ȝán· æȝþeꞃ ȝe læƿede ȝe pꞃeoſtaſ· ⁊
þa ðe þꞃým Sunnan-daȝum ne ȝað to huſle· þa beoð amán-
ſumode· æꝼteꞃ canoneſ dóme· [c]Sƿa ȝað Románe to huſle·
butan hi ne amánſumiað þa ðe ſƿa ne maȝon·' [d]Ƿið Ƿecum
diaconaſ ne móton bꞃecan ȝehálȝodne hláꝼ· ne [2]collectan
ꞃǽdan· ne Dominuſ vobiſcum cƿeðan·' [e]On ȝehƿýlcum ánum
ƿeoꝼode þu moſt on dæȝe ȝeꞃinȝan ·II· mæſſan·' Seðe æt
ꝼoꞃeƿeaꞃðne mæſſan ne bið· ne mót he æt þam coꞃſe cuman
ꝼoꞃ huſle· Seðe nelle to huſle ȝán· ne he eꝼt to mæſſe-
pꞃeoſteſ handa to hláꝼe ne cume· ne to huſle· ne to coꞃſe·
[f][3]Ne mót man to mæſſe-pꞃeoſteſ handa to huſle ȝán· ꞃeðe
þa hálȝunȝe oððe þa lectionem ne mæȝ æꝼteꞃ þeaƿe ȝeꝼýllan:·'

XXXVI. [g]Foꞃ ƿoꞃðꝼeꞃeðne munuc man mót ſona ꞃinȝan
mæſſan þi þꞃýddan dæȝe· ⁊ ꞃýððan ſƿa ſe abbod ƿýle· Foꞃ
ȝódne læƿedne man man mót ꞃinȝan þi þꞃiddan dæȝe mæſſan·
oððe ýmb ꝼeoꝼon niht· Foꞃ hꞃeopꞃiȝenðne man man mót
[*l. III.] mæſſiȝan ýmb [*]·xxx· nihta· oððe ýmb ·VII· niht· ȝiꝼ him
ꝼæſtað hiꞃ maȝaſ ⁊ hiꞃ ꝼꞃýnd ꝼoꞃe· ⁊ dóð ꝼoꞃ hiꞃ ſaƿle
hƿæt-hƿeȝa ȝóðeſ to þam ƿeoꝼode·' [h]Ƿið Romanum iſ þeaƿ·
þ aſpꞃunȝenꞃa manna líc ⁊ æꝼꝼæꞃtꞃa manna man [4]býꞃeð on

---

[i]' Beo Sunnan-dæȝeſ ƿeoꞃce.—[1]Ƿecaſ ⁊ Romana ꞃoƿað ⁊ ꞃíƿað·
ac man ne mót naðeꞃ ne hláꝼ bacan ne in cꞃæte ꝼáꞃan· buton hƿá
to cýꞃcean onꝼáꞃe· ne men ne móton baðian Sunnan-daȝum· ne eac
Ƿecaſ nellað openlice ƿꞃítan on þam daȝum· ac ȝiꝼ hƿýlc nýð-þeaꞃꝼ
bið· þonne ƿillað hý diȝellice ƿꞃítan in heoꞃa húꞃum:·'

[a] Ða þe ƿýꞃceað Sunnan-dæȝe· æt þam ꝼoꞃman cýꞃꞃe Ƿecaſ hý
oꝼeꞃſíbað· æt þam oðꞃum cýꞃꞃe nímað hƿæt-hƿuȝu þæꞃ þe hý
ƿýꞃceað· ⁊ æt þam þꞃýddan cýꞃꞃe þone þꞃiddan dæl ðæꞃ þe hiȝ mid
ȝeꞃcýlbiȝeað· ⁊ ȝiꝼ hit ꞃýnt þeoƿe men· ⁊ hiȝ hit hýꞃa ƿilleſ dóð· ſýn
hý beſpunȝene· ⁊ ȝiꝼ hit ſýn ꝼꞃeo men· ꝼæſten hý ·VII· niht [butan]
ſlæꞃce ⁊ ealað·' *Y. Bx.*

[2] ꞃǽbinȝe *Y.*

[3]' Niſ ná to onꝼónne ſeo hálȝe onꞃǽȝðneſ oꝼ þæſ mæſſe-pꞃeoſteſ
handa· þe ne can hiꞃ oꞃationeſ [ȝebebu *Y.*] ⁊ hiꞃ lectioneſ mid ꞃihte
ȝeꝼýllan. *Y. Bx.*

[4] býꞃiȝeð *O.* býꞃeð *X.* beꞃð *Y.*

---

[a] *Th.* XXXVIII. 11. *et n.* 1.   [b] *Ib.* XLIV. 1.
[c] *Ib.* XLIV. 2.   [d] *Ib.* XLVIII. 13. *n.* 1.
[e] *Ib.* XLVIII. 4.   [f] *Ib.* XLVIII. 13.

35. Qui operantur die Dominico, homines illos Græci, prima vice, verbis arguunt; si iterum faciant, tum rei illorum auferunt quid ab eis; tertia vice, aut vapulant, aut VII. dies jejunare jubent. Græci volunt quolibet die Dominico eucharistiam accipere, et clerici et laici; et qui in tribus Dominicis eucharistiam non acceperint, excommunicantur, juxta sententiam canonis. Romani similiter eucharistiam accipiunt, nisi quod non excommunicant eos qui ita non possunt. Apud Græcos diaconis non licet frangere panem sanctum, nec collectam legere, nec 'Dominus vobiscum' dicere. In uno quolibet altari licet tibi duas missas quotidie cantare. Qui priori missæ non adest, ei non licet ad osculum accedere ante eucharistiam. Qui eucharistiam accipere non vult, ne accedat postea manui presbyteri ad panem, nec ad eucharistiam, nec ad osculum. Nemini licet eucharistiam accipere de manu presbyteri, qui consecrationem vel lectionem non potest rite implere.

36. Pro defuncto monacho licet jam tertia die missam cantare, et postea quemadmodum voluerit abbas. Pro laico bono, tertia die licet cantare missam, vel post dies septem. Pro pœnitenti licet missam celebrare post *XXX. dies, vel post VII. dies, si pro eo cognati atque amici jejunaverint, et pro anima ejus altari boni quid fecerint. Apud Romanos consuetudo est 'monachorum' et hominum religiosorum cadavera in ecclesiam portare, et chrismate pectus eorum ungere, missamque

*l. III.

De opera die Dominico.—Græci et Romani remigant et equitant, sed nemini licet vel panes coquere, vel in curru iter facere, nisi quis ecclesiam adeat: balneo uti diebus Dominicis nemini licet. Græci etiam nolunt palam scribere illis diebus; si tamen necesse sit, tunc in ædibus suis clam scribere volunt.

Qui operantur die Dominico, eos Græci prima vice arguunt; secunda vice, aliquantulum ejus quod confecerint, auferunt; tertia vice, partem tertiam ejus quo peccaverint: et si servi sint, et sponte faciant, flagellantur; si liberi sint, VII. dies, sine carne et cervisio jejunant.

Non est accipiendum sanctum sacrificium a manu presbyteri, qui orationes suas, et lectiones suas recte exsequi non potest.

ᵍ Ib. XLV. 10, 12. et n. 3.   ʰ Ib. XLV. 12.
ᵛ Ib. XXXVIII. 6, 7, 13.

ciricean· ⁊ mið cyrman rmyþeð hir breort· ⁊ man ringeð mærran oꝼer· ⁊ þonne beraeð to byrʒenne mið ranʒe· þonne hit bið on þa byrʒenne ret· þonne pyrþeð man moldan oꝼer hit· þonne þy ¹æꝼertan dæʒe· ⁊ þi þriddan· ⁊ þi niʒoðan· ⁊ þi þreotteoðan dæʒe· ꝼor hine man ringeð mærran· ⁊ ryððan ælc reðe pyle:ᵛ

XXXVII. ᵃƿir moton unðer brunum hræʒle to hurle ʒán· rꝛa rꝛa Bariliur ²tæhte·' Ƿið Lꝛecum ꝼirmen moton onreʒan onræʒðnyrre· ne moton rpa Romane· ᵇÐreo ꝼærtenu ryndon on ʒeare· án oꝼer eall ꝼolc· rpa þ ·xl· nihta ꝼoꝛan to Eartron· þonne þe þone teoðan rceat þær ʒear͞er lyꝼað· ⁊ þ ·xl· nihta ᵌæn ꝛeolum· þonne ʒebıdðeð hine eall þ þepoð ꝼoꝛe· ⁊ oꝛatıoner rædað· ⁊ þ ·xl· nihta oꝼer Pentecorten:ᵇ

XXXVIII. ᶜFıxar man mót þıcʒean· þeah ðe hı deade ꝼın ʒemette· ꝼoꝛþon þe hıʒ rynt oðeꝛe ʒecynðe·' ᵈNır honꝛer ꝼlærc ꝼoꝛbóden· þeah hit ꝛela mæʒða þıcʒean nellon·' ᵉFuʒelar ⁊ oðꝛe nýtenu þa ðe on nétte beoð apyꝛʒeðe ne rynt hıʒ ná to étanne·' ꝼne þeah haꝛuc-ꝼuʒel abíte· ʒıꝼ he bıð dead ʒemét· ⁵ne bıð he ryððan to étanne· ꝼoꝛþan ⁶rpa ır ın Actıbur Aꝛortoloꝛum bebóden· Abrtınete vor a ꝼoꝛnıcatıone· et a ꝛuꝼꝼocato· et ꝛanʒuıne· et ıdolatꝛıa·' ᵍÐaꝛan man mót étan· ⁊ he bıð ʒód pıð lenʒten-ádle· ⁊ pıð út-rıht· ⁷ʒeꝛóden on pæteꝛe· ⁊ hır ʒeallan man mæʒ pıð pıpoꝛ menʒan ⁸pıð muð-rᴀꝛe:''

---

¹ æꝼteꝛan Y.   ² ðembe X.Y.
³ mıððan-pıntꝛa Y. úꝛer Dꝛyhtner ʒebyꝛd-tíde. Bx.
⁴ᵇ On þam æꝛꝛan dæʒe æt ʒeolum [mıððan-pıntꝛa Y.] æt nóneꝛıððan mærre býð ʒerunʒen· heo ʒeꝛeoꝛbıað Romane· Lꝛecar to æꝛenne· þonne æꝛen bıð ʒerunʒen ⁊ mærre· þonne ꝼóð hı to mete·' X.Y. add.
⁵' ac hıt ır unʒeꝛunelıc to étanne· Bx.
⁶' Ða ·ıııı· heaꝛod-cꝛıdar ın Actıbur Aꝛortoloꝛum þur bebeodað· þ man hıne ꝼoꝛhæbbe ꝼꝛam býꝛnum ʒelıʒꝛum· ⁊ ꝼꝛam apyꝛʒedum nýtene· ⁊ ꝼꝛam blóbe· ⁊ ꝼꝛam beoꝛol-ʒýlbe· Y. Bx.
⁷' Omit. X.Y.
⁸'' pıð ınn-ꝛꝛæce Y. add. ınꝛeꝛce Bx. add.

ᵃ' Th. XLVI.   ᵇ' Th. Cap. p.66.
ᶜ' Th. XXXI. 15. et n.1.   ᵈ' Ib. XXXI. 17.

super eis cantare, et deinde cum cantu ad sepulturam portare,
et cum posita fuerint in sepulcro, deinde terram super ea jacere;
tunc primo, et tertio, et nono, et trigesimo die, pro illis missam
cantare, et postea quicunque velit.

37. Mulieribus licet sub nigro velamine eucharistiam accipere, ut Basilius præscripsit. Apud Græcos licet mulieribus
sacrificium sacrificare, juxta Romanos non licet. Legitima
jejunia tria sunt in anno; unum pro omni populo, ut illud
XL. diebus ante Pascha, cum decimam partem annuam solvimus;
et illud XL. diebus ante Natale Domini, cum totus populus pro
se orant, et orationes legunt; et illud XL. diebus post Pentecosten.

38. Pisces licet comedere, quamvis mortui inveniuntur, quia
alterius naturæ sunt. Caro equina non est prohibita, etsi
multæ gentes eam comedere nolunt. Aves et cetera animalia,
quæ in retibus strangulantur, non sunt comedenda; neque
etiamsi accipiter ea momorderit, si mortua inveniantur, sunt
postea comedenda, quia in Actibus Apostolorum ita præcipitur:
' Abstinete vos a fornicatione, et a suffocato, et sanguine, et
idolatria.' Leporem licet comedere, et bonus est contra dysen-
teriam, et diarrhœam, in aqua elixus; et fel ejus miscendum
est cum pipere contra dolorem oris.

Primo die Natalis Domini, hora nona, post missam cantatam,
comedunt Romani; Græci, vesperis et missa cantatis dictis, cibum
sumunt.

sed non solet comedi,
Quattuor dicta præcipua in Actibus Apostolorum sic præcipiunt;
ut quisque se abstineat a fornicatione, et ab animali suffocato, et a
sanguine, et ab idolatria.

---

e' *Ib.* XXXI. 10.   f' *Ib.* XXXI. 11.
g' *Ib.* XXXI. 16. *et n.* 2.   h' *Ib.* XXXVIII. 14. *n.* 3.

XXXIX. ᵃBeón ȝif hi man acpellað· cpelle hiȝ man nænþe· ǽr hi to þam húniȝe cumon· ⁊ huru þ hiȝ ofer niht þæron ne puniȝon· ⁊ éte man þ húniȝ þ hiȝ porhton.' ᵇƷif lytel fearh afealle on fǽtan· ⁊ cucu fiȝ upp-atoȝen· ȝrpenȝe man þone fǽtan mid haliȝ pætere· ⁊ berefce mid ¹recelfe· ⁊ þicȝe man þone fǽtan· ȝif hit ðead fiȝ· ⁊ man ne mæȝe þone fǽtan ȝefyllan· ȝeote hine man út.' ᶜƷif man mid únclǽnum handum hpylcef metef onhrine· oððe him húnd oððe catt· oððe mús oðhrine· oððe oþer únclǽne nyten hpylc· Ðeodoruf cpæð· þ him þ nanuht ne eȝlode.' ᵈƷif on hpylcne mycelne fǽtan mús oððe perle on-befealle· ⁊ þær dead fiȝ· ȝrpenȝe mid haliȝ pætere ⁊ þycȝe.' ᵉSe man feðe únclǽne nyten þicȝeð for hif þearfum· ne eȝleð þ napiht.' ᵃᶠUntrumum men bið alyfeð þ he on ælce tíd mót mete þicȝan· ⁊ þonne hine lyrteð.' ᵍƷif hpá ȝebirceoriȝe hine tupa· ⁊ he hit píte· færte ·vii· pinter· ȝif he hit nyte· færte ·iii· pinter :³''

XL. ʰᵃƷif fpyn étað merten flærc· oððe mannef blód byrȝeð· pe ȝelyfað þ hi frapeah ne fynt to apurpanne· þeah hi man þonne ȝyt étan ne móte· oð þ hi eft clǽne fyn.' Ƿif hen-fuȝel mannef blód drince· eft ᵇhira man mót brucan

---

¹ fcope Y. ²'' Omit. X.Y.
³ ¹Ƿif hpylc ȝeonȝ man hǽmeð-þinȝ ȝefyrice butan rihtum ȝefinrcipe· béte ·i· ȝear· ȝif he hit ǽne ⁊ unforrceapoblice ȝebyðe· fý feo bót þe leohtre· ⁊ fpa-þeah béte þ fulle ȝear· ⁊ ȝyf hi fyn on þære ȝeoȝoðe binnon ·xx· ȝeara þ hý þuf aȝyltan· béten ·iii· lencten-færtenu.' ⁊ Ðobner-bæȝe· ⁊ Friȝe-bæȝe eall þ ȝear· ⁊ ȝif hý þonne for fyrum ȝylte ȝenyrroðe purðað· béten ·xl· daȝa· ⁊ ȝif hý hit þonne beȝinnan ⁊ ne ȝefremman· béton ·xx· daȝa· ᵏLýf hpylc pýðere hý forhicȝe· béte ·i· ȝear· ⁊ riht ymbren-daȝaf to-eacan þær ȝearef· ⁊ ȝyf heo þonne bearn hæbbe· béte tpá ȝear fulle· ⁊ oðer tpá leohtor.' ¹Lýf hpylc æmtiȝ man ȝepemme oðrer píf· béte ·ii· ȝear.' Ánd ȝyf hpylc man þonne *fý þe on hif rihtan ȝefynrcipe libbe· æmtiȝne man ȝepemme· béte tpá ȝear· ⁊ forhæbbe fram hif áȝenum pífe· ȝif heo þonne ȝefarode· ȝyf he hit þonne neabunȝa býðe· fý feo bædbót þe máre :· X.Y. add.

* del.?

⁴'Spín þa ðe mannef blód þicȝeað· þa man mót þicȝan· ac ȝif hý deade men teraf· ne beoð hý alyfeð to þicȝanne ǽr ymbe ȝearef ȝanȝ· þ heom fý þ flærc of-aȝán. Y. Bx.
⁵ hif X. hý Y.

ᵃ Th. xxxi. 18. ᵇ Ib. xxxi. 2. (?)
ᶜ Ib. xxxi. 25. et n. 3. ᵈ Ib. xxxi. 3.
ᵉ Ib. xxxi. 25. et n. 4. ᶠ Ib. xxxii. 2.

39. Apes si occiderint hominem, statim occidantur, antequam ad mel perveniant, ita saltem ut non per noctem ibi restent; et mel quod fecerint comedatur. Si porcellus ceciderit in liquorem, et vivus sit extractus, spargatur liquor ille aqua benedicta, et suffiatur thure, et liquor sumatur; si mortuus sit, et liquor dari nequeat, effundatur. Si quis immundis manibus cibum aliquem tetigerit, vel canis, vel felis, vel mus tetigerit, aut aliud quodcunque animal immundum, Theodorus dixit quod ei nihil noceret. Si in multum aliquem liquorem mus vel mustela inciderit, et ibi mortuus sit, aspergatur aqua benedicta, et sumatur. Qui immundum animal pro necessitate comederit, nihil nocet. Infirmo licet quavis hora cibum sumere, et quandocunque desiderat. Si quis bis confirmatus sit, et hoc sciat, VII. annos jejunet; si nesciat, III. annos jejunet.

40. Si porci carnem morticinam ederint, vel sanguinem humanum gustaverint, non abjiciendos esse credimus; tametsi nondum licebit eos comedere, donec mundi sint. Si gallina sanguinem humanum biberit, post tres menses licebit eam

---

Si juvenis quis, absque legitimo conjugio, fornicatus fuerit, annum I. pœniteat; si semel et inconsiderate fecerit, pœnitentia levior sit, nihilominus annum plenum pœniteat; et si ætatis intra xx^um. annum sint, cum sic deliquerint, III. quadragesimas pœniteant, et die Mercurii, et die Veneris, per totum annum; et si postea, propter hoc delictum, afflicti fuerint, XL. dies pœniteant; si autem incipiant et non conficiant, xx. dies pœniteant. Si aliqua vidua fornicationem commiserit, annum I. pœniteat, et insuper quattuor temporum legitimis anni diebus; et si tunc infantem habeat, duos annos plene pœniteat, et duos alios levius. Si vacuus homo quis uxorem alterius violaverit, II. annos pœniteat. Et si quis demum, qui in legitimo matrimonio vivat, vacuam violaverit, duos annos pœniteat, et ab uxore sua propria se abstineat, si quidem illa consenserit; si vero invita illa fecerit, sit pœnitentia major.

Porcos, qui sanguinem humanum gustaverint, licet comedere; si autem homines mortuos laceraverint, non permittitur eos comedere, ante annum exactum, cum caro illa ab eis evaserit.

---

g/ *Ib.* xxxviii. 2. (?) b/ *Ib.* xxxi. 19, 20. *et n.* 3.
i/ *Ib.* xvi. 1, 2, 3. k/ *Ib.* xvi. 17.
l/ *Th. Cap. p.* 82.

ýmbe þꞃý monað· be þýꞃum ꞃpa-þeah þe nabbað ealde ȝepit-
nýꞃꞃe.[1/] [a]Ᵹiꞅ man apiht blōðiȝeꞅ þicȝe on [2]healꝼ-ꞃodenum
mete· ȝiꞅ he hit piſte· ꝼæꞃte ·vii· daȝaꞅ· ȝiꞅ he hit nýꞃte·
ꝼæꞃte ·iii· daȝaꞅ· oððe ꞅalteꞃe ꞃinȝe.' [b3]Ꞅeðe hiꞅ ꞃýlꝼeꞃ
blōd on ꞃpātle mið unȝepiꞅꞅe ꝼoꞃꞃpelȝe· nýꞅ þ næniȝ [4]pleoh.'
[c]Ꞅeðe apiht þicȝe þæꞃ þe hund oððe mūꞅ ēte· oððe péꞃle
[5]piðliȝe· ꝺ he hit piſte· ꞃinȝe hund-teontiȝ ꞃealma· ȝiꞅ he
hit nýte ꞃinȝe ·l· ꞃealma.' [d]Ꞅeðe oðꞃum ꞃýlle þone péꞅtan
þe mūꞅ oððe péꞅle þæꞃe on-aðꞃuncen· ȝiꞅ hit ꝼolceꞅ man ꞅiȝ·
ꝼæꞃte ·iii· [6]niht· ȝiꞅ hit mýnꞅteꞃ-man ꞅiȝ· ꞃinȝe ·iii· hund
ꞃealma· ꞅe hit ǣꞃ nýꞅte ꝺ eꝼt piſte· ꞃinȝe ꞅalteꞃe:'

XLI. [e]Dionýꞅiuꞅ Āꞃiōpaȝíta cpæð· þ þ ýꝼelꞅanȝ þæꞃe on
Ᵹod ꞅeðe ꝼoꞃ ýꝼelne man mæꞃꞃan ꞃinȝe· þonne cpæð Āȝuꞅ-
tinuꞅ· þ hit þæꞃe ꝼoꞃ ealle cꞃiꞅtene men to ðōnne· oððe hýt
þam mannum to ȝōðe þæꞃe· þa ðe þæꞃ deaðe pǣꞃon· oððe hit
[7]þam biððendum' ꝺ [8]þam onꞃecȝende þæꞃe· onꞃæȝðnýꞅꞅe
[9]ꝼꞃemode.'' [f]Ꞅeðe ꝼoꞃ deaðne man ꝼæꞃteð· [10]hit bið him
ꞅýlꝼum ꝼꞃoꝼoꞃ.' ȝiꞅ hit þam deaðan ne hýlpð· Ᵹod āna pāt
hpæt hiꞅ deaðan ȝeȝæð:''

[a]Ꞅēꞃ Silveꞅteꞃ cpæð· ne ꞅceal nān acolituꞅ· þ iꞅ huꞅl-þen·
ꝼoꞃꞃecȝan nānne ꞅubðiacon· ne nān exoꞃciꞅta· þ iꞅ halꞅeꞃe·

---

[1] *In X. et Y. loco reliquæ hujus capituli partis habemus sequentia*:
[h] Fꞃam pulꝼum ꝺ ꝼꞃam hūnðum ne ꞃýnt þa to ētanne· þý læꞅ þa
cpican neat þe ꞅlit-cpealm· beȝete· butan þa āne þe hý þa [ꞃpa *Y.*]
ꞅlitneꞅꞅe ȝebiȝean mæȝen· ac ꞅýlle hý man hūnðum ꝺ ꞅꝼinum.'
[2] ꞅam-ꞃodenum *X. Y.*
[3/] Niꞅ nān ꞅýn þeah man hiꞅ unpillum blōðeꞅ býꞃiȝe oꝼ hiꞅ
tōðum. *Y.*
[4] ꝼýꞃen *X.* ꞃýn *Y. et proxime post:* [i]Ᵹꞃecaꞅ mýnꞅten ꝼlæꞅc nǣni-
ȝum men [nā heoꞃa ꞅꝼýnum *Y. Bx. add.*] ne lýꝼað· ac þa hýða þæꞃa
mýnꞅtenꞃa neata hý heom ðōð to ꞅcōn· ꝺ þa ꞅýlle [hýða *Bx.*] ꝺ þa
hoꞃnaꞅ hý ðōð heom to nýtnýꞅꞅe· þeah hý hit on hāliȝ peoꞃc ðōn ne
pillan.'—[h] Ða neat þe beoð ȝemenȝðe to pulꝼum ꝺ to hūnðum ne
beoð þa mannum to ētanne· ac ꞅꝼinum ꝺ hūnðum· ne ꞅe heoꞃt ne ꞅe
hꞃā· ȝiꞅ hý beoð deaðe ꝼunðene.' *Y. Bx.*
[5] *mss.* pið licȝe.
[6] baȝaꞅ *Y.*
[7/] þa biððenðe *X. Y.*
[8] þa *X.*
[9] ꝼꞃeꞃꞃeðe *X.*
[10/] him býð þeaꞃꝼ ꞅýlꝼum *X. Y.*

[a/] *Th.* xxxi. 24.   [b/] *Ib.* xxxi. 27.
[c/] *Ib.* xxxi. 22.   [d/] *Ib.* xxxi. 23.
[e/] *Ib.* xlv. 15.   [f/] *Th. Cap.* p. 65.

comedere : verumtamen de hoc non habemus vetus testimonium.
Si quis cruentum quid comederit in semicocto cibo, si sciat,
VII. dies jejunet, si nesciverit, III. dies jejunet, vel psalterium
cantet. Qui sanguinem proprium inscius cum saliva sorbuerit,
nullum ei est periculum. Qui comederit aliquid de eo quod
canis vel mus comederit, vel quod mustela inquinaverit, et scit,
centum psalmos cantet; si nesciat, L. cantet. Qui alteri dederit
liquorem in quo mus vel mustela fuerint submersi, si secularis
homo sit, III. dies jejunet ; si monasticus sit, trecentos psalmos
cantet ; si antea nesciverit et postea sciat, psalterium cantet.

41. Dionysius Areopagita dixit blasphemiam id esse in Deum,
si quis pro malo homine missam cantaret : Augustinus tamen
dixit pro omnibus Christianis hoc esse faciendum; [quia] hoc
vel hominibus ipsis mortuis bonum erat, vel petentibus, aut
sacrificatori sacrificii proficiebat. Qui pro mortuo jejunat, sibi
ipsi erit solatio, si mortuo non adjuverit. Deus solus scit
quid mortuis suis eveniat.

Sanctus Silvester dixit, non licet acolyto ulli accusare subdiaconum ullum, nec exorcistæ ulli accusare acolytum ullum,

---

A lupis et canibus [lacerata] non sunt comedenda, (eo minus
animalia illa, quæ lacerationem mortiferam nacta sunt) iis tantummodo exceptis, quæ a tali laceratione convalescere possint ; sed
dentur porcis et canibus.

Peccatum nullum est, etiamsi quis sanguinem de dentibus suis
gustaret.

Græci carnem morticinam nulli [non porcis suis] permittunt, de
pellibus tamen morticinorum animalium calceamenta sibi faciunt, et
lanam et cornua in usum suum convertunt, tam etsi ad aliquod sanctum eis uti nolint.—Animalia, quæ lupis et canibus commista fuerint,
non sunt hominibus comedenda, sed porcis et canibus ; nec cervus
nec caprea, si mortui inventi fuerint.

sibi ipsi necessitati erit.

ᵛ *Ib. p.* 73.   ʰ *Th.* XXXI. 9. (?)
ᵛ *Ib.* XXXVIII. 14. *n.* 3.

forꞃecȝan nánne acolitum· ne nán ꝺuꞃuƿeꞃð nánne ꞃǽꝺeꞃe·
miꝺ nánꞃe ꞃꞃohte. Ánꝺ nelle þé ná þ man ȝeꝼæȝniȝe ꞃub-
ꝺiacon· ne huꞃl-þén· ne halꞃeꞃe· ne ꝺuꞃuƿeꞃð· ne ꞃǽꝺeꞃe·
þeah hi beaꞃn habbon ⁊ ƿíꝼ· ⁊ Cꞃiꞃteꞃ ǽ ꞃihtlice boꝺiȝan·
butan eallꞃpa ꞃeo ȝeꞃýnlice ꞃoðꞃæꞃtnýꞃ cƿýð miꝺ ·vii· tunȝon.
Ánꝺ ne mæȝ man nánne ꝺiacon ȝeƿæȝniȝan· butan ·xxxvi·
ꞃum· ⁊ mæꞃꞃe-pꞃeoꞃt ·xliiii· ꞃum:·

nec ostiario ulli lectorem ullum, ulla accusatione. Et nolumus
ut subdiaconus vel acolytus, vel exorcista, vel ostiarius, vel lector
a quopiam, (licet infantes et uxorem habeat, et Christi legem
recte prædicet,) damnetur, nisi (sicut arcana justitia dicit) in
VII. linguis. Nec potest diaconus ullus damnari, nisi in XXXVI.,
et presbyter in XLIIII.

PŒNITENTIALE ECGBERTI,

ARCHIEPISCOPI EBORACENSIS.

LIBER I.

ɪ. Ðeр onꝺinð ꝼe ꝼoꞃma capitul hū hit ꝺebýꞃeð to ꝼoꞃꞃceaꝼiꝺenne be þæꞃe ꞃýnne mæðe:·

ɪɪ. Be þam men þe on hiꞃ ýtemeꞃtan bæꝺe hiꞃ ꞃýnna ꝺecýꞃꝛan ꝼýle to bǽbbóte· ꝥ him man þæꞃ ne ꝛýꞃꞃne:·

ɪɪɪ. Be þam men þe ꝺýꞃꝛeð bǽbbóte ꝫ ꝼeꝺnýꞃte· ꝥ iꞃ Lꝛiꞃteꞃ lichā-man· ꝼoꞃ beaðeꞃ eꝺe· ꝫ be þam ðe him hiꞃ ꞃꝛꞃǽc oꝼꞃimð ǽꞃ him hiꞃ ꞃcꞃiꝼt to-cume:·

ɪᴠ. Be þam men þe ꞃmeað ymbe hiꞃ ꞃýnna anbetꞃýꞃꞃe:·

ᴠ. Be þam ðe ꞃe man hine ꞃoꞃhabban ꞃceal on maneꝺum þinꝺum hiꞃ līꞃeꞃ luꞃta· ꝺiꞃ he ꝼýle hiꞃ ꞃýnna bóte habban:·

ᴠɪ. Be þam ðe þam bǽbbétan niꞃ alýꝼeð nǽniꝺe cýꝛinꝺe to bꞃīꞃenne:·

ᴠɪɪ. Be þam ðe ꞃe bǽbbéta æꝼteꞃ hiꞃ bǽbbóte hꞃeoꞃnýꞃꞃe ne ꞃceal ꝺecýꞃꝛan to þýꞃꞃe ꝛoꞃulbe:·

ᴠɪɪɪ. Be þam ðe ꞃe bǽbbéta ne ꝺehealt ꝥ hiꞃ ꞃcꞃiꝼt him tǽcð:·

ɪx. Be þam ðe þam bǽbbétan [1]ne mæꝺ beðn ꝺeꝼealð· þuꞃh biꞃceopeꞃ þinꝺunꝺa ꝼoꞃꝺýꝼennýꞃ:·

x. Be þam men ðe ꝺýꞃꝛeð huꞃleꞃ æt bꞃꞃenum līꝼe· ꝫ eꝼt oꝼ þam ýꝼele aꞃīꞃeð:·

xɪ. Be þam ðe ꞃe mæꞃꞃe-pꞃeoꞃt þæne bǽbbétan unbeꞃꝼón ne mót butan biꞃceopeꞃ leáꝼan· butan he þone biꞃceop ꝺeꞃæcean ne mæꝺe:·

xɪɪ. Be þam bǽbbétenbum· on hꝩýlcum tīman him man ꝼoꞃꝺiꝼnýꞃꞃe bðn ꞃcýle:·

xɪɪɪ. Be þam men ðe bið huꞃl ꝼoꞃbóðen ꝫ unbeꞃ þam ꝼoꞃðꞃænð:·

xɪᴠ. Be þam men þe ꝼoꞃ miꞃlicum ꝺýltum to hiꞃ ꞃýnna bóte ꝺecýꞃꝛan ꝼýle mið ꝼulꞃe anbꞃýꞃðnýꞃꞃe:·

xᴠ. Be Iacobeꞃ æꞃenð-ꝺeꝛꞃite þæꞃ halꝺan Áꝓoꞃtoleꞃ· on þam ꞃeꝺð hū man ꞃceal ꝼoꞃ þone ꞃeocan man ꝺebibban· ꝫ hine mið ele ꞃmýꞃiꝺean:·

---

[1] *Omit.* Y.

PŒNITENTIALE ECGBERTI,

ARCHIEPISCOPI EBORACENSIS.

LIBER I.

1. Hic incipit primum capitulum, quomodo oporteat providere, secundum peccati gradum.

2. De homine qui in extremo ejus die ad pœnitentiam peccatorum suorum se convertere velit, ut hoc illi non negetur.

3. De homine qui desiderat pœnitentiam et viaticum, id est Christi corpus, ex timore mortis; et de eo cui sermo deficit, antequam confessarius suus advenerit.

4. De homine qui de confessione peccatorum suorum meditatur.

5. De eo, quod homini a multis vitæ suæ libidinibus abstinendum sit, si peccatorum suorum medelam habere velit.

6. De eo, quod pœnitenti non permittatur mercaturam aliquam exercere.

7. De eo, quod pœnitens, post pœnitentiæ suæ contritionem, non debeat reverti ad hunc mundum.

8. De eo, quod pœnitens non observet quod confessarius suus ei præscripserit.

9. De eo, quod pœnitenti, ex episcopi interventu, remissio dari nequeat.

10. De homine qui eucharistiam desiderat in extremitate vitæ, et postea ex isto malo surgit.

11. De eo, quod presbytero non liceat pœnitentem suscipere sine venia episcopi, nisi episcopum adire nequeat.

12. De pœnitentibus, quibus temporibus remissio illis danda sit.

13. De homine cui eucharistia prohibita est, et interim obit.

14. De homine qui pro diversis delictis ad peccatorum suorum emendationem se convertere velit, cum plena compunctione.

15. De Jacobi sancti Apostoli epistola, in qua dicitur, quomodo pro ægroto homine orandum, et ipse oleo ungendus sit.

I. Ðýt ȝebýꝪeð ꝥ ꝼe ꝪaceꝪð ꝼmeaȝe ꝪýnꝼullꝪa manna bóte
be biꝼceopeꝼ dóme· ⁊ ne᷑ ꝼándiȝe he ná ꝼoꝪ ꝼícum ne ꝼoꝪ
heánum· ꝥ he him ¹tǽceð ꝼꝪa ꝼeo bóc him tǽceð· ꝼoꝪþan ꝼe
Ꝺǽlend cƿǽð· ȝiꝼ ꝼe ꝪaceꝪð nolde þam Ꝫýnꝼullan hiꝼ Ꝫýnna
bóte tǽcean· ꝥ he eꝼt þa ꝼaple ǽt him ꝼecan ƿolde:·

II. Ꝺꝺꝩ IꝪidoꝪuꝼ cƿǽð· ²ꝥ ꝼén ꝼǽꝪe ꝥ þǽꝪ manneꝼ ꝼoðe
andetnýꝼ ⁊ ȝecýꝪꝪednýꝼ Ꝇode andꝼenȝe ꝼǽꝪe on hiꝼ ýtemýꝼ-
tan dæȝe· ³ꝼoꝪþon ꝼe Ꝺǽlend cƿǽð· on ꝼꝪa hƿýlcum dæȝe
ꝼꝪa ꝼe man ȝecýꝪð to Ꝇode· líꝼe he lýꝼað ⁊ ná ne ꝼꝪýlteð·'
FoꝪþiȝ uꝼ ná to onꝼceonienne ꝼeo ꝼoðe ȝecýꝪꝪednýꝼ· on ꝼꝪa
hƿýlcum tíman ꝼꝪa hit ꝼiȝ· ꝼoꝪþam nah ꝼe ꝪaceꝪð náne þeaꝪꝼe
ꝥ he ꝼoꝪꝼýꝪne þam men ꝪihtꝪe andetnýꝼꝼe· ꝼoꝪþam Ꝇod beꝼ-
ceapað ælceꝼ manneꝼ inn-ȝeþanc· ⁊ pát eallꝪa manna heoꝪtena
diȝolnýꝼꝼe:·''

III. Ðýꝼeꝼ ýꝼ þeaꝪꝼ· ꝥ ꝼe ꝪaceꝪð ꝼꝪa ȝeꝼáðne man ꝼꝪeꝼꝪiȝe·
⁊ hiꝼ andetnýꝼꝼe ȝehýꝪne· ⁊ him huꝪu-þinȝa huꝪleꝼ ne ƿýꝪne·
⁊ þeah he mid þǽꝪe untꝪumnýꝼꝼe ꝼꝪa ȝeheꝪeȝod ꝼiȝ ꝥ he
ꝼꝪꝪécan ne mæȝe· ꝼꝪa he ǽꝪ mihte· þonne ȝiꝼ he ȝeꝪitnýꝼꝼe
³hæꝼð þaꝪa manna þe him mid beoð· ꝥ he ꝼcꝪiꝼteꝼ ȝýꝪnðe ⁊
huꝪleꝼ· þonne dó ꝼe ꝪaceꝪð him ꝼoꝪȝiꝼennýꝼꝼe ⁊ hiꝼ ȝeꝪihto:·

IV. 'Ꝇiꝼ ǽniȝ' man ƿilnað dǽdbóte to undeꝪꝼónne ꝼoꝪ hiꝼ
Ꝫýnnum· þonne tꝪýnað him eꝼt ꝼoꝪ þǽꝪa Ꝫýnna mæniȝꝼealð-
nýꝼꝼe· ⁊ bið óꝪꝪene ꝥ he ne mæȝe þa bóte abeꝪan þe hiꝼ
ꝼcꝪiꝼt him tǽceð· ⁊ ꝼoꝪlǽt hit· þonne bið him ꝼeo óꝪꝪennýꝼ
to máꝪan Ꝫýnne ȝetealð· þonne þa Ꝫýnna þe he ȝeþohte to

---

¹ Ꝫiht X. Y. add.
²'' Ꝇiꝼ hƿýlc mæꝼꝼe-pꝪeoꝼt untꝪuman men ꝼꝪꝪéce ꝼoꝪꝼýꝪne· ⁊ he
þonne on þǽꝪe týðdeꝪneꝼꝼe ꝼƿelte· ꝼý he on dómeꝼ-dæȝ þǽꝪe ꝼaple
Ꝫcýldiȝ· ꝼoꝪþam ꝹꝪihten ꝼýlꝼ cƿǽð· on ꝼꝪa hƿýlcum dæȝe ꝼe Ꝫýn-
ꝼulla man ȝecýꝪð bið· líꝼe he leoꝼað· ⁊ beáðe he ne ꝼƿelteð·   Seo ꝼoðe
ȝehƿýꝪꝼedneꝼ mæȝ beón on þǽꝪe ýtemeꝪtan tíde· ꝼoꝪþam þe ꝹꝪihten
ne ꝼceapað he nalǽꝪ ꝥ ǽn þǽꝪa tíba lenȝo· ac þa clǽnan heoꝪtan·
ꝼꝪýlce ꝼe ꝼceaða on þǽꝪe ýtemeꝪtan tíde andetneꝼꝼe on ǽnꝪe beꝪiht-
hƿíle ȝeeaꝪnobe· ꝥ he moꝪte beón on neoꝪꝪena Ꝫonȝeꝼ ȝeꝼeán· ꝼꝪam
Ælmihtiȝum Ꝇode ȝelǽðeð. Y. Bx.
³ hæbbe X.   ⁴' Ꝇiꝼ ǽniȝ X. Ꝯæniȝ O.

---

⁵' Th. XLIII. 1.

1. Oportet sacerdotem considerare peccatorum emendationem juxta sententiam episcopi, et non vereri potentes neque humiles, quin illis præscribat prout hic liber ei præscribit; quoniam Salvator dixit, si sacerdos nollet peccatori emendationem peccatorum suorum præscribere, se animam istam ab eo deinde requisiturum.

2. Sanctus Isidorus dixit, quod spes esset hominis veram confessionem et conversionem Deo acceptam fore in extremo ejus die; quoniam Salvator dixit: 'Quocunque die conversus fuerit homo ad Deum, vita vivet et non morietur.' Ideo non est rejicienda vera conversio, quocunque tempore fiat; ergo sacerdoti non opus est homini genuinam confessionem denegare; quia Deus intuetur cujuslibet hominis cogitationem et novit secreta cordium omnium hominum.

3. Hoc necesse est, ut sacerdos hujusmodi hominem consoletur, et confessionem ejus audiat, et ei saltem eucharistiam non deneget; et quamvis ab illa infirmitate adeo labefactatus sit, ut loqui nequeat, sicut antea poterat, tamen si testimonium habeat illorum hominum qui cum eo sunt, quod confessionem et eucharistiam desideravisset, tunc sacerdos ei remissionem det, et ritus ejus exsequatur.

4. Si homo quis cupiat pœnitentiam pro peccatis suis suscipere, deinde rursus dubitet, propter peccatorum multiplicitatem, et desperet posse se emendationem perferre quam confessarius ei præscribat, et negligat·eam; tunc ei desperatio illa pro majori peccato reputabitur, quam peccata ipsa quæ confiteri cogitabat,

---

Si presbyter aliquis homini ægroto colloquium denegaverit, et is postea infirmitate illa moriatur, sit in die judicii ejus animæ reus, quoniam Dominus ipse dixit: 'Quocunque die conversus fuerit peccator, vita vivet, et morte non morietur.' Vera conversio potest esse in extremo tempore; quia Dominus intuetur non solum temporis diuturnitatem, sed cor purum, sicut latro in extremo tempore, confessione, uno momento promeruit, ut ei liceret esse in gaudio Paradisi, a Deo Omnipotenti conducto.

andettanne· ⁊ þ ða forlet. Ac reðe ƿꝝlle mið anðrꝝꞃðnꝝꞅꞅe hiꞅ ꞅꝝnna andettan· onfo ꞅe raceþð hine· ⁊ him þa bote tæce þe þær-to ȝebꝝreð· þ ꞅeo ȝefunðoðe ꞅaƿl· þe mið ꞅꝝnnum bið ȝebunðen ⁊ ȝefunðoð· mote becuman to þam roþan læceðome· þ iꞅ Lioðeꞅ forȝꝝfennꝝꞅ:·

v. Ān iꞅ· þ ꞅe rihtꝼiꞅa man hreoꝛꞅiȝe hine ꞅꝝlfne ꞅƿꝝlce he ƿið Lioð forƿꝝrht ꞅiȝ· ⁊ oðer iꞅ· þ he forhiȝe þa þinȝ ðe hiꞅ lichaman leoforte ꞅꝝn for luꞅan þær ecan liꞅeꞅ· forþon Pauluꞅ ꞅe Aportol cƿæð· ealle þinȝ me rinð alꝝfeðe· ac híȝ ne fremiað me ealle· þ iꞅ ƿorlðlice ƿilnunȝ· þ hit nán þæra manna ne fremeð þe hit fullice beȝæð· forþon iꞅ ælcum men mꝝcel þearf þ he hiꞅ ꞅꝝnna ne forhoȝiȝe to andettanne oððe to bétanne· forþan æȝhƿꝝlcum men iꞅ béteꞃe þ he hiꞅ ꞅꝝnna heꞃ béte· þonne he on þam ecum tintreȝum þurhƿunian ꞅcꝝle:·

vi. Sꞇ Iꞅiðoꞃuꞅ· þe þaꞅ bóc ꞃette· ꞅꝝꞃicð ꝝmbe þa men þe ðæðbóte underfoð for heꝼelicum ȝꝝltum· ⁊ hƿilum earð for-bóðen bꝝð· ⁊ ꞅeȝð· þ him ná alꝝfeð ne bꝝð þ he on ceáp-ꞅtóꞃe æniȝe cꝝpinȝe beȝá· ne hine ꞅꝝlfne ne abꝝȝȝiȝe ꝝmbe náne ƿorlðlice abꝝꞃȝunȝe· æꞃþam ðe he ȝefꝝlleð hæbbe þ him hiꞅ ꞅcꝛiꞅt tæhte:·

vii. Ħáliȝe ȝeƿritu cƿeðað· þ hit unȝeðáꝛenlic ꞅiȝ þ ꞅe ðæðbéta æꝼteꞃ þam þe he hærð ȝebét· ꞅƿa him hiꞅ ꞅcꝛiꞅt tæhte· þ he hine ná on þa fíꞅan þꝝꞃꞅa ƿorlðlicꞃa þinȝa ne underþeoðe· þ he æꞃꞃe ne beþence ꝝmbe þa hꞃeoꝛꞅunȝe þe he æꞃ hꞃeoꝛꞅaðe· forþon Sꞇ Pauluꞅ cƿæð· þ [1]ꞅeðe Lioðe ꞅceal þeoꞃiȝan.' ne ꞅceal he hꝝne ná abꝝꞃȝian ƿorlðlicꞃa bꝝꞃȝunȝa:·

viii. Se háliȝa Aportol cƿꝝð Sꞇ Petꞃuꞅ· þ ꞅe man ðe ȝecꝝþð æꝼteꞃ hiꞅ ꞅꝝnna bóte to þꝝꞃꞅe ƿoꞃulðe iðelnꝝꞅꞅe· eallꞅƿa þam húnðe bið þe ꞅƿíþð ⁊ eꝼt fꝝꞃt. Ðiꞅ ꞅꝝnt þa iðelnꝝꞅꞅa þꝝꞃꞅe ƿoꞃulðe· æꞃeꞅt iꞅ oꝼeꞃmetta· ⁊ nið· ⁊ æꞃeꞃta· ⁊ hát-heoꞃtnꝝꞅ· ⁊ ꞅtála· ⁊ ðꞃuncennꝝꞅ· ⁊ ȝálꞅcipe· ⁊ ðꝝꞃne ȝeliȝꞃu· ⁊ lꝝblác· ⁊ ȝꝝtꞃunȝ· ⁊ ꞃeaꞃlác· ⁊ ꞃeínꞃæꝼt· ⁊ man-ꞅlihtaꞅ· ⁊ fela oðꞃe þꝝꞃꞅa ȝelícan· Soðlice ꞅe man ꞃeðe þaꞅ þinȝ beȝæð ne bið he ná ƿꝝþðe æniȝne ȝemænnꝝꞅꞅe mið

---

[1] ꞅe Lioðeꞅ þeoƿ þe X. Y.

et deinde neglexit. Qui vero cum compunctione peccata sua
confiteri velit, suscipiat eum sacerdos, et ei emendationem
præscribat, quæ casui conveniat, ut anima vulnerata, quæ
peccatis vincta et vulnerata est, pervenire possit ad veram
medelam, id est, remissionem Dei.

5. Unum est, ut justus homo pœnitentiam agat eorum, quæ
erga Deum deliquerit; et alterum est, ut contemnat res illas
quæ corpori suo carissimæ sunt, ex amore vitæ æternæ;
quoniam Paulus Apostolus dixit: 'Omnia mihi licita sunt, sed
non mihi expediunt omnia:' id est, desiderium mundanum,
quod nulli eorum hominum expedit, qui id plene colunt; ideo
cuilibet homini valde necesse est, ut non negligat peccata sua
confiteri vel emendare; quod cuivis homini melius est peccata
sua hic emendare, quam in æternis tormentis permanere.

6. Sanctus Isidorus, qui hunc librum instituit, de illis
hominibus loquens, qui pœnitentiam pro gravibus peccatis
suscipiunt, et ad tempus a patria prohibentur, dicit, quod ei
non permittatur in mercatu mercaturam ullam exercere, neque
occupari circa aliqua mundana negotia, antequam impleverit id,
quod confessarius ejus ei præscripserit.

7. Sacræ Scripturæ dicunt, quod indecorum sit, pœnitentem,
postquam emendaverit, prout confessarius ejus ei præscripsit,
in re mundanorum horum negotiorum se non cohibere, de que
pœnitentia, qua antea pœnituit, nunquam cogitare; quoniam
Sanctus Paulus dixit: 'Qui Deo vult servire, non debet occupari
mundanis negotiis.'

8. Sanctus Apostolus Petrus dicit, quod homo qui post
emendationem peccatorum suorum, ad mundi hujus vanitatem,
conversus fuerit, similis omnino sit cani, qui vomit, et deinde
devorat. Hæ sunt vanitates hujus mundi: primo est arrogantia;
et odium, et invidiæ, et furor, et furta, et ebrietas, et lascivia,
et adulteria, et maleficium, et avaritia, et rapina, et ars magica,
et homicidia, et multæ aliæ harum similes: certe homo qui
hæc committit non est dignus aliqua communione cum religiosis

eaꝼꝼæꞃtum mannum· ꞃ þeah he to cýꞃican ȝanȝe miꝺ oðꞃum
mannum· ne ȝeþꞃiꞅtlæce he þ he hine to Ᵹoꝺeꞅ þeoꝼoꝺe
ȝehniȝie· oððe Cꞃiꞅteꞅ lichaman unꝺeꞃꝼo· æꞃþam þe he to
ꝺædbote ȝecýꞃꞃe· ꞃ ꞅýððan ꝺo ꞅꞃa him hiꞅ ꞅcꞃiꝼt tæce ꞃ
ꝑiꞅiȝe:-

IX. Niꞅ þam biꞅceope ne þam ꞅaceꞃꝺe þam men to ꝼoꞃꝼýꞃ-
nanne ꞅcꞃiꝼteꞅ þe him þæꞃ to-ȝýꞃnð· þeah he miꝺ þæꞃe
mæniȝ-ꝼealꝺnýꞅꞅe þæꝼe ꞅýnne býꞃȝunȝe abýꞃȝoꝺ ꞅiȝ· ꝼoꞃþon
Ᵹoꝺeꞅ milꝺheoꞃtnýꞅ iꞅ ꞅꞃa mýcel ꞅꞃa þ niꞅ nán eoꞃðlic man
þ mæȝe[1] hiꞅ milꝺheoꞃtnýꞅꞅe aꞃeccan· ꞃ eac ꞅe ꝑiteȝa cꝑýð
þuꞃh þone Ðálȝan Ᵹaꞅt· ȝiꝼ ꞅe ꞅýnꝼulla man ȝehꝑýꞃꝼð ꝼꞃam
hiꞅ ꞅýnnum to bóte· þonne biꝺ he hál· ꞃ eꝼt he cꝑýð·
Ánꝺette þe ꞅýlꝼ þine unꞃiht-ꝑiꞅnýꞅꞅe· þ þu beo ȝeꞃihtꝼiꞅoꝺ·
ꞃ ꞅe ꞅealm-ꞅceóp cꝑæð· þ miꝺ Dꞃihtne ꞅiȝ unaꞃímeꝺlicu milꝺ-
heoꞃtnýꞅ· þiȝ ꞅceal ꞅe biꞅceop ꞃ ꞅe ꞅaceꞃꝺ milꝺheoꞃtlice þam
ꞅýnꝼullum ꝺéman· ꝼoꞃþon niꞅ nán man leahtoꞃleaꞅ:-

X. ᵃOn þæꞃa hálȝena Aꝑoꞅtola láꞃe iꞅ ȝeꞃeht· Ᵹiꝼ ꞅe man
on hiꞅ ýtemeꞅtan ꝺæȝe ȝýꞃneð Cꞃiꞅteꞅ lichaman to unꝺeꞃ-
ꝼónne· ne ꝑýꞃne him man ná· þeah he on hꞃeóꝼꞃunȝe æꞃ
þæꞃe· ꞃ hit ꝼullice ȝebét næbbe· ꝼoꞃþon þ biꝺ hiꞅ péȝnýꞅt· ꞃ
ælceꞅ þæꞃa manna þe to Ᵹoꝺeꞅ ꞃíce becýmð· ꞃ ȝiꝼ he eꝼt
to þiꞅum líꝼe ȝehꝑýꞃꝼð· ꞃ þ ȝehealt þ he Ᵹoꝺe behet ꞃ hiꞅ
ꞅcꞃiꝼte· bꞃuce hiꞅ ȝóꝺeꞅ ꝺæl· ꞃ ꝑuniȝe miꝺ þeaꞃ-ꝼæꞅtum
mannum:⸍

XI. ᵇÐam ꞅaceꞃꝺe ȝeꝺáꝼenað ꞅoðlice· þ he ȝeoꞃnlice aꞅmeaȝe
ýmbe þæꞃa manna ꞅaꝑla þeaꞃꝼe· þe him æt bóte ꞅecað· hú he
hiȝ ꞃihtlicoꞅt ȝetꞃýmman mæȝe to Ᵹoꝺeꞅ ꝑýllan· ꞃ to hýꞃa
ꞅaꝑla þeaꞃꝼe· ꞃ him bóte tǽcan á be þæꞅ ȝýlteꞅ mæþe· ꞃ ȝiꝼ
þa ȝýltaꞅ to þam heꝼelice beon þ he to biꞅceopeꞅ ²ꝺóme
tǽcan þuꞃꝼe· tǽce him þýꝺeꞃ· ꝼoꞃþon Ðǽꞅ Aȝuꞅtinuꞅ cꝑæð
on oðꞃe ꞅtoꝑe· þ ȝiꝼ hꝑá miꝺ heaꝼoꝺlicum ꞅýnnum ȝebunꝺen
pæꞃe· þ him man to biꞅceopeꞅ ꝺóme tǽcan ꞅceolꝺe· ꞃ ȝiꝼ he
biꞅceop ȝeꞃæcan ne mæȝe· þ ꞅe mæꞅꞅe-pꞃeoꞅt æt þam þinȝum
þone biꞅceop aꞅꝑelian móte:⸍

XII. ᶜÐaꞅ þeaꝑaꞅ man healt beȝeonꝺan ꞅǽ miꝺ cꞃiꞅtenum

---

¹ oðꞃum *X.Y. add.*   ² *Sic X.Y. omit. O.*

hominibus; et licet ad ecclesiam eat cum aliis hominibus, non audeat se ad altare Dei inclinare, vel Christi corpus accipere, antequam ad pœnitentiam se converterit, et deinde fecerit prout confessarius ejus ei præscripserit et ostenderit.

9. Non est episcopi nec sacerdotis confessionem homini denegare, qui eam ab eo desiderat, licet multiplicitate negotii peccati suspensus sit; quoniam Dei misericordia tanta est, ut nullus homo terrestris sit, qui misericordiam ejus narrare possit: et propheta etiam per Spiritum Sanctum dici : ' Si peccator a peccatis suis ad emendationem conversus fuerit, tunc sanus erit:' et iterum dicit: 'Confitere tibi ipsi injustitiam tuam, ut sis justificatus:' et psalmista dixit, quod apud Dominum sit innumerabilis misericordia: itaque episcopi et sacerdotis est misericorditer peccatores judicare, quoniam nemo vitiorum expers est.

10. In sanctorum Apostolorum doctrina dictum est, si homo, in extremo suo die, desideret Christi corpus accipere, non denegetur ei, etiamsi in pœnitentia antea fuerit, et plene non emendaverit; quoniam id est viaticum ejus et uniuscujusque eorum hominum, qui ad regnum Dei perveniunt. Et si iterum ad hanc vitam revertatur, et id observet, quod Deo et confessario suo promiserit, portione sua bona utatur, et maneat cum bene moratis hominibus.

11. Sacerdotem profecto decet diligenter cogitare de necessitate animarum illorum hominum, qui emendationem apud eum quærunt, quomodo rectissime illos præparare possit ad Dei voluntatem, et ad animarum illorum necessitatem; et illis emendationem præscribere, semper juxta delicti modum: et si delicta adeo gravia sint, ut necesse sit ei ad episcopi sententiam [eos] assignare, assignet eos illuc; quoniam Sanctus Augustinus dixit in alio loco: 'Quod si quis capitalibus peccatis vinctus esset, sententiæ episcopi assignetur; et si ad episcopum pervenire nequeat, ut presbytero in illis rebus episcopi munere fungi liceret.'

12. Hæ consuetudines trans mare, apud populum Christianum,

---

folce· þ iſ· þ ælc biſceop bið æt hiſ biſceop-ſtóle on þone
Ƿodneſ-dæȝ þe þe cƿeþað caput ieiunii ǣr Lenctene· þonne
ælc þæṛa manna þe mið heaſod-leahtṛe beſmýten bið on þæṛe
ſcíṛe ſceal on þone dæȝ him to cuman· ꝥ hiſ ſýnna him
andettan· ꝥ he þonne him tǽcð hýṛa ſýnna bóte· ælcum be
þæſ ȝýlteſ mǣðe·[1] ꝥ hi ſƿa þonne be hiſ leaſe hám hƿýṛſað·
ꝥ eſt on þone Đunṛeſ-dæȝ ǣr Eáſtṛoñ to þæṛe ýlcan ſtope
ealle ȝeſomniað· ꝥ him ſe biſceop oſeṛṛinȝð ꝥ ſoṛȝýſennýſſe
deð· ꝥ hiȝ ſƿa hám hƿýṛſað mið þæſ biſceopeſ bletſunȝe.
Điſ iſ þuſ to heáldenne eallum cṛiſtenum folce· ꝥ þeah-
hƿæþeṛe ſceal ſe ſaceṛd ȝeoṛnlice ſmeaȝean· mið hƿýlceṛe
anbṛýṛðnýſſe ꝥ mið hƿýlceṛe ſul-ṛṛemeðnýſſe ſe dǣðbéta
ȝebét hæbbe· ꝥ him ȝetæht ſæſ· ꝥ ſƿa him be þam ſoṛȝýſennýſſe dó:′

XIII. * Ȝiſ hƿýlcum men bið huſl ſoṛbóden· ꝥ he undeṛ þam
ſoṛð-ſæṛð· be þiſum þinȝum ne cunne þe ſmeaȝean nán oðeṛ
þinȝ· buton hit ſiȝ on Ȝodeſ dóme ȝelanȝ· ſoṛþon on Ȝodeſ
anƿealde ſæſ· ꝥ he butan huſle ȝeſáɼ:′

XIV. Se man ſeðe mið mæniȝſealdum leahtṛum ȝebunden
bið· ꝥ þa mið anbṛýṛðum móðe· ꝥ ſoṛ luſe þæſ écean líſeſ
andettan ƿýlle hiſ ſcṛiſte· ꝥ bétan· ſƿa he him tǽce· þe
ȝelýſað· ꝥ he æt Ȝode ſoṛȝýſennýſſe hæbbe:·

XV. Đeṛ tǽcð Sꞇ Iacobuſ· ꝥ ȝiſ hƿá ȝeuntṛumoð beo· ꝥ
he ȝelaþiȝe him *hiſ ſaceṛd tó·′ ꝥ oðṛe Ȝodeſ þeoƿaſ· ꝥ hiȝ
him oſeṛ-ṛǣdon· ꝥ ſe untṛuma hiſ þeaṛſe him ſecȝe· ꝥ hiȝ
hine ſmýṛȝeon on Ȝodeſ naman mið þam hálȝan éle· ꝥ þuṛh
þaṛa ȝeleaſſullṛa manna béne· ꝥ þuṛh þa ſmýṛenýſſe· he
mæȝ beón ȝehealden· ꝥ Dṛihten hine aṛǽṛð· ꝥ ȝiſ he ſýnſul
bið· hi beoð him ſoṛȝýſene· Đý ſceal ælc ȝeleaſſul man·
ȝiſ he mæȝ· þa ſmýṛenýſſe beȝýtan· ꝥ þa ȝeṛihto þe þæṛ-to
ȝebýṛiȝeað· ſoṛþon hit iſ aṛṛiten· ꝥ ælc þæṛa manna þe ðaſ
ȝeṛihto hæſð· ꝥ hiſ ſaƿl bið ȝelíce clǽne æſteṛ hiſ ſoṛð-ſíðe
ealſƿa ꝥ cild bið þe æſteṛ hiſ ſulluhte ſóna ȝeſíɼ:·

---

[1] þa ðe þæſ ƿýṛðe beoð he aſýndṛeð oſ cýṛiclican ȝemánan· ꝥ hi
þeah to heoṛa áȝenṛe þeaṛſe hýṛteð ꝥ tihteð. X. add.
′ to hiſ ſcṛiſt· X.

observantur; id est, quod quilibet episcopus sit in sede episcopali
sua die Mercurii, quem caput jejunii vocamus, ante quadragesimam: tunc unusquisque eorum hominum, qui capitalibus
criminibus polluti sunt, in provincia ista, eo die ad illum
accedere debet, et peccata sua illi confiteri; et ille tum præscribit eis peccatorum eorum emendationem, cuique pro ratione
delicti sui, et ita postea, cum illius venia, domum redeunt. Et
iterum, die Jovis ante Pascha, ad eundem locum omnes congregantur, et episcopus super eos cantat, et [eis] remissionem dat,
et ita domum redeunt cum episcopi benedictione. Hoc ita
observandum est omni populo Christiano; et nihilominus sacerdoti diligenter perscrutandum est, quanam compunctione, et
quanam perfectione pœnitens emendaverit id quod ei præscriptum
erat; et ita ei juxta illud remissionem det.

13. Si homini alicui eucharistia denegata sit, et ipse interea
moriatur, de his rebus nihil aliud conjicere possumus, nisi quod
ad judicium Dei pertineat; quoniam in Dei potestate erat,
quod absque eucharistia obierit.

14. Homo qui multis criminibus vinctus est, et ea, cum
animo compuncto, et ex amore vitæ æternæ, confessario suo
confiteri, et, prout ipse ei præscripserit, emendare velit, credimus
quod apud Deum remissionem habeat.

15. Hic docet Sanctus Jacobus, quod si quis infirmatus sit,
ut vocet ad se sacerdotem suum, et alios Dei servos, ut super
eum legant, et infirmus necessitatem suam ipsis dicat, et ill.
eum ungant, in Dei nomine, sancto oleo, et per fidelium illorum
preces, et per unctionem conservari possit, et Dominus eum
suscitet, et si peccata commiserit, illa ei remittantur: ideo
fidelis quisque, si possit, unctionem obtinere debet, et ritus qui
ad eam pertinent; quoniam scriptum est, quod quicunque hos
ritus habuerit, anima ejus æque pura erit, post obitum suum,
atque infantis, qui statim post baptisma moritur.

---

eos qui eo digni sunt ab ecclesiastica communitate segregat, et
tamen ad propriam eorum necessitatem animat et hortatur,
confessario suo,

¹LIBER II.

i. Be þam men þe ƿilleſ man ofſlihð:·

ii. Be þam fiꞃmen þe hiȝ foꞃhliȝð· ꝺ þonne foꞃ eȝe hine beaꞃn foꞃbeð:·

iii. Be þam men þe hiſ þeoƿan ofſlihð foꞃ þiꝼðe· butan hiſ huntꝼebeſ ȝeƿitnyſſe:·

iv. Be þam ȝiꝼ ƿiꝼ ſlihð hine fiꞃman foꞃ anꝺan ı·

v. Be þam men þe hine ſylꝼne ofſlihð foꞃ hƿylcere ȝymeleaſte· ꝺ be þam men þe foꞃ hiſ ȝyltum bið ȝeꝼytnoꝺ:·

vi. Be þam men þe unȝebaꞃenlice hæmð· ꝥ iſ ƿið nytenum· oððe hine miꝺ ȝeonȝlinȝum beſmiteð· oððe ꝼæpneꝺ-man ƿið oðerne:·

vii. Be þam þe æꝼe bꞃecað· oððe æꝼ-bꞃæce habbað:·

viii. Be þam men þe hiſ æꝼe foꞃlæt· ꝺ be þam ƿiꝼe þe hine ꝼeꞃ foꞃlæt ꝺ oðerne ȝecyꞃt:·

ix. Be þam men þe hæꝼð hiſ æꝼe ꝺ eac cyꝼere:·

x. ²Be þam men þe hæꝼð hiſ ꞃiht æꝼe ꝺ ȝeꝼæꞃt on ælþeobiȝum fiꞃmen:·

xi. ²Be þam men þe ƿiꝼað on tƿam ȝeſƿyſtꞃenum· oððe ƿiꝼ nimð bꞃoðuꞃ æꝼteꞃ oðꞃum:·

xii. Be þam ȝiꝼ hƿilc ƿiꝼman beo beꝺeꝺboꝺ· niꝼ hit nā alyꝼeꝺ ꝥ hine æniȝ oðeꞃ man æt þam þinȝum beneaꞃȝe:·

xiii. Be þam men þe ƿiꝼ oððe mæꝺen ofeꞃnimð miꝺ unꞃihtum þinȝum:·

xiv. Be þam men þe þone fiꞃman fꞃam hiſ hlaꝼoꞃꝺe aꞃꝼaneð· þe hiſ ƿicneꞃe bið· foꞃ unꞃihtum hæmeꝺe:·

xv. Be þam ȝiꝼ mæꝺen-man beꝺeꝺboꝺ bið· ꝺ hine oþeꞃ man þæꞃ beneaꞃȝe hine unƿilleſ:·

xvi. Be þam ȝiꝼ ȝehāꝺoꝺ mæꝺen to hæmeꝺ-þinȝe ȝeꝼæꞃt:·

xvii. Be unȝehāꝺeꝺan mæꝺene þe to unꞃihtum hæmeꝺe ȝeꝼæꞃt:·

xviii. Be þam men þe on hiſ māȝan ƿiꝼað:·

xix. Be þam hū Sc̄ꝼ Lꞃeȝoꞃiuſ ſpꞃicð be unꞃihtum hæmeꝺe:

xx. Be þam men þe ȝelōmlice ƿiꝼ-þinȝ beȝæð:·

xxi. Be þam hū ȝeſīnhīƿan hyꞃa þeaꞃaſ healꝺan ſcylon foꞃ Loꝺe:·

xxii. Be þam men þe ꝺƿellice þinȝ beȝæð:·

xxiii. Ānꝺ be þam þe alyꝼeꝺ nyſ iꝺele hꞃatunȝa to beȝānne:·

xxiv. Be mān-ſƿaꞃe· hū man ꝥ ȝebētan ſcyle:·

xxv. Be ſtāle:·

xxvi. Be leaſꞃe ȝeƿitnyſſe:·

---

¹ Þeꞃ onȝinð ꞃeo oðeꞃ bōc· miꝺ hiꞃe capitulon· ꝺ miꝺ þam æꝼteꞃ-ꝼylȝenꝺan cƿyꝺan. *Rubr. X. add.*

² *Hæc rubrica cum textu minime congruit.*

¹LIBER II.

1. De homine qui voluntate aliquem occidit.
2. De muliere quæ fornicatur, et deinde ex timore infantem suum occidit.
3. De homine qui servum suum furti causa occidit, absque hundredi sui cognitione.
4. De eo, si mulier ex invidia ancillam suam occidat.
5. De homine qui seipsum occidit ex incuria aliqua; et de homine qui pro criminibus suis punitus est.
6. De homine qui turpiter fornicatur, id est, cum bestiis, vel se cum juvenibus polluit, vel cum alio viro.

7. De eo qui adulterat, vel adulteram habet.
8. De homine qui uxorem suam deserit, et de muliere quæ virum suum deserit, et alium eligit.
9. De homine qui uxorem, et etiam concubinam habet.
10. De homine qui legitimam suam uxorem habet, et ad mulierem peregrinam se convertit.
11. De homine qui duas sorores in matrimonium ducit; et de muliere quæ fratrem post alterum accipit.
12. De eo, si mulier aliqua [viro] desponsata sit, quod non sit permissum ut alius homo ei illam auferat.
13. De homine qui mulierem vel puellam per fraudem constuprat.

14. De homine qui mulierem allicit a domino suo, cujus villicus est, fornicationis gratia.
15. De eo, si puella [viro] desponsata sit, et illam alius vir, invita ipsa, ei auferat.
16. De eo, si puella ordinata ad fornicationem se convertat.
17. De puella non ordinata quæ ad fornicationem se convertit.
18. De homine qui inter cognatas suas uxorem ducit.
19. De eo, quomodo Sanctus Gregorius de fornicatione loquitur.
20. De homine qui crebras nuptias conciliat.
21. De eo, quomodo conjuges rationes suas coram Deo observare debeant.
22. De homine qui res hæreticas committit.
23. Et de eo, quod permissum non est vanas divinationes exercere.
24. De perjurio, quomodo emendari debeat.
25. De furto.
26. De falso testimonio.

Hic incipit secundus liber, cum capitulis suis, et cum dictis sequentibus.

XXVII. Be unȝeþþæpnýȝȝe ƿið hiȝ nehȝtan :·

XXVIII. Be hāt-heóptnýȝȝe :·

XXIX. Be þam men þe āðaȝ ȝýlð· ꝥ he to ȝýbbe ꝼón nelle ƿið hiȝ nehȝtan :·

XXX. Be þam þe alýꝼeð nýȝ ꝥ æniȝ man hiȝ ꝼeoh to ūnꝛihtum ȝaꝛole ȝýlle :·

I. ᵃȜe lǽþeða man þe oðeꝛne oꝼꝛlihð butan ȝýlte· ꝼæȝte ·VII· ȝeaꝛ·' þa ·III· on hláꝼe ꝶ on pætene· ꝶ þa ·IIII· ꝛƿa him hiȝ ꝛcꝛiꝼt tǽce· ꝶ æꝼteꝛ þæꝛa ·VII· ȝeaꝛa bóte æꝼne he ȝeoꝛnlice hꝛeóꝼꝛiȝe hiȝ miȝðæða· be þam dæle þe he mæȝe· ȝiꝼ he þýlle æt Ḡode¹ ꝼoꝛȝýꝼennýȝȝe habban· ꝼoꝛþam him iȝ ūncuð hū anðꝼenȝe Ḡode ꝼǽꝛon hiȝ bóta· ᵇ·²ȝiꝼ he hit ðiðe unþilleȝ· ꝼæȝte ·V· ȝeaꝛ·' ᶜȜe man ꝛeðe þýlle oþeꝛne oꝼꝛleán· ꝶ ne mæȝ hiȝ þýllan þuꝛhteón· ꝼæȝte ·III· ȝeaꝛ· ān ȝeaꝛ on hláꝼe ꝶ on pætene·' ꝶ þa ·II· ꝛƿa him hiȝ ꝛcꝛiꝼt tǽce· Ḡiꝼ lǽþeða man neaðinȝa man oꝼꝛleá· ꝼæȝte ·III· ȝeaꝛ· ān ȝeaꝛ on hláꝼe ꝶ on pætene· ꝶ þa ·II· ꝛƿa him hiȝ ꝛcꝛiꝼt þíꝛiȝe· ȝiꝼ hit bið ꝛubðiacon· ꝼæȝte ·V· ȝeaꝛ· ȝiꝼ hit beo ðiacon· ꝼæȝte ·VII· ȝeaꝛ· ȝiꝼ hit beo mæȝȝe-pꝛeoȝt· ꝼæȝte ·X· ȝeaꝛ· ȝiꝼ hit beo biȝceop· ꝼæȝte ·XII· ȝeaꝛ· ᵈḠiꝼ hƿā hiȝ cilð oꝼꝛlihð to ðeaðe unȝepealðeȝ· ꝼæȝte ·V· ȝeaꝛ· þa ·IIII· on hláꝼe ꝶ on pætene· ꝶ þa ·II· ꝛƿa him hiȝ ꝛcꝛiꝼt tǽce·' ᵉḠiꝼ hƿýlc biȝceop oðð mæȝȝe-pꝛeoȝt man oꝼꝛleá· þoliȝe hiȝ hāðeȝ :·'

II. 'Ḡiꝼ hƿilc þíꝼ hýꝛe cilð amýꝛð innan hiꝛe· mið ðꝛýnce oðð mið oðꝛum miꝛlicum þinȝum· oðð eꝛt ꝼoꝛmýꝛþꝛeð ꝛýððan hit ꝼoꝛðcýmð· ꝼæȝte ·X· ȝeaꝛ· þa ·III· ȝeaꝛ on hláꝼe ꝶ on pætene· ꝶ þa ·VII· ꝛƿa hiꝛe ꝛcꝛiꝼt hiꝛe milðheoꝛtlice tǽcan þille :·'

III. 'Ḡiꝼ hƿýlc man hiȝ æht oꝼꝛlýhð· ꝶ he nāne ȝepiȝtnýȝȝe næbbe ꝥ he ꝼoꝛþoꝛht ꝛiȝ· butan he hine ꝼoꝛ hiȝ hāheoꝛtnýȝȝe ꝶ ꝼoꝛ ȝýmeleaȝte oꝼꝛlihð· ꝼæȝte ·II· ȝeaꝛ :·'

IV. ᵇḠiꝼ hƿýlc þíꝼ ꝼoꝛ hƿýlcum lýþꝛum āndan hiꝛe þíꝼman

---

¹ ꝼulle *X. Y. add.*

²⸴ *X. omit.*

27. De discordia cum proximo suo.
28. De furore.
29. De homine qui juramentum præstat, quod in pacem cum proximo suo redire nolit.
30. De eo, quod permissum non est, ut aliquis pecuniam suam injusto fœnori det.

———

1. Laicus qui alium sine culpa occiderit, VII. annos jejunet, III. in pane et aqua, et IIII. prout confessarius ejus ei præscripserit; et post illorum VII. annorum emendationem, usque delictorum suorum diligenter eum pœniteat, quantum possit, si apud Deum remissionem habere velit; quoniam ei incognitum est, quam acceptabiles Deo essent emendationes ejus: si præter voluntatem id fecerit, v. annos jejunet. Homo qui cupiverit alium occidere, et voluntatem suam exsequi non potuerit, III. annos jejunet, unum annum in pane et aqua, et II. prout confessarius ejus ei præscripserit. Si laicus invite hominem occiderit, III. annos jejunet, unum annum in pane et aqua, et II. prout confessarius ejus ei indicaverit: si subdiaconus sit, v. annos jejunet; si diaconus sit, VII. annos jejunet; si presbyter sit, X. annos jejunet; si episcopus sit, XII. annos jejunet. Si quis infantem suum præter voluntatem interfecerit, v. annos jejunet, III. in pane et aqua, et II. prout confessarius ejus ei præscripserit. Si episcopus quis vel presbyter hominem occiderit, ordinem suum perdat.

2. Si mulier aliqua infantem suum intra se perdiderit, potu vel aliis quibuscunque rebus, vel deinde occiderit, postquam natus sit, X. annos jejunet, III. annos in pane et aqua, et VII. prout confessarius ejus misericorditer ei præscribere velit.

3. Si homo quis servum suum occiderit, et nullum testimonium habeat eum malefactorem fuisse, sed ex furore suo, et incuria eum occiderit, II. annos jejunet.

4. Si mulier aliqua, ex prava aliqua invidia, ancillam suam

———
Th. III. 9.   Ib. XXI. 2.
Ib. XXI. 35.   Ib. XXI. 19.
Ib. XXI. 17.   Ib. XXI. 3.
Ib. XXI. 12.   Ib. XXI. 13.

ſpinȝð· ⁊ heo þuph þa ſpinȝle ƿẏrð ðeað· ⁊ heo unrcẏlðiȝ bið· ſærte ſeo hlæꝼðiȝe ·vii· ȝeaꞃ· ȝiꝼ heo þonne ȝepitnẏſſe hæbbe· ꝥ heo ſcẏlðiȝ pæꞃe· ſærte heo þeah ·iii· ȝeaꞃ:·'

v. ᵃᚠe man þe hine ſẏlꝼne oꝼꝼlihð mið pæpne oððe ¹mið hƿylcum miꞃlicum ðeoꝼleſ onbꞃinȝe· niſ hit ná alẏꝼeð ꝥ man ꝼoꞃ ſpylcum men mærꞅan ꞃinȝe· oððe mið æniȝum ſealm-ꞃanȝe ꝥ líc eoꞃðan beꝼærte·' Đone ẏlcan ðóm man ꞃceal ðón þam ðe ꝼoꞃ hiſ ȝẏlta pínunȝa hiſ líꝼ alæt²:·

vi. ᵇᚠe man þe hine pið nẏtenu beꞃmíꞇ· oððe pæpneð man pið oðeꞃne mið unȝeꞃceaðlicum þinȝe· ȝiꝼ he bið ·xx· pintꞃa ꞃald man· ꝥ he unðeꞃſtanðan mæȝ· ꝥ he þa ꞃceámlican þinȝ ⁊ þa ³mánꝼullan beȝæð· ȝeꞃꝼíce· ⁊ anðette· ⁊ ſærte ·xv· pinteꞃ· ⁊ ȝiꝼ ſe man hiſ ȝemæccean hæbbe· ⁊ he beo ·xl· pintꞃa· ⁊ ſpẏlce þinȝ beȝæð· ȝeꞃꝼíce ⁊ ſærte þa hƿíle ðe hiſ líꝼ beo· ⁊ ne ȝeþꞃꞃꞇlæce he ꝥ he Dꞃihtneſ licháman unðeꞃꝼó æꞃ hiſ enðeðæȝe·' Ꞁeonȝe men ⁊ ⁴anȝẏtleaſe man ꞃceal þeaꞃle ſpinȝan· þe ſpẏlce þinȝ beȝað:·

vii. ᶜꞀiꝼ ſe man æꝥe bꞃicð· ſærte ·vii· ȝeaꞃ ·iii· ðaȝaſ on pucan on hláꝼe ⁊ on pæteꞃe·' ᵈꞼnð ȝiꝼ ƿíꝼ oꝼeꞃ hiꞃe ꞃiht hlaꝼoꞃð oðeꞃne man hæbbe· beo heo þær ẏlcan pẏꞃðe:·'

viii. ᵉᚠe man þe hiſ ꞃiht æꝥe ꝼoꞃlæꞇ ⁊ oðeꞃ ƿíꝼ nimð· he bið æꝥ-bꞃéca· ne ſẏlle him nán pꞃeoꞅt huꞅl· ne nán þæꞃa ȝeꞃihta þe cꞃiſtenum men ȝebẏꞃeð· ⁊ ȝiꝼ him ꝼoꞃð-ꞃið ȝeꞇímað· ne lecȝe hine man ná mið cꞃiſtenum mannum. Ꞽnð ȝiꝼ ƿíꝼ hiꞃe ꞃiht ƿeꞃ ꝼoꞃlæꞇ· ⁊ cẏꞃð oðeꞃne· beo hiȝ þær ẏlcan ðómeſ pẏꞃþe þe heꞃ buꝼan ſeȝð. Ꞽnð þa maȝaſ ðe æt þam ðihte pæꞃon þolien þone ẏlcan ðóm· buton hiȝ æꞃ to bóte ȝecẏꞃꞃan pẏllan· ſpa hiꞃa ꞅcꞃiꝼꞇ him ꞇæꞇð:·'

ix. ᶠᚠe man ðe ꞃiht æꝥe hæꝼð ⁊ eac cẏꝼeſe· ne ſẏlle him

---

¹ ꝼoꞃ X.
² þeóꝼ· móꞃð-ƿẏꞃhta· hlaꝼoꞃð-ꞅꝼica· X. add.
³ mánlican O. mánꝼullan X.Y.
⁴ unpẏtleaſe O. anȝẏtleaſe X. anȝitleaſe Y.

flagellis verberaverit, et ex illa verberatione moriatur, et innocens sit, domina VII. annos jejunet; si autem testimonium habeat, quod nocens esset, nihilominus III. annos jejunet.

5. Homo si seipsum occiderit armis, vel alia quacunque diaboli instigatione, non est permissum, ut pro tali homine missa cantetur, vel cum aliquo psalmorum cantu corpus terræ committatur. Idem judicium adjudicandum est ei, qui, in criminum suorum cruciatum, vitam suam deposuerit.

6. Homo qui se cum bestiis polluit, vel vir cum alio, in re irrationali; si XX. annorum homo sit, ut intelligere possit se res turpes et scelestas committere; abstineat, et confiteatur, et XV. annos jejunet: et si vir conjugem suam habeat, et XL. annorum sit, et res tales committat, abstineat, et jejunet quamdiu vivet, neque audeat corpus Domini accipere, ante diem suum extremum. Juvenes et insipientes fortiter flagellandi sunt, qui tales res commiserint.

7. Si vir adulteret, VII. annos jejunet, III. dies per hebdomadam in pane et aqua. Et si mulier, præter dominum suum legitimum, alium habet virum, eodem sit digna.

8. Vir qui uxorem suam legitimam deseruerit, et aliam mulierem ceperit, adulter est; ne det ei ullus presbyter eucharistiam, neque ullum eorum rituum qui Christianum hominem decent; et si eum obire contigerit, ne ponatur cum Christianis hominibus. Et si mulier virum suum legitimum deseruerit, et alium elegerit, sit eadem sententia digna, ut supra dictum est; et cognati, qui illi consilio interfuerint, patiantur eandem sententiam, nisi prius ad emendationem se convertere velint, prout confessarius eorum eis præscripserit.

9. Viro qui legitimam uxorem et etiam concubinam habet,

---

furi, sicario, domini proditori.

^a *Cap. Th.* p. 65.   ^b *Th.* XVI. 7. 12. 34.
^c *Ib.* XIX. 5.   ^d *Ib.* XIX. 17.
^e *Ib.* XIX. 6. 12.   ^f *Ib.* XIX. 33.

nán ƿreorc hƿýl· ne náne ȝeþuhto þe man cꞃiꞃtenum mannum
beð· buton he to bóte ȝecýꞃꞃe· ⁊ ȝiꝼ he cýꞃeꞃan hæbbe ⁊
náne ꞃiht ǽþe· he áh þæꞃ to ðónne ꞃƿa him ȝeþincð· ƿite he
þeah ꝥ he beo on ánꞃe ȝehealben· beo hit cýꞃeꞃ beo hit
ǽþe :·

x. ªȜiꝼ hƿýlc man ƿið oþꞃeꞃ ꞃiht ǽþe hǽmð· oþþe ƿíꝼ ƿið
oþꞃeꞃ¹ ȝemæccan· ꝼæꞃte ·vii· ȝeaꞃ·ʼ þa ·iii· on hláꝼe ⁊ on
pæteꞃe· ⁊ þa ·iiii· ꞃƿa him hiꞃ ꞃcꞃiꝼt tǽce :·

xi. ᵇȜiꝼ hƿýlc ƿíꝼ tƿeȝen ȝebꞃoðꞃu nimð hiꞃe to ȝemæccan·
oþeꞃne æꝼteꞃ oþꞃum· toðð man hiȝ· ⁊ beon hiȝ on ðǽð-bóte
þa hƿíle ðe hiȝ lýbbon· ꞃƿa hiꞃa ꞃcꞃiꝼt him tǽce· ⁊ ǽt hiꞃa
ꝼoꞃð-ꞃíðe ðó ꞃe ꞃaceꞃð him þa ȝeꞃihto· ꞃƿa man cꞃiꞃtenum
mannum ðón ꞃceal· ȝiꝼ hiȝ ꝥ ȝeháton· ꝥ hi lenȝ bétan poldon·
ȝiꝼ hiȝ lenȝ lýbban moꞃton· Ȝiꝼ hƿá on ꞃƿylcum mánꝼullan
ꞃinꞃcýpe þuꞃhpunað oð hiꞃ² enbe· ne cunne þe him náne bóte
tǽcan· butan hit iꞃ æt Ȝoðeꞃ ðóme ȝelanȝ :·

xii. Ȝiꝼ hƿýlc ƿíꝼ bepeððoð beo· niꞃ hit ná alýꝼeð ꝥ hƿýlc
oðeꞃ man hine þæꞃ beꞃeaꞃiȝe· ȝiꝼ hit hƿá ðó· beo he amánꞃumoð :·

xiii. Ȝiꝼ hƿá mið hiꞃ oꝼeꞃcꞃæꝼte ƿíꝼ oððe mæden ³nýðinȝa
nimð to unꞃiht-hǽmebe· hiꞃe únꝥilleꞃ· beo he amánꞃumoð :·

xiv. Ȝiꝼ hƿá mið hiꞃ lóttꞃencum oðꞃeꞃ manneꞃ ꝼolȝeꞃe
ꝼꞃam him apǽce ꝼoꞃ hǽmeð-þinȝe· ⁊ hiꞃe unꝥilleꞃ ƿið hiȝ
hǽme· ȝiꝼ he bið ȝeháðoð man· þolȝe hiꞃ háðeꞃ· ȝiꝼ he beo
lǽꝥebe· beo he amánꞃumoð :·

xv. Ȝiꝼ hƿýlc mæden bepeððoð bið· ⁊ undeꞃ þam bið
ȝeheꞃȝoð· oððe mið ꞃumum ⁴intinȝum aꞃýꞃꝼeð bið þam ðe heo
bepeððoð ƿæꞃ· ⁊ hit eꝼt ȝelimpe ꝥ hiȝ on neaꞃýꞃte becumen·
be leáꝼe hi móton toȝæðeꞃe· ꝼoꞃþon heo þæꞃ hiꞃe unꝥilleꞃ
ꝼꞃam him :·

xvi. ᶜȜiꝼ hƿýlc ƿíꞃman bið ȝeháðoð ȝemǽneꞃ háðeꞃ· ⁊ heo

---

¹ ƿíꝼeꞃ ꞃiht X. add.   ⁵ líꞃeꞃ X. Y. add.
³ nýðlinȝa O. nýðinȝa X. neaðinȝa Y.   ⁴ intinȝan X.

ne det ullus presbyter eucharistiam, nec ritus ullos, qui hominibus Christianis fiunt, nisi ad emendationem se converterit. Et si concubinam habeat, et nullam legitimam uxorem, erit ei proinde quod ipsi videbitur faciendum; sciat tamen ut cum una ei manendum sit, sit concubina, sit uxor.

10. Si vir quis cum alterius legitima uxore adulteraverit, vel mulier cum alterius conjuge, VII. annos jejunet, III. in pane et aqua, et IIII. prout confessarius ejus ei præscripserit.

11. Si mulier aliqua duos fratres, unum post alterum, in conjugium sibi ceperit, separentur, et sint in pœnitentia quamdiu vivent, prout confessarius eorum eis præscripserit; et obeuntibus illis, faciat eis sacerdos ritus sicut hominibus Christianis faciendum est, si promittant diutius se emendaturos, si sibi diutius vivere liceret. Si quis in tali nefando conjugio permanserit usque ad finem suum, non possumus ei aliquam emendationem præscribere, sed Dei judicio est relinquendum.

12. Si mulier aliqua [viro] desponsata sit, non est permissum ut aliquis alius vir illam ei auferat; si fecerit hoc quis, excommunicetur.

13. Si quis per fraudem mulierem vel puellam invitam ceperit ad fornicationem, excommunicetur.

14. Si quis versutiis suis alius hominis pedisequam ab eo, fornicationis causa, allexerit, et cum ea invita coeat, si ordinatus homo sit, perdat ordinem suum; si sit laicus, excommunicetur.

15. Si puella aliqua desponsata sit, et interea in captivitatem ducta fuerit, vel causa aliqua ab eo erepta cui desponsata erat, et postea acciderit ut alter in alterius viciniam veniat, cum venia conjungi possunt, quia ab eo invita aberat.

16. Si mulier aliqua ordinata fuerit clericali ordine, et deinde

---

ᵇ/ *Th.* XIX. 32.	ᵇ/ *Ib.* XX. 12.
ᶜ/ *Ib.* XVIII. 16.

ryððan forhogige þone bryð-guman þe heo ǽr bepeddod pær.
þ̵ ir Crirt. ⁊ to poplðlicre idelnýrre gecýrð. ⁊ hírnædene
underrehð. ⁊ þencð þ̵ heo mid hipe æhtum ⁊ popld-rpedon þa
ǽbýlignýrre gebéte þe heo Lode ¹abylgð. ²nir þ̵ naht·' ac ne
mæg heo nán þæpa þinga gedón þe Lode licpýrðe beo· ne
hipe nán ppeort rcrían ne mót. ǽr heo þone rinrcipe
forláete ⁊ to Crirte gecýrre· ⁊ ryððan hipe líf lýbbe rpa hipe
rcrirt hipe tǽce:"

xvii. ³Lir hpýlc mæden-man on gererrædene mid geháðobum⁴ punað· ⁊ heo to þam ýlcan háðe þence· ⁊ under þam
þurh deorler cortnunga on hǽmed-þing gerǽre· ne bið heo
ná pið Lod unrcýldig· þeah heo ungeháðod pǽpe· forþon ðe
heo ǽr þohte þ̵ heo Loder bryð purþan polde· þonne ir hipe
mýcel nead-þearr· þ̵ heo hipe mirdæda andette· ⁊ béte rpa
hipe rcrirt hipe tǽce:'

xviii. ⁵Lir hpýlc man pírige on hir nehrtan magan· oððe
on hir gerædepan· oððe on hir bpoðor láre· oððe on hir rteóp-moder· beo he amánrumað rnam eallum crirtenum mannum·
⁊ gir he to dǽdbóte gecýrð· rpa he þearre áh· béte he æfre
⁊ hneoprige þa hpíle ðe he beo· be bircoper dóme:'⁵

xix. ᵇLir hpá mýnecene· ðe Loder bryð bið geháten· him
to píre nimð· beo heo amánrumað' rnam eallpa gelearrulpa
manna gemǽnrcipe. Dálige béc recgað· þ̵ he beo eallrpa
rcýldig pið Crirt rpa þær cininger þeopa pǽpe· gir he pið þær
cýninger gebeddan hǽmde. Ánd gir hit ahpænne rpa gelimpð·
rpa hit ná ne gepurðe· þ̵ ǽnig man þurh deorler cortnunga
on-berealle· toðð ⁶man hi on-tpá· ⁊ beo hipa ægðer æfre
hneoprigende ⁊ bétende þa hpíle ðe hig on líre beon· eall be
bircoper dóme:·

xx. ᶜNir ná alýred ⁷nánum crirtenum men þ̵ he oftor
pírige þonne tupa· forþon Sǽr Paulur hit forbít on hir lápe·

¹ abealh X.   ²ʹ X. add.
· ³ʹ Omit. X.   ⁴ mannum Y. add.
⁵ In ms. X. hoc ultimum est capitulum, quod excipit sequens de seipso
librarii testimonium : Me scripsit Wulfgeatus, scriptor Wigornensis.
Ora obsecro p ipsius neuis cosmi satorem. Amen. Et qui me
scripsit semp sit felix. Amen.
⁶ X. Y. add.   ⁷ ǽnigum X. Y.

despiciat sponsum cui antea desponsata erat, id est Christus,
et ad mundanam vanitatem reversa fuerit, et familiam susceperit,
et cogitet possessionibus suis et mundanis opibus, iram Dei,
quam excitaverit, placare, id nihili est, nequit enim quidquid
eorum facere quæ Deo grata sunt; neque ulli presbytero confessionem ejus accipere licebit, antequam conjugium suum
renunciaverit, et ad Christum reversa sit, et postea vitam vivat,
prout confessarius ejus ei præscripserit.

17. Si puella aliqua in societate cum ordinatis habitet, et se
eidem ordini destinet, et interim, per diaboli tentationes, ad
fornicationem convertat, non erit insons coram Deo, etiamsi
non sit ordinata; quoniam antea statuerat, quod Dei sponsa
fieret: tunc ei valde erit necessarium, ut delicta sua confiteatur,
et emendet, prout confessarius ejus ei præscripserit.

18. Si quis proximam cognatam, vel matrinam, vel fratris
sui viduam, vel novercam in uxorem duxerit, excommunicetur
ab omnibus Christianis hominibus; et si ad pœnitentiam se
convertat, prout necesse habet, emendet usque et pœniteat,
quamdiu erit, juxta sententiam episcopi.

19. Si quis monacham, quæ Dei sponsa vocatur, sibi in
uxorem duxerit, excommunicetur illa ab omnium fidelium
communione. Sacri libri dicunt, quod ille erga Christum
æque sons sit ac servus regis esset, si cum regis conjuge
coivisset. Et si aliquando ita accidat, quod absit, ut aliquis
homo, per diaboli tentationes, in id inciderit, separentur illi,
et uterque eorum usque pœnitens sit et emendans, quamdiu in
vivis erunt, omnino juxta sententiam episcopi.

20. Non est permissum alicui homini Christiano, ut plus
quam bis matrimonium contrahat; quoniam Sanctus Paulus, in

ᵃ *Th.* xx. 2. 3. 7.   ᵇ *Ib.* xx. 1.
ᶜ *Ib.* xix. 13, 14, 15, 16.

ꞁ tǽcð ælcum men hū he ẏmbe þ ðōn ꞃceal. þ ıꞅ· ȝıꞇ hƿẏlceꞅ
ƿeꞃeꞅ ꞇoꞃme ƿıꞇ bıð deað· þ he be leaꞌꞃe oðeꞃ ƿıꞇ nıman mōꞇe·
ꞁ ȝıꞇ he þa oꞃeꞃbẏꞇ· punıȝe he á ꞃẏððan ƿıꞇleaꞅ.   Wıꞇ eallꞃƿa·
ȝıꞇ hıꞃe ꞇoꞃman ƿeꞃe ꞃoꞃðꞃıð ȝebẏꞃıȝe· be leaꞌꞃe heo nıme[1]
oðeꞃne· ȝıꞇ heo þ ceoꞃan ƿẏle· ꞁ ȝıꞇ heo þone oꞃeꞃbẏꞇ· punıȝe
heo á ꞃẏððan on ƿūðepan hāðe· þa hƿıle ðe hẏꞃe lıꞌꞁ ꞅıȝ. ꞁ
ȝıꞇ [2]ahƿænne ƿeꞃ oððe ƿıꞇ þaꞅ þınȝ abꞃecað. ne ōꞃꞇꞃẏꞃan hıȝ
ná Goðeꞅ mılðheoꞃꞇnẏꞅꞅe· ac ȝecẏꞃꞃon ꞁ bēꞇon ꞅƿa hẏꞃa
ꞅcꞃıꞇꞇ hım ꞇǽce ꞁ ƿıꞅꞅıȝe:·'

XXI. [a]Þálıȝe [b]bēc ꞇǽcað hƿæꞇ æȝhƿẏlcum ȝeleaꞌꞃꞃullum
[c]men ꞇo ðōnne ẏꞅ· þonne he hıꞅ ꞃıhꞇ ꞌꞃæꞇe ꞌꞃeꞃeꞅꞇ hám bꞃınȝð·
þ ıꞅ· æꞃꞇeꞃ bōca ꞇǽcınȝe· þ hı þꞃeoꞃa daȝa ꞁ nıhꞇa ꞌꞃẏꞃꞅꞇ
hẏꞃa clǽnnẏꞅꞅe healdan ꞅcẏlon· ꞁ þonne on þone þꞃıddan
dæȝ hẏꞃa mæꞅꞅan ȝeꞃꞇandan· ꞁ hıȝ būꞇu huꞅl nıman· ꞁ
ꞃẏððan hẏꞃa ꞅınꞅcıpe healdan ꞃoꞃ Goðe ꞁ ꞃoꞃ ƿoꞃlðe· ꞅꞃa
hẏꞃa þeaꞃꞃ ꞅıȝ. Ánð ælcum ·ȝeꞃınhıpum ȝebẏꞃeð· þ hıȝ
·hẏꞃa clǽnnẏꞅꞅe healðon ·xl· daȝa ꞁ nıhꞇa ꞌꞃꞃ þam [d]hálȝan
Eaꞅꞇꞃon· ꞁ ealle þa Eaꞅꞇeꞃ-pucan· ꞁ æꞃꞃe Sunnan-nıhꞇe· ꞁ
Woðneꞅ-nıhꞇe· ꞁ Fꞃıȝe-nıhꞇe.' [b]Ánð ælc ꞌꞃæꞅꞇ ƿıꞇ healðe
hẏꞃe clǽnnẏꞅꞅe ·ııı· monðaꞅ ꞌꞃꞃ þam beoꞃðꞃe· ꞁ æꞃꞇeꞃ þæꞃe
acenneðnẏꞅꞅe [e]·lx· nıhꞇa ꞁ ðaȝa· beo hıꞇ hẏꞃe-cılð· beo hıꞇ
mæðen-cılð:·'

XXII. [c]Ȝıꞅ hƿẏlc man [f]hıꞅ ælmeꞅꞅan' ȝeháꞇe oððe bꞃınȝe
ꞇo hƿẏlcon ƿẏlle· oððe ꞇo ꞅꞇáne· oððe ꞇo ꞇꞃeoꞃe· oððe ꞇo
ꞌꞃnıȝum ·oðꞃum ȝeꞅceaꞌꞇꞇum· buꞇan on Goðeꞅ naman ꞇo
Goðeꞅ cẏꞃıcan· ꞌꞃæꞅꞇe ·ııı· ȝeaꞃ on hláꞌꞃe ꞁ on ꞃæꞇeꞃe· ꞁ þeah
he ȝeþꞃıꞅꞇlǽce þ he æꞇ ꞅƿylcum ꞅꞇopum ēꞇe oððe ðꞃınce· ꞁ
náne lac ne bꞃınȝe· ꞌꞃæꞅꞇe he þeah-hƿæðeꞃe án ȝeaꞃ on hláꞌꞃe
ꞁ on ꞃæꞇeꞃe:·''

XXIII. [d]Nıꞅ ná ꞃoðlıce alẏꞌꞃeð nánum cꞃıꞅꞇenum men· þ he
ıðele hƿaꞇunȝa beȝá· ꞅꞃa hæðene men ðōð. þ ıꞅ· þ hıȝ ȝelẏꞌꞃon
on ꞅunnan ꞁ on monan· ꞁ on ꞅꞇeoꞃꞃena ꞃẏne· ꞁ ꞅecon ꞇıða
hƿaꞇunȝa hẏꞃa þınȝ ꞇo beȝẏnnanne· ne ƿẏꞃꞇa ȝaðeꞃunȝe mıð

---

[1] hẏꞃe X. *add.*   [2] ahƿænne O. ahꞃenne X. hꞃænne Y.
[a] ȝeꞃꞃıꞇu X.   [c] ꞃeꞃe X. Y.
[b] X. Y., O. *omit.*   [d] ·xl· X. Y.
[f] X. Y. *add.,* O. *omit.*

doctrina sua, hoc prohibet, et quemque hominem docet, uo-
modo ea de re agere debeat : id est, si cujusvis viri prima xor
mortua sit, quod cum venia aliam uxorem ducere possit; t si
supersit ei, permaneat postea usque cœlebs.   Ita etiam miier,
si primi viri obitus evenerit, cum venia nubat alteri, i id
eligere velit; et si huic supersit, in viduitate postea usqueper-
maneat, quamdiu vivet.   Et si aliquando vir vel mulier hæ res
violaverit, ne desperent illi de misericordia Dei, sed convertntur,
et emendent, prout confessarius eorum iis præscripseit et
ostenderit.

21. Sancti libri docent quid cuique homini fideli faciendum
sit, cum legitimam suam uxorem primum domum duxeit; id
est, juxta librorum doctrinam, ut, per spatium trium tierum
et noctium, castitatem suam servare, et tunc tertio die missæ
suæ adesse, et ambo eucharistiam accipere debeant, et deinde
conjugium suum tenere coram Deo, et coram munde, rti ipsis
necesse erit.   Et conjuges omnes oportet castitaten suam
servare XL. dies et noctes ante sanctum Pascha, et per totam
hebdomadam paschalem, et semper nocte diei Dominici et diei
Mercurii, et diei Veneris.   Et quælibet religiosa mulier castitatem suam servet III. menses ante partum, et LX. noctes et dies
post partum, sit masculus infans, sit femina.

22. Si homo quis eleemosynam suam voverit vel attulerit ad
fontem aliquem, vel ad lapidem, vel ad arborem, vel ad alias
quaslibet creaturas, nisi in nomine Dei, ad ecclesiam Dei,
III. annos in pane et aqua jejunet; et si præsumserit in talibus
locis edere vel bibere, etsi nulla munera afferat, nihilominus
unum annum in pane et aqua jejunet.

23. Homini Christiano certe non est permissum vana auguria
facere, uti gentiles faciunt, (id est, quod credant in solem
et lunam, et in cursum stellarum; et auguria temporum
exquirant, ad negotia sua incipienda;) nec herbarum col-

Th. XVII. 1.   *Ib.* XVII. 2.
Ib. XXVII. 18.   *Ib.* XXVII. 17. 24. 25.

nánin ȝalðɲe· butan mið Paten nortеɲ· ⁊ mið Cɲeðan· oððe
mið ·umon ȝebеðe þe to Ⲅoðe belimpe· Ⲅiſ hƿá þaſ iðelan
þinȝ beȝá· ȝeɲƿíce· ⁊ anðette· ⁊ fæſte ·xl· daȝa· ⁊ ȝiſ he
eſt o þæɲe iðelnýſſe eſtȝehƿýɲſe· þonne fæſte he ·iii·
lenȝtmo:'

xxi. ᵃⲄiſ hƿýlc lǽpeðe man hine ſoɲſƿeɲiȝe· ⁊ he ƿíte þ
he mín-ſƿeɲiȝe· fæſte ·iiii· ȝeaɲ·   Ⲅiſ he bið ȝemǽneſ
hǽðeɲman· fæſte ·v· ȝeaɲ· ſubðiacon ·vi· ȝeaɲ· ðiacon ·vii·
mæſſеpɲеoſt ·x· biſceop ·xii·' ᵇAnð ȝiſ hƿá bið ȝenýðð þ
he mǽ-ſƿeɲiȝe oððe he þ mán nýte· fæſte ·iii· ȝeaɲ ·i· ȝeaɲ
on hláſ ⁊ on pæteɲe·' ⁊ ·ii· ſƿa hiſ ſcɲiſt him tǽce· ⁊ ȝiſ
hine oihaȝiȝe· ȝeſɲeoȝe ǽnne man ſoɲ Ⲅoðeſ luſon· ᶜAnð
ȝiſ hƿá ſoɲ ǽniȝeſ manneſ eȝe oððe luſe· oððe ſoɲ ǽniȝum
ſceattahine ſoɲſƿeɲiȝe· ðǽle hiſ ǽhta þeaɲſenðum mannum·
⁊ ſáɲe to mýnſtɲe· ⁊ béte ſƿa hiſ ſcɲiſt him tǽce· ⁊
hɲeoƿſiȝe ǎ þa hƿíle þe he on líſe beo:'

xxv. 'Ⲅiſ hƿýlc man ſoɲſtéle ðeoɲpurðe þinȝ· ȝiſ he bið
lǽpeðe nan· fæſte ·v· ȝeaɲ· ſubðiacon ·vi· ðiacon ·vii·
mæſſе-pɲeoſt ·x· biſceop ·xii·' ᵉAnð ȝiſ hƿýlc man meðeme
þinȝ ſtéle· aȝýſe þa ſtále þam ðe hiȝ ahte· ⁊ fæſte ·i· ȝeaɲ
on hláſe ⁊ on pæteɲe· ⁊ ȝiſ he næbbe þa ſtále to aȝýſanne·.
fæſte ·iii· ȝeaɲ on hláſe ⁊ on pæteɲe:'

xxvi. ᶠⲄiſ hƿá on leaſɲe ȝeƿitnýſſe beo· nýſ him ná
alýſeð þ he huɲleſ onſó· ǽɲ he anðette ⁊ béte· ſƿa hiſ ſcɲiſt
him tǽce:'

xxvii. ᵍSoðIice niſ nánum cɲiſtenum men alýſeð þ he on
Ⲅoðeſ cýɲcean Ⲅoðe lác oſſɲiȝe· þa hƿíle ðe he nýð· oððe
anðan· oððe ǽniȝe unȝeþƿæɲnýſſe hæbbe on hiſ heoɲtan
ƿið hiſ þone nehſtan· ſoɲþon hiſ lác ne beoð anðɲenȝe Ⲅoðe
ǽɲþam ðe he hine ſýlſne ȝeþƿæɲiȝe ⁊ ¹ȝeȝIabiȝе ƿið hiſ
nehſtan· ſoɲþon ſе Ⲅælenð cƿæð on hiſ ȝoðſpelle· Ⲅiſ þu
lác bɲinȝe to Ⲅoðeſ ƿeoſoðe· ⁊ þu þaɲ ȝemanɲt þ þín

---

¹ ȝelaþiȝe *O.* ȝlabiȝe *X.* ȝeȝlabiȝe *Y.*

lectionem cum incantatione aliqua, nisi cum 'Pater noster,' et cum 'Credo,' vel cum prece aliqua quæ Deo convenit. Si quis has res vanas exerceat, cesset, et confiteatur, et XL. dies jejunet; et si iterum ad vanitatem illam reversus fuerit, tunc III. quadragesimas jejunet.

24. Si laicus aliquis perjuraverit, et sciat quod perjurus sit, IIII. annos jejunet. Si sit clericus, v. annos jejunet; subdiaconus VI. annos; diaconus VII.; presbyter X.; episcopus XII. Et si quis coactus sit perjurare, vel perjurium ignoret, III. annos jejunet, I. annum in pane et aqua, et II. prout confessarius ejus ei præscripserit; et si facultatem habeat, hominem, ex amore Dei, liberet. Et si quis ex timore vel amore alicujus hominis, vel pro pecunia aliqua perjuraverit, distribuat possessiones suas pauperibus hominibus, et intret in monasterium, et emendet prout confessarius ejus ei præscripserit, et usque pœniteat, quamdiu in vivis erit.

25. Si homo quis rem pretiosam furatus sit, si laicus sit, v. annos jejunet; subdiaconus VI.; diaconus VII.; presbyter X.; episcopus XII. Et si homo quis rem mediocrem furatus sit, reddat furtum ei cujus proprium erat, et annum unum in pane et aqua jejunet; et si non habeat unde furtum reddat, III. annos in pane et aqua jejunet.

26. Si quis in falso testimonio fuerit, non est ei permissum eucharistiam accipere, antequam confessus fuerit et emendaverit, prout confessarius ejus ei præscripserit.

27. Profecto nulli Christiano homini est permissum in ecclesia Dei munera Deo offerre, quamdiu invidiam, vel malitiam, vel simultatem ullam in corde suo cum proximo suo habet; quoniam munera sua non erunt acceptabilia Deo, antequam se reconciliaverit et placaverit proximo suo; quoniam Salvator in Evangelio suo dixit: 'Si affers munera ad altare Dei, et ibi recordatus fueris, quod frater tuus,' id est quilibet Christianus

a Th. XXIV. 1. b Ib. XXIV. 7.
c Ib. XXIV. 8. d Ib. XXIII. 2.
e Ib. XXIII. 3. f Ib. XXII. 1.
g Ib. XI. 3.

bnoðon· ꝥ iſ ælc cꝑyꞃten man· ꞃiꜩ unþꝛæne ꝥið þe· ꝼoꝛlǽꞇ
þæꞃ þíne lác· ⁊ ꜩā ꞇo þínum bꞃoþeꞃ· ⁊ ꜩeþþæꞃe þe ꝑið
hine· ⁊ ꞃyððan cume ꞇo þam peoꝛode· ⁊ oꝼꝼꞃa Iꞃode ꜩecꝑéme
lác:᾽

XXVIII. Iniꝼ hꝑylc man ꞇo þam hǽꞇheoꞃꞇ ꞃiꜩ ⁊ ꞃꞇꞃanꜩ-
móð· ꝥ he ꞇo nānum poꞃlð-ꞃihꞇe ⁊ ꞃybbe ꝼón nelle ꝑið þæne þe
ꝑið hine aꜩylꞇ hæꝼð· beo he amānꞃumað:·

XXIX. Se man þe ꝼoꞃ hꝑylceꞃe unꜩeþþæꞃnyꞇꞇe ꝑinð
hiꞃ nehꞃꞇan· ⁊ ꞇo þon ꞃꞇíð bið ꝥ he āðaꞃ ꞃylð· ꝥ he
nānne ꞃybbe ꝼón nelle æꞇ þam ðe ꝑið hine aꜩylꞇ hæꝼð· be
amānꞃumað· Iniꝼ he þonne ꜩecyꞃꞃan ꝑyle· ⁊ ꞇo ꞃybbe
ꝼæꞃꞇe ·I· ꜩeaꞃ ꝼoꞃ þæꞃ āðeꞃ þinꜩum· ⁊ ·III· lenꜩcꞇenu o
hláꝼe ⁊ on pæꞇeꞃe· ⁊ þæꞃ ꜩeaꞃeꞃ oꝼeꞃ-eācan ꝼæꞃꞇe ꞃꝑa him hiꞃ
ꞃcꞃiꝼꞇ ꞇǽce:·

XXX. ᵃÆlcum ꜩeleaꝼꝼullum men ýꞃ ꝼoꞃbóðen· ꝥ he hiꞃ
ꝼeoh· ne hiꞃ æhꞇa ꞇo nānum ūnꞃihꞇum ꜩaꝼole ne lǽne· ꝥ
iꞃ· ꝥ he hine máꞃan ne bibbe ꞇo aꜩyꝼanne þonne he him
ǽꞃ lǽnde· ac ꝼoꞃ luꝼe ⁊ ꝼoꞃ þeaꞃꝼe lǽne ꜩehꝑā oðꞃum hiꞃ
ꝼeoh ⁊ hiꞃ æhꞇa· ꞃꝑa he þylle ꝥ man him ðó· Iniꝼ hꝑā ꝼoꞃ
hꝑylceꞃe ¹mānꝼulꞃe ꜩyꞇꞃunꜩe þiꞃ ðó· hālꜩe béc him ꞇǽceað
·III· ꜩeaꞃa ꝼæꞃꞇen· ān ꜩeaꞃ on hláꝼe ⁊ on pæꞇeꞃe· ⁊ þa ·II·
ꞃꝑa him hiꞃ ꞃcꞃiꝼꞇ ꞇǽce:᾽

LIBER III.

---

¹ *X. Y. add.*

homo, 'simultatem tecum habet, relinque ibi munera tua, et adi fratrem tuum, et reconcilia te ei; et deinde veni ad altare, et offer Deo grata munera.'

28. Si homo quis adeo furiosus et duro corde sit, ut nullum sæculare jus et pacem admittere velit cum eo qui in eum deliquerit, excommunicetur.

29. Homo qui propter simultatem aliquam certat cum proximo suo, et adeo durus sit, ut juramenta præstet, se nullam pacem admittere velle cum eo qui in eum deliquerit, excommunicetur. Si autem resipiscere velit, et pacem admittere, I. annum jejunet propter juramentum, et III. quadragesimas, in pane et aqua; et reliquum anni jejunet, prout confessarius ejus ei præscripserit.

30. Cuilibet fideli homini prohibitum est, pecuniam suam vel possessiones suas ullo injusto fœnore mutuas dare; id est, ne poscat sibi plus reddi quam antea mutuum dederat; sed ex amore, et propter necessitatem, quisque mutuam det alii pecuniam suam et possessiones suas, prout velit ut sibimetipsi fieret. Si quis ex nefanda avaritia aliqua hoc fecerit, libri sacri ei præscribunt trium annorum jejunium, unum annum in pane et aqua, et II. prout confessarius ejus ei præscripserit.

LIBER III.

' Th. xxv. 3. 5.

ɪx. Be þam ðe ᵹehádoð man ᵹeþoꞃtꞃæbene nimð ꞃið ꝼiꞃman :·

x. ¹Eꝼt be þam ylcan :·

xɪ. Be muneceꞃ miꞃhealðꞃumnyꞃꞃe· ⁊ mynecyne :·

xɪɪ. Be ꝼiꞃmanneꞃ þenunᵹe on Ᵹodeꞃ þeoꞃoðe· þe hiꞃe to ne ᵹebyꞃeð :·

xɪɪɪ. Be þam þ ælc ꞃaceꞃð ꞃceal cunnan hiꞃ ᵹeꞃihto :·

xɪᴠ. Be þam ðe Scꞇ Aᵹuꞃtinuꞃ ꞃenðe to Rome to Sce Ᵹꞃeᵹoꞃie· ⁊ Scꞇ Ᵹꞃeᵹoꞃiuꞃ him anðꞃꞃare ꞃenðe :·

xᴠ. Be þam þ þam ꞃaceꞃðe naht ne ꞃꞃemað þ he ꞃihtꞃiꞃ beo· ᵹiꝼ he þam unꞃihtꞃiꞃan nele hyꞃa unꞃihteꞃ ꞃtyꞃan :·

xᴠɪ. Be mæꞃꞃe-pꞃeoꞃteꞃ ðꞃohtnunᵹe :·

ɪ. ²Ᵹiꝼ mæꞃꞃe-pꞃeoꞃt oððe ðiacon ꝼiꞃᵹe· þoliᵹon hyꞃa háðeꞃ· ⁊ ᵹiꝼ hiᵹ æꝼteꞃ þam hæmeð-þinᵹ beᵹað· ná þ án þ hiᵹ ²behádoð ꞃynt· ac eac ꞃꝑylce ꝼæꞃton ·ᴠɪɪ· ᵹeaꞃ· be biꞃceopeꞃ dóme :·

ɪɪ. Ᵹiꝼ mæꞃꞃe-pꞃeoꞃt ᵹeleahtꞃoð pæꞃ mið heaꞃoðlicum ³ᵹyltum· ꞹꞃ he ᵹehádoð pæꞃe· ⁊ he þ ꞹꞃ anðette ⁊ bꝫꞇte· ꞃꝑa hiꞃ ꞃcꞃiꝼt him tæhte· ᵹiꝼ he eꝼt· ꞃyððan he ᵹehádoð bið· þa ylcan leahtꞃaꞃ beᵹæð· ⁴ne mót he⁴ ꞹniᵹe þenunᵹe æt Ᵹodeꞃ þeoꞃoðe dó· ac puniᵹe him elleꞃ mið ᵹemꞹneꞃ háðeꞃ mannum· ⁊ ᵹiꝼ he cynꞃan ꝑyle· bꝫte ꞃꝑa ꞃe biꞃceop him tꝫce :·

ɪɪɪ. ᵇᎶiꝼ mæꞃꞃe-pꞃeoꞃt oððe ðiacon man oꝼꞃleꞹ· oððe hiᵹ ꝼoꞃꞃꝑeꞃiᵹen· þoliᵹon hiꞃa háðeꞃ· ⁊ ᵹiꝼ hiᵹ to bóte ᵹecyꞃꞃan ꝑyllon· bꝫton be þæꞃ biꞃceopeꞃ dóme :·

ɪᴠ. Ᵹodeꞃ ꞃaceꞃðaꞃ· ⁊ ðiaconaꞃ· ⁊ oðꞃe Ᵹodeꞃ þeoꝑaꞃ· þe on Ᵹodeꞃ temple Ᵹode þeniᵹan ꞃcylon· ⁊ háliᵹdóm· ⁊ háliᵹe béc hanðliᵹan· þa ꞃcylon ꞃymble hyꞃa clꝫnnyꞃꞃe healðan· þonne ᵹiꝼ ꞹniᵹ ꞃꝑa ᵹeꞃað man on hꝫmeð-þinᵹ beꝼealle· anðette hiꞃ ꞃcꞃiꝼte· ⁊ bꝫte ꞃꝑa he him tꝫce· ꝼoꞃþon ꞃe Dælenð cꝑꝫð· Beon ᵹe háliᵹe· ꝼoꞃþon þe ic Dꞃihten Ᵹod ⁊ eoꝑeꞃ hlaꝼoꞃð eóm háliᵹ :·

---

¹ *in* Y. *deest, nec textui congruit.*
² ᵹehádoð O.X. behádoð Y.   ³ leahtꞃum X.Y.
⁴ þe he ꞹꞃ byðe· ne bið ná ꝑyꞃðe þ he X. þe he ꞹꞃ bꝫtte· ne bið he ná ꝑyꞃðe þ he Y.

---

1. Si presbyter vel diaconus uxorem duxerit, perdant ordinem suum ; et si postea fornicati fuerint, non solum ordine priventur, sed etiam VII. annos jejunent, juxta sententiam episcopi.

2. Si presbyter vitiatus esset capitalibus criminibus antequam ordinatus sit, et ea prius confessus sit et emendaverit, prout confessarius ejus ei præscripserit ; si iterum, postquam ordinatus sit, eadem vitia committat, non ei licebit ministerium ullum ad altare Dei facere, sed maneat alioquin cum clericis ; et si resipiscere velit, emendet prout episcopus ei præscripserit.

3. Si presbyter vel diaconus hominem occiderit, vel perjuraverit, perdant ordinem suum ; et si ad emendationem se convertere velint, emendent juxta sententiam episcopi.

4. Sacerdotes Dei, et diaconi, et alii Dei ministri quos in Dei templo Deo servire oportet, et reliquias et sacros libros manu tractare, castitatem suam usque servare debent ; si igitur hujusmodi homo quis in fornicationem inciderit, confiteatur confessario suo, et emendet prout ei præscripserit ; quoniam Salvator dicit : ' Estote sancti, quoniam ego Dominus Deus et Dominus vester sum sanctus.'

ᵃ *Th.* XVIII. 1. 11. 14.

ᵇ *Ib.* XXI. 17.

v. Ða sacerðas. ⁊ þa ðiaconas. ⁊ þa Goðes þeoƿas. þe his sylfe nellað ne ne maᵹon for Goðe þa clǽnnysse healðan þe him beboðen ys. arcyriᵹe man his fram þǽre þenunᵹe. þe clǽne men on Goðes huse Goðe þeniᵹað. ⁊ ᵹif hi þonne ᵹecyrran ⁊ anðettan ƿyllað. béton sƿa hyra scrift him tǽce:·

vi. Soðlice eallunᵹa is forboðen. on halᵹum bocum. ælcon bisceope. ⁊ abboðe. ⁊ mæsse-preoste. þ his náner ƿifmannes neaƿeste mið him næbbon. Gre eac sƿylce ælcon Goðes þeoƿe. þe on clǽnnysse Goðe þeoƿiᵹan scyle. ys forboðen þ he naþor ne his maᵹan. ne oðerne ƿifman. for náner ƿeorces þinᵹon inne mið him næbbe. þi læs he þurh ðeofles costnunᵹe þæron ᵹesynᵹiᵹe:·

vii. Ᵹif bisceop. oððe abboð. oððe mæsse-preost. oððe hƿylc Goðes þeoƿ. lǽnð his feoh to unrihtum ᵹafole. ⁊ ne ᵹeman hƿæt se Dælenð cƿæð. þurh Dauið þone sealm-sceop he cƿæð. Ða scylon his ƿicer brucan ðe hyra feoh to nánum unrihtum ᵹafole ne syllað. ᵹif hƿa þis abricð. ne bið he ƿyrðe þ he husl underfo. ǽrþam ðe he hit ᵹebéte. sƿa hit her bufan aƿriten ys. þ is ·iiii· ᵹeara fæsten:·

viii. Nys nánum mæsse-preoste alyfeð. ne ðiacone. þ hi ᵹeféran beon. ne ƿicneras. ne ymbe náne ƿorlð-byrᵹunᵹe abyrᵹoðe beon. buton mið þǽre þe his to-ᵹetitoloðe beoð:·

ix. Se riht Goðes þeoƿ. þe mið Goðes þeoƿðome abyrᵹoð byð. ne ᵹebyreð him ná to farenne fram stope to stope. ne fram huse to huse. ƿifmannes neaƿeste ᵹyrnenðe. butan his láreoƿes leáfe. þonne ᵹif hƿa þysne ᵹerunan hæbbe. ᵹesƿice ⁊ béte. sƿa his scrift him tǽce:·

x. Se munuc þe hine sylfne Goðe behét. ⁊ þone halᵹan reᵹol underfehð. ne ᵹebarenað him ná þ he æniᵹes ƿorlðlicer ƿyrðmyntes ᵹyrne. oððe þ abrece þ he Goðe behét. [1] ᵹif he þis ðeð. ᵹesƿice ⁊ béte sƿa him bisceop tǽce:·

xi. Munuc ⁊ mynecenu þe Goðe sylfum beoð ᵹehalᵹode. ⁊ hyra ᵹehát Goðe ᵹehaten habbað. ᵹif hi þonne þurh ðeofles

---

[1] beo he amánsumað fram eallum ᵹeleaffullum mannum. X. Y.

5. Sacerdotes, et diaconi, et servi Dei, qui ipsi nolunt, nec possunt, coram Deo castitatem servare, quæ eis injuncta est, abscidantur a ministerio, quo homines puri in domo Dei Deo ministrant; et si postea resipiscere et confiteri velint, emendent prout confessarius eorum eis præscripserit.

6. Certe omnino est prohibitum, in libris sacris, cuique episcopo, et abbati, et presbytero, ne mulieris alicujus societatem secum habeant. Imo etiam simili modo cuique Dei ministro, qui in castitate Deo servire debet, est prohibitum, ne cognatam suam, neque aliam mulierem, ullius operis causa, intus secum habeat; ne, per diaboli tentationem, in ea re peccet.

7. Si episcopus, vel abbas, vel presbyter, vel quilibet Dei minister, pecuniam suam injusto fœnore mutuam dederit, et non recordatus sit ejus quod Salvator, per Davidem psalmistam, dicit: ' Ii regno illius fruentur, qui pecuniam suam nullo injusto fœnore mutuam dant;' si quis hoc violaverit, non erit dignus ut eucharistiam accipiat, antequam emendaverit, prout hic supra scriptum est, id est, per jejunium trium annorum.

8. Nulli permittitur presbytero nec diacono, ut sint præfecti vel procuratores, vel mundano negotio ullo occupati, nisi illo cui nominati sint.

9. Verum Dei ministrum, qui Dei ministerio occupatus est, non decet de loco in locum, nec de domo in domum commeare, mulieris societatem desiderantem, sine doctoris sui venia; si igitur quis hanc consuetudinem habeat, cesset, et emendet, prout confessarius ejus ei præscripserit.

10. Monacho qui seipsum Deo voverit, et sanctam regulam susceperit, non convenit mundanum quemquam honorem desiderare, vel id quod Deo voverit violare; id si faciat, cesset, et emendet, prout ei episcopus præscripserit.

11. Monachus et monacha, qui Deo ipsi sunt consecrati, et votum suum Deo voverunt, si postea per diaboli tentationem id

---

Excommunicetur a fidelibus hominibus omnibus.

cortnunȝe þ abrecað· beon hiȝ arcyrede rram eallum ȝehá-
dodum mannum· ⁊ ȝir hiȝ to Ȝode ȝecyrran pyllað· þe hiȝ
ǽr pið́rócon· andetton ⁊ béton þa hpíle þe hiȝ on líre beon·
rpa him þære rcíre birceop tǽce:·

xii. 'Ȝelómlice þe habbað ȝerǽd on hálȝum bócum· þ hit
nýr riht þ ǽniȝ lǽpede rir únrýrre Ȝoder ȝerýno on Crirter
peorode handliȝan rcýle· ne þa hálȝan béc· ne þone háliȝdóm·
þe ȝehálȝode men handliȝan rcýlon· rorþon Sēr Paulur hit
hærð́ rpýþe rorbóden:·'

xiii. Ælcon racerde ȝebýrað þ he cunne þa[1] láre þe to
hir [2]hálȝan háde belimpð· ⁊ rolc mid lǽran ⁊ trýmman rceal
to Ȝoder rihte· ⁊ to hýra rarle þearre:·

xiv. Sóna rpa Sēr Aȝurtinur on Enȝla þeode rulluht
ȝebroht hærde· ⁊ Ȝoder þeopar ȝehrǽr ȝerett ⁊ ȝeendebýrd
hærde· þa rende he ǽrend-ȝerrit to Róme to Sēe Ȝreȝorie
þe ða pær papa· ⁊ bæd hine þ he him rende on ȝerrite· hú
him to dónne pære ýmbe þa nihtlican bermítennýrre þe ror
ort mannum on rlǽpe ȝelimpð· hpæþer he þær on morȝen to
hurle morte ȝán· oðð́e hurl hálȝian· ȝir he mærre-preort
pære· ⁊ he him rírlice andrpare rende· ⁊ cpæð· þ ælc Ȝoder
þeop ȝeornlice [3]rmeaȝean rceolde' rram hpylcum þinȝum reo
nihtlice bermýtenýr cume· rorþam or þrým þinȝum heo cýmð
þam rlǽpendan on móde· hpylum ror þære ȝecýndelican
untrumnýrre ⁊ týddernýrre· hpýlum ror orerrlopennýrre
ǽter ⁊ drunċer· hpýlum eác þ re man ȝeþencð ⁊ rmeað on
ðæȝ idele þinȝ ⁊ únalýredlice· þonne þ he on dæȝ ȝeþencð
paciȝende· þ him becýmð rlǽpende on niht. Ðonne ȝir hpā
bermýten beo on rperne ror þære rlærclican týddernýrre-
nah he þær ȝepeald· þinȝie him ȝeorne pið Ȝod· ⁊ him æt
Ȝode rorȝýrennýrre bidde. Ánd ȝir hit ȝelimpð ror orerrlopennýrre meter oðð́e drinċer· he býð ȝýltiȝ· ⁊ nýr him
þeah hurl to rorbeodanne ne mærre to rinȝanne· ȝir he
mærre-preort býð· ȝir hit orerneod beo· ⁊ þær oþer racerd
ne beo þ þa þenunȝa rorð-dó· ȝir þær þonne oðer beo þ þa
þenunȝa dón mæȝe· bétere him ir þ he þær dæȝer hit rorȝā·

---

[1] halȝan *X. Y. add.*   [2] *omit. X. Y.*
[3]′ *X. Y.* rmeade *O.*

violaverint, abscidantur ab omnibus ordinatis hominibus; et si ad Deum reverti velint, quem antea renunciaverant, confiteantur et emendent, quamdiu in vivis erunt, prout episcopus provinciæ iis præscripserit.

12. Sæpe legimus in sacris libris, quod non sit rectum, ut mulier ulla laica impura Dei mysteria super altare Christi tractet, nec sacros libros, nec reliquias, quæ viris consecratis tractanda sunt, quoniam Sanctus Paulus id vehementer prohibuit.

13. Quemque sacerdotem decet nosse doctrinam, quæ sancto ejus statui convenit, eamque populum debet docere, et parare ad Dei justitiam, et ad animæ eorum necessitatem.

14. Simul ac Sanctus Augustinus in Anglorum nationem baptisma introduxerat, et Dei servos ubique collocaverat, et ordinaverat, tunc misit epistolam Romam, ad Sanctum Gregorium, qui tunc papa erat, eumque rogavit, ut per scriptum ad se mitteret, quomodo sibi agendum esset de nocturna pollutione, quæ persæpe hominibus in somno accidit; utrum liceret ei crastino die eucharistiam accipere, vel eucharistiam consecrare, si presbyter esset? Et ille ei prudens responsum misit, et dixit, quod cuilibet Dei ministro sedulo considerandum esset, ex quibus causis nocturna pollutio evenerit? quia ex tribus causis venit dormienti in animum: nunc ex naturali infirmitate et imbecillitate, nunc ex superfluitate cibi et potus, nunc etiam, quum homo per diem cogitat et meditatur res inanes et illicitas, tunc quod die vigilans cogitat, id ei dormienti nocte obvenit. Itaque si quis in somno pollutus sit ex carnali imbecillitate, non est hoc in ejus potestate; oret pro se ferventer Deum, et a Deo remissionem sibi petat. Et si ex superfluitate cibi vel potus acciderit, culpabilis est, et tamen non est eucharistia prohibendus, nec missæ cantu, si presbyter sit, si valde necesse sit, et alius non adsit sacerdos, qui ministeria illa præstare queat; si autem alius adsit, qui ministeria illa præstare queat, melius erit ei eo die illa omittere, et ferventer psalmorum cantu et eleemosynis sibi remissionem petere. Si autem tertio modo acciderit,

⁊ him ȝeorne mið hir realm-ranȝe· ⁊ mið ælmyrran· forȝyfennyrre bidde· Inf hit þonne on þa þriddan firan ȝelimpð· þ ſe man on dæȝ ȝeſeo· oððe ȝeþence· oððe ſmeaȝe· ymbe únalyfedlice þinȝ· ⁊ idele luſe þær-tó nimð· ⁊ lurt-bærnyrre· ⁊ þonne þurh þ ⁊ þurh deofler hiþunȝa bermyten bið on rlǽpe· nyr þam alyfed hurl to nímanne þær monȝener· þe him on niht rpa ȝelimpð· ac he áh þearfe þ he andette ⁊ béterpa him hir rcrift tǽce :·

xv. Der reȝð hú ſe hálȝa Ápoſtol Paulur lǽrð ælcum mærre-pneorte· þe Loðer folce to ¹lápeope byð ȝerett· þ hyra nán ne pándiȝe fon náner manner eȝe· ²ne fon luſe· ne fon rceame·᾽ ne fon nánum rceatte· þ hiȝ ne bodiȝan ælcum men hpæt him riȝ to dónne· ⁊ hpæt to fonȝánne· ȝif hiȝ rylſe pyllað· þ him beo ȝebonȝen on domer dæȝ beforan Lode rylſrum :·

xvi. Ælc mærre-pneorſt rceal beón rpa he ȝeháten ir· racenðor· þ ir Lrecirc ponð· ⁊ yr on Leden rácnum dánr· ⁊ on unum ȝeþeode háliȝ ſyllend· De rceal ſyllan háliȝnyrre þam folce þe he to lápeope ⁊ to hynde bið ȝerett· þ ir· þ he rceal háliȝe þeapar ⁊ býrena mannum ætypan· Þarniȝe hine þ þe him ne beo ȝecpeden þ eȝerlice ponð þ ſe Dælend cpæð be Irrahela folcer hynðum· þa he cpæð· Þá eóp hynðum· þæra épena meolc ȝe bnucon· ⁊ mið hyra pulle ȝe eop rcrýðdon· ⁊ þa ðe fætte pæron þa ȝe rníðon· ⁊ þa ðe unrtránȝe pæron þa ȝe ne ȝertránȝedon· ne þa panhálan ȝe ne lácnedon· ⁊ þa ðe fonbrócene pæron þa ȝe ne pryðon· ⁊ þa ðe torceáðene pæron þa ȝe ne ramnedon· ⁊ þa forlórenan þa ȝe ne rohton· Nu ir eall min heorð torceáceroð· forþon hiȝ nærdon nánne hynðe· ⁊ ſynð ȝeporðene eallum pildeorum to mete· Eall þir ir ȝecpeden be birceopum· ⁊ be mærre-pneortum· þe Loðer folc on dómer dæȝ to þam dóme lǽdan rcylon· ælc þone dǽl þe him ³ǽr on líſe⁴ betæht pær :·

¹ X. láþe O.Y.   ²ˊ X.Y., O. omit.

quod homo per diem videat, vel cogitet, vel meditetur res
illicitas, earumque vanum desiderium et cupidinem contrahat,
tunc et inde, et per diaboli figmenta, polluatur in somno; non
est ei permissum eucharistiam percipere, crastino die postquam
ei nocte hoc acciderit; sed necesse erit ei confiteri et emendare,
prout confessarius ejus ei præscripserit.

15. Hic dicitur quomodo sanctus Apostolus Paulus docet
quemlibet presbyterum, qui ad populum Dei docendum constitutus est, ut nullus eorum ex timore alicujus hominis, nec
pro aliqua pecunia, vereretur cuilibet homini prædicare quid
illi faciendum, et quid vitandum sit; si ipse velit esse securus,
in die judicii, coram Deo ipso.

16. Quisque presbyter debet esse, sicut vocatus est, 'sacerdos,'[3]
id est verbum Græcum, et Latine sonat 'sacrum dans,' et in
sermone nostro hāliȝ ȝýllenð.[4] Ipse sanctitatem dare debet
populo, cui præceptor et pastor constitutus est; id est, quod
sanctos mores atque exempla hominibus ostendere debet.
Caveat sibi ne de eo dicatur verbum illud terribile, quod
Salvator dixit de pastoribus populi Israelis, inquiens: 'Væ
vobis pastoribus, ovium lacte fructi estis, et earum lana vos
vestivistis, et quæ pingues erant, eas mactavistis, et quæ infirmæ
erant, eas non corroboravistis, neque ægras sanavistis, et quæ
fractæ erant, eas non ligavistis, et quæ dispersæ erant, eas
non collegistis, et perditas non quæsivistis. Nunc omnis grex
meus vastatus est, quoniam non habebant pastorem, et cibo
facti sunt omnibus bestiis feris.' Omne hoc dicitur de episcopis,
et de presbyteris, qui Dei populum, in die judicii, ad judicium
ducere debent; quisque portionem illam, quæ ei antea in vita
commissa erat.

---

[3] heᴨ X. Y.   [4] ǽᴨ X. Y. add.

LIBER IV.

Ðýt is þeah to pitanne hpi þeos feopþe bóc sis úncapitulod nu þa ǽppan béc sýnt secapitulode· þ is· foþþon þe þeos feopðe bóc ýs senumen of þam þpim[1]· [2]Sif hit man þaðe findan ne mæs on þam þpim' hit man fint on þæpe feopþan· æsðep se be máþan þinson se be læppon· openlicop ꝥ hpæðlicop:·

I. [a]Sif hpýlc bisceop man offleá· þolise his háðep· ꝥ fæpte ·xii· seap· þa ·vii· on hláfe ꝥ on pætepe·' ꝥ þa ·v·[3] ·iii· dasas on pucan· ꝥ þa oþpe bpuce his metes:·

II. [a]Sif mæsse-ppeost oððe munuc man offleá· þolise his háðep ꝥ fæpte ·x· seap· þa ·v· on hláfe ꝥ on pætepe·' ꝥ þa oþpe ·v·[3] ·iii· dasas on pucan· ꝥ þa oþpe bpuce his metes:·[4]

III. [b]Sif diacon man offleá· þolise his háðep· ꝥ fæpte ·vii· seap· þa ·iiii· on hláfe ꝥ on pætepe· ꝥ þa ·iii· fæpte ·iii· dasas on pucan· ꝥ þa oþpe bpuce his metes:·'

IV. [c]Sif clepic man offleá· fæpte ·vi· seap· þa ·iiii· on hláfe ꝥ on pætepe· ꝥ þa ·ii· fæpte ·iii· dasas on pucan· ꝥ þa oþpe bpuce his metes:·'

V. [d]Sif lǽpede man man offleá· fæpte ·v· seap· þa ·iii· on hláfe ꝥ on pætepe· ꝥ þa ·ii· fæpte ·iii· dasas on pucan· ꝥ þa oþpe bpuce his metes:·'

VI. [e]Sif hpá sehádodne man offleá· oððe his neahstan mǽs· foplǽte his eapd' ꝥ his æhta· ꝥ fápe to Róme· to þam pápan· ꝥ dó sýððan spa [5]spa pápa him tǽce:·'

---

[1] bócum *X. Y. Bx. add.*
[2] ꝥ þ man on þam þpým hpaðe findan ne mæs *X. Y. Bx.*
[3] fæpte *X. Y. add.*
[4] ꝥ peoppise his mispæða æfpe. *Bx. add.*
[5] spa pápa him ýfipise *X. Bx.* ꝥ peoppise hit æfpe *Bx. add.* he him ýfipise *Y.*

---

[a] *Th. Cap. p.* 81.   [b] *Th.* xxi. 17.
[c] *Ib.* xxi. 16.   [d] *Th. Cap. p.* 76.

LIBER IV.

Attamen sciendum est, quare liber hic quartus sit sine capitulis, cum priores libri capitulis instructi sint; id est, quia hic quartus liber ex tribus illis desumtus est: si quid cito in tribus illis inveniri non potest, id invenitur in hoc quarto, tam de majoribus rebus quam minoribus, manifestius et celerius.

1. Si episcopus quis hominem occiderit, perdat ordinem suum, et XII. annos jejunet; VII. in pane et aqua, et V. III. diebus per hebdomadam, et reliquis fruatur cibo suo.

2. Si presbyter, vel monachus hominem occiderit, perdat ordinem suum, et X. annos jejunet; V. in pane et aqua, et alios V. III. diebus per hebdomadam, et reliquis fruatur cibo suo.

3. Si diaconus hominem occiderit, perdat ordinem suum, et VII. annos jejunet, IIII. in pane et aqua, et III. jejunet III. diebus per hebdomadam, et reliquis fruatur cibo suo.

4. Si clericus hominem occiderit, VI. annos jejunet, III. in pane et aqua, et III. jejunet III. diebus per hebdomadam, et reliquis fruatur cibo suo.

5. Si laicus hominem occiderit, V. annos jejunet, III. in pane et aqua, et II. jejunet III. diebus per hebdomadam, et reliquis fruatur cibo suo.

6. Si quis ordinatum hominem occiderit, vel proximum suum cognatum, discedat a patria sua, et a possessionibus suis, et adeat Romam ad papam, et faciat postea prout papa ei praescripserit.

---

et quod in tribus illis statim inveniri non potest,

et usque pœniteat se delictorum suorum.
papa ei indicaverit, et usque pœniteat.

Th. III. 6. XXI. 9. *Th. Cap. p.* 72.

vii. ˣ¹Ᵹıſ hƿýlc biſceop hǽmeð-þınᵹ ðꞃıhð· oððe ſ̄epe bꞃıcð· ꝼæꞃte ·xıı· ᵹeaꞃ· ⁊ mæꞃꞃe-pꞃeoſt ⁊ munuc ·x· ᵹeaꞃ·ˣˣ ⁊ ðıacon ·vıı· ⁊ cleꞃıc ·vı· ᵹeaꞃ·ˣˣ ⁊ lǽƿeðe man ·v· ᵹeaꞃ²· ſƿa hēꞃ buꝼan apꞃýten ıſ be manꞃlıhte:·

viii. ³ᵇᏞıſ hƿýlc ᵹehāðoð man· bıſceop· oððe mæꞃꞃe-pꞃeoſt· oððe munuc· oððe ðıacon· hıſ ᵹemæccan hæꝼðe· ſ̄eꞃ he ᵹehāðoð ƿæꞃe· ⁊ þa ꝼoꞃ Ᏼꞃoðeſ luꝼan hıᵹ ꝼoꞃlet ⁊ to hāðe ꝼenᵹ· ⁊ hıᵹ þonne eꝼt ꞃýððan toᵹæðeꞃe hƿýꞃꝼðon þuꞃh hǽmeð-þınᵹ· ꝼæꞃte ælc be hıſ enðebýꞃðnýſſe·ˣ ſƿa hıt⁴ buꝼan apꞃıten ýſ be manꞃlıhte:·ˣˣ

ix. ᶜᏞıſ hƿā hǽme ƿıð mýnecýne þe Ᏼꞃoðe ſýlꝼum beꞃeððoð bıð to bꞃýðe· ᵹıſ hıt bıſceop ⁵bıð· ꝼæꞃte ·xıı· ᵹeaꞃ· þa ·vıı· on hlāꝼe ⁊ on ꝼæteꞃe· ⁊ þa ·v· ꝼæꞃte ·ııı· ðaᵹaſ on þæꞃe ƿucan on hlāꝼe ⁊ on ꝼæteꞃe· ⁊ þa oðꞃe bꞃuce hıſ meteꞃ· ⁶buꞇan ꝼlǽꞃce ānum· Ánð ꝼæꞃte ælc be hıſ enðebýꞃðnýſſe· eallſƿa hēꞃ buꝼan apꞃıten ýſ·ˣ be man-ꞃlýhte· Ánð ſeo mýnecýnu ꝼæꞃte ·x· ᵹeaꞃ· eallſƿa hēꞃ buꝼan be mæꞃꞃe-pꞃeoſtum apꞃıten ýſ:·ˣˣ

x. Ᏼıſ hƿýlc man ƿolðe hǽman ƿıð mýnecýne ⁊ heo ᵹeþaꝼıᵹan nolðe· ꝼæꞃte ān ᵹeaꞃ· ꝼoꞃ þam unꞃıhꞇan ƿýllan· on hlāꝼe ⁊ on ꝼæteꞃe:·

xi. Ᏼıſ hƿā ƿolðe hǽman ƿıð oðꞃeſ manneſ ꞃıhꞇ ſ̄epe· ⁊ heo ᵹeþaꝼıᵹan nolðe· ꝼæꞃte ꝼoꞃ hıſ unꞃıhꞇan ƿýllan ·ııı· lenᵹ-

---

¹ˣ Ᏼıſ bıſceop oððe mæꞃꞃe-pꞃeoſt hǽmon· þolıan heoꞃa hāðeſ oððe hꞃæðlıce blınnon. *Y. Bx.*

² ꝼæꞃte· ælc be hıſ enðebýꞃðneſſe eal *X. Y. add.*

³ˣ *Y. omit.* ⁴ hēꞃ *X. add.*

⁵ beð *X. Y.*

⁶ᵈ Ᏼıſ hıt bıð mæꞃꞃe-pꞃeoſt oððe munuc· ꝼæꞃte ·x· ᵹeaꞃ· þa ·v· on hlāꝼe ⁊ on ꝼæteꞃe· ⁊ þa ·v· ꝼæꞃte ·ııı· ðaᵹaſ on ƿucan on hlāꝼe ⁊ on ꝼæteꞃe· ⁊ þa oðꞃe bꞃuce hıſ meteꞃ· buꞇan ꝼlǽꞃce ānum· Ᏼıſ hıt bıð ðıacon· ꝼæꞃte ·vıı· ᵹeaꞃ· þa ·ııı· on hlāꝼe ⁊ on ꝼæteꞃe· ⁊ þa ·ıııı· ꝼæꞃte ·ııı· ðaᵹaſ on ƿucan on hlāꝼe ⁊ on ꝼæteꞃe· ⁊ þa oðꞃe bꞃuce hıſ meteꞃ· buꞇon ꝼlǽꞃce ānum· Ᏼıſ hıt cleꞃıc oððe lǽƿeðe man beo· ꝼæꞃte ·vı· ᵹeaꞃ· þa ·ııı· on hlāꝼe ⁊ on ꝼæteꞃe· ⁊ þa oðꞃe bꞃuce hıſ meteꞃ· buꞇan ꝼlǽꞃce ānum· ⁊ ſeo mýnecenu ꝼæꞃte heo ·x· ᵹeaꞃ· eallſƿa hēꞃ buꝼan be þam mæꞃꞃe-pꞃeoſte apꞃıten ıſ·ˣ *Y. Bx.*

---

7. Si episcopus ·quis fornicationem commiserit, vel adulteraverit, xɪɪ. annos jejunet; et presbyter, et monachus x. annos; et diaconus vɪɪ.; et clericus vɪ. annos; et laicus v. annos, prout hic supra de homicidio scriptum est.

8. Si quis ordinatus homo, episcopus, vel presbyter, vel monachus, vel diaconus, conjugem suam habuisset, antequam ordinatus esset, et eam ex amore Dei dereliquerit, et ordinem susceperit, et tunc postea per fornicationem iterum se conjunxerint, jejunet unusquisque, secundum ordinem suum, prout supra de homicidio scriptum est.

9. Si quis fornicatus fuerit cum monacha, quæ Deo ipsi desponsata sit in sponsam, si sit episcopus, xɪɪ. annos jejunet, vɪɪ. in pane et aqua, et v. jejunet ɪɪɪ. diebus per hebdomadam in pane et aqua, et reliquis fruatur cibo suo, excepta carne sola. Et quilibet jejunet secundum ordinem suum, prout hic supra de homicidio scriptum est. Et monacha x. annos jejunet, prout hic supra de presbyteris scriptum est.

10. Si homo quis cum monacha fornicari vellet, et illa consentire nollet, unum annum, pro illa prava cupidine, in pane et aqua jejunet.

11. Si quis cum alterius hominis legitima uxore fornicari vellet, et illa consentire nollet, pro prava sua cupidine, ɪɪɪ. qua-

---

Si episcopus vel presbyter fornicati fuerint, perdant ordinem suum, vel continuo cessent.

jejunet, quisque secundum ordinem suum.

Si presbyter sit, vel monachus, x. annos jejunet, v. in pane et aqua, et v. ɪɪɪ. diebus per hebdomadam in pane et aqua, et reliquis fruatur cibo suo, carne sola excepta. Si diaconus sit, vɪɪ. annos jejunet, ɪɪɪ. in pane et aqua, et ɪɪɪɪ. ɪɪɪ. diebus per hebdomadam jejunet in pane et aqua, et reliquis fruatur cibo suo, carne sola excepta. Si clericus vel laicus homo sit, vɪ. annos jejunet, ɪɪɪ. in pane et aqua, et reliquis fruatur cibo suo, carne sola excepta. Et monacha x. annos jejunet, prout hic supra de presbytero scriptum est.

---

tenu ¹on hláꝼe ⁊ on pæteꞃe· án lencten⸍ ꝼoꞃan to miððan-
ꞃumeꞃa· ⁊ oðeꞃ ꝼoꞃan to hǽꝛꝼeꞃteꞃ emnihte· ⁊ þꞃiდde to
miððan-pinteꞃe:·

XII. Ȝiꝼ hpá pylle pið piꝼman unꞃihtlice hǽman· ⁊ heo
ȝeþaꝼiȝan nelle· ꝼæꞃte ·XL· დaȝa· ⁊ ·XL· nihta· on hláꝼe ⁊ on
pæteꞃe:·

XIII. Ȝiꝼ hpylc man ꞃeáꝼiȝe oðeꞃne æt hiꞃ dehteꞃ· béte pið
þa ꝼꞃynd· ⁊ ꝼæꞃte hyꞃa æȝðeꞃ ·I· ȝeaꞃ· ²Þoდneꞃ-დaȝum ⁊
Fꞃiȝe-დaȝum·⸍ on hláꝼe ⁊ on pæteꞃe· ⁊ þa oðꞃe დaȝaꞃ bꞃucon
hyꞃa meteꞃ· buton ꝼlæꞃce· ⁊ níme hiȝ ꞃyððan ³to ꞃiht-ǽpe·
ȝiꝼ þa ꝼꞃynd pyllað:·

XIV. ªȜiꝼ hpylcne man deoꝼul to þam ꞃpyþe unდeꞃȝán
hæbbe· ꝥ he pið dumbe nytenu hǽme· anდette hiꞃ ꞃcꞃiꝼte ⁊
ꝼæꞃte ·XV· ȝeaꞃ· þa ·VIII· on hláꝼe ⁊ on pæteꞃe· ⁊ þa ·VII·
ꝼæꞃte ælce ȝeaꞃe ·III· lenȝtenu on hláꝼe ⁊ on pæteꞃe· án
lenȝten ǽꞃ Eaꞃtꞃon· ⁊ oðeꞃ oꝼeꞃ Pentecoꞃten· ⁊ þꞃiდde ǽꞃ
miððan-pintꞃa· ⁊ æꞃꞃe ꝼæꞃte Þoდneꞃ-დaȝum ⁊ Fꞃiȝe-დaȝum·
þa hpíle þe he lybbe:·⸍

XV. ᵇȜiꝼ hpá on ȝepunan hæbbe ꝥ he hine ꞃylꝼne beꞃmíte
hiꞃ áȝeneꞃ pilleꞃ· ꝼæꞃte ·III· ȝeaꞃ· on ælcon þæꞃa ȝeaꞃa ·III·
lenȝtenu on hláꝼe ⁊ on pæteꞃe· ⁊ þa oðꞃe დaȝaꞃ ꝼoꞃȝanȝe ælce
დæȝe ꝼlæꞃc· buton Sunnan-დæȝe ánum:·⸍

XVI. ᶜȜiꝼ ǽniȝ man oðeꞃne mid piccecꞃæꝼte ꝼoꞃდó· ꝼæꞃte
·VII· ȝeaꞃ ·III· on hláꝼe ⁊ on pæteꞃe· ⁊ þa ·IIII· ·III· დaȝaꞃ on
pucan on hláꝼe ⁊ on pæteꞃe:·⸍

XVII. Ȝiꝼ hpá დꞃíꝼe ꞃtácan on ǽniȝne man· ꝼæꞃte ·III· ȝeaꞃ·
⁴·I· ȝeaꞃ⸍ on hláꝼe ⁊ on pæteꞃe· ⁊ þa ·II· ꝼæꞃte on pucan ·III·
დaȝaꞃ on hláꝼe ⁊ on pæteꞃe· Ánd ȝiꝼ ꞃe man ꝼoꞃ þæꞃe
ꞃtácunȝe deað bið· þonne ꝼæꞃte he ·VII· ȝeaꞃ· eallꝛpa hit heꞃ
buꝼon aꝛꞃiten yꞃ:·

XVIII. ᵈȜiꝼ hpá píccige ymbe ǽniȝeꞃ manneꞃ luꝼe· ⁊ him on
ǽte ꞃylle· oððe on დꞃunce· oððe on ǽniȝeꞃ cynneꞃ ȝealდoꞃ-

---

¹⸍ O. omit. X. add.
³ on O. to X. Y. Br.
²⸍ O. omit. X. Y. add.
⁴⸍ O. omit. Y. Br. add.

dragesimas in pane et aqua jejunet; unam quadragesimam ante mediam æstatem, et alteram ante æquinoctium autumnale, et tertiam ante Natale Domini.

12. Si quis cum muliere illicite fornicari voluerit, et illa consentire noluerit, XL. dies, et XL. noctes, in pane et aqua jejunet.

13. Si homo quis alterum filia sua spoliaverit, emendet erga amicos, et uterque eorum annum I. jejunet, diebus Mercurii et Veneris in pane et aqua, et reliquis diebus cibo suo fruantur, excepta carne; et ducat eam postea in uxorem legitimam, si amici voluerint.

14. Si diabolus hominem aliquem adeo perdiderit, ut cum mutis bestiis coeat, confiteatur confessario suo, et xv. annos jejunet, VIII. in pane et aqua, et VII. jejunet quoque anno III. quadragesimas in pane et aqua, unam quadragesimam ante Pascha, et alteram post Pentecosten, et tertiam ante Natale Domini; et diebus Mercurii et Veneris usque jejunet, quamdiu vivet.

15. Si quis consuetudinem habeat seipsum sua sponte polluere, III. annos jejunet; eorum annorum quoque III. quadragesimas in pane et aqua, et reliquis diebus quotidie a carne se abstineat, solo die Dominico excepto.

16. Si quis alterum veneficio perdiderit, VII. annos jejunet, III. in pane et aqua, et IIII. III. diebus per hebdomadam in pane et aqua.

17. Si quis acus in homine aliquo defixerit, III. annos jejunet, I. annum in pane et aqua, et II. jejunet III. diebus per hebdomadam in pane et aqua. Et si homo ex illa punctura mortuus sit, tunc VII. annos jejunet, prout hic supra scriptum est.

18. Si quis veneficiis utatur, alicujus amoris gratia, et ei in cibo [quid] dederit, vel in potu, vel per alicujus generis

a/ *Th.* XVI. 7. 34.   *b/* *Ib.* XXVIII. 3.
c/ Ib. XXVII. 9.   *d// Ib.* XXVII. 10.

cpæftum· ꝥ hýpa luꝼu ꝼonþon þe máne beón ꞃcýle· ꝛiꝼ hit
lǽpeþe man ðó· ꝼæꞃte healꝼ ꝛeaꞃ· Þoðneꞃ-ðaꝛum ꞌꝛ Fꞃiꝛe-
ðaꝛum· on hláꝼe ꞌꝛ on pæteꞃe· ꞌꝛ þa oðꞃe ðaꝛaꞃ bꞃuce he hiꞃ
meteꞃ butan ꝼlæꞃce ánum·   Iniꝼ hit bið cleꞃic· ꝼæꞃte ·i· ꝛeaꞃ
·ii· ðaꝛaꞃ on pucan on hláꝼe ꞌꝛ on pæteꞃe· ꞌꝛ þa oðꞃe ðaꝛaꞃ
ꝼonꝛanꝛe ꝼlæꞃc· [1]Iniꝼ he beo ðiacon· ꝼæꞃte ·iii· ꝛeaꞃ· tpeꝛen
ðaꝛaꞃ on pucan on hláꝼe ꞌꝛ on pæteꞃe· ꞌꝛ þa oðꞃe ðaꝛaꞃ ꝼonꝛanꝛe ꝼlæꞃc·' Iniꝼ hit beo mæꞃꞃe-pꞃeoꞃt· ꝼæꞃte ·v· ꝛeaꞃ· ꝥ
án on hláꝼe ꞌꝛ on pæteꞃe· ꞌꝛ þa ·iiii· ælce Fꞃiꝛe-ðæꝛe on hláꝼe
ꞌꝛ on pæteꞃe· ꞌꝛ ælc þaꞃa oðꞃa ðaꝛa ꝼonꝛanꝛe ꝼlæꞃc:"

xix. [2]Iniꝼ hpá hlýtaꞃ oððe hpatunꝛa beꝛá· oððe hiꞃ pæccan
æt ǽniꝛum pýlle hæbbe· oððe æt ǽniꝛꞃe oðꞃe ꝛeꞃceaꞃte
buton æt Iꞃoðeꞃ cýꞃicean· ꝼæꞃte he ·iii· ꝛeaꞃ· ꝥ án on hláꝼe
ꞌꝛ on pæteꞃe· ꞌꝛ þa ·ii· Þoðneꞃ-ðaꝛum ꞌꝛ Fꞃiꝛe-ðaꝛum on hláꝼe
ꞌꝛ on pæteꞃe· ꞌꝛ þa oðꞃe ðaꝛaꞃ bꞃuce hiꞃ meteꞃ· buton ꝼlæꞃce
ánum:'

xx. [b]Þiꞃman beo þæꞃ ýlcan pýꞃðe· ꝛiꝼ heo tilað hiꞃe cilðe
mið ǽniꝛum piccecꞃæꝼte· oððe æt péꝛa ꝛelǽton[2] þuꞃh þa
eoꞃðan tihð· [3]eala ꝥ ýꞃ mýcel hæðenꞃcýpe:"

xxi. [c]Iniꝼ hpýlc píꝼ mið hiꞃe ðꞃince hiꞃe beaꞃn on hiꞃe
ꞃýlꝼꞃe ꝼoꞃðð· hiꞃe áꝛeneꞃ pýlleꞃ· oððe mið ǽniꝛum þinꝛum hit
amýꞃꞃe· ꝼæꞃte heo ·vii· ꝛeaꞃ· þa ·iii· on hláꝼe ꞌꝛ on pæteꞃe·[4]
ꞌꝛ þa oðꞃe bꞃuce hiꞃ meteꞃ· buton ꝼlæꞃce ánum:'

xxii. [d]Iniꝼ hpýlc lǽpeþe man oðeꞃne púnðiꝛe· ꝛebéte pið
hine þa [5]púnðe· ꞌꝛ beꝛýte him þa lácnunꝛe· ꞌꝛ ꝼæꞃte án lenꝛten
ꝼoꞃan to miðban-pintꞃa[6] on hláꝼe ꞌꝛ on pæteꞃe:'

xxiii. Iniꝼ hpýlc cleꞃic-man ꝛepúnðiꝛe· ꝼæꞃte ·ii· lenꝛtenu·
án to-ꝼoꞃan miðban-ꞃumeꞃa· ꞌꝛ oðeꞃ ꝼoꞃan to miðban-pintꞃa·
ꞌꝛ oðeꞃne ðæꝛ on hláꝼe ꞌꝛ on pæteꞃe:·

xxiv. Iniꝼ hpá Iꞃoðeꞃ cýꞃicean bꞃece ꝼoꞃ ꞃtále· aꝛýꝼe þa

---

[1] [¹/] *O. omit.* *Y. Bx. add.* [2] ꞌꝛ *O. add. male.*
[3/] ꝼoꞃþam hit *Y.* ꝼonþon ꝥ *Bx.*
[4] ꞌꝛ þa ·iiii· ꝛeaꞃ þꞃeo ðaꝛaꞃ on pucan on hláꝼe ꞌꝛ on pæteꞃe.
Y. Bx. add.
[5] punðlan *Y.* punðlac *Bx.* [6] á oðeꞃne ðæꝛ *Y. add.*

[✓/] *Th.* xxvii. 17, 18. *Cap. p.* 84.   [b/] *Th.* xxvii. 16.

incantationes, ut eorum amor inde augeatur; si laicus hoc faciat, dimidium anni jejunet, diebus Mercurii et Veneris, in pane et aqua, et aliis diebus fruatur cibo suo, excepta carne sola. Si clericus sit, annum i. jejunet, ii. diebus per hebdomadam in pane et aqua, et aliis diebus abstineat se a carne. Si diaconus sit, iii. annos jejunet, duobus diebus per hebdomadam in pane et aqua, et aliis diebus a carne se abstineat. Si presbyter sit, v. annos jejunet, unum in pane et aqua, et iiii. die quoque Veneris in pane et aqua, et aliorum dierum quoque a carne se abstineat.

19. Si quis sortilegia vel divinationes exerceat, vel vigilias suas ad fontem aliquem, vel ad aliam quamcunque creaturam, præter ad Dei ecclesiam, habeat, iii. annos jejunet, unum in pane et aqua, et ii. diebus Mercurii et Veneris in pane et aqua, et aliis diebus fruatur cibo suo, excepta carne sola.

20. Mulier eodem sit digna, si infantem suum veneficio aliquo curet, vel ad compita viarum per terram traxerit; quia id magnus est paganismus.

21. Si mulier aliqua potu suo infantem suum in seipsa sponte sua perdiderit, vel quibuscunque rebus eum confecerit, vii. annos jejunet, iii. in pane et aqua, et aliis fruatur cibo suo, excepta carne sola.

22. Si quis laicus alium vulneraverit, compenset ei vulnus, et sanationem ei comparet, et unam quadragesimam ante Natale Christi, in pane et aqua jejunet.

23. Si quis clericum vulneraverit, ii. quadragesimas jejunet, unam ante mediam æstatem, et alteram ante Natale Christi, secundo semper die in pane et aqua.

24. Si quis Dei ecclesiam effregerit, furti causa, reddat

et iiii. annos, tribus diebus per hebdomadam, in pane et aqua.

ſtále ⁊ fæſte ·VII· ʒeaꞃ. ſpa hit héꞃ buꝼan aƿꞃiten ẏſ be manſlihte:·

XXV. *Ƚiſ hƿẏlc man ſtéle mete oððe cláðaſ· ⁊ hine hunʒoꞃ oððe næced þæꞃ-to dꞃiꝼe·. fæſte ·III· pucan on hláꝼe ⁊ on pæteꞃe· ʒiſ he þonne þa ſtále aʒẏꝼan mæʒe· ne neáðiʒe hine man to ꝼæꞃtene· ac dó him man ꝼoꞃʒiꝼnẏſſe ꝼoꞃ Ꞇꞃoðeſ luꝼan:·/

XXVI. ᵇȽiſ hƿẏlc cꞃiſten man hiſ áʒen beaꞃn· oððe hiſ nehſtan mæʒ· ƿið æniʒum puꝼðe ſẏlle· næbbe he nánne ʒemánan mid cꞃiſtenum mannum· æꞃ he hine alẏſeð hæbbe oꝼ þam þeopðóme· ʒiſ he þonne hine beʒẏtan ne mæʒe· dæle ſpa mẏcel ꝼeoh ꝼoꞃ hẏne ſpa he æꞃ mid him nám· ⁊ alẏſe oðeꞃne oꝼ þeopðóme· ⁊ ꝼꞃeóʒe þone· ⁊ ꝼæſte ·VII· pucan on hláꝼe ⁊ on pæteꞃe· ⁊ ʒiſ he þæſ ʒeſtꞃeóneſ næbbe ꝥ he hine alẏſan mæʒe· ꝼæſte þonne ¹·XXVIII· pucena on hláꝼe ⁊ on pæteꞃe:·/

XXVII. ᶜȽiſ hƿá blód éte· oððe ²ſtẏꞃꝼiʒ ꝼlæſc· ⁊ he hit ꝼoꞃ neóðe ne dó· ꝼæſte ·XII· pucan á oþeꞃne dæʒ on hláꝼe ⁊ on pæteꞃe³:·/

XXVIII. ᵈȽiſ hƿẏlc man mid aꞃꞃan deoꞃ oꝼſceóte· ⁊ hit þeah ætbeꞃſte· ⁊ hit man þonne ẏmbe ·III· ⁴niht deað ꝼinde· ⁊ þæꞃ húnd· oððe pulꝼ· oððe ꝼox· oððe béꞃa· onbeꝼanʒen hæbbe· oððe æniʒ oðeꞃ deóꞃcẏnn· ne anbíte hiſ nán cꞃiſten man:·/

XXIX. ᵉȽiſ pulꝼ æniʒeſ cẏnneſ óꞃꝼ toſlíte· ⁊ hit ꝼoꞃþon deað beo· ne onbíte hiſ nán cꞃiſten man· ʒiſ hit þonne hƿá dó· ꝼæſte ·IIII· pucan on hláꝼe ⁊ on pæteꞃe· ʒiſ hit alẏꝼað· ⁊ hit man ſẏððan oꝼſlẏhð· bꞃuce hiſ man ſẏððan be leáꝼe:·/

---

¹·XXVII· *Y.*

²ᶜ ꞃeðe ſteoꞃꝼan éte· ꝼæſte ·XL· daʒa· ʒiſ hine hunʒoꞃ to-ðꞃiꝼð· þonne ne deꞃeð hit him ná.ʼ *Y. Bx.*

³ ⁊ ʒiſ he hit ꝼoꞃ neobe dó· ꝼæſte ·III· daʒaſ on hláꝼe ⁊ on pæteꞃe. *Y. Bx. add.*

⁴ daʒaſ *Y.*

ᵃ *Th.* XXIII. 18.   ᵇ *Ib.* XLII. 3, 4, 5.
ᶜ *Ib.* XXXI. 1. 30. *et Cap.* p. 84.

furtum, et VII. annos jejunet, prout suprà de homicidio scriptum est.

25. Si homo quis furatus fuerit cibum vel vestimenta, et fames vel nuditas eum coegerit, III. hebdomadas in pane et aqua jejunet; si autem furtum reddere possit, ne cogatur ad jejunium, sed detur ei remissio ex amore Dei.

26. Si homo quis Christianus infantem suum proprium, vel proximum suum cognatum· pro aliquo pretio vendiderit, ne habeat consortium ullum cum Christianis hominibus, antequam eum e servitute redemerit; si autem eum invenire nequeat, tantam pecuniam eroget, quantam antea pro eo accepisset, et alium e servitute redimat, et hunc liberet, et VII. hebdomadas in pane et aqua jejunet; quod si id facultatum non habeat, ut eum redimere possit, tunc XXVIII. hebdomadas in pane et aqua jejunet.

27. Si quis sanguinem, vel carnem morticinam ederit, et id ex necessitate non fecerit, XII. hebdomadas, secundo semper die, in pane et aqua jejunet.

28. Si homo quis sagitta percusserit feram, et ea tamen aufugerit, et post tertium diem mortua inventa fuerit, et ibi canis, vel lupus, vel vulpes, vel ursus, vel alia cujuslibet generis fera eam occupaverit, ne gustet eam homo quis Christianus.

29. Si lupus alicujus generis pecus laceraverit, et illud inde mortuum sit, ne gustet id homo quis Christianus; si autem quis id fecerit, IIII. hebdomadas in pane et aqua jejunet; si vivat, et postea occisum fuerit, tunc cum venia comedatur.

---

qui morticinam ederit, XL. dies jejunet; si fames eum coegerit, tunc nequaquam ei nocet.
et si ex necessitate fecerit, III. dies in pane et aqua jejunet.

ᵈ Th. XXXI. 12.   ᵉ Ib. XXXI. 9.

xxx. [a]Ᵹɪf hpýlc ꝺeoꞃ býꝺ on nette apýꞃᵹeꝺ· nıꞃ hıt nánum men alýꝼeꝺ to bꞃucanne.' ᵹɪf hıꞃ hpá bꞃuce· ꝼæꞃte ·ıııı· pucan á oꝺeꞃne ꝺæᵹ on hláꝼe ⁊ on pæteꞃe:·

xxxi. [b]Ᵹɪf hpá ꝼɪnꝺe ꝺeaꝺne ꝼíꞃc on ꝼíꞃc-póle· ⁊ he hıꞃ bꞃuce· ꝼæꞃte ·ıııı· pucan. Þoꝺneꞃ-ꝺaᵹum ⁊ Fꞃıᵹe-ꝺaᵹum· on hláꝼe ⁊ on pæteꞃe· ⁊ þa oꝺꞃe ꝺaᵹaꞃ ꝼoꞃᵹá ꝼlæꞃc· ⁊ ᵹıf man on eá ꝺeaꝺne ꝼíꞃc ꝼınt· bꞃuce hıꞃ man[1]:·'

xxxii. [c]Ᵹɪf hpýlc ᵹeháꝺoꝺ man on húntaꝺ ꝼáꞃe· ᵹɪf hıt beo clepɪc· ꝼoꞃᵹá ·xıı· monaꝺ ꝼlæꞃc· ꝺıacon ·ıı· ᵹeaꞃ· mæꞃꞃe-pꞃeoꞃt ·ııı·' ⁊ bıꞃceop ·vıı·:·

xxxiii. [d]Ᵹɪf hpýlc bıꞃceop· oꝺꝺe ǽnıᵹ ᵹeháꝺoꝺ man· hıne oꝼtꞃǽꝺlıce oꝼeꞃ-ꝺꞃınce· oꝺꝺe he þæꞃ ᵹeꞃꞃíce· oꝺꝺe hıꞃ háꝺeꞃ þolıᵹe:·'

xxxiv. [e]Ᵹɪf munuc ꝼoꞃ oꝼeꞃ-ꝺꞃuncennýꞃꞃe ꞃꝼíꞃe· ꝼæꞃte ·xxx· ꝺaᵹa:·'

xxxv. [e]Ᵹɪf mæꞃꞃe-pꞃeoꞃt oꝺꝺe ꝺıacon ꝼoꞃ oꝼeꞃ-ꝺꞃuncen-nýꞃꞃe ꞃꝼíꞃe· ꝼæꞃte ·xʟ· ꝺaᵹa:·'

xxxvi. [f]Ᵹɪf lǽpeꝺe man ꞃıht-ᵹelýꝼeꝺ ꝼoꞃ oꝼeꞃ-ꝺꞃuncen-nýꞃꞃe ꞃꝼíꞃꝺ· ꝼæꞃte ·xʟ· ꝺaᵹa:·'

xxxvii. [g]Ꝺeꝺe þuꞃh ꝼácn oþeꞃne oꝼeꞃ-ꝺꞃencꝺ· ꝼæꞃte ·xʟ· ꝺaᵹa:·[2]'

xxxviii. [h]Ᵹɪf múꞃ on pætan beꝼealle· ꝺó hıᵹ man apéᵹ· ⁊ [3]ꞃpꞃenᵹe mıꝺ háʟıᵹ pæteꞃe· ⁊ ᵹɪf heo cpıcu ꞃıᵹ· þıcᵹe man þone pætan· ᵹɪf heo þonne ꝺeaꝺ ꞃıᵹ· ᵹeote hıt man út· ⁊ þpeá þ ꝼæt.' [i]Eꝼt hıt cpýꝺ on oꝺꞃe ꞃtópe· [4]ᵹɪf þæꞃ meteꞃ

---

[1] be leáꝼe *Y. add.*

[2][k] Beꝺn ᵹɪf hý man acpellaꝺ· cpelle hý man hꞃaꝺe· ⁊ éte man þ hunıᵹ þ hý ǽꞃ poꞃhton.' *Y. Bx. add.*

[3] aꞃtꞃeꝺe *Y.* aꞃtꞃeᵹꝺe þone pǽtan *Bx.*

[4]' ᵹɪf ꞃe pǽta mýcel ꞃý· þ heo on-aꝺꞃınce· ꞃý þ ꝼǽt ᵹeclénꞃoꝺ· ⁊ ꝺó háʟıᵹ pæteꞃ ın· ꞃý hıt þıᵹeꝺ ᵹɪf neoꝺ-þeaꞃꝼ ꞃý. *Y.*

---

[a] *Th.* xxxı. 10.   [b] *Ib.* xxxı. 15.
[c] *Ib.* xxxıı. 4.   [d] *Ib.* xxvı. 2.
[e] *Ib.* xxvı. 3.   [v] *Ib.* xxvı. 9. *n.* 1.

30. Si fera aliqua in rete strangulata sit, nulli est homini permissum eam edere; si quis eam ederit, IIII. hebdomadas, secundo semper die, in pane et aqua jejunet.

31. Si quis piscem mortuum in piscina invenerit, et eum ederit, IIII. hebdomadas, diebus Mercurii et Veneris, in pane et aqua jejunet, et aliis diebus a carne se abstineat; at si in flumine piscis mortuus inventus sit, edatur.

32. Si ordinatus quis homo ad venationem prodeat, si sit clericus, XII. menses a carne se abstineat; diaconus II. annos; presbyter III.; et episcopus VII.

33. Si episcopus quis, vel quilibet ordinatus homo ex consuetudine se inebriet, vel ab hoc desistat, vel ordinem suum perdat.

34. Si monachus ex ebrietate evomuerit, XXX. dies jejunet.

35. Si presbyter vel diaconus ex ebrietate evomuerit, XL. dies jejunet.

36. Si laicus homo orthodoxus ex ebrietate evomuerit, XL. dies jejunet.

37. Qui per fraudem alium inebriaverit, XL. dies jejunet.

38. Si mus in liquorem ceciderit, tollatur inde, et [liquor] aspergatur aqua benedicta; et si vivus sit, sumatur liquor; si autem mortuus sit, effundatur, et vas lavetur. Iterum dicitur in alio loco, si multum cibi una. sit, aspergatur

---

Apes, si aliquem occiderint, statim occidantur, et mel quod antea fecerint edatur.

si liquor multus sit, in quo mersus fuerit, mundetur vas, et aquam benedictam infunde: si necesse sit, sumatur.

ᵗ/ *Ib.* XXVI. 7.   ᵇ/ *Ib.* XXXI. 2.

ᵛ/ *Ib.* XXXI. 3.   ᵏ/ *Ib.* XXX. 18.

mycel ꝼiȝ ætȝæðeꞃe· ꞅtꞃeðe man hit mið háliȝ pæteꞃe· ꝫ
þicȝe· ȝiꝼ hit þeaꝛꝼ ꞅiȝ· ꝫ þ þonne ꝼoꞃ neað-þeaꝛꝼe꞉'

xxxix. [1a]On þæꞃe ꝼiꝛꞅtan cneoꞃyꞅꞅe ȝeleoꝼe men hiȝ móton
ȝeꞃamniȝan· ꝫ on þæꞃe ꝼeoꞃðan· ȝiꝼ hiȝ ȝemette ꞅín· ne
ꞅceáðe hí man·' æt þam þꞃiððan cneope [2a]ꞅceáðe hí man꞉''

xl. [b]Ƿiꝼ on hiꞃe monað-áðle cyꞃcean ne ꞅéce· ne to huꞃle
ne ȝá· naðeꞃ ne nunne ne læꝹede ꝼiꝼ· ꝫ ȝiꝼ hiȝ hýt ðón· ꝼæꞅte
·xx· ðaȝa꞉'

xli. [c8]Seðe [a]aꝛiht þicȝe þæꞅ ðe húnð oððe múꞅ oððe peꞃle
aꝼiðliȝe· oððe oꝼ-éte· ꝫ he hit ꝼíte· ꞅinȝe ·c· ꞅealma· ȝiꝼ he
hit nýte· ꞅinȝe ·l· ꞅealma꞉'

xlii. [d]Liꝼ hƿá on hiꞅ ȝýmeleaꞅte huꞃl ꝼoꞃleóꞅe· ꝼæꞅte [5]·iii·
lenȝtenu·' ælce Fꞃiȝe-ðæȝe· on hláꝼe ꝫ on pæteꞃe· ꝫ þa oðꞃe
ðaȝaꞅ bꞃuce hiꞅ meteꞅ· butan ꝼlæꞅce[6]꞉·

xliii. [e]Liꝼ ꞅeo onꞃæȝeðnýꞅ on eoꞃðan ꝼealle ꝼoꞃ ȝýme-
leaꞅte· ꞅinȝe ·l· ꞅealma꞉'

xliv. [f]Seðe ꝼoꞃȝýmeleaꞃiȝe ȝehálȝoð huꞃl on þam þ hit to
lanȝe licȝe· þ him ꞅiȝ unꞅýꝼeꞃnýꞅ on· oððe hit næbbe hiꞅ
hiꝛ· ꝼæꞅte ·xl· [7]ðaȝa꞉'

---

[1]'' Ƿið Lꞃecum man mót ꝼíꞃan æt þam þꞃiððan cneo æꝼteꞃ þæꞃe
ealban æ-bebóðe· ꝫ ná nu æꞃ æt þam ·v· æꝼteꞃ Rumane bóme· ac
ꞅꞃa-þeah ȝiꝼ ꞅe ȝeꞃinꞅcipe þuꞃðeð ȝeꞃopht æt þam þꞃiððan cneo æꞃ
man þa ꞅibbe ꝼíte· þonne ne mót hine man ná bꞃecan· ac hý ꞅceolon
butu beón on þe máꞃan ꞅoꞃhæꝼeðneꞅꞅe· ꝫ on máꞃan bæðbóte þonne
oðꞃe men· ac ȝiꝼ heo æꞃ þam þꞃiððan cneope hý ȝeꞃamniað· þonne iꞅ
þ to bꞃecanne· [5]ꝫ niꞅ þ nánum men alýꝼeð· þe bið oðꞃum æt þam
þꞃiððan cneo· oððe néꞃ· þ he níme þ ꝼiꝼ þ ꞅe oðeꞃ æꞃ hæꝼbe꞉'
Y. Bx.
[2]'' ꞅýn hi ȝeꞅceáðen Y. Bx.
[3]' Seðe ꝼylle oðꞃum þone pæꞇan þe múꞅ oððe peꞃle bið on-abꞃuncen·
ȝiꝼ hit ꝼolceꞅ man ꞅý· ꝼæꞅte ·iii· ðaȝaꞅ· ȝiꝼ hit mýnꞅteꞃ-man ꞅý
·ccc· ꞅealma ꞅinȝe· Seðe hit æꞃ nýꞇe ꝫ eꝼt ꝼíte· ꞅinȝe ꞅealꞇeꞃe·
X.Y. Bx.
[4] æniȝ þinȝ Y.   [5]' án ȝeaꞃ oððe ·iii· æ-ꝼæꞅteno X.Y.
[6] ánum X.Y. Bx. add.   [7] nihta X.

[b/] Th. xix. 24. n. 1.   [b/] Ib. xvii. 8.
[c/] Ib. xxxi. 22.   [d/] Ib. xxxix. 1.

aqua benedicta, et sumatur, si necesse sit; at id quidem ex necessitate.

39. In quinto propinquitatis gradu hominibus caris se conjungere licet, et in quarto si inventi fuerint, non separentur; in tertio gradu separentur.

40. Mulier in morbo suo menstruali in ecclesiam non intret, neque eucharistiam accipiat, nec monialis nec laica mulier; et si fecerit, xx. dies jejunet.

41. Qui aliquid de eo ederit, quod canis, vel mus, vel mustela inquinaverit, vel de quo ederit, et scit, c. psalmos cantet; si nesciat, L. psalmos cantet.

42. Si quis ex incuria sua eucharistiam perdiderit, III. quadragesimas jejunet, quoque die Veneris in pane et aqua, et reliquis diebus fruatur cibo suo, carne excepta.

43. Si sacrificium ex incuria in terram ceciderit, L. psalmos cantet.

44. Si quis neglexerit consecratam eucharistiam, ita ut nimis diu servata sordes in ea sit, vel colorem suum non habeat, XL. dies jejunet.

Apud Græcos licet viro in tertio gradu uxorem ducere, secundum veteris legis sanctionem; at hodie non in propiori quinto, secundum sententiam Romanorum; attamen si conjugium factum fuerit in tertio gradu, antequam consanguinitas cognita erat, tunc non licet illud dirimere; sed debent ambo majorem continentiam et majorem pœnitentiam excercere quam alii homines: si vero in propiori quam tertio gradu se conjunxerint, tunc dirimantur. Nec homini cuiquam est permissum, qui alteri in tertio gradu stat, vel propius, mulierem quam alter habuerat in matrimonium ducere.

Qui alii dederit liquorem in quo mus vel mustela demersa fuerit, si laicus est, III. dies jejunet; si monasticus est, CCC. psalmos cantet. Qui antea nesciebat, et postea scit, psalterium cantet.

annum unum, vel III. legitima jejunia.

XLV. [a]Ᵹɪꝼ man huꞃl aꞅꝼɪƿe ꝼoꞃ ðꞃuncennẏꞅꞅe· oððe ꝼoꞃ oꝼeꞃ-ꝼẏlle· ꝼæꞅte ·XL· [1]ðaᵹa:'

XLVI. [b]Ᵹɪꝼ he ꝼoꞃ untꞃumnẏꞅꞅe hɪꞅ huꞃl aꞅꝼɪƿe· ꝼæꞅte ·VII· [2]ðaᵹaꞅ·' oððe ·II· ꞅalteꞃaꞅ ꞅɪnᵹe:·

XLVII. [b]Ᵹɪꝼ hūnð þone ꞅꞃɪƿeðan ꝼꞃete·[3] ꝼæꞅte he ān hunð ðaᵹa· ᵹɪꝼ he hɪt nẏꞅte· ꝼæꞅte ·XL· ðaᵹa:'

XLVIII. [b]Ᵹɪꝼ man huꞃl ꝓẏꞃƿe on ꝼẏꞃ· oððe on ꞅtꞃeam· þonne hɪt [4]molꞃnað to þɪᵹᵹenne· ꞅɪnᵹe he ·C· ꞅealma:'

XLIX. [c]Ǣlc huꞃl þe bɪð unꞃẏꝼꞃe oððe on ẏlðe· ꝼoꞃbæꞃne man hɪt:'

L. [d]Ᵹɪꝼ mūꞅ ǣte huꞃl· ꝼoꞃ ᵹẏmeleaꞅte þæꞅ[5] þe hɪt healðan ꞅceolðe· ꝼæꞅte ·XL· [6]ðaᵹa:'

LI. [e]Seðe huꞃleꞅ ǣnɪᵹne ðæl[7] ꝼoꞃleōꞅe· ꝼæꞅte ·XX· [8]ðaᵹa:'

LII. [f]Seðe on [9]ꝼolceꞅ ᵹeƿɪtnẏꞅꞅe' hɪꞅ cꞃẏꞃman ꝼoꞃleōꞅe· ꞏ hɪne eꝼt ne ꝼīnðe· ꝼæꞅte ·III· [10]lenᵹten· oððe ·I· ᵹeaꞃ[11]:''

LIII. [g]Seðe hɪꞅ calɪc aᵹeōte [12]amanᵹ hɪꞅ mæꞅꞅan[13]· ꝼæꞅte ·XXX· [14]ðaᵹa:'

---

[1] nɪhta X.   [2] nɪht X.
[3] þe man æꝼteꞃ þon ꞅꞃɪƿe X. *add.*   [4] man ꝓẏleð X.
[5] manneꞅ X. Y. *add.*   [6] nɪht X.   [7] ɪn cẏꞃɪcan X. *add.*
[8] nɪhta X.   [9]ꝼolce X. Y. Bx. [10] ǣ-ꝼæꞅten X.
[11] [b] Ᵹɪꝼ man ꝼoꞃleōꞅe ᵹehālᵹoðne mete hƿẏlcne hƿuᵹu ðǣl· oððe
ᵹehālᵹoðne hlāꝼ nẏꝓne· oððe ᵹehālᵹoð ꞅealt· oððe ƿecelꞅ· oððe oꞃɪht
þẏꞅꞅeꞅ ᵹelīceꞅ· ꝼæꞅte ·VII· nɪht· [ðaᵹaꞃ Y.] ꞏ ᵹɪꝼ hɪt mǣꞃe ꞅẏ ꞏ
hālɪᵹꞃe· ꝼæꞅte he ꞅꞃẏðoꞃ. [i] Seðe mẏꞃten ēte ꞅꝼa he nẏte· ꝼæꞅte ·XL·
nɪhta [ðaᵹa Y.] oððe ·XXX·' [k] Seðe nẏðe ᵹenumenne mete þɪᵹᵹe· ꞏ
he ne ꝓīte· [ᵹɪꝼ he hāl ꞅẏ ꞏ ꞅtꞃanᵹ Y.] ꝼæꞅte ·XL· nɪhta·' ᵹẏꝼ he hɪt
ᵹelōme ðō· ꝼæꞅte ·III· ǣ-ꝼæꞅtenu· oððe eall ᵹeaꞃ. [l] Seðe ēte hɪꞅ lɪchā-
man hꞃeoꝼel· oððe ꝓẏꞃmaꞅ· oððe mɪcᵹan ðꞃɪnce· oððe hɪꞅ ꞅceaꞃn·
ᵹẏꝼ hɪt cɪlð ꞅẏ oððe cnɪht· ꞃƿɪnᵹe hɪne man· ᵹẏꝼ hɪt ᵹeꞃeaxen man ꞅẏ·
ꝼæꞅte ·I· ᵹeaꞃ· oððe ·III· ǣ-ꝼæꞅtenu· ꞏ æᵹhƿæðeꞃ ᵹā bɪꞅceope unbeꞃ-
hanð.' X. Y. *add.*
[12] onᵹemanᵹ Y.
[13] þonne he hæbbe mæꞅꞅan ᵹeꞅunᵹen X. *add.*
[14] nɪhta X.

---

[a] *Th.* XXXIX. 18. *et Cap. p.* 75.
[b] *Ib.* XXXIX. 19. *et Cap. p.* 75.   [c] *Th.* XXXIX. 13.
[d] *Ib.* XXXIX. 3. *et Cap. p.* 75.   [e] *Th.* XXXIX. 4.

45. Si quis, ex ebrietate, vel ex satietate, eucharistiam evomuerit, xl. dies jejunet.

46. Si ex infirmitate eucharistiam suam evomuerit, vii. dies jejunet, vel ii. psalteria cantet.

47. Si canis vomitum illum devoraverit, [homo] c. dies jejunet; si nesciret, xl. dies jejunet.

48. Si quis eucharistiam in ignem projecerit, vel in flumen, cum præ mucore percipi non potest, c. psalmos cantet.

49. Omne sacrificium quod sordidum est, vel vetustate corruptum, comburatur.

50. Si mus eucharistiam ederit, ex incuria ejus qui illam conservare deberet, xl. dies jejunet.

51. Qui eucharistiæ partem aliquam perdiderit, xx. dies jejunet.

52. Qui, cum conscientia populi, chrisma suum perdiderit, et illud non recuperaverit, iii. quadragesimas, vel annum i. jejunet.

53. Qui effuderit calicem suum inter missam suam, xxx. dies jejunet.

Si quis perdiderit cibi consecrati aliquantulum, vel panem bene-dictum novum, vel sal benedictum, vel thus, vel aliquid hujus simile, vii. dies jejunet; et si majus sit et sanctius, austerius jejunet. Qui carnem morticinam comederit, et nesciverit, xl. dies jejunet, vel xxx. Qui cibum furatum comederit, et nesciverit [si sanus et fortis sit] xl. dies jejunet; si sæpe fecerit, iii. legitima jejunia jejunet, vel integrum annum. Qui corporis sui scabiem, vel vermes edit, vel stercus suum, vel urinam bibit, si infans sit vel puer, vapulet; si homo adultus sit, i. annum jejunet, vel iii. legitima jejunia, et uter-que arbitrio episcopi se dedat.

cum missam cantaverit.

---

v′ Ib. xl. 1.   t′ Ib. xxxix. 11.
h′ Ib. xl. 2.   v′ Ib. xxxi. 1.
k′ Ib. xxiii. 9.   v′ Ib. xxxi. 32.

LIV. [a]Seðe éte ǽrþam ðe he to huꞅle ȝa· ꞇ æꞃꞇeꞃ þam þ huꞅl þicȝe· ꝼæꞃꞇe ·vii· [1]daȝaꞅ:'

LV. [b]Þeꞃ ꞇ ꝼíꝼ þa ðe him ȝeþeodde ƿæꞃon on hǽmede· ȝiꝼ þæꞃ ꝼýle oðeꞃ Ɫoðeꞅ þeoꞃ beon· ꞇ oðeꞃ nele· oððe hýꞃa oðeꞃ býð unꞇꞃum oðeꞃ hál· ꞅƿa-þeah be hýꞃa beȝꞃa ȝeþaꝼunȝe hiȝ dǽlon hiȝ· ȝiꝼ hiȝ ƿyllon·' ꞇ þ beo be biꞅceoꞃeꞅ ȝeƿiꞇnýꞅꞅe:·

LVI. [c]Se Ɫoðeꞅ þeoꞃ þe on ꞅlǽpe beꞅmyꞇen býð· aꞃíꞅe ꞇ ꞃinȝe ·vii· ꞅealmaꞅ· ꞇ bíȝe hiꞅ cneoƿu to eoꞃðan æꞇ ælceꞅ ꝼeꞃꞅeꞅ ende· ꞇ ꝼæꞃꞇe þæꞅ on moꞃȝen on hláꝼe ꞇ on ƿæꞇeꞃe· oððe ꞃinȝe ·xxx· þæꞃa ꞅealma þe him beꞇꞃe þincȝon· ꞇ æꞇ ælceꞅ ꝼeꞃꞅeꞅ ende bíȝe hiꞅ cneoƿu to eoꞃðan:'

LVII. [d]Ɫiꝼ ꞅƿýn oððe henna oððe ǽniȝeꞅ cýnneꞅ ýꞃꝼe éꞇe oꝼ manneꞅ licháman· oððe hiꞅ blóð dꞃýnce· ꞅleá man þ ýꞃꝼe· ꞇ ꞅýlle þam húndum:'

LVIII. [e]Ɫiꝼ hƿá bǽꞃne oðeꞅ húꞅ· ꝼæꞃꞇe ·iii· ȝeaꞃ a oðeꞃne dæȝ on hláꝼe ꞇ on ƿæꞇeꞃe·' ꞇ þa oðꞃe daȝaꞅ ꝼæꞃꞇe to nóneꞅ· ꞇ ꝼoꞃȝá ꝼlæꞅc:·

LIX. [f]Ɫiꝼ ǽniȝeꞅ cýnneꞅ ýꞃꝼe ꝼealle on ƿæꞇeꞃ-pýꞇ· ꞇ hiꞇ man þæꞃon deað ꝼinde· ꝼeoꞃmiȝe man þone pýꞇ clǽne· ꞇ [2]ꞅꞇꞃéðe þæꞃon haliȝ ƿæꞇeꞃ· ꞇ ȝiꝼ hƿá hiꞅ onbýꞃiȝe ǽꞃ ꞅe pýꞇ ȝehálȝod ꞅiȝ· ꝼæꞃꞇe áne ƿucan on hláꝼe ꞇ on ƿæꞇeꞃe· ȝiꝼ he hiꞇ nýꞅꞇe· ꝼæꞃꞇe ánne dæȝ on hláꝼe ꞇ on ƿæꞇeꞃe:'

LX. [g][3]Ɫiꝼ hƿá ꝼoꞃ hiꞅ unꞇꞃumnýꞅꞅe oððe ꝼoꞃ hiꞅ hnéꞅc-nýꞅꞅe· þ ꝼæꞅꞇen ꞇ þa ꞅꞇiðnýꞅꞅe abeꞃan ne mæȝ ðe hiꞅ ꞅcꞃiꝼꞇ him ꞇǽcð· him ýꞅ alýꝼed þ he móꞇ hiꞅ ꝼæꞅꞇan alýꞅan mid ȝodcundnýꞅꞅe· ꞇ mid hiꞅ ƿoꞃldæhꞇon· þ iꞅ þonne· ȝiꝼ he býð

---

[1] niht X.   [2] ꞅꞇꞃenȝe Y.

[3] Ɫiꝼ man ƿýlle hiꞅ bæȝ-ꝼæꞅꞇen alýꞅan mid ælmæꞅꞅan· ȝeꞅýlle ꞇƿam mannum oððe þꞃým bæȝꞅƿæꞃenbo· oððe ꞅalꞇeꞃe aꞃinȝe· ȝiꝼ hiꞇ ꞅumoꞃ ꞅý· ȝiꝼ hiꞇ hæꞃꝼeꞅꞇ ꞅý oððe lencꞇen· ꞃinȝe ·c· ꞅealma· ȝiꝼ hiꞇ ƿinꞇeꞃ ꞅý ·ʟ· Ɫiꝼ þu ƿýlle alýꞅan ȝeaꞃeꞅ ꝼæꞅꞇen· ȝeꝼꞃiȝe man· oððe ꞅýlle ·xxx· ꞅcillinȝa· oððe ·xxx· ꞅalꞇeꞃa ꞅealma aꞃinȝe. X. Y.

---

[a] *Th.* xxxix. 12.   [b] *Ib.* xix. 20.
[c] *Ib.* xxviii. 25.   [d] *Ib.* xxxi. 20.

54. Qui comederit antequam ad eucharistiam eat, et postea eucharistiam sumserit, vii. dies jejunet.

55. Vir et mulier, in matrimonio conjuncti, si alter eorum Dei servus esse velit, et alter nolit, vel alter eorum infirmus sit, alter sanus, cum mutuo eorum consensu tamen, si velint, separentur; at id sit cum cognitione episcopi.

56. Dei servus, qui in somno pollutus est, surgat, et cantet vii. psalmos, et flectat genua sua ad terram in cujusque versiculi fine, et crastino die in pane et aqua jejunet, vel xxx. eorum psalmorum cantet, qui optimi ei videantur, et in cujusque versiculi fine genua sua ad terram flectat.

57. Si porcus, vel gallina, vel cujuscunque generis animal de corpore hominis ederit, vel sanguinem ejus biberit, occidatur animal, et detur canibus.

58. Si quis alterius domum incenderit, iii. annos jejunet, secundo semper die in pane et aqua, et reliquis diebus ad nonam jejunet, et a carne se abstineat.

59. Si cujuscunque generis animal in puteum ceciderit, et ibi mortuum inventum fuerit, purgetur puteus, et spargatur in eum aqua benedicta. Et si quis aquam gustaverit, antequam puteus expiatus sit, hebdomadam unam jejunet in pane et aqua; si nesciret, unum diem in pane et aqua jejunet.

60. Si quis præ infirmitate sua, vel mollitie, jejunium vel austeritatem perferre nequeat, quam confessarius ejus ei præscripserit, ei permissum erit jejunium suum redimere pietate et mundanis suis possessionibus; id est ergo, si dives sit, pro

---

Si aliquis jejunium suum eleemosynis redimere velit, duobus vel tribus hominibus det cibum unius diei, vel psalterium cantet, si æstate sit; si autumno vel vere sit, c. psalmos cantet; si hieme sit, l. Si jejunium unius anni redimere velis, hominem libera, vel xxx. solidos da, vel xxx. psalteria psalmorum canta.

ᵛ *Ib.* xxiii. 16.   ᵘ *Ib.* xxxi. 6.
ᵛ *Th. Cap. pp.* 67, 68, 69.

peliȝ· ꝛýlle ꝼoꞃ ·xii· monða ꝼæꞃtene ·xxx· ꞃoliðoꞃ· ꝥ iꞅ on úꝼe ȝeþeoðe ·xxx· ꞅcillinȝa· ȝiꝼ hine to ꞅƿa mýcelum ne onháȝiȝe· þonne ꝛýlle he ·xx· ꞅcillinȝa· ȝiꝼ hine þonne to ꞅƿa mýcelum ne onháȝiȝe· ꝛýlle ·x· ꞅcillinȝaꞅ· ȝiꝼ hit þonne þeaꞃꝼiȝenðe mann beo ꝥ him to ·x· ne onháȝiȝe· ꝛýlle ·iiii· ꞅcýllinȝaꞅ· ꝼoꞃþon ꞅe peleȝa mæȝ eaðoꞃ ꝛýllan ·xxx· ꞅcillinȝa þonne ꞅe pæðla ·iii· Se ꞃiht ꞅcýllinȝ býð á be ·xii· peneȝum. Sƿa ȝeꞃáðe ælmýꞅꞅan man ꞅceal on þꞃeo ꝼíꞃan ðǽlan· án ýꞅ ꝥ hiȝ man úppan Loðeꞅ peoꝼoð leȝce· oðeꞃ ꝥ man ȝebicȝe man oꝼ þeóꞃðome· ꝛ hine ꞃýððan ȝeꝼꞃeoȝe·' þꞃýððe ꝥ hiȝ man Loðeꞅ þeaꞃꝼum dǽle:·

LXI. ᵃÁn ðæȝeꞅ ꝼæꞅten man mæȝ mið ánum peniȝe alýꞅan· oððe mið tꝛam hunð ꞅealmum· ꝛ on oþꞃe ꝼíꞃan ꞃinȝe Œiꞃeꞃeꞃe mei Deuꞅ ·xii· ꞅíðon· ꝛ ·xii· Pateꞃ noꞅteꞃ· ꝛ æt ælceꞃ ꝼeꞃ꞊ꞅeꞅ enðe hine on eoꞃðan aꞅtꞃecce· æt꞊ꞃoꝛan Loðeꞅ peoꝼoðe. Ánð ȝiꝼ ꞅe man ꞅealm-ꞅanȝ ne cunne· þonne ꞅinȝe he ꝼoꞃ áneꞅ ðæȝeꞅ ꝼæꞅten ·l· Pateꞃ noꞅteꞃ· ꝛ ꞅƿa oꝼt hine on eoꞃðan aꞅtꞃécce. Ánð ·vii· ꝛintꞃa ꝼæꞅten man mæȝ on ·xii· monðum alýꞅan· ȝiꝼ he ælce ðæȝ aꞅinȝeð ꝛalteꞃe· ꝛ oðeꞃne on niht· ꝛ án ꝛiꞅtiȝ on ǽꝼen:·'

LXII. ᵃŒið ánꞃe mæꞅꞅan man mæȝ alýꞅan [1]·vii· ðaȝa ꝼæꞅten· ꝛ mið ·x· man mæȝ alýꞅan ·iiii· monða ꝼæꞅten· ꝛ mið ·xx· mæꞅꞅan man mæȝ alýꞅan [2]·vii· monða ꝼæꞅten· ꝛ mið ·xxx· mæꞅꞅan man mæȝ alýꞅan ·xii· monða ꝼæꞅten· ȝiꝼ he ꝛýle mið ꞅoðꞃe Loðeꞅ luꝼe him ꞅýlꝼum þinȝian:·'

LXIII. On háliȝum ȝepꞃitum ýꞅ ȝeꞅǽðð· ꝥ ꞅe Ælmihtiȝa Loð þuꞃh ·xii· þinȝ ꝛýleð mannum ꝼoꞃȝýꝼennýꞅꞅe heoꞃa ꞅýnna. Seo ǽꞃýꞅte ꞃýnna ꝼoꞃȝýꝼennýꞅ ýꞅ þuꞃh ꝼulꝼihteꞅ bǽð. Seo æꝼteꞃe ꝼoꞃȝýꝼennýꞅ ýꞅ þuꞃh Loðeꞅ luꝼu ꝛ manna· ꝥ ȝehꝛá lúꝼiȝe Loð oꝼ eallꞃe [3]heoꞃtan· ꝛ þonne hiꞅ nehꞅtan· ꝥ ýꞅ ælc cꞃiꞅten man· ꞅƿa hine ꞅýlꝼne. Seo þꞃýððe ꝼoꞃȝýꝼennýꞅ ýꞅ þuꞃh ælmýꞅꞅan ꞅýlene· ꝼoꞃþon hit ýꞅ aꝛꞃiten· ꝥ eallꞃƿa man mið pæteꞃe ꝼýꞃ aðꝼæꞃcð· ꞅƿa aðilȝað ꞅeo ælmýꞅꞅe þæꞅ manneꞅ ꞅýnna. Seo ꝼeoꞃðe ꝼoꞃȝýꝼennýꞅ ýꞅ þuꞃh ꞅealm-ꞅanȝ ꝛ teáꞃa aȝótennýꞅꞅe· ꝥ ȝehꝛá ꝼoꞃ hiꞅ ꞅýnnum hꞃeopꞅiȝe ꝛ ƿépe· ꞅƿa ȝehꝛá ðeð ꝼoꞃ hiꞅ ꝼꞃeonðeꞅ ꝼoꞃð-ꞃíðe. Seo ꝼiꝛte

---

[1] ·xii· *X.* ·iii· *Bx.*   [2] ·viii· *X. Bx.*
[3] hiꞅ heoꞃtan meaȝolneꞅꞅe *Y. Bx.*

xii. mensium jejunio, det xxx. solidos, id est, in sermone nostro, xxx. scillinga; si tantum facultatis ei non suppetat, tunc xx. solidos det; si autem tantum facultatis ei non suppetat, x. solidos det; si denique indigens homo sit, ut x. [dandi] facultatem non habeat, iii. solidos det; quia dives potest facilius xxx. solidos dare quam pauper iii. Legitimus solidus semper est xii. denariorum. Hujusmodi eleemosynæ tribus modis erogandæ sunt: unus est, ut super Dei altare deponantur; alter, ut homo ex servitute redimatur, et deinde liberetur; tertius, ut Dei egenis distribuantur.

61. Unius diei jejunium uno denario quis redimere potest, vel ducentis psalmis; et alio modo, cantet 'Miserere mei Deus' duodecies, et xii. 'Pater noster,' et in cujusque versiculi fine, in terram se prosternat ante Dei altare: et si homo psalmos cantare nesciat, tunc pro unius diei jejunio l. 'Pater noster' cantet, et toties se in terram prosternat. Et vii. annorum jejunium, in xii. mensibus quis redimere potest, si quotidie psalterium cantet, et alterum nocte, et unum quinquaginta vesperi.

62. Una missa vii. dierum jejunium quis redimere potest; et x. [missis] iiii. mensium jejunium quis redimere potest, et xx. missis vii. mensium jejunium quis redimere potest, et xxx. missis xii. mensium jejunium quis redimere potest; si cum vero Dei amore pro seipso supplicare velit.

63. In Sacris Scripturis legendum est, quod Omnipotens Deus per xii. res hominibus dat remissionem peccatorum eorum. Prima remissio peccatorum est, per baptismi lavacrum. Secunda remissio est, per Dei et hominum amorem, ut unus-quisque Deum diligat ex toto corde, et deinde proximum suum, id est, quemlibet hominem Christianum, ut seipsum. Tertia remissio est, per erogationem eleemosynæ; quoniam scriptum est, quod sicut aqua ignis extinguitur, ita eleemosyna delet peccata hominis. Quarta remissio est, per cantum psalmorum, et effusionem lacrymarum, ut quisque pro peccatis suis pœniteat et fleat, prout quisque facit propter amici sui obitum. Quinta

forᵹyfennyſ yſ þurh ꞃynna andetnyſſe · ꝥ ᵹehƿa hiſ ꞃynna
andette[1] hiſ ſcriꝼte · ⁊ him hiſ diᵹolnyſſe onꝑꞃeð · ⁊ ꞃyððan
bete ſƿa he him tæce · Seo ſixte forᵹyfennyſ yſ · ꝥ ᵹehƿa
for Lꞃodeſ luꝼon ⁊ for hiſ ſaƿle þeaꞃꝼe ꝑinne ƿið hiſ lichaman
unꞃiht luſtaſ · ⁊ hine ꞃylꝼne ſƿa ᵹeƿylde mid ꝼæſtene ⁊ mid
oðꞃum mæᵹene · ꝥ ſe innꞃa man · ꝥ iſ ſeo ſaƿl · beo for
Lꞃode ᵹehealden · Seo ſeoꝼeðe forᵹyfennyſ yſ · ꝥ ᵹehƿa hiſ
æhta · ⁊ hiſ beaꞃn · ⁊ hiſ eaꞃd forlæte for Lꞃodeſ luꝼon · ⁊
on ælþeodiᵹnyſſe ꝼaꞃe · ⁊ þæꞃ hyſ liꝼ ᵹeendiᵹe · Seo eahtoðe
forᵹyfennyſ yſ · ꝥ ſe man oꝼ þiſſe liꝼe ꝼaꞃe to ƿite · ⁊ hiſ
ꝼꞃynd þonne þe on þiſſe liꝼe beoð hine maᵹon alyſan · ⁊ him
forᵹyfennyſſe æt Lꞃode ᵹeeaꞃniᵹan mid ᵹodcundum þeoꞃdome·
⁊ mid hyꞃa ƿoꞃld-æhton · Seo niᵹoðe forᵹyfennyſ yſ mild-
heoꞃtnyſ ⁊ ᵹod ᵹeleaꝼa · Seo teoðe forᵹyfennyſ yſ · ꝥ man
oðeꞃne ᵹehƿyꞃfe ꝼꞃam hiſ ꞃynnum to Lꞃodeſ ƿyllan · Seo
endlyſte forᵹyfennyſ yſ ꝥ ᵹehƿa for Lꞃodeſ luꝼon forᵹyꝼe
þæſ manneſ ᵹyltaſ ðe ƿið hine aᵹylt · forþon ſe Dælend
cƿæð on hiſ ᵹodſpelle · Forᵹyꝼað ⁊ eoƿ byð forᵹyꝼen · Seo
tƿelſte forᵹyfennyſ yſ maꞃtiꞃhad · ſƿa þam ſceaðan ƿeaꞃð
æt Dꞃihtneſ þꞃoƿunᵹe · þa ſe Dælend him to-cƿæð · Soð iſ
ꝥ ic þe ſecᵹe · nu to-dæᵹ þu byſt mid me on mineſ ꝼædeꞃ
ꞃice:·

LXIV. Ðiſ ſyndon þa ᵹodcundan bebodu þe ƿe ſcylon
healdan · Ðæt yſ æꞃeſt · ſeo ſoðe luꝼu Lꞃodeſ ⁊ manna · ⁊
clænnyſſe · ⁊ ꝼæſten · ⁊ ſoðꝼæſtnyſſe · ⁊ beon eaðmode · ⁊
ᵹemetꝼæſte · ⁊ ꝼꞃemſume · ⁊ ᵹeþyldiᵹe · ⁊ manþƿæꞃe · ⁊ cumliðe·
⁊ ælmyſꝼulle · ⁊ haliᵹ-þeccan · ⁊ beon mildheoꞃte · ⁊ ᵹeꞃyb-
ꞃume · Ánd þaſ þinᵹ ƿe ſcylon forᵹan · ꝥ yſ oꝼeꞃhyd · ⁊
ᵹytſunᵹe · ⁊ æꝼeſt · ⁊ idelne ᵹylp · ⁊ ſtala · ⁊ ꞃeaꝼlac · ⁊
unꞃiht-hæmed · ⁊ oꝼeꞃdꞃuncennyſ · ⁊ moꞃðoꞃ · ⁊ mæne aþaſ · ⁊
leaſunᵹa · ⁊ ƿyꞃiᵹnyſſa · ⁊ ᵹecyð:·

LXV. Ðeoſ tid cymð ymbe tƿelꝼ-monað · ꝥ ælc man ſceal hiſ
ſcriꝼt ᵹeſpꞃecan · ⁊ be hiſ ſcriꝼteſ leaꝼan on hiſ ꝼæſten ꝼon·
⁊ Lꞃode ⁊ hiſ ſcriꝼte hiſ ᵹyltaſ andettan · þa ðe he ᵹeƿoꞃhte·
oððe on man-ſlihte · oððe on moꞃðꞃe · oððe on unꞃiht-hæmede·
oððe on æniᵹum þaꞃa þinᵹa þe man ƿið Lꞃod aᵹyltan mæᵹ·
Ðonne haꝼa þu ꞃihtne ᵹeleaꝼan to Lꞃode · ⁊ to þyꞃſe ᵹodan
tide · ⁊ ᵹeoꞃne beo betende þæſ þu ƿite ꝥ þu ᵹeƿoꞃht hæbbe·

---

[1] mid inꞃeaꞃdlicꞃe heoꞃtan *Y. Bx. add.*

remissio est, per confessionem peccatorum, ut quisque peccata
sua confiteatur confessario suo, et ei secreta sua revelet, et
deinde emendet prout ille ei præscripserit.   Sexta remissio
est, ut quisque ex amore Dei, et pro animæ suæ necessitate,
cum corporis sui pravis cupiditatibus certet, et seipsum jejunio
et alio conamine subjuget, ut interior homo, id est anima, in
conspectu Dei servatus sit.   Septima remissio est, ut quisque
possessiones suas, et liberos suos, et patriam suam, ex amore
Dei relinquat, et peregre proficiscatur, et ibi vitam suam
claudat.   Octava remissio est, ut homo ex hac vita ad supplicium discedat, et deinde amici ejus, qui in vivis sunt, eum
redimere, et remissionem ei servitio divino, et possessionibus
mundanis suis, apud Deum consequi possint.   Nona remissio
est misericordia, et bona fides.   Decima remissio est, ut quis
alterum a peccatis suis ad Dei voluntatem convertat.   Undecima
remissio est, ut quisque, ex amore Dei, illius hominis delicta
remittat, qui in eum deliquerit, quoniam Salvator in Evangelio suo dixit: 'Remittite, et remittetur vobis.'   Duodecima
remissio est, martyrium, prout latroni evenit, ad passionem
Domini, cum Salvator ei dixit: 'Verum est, quod tibi dico,
nunc hodie mecum eris in regno patris mei.'

64. Hæc sunt divina præcepta, quæ nobis observanda sunt:
Id primum est, verus Dei et hominum amor; et castitas, et
jejunium, et veritas, et ut humiles simus, et moderati, et
benigni, et patientes, et mansueti, et hospitales, et eleemosynis
largi, et sanctarum vigiliarum studiosi, et ut misericordes
simus, et pacifici.   Et ab his debemus nos abstinere; id est, a
superbia, et avaritia, et invidia, et vana gloria, et furto, et
rapina, et adulterio, et ebrietate, et cæde, et perjuriis, et
mendaciis, et maledictis, et jurgiis.

65. Tempus venit, post annum, ut quilibet homo confessarium
suum alloqui debeat, et, cum confessarii sui venia, jejunium
suum ordiri, et Deo et confessario suo delicta sua, quæ perpetraverit, confiteri, sive per homicidium, sive per cædem, sive
per fornicationem, vel per aliquas earum rerum, quibus adversus
Deum delinquere possumus.   Habeas igitur fidem orthodoxam
in Deum, et in hoc bonum tempus, et diligenter id emendes,

mið þinum fæʁtene· ⁊ mið þinʁe ælmyʁʁan· ⁊ mið þinum
ȝebeðum þe ðu betʁt cunne· ⁊ ælce Sunnan-bæȝ to cyʁcan
cum· ⁊ þæʁ ȝeoʁne foʁ þe ʁylfne ȝebiðe ⁊ foʁ eall ȝefulloð
folc· ⁊ foʁ þinne ʁcʁıft· þonne byʁt þu on ufre eallʁa
ȝebeðʁædene· Ƿin leof· ıc þe læʁe þ þu þence hū þu hıðeʁ
on poʁlð acenneð wæʁe· oððe þuʁh hƿæt· oððe on hƿon þu
ðaʁ lænan poʁlð * * * · ⁊ hū þin lichāma ⁊ þin ʁapl hı
ȝeðælan ʁcylon· ⁊ ʁyððan on hƿylceʁe anbıð-ʁtope þin ʁapl
bıðan mōte ðōmeʁ ðæȝeʁ· ⁊ eac þa tīð þonne þin ʁapl ⁊ þin
lichāma ȝeȝaðeʁoðe beōn ʁcylon· ⁊ eʁt to Lıoðeʁ dōme ȝelæðð·
⁊ þonne þu ʁcealt· ⁊ ælc man foʁ hıʁ āȝenum ȝepyʁhtum·
ʁıht aȝyldan ⁊ onfōn æt þam ðōme· ⁊ ʁyððan mıð ʁaple ⁊ mıð
lichāman onfōn ʁƿa ēcum līfe ʁƿa ēcum deaðe· ʁƿa þu æʁ
ȝepoʁhteʁt· ʁƿa ēcum līfe ʁƿa ūnȝeendoðon ƿīte:·

LXVI. Ðonne þu on moʁȝen æʁeʁt aʁūfe· ʁēna þe ʁʁyðe
ȝeoʁne ⁊ Lıoðe bebeoð· þonne þu ðe ʁeʁtan þylle ðō þ ylce·
þınȝa þe ƿıð Lıoð þuʁh þinʁa ʁynna anðetnyʁʁe ⁊ bōte· þ Lıoð
þuʁh þ þe on poʁlðe þine ʁynna foʁȝyfe· ⁊ æʁteʁ poʁlðe ēce
ʁeʁte ⁊ hıʁ mılðheoʁtnyʁʁe·   Uton mīn leof ȝeþencan hƿylce
ufne yldʁan æʁ wæʁon· ⁊ hƿylce ƿe ʁynð nū· oððe hƿylce þa
ʁynð nū to ʁceapıȝenne þa ðe foʁ hund ƿıntʁum mıð eoʁþan
molðan beƿʁōȝene wæʁon· ʁƿylce þonne ƿe beoð· ʁona ʁƿa ūʁ
ʁeo ʁapl of þam lichāman ʁlƿpð·   Uton þonne mīn leof· þa
hƿīle ðe ūʁ Lıoð unne· beoʁȝan ūʁ ƿıð ʁynna· ⁊ ƿıð þa ūnþeāʁaʁ
þe ūʁ deoful læʁeð· Ælc ȝʁāmʁæʁnyʁ cymð of deofle· ⁊ ælc
ȝeflıt· ⁊ ælc ūnȝelımp· þonne uton ƿıðʁtanðan hım ⁊ lıþeȝıan
ufne mōð· ⁊ bıððan ūʁ Lıoðeʁ mıltʁe ⁊ hıʁ fultumeʁ· þ ƿe
maȝon hıʁ bebōðu healðan·   Uton ʁēcan ufne cyʁcean Sunnan-
ðaȝum· ⁊ mæʁʁe-ðaȝum· ⁊ betƿeoh þam tīðum ʁymble· ʁƿa
bēteʁe ʁƿa oftoʁ· ⁊ beoʁȝan ūʁ ƿıð æfeʁt· ⁊ ƿıð ýʁʁe· ⁊ ƿıð
unnýtte poʁð· ⁊ ƿıð ofeʁ-ðʁuncennyʁʁe· ⁊ ƿıð tælnyʁʁe· ⁊
ƿıð tʁý-ʁʁƿæcnyʁʁe· ⁊ ƿıð leāʁe ȝepıtnyʁʁe· ⁊ ƿıð moʁþoʁ· ⁊
ƿıð mæne āðaʁ· ⁊ ƿıð oftʁæblıc hæmeð· ⁊ ƿıð ælce unclæn-
nyʁʁe ūfeʁ lichāman· Ænð ūton ȝeþencan hū beʁceapıȝenðe
ƿe ʁcylon beōn ūfne ʁaple ⁊ ūfeʁ lichāman· þa hƿīle þe ūʁ Lıoð
unne þ ƿe heʁ beon· þ ƿe huʁu æʁteʁ þyʁʁe poʁlðe ʁeʁte
habbon mıð Lıoðeʁ mılðʁe:·

LXVII. Ƿin Dʁıhten ıc þe bıðde· þu ðe cƿæðe on þinum
ȝoðʁpelle to eallum ʁıhtȝelyfeðum mannum· Petite et ðabıtuʁ

quod te perpetravisse scis, jejunio tuo, et eleemosyna tua, et precibus tuis, quas optime noris; et quoque die Dominico ad ecclesiam venias, et ibi diligenter pro teipso ores, et pro omni populo baptizato, et pro confessario tuo; tunc eris in nostris omnium precibus.   Dilecte mi, ego te hortor, ut cogites quomodo hic in hoc mundo progenitus fueris, vel per quod, vel in quo hunc transitorium mundum * * *, et quomodo corpus tuum, et anima tua separanda sint; et deinde in quo commorationis loco animæ tuæ expectare liceat diem judicii, et etiam tempus, cum anima tua et corpus tuum conjungentur, et ad Dei judicium reducentur; et tunc tu (et unusquisque homo, pro propriis suis actibus) quod justum est solves et accipies, in judicio illo; et postea, cum anima et corpore, accipies sive vitam æternam, sive mortem æternam, prout antea fecisti; sive vitam æternam, sive infinitum supplicium.

66. Cum mane primum surrexeris, signa te diligentissime et Deo commenda; cum quieti te dare velis, idem fac, concilia tibi Deum, per confessionem peccatorum tuorum, et emendationem, ut Deus propterea tibi peccata tua in mundo condonet, et post mundum, quietem æternam et misericordiam suam concedat. Agedum, dilecte mi, cogitemus quales parentes nostri antea fuerunt et quales nos nunc sumus; vel quales illi nunc appareant, qui ante centum annos pulvere terræ obtecti sint; tales nos tunc erimus, simul atque anima de corpore se subduxerit. Agedum ergo, dilecte mi, dum Deus nobis concedit, caveamus nobis a peccatis, et a vitiis illis quæ diabolus nobis suggerit. Omnis furor venit a diabolo, et omnis rixa, et omne infortunium; agedum ergo, resistamus ei, et leniamus animum nostrum, et imploremus nobis Dei misericordiam, et auxilium ejus, ut præcepta ejus observare possimus.   Agedum, frequentemus ecclesias nostras diebus Dominicis, et diebus festis, et inter illa tempora assidue, quo sæpius eo melius; et caveamus nobis ab invidia, et ab ira, et a verbis inutilibus, et ab ebrietate, et a vituperatione, et a biloquio, et a falso testimonio, et a cæde, et a perjuriis, et a crebra fornicatione, et ab omni impuritate corporis nostri.   Et agedum, cogitemus quam perscrutantes esse debemus animæ nostræ et corporis nostri, dum nobis Deus concedit hic esse; ut saltem, post hunc mundum, quietem habeamus per misericordiam Dei.

67. Domine mi, peto a te, qui in Evangelio tuo dixisti omnibus fidelibus hominibus: ' Petite, et dabitur vobis;' ergo

voþiſ· Biddað ⁊ eóƿ bið ȝeſeald· ic þe þonne mín Dꞃihten
eaðmóðlice bidde· ꝥ þu· me ſoꞃȝyſe ꝥ ic þæſ bidde þæſ ðe þín
ƿilla ſiȝ· ⁊ mínꞃe ſaƿle ꞃǽd on écnyſſe· ⁊ míneſ ƿoꞃld-líſeſ
bletꞃunȝ anſtande:·

LXVIII. § 1. [a]Ȝiſ hƿá ſƿeꞃeð on biſceopeſ handa· oððe on
mæſſe-pꞃeoſteſ· oððe on diaconeſ· oððe on peoſode· oððe on
ȝehálȝodon Cꞃiſteſ mǽle· ⁊ ſe áð beo mǽne· ſæſte ·III·
ȝeaꞃ· Ȝiſ he on únhálȝodon Cꞃiſteſ mǽle mán-ſƿeꞃiȝe·
ſæſte án ȝeaꞃ·' § 2. [b]Seðe mǽne áðaſ beȝá· ſæſte ·III·
ȝeaꞃ·' § 3. [c]Ȝiſ hƿylc man hine ƿið ꞃæmnan ſoꞃlicȝe·
ſæſte ·III· ȝeaꞃ·' oððe ·II· be þam ſullan. § 4. [d]Seðe mid
oðꞃeſ ceoꞃleſ ƿíſe hǽme· ſæſte ·IIII·' ·II· on pealh ·II· elleſ
on þam þꞃim ſeoþeꞃtiȝum· ⁊ ·III· daȝaſ on ƿucan. § 5. [e]Seðe
mid bǽðlinȝe hǽme· oððe mid oðꞃum ƿæpneð-men· oððe mid
nýtene· ſæſte ·X· pinteꞃ· On oðꞃe ſtópe hit cƿýð· ſeðe mid
nýtene hǽme· ſæſte ·XV· pinteꞃ· ⁊ ſodomiſce ·VII· ȝeaꞃ
ſæſton·' § 6. Ȝiſ ſe bǽðlinȝ mid bǽðlinȝe hǽme [1]·X· pinteꞃ bǽte·' hi beoð hneꞃclice ſƿa ſoꞃleȝene· [e]Seðe þiſ [2]peꞃlice
deð ǽne· ſæſte ·IIII· ȝeaꞃ· ȝiſ hit ȝeƿuna býð·[e] ſƿa Ba-
ꞃiliuſ cƿæð· ȝiſ hiȝ beoð butan háde ·XV· pinteꞃ· án ȝeaꞃ
eallſƿa ƿíſ· ȝiſ hit cniht bið· æt þam ǽſeꞃtan cýꞃꞃe ·II·
ȝeaꞃ· ȝiſ he hit eſt dó· ſæſte ·IIII· ȝeaꞃ·' [f]ȝiſ he betƿýh
liþum deð ·I· ȝeaꞃ·' oððe ·III· ſeoþeꞃtiȝo·[3] [g]ȝiſ he hine ſýlſne
beſmýte ·IIII· daȝaſ ſæſte butan ſlǽſce·' § 7. [h]Seðe hine
ȝýꞃne to ſoꞃliȝenne ⁊ ne mǽȝ· ſæſte ·XL· daȝa·' oððe ·XX·
ȝiſ hit cniht býð ⁊ ȝelómlice dó· oððe hine man ſꞃinȝe· oððe
ſæſte ·XX· daȝa. § 8. [i]Ȝiſ ƿíſ hǽmeð ·III· ȝeaꞃ bǽte·'
[k]ȝiſ heo ſýlſ ꞃiȝ mid hiꞃe ſýlſꞃe hǽmeð onhýꞃȝende on þa
ýlcan ƿíſan ·I· ȝeaꞃ hꞃeoꞃiȝe·' § 9. [l]Án hꞃeop ýſ ƿýðeꞃan
⁊ ꞃæmnan· mápe ȝeeaꞃnað ſeo ðe ƿeꞃ hæſð ȝiſ heo hiȝ ſoꞃlið·'
§ 10. [m]Seðe ſǽd on múð ſendeð· ſæſte ·VII· ȝeaꞃ· [*]ꝥ iſ
ƿýꞃꞃeſte·' ſꞃam ſumum hýt þæſ ðémeð ꝥ hi bútu oð hýꞃa

[1]' ·IX· pinteꞃ ſæſte· *Bx.*   [2] unpæꞃlice *O.* peꞃlice *Bx.*
[3] ȝiſ he hit mid ȝebáboðan men dó ·III· ·XL· oððe eall ȝéꞃ ſæſte.
Y. Bx. add. ȝyſ hit cnýht ſý ·XX· daȝa ſæſte· oððe hine manſꞃinȝe.
Bx. add.
[*]' þam iſ ꝥ ƿýꞃꞃeſte· *O. Bx. ut in textu. X. Y. omit.*

[a] *Th.* xxiv. 2.   [b] *Ib.* xxiv. 1.
[c] *Ib.* xvi. 11.   [d] *Ib.* xvi. 2. *n.* 2. xix. 3. 32.
[e] *Ib.* xxviii. 16. *et n.* 1.   [f] *Ib.* xxviii. 29. *n.* 1.

[margin:] [e] ſæſte ·VII·
ȝeaꞃ· oððe
lenȝ· *add.?*

humiliter, mi Domine, peto a te, ut tu mihi condones id quod peto, ut voluntas tua fiat, et animæ meæ in æternum consules, et mundanæ meæ vitæ benedictio permaneat.

68. § 1. Si quis juraverit in manu episcopi, vel presbyteri, vel diaconi, vel in altari, vel in consecrata Christi cruce, et perjurium sit, III. annos jejunet. Si in cruce Christi non consecrata perjuraverit, unum annum jejunet. § 2. Qui perjuria commiserit, III. annos jejunet. § 3. Si homo quis cum puella fornicatus fuerit, III. annos jejunet, vel II. plene. § 4. Qui cum alterius viri uxore fornicatus fuerit, IIII. jejunet, II. peregre, II. porro per tres quadragesimas, et III. diebus per hebdomadam. § 5. Qui cum molli coiverit, vel cum alio viro, vel cum pecude, x. annos jejunet. In alio loco dicitur: Qui cum pecude coiverit, xv. annos jejunet, et sodomitæ vII. annos jejunet. § 6. Si mollis cum molli coiverit, x. annos emendet. Hi sunt delicati ita fornicantes. Qui hoc virili modo semel fecerit, IIII. annos jejunet; si consuetudo sit,* ut Basilius dixit. Si sit non ordinatus xv. annorum, annum unum, ut mulier. Si puer sit, prima vice, II. annos; si iterum fecerit, IIII. annos jejunet; si inter femora fecerit, L. annum, vel III. quadragesimas; si seipsum inquinaverit, IIII. dies sine carne jejunet. § 7. Qui voluerit fornicari, et non potuerit, xL. dies jejunet; vel xx., si puer sit, et sæpe faciat, aut vapulet, aut xx. dies jejunet. § 8. Si mulier fornicata fuerit III. annos emendet; si cum seipsa fornicationem imitetur, eodem modo I. annum pœniteat. § 9. Viduæ et puellæ una est pœnitentia; quæ virum habet, majorem meretur, si fornicetur. § 10. Qui semen in os miserit, vII. annos jejunet; hoc pessimum est. A quibusdam judicatum est, ut ambo usque ad finem vitæ suæ emendarent. § 11. Qui cum matre fornicatus fuerit, xv. annos jejunet, et nunquam mutent, nisi die Dominico, et sancto tempore: et etiam in

* vII. annos, vel plus jejunet, *add.*?

---

si cum homine ordinato fecerit, III. quadragesimas, vel totum annum jejunet: si puer sit, xx. dies jejunet, vel flagelletur.

---

f Ib. xxvIII. 7. 12.   *h Ib.* xvI. 10.
g Ib. xIx. 17.   *k Ib.* xvI. 4.
i Th. Cap. p. 77.   *m, l Th.* xvI. 30. *n.* 1.

líſeſ énðe hit bétton."   § 11. ᵃ Seðe mið hiſ meðeſ hǽme·
ſæſte ·xv· pinteſ· ꞇ nǽſne ne onpenðon butan Sunnan-ðæᵹe'
ꞇ háliᵹſe tíðe· ꞇ eac hi ſáſon on elþeoðiᵹ lanð· ꞇ þæſ
ſæſton ·vii· ᵹeaſ.   § 12. ᵇ Seðe mið hiſ ſpýſteſ hǽme·
ſæſte ·vii· pinteſ·' on ſumon canone hit cpýð ·xii· ᵹeaſ·
ſoſþam þæſe meðeſ belimpað þa ðe heſ beſoſan ſtanðað.
§ 13. ᶜ Seðe oſt hǽmeð· ſe æſeſta canon ðémeð þ he ·x·
pinteſ béte· ꞇ ſe æſteſa canon ðémeð ·vii· ᵹeaſ· ᵹiſ hit ſoſ
manneſ týððeſnýſſe bið· ſume cpeðað ·iii· ᵹeaſ·'   § 14. ᵈ Ꝇiſ
bſoðoſ mið bſeðeſ hǽme þuſh hiſ licháman ᵹemenᵹnýſſe
·xv· pinteſ ſæſte butan ſlǽſce·'   § 15. ᵉ Ꝇiſ moðoſ mið
hýſe lýtlan ſuna ¹hǽme· ſæſte ·iii· ᵹeaſ· þ heo ſlǽſceſ
ne onbíte· ꞇ ánne ðæᵹ on pucan oð ǽſen·'   § 16. ᶠ Seðe
ᵹebýſmſeð ſiᵹ ſſam ²ᵹelýſa ᵹeþance· ðó hſeoſe oð þ ſe
ᵹeþanc ſiᵹ oſeſſſýþeð·'   § 17. Seðe lúſiᵹe ſæmnan on hiſ
móðe· biðde him ſoſᵹýſennýſſe æt Ꝇoðe· ᵹiſ he ſecᵹe þ he
³hæbbe hiſe ſſeonðſcipe· þ ýſ be luſe·' ꞇ he hý nhæbbe ·vii·
ðaᵹaſ ſæſte.   § 18. ᵍ Ꝇiſ hpýlc man ſoſ hiſ mæᵹeſ pſæce
man oſſleá· ðó he ſpa mýſþſa ·vii· ᵹeaſ oððe ·x· ᵹiſ he
ᵹýlðe· ſæſte be healſan·'   § 19. Seðe man oſſleá on hiſ
moðoſ pſace· ·iii· ᵹeaſ oððe ·x· Se mýſþſa ·x· oððe ·vii·
§ 20. ʰ Ꝇiſ hpýlc man munuc oððe cleſuc oſſleá· ſoſlǽte
hiſ pǽpn ꞇ þeopiᵹe Ꝇoðe· oððe ſæſte ·x· ᵹeaſ· ꞇ þ býð
biſceopeſ ðóm·'   § 21. ⁱ Seðe biſceop oððe mæſſe-pſeoſt
oſſleá· þ býð cýninᵹeſ ðóm·'   § 22. ᵏ Seðe be hiſ hlaſoſðeſ
hǽſe man oſſleá ·xl· ðaᵹa ſæſte·' ˡ ᵹiſ he hit þuſh ýſſe ðó
·iii· ᵹeaſ béte· ᵹiſ he hit holinᵹa ðó· ſæſte ·i· ᵹeaſ· ᵹiſ he
hit þuſh ᵹeðſunc oððe þuſh oðeſne úncſæſt man acpelle·
·iii· ᵹeaſ ſæſte· ᵹiſ he þuſh unnýtte ceaſte man oſſleá·
ſæſte ·x· ᵹeaſ:·'

---

¹ hǽmeð onhýſiᵹe *Y.*
² ᵹeliᵹeſa *Y.*
                                 ³ hý hæbbe· *Y.*

ᵃ *Th.* xx. 13.   ᵇ *Ib.* xx. 14.
ᶜ *Ib.* xvi. 5. *n.* 3.   ᵈ *Ib.* xx. 16.
ᵉ *Ib.* xx. 17. *et n.* 3.   ᶠ *Ib.* xxviii. 11. 14, 15.

terram peregrinam proficiscantur, et ibi VII. annos jejunent.
§ 12. Qui cum sorore fornicatus fuerit, VII. annos jejunet.
In quodam canone dicitur XII. annos, quia quæ supra stant,
ad matrem spectant.   § 13. Qui sæpe fornicatus fuerit,
primus canon judicat, ut X. annos emendet, et secundus
canon VII. annos; si pro hominis infirmitate sit, aliqui dicunt
III. annos.   § 14. Si frater cum fratre fornicatus fuerit,
per copulationem corporis, XV. annos emendet sine carne.
§ 15. Si mater cum filio suo parvulo fornicata fuerit, III.
annos jejunet, ita ut carnem non gustet, et uno die in
hebdomada usque ad vesperam.   § 16. Qui cogitatione
libidinosa se polluerit, pœnitentiam agat, donec cogitatio illa
superata erit.   § 17. Qui amat puellam in animo suo,
roget sibi veniam a Deo; si dicat se amicitiam ejus habere,
id est, amatorie, et non habeat illam, VII. dies jejunet.
§ 18. Si quis in ultione propinqui hominem occiderit, ut
homicida, [pœnitentiam] agat VII. annos, vel X.; si solvat
[propinquis], dimidium spatii jejunet.   § 19. Qui aliquem
occiderit in ultione matris suæ, III. annos, vel X. Homicida
X. vel VII.   § 20. Si homo quis monachum vel clericum
occiderit, arma relinquat, et Deo serviat, vel X. annos jejunet;
et id est episcopi judicium.   § 21. Qui episcopum vel
presbyterum occiderit, id est regis judicium.   § 22. Qui
per jussionem domini hominem occiderit, XL. dies jejunet;
si per iram fecerit, III. annos emendet; si casu fecerit, I.
annum; si ex ebrietate, vel alia prava arte hominem occiderit,
III. annos jejunet; si in inutili rixa hominem occiderit, X.
annos jejunet.

‘ fornicationem imitatur,’

ⁱ *Ib.* XXI. 22. *et n.* 3, 4.   ^h *Ib.* XXI. 9. *et n.* 6.
ⁱ *Ib.* XXI. 10.   ^k *Ib.* XXI. 14.
^l *Ib.* XXI. 15. *n.* 2.

ᵃADDITAMENTA.

I. ᵇSeðe tupa pifixe oððe pif ᵹeceoplixe· pærte ·ı· ᵹeap· ⁊ ſyððan ſ̄ā
Þobneſ-bæᵹe ⁊ Fpiᵹe-bæᵹe· ⁊ þa oþpe æ-pærtenu ſoṅᵹ̄ā plærc· ⁊ nā þe
hpaðop ſoplǽce hiſ pif· Ðonne ᵹiſ þep þpipa pipað· oððe pif þpipa
ceoplað· oððe ᵹýt mā· pærte ·ıııı· ᵹeap· ⁊ ſ̄ā þa hpile þe he lipᵹe
pærte Þobneſ-baᵹum ⁊ Fpiᵹe-baᵹum· ⁊ þa þpeo oþpe æ-pærtenu ſoṅᵹ̄ā
plærc· ⁊ ne ſýn hī nā þeah ᵹebǽlbe·ʹ ᵹiſ hī on piht ᵹeſinſcipe ᵹeᵹabe-
pobe ſýn :· Y. Bx.

II. ᶜNiſ þam mæſſe-ppeoſte nā alýſeb þ̄ he ýppe þæſ biſceopeſ
ſýnne· ſoþþam ſe biſceop haſað anpealb oſep hine :·ʹ Y. Bx.

III. ᵈLilb man mōt ſyllan into mýnſtpe· þeah man þ̄ oðep ᵹehāte-
ſpa-þeah iſ bétepe þ̄ man þ̄ ᵹehāt ᵹeſýlle· Eac ᵹelīce oðpe nýtenu
man mōt alýſan· ᵹiſ hit nýb-þeaſſ bið :·ʹ Y.Bx.

IV. ᵉLiſ ſe lǽpeba man hiſ āᵹen cilb oſþpýcce ⁊ acpelle· pærte ·ı·
ᵹeap on hlāſe ⁊ on pætepe·ʹ ⁊ þa ·ıı· ſoṅᵹā plærc ⁊ ealu· ⁊ ſophæbbe
hine ſpam ælcum pife· þa hpile þe he þa bēbbōte bo :· Y. Bx.

V. ᶠÐa þe beoð ᵹehābobe ſpam Scýttiſcum¹ biſceopum· oððe ſpam
Bpýttiſcum· þa þe ſceaſe nabbað ſpa oðpe cýniclice ppeoſtaſ· ne þa
Eaſtpon ſpa healbað ſpa þe healbað· þa ſceolon eſt ſpam þam piht-
ᵹeleaſſullum biſceope onſetneſſe ⁊ ſume ᵹebēbe beōn ᵹetpýmebe·ʹ
Eac ᵹelīce þa cýpcean· þe beoð ſpam þam biſceopum ᵹehālᵹobe·
ſceolon mib hāliᵹ pætepe beōn ᵹeonb-ſtpebbe :· Y. Bx.

VI. ᵍSeðe ſtelð hpæt in Lobeſ cýpcan· ſoſᵹýlbe hit ſeopeſſealb-
lice :·ʹ Y. Bx.

VII. Seðe ſamnað unᵹemætlice peolan· ſop hiſ unſiſbōme ſýlle he
þone þpibban bæl þeaſſum :· Y. Bx.

＊ man? VIII. ʰLiſ ＊he ᵹehālᵹob þinᵹ ſoſſtēle ·ııı· ᵹeap pærte butan
plærce :·ʹ Y. Bx.

IX. ⁱBe þam ſeo þe bið on ſpembpe mæᵹðe ⁊ on ſeonbum on-ᵹe-
numen· þ̄ bið on oðpum cýninᵹe oſep-cumenum· ᵹeſýlle þone þpibban
bæl to Lobeſ cýpcean· ⁊ þeaſſan ᵹebæle· ⁊ ·xl· baᵹa pærte· ſoþþam
hit bið cýninᵹeſ hǽſ :·ʹ Y. Bx.

X. ᵏLiſ ſuᵹeleſ meox on pætan beſealleð· ſý hit oſ-anumen· ⁊ bo
hāliᵹ pætep in· þonne bið ſe mete clǽne·ʹ ſoþþam ſeðe mib blōbe oððe

---

¹ ppeoſtum oððe Bx. add.

ᵃ Hactenus ms. O.; quæ sequuntur capitula additamenta sunt ex
mss. Y. et Bx.
ᵇ/ Th. xıx. 15.   ᶜ/ Ib. xlvııı. 3. n. 3.

ᵃADDITAMENTA.

1. Qui bis uxorem duxerit, (vel mulier quæ bis viro nupserit,) annum I. jejunet, et postea semper die Mercurii et die Veneris, et ceteris legitimis jejuniis abstineat se a carne, et tamen non dimittat uxorem. Si autem vir ter uxorem duxerit, vel etiam sæpius, IIII. annos jejunet, et semper dum vivit, diebus Mercurii et Veneris jejunet, et ceteris tribus legitimis jejuniis abstineat se a carne; nec tamen separentur, si legitimo matrimonio conjungantur.

2. Presbytero non licet peccatum episcopi prodere, quia episcopus habet potestatem in eum.

3. Infantem quis potest dare in monasterium, quamvis alium vovisset, tamen melius est votum implere. Similiter alia pecora, redimere licet, si necesse sit.

4. Si laicus proprium suum infantem oppresserit et occiderit, I. annum in pane et aqua jejunet, et II. abstineat se a carne et cervisia; et contineat se a quacunque muliere, dum pœnitentiam agat.

5. Qui ordinati sunt a Scottorum vel Brittonum episcopis, qui tonsuram, ut ceteri ecclesiastici presbyteri, non habent, nec Pascha ita observant uti nos observamus, ab episcopo orthodoxo, manus impositione et oratione, confirmari debent. Similiter ecclesiæ, ab episcopis illis consecratæ, aqua benedicta debent aspergi.

6. Qui aliquid furatus fuerit in ecclesia Dei quadruplum solvat.

7. Qui congesserit immodicas divitias, tertiam partem, pro stultitia sua, pauperibus tribuat.

8. Si quis rem consecratam furatus fuerit, III. annos sine carne jejunet.

9. Pecuniæ quæ in aliena provincia, et hostibus rapta fuerit, id est rege alio superato, tribuatur tertia pars ecclesiæ Dei, et pauperibus distribuatur; et [qui eam rapuerit] XL. dies jejunet, quia jussio regis erat.

10. Si avium stercus in liquorem ceciderit, tollatur, et aspergatur [liquor] aqua benedicta, tunc cibus mundus erit: nam qui sanguine

---

ᵃ *Th. Cap. p.* 65. 　　　　ᵉ *Th.* XXI. 36.

ᶠ *Th. Cap. p.* 64. *ubi textus proculdubio ut supra corrigendus.*

ᵍ *Th.* XXIII. 12. *n.* 2. 　　ʰ *Ib.* XXIII. 1. *et* 12. *n.* 2.

ⁱ *Ib.* XXIII. 17. 　　　　ᵏ *Ib.* XXX. 5.

mið ǽnıʒe unclǽne þınʒe ſ̄ beſmıten· ʒıſ he hıt þıʒeð ꞇ ne þǽt· ne
þeþeð hım þ̄· ʒıſ he hıt þonne þǽt· béte be þǽſ þıbloſeſ mǽðe :·
Y. Bx.

xı. Lıſ munuc ʒeſíteð ꝼ̣am Lobeſ cýncan ·vii· ʒeaſ ſǽſte :·
Y. Bx.

xii. ᵃLıſ þ̄ ſíſ ʒeſíte ꝼ̣am hıſe þeſe ·i· ʒeaſ ſǽſte· ʒıſ heo un-
beſmıten to hım cýþþe· he nı́me hý· ꞇ ʒıſ he oðeſ hǽm lǽþe ·iii·
ʒeaſ ſǽſte· þ̄ ſoſleʒene ſíſ ·vii· ʒeaſ ſǽſte :· *Y. Bx.*

xiii. ᵇSeðe ſoſ þeaðne man ſǽſteð· þel hım ſultumıað :· *Y. Bx.*

xiv. ᵇLýnınʒ ʒıſ he haſað oðeſ cýnınʒeſ lanð· he hıt mót ſýllan
ſoſ hıſ ſaple :· *Y. Bx.*

xv. ᶜNe ſceal ſe bıſceop hım ſýlſ nǽnne abboð ʒeceoſan æſteſ
þǽſ oðeſ beaðe· ne be hım lıſıʒenbum· þeah he onþeʒ ʒeſíte ꞇ ʒe-
ſýnʒıe· ne mót he þǽſ nǽnne oðeſne to-ʒeſettan· butan þǽſa bꞃoþſa
þıllan :· *Y. Bx.*

xvi. ᵈNe ſceal cýꞃcean tımbeſ to ǽnıʒum oðſum þeoſce· butou
to oðſe cýꞃcean· oððe hıt man ſoſbǽꞃne to ſumeſe ſneme· þe þam
Lobeſ þeoþum þeaꞃſ ſ̄· þe ın þam mýnſtſe ſýn· ꞇ hıt nǽſſe ſ̄ ʒebon
þam lǽþebum to nǽnıʒum bꞃýce :· *Y. Bx.*

xvii. ᵉLýꞃıcean man mót ſettan on oðſe ſtope· ʒıſ hıt nýð-þeaꞃſ
ſ̄· ac hý man ne mót nā eſt hālʒıan· butan þ̄ ān þ̄ mǽſſe-þꞃeoſt
hıʒ ʒeonð-ſtꞃeʒðe mıð hālıʒ þæteſe :· *Y. Bx.*

xviii. ꝼLýſ lǽþebe man munuc ūt oſ mýnſtſe alǽþe ſoꞃſtólenne
ʒanʒe he on mýnſtſe· ꞇ Lobe þeoꞃıʒe· oððe unbeſhnıʒe mennıſcne
þeoꞃðóm :· *Y. Bx.*

xix. ᵍSeðe oſt ſtāle beð ·vii· ʒeaſ béte· ſþa hım hıſ ſcꞃıſt hım
tǽce· ꞇ ſeðe ſtāle beð ꞇ he to bóte ʒecýꞃꞃeð· ſꞃmle he ſceal þıꞃxıan
þıð þone þe he abýlʒð· ꞇ hıt eſt aʒýſeð· þonne lýttlað he þ̄ ſǽſten·
Lýſ he nýle oððe ne mæʒ· þonne ſǽſte he þa ʒeſettan tı́ba :· *Y. Bx.*

xx. ʰLýſ lǽþebe man oðeſne oſſlıhð ſoꞃ ¹ſeoſ þınʒe· ʒıſ he nýlle
hıſ þeþen ſoꞃlǽtan· ²·vii· ʒeaſ ſǽſte ·iii· butan ſlǽꞃce ꞇ ealað :·
Y. Bx.

xxi. Ðıſ ſýnt þa ꞃıht ýmbꞃen-baʒaſ· þe man mıð ꞃıhte healban
ſceal· þæt ıſ on kł Mꞃ̣tıı· on þǽꞃe ſoꞃman þucan· ꞇ kł Iunıı· on
þǽꞃe æſteꞃan þucan· ꞇ on kł Septemḃ· on þǽꞃe þꞃıbban þucan· ꞇ on
kł Decembeꞃ· on þa nehſtan þucan ǽꞃ Lꞃıſteſ mǽꞃꞃan :· *Y. Bx.*

---

¹⸍ ſneoʒunʒe· *Y.*

ᵃ⸍ *Th.* xix. 9. *et n.* 1. ᵇ⸍ *Th. Cap. p.* 65.
ᶜ⸍ *Ib. p.* 64. ᵈ⸍ *Th.* xlvii. 5.

vel re alia immunda pollutus fuerit, si comederit et non noverit, non nocet ei; si autem noverit, juxta pollutionis gradum emendet.

11. Si monachus ab ecclesia Dei discesserit, VII. annos jejunet.

12. Si uxor a marito suo discesserit, annum I. jejunet; si impolluta ad eum reversa fuerit, recipiat ipsam; et si aliam domum conduxerit, III. annos jejunet. Mulier adultera VII. annos jejunet.

13. Qui pro homine mortuo jejunat, seipsum bene adjuvat.

14. Rex si alterius regis terram habet, potest donare pro anima sua.

15. Non debet episcopus solus, abbate mortuo, alium eligere; neque eo vivente, quanquam discesserit et peccaverit, non licet ei alium constituere, sine voluntate fratrum.

16. Ligna ecclesiæ non debent ad aliud opus poni, nisi ad aliam ecclesiam, vel comburantur ad aliquem profectum, quo Dei servis, qui in monasterio sint, opus erit; et nunquam ponantur ad usum laicorum.

17. Ecclesiam licet in alium locum ponere, si necessitas fuerit, attamen eam iterum consecrare non licet, sed tantum ut presbyter eam aspergat aqua benedicta.

18. Si laicus monachum de monasterio furtim abduxerit, intret in monasterium et Deo serviat, vel se humano servitio subjiciat.

19. Qui sæpe furtum fecerit, VII. annos emendet, prout ei confessarius ejus ei præscripserit. Et qui furtum fecerit, et ad emendationem se convertere velit, semper debet reconciliari ei quem offendebat, et restituere furtum; tunc breviabit jejunium. Si nolit, vel non possit, tunc tempus constitutum jejunet.

20. Si laicus alium occiderit pecuniæ causa, si arma sua relinquere nolit, VII. annos jejunet; III. sine carne et cervisia.

21. Hi sunt legitimi quatuor temporum dies, qui legitime observari debent: id est, kaī Martii, prima hebdomada; et kaī Junii, secunda hebdomada; et kaī Septemb, tertia hebdomada; et kaī Decemb, hebdomada proxima ante Natale Christi.

2·VIII· Y.

Ib. XLVII. 2.   *Ib.* XXIII. 1½.
Ib. XXIII. 4.   *Ib.* XXI. 11. et n. 7.

XXII. ᵃ Ᵹɪꝼ hƿýlc man on hɪꞅ ᵹýmeleaꞅte ꝼæꞃte on Sunnan-bæᵹ-ꝼæꞃte þonne eꝼt ealle ƿɪcan· ᵹɪꝼ he oðeꞃ ꞃíðe bō· ꝼæꞃte ·xx· baᵹa· ᵹɪꝼ he þꞃɪbban ꞃɪðe ꞅƿa bō· ꝼæꞃte ·xl· baᵹa· ᵹɪꝼ he ꝼæꞃte ꝼoꞃ þæꞅ bæᵹeꞅ nýðeꞃunᵹe ⁊ ꝼoꞃꞅeᵹneꞅꞅe· ꞅý he þonne aꞅýꞃꝚeb ꝼꞃam Ꝉoꝺeꞅ cýꞃcean ⁊ amǽnꞃumaꝺ ꝼꞃam eallum Cꞃɪꞅtenum ꝼolce· ꞅƿa ꞅƿa þa Iuꝺeoꞅ:· Y.

XXIII. ᵇ Ᵹɪꝼ hƿýlc man ꝼoꞃhýcᵹe ᵹeꝺóꝺen ꝼæꞃten on Ꝉoꝺeꞅ ꝼolce· ⁊ onᵹean þæꞃa ƿɪtena ᵹeꞅetneꞅꞅe oððe ꞃeꞃɪꞅte· ꝼæꞃte ·xl· baᵹa· butan þam ǽ-ꝼæꞃtenum ⁊ lenᵹten-ꝼæꞃtene· ᵹɪꝼ he hɪt ᵹelóme bō· ⁊ he hɪm to ᵹeƿunan hǽbbe· ꞅý he abꞃɪꞅen oꝼ Ꝉoꝺeꞅ cýꞃcan· ꞅƿa ꞅƿa Dꞃɪhten ꞅýlꝼa cƿǽð· Ᵹɪꝼ man ᵹeꞅꞃɪꞅaꝺ æt ánum þɪꞅꞅa oꝼ þɪꞅꞅum meꝺmæꞃtan· bétene hɪm þæꞃe þ eoꞃꞅul-cꞃeoꞃɪn þæꞃe ᵹeꞃꞃɪðen to hɪꞅ ꞃꞃeoꞃan· ⁊ he þæꞃe apoꞃꞃen út on ꞃǽ:· Y.

XXIV. ᶜ Ᵹɪꝼ hƿá ꝼoꞃ bɪꞅceoꝼeꞅ hǽꞅe bꞃɪnce· ne ꝺeꞃeð hɪt hɪm naht· þeah he ꞅꞃíꝼe:· Y.

XXV. ᵈ Nɪꞅ nǽ alýꞃeꝺ þ þæꞅ mýnꞅtꞃeꞅ hlaꝼoꞃꝺ ꞅýlle þæꞃe cýꞃcean lanꝺ to oðꞃe cýꞃcean· þeah hɪm bǽ unꝺeꞃ-þeoꝺꝺe beon· ᵹɪꝼ he þonne hƿýlc lanꝺ ꞅýlle ᵹeꞃꞃɪxlɪan· bō he þonne þ mɪꝺ ᵹeþeahte beᵹꞃa þæꞃa hɪꞃeꝺa þe æt þam cýꞃcean ꞃýnꝺon:· Y.

XXVI. ᵉ Ᵹɪꝼ hƿýlc man ƿýle ꞃettan hɪꞅ mýnꞅtꞃeꞃ on oðꞃe ꞃtoꝺe· bō he þ be þæꞅ bɪꞅceoꝼeꞅ leáꝼe· ⁊ þæꞃa bꞃoꝼþa ɪn þam mýnꞅtꞃe· ⁊ lǽte þeah cýꞃcean ꞅtanꝺan ǽ ɪn þæꞃe ǽꞃꞃan ꞅtoꝺe· ⁊ bō þæꞃ mæꞅꞅe-ꝼꞃeoꞃt to:· Y.

XXVII. ꝼ Ᵹɪꝼ hƿýlc mon péne þ hɪt ꞅý alýꞃeꝺ· ꝼoꞃ ꞃumꞃe clǽnnýꞅꞅe· þ hɪne man tupa ꝼullɪᵹe· þonne ꝼæꞃte ꞅe ·iii· ᵹeaꞃ on án· ⁊ ꞅýððan eac hɪt béte· ǽ mɪꝺ ꝼæꞃtene ⁊ mɪꝺ ælmæꞅꞅan· þa hƿíle þe he lɪbbe:· Bx.

XXVIII. Ᵹɪꝼ hƿýlc mæꞅꞅe-ꝼꞃeoꞃt oððe ꝺɪacon bꞃɪnᵹe ƿíꝼ hám on ꝼolcæꞅ ᵹeꞃɪtneꞅꞅe· ꞅý he amǽnꞃumoꝺ:· Bx.

XXIX. Ᵹýꝼ hƿýlc man oꝼ hɪꞅ ᵹeþohtum oððe oꝼ hɪꞅ ᵹeƿɪtte ꝼeole· ⁊ hɪm ᵹelɪmꝼe þ he man oꝼꞅleǽ· ꝼoꞃᵹelꝺon þone man hɪꞅ maᵹaꞃ· ⁊ hɪne ƿɪð oðæꞃ ꞅƿýlc ᵹeꞃcýlꝺan· Ᵹɪꝼ man hɪne oꝼꞅleǽ on þam unᵹeƿɪtte· ǽꞃ man ƿíte hƿæðeꞃ hɪꞅ maᵹaꞃ hɪm ꝼoꞃe þɪnᵹɪan ƿɪllon· ꝼoꞃᵹelꝺon þone man hɪꞅ maᵹum þa men þe hɪne oꝼꞅlean:· Bx.

XXX. ᵍ Ᵹýꝼ man þuꞃh þꞃýꞅtlæcnýꞅꞅe man ꝼullað· ⁊ ne bɪð hɪm ꞅýlꝼe-ꞅe bɪð to apoꞃꞃenne ꝼꞃam ælceꞃe cýꞃɪclɪcꞃe ᵹeꞅamnunᵹe· ⁊ he ne ꞅý nǽꝼꞃe eꝼt ᵹehǽꝺoꝺ:· Bx.

XXXI. ʰ Sƿa hƿýlc ꞅƿa hɪne ꞅýlꝼne ᵹetꞃeoᵹe be hɪꞅ ꝼulluhte· ⁊ eac oðꞃe men nýton hƿeðeꞃ he ᵹeꝼulloꝺ ƿæꞅ· he ꞅceal beón eꝼt ᵹeꝼulloꝺ:· Bx.

ᵃ Th. xxxviii. 14. ᵇ Ib. xxxii. 1.
ᶜ Ib. xxvi. 9. ᵈ Th. Cap. p. 64.

22. Si quis, ex incuria sua, die Dominico jejunaverit, tótam hebdomadam sequentem jejunet; si altera vice fecerit, xx. dies jejunet; si tertia vice sic fecerit, xl. dies jejunet. Si ad damnationem et contemtum diei jejunaverit, exterminetur ab ecclesia Dei, et excommunicetur a toto populo Christiano, sicut Judæi.

23. Si quis contemserit indictum jejunium inter Dei populum, et contra decretum vel mandatum seniorum, xl. dies jejunet, exceptis legitimis jejuniis, et quadragesimali jejunio; si sæpe fecerit, et ei consuetudini sit, expellatur ab ecclesia Dei, secundum quod Dominus ipse dixit: ' Si quis scandalizaverit unum de pusillis istis, melius ei esset ut mola asinaria alligaretur collo suo, et abjiceretur in mare.'

24. Si quis jussu episcopi biberit, nihil ei nocebit, quamquam evomuerit.

25. Non licet monasterii domino terram ecclesiæ alii assignare ecclesiæ, quamvis ambæ in potestate ejus sint; si autem terram aliquam commutare velit, faciat cum consilio ambarum sodalitatum quæ in ecclesiis istis sint.

26. Si quis monasterium suum in alio loco ponere velit, faciat cum venia episcopi et fratrum, qui in illo monasterio sint; ecclesiam vero relinquat semper in priori loco, eique presbyterum assignet.

27. Si quis existimet quod liceat, munditiæ alicujus causa, bis baptizari, tunc iii. annos, sine intermissione, jejunet; et postea etiam jejunio et eleemosynis usque emendet, quamdiu vivet.

28. Si presbyter quis vel diaconus mulierem domum duxerit, cum cognitione populi, excommunicetur.

29. Si homo quis animo suo vel mente sua exciderit, et ei aliquem occidere evenerit, solvant pro homine propinqui ejus, et eum contra simile quid servent. Si quis inscienter eum occiderit, antequam cognitum erat, num amici ejus pro eo intervenire vellent, solvant pro homine propinquis ejus, homines qui eum occiderint.

30. Si quis ex temeritate aliquem baptizaverit, et ipse [ordinatus] non sit, abjiciendus est a quaque ecclesiastica congregatione, neque unquam postea ordinatus sit.

31. Quicunque dubitat de baptismo suo, et alii quoque homines nesciunt num baptizatus esset, denuo baptizari debet.

---

e/ *Ib. p.* 64. *n.* 1.
f/ *Ib.* xxxviii. 4.
g/ *Th.* xxxviii. 2.
h/ *Th. Cap. p.* 65.

XXXII. ᵃ Seðe for oper-fylle rpire· peope ·xiii· baxar :·' *Bx.*

* ·iiii· ?　**XXXIII.** Lýf hpýlc man hine pið ræmnan foplicxe· pærce *·xiiii· xeap· oððe tpa be þam fullertan :· *Bx.*

XXXIV. Lýf man oðrum men æht xertrýðe· forxelbe hit peopeppealðlice· rpa Crirt rýlpa cpæð :· *Bx.*

XXXV. ᵇ ¹ Ne rið alýreð æt þam þeopan hir feoh to nîmanne· þ he mið hir rpýnce bexiteð :·' *Bx.*

Spa hpýlc man rpa þar **Script-bóc** tilixe to abpecanne· on ðere forðémeðnyrre he rý forðémeð. Amen· Deo. *Y. Bx.*

---

¹' Nir nânum men alýreð þ he nîme on hir þeope ænix feoh· buton hir pillan· ꝛ butan forpýrhtum· xir he hit mið rihte xertrýneð :· *Y.*

✓ *Th.* xxvi. 3.

32. Qui ex satietate evomuerit, xiii. dies pœniteat.

33. Si quis cum puella fornicatus fuerit, *xiiii. annos jejunet, vel * iiii.?
duos plene.

34. Si quis alium bonis spoliaverit, reddat quadruplum, ut Christus
ipse dixit.

35. Non licet pecuniam suam servo auferre, quam ipse labore suo
adquisiverit.

Quicunque Confessionale hoc violare conatus fuerit, ad sempi-
ternam damnationem condemnetur.

Nemini licet servo suo pecuniam aliquam auferre, sine voluntate
ejus, et sine malefactis; si eam legitime adquisiverit.

ᵛ *Ib.* xix. 30.

*OF ECCLESIASTICAL
COMPENSATIONS, or 'BŌTS.'

I. Seofonfealde ȝifa rind Hāliȝer Ȝarter· ꝫ feofon ſtaþar rindon ciriclicra ȝrāda ꝫ hāliȝra hāda· ꝫ rifon riðan Ꞡoder þeoþar rculon Ꞡod heriȝan dæȝhþamlíce on circan· ꝫ for eal cryſten folc þinȝian ȝeorne· ꝫ eallum Ꞡoder freondum ȝebireð ſriðe riħte ꝫ hi Ꞡoder circan lurian ꝫ þurþian· ꝫ Ꞡoder þeoþar friðian ꝫ ¹ȝriþian· ꝫ reðe heom ȝederiȝe mið þorðe oððe þeorce· reofonfealðne bóte ȝebéte hit ȝeorne· be þam þe reo dæð rý· ²ꝫ be þam ðe ſe hāð rý·ꞌ ȝif he Ꞡoder miltſe ȝeearnian þille· forþam hāliðom ꝫ hāðar· ꝫ ȝehālȝode Ꞡoder húſ ā man rceal for Ꞡoder eȝe þurðian ȝeorne:·

II. Ānd to hāð-bóte· ȝif Ꞡf-lýre þurþe· to-eacan þam riħt þeſe· þone forman ſtæþe béte man mið āne punðe· ꝫ mið ȝóðne bóte þinȝiȝe ȝeorne:·

III. Ānd to hāð-bóte· ȝif feorh-lýre þurþe· to-eacan þam riħt þeſe· æt þam oðrum ſtæþe tþā punð to bóte· mið ȝoðcunðan rerirte:·

IIII. Ānd to hāð-bóte· ȝif ful-brice þýrðe· to-eacan þam riħt þeſe· æt þam þriððan ſtæþe þreo punð to bóte· mið ȝoðcunðan rerirte:·

V. Ānd to hāð-bóte· ȝif ful-brýce þýrðe· to-eacan þam riħt þeſe· æt þam feorðan ſtæþe feorer punð to bóte· mið ȝoðcunðan rerirte:·

VI. Ānd to hāð-bóte· ȝif ful-brice þýrðe· to-eacan þam

---

¹ nerian *D.* ȝriðian *H.*   ²ꞌ *H., D. omit.*

*OF ECCLESIASTICAL
COMPENSATIONS, or 'BŌTS.'

1. Sevenfold are the gifts of the Holy Ghost, and seven are the degrees of ecclesiastical states, and holy orders, and seven times should God's servants praise God daily in church, and for all Christian people earnestly intercede. And it is very rightly incumbent on all God's friends, that they love and venerate God's church, and in 'grith' and 'frith' hold God's servants; and let him who injures them, by word or work, earnestly make reparation with a seven-fold 'bōt,' as the deed may be, and as the order may be, if he will merit God's mercy; because holiness, and orders, and God's hallowed houses, are, for awe of God, ever to be earnestly venerated.

2. And for order-'bōt,' if there be loss of life, in addition to the legal 'wēr,' for the first degree let 'bōt' be made with one pound; and, with good 'bōt,' let earnest intercession be made.

3. And for order-'bōt,' if there be loss of life, in addition to the legal 'wēr,' for the second degree, two pounds for 'bōt,' with ecclesiastical shrift.

4. And for order-'bōt,' if there be 'full breach,' in addition to the legal 'wēr,' for the third degree, three pounds for 'bōt,' with ecclesiastical shrift.

5. And for order-'bōt,' if there be 'full breach,' in addition to the legal 'wēr,' for the fourth degree, four pounds for 'bōt,' with ecclesiastical shrift.

6. And for order-'bōt,' if there be 'full breach,' in addition

* The text is from *D.*, collated with *H.*

riht þene· æt þam fiftan stæpe ·v· pund to bóte· mið ȝodcundan scrifte:·

VII. And to hád-bóte· ȝif ful-brice pynðe· to-eacan þam
riht þene· æt þam rixtan stæpe ·vi· pund to bóte· mið ȝodcundan scrifte:·

VIII. And to hád-bóte· ȝif ful-bryce punðe· to-eacan þam
riht þene· æt þam reoroþan stæpe ·vii· pund to bóte· mið
ȝodcundan scrifte:·

IX. And to hád-bóte· þær ram-bryce punðe· béte man
ȝeorne· be þam ðe seo dæd sy:·

X. Áá¹ sceal mið rihte dóm æfter dæde· ⁊ medemunȝ be
mæþe· for Ȝode ⁊ for porlde:·

XI. And ƿise ꝼæron porld-pitan· þe to ȝodcundan riht-laȝan
þas laȝa setton· folce for steore· ⁊ háliðóm ⁊ háðas· for
Ȝodes lufan punðodon· ⁊ Ȝodes hús· ⁊ Ȝodes þeopas· deoplice
ȝriðedon:·

XII. And hád-bót mið rihte· án dæl þam biscope· oðer þam
²ƿi-bede· ⁊ þridde ²þam ȝeferscipe:·

---

¹ man *O. add.*   ² ƿiȝ-bede *H.*

to the legal ' wēr,' for the fifth degree, v. pounds for ' bōt,' with ecclesiastical shrift.

7. And for order-' bōt,' if there be ' full breach,' in addition to the legal ' wēr,' for the sixth degree, vi. pounds for ' bōt,' with ecclesiastical shrift.

8. And for order-' bōt,' if there be ' full breach,' in addition to the legal ' wēr,' for the seventh degree, vii. pounds for ' bōt,' with ecclesiastical shrift.

9. And for order-' bōt,' where there is ' half breach,' let ' bōt' be diligently made, according as the deed may be.

10. Judgment ought ever to be with justice, according to the deed, and mitigation according to degree, before God and before the world.

11. And wise were those secular 'wîtan,' who to the divine laws of right, first added these laws, for a guide to the people; and reverenced, for love of God, sanctity, and holy orders; and God's houses and God's servants firmly protected.

12. And of order-' bōt,' according to law, one part is for the bishop, the second for the altar, and the third for the brotherhood.

---

³ *O. omit.*

CANONS

ENACTED UNDER KING EDGAR.

I. [a][1]Ƿe lærað.' þ [2]Ᵹodes þeoƿas' beon ȝeornlice Ᵹode þeoƿiȝende. ⁊ þeniȝende. ⁊ for eal Cristen folc þinȝiȝende. ⁊ þ hi ealle beon a heora ealdre holde ⁊ ȝehyrsume. ⁊ ealle ánræde to ȝemænre þearfe. ⁊ þ ælc si oðrum to fultume ⁊ helpe. ȝe for Ᵹode. ȝe for worlde. ⁊ þ hi beon heora worldhláfordum eac holde ⁊ ȝetryƿe[3]:·

II. [4]And þe lærað. þ ælc wurðiȝe oðerne. ⁊ hyran þa ȝinȝran ȝeorne heora yldrum. ⁊ lufian ⁊ læran þa yldran ȝeorne heora ȝinȝran:·'

III. [4]And þe lærað. þ hi to ælcon rinoðe habban ælce ȝeare. becc ⁊ reaf to ȝodcundre þenunȝe. ⁊ blæc ⁊ bóc-fel to heora ȝerædnessum. ⁊ þreora daȝa bi-wyrte:·'

IIII. [4]And þe lærað. þ preorta ȝehwilc to rinoðe hæbbe his clenic. ⁊ ȝeræðne man to cnihte. ⁊ næniȝne unwitan þe diriȝ lufiȝe. ac faran ealle mid ȝefæde ⁊ mid Ᵹodes Ælmihtiȝes eȝe:·'

V. And þe lærað. þ ælc preort on rinoðe ȝecyþe. ȝif him hwæt deriȝe. ⁊ ȝif him æniȝ man heálice mirbóden hæbbe. ⁊ fon hi þonne ealle on. wrilce hit heom eallum ȝedón beo. ⁊ ȝefylstan to. þ hit man ȝebéte rwá birceop ȝetæce:·

VI. And þe lærað. þ preorta ȝehwilc on rynoðe ȝecyþe ȝif he on his scrirt-scire æniȝne man wite Ᵹode *oferhyƿe. oþþe

---

¹ riht is for þe lærað *throughout* X.　　　²' þreortas
³ æfter Ᵹodes rihte. *add.*
⁴' *omit.*

ᵃ The text is from *D.;* the collations from *X.*

CANONS

ENACTED UNDER KING EDGAR.

1. We enjoin, that God's servants be zealously serving, and ministering to God, and mediating for all Christian people; and that they all be ever faithful and obedient to their superior; and all unanimous for the common need: and that each be to other a support and a help, both before God and before the world; and that they be to their temporal lords also faithful and true.

2. And we enjoin, that each respect other; that the juniors zealously obey their elders; and the elders zealously love and teach their juniors.

3. And we enjoin, that they, at every synod, have, every year, books and garments for divine ministry, and ink and vellum for their ordinances; and provision for three days.

4. And we enjoin, that every priest at the synod have his clerk, and an orderly man for servant, and no ignorant person who loves folly; but let all go with decorum, and with fear of God Almighty.

5. And we enjoin, that every priest declare in the synod if aught be prejudicial to him, and if any man have highly injured him; and let them then all take it up, as if it had been done to them all, and so aid, that 'bōt' be made, as the bishop shall direct.

6. And we enjoin, that every priest declare in the synod if, in his shrift-district, he know any man contumacious to God,

according to God's law.

on heaꝼoð-leahtꝛum ẏꝼele beꝼealenne· þe he to bote ȝebiȝan
ne mæȝe· oþþe ne ðuꝛꝛe ꝼoꝛ poꝛlð-áꝛole:·

VII. And þe læꝛað· þ nán ꝛacu þe betꝛeox pꝛeoꝛtan ſí· ne
beo ȝeꝛcóten to poꝛlð-manna ꝛóme· ac ꝛéman ⁊ ꝛibbian heoꝛa
áȝene ȝeꝼéꝛan· oþþe ꝛceótan to þam biꝛcope· ȝiꝼ man þ nýðe
ꝛcule:·

VIII. And þe læꝛað· þ æniȝ pꝛeoꝛt· ꝛilꝼ-pilleſ· ne ꝼoꝛlǽte
þa ciꝛcan· þe he to ȝebletꝛoð þæꝛ· ac hæbbe him þa to
ꝛiht-ǽpe¹:·

IX. And þe læꝛað· þ nán pꝛeoꝛta oðꝛum ne æt-ðó· æniȝ
þáꝛa þinȝa þe him to-ȝebiꝛiȝe· ne on hiſ mýnꝛtꝛe· ne on hiſ
ꝛcꝛiꝼt-ꝛcíꝛe· ne on hiſ ȝildꝛcipe· ne on æniȝum þáꝛa þinȝa þe
him to-ȝebiꝛiȝe:·

X. And þe læꝛað· þ æniȝ pꝛeoꝛt ne undeꝛꝼó oþꝛeſ ꝛcoleꝛe·
buton þæꝛ leaꝼe þe he æꝛ ꝼolȝode:·

XI. And þe læꝛað· þ pꝛeoꝛta ȝehpilc· to-éacan láꝛe· leoꝛniȝe
hanð-cꝛæꝼt ȝeoꝛne:·

XII. And þe læꝛað· þ æniȝ ȝelæꝛeð pꝛeoꝛt· ne ꝛcænde þone
ꝛam-læꝛeðan· ac ȝebéte hine· ȝiꝼ he bét cunne:·

XIII. And þe læꝛað· þ æniȝ ꝼoꝛð-bóꝛen pꝛeoꝛt ne ꝼoꝛꝛeo
þone læſ-bóꝛenan· ꝼoꝛþam ȝiꝼ man hit áꝛiht áꝛmeað· þonne
ꝛin ealle men áꝛꝛa ȝebiꝛða:·

XIV. And þe læꝛað· þ pꝛeoꝛta ȝehpilc tiliȝe him ꝛihtlíce· ⁊
ne beo æniȝ manȝeꝛe mið unꝛuhte· ne ȝitꝛiȝenðe maꝛꝛeꝛe:·

XV. And þe læꝛað· þ pꝛeoꝛta ȝehpilc ꝼulluhteſ² tiðȝe·
ꝛona ꝛpa man hiſ ȝiꝛne· ⁊ æȝhꝛaꝛ on hiſ ꝛcꝛiꝼt-ꝛcíꝛe beðde·
þ ælc cílð ſý ȝeꝼulloð binnon ³·xxxvii· nihtum· ⁊ þ æniȝ
man to lanȝe unbiꝛcopoð ne puꝛðe:·

---

¹ þa hpíle þe hiſ líꝼ ꝛiȝ. *add.*
² ⁊ ꝛcꝛiꝼteſ *add.*
³ ·vii·

or miserably sunk in deadly sins, whom he cannot incline to 'bōt,' or dare not for worldly opinion.

7. And we enjoin, that no dispute that be between priests be referred to the adjustment of secular men; but let them adjust among and appease their own companions; or refer to the bishop, if that be needful.

8. And we enjoin, that no priest voluntarily forsake the church to which he was consecrated, but have it to him for lawful spouse.

9. And we enjoin, that no priest deprive another of any of those things which appertain to him; neither in his minster nor in his shrift-district, nor in his gildship, nor in any of the things appertaining to him.

10. And we enjoin, that no priest receive another's scholar, without leave of him whom he previously followed.

11. And we enjoin, that every priest, in addition to lore, diligently learn a handcraft.

12. And we enjoin, that no learned priest put to shame the half learned, but improve him, if he know better.

13. And we enjoin, that no high-born priest despise the lower born; because if it be rightly considered, then are all men of one birth.

14. And we enjoin, that every priest provide for himself lawfully, and let no one be a monger unlawfully, nor a covetous merchant.

15. And we enjoin, that every priest grant baptism as soon as it is demanded; and everywhere, in his shrift-district, command, that every child be baptized within xxxvii. days; and that no one be too long unconfirmed.

---

the while that his life lasts.
and shrift

xvi. Ƿnd ƿe læpaðd· þ pɾeoɾta ȝehƿilc cpiɾtendóm ȝeopnlícé ¹anƿeɾe· ᐱ ælcne hæðendóm mid-ealle áðƿæpce· ᐱ ᵹopbéode ƿil-ƿeopðunȝa· ᐱ líc-ƿiȝlunȝa· ᐱ hƿata· ᐱ ȝaldpa· ᐱ ²man-ƿeopðunȝa· ᐱ þa ȝemeapp þe man dpifð on mipłícum ȝeƿiȝ-lunȝum· ᐱ on ᵹpið-ɾplottum· ᐱ on ellenum· ³ᐱ éac on oðpum mipłícum tpéopum· ᐱ on ɾtánum·' ᐱ on maneȝum mipłícum ȝeðpimepum þe men oðpeoȝað pela þæɾ þe hí ná ne pcoldon:·

xvii. Ƿnd ƿe læɾað· þ ælc cpiɾten man hiɾ beapn tó cpiɾtendóme ȝeopnlíce ƿæniȝe· ᐱ him Pateɾ noɾteɾ ᐱ Cɾedon tæce:·

xviii. Ƿnd ƿe læɾað· þ man ȝeɾƿíce fɾéolɾ-daȝum hæðenpa leoða ᐱ deoɾleɾ ȝamena:·

xix. Ƿnd ƿe læɾað· þ man ȝeɾƿíce Sunnan-dæȝeɾ cýpinȝe· ᐱ ɾolc-ȝemóta:·

xx. Ƿnd ƿe læɾað· þ man ȝeɾƿíce hiȝeleáɾpa ⁴ȝepæða ᐱ diɾłícpa ȝepæða ᐱ biɾmopłícpa eɾepunȝa:·

xxi. ³Ƿnd ƿe læɾað· þ man ȝeɾƿíce cipeɾ-ȝamanna ᐱ lúpiȝe piht æɾe:·'

xxii. Ƿnd ƿe læɾað· þ ælc man leopniȝe· þ he cunne Pateɾ noɾteɾ ᐱ Cɾedon· be þam þe he ƿille on ȝehálȝodan leȝepe licȝan· oþþe huɾleɾ ƿupðe béon· fopþam he ne bið ƿel cpiɾten· þe þ ȝeleopnian nele· ne he náh mid pihte oðpeɾ manneɾ tó onfónne æt fulluhte· ne æt biɾcopeɾ handa· peðe þ ne cann· æɾ he hit ȝeleopniȝe:·

xxiii. Ƿnd ƿe læɾað· þ fɾéolɾ-daȝum ᐱ piht fæɾten-daȝum· æniȝ ȝeɾłit ne beo betpeox mannum· ³ealleɾ tó ɾpiðe:·'

xxiv. Ƿnd ƿe læɾað· þ man fɾéolɾ-daȝum ᐱ fæɾten-daȝum fopȝá áðaɾ ᐱ óɾdéla:·

---

¹ læɾe
²' tɾeop-ƿuɾþunȝa· ᐱ ɾtán-ƿuɾþunȝa· ᐱ ðone deoɾleɾ cpæft· þæɾ man þa cild þuɾh þa eoɾðan tihð· ᐱ þa ȝemeapp þe man dpihð on ȝeapeɾ niht·'
³' omit.   ⁴ ɾæða D., X. ut in textu.

16. And we enjoin, that every priest zealously promote Christianity, and totally extinguish every heathenism; and forbid well-worshipings, and necromancies, and divinations, and enchantments, and man-worshipings, and the vain practices which are carried on with various spells, and with 'frith-splots,' and with elders, and also with various other trees, and with stones, and with many various delusions, with which men do much of what they should not.

17. And we enjoin, that every Christian man zealously accustom his children to Christianity, and teach them the Pater noster and Creed.

18. And we enjoin, that on feast-days heathen songs and devil's games be abstained from.

19. And we enjoin, that Sunday trading, and folk-moots, be abstained from.

20. And we enjoin, that unbecoming garments, and foolish discourses, and ignominious shavings be abstained from.

21. And we enjoin, that a man abstain from concubinage, and love his lawful wife.

22. And we enjoin, that every man learn so that he know the Pater noster and Creed, if he wish to lie in a hallowed grave, or be worthy of housel; because he is not truly a Christian, who will not learn them; nor may he who knows them not rightfully receive another man at baptism, nor at the bishop's hand, ere he learn them.

23. And we enjoin, that on feast-days, and lawful fast-days, there be no strife among men, to any excess.

24. And we enjoin, that on feast-days and fast-days, oaths and ordeals be foregone.

---

tree worshipings, and stone worshipings, and that devil's craft, whereby children are drawn through the earth, and the vain practices which are carried on on the night of the year,

xxv. Ᵹnð þe lærað· ꝥ ælc þeʇ ꝼonʒa hiʒ ꝼíꝼ ꝼʒéolʒ-tíðum ⁊ ʒiht ꝼæʒten-tíðum:·

xxvi. Ᵹnð þe lærað· ꝥ þʒeoʒtaʒ ciʒican healðan mi   ð ealʒe áʒꝥuʒðneʒʒe tó ʒoðcunðʒe þénunʒe· ⁊ tó clénan þeoʒðóme· ⁊ tó nánum oðʒum þinʒum· ne hí þæʒ æniʒ unnit· inne ne on neaþeʒte· ne ʒeðáʒian· ne íðele ʒʒæce· ne íðele ðæðe· ne unnit ¹ʒeðʒinc· ne æʒʒe æniʒ íðel· ne binnan ciʒic-túne æniʒ hunð² ne cume· ne ʒꝥín þe má· þæʒ þe man þealðan mæʒe:·

xxvii. Ᵹnð þe lærað· ꝥ man intó ciʒican æniʒ þinʒc ne loʒiʒe· þæʒ þe þaʒ-tó unʒeðáʒenlíc ʒí:·

xxviii. Ᵹnð þe lærað· ꝥ man æt ciʒic-þæccan ʒʒiðe ʒeðʒeoh ʒí· ⁊ ʒeoʒne ʒebiðbe· ⁊ æniʒ ʒeðʒinc· ⁊ æniʒ unnit þaʒ ne ðʒeóʒe:·

xxix. Ᵹnð þe lærað· ꝥ man innan ciʒican æniʒne man ne biʒiʒe· búton man ꝥíte ꝥ he on líꝼe ᴸoðe tó þam þel ʒecþembe· ꝥ man þuʒh ꝥ læte· ꝥ he ʒí þæʒ leʒeʒeʒ þýʒðe:·

xxx. Ᵹnð þe lærað· ꝥ þʒeoʒt on æniʒum húʒe ne mæʒʒiʒe· buton on ʒeháʒʒoðʒe ciʒican· buton hit ʒí ꝼon hþilceʒ manneʒ oꝼeʒ-ʒeócneʒʒe:·

xxxi. Ᵹnð þe lærað· ꝥ þʒeoʒt huʒu æʒʒe ne mæʒʒiʒe· buton on-uʒan ʒeháʒʒoðon þeoʒoðe:·

xxxii. Ᵹnð þe lærað· ꝥ þʒeoʒt æʒʒe ne mæʒʒiʒe buton béc· ac beo ʒe canon him æt-ꝼoʒan eáʒum· beʒeo to· ʒiꝼ he þille· ³þý læʒ᾿ þe him miʒʒe:·

xxxiii. Ᵹnð þe lærað· ꝥ ælc þʒeoʒt hæbbe ⁴coʒpoʒalem þonne he mæʒʒiʒe· ⁊ ⁵ʒubuculam unðeʒ hiʒ alban· ⁊ eal mæʒʒe-ʒeáʒ þuʒðlíce behþoʒʒen:·

xxxiv. Ᵹnð þe lærað· ꝥ ælc þʒeoʒt ʒeoʒne tiliʒe· ꝥ he ʒóðe ⁊ huʒu ʒuhte béc hæbbe:·

xxxv. Ᵹnð þe lærað· ꝥ æniʒ mæʒʒe-þʒeoʒt ána ne mæʒʒiʒe· ꝥ he ⁶næbbe þone þe him ácþeðe:·

---

¹ ʒeðʒihþa· ² ne hoʒʒ *add.* ³᾿ ꝥ læʒte

25. And we enjoin, that every man forego his wife on feast-tides and lawful fast-tides.

26. And we enjoin, that priests keep their churches, with all reverence, for divine ministry and for pure service, and for no other things; and that they allow not any thing useless, either within or near; neither idle speech, nor idle deed, nor useless drinking, nor ever any frivolity: nor within the church-enclosure let there come any dog, nor yet more a swine, if it can be so ordered.

27. And we enjoin, that into a church there be put nothing which may be unbefitting thereto.

28. And we enjoin, that every one, at the church wakes, be very sober, and earnestly pray, and suffer there no drinking, nor any vanity.

29. And we enjoin, that no man be buried within a church, unless it be known that he in life was so acceptable to God that, on that account, it be admitted that he is worthy of such a grave.

30. And we enjoin, that no priest celebrate mass in any house, but in a hallowed church; unless it be for any one's extreme sickness.

31. And we enjoin, that no priest, on any account, ever celebrate mass, except on a hallowed altar.

32. And we enjoin, that no priest ever celebrate mass without book; but let the canon be ever before his eyes: let him look to it, if he will, lest aught escape him.

33. And we enjoin, that every priest have a corporale, when he celebrates mass, and a subucula under his alb, and all his mass-vestment worthily appointed.

34. And we enjoin, that every priest diligently provide, so that he have good, and especially orthodox books.

35. And we enjoin, that no mass-priest celebrate mass alone, so that he have not one to respond to him.

---

⁴ coɲpoɲale   ⁵ ꞅubumbɲale   ⁶ hæbbe

xxxvi. Ⰰnð þe lǽꞃað· ꝥ ǽniȝ unꝼæꞃꞇenðe man huꞃleꞅ ne áꞃbiꞃiȝe· buꞇon hiꞇ ꝼoꞃ oꝼeꞃ-ꞃeóꞇneꞅꞅe ꞅí:·

xxxvii. Ⰰnð þe lǽꞃað· ꝥ ǽniȝ pꞃeoꞅꞇ ǽneꞅ ðæȝeꞅ oꝼꞇoꞃ ne mæꞃꞃiȝe þonne ¹þꞃiꞃa· ²mæꞃꞇ þáꞃa᾿ þinȝa:·

xxxviii. Ⰰnð þe lǽꞃað· ꝥ pꞃeoꞅꞇ hæbbe á ȝeaꞃa huꞃl þam þe þeaꞃꝼ ꞅí· ⁊ ꝥ ȝeoꞃne on clǽnneꞅꞅe bealðe· ⁊ ³paꞃuȝe ꝥ hiꞇ ná ꞃoꞃealðiȝe. ȝiꝼ hiꞇ þonne ꞃoꞃealðen ꞅí· ꝥ hiꞅ man bꞃucan ne mæȝe. þonne ꞃoꞃbæꞃne hiꞇ man on clǽnum ꝼíꞃe· ⁊ þa axꞃan unðeꞃ peoꞃoðe ȝebꞃinȝe· ⁊ béꞇe ꝼið Loð ȝeoꞃne ꞅeþe hiꞇ ꞃoꞃȝímðe:·

xxxix. Ⰰnð þe lǽꞃað· ꝥ næꝼꞃe pꞃeoꞅꞇ ne ȝeþꞃiꞅꞇlǽce· ꝥ he mæꞃꞃiȝe· buꞇon he eal hæbbe ꝥ ꞇó huꞃle ȝebiꞃiȝe· ꝥ iꞅ· clǽne óꝼlete· ⁊ clǽne ƿín· ⁊ clǽne pæꞇeꞃ. þá þam þe mæꞃꞃan onȝinð· buꞇon he ælc þáꞃa hæbbe· ⁊ þá þam þe þæꞃ ꝼúl þinȝ ꞇó-ðéð· ⁴ꞃoꞃþam he ðéð᾿ þonne ȝelíce þam þe Iuðeaꞅ ðiðon· þa hí mænȝðon eceð ⁊ ȝeallan ꞇó-ȝæðeꞃe· ⁊ hiꞇ ꞅiþþan on hiꞅ biꞃmen Cꞃiꞅꞇe ȝebuðon:·

xl. Ⰰnð þe lǽꞃað· ꝥ ǽꝼꞃe ne ȝeꞃunðe ꝥ pꞃeoꞅꞇ mæꞃꞃiȝe· ⁊ ꞅýlꝼ ꝥ huꞃl ne ȝeþicȝe· ne man ȝehálȝoð ⁵huꞃl· næꝼꞃe eꝼꞇ hálȝiȝe:·

xli. Ⰰnð þe lǽꞃað· ꝥ ælc calic ȝeȝóꞇen beo⁶ þe man huꞃl on hálȝiȝe· ⁊ on ꞇꞃéoꞃenum ne hálȝiȝe man ǽniȝ:·⁷

xlii. Ⰰnð þe lǽꞃað· ꝥ ealle þa þinȝc þe peoꞃoðe neáh beon· ⁊ ꞇó ciꞃcan ȝebýꞃian· beon ꞅꞃiðe clǽnlíce ⁊ puꞃðlíce behꞃoꞃꝼene· ⁊ þaꞃ ǽniȝ þinȝc ⁸ꝼúleꞅ neáh ne cume. ac ȝeloȝiȝe man þone háliȝðóm ꞅꞃiðe áꞃꞃuꞃðlíce· ⁊ á ꞅí býꞃnenðe léohꞇ on ciꞃcan þonne man mæꞃꞅan ꞅinȝe:·

xliii. Ⰰnð þe lǽꞃað· ꝥ man ne ꞃoꞃȝýme ǽniȝ ȝehálȝoð

---

¹ þꞃiꞃa *originally, but altered to* ꞇꞃiȝa.

²᾿ mæꞃꞇꞃa ³ paꞃniȝe

⁴᾿ *omit.* ⁵ *omit.*

⁶ ȝýlðen oððe ꞅeolꝼꞃen ꞇinen *in margin.*

⁷ ȝiꝼ he nýlle beon amanꞅumoð. (*in margin, in the same antient hand.*) ne nænne man ꝼulliȝe oꝼꞇoꞃ þonne ǽne. *add.*

⁸ D. *omit.*

36. And we enjoin, that no one unfasting taste of the housel unless it be for extreme sickness.

37. And we enjoin, that no priest on one day celebrate mass oftener than thrice, at the very utmost.

38. And we enjoin, that a priest have housel always ready for those who need it, and that he carefully preserve it in purity, and take heed that it be not impaired by age; but if it be impaired, so that it cannot be used, then let it be burned in a pure fire, and the ashes brought under the altar; and let him who neglected it earnestly make 'bōt' to God.

39. And we enjoin, that no priest ever presume to celebrate mass, unless he have all things fitting for the housel; that is, a pure oblation, and pure wine, and pure water: woe to him who undertakes to celebrate mass, unless he have every of these; and woe to him who there adds any foul thing; like unto what the Jews did, when they mingled vinegar and gall together, and then, in mockery of him, offered it to Christ.

40. And we enjoin, that it never happen that a priest celebrate mass, and not taste the housel himself; and that hallowed housel be never hallowed a second time.

41. And we enjoin, that every chalice be molten, in which the housel is hallowed; and that none be hallowed in a wooden one.

42. And we enjoin, that all the things which are near to the altar, and belong to the church, be very cleanly and worthily appointed, and where nothing foul may come near them; but let the 'haligdom' be very reverendly placed; and let there be always burning lights in the church, when mass is singing.

43. And we enjoin, that no holy thing be neglected, neither

---

golden or silver [or] tin
if he will not be excommunicated.
and baptize no one oftener than once.

þinȝc· ne háliȝ ꝼæceꞃ· ne ꞃealc· ne ꞅcóꞃ· ne hláꝼ·[1] ne ǽniȝ þinȝc háliȝeꞅ[2]:·

XLIV. Ánð þe læꞃað· þ ǽniȝ ꝼiꞃman neáh þeoꝼoðe ne cume· þa hƿíle þe man mæꞅꞅiȝe:·

XLV. Ánð þe læꞃað· þ man on ꞃihcne címan cíða ꞃinȝe· ⁊ þꞃeoꞅca ȝehƿilc þonne hiꞅ cíð-ꞅanȝ on ciꞃcan ȝeꞃece· ⁊ þaꞃ mið Lroðeꞅ eȝe hiꞅ ȝeoꞃne ȝebiððan· ⁊ ꝼoꞃ eal ꝼolc þinȝian:·

XLVI. Ánð þe læꞃað· þ mæꞅꞅe-þꞃeoꞅca oþþe mýnꞅceꞃ-þꞃeoꞅca ǽniȝ ne cume binnan ciꞃcan-ðýꞃe· ne binnan [3]þeoh-ꞅcealle· bucón hiꞅ [4]oꝼeꞃ-ꞅlipe· ne huꞃu æc þam þeoꝼoðe þ he þaꞃ þéniȝe· bucon þaꞃe ꝼǽðe:·

XLVII. Ánð þe læꞃað· þ ǽniȝ ȝehāðoð man hiꞅ ꞅceaꞃe ne hélíȝe· ne hine miꞅeꞃeꞃian ne lǽce· ne hiꞅ beaꞃð ǽniȝe hƿíle hæbbe· be þam þe he ƿille Lroðeꞅ bleꞅꞅunȝe habban· ⁊ Sce Peꞇꞃeꞅ· ⁊ úꞃe:·

XLVIII. Ánð þe læꞃað· þ ealle þꞃeoꞅcaꞅ æc ꞃꞃeólꞃan ⁊ æc ꞅæꞅcenan ánꞃǽðe beon· ⁊ ealle on áne ƿíꞅan béoðan þ hí ꝼolc ne ðƿelian:·

XLIX. Ánð þe læꞃað· þ ælc ꝼæꞅcen beo mið ælmeꞅꞅan ȝe-puꞃðað· þ iꞅ· þ ȝehƿá on Lroðeꞅ eꞅc ælmeꞅꞅan ȝeoꞃne ꝼýlle· þonne bið hiꞅ ꝼæꞅcen Lroðe þe ȝecƿemꞃe:·

L. Ánð þe læꞃað· þ þꞃeoꞅcaꞅ on ciꞃic-þénunȝum ealle ánðꞃeðȝan· ⁊ beon [5]eꝼenꞃeoꞃðe on' ȝeaꞃeꞅ ꝼæce on eallum ciꞃic-þénunȝum:·

LI. Ánð þe læꞃað· þ þꞃeoꞅcaꞅ ȝeóȝuðe ȝeoꞃnlíce lǽꞃan· ⁊ có cꞃæꝼcan ceón· þ hí ciꞃic-ꝼulcum habban:·

LII. Ánð þe læꞃað· þ þꞃeoꞅcaꞅ ælce Sunnan-ðæȝe ꝼolce bóðiȝan ⁊ áá ƿel býꞅnian:·

LIII. Ánð þe læꞃað· þ nán cꞃiꞅcen-man blóð ne þicȝe náneꞅ cýnneꞅ:·

---

* oꝼlec?

[1] ne ȝehālȝoðe axan· ne ȝehālȝoð *oꝼc *add.*
[2] ac ꝼoꞃbæꞃne hic man on clǽnum ꝼýꞃe· bucan hiꞅ man elleꞅ nócian mæȝe· ⁊ þa axan unðeꞃ þeoꝼoðe ȝebꞃinȝe· *add.*
[3] þeoꝼoð-ꞅcealle.   [4] oꝼeꞃ-ꞅlope.   [5]ꞃ eꝼen ꝼoꞃðe oꝼeꞃ

holy water, nor salt, nor incense, nor bread; nor anything holy.

44. And we enjoin, that no woman come near to the altar, while mass is celebrating.

45. And we enjoin, that at the right time the hours be rung, and every priest then attend his canonical hours in the church, and there, with fear of God, fervently pray, and intercede for all people.

46. And we also enjoin, that no mass-priest, or minster-priest, come within the church-door, nor within the sanctuary, without his upper vestment; nor, on any account, to the altar, so that he there minister, without that garment.

47. And we enjoin, that no man in holy orders conceal his tonsure, nor let himself be mis-shaven, nor have his beard for any time; if he will have God's blessing, and St. Peter's, and our's.

48. And we enjoin, that all priests, at festivals and fasts, be of one mind, and all in one wise command, so that they lead not people into error.

49. And we enjoin, that every fast be solemnized with alms; that is, that every one, for the love of God, willingly give alms; then will his fast be the more acceptable to God.

50. And we enjoin, that priests, in ecclesiastical ministries, all be on an equality, and, in a year's space, be like worthy in all ecclesiastical ministries.

51. And we enjoin, that priests diligently teach youth, and educate them in crafts; that they may have ecclesiastical support.

52. And we enjoin, that priests, every Sunday, preach to the people, and always set a good example.

53. And we enjoin, that no Christian man taste blood of any kind.

---

nor hallowed ashes, nor hallowed *fruits, (?)   * oblation ?
but let it be burned in a pure fire, (unless it may be otherwise made use of,) and let the ashes be brought under the altar.

LIV. Ānð þe lǣꞃað· ꝥ þꞃeoꞃtaꞃ ꝼolc mýneȝian· þæꞃ þe hí Lꞃoðe ðón ꞃculan tó ȝeꞃihtan· on teoðunȝum· Ᵹ on oðꞃum þinȝum.[1] ǣpeꞃt ꞃulh-ælmeꞃꞃan ·xv· niht on-uꞃan Eaꞃtꞃon· Ᵹ ȝeðȝuðe teoðunȝe be Pentecoꞃten· Ᵹ eoꞃð-peꞃtma be [2]Omnium Sanctoꞃum·ʹ Ᵹ Rom-ꞃeóh be Petꞃeꞃ-mæꞃꞃan· Ᵹ ciꞃic-ꞃceat be Ɱaꞃtinuꞃ-mæꞃꞃan:·[3]

LV. Ānð þe lǣꞃað· ꝥ þꞃeoꞃtaꞃ ꞃꝽa ðǣlan ꝼolceꞃ ælmeꞃꞃan· ꝥ híȝ æȝðeꞃ ðón· ȝe Lꞃoð ȝeȝlaðian· ȝe ꝼolc tó ælmeꞃꞃan ȝepænian:·[4]

LVI. Ānð þe lǣꞃað· ꝥ þꞃeoꞃtaꞃ ꞃealmaꞃ ꞃinȝan þonne hí þa ælmeꞃꞃan ðǣlan· Ᵹ þa þeaꞃꞃan ȝeoꞃne biððan· ꝥ híȝ ꝼoꞃ ꝥ ꝼolc þinȝian:·

LVII. Ānð þe lǣꞃað· ꝥ þꞃeoꞃtaꞃ beoꞃȝan Ᵹið oꝼeꞃ-ðꞃuncen· Ᵹ hit ȝeoꞃne beleán oðꞃum mannum:·

LVIII. Ānð þe lǣꞃað· ꝥ ǣniȝ þꞃeoꞃt ne beo ealu-ꞃcóp· ne on ǣniȝe ꝼíꞃan ȝliꞃiȝe mið him-ꞃýlꝼum· oþ[þe mið] oðꞃum mannum· ac beo ꞃꝽa hiꞃ háðe ȝebýꞃað· ꝼíꞃ Ᵹ peoꞃðꝼull:·

LIX. Ānð þe lǣꞃað· ꝥ þꞃeoꞃtaꞃ Ᵹið ǣðaꞃ beoꞃȝan him ȝeoꞃne· Ᵹ híȝ eác ꞃꞃiðe ꝼoꞃbeóðan:·

LX. Ānð þe lǣꞃað· ꝥ ǣniȝ þꞃeoꞃt ne lúꞃiȝe ꝼíꞃmanna neáꞃꞃiꞃte· ealleꞃ tó ꞃꞃiðe· ac lúꞃiȝe hiꞃ ꞃiht-ǣꞃe· ꝥ iꞃ· hiꞃ ciꞃice:·[5]

---

[1] Ᵹ ꞃiht iꞃ ꝥ man þiꞃꞃeꞃ mýneȝiȝe to Eaꞃtꞃum· oðꞃe ꞃiðe to ȝanȝ-baȝum· þꞃiððan ꞃiðe to miððan-ꞃumeꞃa· þonne bið mæꞃt ꝼolceꞃ ȝeȝaðeꞃoð· add.

[2]ʹ Ealꞃa Ðálȝena mæꞃꞃan·

[3] Ᵹ leoht-ȝeꞃceotu þꞃiꞃa on ȝeaꞃe· ǣpeꞃt on Eaꞃteꞃ-æꝼen· Ᵹ oðꞃe ꞃiðe on canðel-mæꞃꞃe æꝼen· þꞃiððan ꞃiðe on Ealꞃa Ðálȝena mæꞃꞃe æꝼen. add.

[4] Ᵹ ꞃiht iꞃ· ꝥ man betǣce ænne ðæl þꞃeoꞃtum· oðeꞃne ðæl to cýꞃic-neoðe· þꞃiððan ðæl þam þeaꞃꝼum· add.

[5] Ānð ꞃiht iꞃ· ȝiꝼ þeoꝼoð-þen hiꞃ áȝen líꝼ be bóca tǣcinȝe ꞃihtlice ꞃabiȝe· þonne ꞃꝹ he ꝼulleꞃ þeȝenꞃciꝼeꞃ pýꞃþe· ȝe on líꝼe ȝe on leȝeꞃe· ȝýꝼ he hiꞃ líꝼ miꞃꞃabiȝe· paniȝe hiꞃ pýꞃðꞃciꝼe· be þam þe ꞃeo ðǣð ꞃꝹ· pite ȝiꝼ he pýlle· ne ȝebýꞃað him naðoꞃ· ne to ꝼíꞃe· ne to ꝼonulð-piȝe· ȝiꝼ he Lꞃoðe Ᵹile ꞃihtlice hýꞃan· Ᵹ Lꞃoðeꞃ laȝe ꞃihtlice healðan :·

Dunꞃtan ȝeðémbe· ꝥ ꞃe mæꞃꞃe-þꞃeoꞃt næꞃe· ȝiꝼ he ꝼíꞃ hæꞃðe· æniȝꞃe oðꞃe lǣðe pýꞃþe· butan eallꞃꝺa lǣpeðe ꞃceolðe· þe eꝼen-bóꞃen þæꞃe· ȝiꝼ man mið tihtlan þæne beleðe :·

Ānð ꞃiht iꞃ· ȝýꝼ þeoꝼoð-þén hine hꞃihtlice healðe·þonne ꞃꝹ he ꝼulleꞃ þeꞃeꞃ Ᵹ pýꞃðciꝼeꞃ pýꞃþe :· add.

54. And we enjoin, that the priests remind people of what they ought to do to God for dues, in tithes, and in other things; first, plough-alms, xv. days after Easter; and a tithe of young, by Pentecost; and of earth-fruits, by All Saints; and 'Romfeoh,' by St. Peter's mass; and church-scot, by Martinmas.

55. And we enjoin, that the priests so distribute the people's alms, that they do both give pleasure to God, and accustom the people to alms.

56. And we enjoin, that the priests sing psalms, when they distribute the alms; and that they earnestly desire the poor to pray for the people.

57. And we enjoin, that priests guard themselves against drunkenness, and diligently reprehend it in other men.

58. And we enjoin, that no priest be an ale-'scōp,' nor in any wise act the gleeman, with himself, or with other men; but be, as becomes his order, wise and reverend.

59. And we enjoin, that priests carefully guard themselves against oaths, and also strictly forbid them.

60. And we enjoin, that no priest love over much the presence of women, but love his lawful spouse, that is, his church.

---

and it is right, that this be admonished at Easter, a second time at Rogation days, a third time at midsummer, when most people are assembled.

All Saints' mass;

and light-scot thrice a year, first on Easter eve, and a second time at candlemass eve, a third time on the eve of All Saints' mass.

and it is right, that one part be delivered to the priests, a second part for the need of the church, a third part for the poor.

And it is right, if a minister of the altar direct his own life by the instruction of books, then be he worthy of full thaneship, both in life and in the grave: if he misdirect his life, let his dignity wane, according as the deed may be; let him know, if he will, that neither women nor temporal warfare are befitting him, if he will rightly obey God, and rightly observe God's law.

Dunstan decided, that a mass-priest, if he had a wife, was entitled to no other 'lād' than belonged to a layman of equal birth, if he were charged with an accusation.

And it is right, if a minister of the altar conduct himself rightly, then be he entitled to full 'wēr' and worship.

LXI. Ānð þe lǽꝛað. þ̄ ǽniȝ ꝛꝛeoꝛt ne ꝛtanðe on leáꝛꝛe ȝeꝛitneꝛꝛe· ne þeóꝛa ȝeꝛíta beo:·

LXII. Ānð þe lǽꝛað· þ̄ ꝛꝛeoꝛt biꝛǽce ¹óꝛðél æꝛꝛe ne ȝeææðe:·

LXIII. Ānð þe lǽꝛað· þ̄ ꝛꝛeoꝛt ꝛið þeȝn ne láðiȝe buton þeȝneꝛ ꝛoꝛ-áðe:·

LXIV. Ānð þe lǽꝛað· þ̄ ꝛꝛeoꝛt ne beo hunta· ne haꝛeceꝛe· ne tæꝛleꝛe· ac pleȝe on hiꝛ bócum· ꝛꝛa hiꝛ háðe ȝebiꝛað:·²

LXV. Ānð þe lǽꝛað· þ̄ ælc ꝛꝛeoꝛta ꝛcꝛíꝛe ꟃ ðǽðbóte tǽce· þam þe him anðette· ꟃ eác tó bóte ꝛilꝛte· ꟃ ꝛeóce men huꝛliȝe· þonne heom þeanꝛ ꝛí· ꟃ hí eác ꝛmeꝛiȝe· ȝiꝛ hí þæꝛ ȝýꝛnan· ꟃ æꝛteꝛ ꝛoꝛð-ꝛiðe ȝeoꝛne behꝛeoꝛꝛe· ꟃ ne ȝeþaꝛiȝe ǽniȝ unnit æt þam líce· ac bit mið Ꝺꝺoðeꝛ eȝe ꝛiꝛlíce bebiꝛȝe:·

LXVI. Ānð þe lǽꝛað· þ̄ ꝛꝛeoꝛta ȝehꝛilc æȝðeꝛ hæbbe· ȝe ꝛulluht-ele· ȝe ꝛeocum ꝛmýꝛelꝛ· ꟃ ³eác ȝeaꝛa ꝛí tó ꝛolceꝛ ȝeꝛihtum· ꟃ cꝛiꝛtenðóm ꝛꝛ̄ꝛiȝe ȝeoꝛne on æȝhꝛilce ꝛíꝛan· ꟃ æȝðeꝛ dó· ȝe ꝛel bóðiȝe· ȝe ꝛel býꝛniȝe· þonne ȝeleánað him þ̄ Ælmihtiȝ Ꝺꝺoð· ꝛꝛa him leóꝛoꝛt bið:·

LXVII. ⁴Ānð þe lǽꝛað· þ̄ ælc ꝛꝛeoꝛt ꝛíte tó cýþanne· þonne he cꝛiꝛman ꝛecce· hꝛæt he on ȝebeðum ꝛoꝛ cýnȝe ꟃ biꝛcope ȝeðón hæbbe:'

---

¹ oꝛðol
² Se canon ꝛeȝð· ȝýꝛ hꝛýlc ȝehāboð man on huntað ꝛāꝛe· ȝýꝛ hit bið cleꝛec· ꝛoꝛȝā ·XII· monað ꝛlæꝛc· ꝺiacon tꝛa ȝeaꝛ· mæꝛꝛe-ꝛꝛeoꝛt þꝛeo· biꝛceop ·VII· ꟃ ȝýꝛ hꝛýlc biꝛceop· oðða mæꝛꝛe-ꝛꝛeoꝛt· oðða æniȝ ȝehāboð man· hine ꝛýlꝛne ꝛæblice oꝛeꝛðꝛince· oðða þæꝛ ȝeꝛꝛice· oðða hiꝛ hāðeꝛ þoliȝe. *add.*
³ ā
⁴ *X. omit.*

---

* This interpretation is purely conjectural: that 'biꝛǽce' may be an adjective, signifying *litigious, disputable*, appears from the only place where I have elsewhere met with the word, viz. Const. VII., where it is said: 'Ānð ȝiꝛ þæꝛ hꝛæt biꝛǽceꝛ ꝛý· ꝛeme ꝛe biꝛcop.' 'And if there be any thing disputable, let the bishop settle it.' That

61. And we enjoin, that no priest stand as a false witness, or be a confident of thieves.

62. ªAnd we enjoin, that a priest engaged in litigation never be juror in an ordeal.

63. And we enjoin, that no priest clear himself towards a thane, without the thane's 'fore-oath.'

64. And we enjoin, that a priest be not a hunter, nor a hawker, nor a dicer, but apply to his books, as becomes his order.

65. And we enjoin, that every priest shrive and prescribe penance to those who confess to him; and also assist in the penance; and give housel to the sick, when they need it; give them unction also, if they desire it; and, after death, carefully order, and allow not any absurdity with the corpse, but, with fear of God, bury it wisely.

66. And we enjoin, that every priest have both baptismal oil, and unction for the sick, and also be prompt for the people's rights, and diligently promote Christianity in every wise; and do both well preach and well practise: then will Almighty God reward him for it, as shall be most agreeable to him.

67. And we enjoin, that every priest be able to declare, ᵇwhen he fetches chrism, what he has done in prayers for king and bishop.

The canon says: If any man in orders go a hunting, if he be a clerk, let him forego flesh for xii. months; a deacon two years; a mass-priest three; a bishop vii.; and if any bishop, or mass-priest, or any man in orders habitually overdrink himself, let him either desist, or forfeit his order.

---

the text is corrupt, is rendered less probable from the concurrence of both mss., which have obviously not been copied from a common source.

ᵇ That is, from the residence of the bishop, in the city. See Capit. Regum Franc. lib. i. c. 93. Canciani, tom. iii. p. 159, et passim.

---

*DE CONFESSIONE.

Incipit Ordo Confessionis Sancti Hieronimi, qualiter confiteri
debeat Christianus peccata sua.

Quando aliquis voluerit confessionem facere peccatorum
suorum, viriliter agat, et non erubescat confiteri scelera et
facinora se accusando; quia inde venit indulgentia, et quia
sine confessione nulla est venia; confessio enim sanat, confessio
justificat, confessio veniam peccatis donat.

Imprimis igitur prosternat se humiliter in conspectu Dei,
super terram, adoratione, et lacrimas fundens; roget beatam
Mariam, cum sanctis angelis, et sanctis apostolis, et martyribus,

---

I. Ðæt ꞅceal ᵹeþencan ꞅeþe bið manna ꞅapla lǽce· ꞅ heoꞃa
ðǽða ᵹeꞅíꞇa· þ ᵹeðál ꞅ þ ᵹeꞃceáð· hú he mannum heoꞃa ðǽða
ᵹeꞅꞇꞃíꞅe· ꞅ [2]hi þeah-hꞃæðeꞃe ne ꞅoꞃðéme ne hiᵹ [3]öꞃmöðe ne
ᵹeðó:·

II. Ðonne ꞅe man him hiꞅ miꞅðǽða anðeꞇꞇan ꞅille· ᵹehýꞃe
him ǽꞃeꞃꞇ ᵹeþilðelíce· hú hiꞅ ꞅiꞅe ᵹeꞃáð· ꞅí· Ᵹiꞅ he ꞅille ꞅ
cunne eáðmöðlíce hiꞅ ðǽða anðeꞇꞇah· ꞅ þú onᵹiꞇe þ him hiꞅ
ꞅynna hꞃeówen· lǽꞃ hine lúꞅlíce ꞅ milðheoꞃꞇlíce:·

III. Ᵹiꞅ he ne cunne hiꞅ ðǽða anðeꞇꞇan ꞅ hiꞅ ᵹilꞇaꞅ áꞅ-
meaᵹan· acꞅa hine hiꞅ ꞅíꞅena· ꞅ áꞇꞃeð him þa ᵹilꞇaꞅ úꞇ· ꞅ aꞃéc
hiꞅ [4]ðǽða· ꞅ ᵹeþenc þú· þ þú ne ꞅcealꞇ næꞃꞅe ᵹelíce ðéman
þam ꞅúcan ꞅ þam heánan· þam ꞅꞃeón ꞅ þam þeóꞃan· þam
ealðan ꞅ þam ᵹeónᵹan· þam hálan ꞅ þam unhálan· þam eáð-
möðan ꞅ þam oꞃeꞃmöðan· þam ꞅꞇꞃanᵹan ꞅ þam unmaᵹan· þam
ᵹeháðoðum ꞅ þam lǽpeðum:·

IV. Ælce ðæðe ꞅceal ᵹeꞅceáðꞅíꞅ ðéma ꞅíꞃlice ꞇóꞅceaðan· hú
heo ᵹeðón ꞅí· ꞅ hꞃæꞃ oþþe hꞃænne· Niꞅ on ǽniᵹne ꞇíman
unꞃihꞇ álꞅꞃeð· ꞅ þeah man ꞅceal ꞅꞃeólꞅ-ꞇíðan ꞅ ꞅæꞃꞇen-ꞇíðan·
ꞅ on ꞅꞃeolꞅ-ꞅꞇoꞃan eác ꞅꞃa· ᵹeoꞃnlícoꞃꞇ beoꞃᵹan· Ánð á ꞅꞃa

---

[1] Exaudi quæso, Domine, supplicum preces clamantium ad te,
quæso, Domine. *D. add.*
[2] he *N. Bx.* hi *D.*   [3] oꞃꞃene *D.*   [4] miꞅðǽða *D.*

et confessoribus, et virginibus, et omnibus electis Dei, ut ipsi intercedant *p se ad Dominum, ut Deus Omnipotens dignetur ei dare sapientiam perfectam, et veram intellegentiam ad confitendum peccata sua: Christe audi nos; Sancta Maria, omnes Sancti, orate, et ret. Post hec autem cum fiducia surgens, confiteatur pœnitens credulitatem suam, dicens: Credo in unum Deum, et ret.

*p?

Et post hec incipiat confessionem suam coram Deo, et coram sacerdote, confitens peccata sua. Sequitur oratio: Oremus: Preveniat hunc famulum tuum N. quæso, Domine, misericordia tua, ut omnes iniquitates ejus celeri indulgentia deleantur, per Jesum Christum, Dominum nostrum.[1] Amen.

1. He who is the physician of men's souls, and the confident of their deeds, must consider this distinction and this difference;—how he shall shrive their deeds, and yet not condemn them, nor make them despairing.

2. When the man wishes to confess to him his misdeeds, first hear him patiently, how his conduct be regulated. If he will and can humbly confess his deeds, and thou feel sensible that he repents of his sins, teach him kindly and tenderly.

3. If he cannot confess his deeds, and meditate on his sins, question him regarding his ways; and extort his sins from him, and inquire into his deeds: and bear thou in mind, that thou art never to adjudge the same to the powerful, and to the lowly; to the free, and to the slave; to the old, and to the young; to the hale, and to the sickly; to the humble, and to the proud; to the strong, and to the feeble; to those in orders, and to laymen.

4. In every deed, a discreet judge shall wisely distinguish, how it be done, and where, or when. At no time is wrong allowed, and yet one ought on festival-tides, and fast-tides, and in festive places also, most earnestly to be guarded. And

* The Latin preamble is from *Bx.;* the text is from *N.,* collated with *C., D.,* and *Bx.*

man bɪð mɪhtɪȝɾa· oþþe máɾan háðeɾ· ɾƿa he ɾceal ðeóppoɾ
ɾoɾ Lɪoðe· ꞵ ɾoɾ ƿoɾlðe unɾɪht ȝebétan· ɾoɾþam þe ɾe maȝa ꞵ
ɾe unmaȝa· ne maȝon ná ȝelíce býɾðene áhebban· ne ɾe un-
hála þam hálum ȝelíce· ꞵ þý man ɾceal meðemɪan ꞵ ȝeɾceaðlíce
tóɾceaðan ýlðe ꞵ ȝeóȝuðe· þelan ꞵ þæðlan· hále ꞵ unhále· ꞵ
háða ȝehƿɪlcne· Ánð ȝɪf hƿá hƿæt unȝeþealðeɾ mɪɾðéð· ne
bɪð þ ná ȝelíc þam þe ƿɪlleɾ ꞵ ȝeþealðeɾ 'ɾýlf-ƿɪlleɾ mɪɾðéð·
ꞵ eác ɾeþe nýð-þýɾhta bɪð þæɾ þe he mɪɾðéþ· he bɪð ȝe-
beoɾȝeɾ ꞵ þe béteɾan ðómeɾ ɾýmle þýɾðe· þe he nýð-þýɾhta
þæɾ þæɾ þe he þoɾɪhte·   Ælce ðæðe tóɾceaðe man þæɾlíce ɾoɾ
Lɪoðe ꞵ ɾoɾ ƿoɾlðe:·

v. Æɾteɾ þɪɾum áɾíɾe eáðmóðlíce tó hɪɾ ɾcɾɪɾte· ꞵ cþeðe
þonne æꝼeɾt· Ic ȝelýɾe on Dɾɪhten heáh-ɾæðeɾ· ealɾa þɪnȝa
þealðenð· ꞵ on þone Sunu· ꞵ on þone Hálȝan Láɾt· ꞵ ɪc
ȝelýɾe tó líɾe æɾteɾ ðeáðe· ꞵ ɪc ȝelýɾe tó áɾíɾenne on ðómeɾ
ðæȝe· ꞵ eal þɪɾ ɪc ȝelýɾe þuɾh Lɪoðeɾ mæȝen ꞵ hɪɾ mɪltɾe tó
ȝeþeoɾðonne:·

vi. Ánð cþeðe þonne mɪð hɾeóƿɪȝenðum móðe· ꞵ eáðmóð-
líce· hɪɾ anðetneɾɾa tó hɪɾ ɾcɾɪɾte· onbuȝenðe eáðmóðlíce· ꞵ
þuɾ cþeðe· Ic anðette Ælmɪhtɪȝum Lɪoðe· ꞵ mínum ɾcɾɪɾte
þam ȝáɾtlícan læce· ealle þa ɾýnna þe me æꝼɾe þuɾh áþɪɾȝeðe
ȝáɾtaɾ on-beɾmɪtene þuɾðon· oþþe on ðæðe· oþþe on ȝeþohte·
oþþe ƿɪð ƿæɾman· oþþe ƿɪð ƿíɾman· oþþe ƿɪð æniȝe ȝeɾceaɾt·
ȝecýnðelícɾa ɾýnna· oþþe unȝecýnðelícɾa:·

vii. Ic anðette ȝɪɾeɾneɾɾa æteɾ ꞵ ðɾenceɾ· ȝe æɾ-tíðe· ȝe
oɾeɾ-tíðe· Ic anðette ælce ȝɪtɾunȝa· ꞵ æꝼeɾt· ꞵ tælneɾɾa·
ꞵ tƿɪ-ɾƿɾíƿecneɾɾa· leáɾunȝa· ꞵ unɾɪht ȝɪlp· ꞵ íðel þoɾð· ꞵ
unɾɪht cýɾta· ꞵ ælcne ȝlænȝe þe tó míneɾ lícháman unɾæðe
æꝼɾe belɪmpe· Ic anðette þ ɪc þæɾ tó oɾt ɾýnna þýɾhta· ꞵ
ɾýnna ȝeþaɾa· ꞵ ɾýnna ȝeɾíƿa· ꞵ ɾýnna láþeóɾ:·

viii. Ic anðette míneɾ móðeɾ moɾðoɾ· ꞵ mæne áðaɾ· ꞵ
unɾɪbbe· ꞵ oɾeɾmóðɪȝneɾɾa· ɾeceleáɾneɾɾa Lɪoðeɾ bebóða· Ic
anðette eal þ ɪc æꝼɾe mɪð eáȝum ȝeɾeáh tó ȝɪtɾunȝe· oþþe

---

[1] *C. omit.*

always, as a man is mightier, or of higher degree, so shall he the more deeply amend wrong, before God, and before the world; because the powerful and the feeble may not lift a like burthen, nor the sickly a like one with the hale: and, therefore, we must moderate, and discreetly distinguish between age and youth, wealthy and poor, hale and sickly, and every degree. And if any one do aught amiss unwilfully, that is not like to him who willingly and wilfully doeth amiss of his own accord. And also he, who is an unwilling agent in that which he misdoeth, is always worthy of protection, and of the milder sentence; because he was an unwilling doer of what he did. Let every deed be cautiously distinguished before God and before the world.

5. After this let him arise humbly to his confessor, and then say, first: I believe in the Lord, the heavenly Father, Ruler of all things; and in the Son; and in the Holy Ghost; and I believe in life after death; and I believe to arise on doomsday; and all this I believe to take place through God's power and mercy.

6. And let him say then, with penitent mind, and humbly, his confessions to his confessor, humbly bending; and thus let him say: I confess to Almighty God, and to my confessor, the spiritual leech, all the sins by which, through cursed spirits, I have ever been defiled, either in deed or in thought, or with man or with woman, or with any creature, sins natural or unnatural.

7. I confess greediness in eating and drink, both before time, and after time. I confess all the cravings, and envy, and calumnies, and deceits, leasings, and unjust vaunt, and idle speech, and unjust quarrels, and every pomp, that have ever been to my body's prejudice. I confess, that I have been too often a worker of sins, and an approver of sins, and a confident of sins, and a teacher of sins.

8. I confess my mind's deadly sins, and perjuries, and enmity, and pride, [and] recklessness of God's commandments. I confess all that I have ever seen in covetousness, or in disparage-

tó ꞇǽlneꞅꞅe· oþþe mið eaꞃum tó unnýꞇꞇe ᵹehýꞃðe· oþþe mið
mínum múðe tó unnýꞇꞇe ᵹecƿæð:·

ɪx. Ic anðeꞇꞇe þe ealleꞅ mineꞅ lichaman ꞅýnna· ꝼoꞃ ꝼel·
ꞗ ꝼoꞃ ꝼlǽꞅc· ꞗ ꝼoꞃ ban· ꞗ ꝼoꞃ ꞅinuƿan· ꞗ ꝼoꞃ æððꞃan· ꞗ ꝼoꞃ
ᵹꞃiꞅlan· ꞗ ꝼoꞃ ꞇunᵹan· ꞗ ꝼoꞃ peleꞃaꞅ· ꞗ ꝼoꞃ ᵹoman· ꞗ ꝼoꞃ
ꞇéð· ꞗ ꝼoꞃ ꝼeax· ꞗ ꝼoꞃ meaꞃh· ꞗ ꝼoꞃ ǽᵹhƿæꞇ hneꞅceꞅ oþþe
heaꞃðeꞅ· þæꞇeꞅ oþþe ðꞃiᵹeꞅ· Ic anðeꞇꞇe þ ic mín ꝼulluhꞇ
ƿýꞃꞅ ᵹeheolð þonne ic mínum Dꞃihꞇene behéꞇe· ꞗ minne hað
þe ic ꞅcolde Ꞇoðe ꞗ hiꞅ halᵹum tó loꞃe healðan· ꞗ me ꞅýlꞃum
tó éceꞃe hǽle· ic hæbbe unmeðumlice ᵹehealðen· Ic anðeꞇꞇe
þ ic míne ꞇíð-ꞅanᵹaꞅ oꝼꞇ áᵹǽlðe· ꞗ ic ꞅꝼóꞃ mǽne áðaꞅ mínꞃa
hláꝼoꞃða líꝼe· ꞗ míneꞅ Dꞃihꞇeneꞅ naman ic nemnoðe on
iðelneꞅꞅe:·

x. Ealleꞅ ic biððe míneꞅ Dꞃihꞇeneꞅ ꝼoꞃᵹiꝼneꞅꞅe· þ me
nǽꝼꞃe ðeoꝼol on-áꞃꞇælan ne mæᵹe· þ ic buꞇon anðeꞇneꞅꞅe
ꞗ béꞇneꞅꞅe beo mínꞃa ꞅýnna· ꞅƿa ic tó-ðæᵹe ealle anðeꞇꞇe
míne ꞅcýlða· beꝼoꞃan Dꞃihꞇene Ꝺǽlenðum Cꞃiꞅꞇe· ꞅe pealðað
heoꝼonaꞅ ꞗ eoꞃðan· ꞗ beꝼoꞃan þiꞅꞅum halᵹan peoꝼoðe· ꞗ
þiꞃum ꞃeliquium· ꞗ beꝼoꞃan mínum ꞅcꞃiꝼꞇe· ꞗ Dꞃihꞇeneꞅ
mæꞅꞅe-pꞃeoꞅꞇe· ꞗ eom on clǽnꞃe ꞗ on ꞃóðꞃe anðeꞇneꞅꞅe ꞗ on
ᵹóðan ƿillan tó ᵹebéꞇenne ealle míne ꞅýnna· ꞗ eꝼꞇ ꞅƿilceꞅ
ᵹeꞅƿican· þæꞅ þe ic æꝼꞃe mæᵹe:·

xɪ. Ánð þu Ꝺǽlenð Cꞃiꞅꞇ ꞅí milꞇꞃiᵹenðe mínꞃe ꞅáule· ꞗ
ꝼoꞃᵹiꝼenðe· ꞗ áðilᵹenðe míne ꞅýnna· ꞗ míne ᵹýlꞇaꞅ· þe ic ꞃið
oþþe ꞅén æꝼꞃe ᵹeꝼꞃemoðe· ꞗ ᵹelǽðe me tó þínum upl̄ican ꞃíce·
þ ic móꞇe þaꞃ punian mið þínum halᵹum ꞗ ᵹecoꞃenum· buꞇon
enðe· on écneꞅꞅe· Nú ic biððe þe eáðmóðlice Dꞃihꞇeneꞅ
ꞅaceꞃð· þ þú ꞅí me tó ᵹepiꞇneꞅꞅe on ðómeꞅ ðæᵹe· þ þe ðeoꝼol
ne mæᵹe on me ǽnpealð áᵹan· ꞗ þ þú tó Dꞃihꞇene beo mín
þinᵹeꞃe· þ ic móꞇe míne ꞅýnna ꞗ míne ᵹýlꞇaꞅ ᵹebéꞇan· ꞗ
oðꞃeꞅ ꞅƿilceꞅ ᵹeꞅƿican· tó þon me ᵹeꝼulꞇumiᵹe ꞅe Dꞃihꞇen·
ꞅeþe leoꝼað ꞗ ꞃixað á buꞇon enðe· on écneꞅꞅe· Ámen:·

ment, with my eyes, or uselessly heard with my ears, or uselessly spoken with my mouth.

9. I confess to thee all the sins of my body, of skin, and of flesh, and of bones, and of sinews, and of veins, and of gristles, and of tongue, and of lips, and of gums, and of teeth, and of hair, and of marrow, and of every thing soft or hard, wet or dry. I confess that I have kept my baptism worse than I promised to my Lord; and my condition, which I ought to have holden to the praise of God and his Saints, and to my own eternal salvation, I have unworthily holden. I confess that I have often neglected my canonical hours; and I have sworn false oaths by the life of my lords; and my Lord's name I have named in vain.

10. For all I pray my Lord's forgiveness, that the devil may never steal upon me, so that I am without confession and amendment of my sins; as I to-day confess all my crimes before the Lord Saviour Christ, who ruleth the heavens and earth, and before this holy altar, and these relics, and before my confessor, and the Lord's mass-priest, and am in pure and true confession, and in good will to atone for all my sins, and afterwards to eschew them as much as I ever can.

11. And thou, Saviour Christ, be merciful and forgiving to my soul, and blot out my sins and my crimes, that, late or early, I have ever perpetrated; and lead me to thy realm on high, that I may there dwell with thy saints and chosen ones, without end, to eternity. Now I humbly pray thee, priest of the Lord, that thou be my witness on doomsday, that the devil may not have power over me; and that thou be my mediator with the Lord; that I may atone for my sins and crimes, and eschew others such, so that the Lord may sustain me, who liveth and reigneth ever without end, to eternity. Amen.

ᵃMODUS IMPONENDI PŒNITENTIAM.

I. ᵇÐáʃ þeáþaʃ man healt beʒeondan ʃǽ. þ iʃ· þ ælc biʃcop
bið æt hiʃ biʃcop-ʃtóle on þone Þodneʃ-dæʒ þe þe hátað capud
ieiunii· þonne ælc þáʃa manna þe mid heáʃod-leahtʃe beʃmiten
bið on þæʃe ʃcíʃe· ʃceal þonne him tó-cuman on dæʒ· ⁊ hiʃ
ʃynna him ʒecýþan· ⁊ he þonne tǽceð him dǽdbóte· ælcum be
ʒýlteʃ mæðe· þa þe þæʃ pýʃðe beoð· he áʃýndʃað oʃ ciʃiclícan
ʒemánan· ⁊ hí þeah tó heoʃa áʒenʃe þeaʃʃe hýʃteð ⁊ tihteð·
⁊ hí ʃpa þonne be hiʃ leáʃe hám hpýʃʃað:·

II. ᵇÄnd eʃt on þone Ðunʃeʃ-dæʒ ǽʃ Eaʃtʃon· tó þaʃe
ýlcan ʃtope ealle ʒeʃomniað· ⁊ him þonne ʃe biʃcop oʃeʃ-
ʃinʒeð· ⁊ abʃolutionem deð· ⁊ hí ʃpa hám hpýʃʃað mid þæʃ
biʃcopeʃ bletʃunʒe ʃiþþan. Ðiʃ iʃ þuʃ tó healdenne eallum
cʃiʃtenum ʃolce:·

III. ᵇÄnd þeah-hpæðeʃe ʃceal ʃe ʃaceʃð ʒeoʃnlíce ʃmeaʒan·
mid hpýlceʃe onbʃýʃðneʃʃe· ⁊ mid hpýlceʃe ʃulʃʃemeðneʃʃe·
ʃe dǽdbéta ʒebét hæbbe· þ him ʒetǽht þæʃ· ⁊ ʃpa him be
þam ʃoʃʒiʃenneʃʃe dón:·

IV. ᶜLiʃ lǽpede man oðeʃne óʃʃlihð· buton ʒýlte· ʃæʃte
·vii· ʒeaʃ· ·iii· on hláʃe ⁊ on pæteʃe· ⁊ þa ·iiii· ʃpa hiʃ
ʃcʃiʃt him tǽce· ⁊ æʃteʃ þáʃa ·vii· ʒeaʃa bóte· æʃʃe he
ʒeoʃnlíce behʃeóʃʒe hiʃ miʃdǽda· be þam dǽle þe he mæʒe·
ʃoʃþan him iʃ uncuð hú andʃenʒe hiʃ bót pǽʃe mid Lʃode:·

V. ᶜ Seþe oðeʃne óʃʃlean pille· ⁊ ne mæʒ hiʃ pillan ʃullíce
þuʃh-teón· ʃæʃte ·iii· ʒeaʃ· án on hláʃe ⁊ on pæteʃe· ⁊ tpá
ʃpa hiʃ ʃcʃiʃt him tǽce:·

VI. ᶜLiʃ lǽpede man neáðunʒa man ʃlihð· ʃæʃte ·iii· ʒeaʃ·
án on hláʃe ⁊ on pæteʃe· ⁊ tpá ʃpa hiʃ ʃcʃiʃt him tǽce· ⁊
behʃeóʃʒe hiʃ miʃdǽda æʃʃe:·

VII. ᶜLiʃ hit bið ʃub-diacon· ʃæʃte ʃix ʒeaʃ· ʒiʃ hit beo
diacon· ʃæʃte ʃeoʃon ʒeaʃ· ʒiʃ hit beo mæʃʃe-pʃeoʃt· ʃæʃte
·x· ʒeaʃ· ⁊ biʃcop ·xii· ⁊ ʃeóʃʃʒe æʃʃe:·

ᵃ The text is from *C.* and *D.*

1. Hæ consuetudines trans mare observantur; id est, quod quilibet episcopus sit in sede episcopali sua die Mercurii, quem caput jejunii vocamus: tunc unusquisque eorum hominum, qui capitalibus criminibus polluti sunt, in provincia ista, eo die ad illum accedere debet, et peccata sua illi profiteri; et ille tum præscribit eis pœnitentiam, cuique pro ratione delicti sui; eos, qui eo digni sunt, ab ecclesiastica communitate segregat, et tamen ad propriam eorum necessitatem animat et hortatur; et ita postea cum illius venia, domum redeunt.

2. Et iterum, die Jovis ante Pascha, ad eundem locum omnes congregantur, et tunc episcopus super eos cantat, et [eis] remissionem dat, et ita domum redeunt cum episcopi benedictione.   Hoc ita observandum est omni populo Christiano.

3. Et nihilominus sacerdoti diligenter perscrutandum est, quanam compunctione, et quanam perfectione pœnitens emendaverit id quod ei præscriptum erat; et ita ei juxta illud remissionem det.

4. Laicus qui alium sine culpa occiderit, VII. annos jejunet, III. in pane et aqua, et IIII. prout confessarius ejus ei præscripserit; et post illorum VII. annorum emendationem, usque delictorum suorum diligenter eum pœniteat, quantum possit; quoniam ei incognitum est, quam acceptabilis sit emendatio ejus apud Deum.

5. Qui cupiverit alium occidere, et voluntatem suam plene exsequi non potuerit, III. annos jejunet, unum in pane et aqua, et duos prout confessarius ejus ei præscripserit.

6. Si laicus invite hominem occiderit, III. annos jejunet, unum in pane et aqua, et duos prout confessarius ejus ei præscripserit, et eum delictorum suorum usque pœniteat.

7. Si subdiaconus sit, sex annos jejunet; si diaconus sit, septem annos jejunet; si presbyter sit, x. annos; et episcopus XII., et usque pœniteat.

VIII. ᵃ Ȝif hƿá hir cíld ofꝩlihð tó deáðe. unȝepealdeꝼ ꝼærte ·v· ȝeaꞃ· ·iii· on hláꝼe ᵹ on pæteꞃe.' ut ꞃuppa:·

IX. ᵃ Ȝif biꞃcop oþþe mæꞃꞃe-pꞃeoꞃt man ꞃlihð. þoliȝe hiꞃ háðeꞃ· ᵹ béte ȝeoꞃne æꝼꞃe:'

X. ᵇ Ȝif ƿíf hiꞃe cíld foꞃmýꞃðꞃiȝe innan hiꞃe· oþþe ꞃiþþan hit foꞃð-cume· mid dꞃæncum oþþe mid miꞃlicum þinȝum· ꝼærte ·x· ȝeaꞃ· ·iiii· on hláꝼe ᵹ on pæteꞃe· ᵹ þa ·vii· ꞃꝼa hiꞃe ꞃciꞃꝼt hiꞃe milbheoꞃtlíce tǽce· ᵹ æꝼꞃe hit beꞃeoꝼꞃiȝe:'

XI. ᶜ Ȝif hƿá hiꞃ æht ofꝩlihð buton ȝýlte· foꞃ hiꞃ hæt-heoꞃtneꞃꞃe ꝼærte ·iii· ȝeaꞃ:'

XII. ᵈ Ȝif ƿíf hiꞃe ƿifman ꞃpinȝð foꞃ hƿilcum liðꞃum andan· ᵹ heó on þam bið deáð· ᵹ heó beó unꞃcýldiȝ· ꝼærte ·vii· ȝeaꞃ· ᵹ ȝif heó beó ꞃcýldiȝ ꝼærte ·iii· ȝeaꞃ· ᵹ beꞃeoꝼꞃiȝe hiꞃe miꞃðǽda æꝼꞃe:'

XIII. ᵉ Ȝif man hine ꞃýlꝼne ȝepealdeꞃ ofꝩlihð· mid ƿæpne· oþþe mid hƿilcum deoꝼleꞃ onbꞃince· niꞃ hit ná alýꝼeð þ man foꞃ ꞃpilcne man mæꞃꞃan ꞃinȝe· ne mid ǽniȝum ꞃealm-ꞃanȝe þ líc eoꞃðan beꝼærte· ne on clǽnan ¹leȝeꞃe ne' licȝe bebiꞃȝeð· þone ilcan dóm man ꞃceal dón þam þe foꞃ hiꞃ ȝýlta pinunȝe· hiꞃ líꝼ álǽt· þ bið þeóꝼ· ᵹ moꞃð-pýꞃhta· ᵹ hláꝼoꞃð-ꞃꝼíca:''

XIV. ꝼ Ȝif hƿá hine mid nýtenu beꞃmiteð· oþþe ƿæpneð-man ƿið oðeꞃne· ȝif he bið ·xx· pintꞃa· ꝼærte ·xv· pinteꞃ· ᵹ ȝif ꞃe man hiꞃ ȝemæccan hæbbe· ᵹ he beó ·xl· pintꞃa ᵹ ꞃpilce þinȝc beȝæð· ȝeꞃꝼíce· ᵹ ꝼærte þa hƿíle þe hiꞃ líꝼ beó· ᵹ ne ᵍȝeþꞃiꞃtlǽce þ he Dꞃihteneꞃ lícháman undeꞃꝼó· æꞃ hiꞃ ende-tíman. Ꝉeonȝe men ᵹ andȝitleáꞃe man ꞃceal þeaꞃle ꞃpinȝan· þe ꞃpilce þinȝc beȝæð:'

XV. ᵍ Se man þ ǽþe bꞃýcð· ꝼærte ·vii· ȝeaꞃ· ·iii· daȝaꞃ on ƿucan on hláꝼe ᵹ on pæteꞃe· ꞃí hit ƿíf· ꞃí hit peꞃ:'

XVI. ʰ Seþe hiꞃ ǽþe foꞃlǽt· ᵹ nimð oðeꞃ ƿíf· he bið ǽp-

---

¹' býꞃȝene C.

ᵃ' Ecg. P. II. 1.   ᵇ' Ib. II. 2.
ᶜ' Ib. II. 3.   ᵈ' Ib. II. 4.

8. Si quis infantem suum præter voluntatem interfecerit, v. annos jejunet, III. in pane et aqua, ut supra.

9. Si episcopus vel presbyter hominem occiderit, ordinem suum perdat, et usque diligenter emendet.

10. Si mulier infantem suum intra se perdiderit, vel post- .. quam natus sit, potibus vel quibuscunque rebus, x. annos jejunet, III. in pane et aqua, et VII. prout confessarius ejus misericorditer ei præscripserit, et usque pœniteat.

11. Si quis servum suum, sine culpa, occiderit, pro furore suo III. annos jejunet.

12. Si mulier ancillam suam flagellis verberaverit, ex prava aliqua invidia, et ex illa verberatione moriatur, et innocens sit, [domina] VII. annos jejunet; si autem nocens fuerit, III. annos jejunet, et delictorum suorum usque pœniteat.

13. Si quis sponte seipsum occiderit armis, vel quacunque diaboli instigatione, non est permissum, ut pro tali homine missa cantetur, vel cum aliquo psalmorum cantu corpus terræ committatur, vel in mundo cemeterio jaceat sepultum.   Idem judicium adjudicandum est ei qui, in criminum suorum cruciatum, vitam suam deposuerit; id est, furi, sicario, et domini proditori.

14. Si quis se cum bestiis polluit, vel vir cum alio, si xx. annorum sit, xv. annos jejunet: et si vir conjugem suam habeat, et xL. annorum sit, et res tales committat, cesset, et jejunet quamdiu vivet, neque audeat corpus Domini accipere, ante diem suum extremum.   Juvenes et insipientes fortiter flagellandi sunt, qui tales res commiserint.

15. Homo qui adulterat, VII. annos jejunet, III. dies per hebdomadam in pane et aqua; sit vir, sit mulier.

16. Qui legitimam suam uxorem deseruerit, et aliam

---

² ʒebȳɲꞇlæce *C.*

ˢ ′ *Ib.* II. 5.   ᵛ *Ib.* II. 6.
ᵗ ′ *Ib.* II. 7.   ʰ ′ *Ib.* II. 8.

bɼýca. ne ɼýlle hım man nán þáɼa ȝeɼıhta þe cɼıꞃtenum
mannum ȝebýneð. ne ꝼoɼ ðeáðe. ne ꝼoɼ líꝼe. ne hıne man ne
lecȝe mıð cɼıꞃtenum mannum. ꝸ be ꝼíɼe ealɼpa. ꝸ þa maȝaꞃ þe
æt þam ðıhte ꝼǽɼon. þolıan þone ýlcan ðóm. buton hí ǽɼ
ȝecýɼɼan ꝸıllan. ꝸ ȝeoɼne ȝebétan :⸍

xvii. ᵃ Ðeþe hæɼð ǽꝼe. ꝸ eác cýꝼeꞃe. ne ðó hım nán pɼeoɼt
náne ȝeɼıhta mıð cɼıꞃtenum mannum. buton he tó bóte
ȝecýɼɼe. ac beó hım on ánɼe ȝehealðen. beó hıt ǽꝼe. beó hıt
cýꝼeꞃ :⸍

xviii. ᵇ Inꝼ ceoɼl pıð oðɼeꞃ ɼıht ǽꝼe hǽmð. oþþe ꝼíꝼ pıð
oðɼeꞃ ꝼíꝼeꞃ ɼıht ȝemæccan. ꝼæꞃte ·vii· ȝeaɼ. þa ·iii· on hláꝼe
ꝸ on pæteɼe. ꝸ þa ·iiii· ꞃpa hıꞃ ꞃcɼıꝼt hım tǽce. ꝸ behɼeóðɼıȝe
hıꞃ mıꞃðǽða æꝼɼe :⸍

xix. ᶜ Inꝼ hꝸılc ꝼíꝼ tpeȝen ȝebɼóðɼa nımð hıɼe to ȝemæccan. oðeɼne æꝼteɼ oðɼum. toðó man hí. ꝸ beon hí on
ðǽðbóte ȝeoɼne. þa hꝸíle þe hí lıbban. ꞃpa heoɼa ꞃcɼıꝼt heom
tǽce. ꝸ æt heoɼa ꝼoɼð-ꞃíðe ðó ꞃe ꞃaceɼð heom þa ȝeɼıhta.
ꞃpa men cɼıꞃtenum mannum ðéð. ȝıꝼ hí þ ȝehátað. þ híȝ
lenȝc bétan polðan. ȝıꝼ hí lenȝc lıbban móꞃtan :⸍

xx. ᶜ Inꝼ hpá on ꞃpılcum mánꞃullum ꞃınꞃcıpe þuɼhpunað
oð hıꞃ líꝼeꞃ enðe. buton ælceɼe ȝeꞃꝼíceneꞃꞃe. ne cunne pe
hım nénne ɼǽð ȝeþencan. buton hıt ıꞃ æt Ɫoðeꞃ ðóme
ȝelanȝ.⸍ ne he tó clǽnan* ne mót :·

xxi. ᵈ Inꝼ hꝸılc ꝼíꝼ beꝼeððoð ꞃí. nıꞃ hıt ná alýꝼeð þ hꝸılc
oðeɼ man hıne þæɼ beɼeáꝼıȝe. ȝıꝼ hıt hpá ðó. beó he amánꞃumoð :⸍

xxii. ᵉ Inꝼ hpá mıð hıꞃ oꝼeɼcɼæꝼte. ꝼíꝼ oþþe mæðen neá-
ðınȝa nımð tó unɼıht-hǽmeðe. hıɼe unpılleꞃ. beó he amánꞃumoð :⸍

xxiii. ᶠ Inꝼ hpá mıð hıꞃ lotpɼæncum. oðɼeꞃ manneꞃ ꝼol-
ȝeɼe ꝼɼam hım áꝼǽce. ꝼoɼ hǽmeð-þınȝc. ꝸ hıɼe unpılleꞃ pıð hí
hǽme. ȝıꝼ he bıð ȝeháðoð man. þolıȝe hıꞃ háðeɼ. ȝıꝼ he beó
lǽpeðe. beó he amánꞃumoð ꝼɼam eallum cɼıꞃtenum þınȝum :⸍

ᵃ⸍ *Ecg.P.* II. 9.   ᵇ⸍ *Ib.* II. 10.   ᶜ⸍ *Ib.* II. 11.

mulierem ceperit, adulter est, ne detur ei ullus eorum rituum, qui Christianum hominem decent, neque in mortis articulo, nec per vitam, nec ponatur cum Christianis hominibus. Et de muliere similiter. Et cognati, qui illi consilio interfuerint, patiantur eandem sententiam, nisi prius ad emendationem se convertere, et diligenter emendare velint.

17. Ei qui legitimam uxorem et etiam concubinam habet, ne det ullus presbyter ritus ullos cum Christianis hominibus, nisi ad emendationem se converterit: sit ei cum una manendum, sit uxor, sit concubina.

18. Si maritus cum alterius legitima uxore adulteraverit, vel mulier cum alterius legitima conjuge, VII. annos jejunet, III. in pane et aqua, et IIII. prout confessarius ejus ei præscripserit, et delictorum suorum usque pœniteat.

19. Si mulier aliqua duos fratres, unum post alterum, in conjugium sibi ceperit, separentur, et sint diligenter in pœnitentia quamdiu vivent, prout confessarius eorum eis præscripserit; et obeuntibus illis, faciat eis sacerdos ritus, sicut hominibus Christianis faciendum est, si promittant, diutius se emendaturos, si sibi diutius vivere liceret.

20. Si quis in tali nefando conjugio permanserit usque ad vitæ suæ finem, sine ulla resipiscentia, non possumus ei aliquod consilium excogitare, sed Dei judicio est relinquendum; nec mundo [sepulcro] committatur.

21. Si mulier aliqua [viro] desponsata sit, non est permissum ut aliquis alius vir illam ei auferat; si fecerit hoc quis, excommunicetur.

22. Si quis per fraudem mulierem aut puellam invitam ceperit ad fornicationem, excommunicetur.

23. Si quis versutiis suis alius hominis pedisequam ab eo, fornicationis causa, allexerit, et cum ea invita coeat, si ordinatus homo sit, perdat ordinem suum; si sit laicus, ab omnibus rebus Christianis excommunicetur.

Ib. II. 12.   *Ib.* II. 13.   *Ib.* II. 14.

xxiv. ᵃȜiꝼ hƿilc mæden bepeddod bið· ⁊ unðeɲ þam bið
ȝeheɲȝod· oþþe mid ɲumon intinȝon aꝼýɲɲed ɲ́ýɲð ꝼɲam þam
þe heó bepeddod ƿæɲ· ⁊ hit eꝼt ȝelimpe ꝥ heó on neáƿeɲte
becume· be leáꝼe hí móton tó-ȝædeɲe· ꝼoɲþam heó ƿæɲ hiɲe
unƿilleɲ ꝼɲam him:᾿

xxv. ᵇȜiꝼ ƿíꝼman ȝehádod bið· ⁊ heó ɲiþþan tó ƿoɲldlicɲe
ᵹdelneɲɲe ȝecýɲɲeð· ⁊ híɲɲæðene unðeɲꝼehð· ⁊ þencð ꝥ heó
mid hiɲe ǽhtan ȝebéte· ꝥ heó Ȝode ábealh· niɲ ꝥ naht· ac
ꝼoɲlǽte þone ɲinɲcipe· ⁊ ȝecýɲɲe to Cɲiɲte· ⁊ libbe hiɲe líꝼ
ɲƿa hiɲe ɲcɪꝼt tǽce· ⁊ béte þa miɲdǽda æꝼɲe ɲɲiðe ȝeoɲne:᾿

xxvi. ᶜȜiꝼ mæɲɲe-pɲeoɲt· oþþe munuc man óꝼꝼlea· þoliȝe
hiɲ háðeɲ· ⁊ ꝼæɲte ·x· ȝeaɲ· ·v· on hláꝼe ⁊ on pæteɲe· ⁊ ꝼíꝼ
þɲeo daȝaɲ on ƿucan· ⁊ þa oðɲe bɲuce hiɲ meteɲ· ⁊ be-
hɲeóƿɲiȝe hiɲ miɲdǽda æꝼɲe·᾿ ᵈDiacon ¹·vii· on hláꝼe ⁊ on
pæteɲe· ⁊ þa oðɲe ut ɲuppa·᾿ ᵉCleɲic ·vi· ȝeaɲ· ·iiii· on
hláꝼe ⁊ on pæteɲe·᾿ ꝼLǽpede ·v· ȝeaɲ· ·iii· on hláꝼe ⁊ on
pæteɲe· ut ɲuppa:᾿

xxvii. ᵍȜiꝼ hƿá ȝehádodne man ɲlea· oþþe hiɲ áȝenne
nihɲtan mæȝ· ꝼoɲlǽte hiɲ eaɲð ⁊ hiɲ ǽhta· ⁊ ðó him ɲƿa ɲe
papa ƿiɲɲiȝe· ⁊ hɲeóƿɲiȝe æꝼɲe:᾿

xxviii. ʰȜiꝼ mæɲɲe-pɲeoɲt· oþþe munuc· hǽmed-þinȝc
dɲihð· oþþe æƿe-bɲicð· ꝼæɲte ·x· ȝeaɲ· ⁊ hɲeóƿɲiȝe æꝼɲe·
diacon ·vii· cleɲic ·vi· lǽpede man ·v· ɲƿa be man-ɲlihte:᾿

xxix. ¹Ȝiꝼ mæɲɲe-pɲeoɲt· oþþe munuc· oþþe diacon· ɲiht
ƿíꝼ hæꝼde· ǽɲ he ȝehádod ƿǽɲe· ⁊ hi ꝼoɲlete· ⁊ tó háde
ꝼénȝe· ⁊ ɲiþþan þuɲh hǽmed-þinȝc hi eꝼt unðeɲ-ꝼénȝe· ꝼæɲte
heoɲa ǽlc ɲƿa be man-ɲlihte· ⁊ hɲeóƿɲian ²ɲɲiðe:᾿

xxx. ᵏȜiꝼ mæɲɲe-pɲeoɲt· oþþe munuc· oþþe diacon· oþþe
cleɲic· oþþe lǽpede· ƿið mýnecenu hǽme· ꝼæɲte ǽlc ɲƿa hiɲ

---

¹ ·viii· *D.*

ᵃ *Ecg. P.* II. 15.   ᵇ *Ib.* II. 16.
ᶜ *Ib.* IV. 2.   ᵈ *Ib.* IV. 3.

24. Si puella aliqua desponsata sit, et interea in captivitatem ducta fuerit, vel causa aliqua ab eo abrepta, cui desponsata erat, et postea acciderit, ut alter in alterius viciniam veniat, cum venia conjungi possunt, quia ab eo invita aberat.

25. Si mulier ordinata fuerit, et deinde ad mundanam vanitatem reversa fuerit, et familiam susceperit, et cogitet possessionibus suis id emendare quo Deum irritaverit, id nihili est; sed conjugium illud relinquat, et ad Christum revertatur, et suam vitam vivat prout confessarius ejus præscripserit, et valde diligenter delicta sua usque emendet.

26. Si presbyter vel monachus hominem occiderit, perdat ordinem suum, et x. annos jejunet; v. in pane et aqua, et quinque, tribus diebus per hebdomadam, et reliquis fruatur cibo suo, et usque eum delictorum suorum pœniteat. Diaconus VII. in pane et aqua, et reliquis, ut supra. Clericus VI. annos, IIII. in pane et aqua. Laicus v. annos, III. in pane et aqua, ut supra.

27. Si quis ordinatum hominem occiderit, vel proximum suum proprium, discedat a patria sua, et a possessionibus suis, et ita faciat ut papa ei indicaverit, et usque pœniteat.

28. Si presbyter vel monachus fornicationem commiserit, vel adulteraverit, x. annos jejunet, et usque pœniteat; diaconus VII.; clericus VI.; laicus v. ut pro homicidio.

29. Si presbyter, vel monachus, vel diaconus legitimam uxorem habuisset, antequam ordinatus esset, et eam dereliquerit, et ordinem susceperit, et postea in fornicatione eam receperit, jejunet unusquisque eorum ut pro homicidio, et valde pœniteat.

30. Si presbyter, vel monachus, vel diaconus, vel clericus, vel laicus cum monacha fornicatus fuerit, unusquisque jejunet

---

² sæpe. C.

ᵈ Ib. IV. 4.   ᵗ Ib. IV. 5.   ᵗ Ib. IV. 6.
ᵇ Ib. IV. 7.   ᵛ Ib. IV. 8.   ᵛ Ib. IV. 9.

VOL. II.   T

háde tó-ᵹebıꞃıᵹe· ꞅƿa be man-ꞃlıhte· ⁊ æꞃne he ꞅceal ꞃlæꞃc
ꞃonᵹán· ⁊ ꞅeo mynecenu ·x· ᵹeaꞃ· ꞅƿa ꞅƿa mæꞃꞅe-pꞃeoꞅt· ⁊
hꞃeóꞃꞃıan æꞃne:'

xxxi. [a]Gıꞃ hƿá ƿolde hǽman ƿıð mynecenu· ⁊ heó nolde·
ꞃæꞅte ·ı· ᵹeaꞃ· ꞃoꞃ þam unꞃıhtan ƿıllan· on hláꞃe ⁊ on
ƿæteꞃe:'

xxxii. [b]Gıꞃ hƿá ƿolde hǽman ƿıð oðeꞃ ꞃıht-ǽƿe· ⁊ heó
nolde· ꞃæꞅte ·ııı· lenᵹctenu on hláꞃe ⁊ on ƿæteꞃe· án on
ꞃumeꞃa· oðeꞃ on hæꞃꞃeꞅta· þꞃıdde on pyntꞃa:'

xxxiii. [c]Gıꞃ hƿá ƿılle ƿıð ꞃıꞃman unꞃıhtlíce hǽman· ꞃæꞅte
·xl· daᵹa on hláꞃe ⁊ on ƿæteꞃe:'

xxxiv. [d]Gıꞃ hƿá oðeꞃne æt hıꞅ dëhteꞃ ꞃeáꞃað· bëte ƿıð þa
ꞃꞃýnd· ⁊ ꞃæꞅte heoꞃa æᵹðeꞃ ·ı· ᵹeaꞃ· on Ƿodneꞅ-dæᵹ· ⁊ on
Fꞃıᵹe-dæᵹ· ⁊ on oðꞃan daᵹan bꞃucan heoꞃa meteꞅ· buton
ꞃlǽꞅce· ⁊ nıme hı tó ꞃıht ǽƿe:'

xxxv. [e]Gıꞃ hƿá ƿıð nýtenu hǽme· ꞃæꞅte ·xv· ᵹeaꞃ· ·vııı·
on hláꞃe ⁊ on ƿæteꞃe· ⁊ þa ·vıı· ælce ᵹeaꞃe ·ııı· ·xl· daᵹa· ⁊
on Ƿodneꞅ-dæᵹ ⁊ on Fꞃıᵹe-dæᵹ· þa hƿíle þe he lıbbe· ⁊
hꞃeóꞃıᵹe æꞃne þa mıꞅdǽde:'

xxxvi. [f]Gıꞃ hƿá hıne ꞅýlꞃne beꞅmíte· hıꞅ áᵹenneꞅ ƿılleꞅ·
ꞃæꞅte ·ııı· ᵹeaꞃ· on ælcon ·ııı· ·xl· daᵹa on hláꞃe ⁊ on ƿæteꞃe·
⁊ ꞃonᵹá ꞃlǽꞅc ælce dæᵹe· buton Sunnan-dæᵹe:'

xxxvii. [g]Gıꞃ hƿá oðeꞃne mıd ƿıccecꞃæꞃte ꞃoꞃdó· ꞃæꞅte ·vıı·
ᵹeaꞃ ·ııı· on hláꞃe ⁊ on ƿæteꞃe· ⁊ þa ·ıııı· ᵹeaꞃ ·ııı· daᵹaꞅ on
ƿucan on hláꞃe ⁊ on ƿæteꞃe· ⁊ hꞃeóꞃıᵹe æꞃne:'

xxxviii. [h]Gıꞃ hƿá dꞃıꞃe ꞅtacan on man· ꞃæꞅte ·ııı· ᵹeaꞃ· án
on hláꞃe ⁊ on ƿæteꞃe· ⁊ þa ·ıı· ·ııı· daᵹaꞅ on ƿucan on hláꞃe
⁊ on ƿæteꞃe· ⁊ ᵹıꞃ ꞅe man ꞃoꞃ þæꞃe ꞅtacunᵹe deáð bıð· þonne
ꞃæꞅte he ·vıı· ᵹeaꞃ· ꞅƿa hıt ǽꞃ áꞃꞃıten ıꞅ· ⁊ hꞃeóꞃıᵹe hıꞅ
mıꞅdǽda æꞃne:'

xxxix. [i]Gıꞃ hƿá ƿıccıᵹe ýmbe oðeꞃ luꞃe· ⁊ hım ꞅýlle on
ǽte· oþþe on dꞃence· oþþe on ᵹaldoꞃ-cꞃæꞃtum· ᵹıꞃ hıt beó

---

a *Reg. P.* IV. 10.   b *Ib.* IV. 11.
c *Ib.* IV. 12.   d *Ib.* IV. 13.

prout ordini suo convenit, ut pro homicidio. Et monacha x. annos jejunet, uti presbyter, et usque pœniteat.

31. Si quis cum monacha fornicari vellet, et illa nollet, annum I., pro prava illa cupidine, in pane et aqua jejunet.

32. Si quis cum alterius legitima uxore fornicari vellet, et illa nollet, III. quadragesimas in pane et aqua jejunet, unam in æstate, alteram in autumno, tertiam in hieme.

33. Si quis cum muliere illicite fornicari voluerit, XL. dies in pane et aqua jejunet.

34. Si quis alterum filia sua spoliaverit, emendet erga amicos, et uterque eorum annum I. jejunet, die Mercurii, et die Veneris, et reliquis diebus fruantur cibo suo, excepta carne, et ducat eam in uxorem legitimam.

35. Si quis cum bestiis coeat, xv. annos jejunet, VIII. in pane et aqua, et VII. quoque anno III. XL. dies, et die Mercurii et die Veneris quamdiu vivet, et delicti usque pœniteat.

36. Si quis seipsum sua sponte polluerit, III. annos jejunet; in singulis III. XL. dies in pane et aqua, et quotidie abstineat se a carne, die Dominico excepto.

37. Si quis alterum veneficio perdiderit, VII. annos jejunet, III. in pane et aqua, et IIII. annos III. diebus per hebdomadam in pane et aqua, et usque pœniteat.

38. Si quis acus in homine aliquo defixerit, III. annos jejunet, unum in pane et aqua, et II. III. diebus per hebdomadam in pane et aqua; et si homo ex illa punctura mortuus sit, tunc VII. annos jejunet, prout jam scriptum est, et delictorum suorum usque pœniteat.

39. Si quis veneficiis utatur, alicujus amoris gratia, et ei in cibo [quid] det, vel in potu, vel per incantationes; si laicus sit,

---

e/ *Ib.* IV. 14.   f/ *Ib.* IV. 15.   g/ *Ib.* IV. 16.
h/ *Ib.* IV. 17.   i/ *Ib.* IV. 18.

læpeðe man· færce healf geap· Þoðnes-ðagum ꞇ Fꞃuge-ðagum· on hláꝼe ꞇ on pæteꞃe· ꞇ þa oðꞃe ðagaꞃ bꞃuce hiꞅ meteꞃ· buton ꝼlǽꞃce· clepic ·I· geap uꞇ ꞃuppa· ·III· ðagaꞅ on pucan on hláꝼe ꞇ on pæteꞃe· ðiacon ·IIII· geap· uꞇ ꞃuppa· mæꞅꞅe-pꞃeoꞅꞇ ·V· geap· þ án on hláꝼe ꞇ on pæteꞃe· ꞇ þa ·IIII· ælce Fꞃuge-ðæg on hláꝼe ꞇ on pæteꞃe· ꞇ þa oðꞃe ðagaꞅ ꞃonꞱᵹ ꝼlǽꞃc·꞉'

XL. Ᵹiꝼ hpá ꝼullíce· on ungecýnðelícum þingum ongean Ᵹoðeꞅ geꞅceaꝼte· þuꞃh ǽnig þingc hine ꞅýlꝼne beꞅmíte· be-hꞃeópꞃige þ ǽꝼꞃe· þa hpíle þe he libbe· be þam þe ꞃeó ðǽð ꞅí꞉·

XLI. ·Ᵹiꝼ hpá on ꞅlǽpe hiꞅ beaꞃn óꝼlicge· þ hiꞇ ðeáð puꞃðe· færce ¹·III· geap· án on hláꝼe ꞇ on pæteꞃe· ꞇ þa ²ꞇpá geap ·III· ðagaꞅ on pucan· ꞇ giꝼ hiꞇ þuꞃh ðꞃuncen gepuꞃðe· béꞇe þe ðeoppoꞃ· ꞅpa hiꞅ ꞅcꞃiꝼꞇ ꞇǽce· ꞇ behꞃeópꞃige hiꞇ ǽꝼꞃe꞉'

XLII. ᵇᵉᵍ Ᵹiꝼ unꞇꞃum cilð hæðen gepíte· ꞇ hiꞇ on pꞃeoꞅꞇe ge-lang ꞅý· þolige hiꞅ háðeꞃ· ꞇ béꞇe hiꞇ geoꞃne· ꞇ giꝼ hiꞇ þuꞃh ꝼꞃeonða gýmeleaꞅꞇe puꞃðe· færce ·III· geap· án on hláꝼe ꞇ on pæteꞃe· ꞇ þa ꞇpá geap ·III· ðagaꞅ on pucan· ꞇ behꞃeópꞃian hiꞇ ǽꝼꞃe꞉'

ᶜᵉ cꞃiꞅꞇenne. XLIII. ᶜᵉ Ᵹiꝼ hpá ·cꞃiꞅꞇene man on hæðenðom ꞅýlle· ꞅe ne bið puꞃðe ǽnigꞃe ꞅeꞃꞇe mið cꞃiꞅꞇenum ꝼolce· buꞇan he ge-býcge eꝼꞇ ham ongean þ he úꞇ ꞅealðe· ꞇ giꝼ he þ ðón ne mæge· gedǽle þ puꞃð eal Ᵹoðeꞅ þanceꞅ· ꞇ oðeꞃne alýꞅe mið oðꞃum puꞃðe· ꞇ þæne þonne geꝼꞃeóge· ꞇ þæꞃ-ꞇo-eácan béꞇe þꞃeó geap ꝼullíce· ꞅpa ꞅpa hiꞅ ꞅcꞃiꝼꞇ him ꞇǽce· ꞇ giꝼ he ꞃeó næbbe· þ he man mið alýꞃan mæge· he béꞇe þe ðeoppoꞃ· þ iꞅ ·VII· geap ꝼulle· ꞇ behꞃeópꞃige ǽꝼꞃe꞉'

XLIV. Ᵹiꝼ hpá hine ꞅýlꝼne ꞅpíðe ꝼoꞃpýꞃce on mænigꝼealðan ꞅýnnan· ꞇ he æꝼꞇeꞃ þam pille geꞅpícan· ꞇ geoꞃnlíce béꞇan· gebúge ꞇó mýnꞅꞇꞃe· ꞇ þeópꞃige þaꞃ ǽꝼꞃe Ᵹoðe ꞇ mannum· ꞅpa ꞅpa man him ꞇǽce· oþþe oꝼ eaꞃðe peallige píðe· ꞇ ðǽðbóꞇe ðó ǽꝼꞃe þa hpíle þe he libbe· ꞇ helpe hiꞅ ꞅáple· oþþe huꞃu on eaꞃðe be þam ðeópeꞅꞇan béꞇe· þe he ǽꝼꞃe ꞅcuman mæge· ꞅpa ꞅpa man him ꞇǽce꞉·

---

¹ ·IIII· C.   ² ·III· C.

dimidium anni jejunet, diebus Mercurii et Veneris, in pane et aqua, et reliquis diebus fruatur cibo suo, carne excepta; clericus I. annum, ut supra, III. diebus per hebdomadam in pane et aqua; diaconus III. annos, ut supra; presbyter V. annos, unum in pane et aqua, et IIII. quoque die Veneris in pane et aqua, et reliquis diebus abstineat se a carne.

40. Si quis fœde, in rebus naturæ contrariis, contra Dei creaturam, aliquo modo seipsum polluerit, usque pœniteat, quamdiu vivet, secundum quod factum sit.

41. Si quis in somno infantem suum oppresserit, et mortuus sit, III. annos jejunet, unum in pane et aqua, et duos annos III. diebus per hebdomadam; et si ex ebrietate acciderit, eo gravius emendet, prout confessarius ejus præscripserit, et usque pœniteat.

42. Si infans infirmus gentilis mortuus fuerit, et culpa presbyteri acciderit, ordinem suum perdat; et si negligentia amicorum acciderit, III. annos jejunet, unum in pane et aqua, et duos annos III. diebus per hebdomadam, et usque pœniteant.

43. Si quis hominem Christianum in regionem gentilem vendiderit, non erit ille dignus requiete ulla cum populo Christiano, nisi eum, quem foris vendiderat, iterum domum redemerit; et si id facere nequeat, totum pretium Dei gratia distribuat, et alium alio pretio redimat, eumque tunc liberet; et præterea tres annos plene emendet, prout confessarius ejus ei præscripserit. Et si pecuniam non habeat, qua aliquem redimat, eo gravius emendet, id est VII. annos plene, et usque pœniteat.

44. Si quis seipsum multifariis peccatis valde labefactaverit, et deinde cessare et diligenter emendare velit, in monasterium secedat, ibique continue Deo et hominibus serviat, prout ei præscriptum fuerit; vel a patria longe peregrinetur, et pœnitentiam usque agat, quamdiu vivet, atque animam suam adjuvet; vel saltem, in patria, per gravissimam pœnitentiam, quam unquam perferre possit, prout ei præscriptum fuerit.

---

^a *Th.* XXI. 36.   ^b *Ecg.Conf.* 18. *n.* 10.   ^c *Ecg. P.* IV. 27.

ᴬ BE DÆDBÉTAN.

I. On þiſum ſcꞃiſte· biꝼ ſꝛiꝼe ꝼoꞃꝼ ᵹelanᵹ ꝼoꞃꞃýnᵹoꝼeſ manneꞃ ¹nýꝼ-help· ealꞃpa on ᵹóꝼan lǽce biꝼ ꞃéoceſ manneꞃ ² lácnunᵹ :·

II. Ꝏiꞃlíce men áᵹýltaꝼ· oꝼt ᵹ unꞃeldon· þuꞃh ꝼeoꝼleſ ꞃcýꝼe· ᵹ þ̶ biꝼ eᵹeꞃlíc þ̶ ᵹehádoꝼe men ꞃpa ꞃꝛiꝼe piꝼ Ꝉoꝼ áᵹýltaꝼ· þ̶ hí ³heoꞃa háꝼ ꝼoꞃꞃýꞃcan :·

III. Ãnꝼ þaꞃ móꞇ ꞇó bóꞇe ꞃꞇiꝼlíc ꝼǽꝼbóꞇ· á þeah be háꝼeſ ᵹ be ᵹýlꞇeſ mǽꝼe· æꝼꞇeꞃ canoneſ ꝼóme· ᵹ eác hɪꞇ man móꞇ ꞃécan be þæꞃ manneꞃ mɪhꞇum· ᵹ be hɪꞃ mǽꝼe· ᵹ be hɪꞃ ꞃýlꝼeſ heoꞃꞇan hꞃeópꞃunᵹum· ꞃumon ᵹeaꞃ-bóꞇe· ꞃumon mã ᵹeaꞃa· ᵹ eꝼꞇ be ᵹýlꞇeſ mǽꝼe· ꞃumon monꝼ-bóꞇe· ꞃumon mã monꝼa· ꞃumon pucu-bóꞇe· ꞃumon mã pucena· ꞃumon bæᵹ-bóꞇe· ᵹ ꞃumon mã baᵹa· ᵹ ꞃumon ealle hɪꞃ líꝼ-baᵹaſ ⁴ :·

IV. Se lǽca þe ꞃceal ⁵ꞃáꞃe punꝼa pel ᵹehǽlan· he móꞇ hábban ᵹóꝼe ꞃealꝼe þæꞃꞇó· Né ꞃýnꝼon náne ꞃpa ýꝼele punꝼa ꞃpa ꞃýnꝼon ꞃýn-punꝼa· ꝼoꞃþam þuꞃh þa ꝼoꞃꞃýꝼ ſe man écan ꝼeaꝼe· buꞇon he þuꞃh anꝼeꞇneſſe· ᵹ þuꞃh ᵹeſꞃiceneſſe· ᵹ þuꞃh ꝼǽꝼbóꞇe ᵹehǽleꝼ puꞃꝼe :·

V. Ðonne móꞇ ſe læca beón ſíſ ᵹ pǽꞃ· þe þa punꝼa ᵹehǽlan ꞃceal· Ðuꞃh ᵹóꝼe láꞃe man ꞃceal ǽꞃeſꞇ líí lácnian· ᵹ mɪꝼ þam ᵹeꝼón· þ̶ man áꞃꞃíꞃe þ̶ aꞇꞇoꞃ úꞇ· þ̶ hɪm on-ɪnnan biꝼ· þ̶ ɪſ· þ̶ he ᵹeclǽnꞃɪᵹe hɪne ꞃýlꝼne ǽꞃeſꞇ þuꞃh anꝼeꞇneſſe ⁶ :·

---

¹ nýꝼ-þeaꞃſ *X.*   ² hǽlo *X.*   ³ *X. add.*
⁴ Ðæꞃ man ᵹenýꝼan ꞃceall miꞃꞇlice þꞃeala ᵹebýꞃiaꝼ ꝼoꞃ ꞃýnnum· benꝼaſ oꝼꝼe býnꞇaſ· oꝼꝼe pollúpaſ· oꝼꝼe caꞃceꞃn-þýſꞇꞃa· lobban oꝼꝼe bælcan· ᵹ hꝼílum eac lɪm-læpa· ᵹ hꝼílum líꝼ-læꞃꞇa :· *X. add.*

⁵ ýꝼela *Y.*
⁶ ᵹ ꞃýꝼꝼan mɪꝼ ᵹeſꞃɪcenneſſe. *Y. add.*

ᴬ The text is from *D.,* collated with *C.,* *X.,* and *Y.*

OF PENITENTS.

1. On a wise confessor is greatly dependent the needful help to a sinful man, as on a good leech is the healing of a sick man.

2. Men sin in various ways, oft and frequently, through the impulse of the devil; and it is terrible that men in holy orders so greatly sin against God, that they forfeit their order.

3. And there must be for 'bōt' strict penance; though always according to the degree of order and of guilt, according to the canon's doom: and also it must be sought according to the man's abilities, and to his degree, and to the penitence of his own heart: to one a year's 'bōt,' to one [a 'bōt'] of several years; and again, according to the degree of guilt, to one a month's 'bōt;' to one of several months; to one a week's 'bōt;' to one of several weeks; to one a day's 'bōt,' and to one of several days; and to one all the days of his life.

4. The leech who has well to heal sore wounds, must have good salve thereto. There are none such evil wounds as are the wounds of sin; because through them a man perishes in eternal death; except through confession, and through cessation, and through penance he be healed.

5. Then must the leech be wise and cautious, who has to heal those wounds. Through good doctrine they are first to be cured, and therewith so treated, that the man vomit the venom out that is within him; that is, that he purify himself first by confession.

Where it be needful, various punishments are proper for sins: bonds, or blows, or 'pollupas,' or prison-darkness, or earth-worms, or swine; and sometimes also mutilation of limbs, and sometimes loss of life.

and afterwards by cessation.

vi. Eal man sceal afyrsan synna þurh gode lare mid andetnesse. ealswa man unlibban deð þurh godne drenc:·

vii. Ne mæg ænig læce wel lacnian. ær þ attor ute si. ne
ænig man eac dædbote wel tæcan þam þe andettan nele. ne
ænig man ne mæg synna buton andetnesse wel gebetan. þe
ma þe se mæg wel hal wurðan. þe unlibban gedruncen hæfð.
buton he þ attor swiðe swiwe:·

viii. Æfter andetnesse. man mæg mid dædbote Godes
mildheortnesse hraðe geearnian. gif he mid inweardre heortan heofe. ⁊ þ bereowsige þ he þurh deofles ¹scyfe ær
gefremode to unrihte:·

ix. On þisum scrifte bið eac swiðe forð gelang þyslic
dædbot. ealswa on godum læce bið ² þearflic broces bot. ⁊ be
mannes geryhtum hit man mot recan. æfter canones-dome.
⁊ eac medemian be mihtum. ⁊ be mæðe. ⁊ be þam þe man
ongit his heortan hreowsunge. ⁊ his sylfes geornfulnesse:·

x. Deoplic dæd-bot bið. þ læwede man his wæpna alecge. ⁊
weallige bær-fot wide. ⁊ ne beo niht þar oþre. ⁊ fæste. ⁊
swiðe wacige. ⁊ gebidde georne. dæges ⁊ nihtes. ⁊ wyllen
werige. ⁊ swa ærscæne beo. þ ³iren ne cume on hære ne on
nægle:·

xi. Ne þ he ne cume on wearmum ⁴bæðe. ne on softum
bedde. ne flæsces ne onbite. ne *he æniges þinges þe druncen
of-cume. ne he innan cirican ne cume. ac þeah halige stowa
geornlice sece. ⁊ his gyltas cyðe. ⁊ him þingrædenne bidde.
⁊ he nænigne man ne cysse. ac rymle si his synna hreowsi-
gende swiðe:·

xii. Dreoplice gefærð sewe hine sylfne þus forð forscyldi-
gað. ⁊ gesælig bið he þeah gif he na ne aþacað þ he fulbete.

---

¹ lare *Y.*
² seoces mannes lacnung be. *C. add.*
³ iren *C. Y.*
⁴ wætere *Y.*

6. Every man shall vomit up his sins through good doctrine, with confession, exactly as a man doeth poison, through a salutary drink.

7. No leech can well cure, ere the venom be out; nor likewise any man well prescribe penitence to him, who will not confess; nor can any man well expiate sins without confession, any more than he can well become whole, who hath drunk poison, unless he vigorously eject the venom.

8. After confession, a man may with penitence quickly merit God's mercy: if he groan with inward heart, and that repent which he, through impulse of the devil, previously perpetrated in unrighteousness.

9. On a wise confessor, is also greatly dependent a rational repentance; just as on a good leech, is the necessary remedy of disease; and by a man's deeds must it be sought, according to the canon's doom; and also mitigated, according to [a man's] abilities, and degree, and according as any one feels the penitence of his heart, and his own earnestness.

10. It is a deep penitence, that a layman lay aside his weapons and travel far barefoot, and nowhere pass a second night, and fast, and watch much, and pray fervently, by day and by night, and voluntarily suffer fatigue, and be so squalid, that iron come not on hair, nor on nail.

11. Nor that he come into a warm bath, nor into a soft bed, nor taste flesh, nor anything from which drunkenness may come, nor that he come within a church; but yet diligently seek holy places, and declare his sins, and implore intercession, and kiss no one, but be ever fervently repenting his sins.

12. Roughly he fares who thus constantly criminates himself; and yet is he happy, if he never relax, till he make full

a sick man's cure.

foþþam ne ƿurð ǽniȝ man on poulde ſƿa ſƿiðe foꞃſýnȝað· þe
he ƿið Lrod ȝebéꞇan ne mæȝe· áȝinne he hiꞇ ȝeoꞃne:·

XIII. Dǽðbóꞇa ſind ȝeðihꞇe on miſꞇíce ƿíſan· Ᵹ micel man
mæȝ eác mið ælmeſſan álýſan:·

XIV. Séþe þaꞃa mihꞇa hæbbe· áꞃǽꞃe ciꞃican Lrode ꞇó loſe· Ᵹ
ȝif hine þaꞃ-ꞇó onhaȝiȝe· ꞃýlle þaꞃ land ꞇó· Ᵹ lǽꞇe þæꞃ ꞇeón
ȝeónȝe men ꞇó· ꝥ þaꞃ foꞃ hine maȝon [1]þeóꞃian· Ᵹ þæꞃ dæȝ-
hƿamlíce Lrode maȝon þeniau· Ᵹ ȝóðiȝe eác Lrodeſ cýꞃican
ȝehꞃǽꞃ· be þam þe hine ꞇó-onhaȝiȝe· Ᵹ ȝóðiȝe folceſ ꞃæꞃ
mið bꞃucȝum oꝩeꞃ ðeóꞃe pæꞇeꞃu· Ᵹ oꝩeꞃ ꝩúle ƿeȝaſ· Ᵹ dǽle
Lrodeſ þanceſ ȝeoꞃne ꝥ he hæbbe· ſƿa foꞃð ſƿa hine ꝩýꞃ-
meſꞇ onhaȝiȝe· Ᵹ helpe eaꞃmꞃa manna ȝeoꞃne· ƿuðuƿena· Ᵹ
ſꞇeoꞃ-cílða· Ᵹ ælþeóðiȝꞃa manna· ſꞃeóȝe hiſ áȝene þeóꞃan·
Ᵹ álýſe æꞇ oðꞃum mannum heoꞃa þeóꞃan ꞇó ꝩꞃeóꞇe· Ᵹ huꞃu
eaꞃme ȝeheꞃȝoðe men· Ᵹ ꝩéðe þeaꞃꝩan· Ᵹ ſcꞃýðe· Ᵹ húꞃiȝe·
Ᵹ ꝩýꞃiȝe· baðiȝe Ᵹ beððiȝe· him Ᵹ him-ꞃýlꝩum ꞇo þeaꞃꝩe·
ǽȝhƿaꞃ ȝeoꞃne ȝebéðꞃædene beȝiꞇe· on mæꞃſe-ꞃanȝum Ᵹ on
ꞃealm-ꞃanȝum· Ᵹ hine-ꞃýlꝩne on hiſ Dꞃihꞇeneſ eꞃſꞇ þꞃeaȝe
ſƿiðe þeaꞃle mið foꞃhæꝩeðneſſe ǽꞇeſ Ᵹ dꞃinceſ· Ᵹ ȝeƿell-
hƿilceſ líchámlíceſ luſꞇeſ:·

XV. Ánd ſeþe ȝýꞇ þonne læſſan ſpeða hæbbe· ðó be hiſ
mæðe ȝeoꞃne ꝥ he ðón mæȝe· ꞇeoðiȝe on Lrodeſ eꞃſꞇ eal ꝥ
he áȝe· Ᵹ ƿeȝe hine ꞃýlꝩne ſƿa hine oꝩꞇoſꞇ ꞇó-onhaȝiȝe· Ᵹ
ꝩéce mið hiſ ælmeſſan ciꞃican ȝelóme· Ᵹ hálȝe ſꞇoꞃa mið hiſ
leóhꞇe ȝeȝꞃéꞇe· Ᵹ ȝif hiſ húſ-hleóƿ· Ᵹ meꞇe Ᵹ munðe· þam
þe þæꞃ beþuꞃꝩe· Ᵹ ꝩýꞃ Ᵹ foððoꞃ· Ᵹ beð Ᵹ bæð· Ᵹ ðó ꞇo ſcꞃúð·
Ᵹ ꝩilſꞇe eaꞃmon· ȝif he hƿæꞇ mæȝe:·

XVI. Lreneoꞃiȝe mið ȝóðe þa þe beóð ſáꞃiȝ-móðe Ᵹ ꝩeóce· Ᵹ
ðeáðe bebýꞃiȝe on Lrodeſ eꞃſꞇ· Ᵹ ꝩýlſ he on ðiȝlum ſꞇoƿum
ȝecneoꞃiȝe ȝelóme· Ᵹ hine on eoꞃðan ſƿiðe áðeniȝe· oꝩꞇ Ᵹ
ȝelóme· Ᵹ ꝩæꞃꞇe Ᵹ ƿaciȝe· Ᵹ ȝebiððe hine ȝeoꞃne· dæȝeſ Ᵹ
nihꞇeſ· oꝩꞇ Ᵹ ȝelóme· Ánd ſeþe ȝiꞇ læſſan mihꞇa hæbbe·
ðó be hiſ mæðe ȝeoꞃne ꝥ he ðón mæȝe· huꞃu ſpinȝe hiſ

[1] þinȝian Y.

'bōt;' because no man in the world is so very criminal, that he may not make atonement to God, let him undertake it fervently.

13. Penances are devised in various ways, and a man may also redeem much with alms.

14. He who has the ability, let him raise a church to the glory of God; and, if he have the means, let him give land thereto; and let young men be drawn thither, who may there serve for him, and may there daily minister to God; and let him also be a benefactor everywhere to God's church; according as he may have the means; and facilitate the people's journeying, by bridges over deep waters, and over foul ways; and distribute, for love of God, readily what he has, to the very utmost of his means; and readily help poor men, widows, and step children, and foreigners; free his own slaves, and redeem to freedom their slaves from other men; and especially poor plundered men; and feed the needy, and clothe, house, and fire, bathe, and bed them, to their and his own benefit: let him everywhere diligently obtain intercession by mass-songs and psalms; and, for his Lord's love, chasten himself very severely by abstinence in meat and drink, and from every bodily lust.

15. And he who has yet less means, let him do diligently, according to his condition, that which he can do: let him tithe, for love of God, all that he owns; and ponder with himself as often as he has an opportunity; and frequently visit churches with his alms, and greet holy places with his light; and give the shelter of his house, and meat and protection to those who need it; and fire and food, and bed and bath; and add clothing, and assist the poor, if he aught can.

16. Let him visit with good those that are sorrowful and sick, and bury the dead for love of God; and let himself frequently kneel in secret places, and prostrate himself much on the earth oft and frequently, and fast, and watch, and fervently pray, by day and by night, oft and frequently. And he who has yet less means, let him do, according to his degree,

líchaman onᵹean luſt. ᵹiꝼ he ǽꞃ þuꞃh liðeꞃne luſt deoꝼle
ᵹecƿemde. ꝼæſte hú onᵹean þ he ǽꞃ þuꞃh ꝼylle unꞃiht ᵹeꝼꞃemode. ƿaciᵹe ⁊ ſƿince þaꞃ-onᵹean. þ he oꝼt ǽꞃ beſlép ⁊ ꞃlá-
pode. þonne he ná ne ſcolde. oþþe on unnyt ƿacode tó ſƿiðe.
þoliᵹe cyle ⁊ cold bæð onᵹean þa hlíþðe. þe he ǽꞃ þuꞃh ꞃyn-
luſt áhƿaꞃ ᵹeꝼꞃemode. ⁊ ᵹiꝼ he ábilhðe áhƿám on unꞃiht áhƿaꞃ
ᵹeƿeolde. ᵹebéte hit ᵹeoꞃne. ⁊ ᵹiꝼ him ábulᵹe ǽniᵹ man ſƿiðe.
ꝼoꞃᵹiꝼe þ on Lodeſ eſt. ⁊ áa þæſ þe he mæᵹe þence ſƿiðe
ᵹeoꞃne hƿæt tó bóte mæᵹe onᵹean ælcne ꞃyn-þæſ. þe þuꞃh
deoꝼleſ ꞃǽd ǽꞃ ꞃeaꞃð áſpeaxen. ⁊ ᵹiꝼ he oꝼ ƿeᵹe. tó-eácan
him ſylꝼum. ǽniᵹne ᵹebꞃohte. ᵹebꞃinᵹe hine ᵹeoꞃne eꝼt on
hiſ ꞃihte ƿeᵹe. þ iſ. þ ic mæne. ᵹiꝼ he ǽniᵹne man on ꞃynne
beſƿeone. dó ſƿa him þeaꞃꝼ iſ. ᵹebꞃinᵹe hine oꝼ þam. ⁊ læde
hine on hiſ ꞃiht ƿeᵹ. ⁊ ælcne man ᵹeoꞃne ſƿane he oꝼ
ꞃynnum. þonne beoð hiſ ꞃynna ꞃóna þe leohtꞃe:⁊

XVII. Ænne dóm ſe man mæᵹ mid ſcꞃiꝼteſ ᵹeþeahte him
ſylꝼum déman. þe ánꞃǽdlíce ƿile hiſ ꞃynna ᵹeſƿícan. ⁊ hiſ
ꞃynna ᵹebétan. dæle on Lodeſ eſt eal þ he áᵹe. ⁊ ꝼoꞃlǽte
mid-ealle eaꞃð ⁊ eðel. ⁊ ealle þaꞃ ƿoꞃld-luꝼu. ⁊ þeoꝼiᵹe hiſ
Dꞃihtene dæᵹeſ ⁊ nihteſ. ⁊ ſƿænce hine ſylꝼne. ſƿa he ſƿiðoſt
mæᵹe. onᵹean hiſ ſylꝼeſ luſt. ealle hiſ líꝼ-daᵹaſ. Ðæt mæᵹ
he máꞃe. buton þ he tihte. tó-eácan him ſylꝼum. ælcne man
tó ꞃihte. ſƿa he ᵹeoꞃnoſt mæᵹe:⁊

XVIII. Ðeꞃ cyþ on. hú ſeoc man mót hiſ ꝼæſten ályꝼan.—
Man mæᵹ áneſ dæᵹeſ ꝼæſten mid ánum peninᵹe ályꝼan. eac
man mæᵹ ályꝼan áneſ dæᵹeſ ꝼæſten mid tƿám hund ꞃealma.
⁊ ·xx· ꞃealma. eác man mæᵹ tƿelꝼ monða ꝼæſten ályꝼan mid
·xxx· ſcill. oþþe ǽnne man ᵹeꝼꞃeoᵹe. þe þæꞃ ꝼeoꞃ ƿyꞃðe ſy
⁊ ꝼoꞃ áneſ dæᵹeſ ꝼæſtene. þ man ſinᵹe ¹ſix ꞃiðum Beati
immacuł. ⁊ ¹ſix ꞃiðum Pateꞃ noſteꞃ. ⁊ ꝼoꞃ áneſ dæᵹeſ ꝼæſtene þ man hiſ cneopu ᵹebiᵹe ꞃixtiᵹum ꞃiðum tó eoꞃðan. mid
Pateꞃ noſteꞃ. eác man mæᵹ áneſ dæᵹeſ ꝼæſten ályꝼan. ᵹiꝼ
he hine áþenað eallum limum to Lode æt hiſ ᵹebedum. ⁊ mid

earnestly that which he can do; especially let him mortify his body against lust; if he ere, through wanton lust, gave pleasure to the devil, let him now fast on account of that unrighteousness which he ere through satiety perpetrated; let him watch and toil in atonement for having before often slept and been slow, when he should not, or uselessly waked too much; let him suffer cold, and cold bath, in atonement for the heat that he through sinful lust anywhere occasioned: and if he in anger anywhere have unjustly done violence to any one, let him diligently make amends; and if any man have greatly angered him, let him forgive it for love of God; and ever, as much as he can, let him think very earnestly what remedy there may be against every sinful impulse, which, through the devil's seed, had formerly grown up; and if he have brought any one out of the way besides himself, let him diligently bring him again into his right way: this is what I mean; if he have allured any man to sin, let him do what is his duty, let him bring him from it, and lead him into his right way: and let him diligently draw every man from sins; then shall his sins soon be the lighter.

17. One doom a man may, with his confessor's counsel, doom to himself, who resolutely desires to abstain from his sins, and make atonement for his sins: let him distribute, for love of God, all that he owns, and entirely forsake home and country, and all his worldly love, and serve his Lord by day and by night, and mortify himself, so as he can most severely, against his own lust, all the days of his life. What can he more, save that he draw, besides himself, every man to right, so as he can most earnestly?

18. Herein is declared, how a sick man may redeem his fast. —A man may redeem one day's fast with one penny; a man may also redeem one day's fast with ccxx. psalms; a man may also redeem a fast of twelve months with xxx. shillings; or let a man be freed, who is worth that money: and for one day's fast, let a man sing 'Beati immaculati' six times, and six times 'Pater noster;' and for one day's fast, let a man kneel and bend sixty times to the earth, with 'Pater noster:' a man may also redeem one day's fast, if he prostrate himself with all his limbs to God, at his prayers, and with true repent-

roðpe hpeope. ꝺ miÞ pihtan ᵹeleápan. ꝺ ·xv· piÞum pinᵹe Ꝺipepepe mei Deup· ꝺ ·xv· piÞum Patep nostep· ꝺ þonne biÞ him ealne Þæᵹ ᵹepealÞ hip pýnna lihtinᵹe:·

xix. Seoꝼon pintpa pæpten man mæᵹ on tpelꝼ monÞum ᵹebétan· ᵹiꝼ he ælce Þæᵹe ápinᵹaÞ pealtepe pealma· ꝺ oÞepne on niht· ꝺ piꝼtiᵹ on æꝼen· Éác miÞ ánpe mæppan man mæᵹ álýpan ·xii· Þaᵹa pæpten· ꝺ miÞ ·x· mæppan man mæᵹ ᵹelihtan ·iiii· monÞa pæpten· ꝺ miÞ ·xxx· mæppan man mæᵹ ᵹelihtan ·xii· monÞa pæpten· ᵹiꝼ he pile miÞ póÞpe Lioder luꝼan him pýlꝼum þinᵹian· ꝺ hip pýnna hip pcpipte andettan· ꝺ hí rpa ᵹebétan rpa he him tǽcÞ· ꝺ ᵹeopne æꝼpe ᵹerpícan:·

BE ꝂIÞTILVꝂ ꝂÄNNVꝂ.

Ður mæᵹ mihtiᵹ man ꝺ ꝼpeonÞ-rpeÞiᵹ hip Þéóbóte· miÞ ꝼpeonÞa ꝼultume· micelum ᵹelihtan:·

1. Épept on Lioder naman· be hip rcpiꝼter ᵹepitnerre· ᵹerputeliᵹe pihtne ᵹeleápan· ꝺ ᵹemiltriᵹe eallum þam þe piÞ hine áᵹýlton· ꝺ Þó hip andetnerre unꝼoppándoÞlíce· ꝺ behát ᵹerpícenerre· ꝺ underꝼó Þéóbóte miÞ micelpe ᵹeompunᵹe:·

11. Álecᵹe þonne hip pæpna· ꝺ íÞele pænca· ꝺ nime rtæꝼ him on hanÞ· ꝺ ᵹá bǽp-ꝼót ᵹeopne· ꝺ Þó pýllen tó líce oÞÞe hæpan· ꝺ ne cume on beÞÞe· ac licᵹe on ꝼlette· ꝺ Þó þ ·vii· ᵹeap-¹ᵹetælu beon binnon þpim Þaᵹum þur ᵹepaÞoÞe· ꝼó on miÞ ꝼultume· nime him tó ǽpert ·xii· manna· ꝺ pærten ·iii· Þaᵹar be hláꝼe ꝺ be ᵹpenum pýptum· ꝺ be pætepe· ꝺ beᵹite þap-tó-eácan· rpa hú rpa he mæᵹe· ²repter ·c.xx·ꞌ manna· þ pærtan eác ꝼop hine ·iii· Þaᵹar· þonne pýpÞ ᵹepæpt rpa pæla pærtena rpa biÞ Þaᵹa on ·vii· ᵹeapum:·

111. Þonne man pærte· þonne Þæle man þa þénunᵹa þe man bpucan rceolÞe· ealle Lioder þeapꝼan· ꝺ þa þpiᵹ Þaᵹar þe man pærte· ꝼoplǽte man ælce popld-býrᵹa· ꝺ Þæᵹer ꝺ nihter· rpa

ance, and orthodox faith, and xv. times sing 'Miserere mei Deus,' and xv. times ' Pater noster;' and then shall be all day granted to him an alleviation of his sins.

19. A seven years' fast a man may compensate in twelve months, if he every day sing the psalter of psalms, and a second at night, and a fifty at even. Also with one mass a man may redeem a xii. days' fast; and with x. masses a man may lighten a iiii. months' fast; and with xxx. masses a man may lighten a xii. months' fast; if he will, with true love of God, supplicate for himself, and confess his sins to his confessor, and so atone for them as he shall direct him, and carefully ever abstain.

OF POWERFUL MEN.

Thus may a powerful man, and rich in friends, with the support of his friends, greatly lighten his penance.

1. First, in the name of God, with the testimony of his confessor, let him manifest orthodox belief, and have compassion on all those who have sinned against him; and do his confession boldly, and promise cessation, and undertake penance with much sighing.

2. Let him then lay aside his weapons, and vain ornaments, and take a staff in his hand, and go barefoot zealously, and put on his body woollen or haircloth, and not come into a bed, but lie on a pallet, and so do, that in three days the series of vii. years be dispensed with thus: let him proceed with aid; and first let him take to him xii. men, and let them fast iii. days on bread, and on green herbs, and on water; and get, in addition thereto, in whatever manner he can, seven times cxx. men, who shall also fast for him iii. days; then will be fasted as many fasts as there are days in vii. years.

3. When a man fasts, then let the dishes that would have been eaten be all distributed to God's poor; and the three days that a man fasts, let him abandon every worldly occupation, and by

man oꝼtoꞃt mæȝe· on ciꞃican ȝepuniȝe· ꞃ miþ ælmeſ-leóhte
paciȝan þaꞃ ȝeoꞃne· ꞃ tó Loþe clipian· ꞃ foꞃȝiꝼneſſe biþþan·
miþ ȝeomꞃiȝendum móde· ꞃ cneóꞃian ȝelóme on þóþe tácne-
hꝼilum upp hꝼilum nýðeꞃ aþeniȝe· ꞃ cunniȝe ȝeoꞃne maȝe
man oꝼ eáȝum teaꞃaſ ȝeꞃæcan· ꞃ ꞃýnna beꞃéþan· ꞃ ꝼéde man
þa þꞃí daȝaſ Loþeſ þeaꞃꝼena ſpa ꝼela ſpa man mæꞃt mæȝe· ꞃ
on þam ¹ꝼeoꞃðan dæȝ baþiȝe man ealle· ꞃ ꝼeoꞃmiȝe· ꞃ ꝼeóh
dǽle· ꞃ ſýlꝼ ſe dǽdbéta beo ýmbe heoꞃa ꝼót-þpeal· ꞃ mæꞃſiȝe
man þý dæȝe foꞃ hine ſpa ꝼela mæꞃſan ſpa man æꝼꝼe mæꞃt
beȝitan mæȝe· ꞃ ²æt þaꞃe³ ³ꞃiðmæꞃtan· ðó man him abꞃo-
lutionem· ꞃ ȝá he þonne tó huꞃle· buton he tó þam ſpiðe
foꞃȝýlt ſí· þ he þonne ȝit ne móte· ꞃ beháte þonne huꞃu
þ he áá þanon-foꞃð Loþeſ ꝼillan þýꞃcan ꝼille· ꞃ ælceſ unꞃihteſ þuꞃh Loþeſ ꝼultum ſpa foꞃð ȝeſpícan· ſpa he æꝼꝼe
ꝼýꞃmeſt mæȝ· ꞃ hiſ cꞃyſtendóm ꞃihtlíce healdan· ꞃ ælcne
hæðendóm miþ-ealle áꞃuꞃꞃan· ȝe þanc ȝe þeáƿaſ· foꞃð ꞃ
ꝼeoꞃc· ȝeoꞃne ȝeꞃihtan· ælc ꞃiht áꞃéꞃan· ꞃ unꞃiht aꝼyllan·
þuꞃh Loþeſ ꝼultum· ſpa he æꝼꝼe ȝeoꞃnoſt mæȝe· ꞃ tó
micelꞃe þeaꞃꝼe ȝeþéð he hit him-ſýlꝼum· ꞃeþe ȝelǽꞃt þ he
Loð behét:·

IV. Ðiſ iſ mihtiȝeſ manneſ ꞃ ꝼꞃeonþ-ſpeþiȝeſ dǽdbót-
lihtinȝc· ac án unmaȝa ne mæȝ ſpilc ȝeꝼoꞃðian· ac þ he mót
on hine ſýlꞃne hit ꞃécan þe ȝeoꞃnoꞃ· ꞃ þ bið eác ꞃihtaꞃt þ
ȝehꝼá hiſ áȝene miſþǽda ƿꞃece on him-ſýlꝼum· miþ ȝeoꞃn-
ꝼulꞃe bóte. Scꞃiptum eſt enim· Quia unuſquiſque onuſ
ſuum poꞃtabit:·

---

¹ þꞃiþþan **Y**.   ²,³ *omit.* **Y**.

day and by night, the oftenest that he can, let him remain
in church, and, with alms-light, earnestly watch there, and
cry to God, and implore forgiveness, with groaning spirit,
and kneel frequently on the sign of the cross; sometimes up,
sometimes down, extend himself; and let the powerful man
try earnestly to shed tears from his eyes, and bewail his sins;
and let a man then feed those three days as many of God's
poor as he possibly can; and on the fourth day, bathe them
all, and shelter them, and distribute money; and let the penitent
himself employ himself in washing their feet, and let as many
masses be said for him on that day as can possibly be obtained,
and at the last, let absolution be given him; and then let him
go to housel, unless he be so highly criminal that he yet cannot;
and then let him at least promise, that he ever thenceforth will
perform God's will; and, through God's succour, ever abstain
from every unrighteousness to the utmost of his power; and
his Christianity righteously uphold, and every heathenism totally
cast away; both thoughts and habits, words and works, diligently
correct; every righteousness promote, and unrighteousness
suppress, through God's succour, as he ever most diligently
may; and to his own great benefit he does it, who performs
that which he promised to God.

4. This is the alleviation of the penance of a man powerful,
and rich in friends; but one not possessing means may not so
proceed; but must seek it in himself the more diligently;
and that is also justest, that every one avenge his own misdeeds
on himself, with diligent ' bōt.' Scriptum est enim: Quia
unusquisque onus suum portabit.

---

³ riŏ mæꝼꝼan *D.* ꝼẏŏŏan *Y.*

˟NORÐ-DYMBRA PREOSTA LAGU.

I. Ᵹif hƿa ǽniᵹum pꞃeoꞃte ǽniᵹ ꝥóh beóðe· beon ealle ᵹeꝼéꞃan· mið biꞃcopeꞃ ꝼ ꞁꞃte· ᵹeoꞃne ýmbe þa bóte· ⁊ beon tó ælcan ꞃihte· ꞃpa ꞃpa hıc ǽpꞃıcen ıꞃ· quaꞃı coꞃ unum et anıma una:·

II. Ánð Ᵹoðeꞃ ꝼoꞃ-bóða þe ꝼoꞃbeóðað· ꝥ ǽnıᵹ pꞃeoꞃc ˟oðꞃe cıꞃıcan· naðeꞃ ne ᵹebıcᵹǽ· ne ᵹeꞃıcᵹǽ· bucon hıne hƿa mıð heáꞃoð-ᵹýlce ꝼoꞃꝥ꞊ýꞃce· ꝥ he peoꞃoð-þénunᵹe þanon-ꝼoꞃð ꝥýꞃðe ne ꞃí· ⁊ ᵹıꝼ hıc ǽnıᵹ pꞃeoꞃc elleꞃ ᵹeðó· þolıᵹe hıꞃ ꝥuꞃðꞃcıpeꞃ· ⁊ ᵹeꝼéꞃena ꝼꞃeonðꞃcıpeꞃ· ⁊ he náhꝥaꞃ ne mæꞃ꞊ꞃıᵹe· ǽꞃ hıᵹ hæbbe· ꞃeþe hı mıð ꞃıhce áᵹe· ⁊ ᵹılðe ꞃeþe ꝥóh bıðe ·xx· óꞃ· þam bıꞃcope ·xıı· óꞃ· þam pꞃeoꞃce þe he oꝼ hıꞃ cıꞃıcan aꞃ꞊ece· ·xıı· óꞃ· eallum ᵹeꝼéꞃan· ⁊ þolıᵹe þæꞃ ꞃeóꞃ eác· ᵹıꝼ he on unꞃıhc ǽnıᵹ ꝼoꞃ oðꞃeꞃ pꞃeoꞃceꞃ cıꞃıcan ꞃealðe· ⁊ æle pꞃeoꞃc ꝼ ꞁnðe hım ·xıı· ꝼéꞃceꞃ-men· ꝥ he pꞃeoꞃc-laᵹe ꝥılle healðan mıð ꞃıhce:·

III. Ánð ᵹıꝼ hƿılc pꞃeoꞃc aᵹılce· ⁊ he oꝼen bıꞃcopeꞃ ᵹebóð mæꞃꞃıᵹe· ᵹılðe ꝼoꞃ þam ᵹebóðe ·xx· óꞃ· ⁊ þaꞃ-tó-eácan þone ᵹılc ᵹebéce· þe ˟hıc ǽꞃ ᵹeꞃoꞃhce:·

IV. Ᵹiꝼ pꞃeoꞃc bıꞃcopeꞃ áᵹen ᵹeban ꝼoꞃbuᵹe· ᵹılðe ·xx· óꞃ·:·

V. Ᵹiꝼ pꞃeoꞃc ðóm tó læpeðum ꞃceóce· þe he tó ᵹehàðeðum ꞃcolðe· ᵹılðe ·xx· óꞃ·:·

VI. Ᵹiꝼ pꞃeoꞃc aꞃceðıaconeꞃ ᵹeban ꝼoꞃbuᵹe· ᵹılðe ·xıı· óꞃ·:·

VII. Ᵹiꝼ pꞃeoꞃc ꞃcýlðıᵹ ꞃí· ⁊ he oꝼen aꞃceðıaconeꞃ ᵹebóð mæꞃꞃıᵹe· ᵹılðe ·xıı· óꞃ·:·

(margin note, opposite §II) l. oðꞃeꞃ.

(margin note, opposite §III) ˟l. he.

˟ The text is from *D.*

LAW OF THE NORTHUMBRIAN PRIESTS.

---

1. If any one offer any wrong to any priest, let all the brethren, with the bishop's succour, zealously see to the 'bōt;' and let them be, in every case of right, as it is written, ' quasi cor unum et anima una.'

2. And we, God's messenger, forbid that any priest either buy or accept another's church; unless any one shall foredo himself with a capital crime, so that he thenceforth be not worthy of the altar-service; and if any priest otherwise do, let him forfeit his reverence, and the friendship of his brethren; and let him nowhere celebrate mass, ere he has it[b] who rightfully owns it. And let him who did the wrong pay xx. ores to the bishop; xii. ores to the priest whom he displaced from his church; xii. ores to all the brethren: and let him also forfeit the money, if he unlawfully gave any for the church of another priest: and let every priest find for himself xii. bondsmen, that he will rightly observe the priestly law.

3. And if any priest sin, and he, against the bishop's command, celebrate mass, let him pay for [breaking] the command xx. ores, and in addition thereto, let him make 'bōt' for the sin he previously committed.

4. If a priest decline obedience to the bishop's own edict, let him pay xx. ores.

5. If a priest commit to laymen a doom that he should commit to ecclesiastics, let him pay xx. ores.

6. If a priest decline obedience to the archdeacon's edict, let him pay xii. ores.

7. If a priest be criminal, and he celebrate mass against the archdeacon's command, let him pay xii. ores.

---

[b] *i. e.* the church.

VIII. Ᵹif preoſt fulluhteſ oþþe ſcrifteſ forƿyrne· gebete
þ mid ·xii· óꞃ· ⁊ huru ƿið Ᵹod þingige geoꞃne:·

IX. Ᵹif preoſt tó ꞃihteſ tíman cꞃiſman ne fecce· gilde
·xii· óꞃ·:·

X. Æghƿilc cìld ſí þe læꝼað geꝼulloð binnon nigon nihton·
be ƿíte ·vi· óꞃ· ⁊ gif hæðen cìld binnon ·ix· nihton þuꞃh
gímelíſte foꞃꝼaꞃen ſí· betan foꞃ Ᵹode buton ƿoꞃld-ƿíte·
⁊ gif hit oꝼeꞃ nigan niht geƿuꞃðe· betan foꞃ Ᵹode·
⁊ gilde ·xii· óꞃ· foꞃ þaꞃe heoꞃðe þe he þæꞃ hæðen ſƿa
lange:·

XI. Ᵹif preoſt folce miſfiſꞃige· æt ꝼꞃeolſe oþþe ꝼæſtene·
bete ƿið Ᵹod· ⁊ gilde ·xii· óꞃ·:·

XII. Ᵹif preoſt on unꞃiht út oꝼ ſcíꞃe hâð begite· gilde
·xii· óꞃ· ⁊ diacon ·vi· óꞃ· ⁊ þolian hiꞃ hâðeſ· buton ſcíꞃe-
biſcop heom hâðeſ geunne:·

XIII. Ᵹif preoſt on unhâlgodon huſe mæſſige· gilde
·xii· óꞃ·:·

XIV. Ᵹif preoſt buton gehâlgodon peoꝼode mæſſige· gilde
·xii· óꞃ·:·

XV. Ᵹif preoſt on tꞃeoꝼenan calice huſl gehâlgige· [gilde]
·xii· óꞃ·:·

XVI. Ᵹif preoſt buton ƿíne mæſſige· gilde ·xii· óꞃ·:·

XVII. Ᵹif preoſt huſl foꞃgíme· gilde ·xii· óꞃ·:·

XVIII. Ᵹif preoſt âneſ dæʒeſ mæſſige oꝼtoꞃ þonne þꞃiƿa·
gilde ·xii· óꞃ·:·

XIX. Ᵹif man ciꞃic-gꞃuð âbꞃece· bete be ciꞃcan mæðe· ⁊
be þam þe hine munde ſí·:·

XX. Ᵹif man mið ciꞃican mangie· bete be lah-ꞃlite:·

8. If a priest refuse baptism or shrift, let him make 'bōt' for that with XII. ores, and, above all, earnestly pray for pardon to God.

9. If a priest at proper time do not fetch chrism, let him pay XII. ores.

10. We enjoin, that every child be baptized within nine days, under penalty of VI. ores; and if a child, within IX. days, die a heathen, through negligence, let them make 'bōt' before God, without secular penalty. And if it be over nine days, let them make 'bōt' before God, and pay XII. ores for the hardness through which he was a heathen so long.

11. If a priest misguide the people respecting festival or fast, let him make 'bōt' to God, and pay XII. ores.

12. If a priest unlawfully, out of his district, obtain orders, let him pay XII. ores; and a deacon VI. ores; and forfeit his orders, unless the bishop of the district will grant him the orders.

13. If a priest in an unhallowed house celebrate mass, let him pay XII. ores.

14. If a priest without a hallowed altar celebrate mass, let him pay XII. ores.

15. If a priest in a wooden chalice hallow housel, let him pay XII. ores.

16. If a priest celebrate mass without wine, let him pay XII. ores.

17. If a priest neglect the housel, let him pay XII. ores.

18. If a priest in one day celebrate mass oftener than thrice, let him pay XII. ores.

19. If a man break church-grith, let him make 'bōt' according to the rank of the church, and according as its 'mund' may be.

20. If any one traffic with a church, let him make 'bōt' according to 'lah-slit.'

xxi. Ᵹıf man cıрıcan nẏð-þeóрıᵹe· ᵹebéte þ̵ be lah-рlıte:·

xxii. Ᵹıf man рреoѕt oѕ cıрıcan on unрıht útıᵹe· béte þ̵ be lah-рlıte:·

xxiii. Ᵹıf man рреoѕt ᵹeрundıᵹe· ᵹebéte man þa pẏndlan· ⁊ þ̵ tó рeoѕoð-bóte ѕoр hıѕ háde ѕẏlle ·xii· óр. æt dıacone ·vi· óр. tó рeoѕoð-bóte:·

xxiv. Ᵹıf man рреoѕt oѕѕleá· ѕoрᵹılde man hıne be ѕullan péѕe· ⁊ bıѕcope ѕeoрeр ⁊ ·xx· óр. tó рeoѕoð-bóte· æt dıacone ·xii· óр. tó рeoѕoð-bóte:·

xxv. Ᵹıf рреoѕt cıрıcan mıѕрunðıᵹe· þe eal hıѕ рunðѕcıpe oѕ ѕceal áрíѕan· ᵹebéte þ̵:·

xxvi. Ᵹıf рреoѕt on cıрıcan unᵹedáѕenlíce þınᵹc ᵹeloᵹıᵹe· ᵹebéte þ̵:·

xxvii. Ᵹıf рреoѕt cıрıc-þınᵹc útıᵹe· ᵹebéte þ̵:·

xxviii. Ᵹıf рреoѕt ѕẏlѕ-рılleѕ þa cıрıcan ѕoрléte· þe he tó ᵹeháðoð pæѕ· ᵹebéte þ̵:·

xxix. Ᵹıf рреoѕt oðeѕne ѕoрѕeo· oþþe ᵹebıѕmıѕıᵹe· mıð poѕde oþþe mıð peoѕce· ᵹebéte þ̵:·

xxx. Ᵹıf рреoѕt рıð oðeѕne ᵹeѕeohte· béte hım ⁊ bıѕcope:·

xxxi. Ᵹıf рреoѕt oðѕum on unѕıht on ѕultume beo· ᵹebéte þ̵:·

xxxii. Ᵹıf рреoѕt oðѕum ѕıhteѕ ѕultumeѕ ѕoѕpẏѕne· ᵹebéte þ̵:·

xxxiii. Ᵹıf рреoѕt oðeѕne *unpaѕnoðe léte þæѕ þe he píte þ̵ hım heaѕmıan рılle· ᵹebéte þ̵:·

xxxiv. Ᵹıf рреoѕt ѕceaѕe mıѕᵹẏme· beaѕdeѕ oþþe ѕeaxeѕ· ᵹebéte þ̵:·

21. If any one reduce a church to servitude, let him make 'bōt' according to 'lah-slit.'

22. If any one unlawfully turn a priest out of a church, let him make 'bōt' according to 'lah-slit.'

23. If any one wound a priest, let him make 'bōt' for the wound, and as altar-'bōt,' for his order, give XII. ores; for a deacon, VI. ores as altar-'bōt.'

24. If any one slay a priest, let him make compensation for him according to his full 'wēr;' and to the bishop, four and XX. ores, as altar-'bōt:' for a deacon XII. ores as altar-'bōt.'

25. If a priest dishonour a church, from which all his dignity is to proceed, let him make 'bōt' for it.

26. If a priest place unbecoming things in a church, let him make 'bōt' for it.

27. If a priest turn out anything of the church, let him make 'bōt' for it.

28. If a priest of his own will leave the church to which he was ordained, let him make 'bōt' for it.

29. If a priest despise or insult another, with word or with deed, let him make 'bōt' for it.

30. If a priest fight with another, let him make 'bōt' to him and to the bishop.

31. If a priest be aiding to another in wrong, let him make 'bōt' for it.

32. If a priest refuse another lawful succour, let him make 'bōt' for it.

33. If a priest leave another unwarned of that which he knows will harm him, let him make 'bōt' for it.

34. If a priest neglect the shaving of beard or of locks, let him make 'bōt' for it.

xxxv. Ᵹif preoſt cꝛenan foꝛlǽte· ⁊ oðꝛe nime· anaþema ſit :·

xxxvi. Ᵹif preoſt on ᵹeſetne tíman· tíða ne ꝛinᵹe· oþþe tíða ne ſinᵹe· ᵹebéte þ :·

xxxvii. Ᵹif preoſt mið pæpnum innan ciꝛcan cume· ᵹebéte þ :·

xxxviii. Ᵹif preoſt miſenðebiꝛðe ciꝛclíce ᵹeaꝛ-þénunᵹa-ðæᵹeſ oþþe nihteſ· ᵹebéte þ :·

xxxix. Ᵹif preoſt oꝛðál miſfaðiᵹe· ᵹebéte þ :·

* l. ſceaꝛꝛað. xl. Ᵹif preoſt *ſeaꝛꝛað beꝛínðe· ᵹebéte þ :·

xli. Ᵹif preoſt ofeꝛ-ðꝛuncen lufiᵹe· oþþe ᵹliman· oþþe eala-ſcóp puꝛðe· ᵹebéte þ :·

xlii. Ᵹif preoſt foꝛhéle hpæt on hiſ ſciꝛft-ſcíꝛe betꝛeox * ſíxiᵹenðe? mannum tó unꝛihte *ſíxiᵹen ᵹebéte þ :·

xliii. Ᵹif preoſt ᵹeaꝛ-ᵹeꝛihta unmýneᵹoðe lǽte· ᵹebéte þ :·

xliv. Ᵹif preoſt ꝛinoð foꝛbuᵹe· ᵹebéte þ :·

xlv. Ᵹif preoſt tó ꝛihte ᵹebuᵹan nelle· ac onᵹean biſcopeſ ᵹeꝛǽðneſſe piðeꝛiᵹe· ᵹebéte þ· oþþe beo he áꝛýnðꝛeð of ᵹeháðoðꝛa ᵹemánan· ⁊ þoliᵹe æᵹðeꝛ ᵹe ᵹeféꝛſcipeſ· ᵹe æᵹhpilceſ puꝛðſcipeſ· buton he ᵹebuᵹe· ⁊ þe ðeóppoꝛ ᵹebéte :·

xlvi. Ᵹif hpá Ᵹoðeſ laᵹe oþþe folc-laᵹe piꝛðe· ᵹebéte hit ᵹeoꝛne :·

xlvii. Ealle pe ſculon ǽnne Ᵹoð puꝛðian ⁊ lufian· ⁊ ǽnne cꝛiſtenðóm ᵹeoꝛne healðan· ⁊ ælcne hæðenðóm mið-ealle apuꝛꝛpan :·

xlviii. Ᵹif þonne ǽniman aᵹiten puꝛðe· þ ǽniᵹe hæðen-ſcipe heonan-foꝛð ðꝛeoᵹe· oþþe on blot· oþþe on fiꝛhte·

35. If a priest forsake a woman, and take another, let him be excommunicated.

36. If a priest, at the appointed time, do not ring the hours, or sing the hours, let him make 'bōt' for it.

37. If a priest come with weapons into a church, let him make 'bōt' for it.

38. If a priest misorder the annual services of the church, by day or by night, let him make 'bōt' for it.

39. If a priest misconduct an ordeal, let him make 'bōt' for it.

40. If a priest enwrap his tonsure, let him make 'bōt' for it.

41. If a priest love drunkenness, or become a gleeman or an 'ale-scōp,' let him make 'bōt' for it.

42. If a priest conceal any thing in his shrift-district between men tending to wrong, let him make 'bōt' for it.*

43. If a priest let the yearly dues pass unreminded, let him make 'bōt' for it.

44. If a priest shun the synod, let him make 'bōt' for it.

45. If a priest will not submit to law, but opposes the bishop's ordinance, let him make 'bōt' for it; or let him be sundered from the clerical community, and forfeit both his fellowship, and every dignity; unless he submit, and the more deeply make 'bōt.'

46. If any one corrupt the law of God, or the law of the people, let him diligently make 'bōt' for it.

47. We are all to worship and love one God, and zealously observe one Christianity, and every heathenship totally renounce.

48. If then any one be found that shall henceforth practise any heathenship, either by sacrifice or by 'fyrt,' or in any way

---

* This translation is conjectural, the text being apparently corrupt.

oþþe on æniᵹ piccecpæꞃt lúꞃiᵹe· oþþe iðola puꞃðinᵹe· ᵹiꞃ
he ꞅí cýnᵹeꞅ þeᵹn· ᵹilðe ·x· healꞆ-maꞃc· healꞆ Cꞃiꞃte· healꞆ
þam cýnᵹe:·

XLIX. InꞆ hit ꞅí elleꞅ lanð-áᵹenðe man· ᵹilðe ·vi· healꞆ-
maꞃc· healꞆ Cꞃiꞃte· ꞏ healꞆ lanð-ꞃícan:·

L. InꞆ hit ꞅí Ꞇæꞃbena· ᵹilðe ·xii· óꞃ.:·

LI. InꞆ cýninᵹeꞅ þeᵹn ætꞃace· þonne nemne man him ·xii·
ꞏ níme hiꞅ maᵹa ·xii· ꞏ ·xii· Ᵽalleꞃ-penꞇe· ꞏ ᵹiꞆ hit beꞃꞃꞇe·
þonne ᵹilðe he lah-ꞃliht ·x· healꞆ-maꞃc:·

* ƚ ᵹelícena.
LII. InꞆ lanð-áᵹenðe man ætꞃace· þonne nemne man him
hiꞅ *ᵹelícan ealꞃpa micel Ᵽenꞇe ꞅpa cýninᵹeꞅ þeᵹne· ᵹiꞆ him
þ beꞃꞃꞇe· ᵹilðe lah-ꞃliht ·vi· healꞆ-maꞃc:·

LIII. InꞆ cýꞃliꞃc man ætꞃæce· þonne nemne man him hiꞅ
ᵹelícena eal ꞅpa micel Ᵽenꞇe ꞅpa þam oðꞃum· ᵹiꞆ him þ
beꞃꞃꞇe· þonne ᵹilðe he lah-ꞃliht ·xii· óꞃ.:·

LIV. InꞆ Ꞇꞃið-ᵹeaꞃð ꞅí on hꞃæꞅ lanðe ábuꞇon ꞅꞇán· oþþe
ꞇꞃeóp· oþþe pille· oþþe ꞅpilceꞅ æniᵹe ꞅleanð· þonne ᵹilðe ꞅe
þe hiꞇ poꞃhꞇe lah-ꞃliht· healꞆ Cꞃiꞃte· healꞆ lanð-ꞃícan· ꞏ ᵹiꞆ
ꞅe lanð-ꞃíca nelle ꞇó ꞅꞇeóꞃe Ꞇilꞅꞇan· þonne hæbbe Cꞃiꞃꞇ ꞏ
cýninᵹc þa bóꞇe:·

LV. Sunnan-ðæᵹeꞅ cýpinᵹe pe Ꞇoꞃbeóðað æᵹhpaꞃ· ꞏ ælc
Ꞇolc-ᵹemóꞇ· ꞏ ælc peoꞃc· ꞏ ælce láðe· æᵹðeꞃ ᵹe on þæne· ᵹe
on hoꞃꞃe· ᵹe on býꞃðene:·

LVI. Seþe æniᵹ þiꞅꞅa ðó· ᵹilðe píꞇe· Ꞇꞃíman ·xii· óꞃ· þeópman
þa hýðe· buꞇon peᵹ-Ꞇeꞃenðe· þa móꞇon Ꞇoꞃ neóðe meꞇe neáðe
Ꞇeꞃian· ꞏ Ꞇoꞃ unꞆꞃiðe man móꞇ Ꞇꞃeóꞅ-æꞃenan nýðe ꞆulꞆaꞃan·
beꞇꞃeonan EꞆenꞃic ꞏ ꞃix míla ᵹeméꞇe:·

LVII. Seþe Ꞇꞃeóꞅ oþþe ꞃiht Ꞇæꞃꞇen bꞃece· ᵹilðe píꞇe ·xii·
óꞃ· ꞏ pe pillað þ ælc Rom-pæniᵹ beo ᵹeléꞃꞇ be Peꞇꞃeꞅ
mæꞅꞅan ꞇó þam biꞅceop-ꞅꞇóle· ꞏ pe pillað þ man namiᵹe
on ælcon pæpen-ᵹeꞇæce ·ii· ꞇꞃýpe þeᵹnaꞅ· ꞏ ænne mæꞅꞅe-

love witchcraft, or worship idols, if he be a king's thane, let him pay x. half-marks; half to Christ, half to the king.

48. If it be any man else owning land, let him pay vi. half-marks; half to Christ, and half to the 'land-rica.'

50. If it be a 'færbena,' let him pay xii. ores.

51. If a king's thane make denial, then let xii. be named to him, and let him take xii. of his kinsmen, and xii. 'Wal-ler-wents;' and if it fail, then let him pay 'lah-slit' x. half-marks.

52. If a land-owning man make denial, then let be named to him of his equals as many 'Wents' as to a king's thane; if it fail him, let him pay 'lah-slit' vi. half-marks.

53. If a ceorlish man make denial, then let be named to him of his equals as many 'Wents' as to the others; if it fail him, let him pay 'lah-slit' xii. ores.

54. If there be a 'friÐ-geard' on any one's land, about a stone, or a tree, or a well, or any folly of such kind, then let him who made it pay 'lah-slit;' half to Christ, half to the 'land-rica:' and if the 'land-rica' will not aid in levying the fine, then let Christ and the king have the 'bōt.'

55. Sunday's traffic we forbid everywhere, and every folk-mote, and every work, and every journeying, whether in a wain, or on a horse, or as a burthen.

56. He who shall do any of these, let him pay the 'wite:' a freeman xii. ores; a 'theowman,' with his hide; except travel-lers, who may, in case of need, convey food; and on account of war, any one may, on the eve of a festival, if needful, travel between York and a distance of six miles.

57. He who breaks a festival or lawful fast, let him pay a 'wite' of xii. ores; and we will that every Rome-penny be paid by Peter's mass to the episcopal seat; and we will, that in every wapentake there be named ii. true thanes, and one

pƿeoſꞇ· ꝥ hí hiꞇ ᵹeᵹaðeꞃian· ⁊ eſꞇ áᵹiꝼan· ſƿa hí ðuꞃꝛan
ꞇo-ſpeꞃian:·

LVIII. Ᵹiꝼ cýninᵹeſ þeᵹn oþþe ǽniᵹ land-ꞃíca hiꞇ ꝼoꞃhæbbe·
ᵹilde ·x· healſ-manc· healꝼ Cꞃiſꞇe· healꝼ cýnᵹe:·

LIX. Ᵹiꝼ hƿilc ꞇúneſ-man ǽniᵹne pæniᵹ ꝼoꞃhéle· oþþe
ꝼoꞃhæbbe· ᵹilde ſe land-ꞃíca þone pæniᵹ· ⁊ níme ǽnne oxan
æꞇ þam men· ⁊ ᵹiꝼ land-ꞃíca ꝥ ꝼoꞃᵹíme· þonne ꝼó Cꞃiſꞇ ⁊
cýninᵹ ꞇó ꝼúlꝛe bóꞇe ·xii· óꞃ.:·

LX. Ᵹiꝼ hƿá ꞇeoðinᵹe ꝼoꞃhealde· ⁊ he ſí cýninᵹeſ þeᵹn·
ᵹilde ·x· healſ-manc· land-áᵹende ·vi· healſ-manc· ceoꞃl
·xii· óꞃ.:·

LXI. Ánð ƿe ꝼoꞃbeóðað on Ᵹodeſ ꝼoꞃbóðe· ꝥ nán man nán
má ƿíꝼa næbbe buꞇon ·i· ⁊ ſeó beo mið ꞃihꞇe bepeðbðoð· ⁊
ꝼoꞃᵹiꝼen· ⁊ nán man ne ƿíꞃiᵹe on neáh ꞃibban *m' þonne
ƿið-uꞇan þam ·iiii· cneóꞃe· ne nán man on hiſ ᵹoð-ꞃibbe ne
ƿíꞃiᵹe· ⁊ ᵹiꝼ hiꞇ hƿá ᵹeðó· næbbe he Ᵹodeſ milðꞃe· buꞇan he
ᵹeſƿíce· ⁊ béꞇe ſƿa biſcop ᵹeꞇǽce:·

LXII. Ᵹiꝼ he þonne on þam unꞃihꞇe ᵹeendiᵹe· þoliᵹe he
clǽneſ leᵹeꞃeſ· ⁊ Ᵹodeſ milðꞃe:·

LXIII. Ᵹiꝼ hƿá ƿið nunnan ꝼoꞃliᵹe· ſí æᵹðeꞃ hiꞃ ꝼéꞃeſ
ſcildiᵹ· ᵹe he· ᵹe heó· ⁊ ᵹiꝼ hí on þam ᵹeendiᵹan· buꞇon
ᵹeſƿícenneſſe· þolian clǽneſ leᵹeꞃeſ· ⁊ Ᵹodeſ milðꞃe:·

LXIV. Ᵹiꝼ hƿá hiſ ꞃihꞇ ǽƿe ꝼíꞃᵹende ꝼoꞃlǽꞇe· ⁊ on oðꞃan
ƿiſe on unꞃihꞇ ᵹeꝼíꞃiᵹe· næbbe he Ᵹodeſ milðꞃe· buꞇon he
hiꞇ ᵹebéꞇe:·

LXV. Ác healde ᵹehƿá mið ꞃihꞇ hiſ ǽƿe· þa hƿíle þe heó
libbe· buꞇon ꝥ ᵹeƿuꞃðe· ꝥ hí buꞇa ᵹeceoꞃan· be biſceopeſ
ᵹeþeahꞇe· ꝥ hí ᵹeꞇƿǽman· ⁊ þanon-ꝼoꞃð ƿillan clǽnneſſe
healdan:·

mass-priest, who shall collect it, and afterwards render it, so that they dare swear to it.

58. If a king's thane, or any 'land-rica,' withhold it, let him pay x. half-marks; half to Christ, half to the king.

59. If any 'tunes-man' conceal or withhold any penny, let the 'land-rica' pay the penny, and take an ox from the man: and if the 'land-rica' neglect it, then let Christ and the king take a full 'bōt' of xii. ores.

60. If any one withhold his tithe, and he be a king's thane, let him pay x. half-marks; a land-owner, vi. half-marks; a ceorl, xii. ores.

61. And we prohibit, with God's prohibition, that any man have more wives than one, and let her be lawfully betrothed and given; and let no man marry among kin more near than without the iiii. degree, nor any man marry among his spiritual kin; and if any one do so, let him not have God's mercy, unless he abstain, and make 'bōt,' as the bishop may prescribe.

62. But if in that unlawfulness he die, let him forfeit a hallowed grave, and God's mercy.

63. If any one lie with a nun, let both be liable in the 'wēr;' both he and she; and if they die in that sin, without abstaining, let them forfeit a hallowed grave and God's mercy.

64. If any one forsake his lawful wife, as long as she lives, and unlawfully wed another woman, let him not have God's mercy, unless he make ' bōt.'

65. But let every one lawfully keep his wife, as long as she lives, unless it be, that they both choose, with the bishop's counsel, to separate, and will thenceforth observe chastity.

LXVI. Ᵹıf ǽnıᵹ man heonan-foþð ꝩıhte laᵹe pıþðe. ᵹebéte hıt ᵹeoꝩne:·

LXVII. Ᵹalle þe ꝩculon ǽnne Ᵹoð lúfıan. ⁊ puꝥðıan. ⁊ ǽnne cꝩıꝩtenðóm ᵹeoꝩne healðan. ⁊ ǽlcne hǽðenðom mıð-ealle ápuꝩpan. ⁊ þe ꝩıllað ꝥ lanð-ceáp. ⁊ lah-ceáp. ⁊ ꝩıt-poꝩð. ⁊ ᵹetꝩýꝩe ᵹepıtneꝩ. ⁊ ꝩıht ðóm. ⁊ ꝩulloc. ⁊ ꝩꝩum-talu ꝩǽꝩte ꝩtanðe. ⁊ ðꝩınce-leán. ⁊ hláfoꝩðeꝩ ꝩıht ᵹıꝩu. ⁊ huꝩu ǽn cꝩıꝩtenðóm. ⁊ ǽn cýneðóm. ǽꝩꝩe on þeóðe:·

Sit nomen Domini benedictum ex hoc nunc et usque in seculum.

66. If any man henceforth shall corrupt just law, let him make 'bōt' earnestly.

67. We are all to love, and worship one God, and strictly hold one Christianity, and totally renounce all heathenship: and we will that 'land-ceap,' and 'lah-ceap,' and 'wit-word,' and true witness, and righteous doom, and ' fulloc,' and ' frum-talu,' stand fast; and ' drince-lean,' and the hlaford's ' riht gifu,' and, above all, one Christianity, and one kingship, for ever in the nation.

*INSTITUTES OF POLITY,

CIVIL AND ECCLESIASTICAL.

I. ВЕ ÐEOFONLICUM CYNINCE.

In nomine Domini. Ān iſ ece Cýninᵹ· pealdenꝺ ᴎ pýꝛhta ealꝛa ᵹeſceaꝼta. De iſ on ꝛiht Cýninᵹ· ᴎ cýninᵹa puldoꝛ· ᴎ ealꝛa cýninᵹa betſt· þe æꝛꝛe ᵹepuꝛðe· oððe ᵹepeoꝛðe· Dim ꝛýmble ſý lóꝼ· ᴎ puldoꝛ· ᴎ ece pýꝛðmýnt· ſ̄ to poꝛulde. Āmen :·

II. ¹BE ЕORÐLICUM CYNINCE.

Cꝛiſtenum cýninᵹe ᵹebýꝛeð· on cꝛiſtenꝛe þeoꝺe· þ̄ he ſý· eal ſpa hit ꝛiht iſ· ꝼolceſ ꝼꝛóꝼeꝛ· ᴎ ꝛihtꝛíſ hýꝛꝺe oꝼeꝛ cꝛiſt-ene heoꝛꝺe· ᴎ him ᵹebýꝛeð þ̄ he eallum mæᵹne cꝛiſtenꝺom ꝛæꝛe· ᴎ Coꝺeſ cýꝛican æᵹhpaꝛ ᵹeoꝛne ꝼýꝛðꝛie ᴎ ꝼꝛiðie· ᴎ eall cꝛiſten ꝼolc ꝛibbie ᴎ ꝛehte· miꝺ ꝛihtꝛe laᵹe· ſpa he ᵹeoꝛnoꝛt mæᵹe· ᴎ þuꝛh ælc þinᵹ ꝛihtꝼíꝛneſſe luꝛie· ꝼoꝛ Coꝺe ᴎ ꝼoꝛ poꝛolde· ꝼoꝛþam þuꝛh þ̄ he ꝛeall ſýlſ ꝼýꝛmeſt ᵹeþeon· ᴎ hiſ þeoꝺꝛcipe eac ſpa· þe he ꝛiht luꝛie· ꝼoꝛ Coꝺe ᴎ ꝼoꝛ poꝛolde· ᴎ him ᵹebýꝛeð þ̄ he ᵹeoꝛnlice ſýlꝛte þam þe ꝛiht pillan· ᴎ ſ̄ hetelice ſtýꝛe þam ðe þꝛýꝛeſ pillan· De ꝛeal mān-ꝺǽꝺe men þꝛeaᵹan þeaꝛle· miꝺ poꝛulꝺlicꝛe ſteoꝛe· ᴎ he ꝛeal ꝛýpeꝛaſ· ᴎ ꝛeaꝼeꝛaſ· ᴎ þaſ poꝛulꝺ-ſcꝛiꝺeꝛaſ· hatian ᴎ hýnan· ᴎ eallum Coꝺeſ ꝼeonꝺum ſtýꝛnlice piðſtanꝺan· ᴎ æᵹðeꝛ he ꝛeal beón miꝺ ꝛihte· ᵹe milꝺe ᵹe ꝛeðe· milꝺe þam

---

¹ " Be Cýninᵹe.—Cꝛiſtenum cýninᵹe ᵹebýꝛað ſpiðe ꝛihte· þ̄ he ſý on ꝛæðeꝛ ſtæle cꝛiſtenꝛe þeoꝺe· ᴎ on þane ᴎ on ꝛeaꝛꝺe Cꝛiſteſ ᵹeꝛpeliᵹa· ealſpa he ᵹecealꝺ iſ· ᴎ him ᵹebiꝛað eac þ̄ he eallum hiſ ᵹꝛole cꝛiſtenꝺom luꝛiᵹe· ᴎ hæðenꝺom aſcuniᵹe· ᴎ þ̄ he Coꝺeſ cýꝛcan æᵹhpaꝛ ᵹeoꝛne ꝼeoꝛþiᵹe ᴎ ꝼeꝛiᵹe· ᴎ eal cꝛiſten ꝼolc ꝛibbiᵹe ᴎ ꝛehte· miꝺ ꝛihtꝛe laᵹe· ſpa he ᵹeoꝛnoꝛt mæᵹe· ᴎ þuꝛh þ̄ he ꝛeal ᵹeþeon ᵹoꝺe· þe he ꝛiht luꝛiᵹe· ᴎ unꝛiht aſcuniᵹe."

---

* The text is from *X.*, collated with *D.* and *G.* Those passages in *D.* and *G.* which differ too widely for collation are added at the foot.

INSTITUTES OF POLITY,

CIVIL AND ECCLESIASTICAL.

I. OF THE HEAVENLY KING.

In the name of the Lord. There is one eternal King, Ruler and Maker of all creatures. He is rightfully King, and Glory of Kings, and of all kings best, who ever were, or shall be. To him be ever praise and glory, and eternal majesty, for evermore. Amen.

II. OF AN EARTHLY KING.

It is the duty of a Christian king, in a Christian nation, to be, as it is right, the people's comfort, and a righteous shepherd over a Christian flock. And it is his duty, with all his power, to upraise Christianity, and everywhere further and protect God's church; and establish peace among, and reconcile all Christian people, with just law, as he most diligently may, and in everything love righteousness, before God and before the world; because he shall thereby chiefly prosper himself, and his subjects also, because he loves justice, before God and before the world. And it is his duty earnestly to support those who desire right, and ever severely to punish those who desire perverseness. He shall evil-doing men vigorously chastise with secular punishment, and he shall robbers, and plunderers, and public spoilers, hate and suppress, and all God's foes sternly

---

" Of a King.—It is very rightly the duty of a Christian king to be in the place of a father to a Christian nation, and in watch and in ward Christ's vicegerent, so as he is accounted. And it is also his duty, with all his mind, to love Christianity, and shun heathenism, and everywhere to honour and protect God's church, and to establish peace among, and reconcile all Christian people, with just law; as he most diligently may; and thereby he shall prosper in good, because he loves justice, and shuns injustice."

The whole of what is contained in *D.* and *G.* is distinguished by inverted commas.

godum· ⁊ styrne þam yfelum· Ðæt bið cyninges riht· ⁊
cynelic gewuna· ⁊ þ sceal on þeode swyþost gefremian· La
þurh hwæt sceal Godes þeowum ⁊ Godes þearfum frið· ⁊
fultum cuman· butan þurh Crist ⁊ þurh cristenne cyning·
Ðurh cyninges wisdom folc wyrð gesæliᵹ· gesundful· ⁊ sige-
fært· ⁊ þy sceal wis cyning cristendom ⁊ cynedom miclian
⁊ mærsian· ⁊ a he sceal hæþendom hindrian ⁊ hyppan· He
sceal boc-larum hlystan swyþe georne· ⁊ Godes beboda
geornlice healdan· ⁊ gelome wið witan wisdom smeagan· gyf
he Gode wile rihtlice hyran· And gif hwa to þam strec
sy· ahwær on þeode· þ riht nelle healdan· swa swa he sceolde·
ac Godes lage wyþe· oððe folc-lage myrre· þonne cyþe hit
man þam cyninge· gif man þ nyde scyle· ⁊ he þonne sona
ræde embe þa bote· ⁊ gewylde hine geornlice· to þam þe his
þearf sy· huru unþances· gif he elles ne mæge· ⁊ do swa him
þearf is· clænsige his þeode· for Gode ⁊ for worulde· gif
he Godes mildse geearnian wille :·

III. BE CYNEDOME.

" Eahta stefas syndon þe rihtlicne cynedom trumlice
up-regað· soðfæstnys· modignes· rumheortnes· rædfæstnes·
ueritas· patientia· largitas· persuabilitas· egesfulnes· fyrþ-
ringnes· lihtingnes· rihtwisnes· connectio malorum· exaltatio
bonorum· leuitas tributi· equitas iudicii· ⁊ seofon þing ge-
darenað rihtwisum cyninge· an ærest· þ he swyþe micelne
Godes eᵹe hæbbe· ⁊ oðer· þ he æfre rihtwisnesse lufige· ⁊
þridde· þ he eadmod sy wið Gode· ⁊ feorðe· þ he stiðmod sy
wið yfele· ⁊ fifte· þ he Godes þearfum fresnige ⁊ fede· ⁊
syxte· þ he Godes cyrcan fyrðuge ⁊ friðige· ⁊ seofoðe· þ he
be freondan ⁊ be fremdan fadige gelice on rihtlican dome :"

IV. BE CYNE-STÓLE.

" Ælc riht cyne-stol stent on þrym stapelum· þe fullice
ariht stent· an is oratores· ⁊ oðer is laboratores· ⁊ þridde
is bellatores· Oratores sindon gebedmen· þe Gode sculan
þeowian· ⁊ dæges ⁊ nihtes for ealne þeodscipe þingian georne·
Laboratores sindon weorcmen· þe tilian sculon þæs þe eall
þeodscype biᵹ sceall libban· Bellatores syndon wigmen· þe
eard sculon werian wiglice mid wæpnum· On þyssum þrym
stapelum sceall ælc cyne-stol standan mid rihte· on crist-

withstand; and rightly he shall be both mild and severe, mild to the good, and stern to the evil. That is a king's prerogative, and a kingly practice, and that in a nation shall be most effective. Lo! through what shall peace and support come to God's servants and to God's poor, save through Christ, and through a Christian king? Through the king's wisdom, the people become happy, well-conditioned, and victorious, and therefore shall a wise king magnify and honour Christianity and kingship, and he shall ever hinder and abhor heathenism. He shall very diligently listen to book-precepts, and zealously hold God's commandments, and frequently meditate wisdom with the 'witan,' if he will rightly obey God. And if any one be so violent, anywhere in the nation, that he will observe no law, so as he ought, but corrupts God's law, or obstructs the people's law, then be it announced to the king, if it be needful, and let him then forthwith decree respecting the 'bōt,' and strenuously compel him to that which is his duty, even forcibly, if he otherwise cannot; and let him do as it behoves him, let him purify his people before God and before the world, if he will merit God's mercy.

III. OF A KINGDOM.

" Eight are the columns which firmly bear up a lawful king-dom : truth, magnanimity, liberality, stedfastness, formidable-ness, promotion [of the good], lightness [of taxation], righteous-ness [of judgment]; and seven things are befitting a righteous king: first, that he have very great awe of God, and secondly, that he ever love righteousness, and thirdly, that he be humble before God, and fourthly, that he be rigid towards evil, and fifthly, that he comfort and feed God's poor, and sixthly, that he further and protect God's church, and seventhly, that, towards friends and towards strangers, he be guided alike to just judgment."

IV. OF A THRONE.

" Every lawful throne, which stands perfectly erect, stands on three pillars: one is ' oratores,' and the second is ' laboratores,' and the third is 'bellatores.' Oratores are supplicants, whose duty is to serve God, and earnestly intercede, both day and night, for all the nation. Laboratores are workmen, who are to provide that by which all the people shall live. Bellatores are warriors, who are to defend the country martially with weapons. On these three pillars ought every throne rightfully

enɲe þeode· ⁊ apácie heoɲa æniᵹ· ɲona ɲe ɼtol ɼcýlfð· ⁊ ꝼul-
beɲɲte heoɲa æniᵹ· þonne hɲýɼð ɼe ɼtol nýðeɲ· ⁊ þ pýɲð
þæɲe þeode eall to unþeaɲꝼe· ac ɼtaþeliᵹe man·⁊ ɼtɲanᵹie·
⁊ tɲumme hi ᵹeoɲne· mið pirlicɲe Lodeɼ ¹laᵹe· ⁊ mið ɲiht-
licɲe poɲolð-laᵹe· þ pýɲð þam þeodɲcýpe to lanᵹɲuman
ɲæde· ⁊ ɼoð iɼ þ ic ɲecᵹe· apácie ɼe cɲiɼtendóm· ɲona
ɼcýlfð ɼe cýnedom· ⁊ aɲæɲe man únlaᵹa ahpaɲ on lande·
oððe únɲiða luꝼiᵹe ahpaɲ to ɼɲiðe· þ cýmð þæɲe þeode eall
to unþeaɲꝼe· ac ðó man ɼpa hit þeaɲꝼ iɼ· alecᵹe man únɲiht·
⁊ ɲæɲe up Lodeɼ ɲiht· þ mæᵹ to þeaɲꝼe ꝼoɲ Lode ⁊ ꝼoɲ
poɲlde· Ämen:·"

V. BE ÐEOD-PITAN.

Cýninᵹan ⁊ biɼceopan· eoɲlan ⁊ heɲetoᵹan· ᵹeɲeꝼan ⁊
deman· laɲ-pitan ⁊ lab-pitan· ᵹebaɲenað mið ɲihte· ꝼoɲ Lode
⁊ ꝼoɲ poɲulde· þ hi ánɲæde peoɲðan· ⁊ Lodeɼ ɲiht luꝼian.
Änð biɼceopaɼ ɼýndon býðelaɼ ⁊ Lodeɼ laᵹe laɲeopaɼ· ⁊ hi
ɼculan [ɲiht] bodian· ⁊ unɲiht ꝼoɲbeodan· ⁊ ɼeþe oꝼeɲhoᵹiᵹe
þ he heom hlýɼte· hæbbe him ᵹemæne þ pið Lod ɼýlꝼne·
⁊ ᵹiꝼ biɼceopaɼ ꝼoɲᵹýmað þ hi ɼýnna ne ɼtýɲað· ne unɲiht
ꝼoɲbeoðaþ· ne Lodeɼ ɲiht ne cýþað· ac clumiað mið ceaɼlum
þæɲ hi ɼceoldan clýpian· þa heom þæɲe ɼɲiᵹean. Be þam
ɼpɲæc ɼe piteᵹa· ⁊ ᵹɲimlice þuɼ cpæð· Dæc dicit Dominuɼ·
Si non adnuntiaueɼiɼ iniquo iniquitatem ɼuam· ɼanᵹuinem
eiuɼ de manu tua ɲequiɲam· Liꝼ þu þam ɼýnꝼullan nelt·
cpæð uɲe Dɲihten· ɼýnna ᵹeɼtýɲan· ⁊ unɲiht ꝼoɲbeodan· ⁊
þaɲ mánꝼullan mán-dæda cýðan· þu ɼcealt þa ɼaꝼle biteɲe
ꝼoɲᵹýlðan· Ðiɼ mæᵹ to heoɲt-hoᵹe æᵹhpýlcum biɼceope·
beþence hine ᵹeoɲne· be þam þe he þýlle. Änð ɼeþe nele
Lodeɼ bodan hýɲan mið ɲihte· ne ᵹodcundɲe laɲe ᵹýman
ɼpa he ɼceolde· he ɼceall hýɲan ꝼeondan· ᵹýꝼ he nele ꝼɲeondan·
ꝼoɲþam ɼe bið Lodeɼ oꝼeɲhoᵹa þe Lodeɼ bodan oꝼeɲhoᵹað·
ealɼpa Cɲiɼt ɼýlꝼ on hiɼ ᵹodɼpelle ɼpýtolice ɼæde· þa þa
he þuɼ cpæð. Qui uoɼ audit me audit· et qui uoɼ ɼpeɲnit
me ɼpeɲnit· De cpæð· Seþe eop hýɲeð meᵹe hýɲeð· ⁊ ɼeþe
ꝼoɲhoᵹað eop me he ꝼoɲhoᵹað· Eala ɼpæɲ iɼ ɼeo býɲðen þe
Lodeɼ býðel beɲan ɼceall· ᵹiꝼ he nele ᵹeoɲne unɲiht ꝼoɲ-
beodan· ꝼoɲþam *þe he ɼýlꝼ tela do· ⁊ oðeɲ man miɲðo· þ
him ɼceall ᵹedeɲian· *⁊ ᵹiꝼ he nele* ɼtýɲan· ⁊ þeh Lodeɼ

*þeh ?

*hine *add.*?

¹ laɲe *X.* laᵹe *D.G.*

to stand, in a Christian nation; and if either of them become weak, forthwith the throne will totter; and if either of them break, then will the throne fall down, and that is altogether to the nation's detriment; but let them be diligently fixed, and strengthened, and confirmed with the wise law of God, and just secular law, that will be to the lasting advantage of the nation: and true it is what I say, if Christianity be weakened, the kingdom will forthwith totter; and if bad laws be set up anywhere in the nation, or vicious habits be anywhere too much loved, that will be all to the nation's detriment: but let be done as it is requisite, let unrighteousness be suppressed, and God's righteousness upraised; that may be beneficial before God, and before the world. Amen."

V. OF THE CHIEF 'WITAN.'

Kings and bishops, 'eorls' and 'heretogs,' reeves and judges, doctors and lawyers it rightly befits, before God and before the world, that they be of one mind, and love God's righteousness. And bishops are heralds, and teachers of God's law, and their duty is to preach [righteousness], and forbid unrighteousness, and he who disdains to listen to them, let that be in common with him and God himself. And if bishops neglect to correct sins and forbid unrighteousness, and make not known God's righteousness, but murmur with their throats, where they ought to cry out, woe to them for that silence! Of them spake the prophet, and thus angrily said: 'Hæc dicit Dominus: Si non adnuntiaveris iniquo iniquitatem suam, sanguinem ejus de manu tua requiram.' 'If thou,' said our Lord, 'wilt not correct the sins of the sinful, and forbid uurighteousness, and make known to the wicked his wicked deeds, thou shalt bitterly pay for that soul.' This may be a heart-care to every bishop; let him bethink himself earnestly, according as he will. And he who will not properly hear God's preachers, nor attend to divine doctrine as he should; he shall hear foes, if he will not friends; because he is a contemner of God, who contemns God's preachers; as Christ himself, in his Gospel, manifestly said, when he thus spake: 'Qui vos audit, me audit; et qui vos spernit, me spernit:' He said: 'He who heareth you, heareth me; and he who despiseth you, despiseth me.' Alas! heavy is the burthen, which God's herald must bear, if he will not strenuously forbid unrighteousness; because though he himself

---

ª Apparently redundant.

x 3

býðel mirðo· ne bereo man na þær-to· ac ȝyme hir lare·
ȝif he tela lære· rpa rpa Cpirt lærðe þ man don rceolðe· þa
þa he on hir goðrpelle rputolice þur cpæð· Que hi ðicunt
racite· que autem raciunt racere nolite· De cpæð· Fylhað
heopa lapum· ⁊ na heopa rynnum· Ne rceal æniȝ man ærre
rop birceoper rynnum hine rylrne rorȝyman· ac rylȝe hir
lapum· ȝir he pel læpe· Ánd la leopan men· ðð rpa ic biðde
butan ȝebelȝe· hlýrtað hpæt ic recȝe· Ic pat rpýðe ȝeopne
me rylrne rorpophtne· popðer ⁊ ðæde· ealler to rpýðe· ne
ðeap þeah rop Lobes eȝe rorrpýȝian mið-ealle rela þapa
þinȝa þe ðepeð þirre þeoðe:·

VI. DE EPISCOPIS.

" Birceopar rculan bocum ⁊ ȝebeðum rylȝean· ⁊ ðæȝes ⁊
nihter· ort ⁊ ȝelome· clýpian to Cpirte· ⁊ rop eall cpirten
rolc þinȝian ȝeopne· ⁊ hi rceolan leopnian· ⁊ pihtlice læpan·
⁊ ýmb rolcer ðæða ȝeopnlice rmeaȝan· ⁊ hiȝ rcýlan boðian
⁊ býrnian ȝeopne ȝoðcunðe þeapre cpirtenpe þeoðe· ⁊ ne
rcýlan hýȝ æniȝ unpiht piller ȝeþapian· ac to ælcan pihte
ȝeopnlice rylrtan· hý rculan Lobes eȝe habban on ȝemýnðe
⁊ ne eapȝian rop populd-eȝe ealler to rpýðe· ac boðian hý
rýmle Lobes piht ȝeopne· ⁊ unpiht rorbeoðan· ȝyme reðe
pille· rorþam pace bið re hýnðe runðen to heopðe· þe nele
þa heopðe· þe he healðan rceal· hupu mið clýpunȝe bepepian·
butan he eller mæȝe· ȝir þær hpýlc þeoð-rceaða rceaðian
onȝinneð· Nir nan rpa ýrel rceaða rpa ir ðeorol rylr· he
bið áá ýmbe þ an· hu he on manna raplum mært ȝe-
rceaðian mæȝe· þonne motan þa hýnðar beon rpiðe pacope·
⁊ ȝeopnlice clipienðe· þe pið þone þeoð-rceaþan rolce rcýlan
rcýlðan· Ðæt rýnðon birceopar ⁊ mærre-ppeortar· þe ȝob-
cunðe heopðe ȝepapian ⁊ bepepian rcýlan· mið pirlican lapan·
þ re poð-rpeca pepe-pulr to rpiðe ne toplite· ne to rela ne
abite or ȝoðcunðpe heopðe· ⁊ reðe orephoȝie þ he heom
lýrte· hæbbe him ȝemæne þ pið Lob rylrne· Eala rela ir
rpa-þeah þapa þe hponlice ȝýmað· ⁊ lýt-hpón peccað embe
bóca beboða· oððe birceopa lapa· ⁊ eac embe bletrunȝa oððe
unbletrunȝa leohtlice lætað· ⁊ ná unðeprtanðað· rpa rpa hý
rceolðan· hpæt Cpirt on hir ȝoðrpelle rputollice ræðe· þa ða
he þur cpæð· Quir uor auðit· et peliq· et item· Quoðcunque
liȝauepitir· et cetepa· et item· Quopum pemirepitir peccata

do good, and another man does amiss, that shall injure him, if he will not correct [him]; and though God's herald do amiss, let not a man look to that, but mind his doctrine, if he teach what is good, so as Christ taught that a man should do, when he, in his Gospel, manifestly thus spake: 'Quæ hi dicunt facite, quæ autem faciunt, facere nolite:' He said: 'Follow their doctrines, but not their sins.' No man ought ever, on account of the bishop's sins, to disregard himself, but let him follow his doctrines, if he teach well. And lo! beloved men, do as I enjoin, without anger; listen to what I say. I know very well myself to be wicked in word and deed, all too much; nevertheless I dare not, through fear of God, be altogether silent regarding many of those things which injure this people.

VI. OF BISHOPS.

" Bishops shall follow their books and prayers, and daily and nightly, oft and frequently call to Christ, and earnestly intercede for all Christian people; and they shall learn, and rightly teach, and diligently inquire regarding the people's deeds; and they shall preach and earnestly give example, for the spiritual need of a Christian nation; and they shall not willingly consent to any unrighteousness, but earnestly support all righteousness; they shall have the fear of God in mind, and not be too slothful, for fear of the world; but let them ever earnestly preach God's righteousness, and forbid unrighteousness; observe it who will; because weak will the shepherd be found for the flock, who will not defend, at least with his cry, the flock which he has to tend, unless he otherwise may, if any public robber there begin to rob. There is none so evil a robber as is the devil himself; he is always [busied] about that one thing — how he may rob most among men's souls: therefore should the shepherds be very watchful, and diligently calling, who have to shield the people against this public robber. These are bishops and mass-priests, who have to protect and secure the godly flock with wise instructions, that the ferocious were-wolf do not too widely devastate, nor bite too many of the spiritual flock: and he who scorns to listen to them, be that between him and God himself. Alas! many are there, nevertheless, of those who heed but little, and care little for precepts of books, or instructions of bishops, and also hold lightly of blessings or curses, and understand not, as they ought, what Christ in his Gospel manifestly said, when he thus spake:

x 4

remittuntur eis. et cetera. Alibi etiam scriptum est. Quodcunque benedixeritis. et cetera. Et psalmista terribiliter loquitur. dicens. Qui noluit benedictionem. prolongabitur ab eo." Swylc is to beþencenne. ⁊ wið Godes yrre to warnienne symle. Nu lære þe eac georne manna gehwylcne. þ he Godes lagum ⁊ his lagum fylgie. þonne geearnað he him ece myrhþe:·

VII. ITEM.

Bisceope gebyreð ælc rihting. ge on godcundan þingan. ge on woruldcundan. He sceall gehadode men ærest ge-wissian. þ heora ælc wite hwæt him mid rihte gebyrige to donne. ⁊ eac hwæt hy woruld-mannum agan to beodanne. He sceal beon symle ymbe some ⁊ ymbe sibbe. swa he geornost mæg. He sceall georne saca rehtan ⁊ frið wyrcan. mid þam woruld-deman þe riht lufian. He sceall æt tihtlan ladunge gedihtan. þ ænig man oðrum ænig woh beodan ne mæge. aðor oððe on aþe oððe on ordale. Ne sceall he geþafian ænig unriht. ne woh gemet. ne fals gewihte. ac hit gebyreð þ be his ræde fare. ⁊ be his gewitnesse. æghwylc lah-riht. ge burh-riht ge land-riht. ⁊ ælc burh-gemet. ⁊ ælc wæg-pundern. beo be his dihte ge scire swiðe rihte. þe læs ænig man oðrum misbeode. ⁊ þurh þ rynsige ealles to swyþe. A he sceal scyldan cristenum mannum wið ælc þæra þinga þe synlic bið. ⁊ þy he sceal on æghwæt hine þe gryðor teon. þ he þe geornor wite hu seo heord fare. þe he to Godes handa gehealdan sceall. þ deofol to gryðe þær-on ne sceaþige. ne his fales to fela on-gemang ne gerape. Ne wyrð næfre folces wise wel geræde. ne wið God well geborgen. on þam earde þe man woh-gestreon ⁊ mært fals lufað. þy sculan Godes freond ælc unriht aleczan. ⁊ riht aræran. ⁊ na geþafian þ ðurh fals. ⁊ ðurh woh-gestreon. men to gryðe forwyrcean hi sylfe wið þæne riht-wisan God. þe ælc unriht ascunað. Eallum cristenum mannum gebyreð. þ hi riht lufian. ⁊ unriht ascunian. ⁊ huru gehadode men sculon a riht ræran. ⁊ unriht aleczan. þy sculon bisceopas mid woruld-deman domas dihtan. þ hi ne geþafian. gyf hi waldan magan. þ ðær ænig unriht up-aspringe. And sacerdum gebyreþ eac on heora scrift-scirum þ hi georne to rihte æcthwam fylstan. ⁊ na geþafian. gif hi hit gebetan magan. þ ænig cristen man oðrum derige ealles to swyðe. ne se

' Quis vos audit,' &c.; and likewise: 'Quodcunque ligaveritis,' &c.; and likewise: 'Quorum remiseritis peccata remittuntur eis,' &c. Alibi etiam scriptum est: 'Quodcunque benedixeritis,' &c. Et psalmista terribiliter loquitur, dicens: 'Qui noluit benedictionem, prolongabitur ab eo.'" Such is to be borne in mind, and God's anger ever to be guarded against. Now we also earnestly enjoin every man to follow God's precepts, and his laws; then will he earn for himself eternal joy.

VII. LIKEWISE.

To a bishop belongs every direction, both in divine and worldly things. He shall, in the first place, inform men in orders, so that each of them may know what properly it behoves him to do, and also what they have to enjoin to secular men. He shall ever be [busied] about reconciliation and peace, as he best may. He shall zealously appease strifes and effect peace, with those temporal judges who love right. He shall in accusations direct the 'lād,' so that no man may wrong another, either in oath or in ordeal. He shall not consent to any injustice, or wrong measure, or false weight; but it is fitting, that every legal right, (both 'burh-riht' and 'land-riht,') go by his counsel, and with his witness; and let every burg-measure, and every balance for weighing, be, by his direction and furthering, very exact; lest any man should wrong another, and thereby altogether too greatly sin. / He shall always shield Christian men against every of those things which are sinful; and therefore he shall apply himself the more vigorously to everything, that he may the more readily know how the flock fares, which he has to tend from God's hand; that the devil may not too greatly ravage therein, nor too much of his falsehood sow among them. Never will the people's course be well directed, nor well assured with regard to God, in that country, where wrongful gain and most falsehood are loved; therefore should a friend of God suppress every unrighteousness, and exalt righteousness, and never consent that men, through falsehood, and through wrongful gain, too greatly foredo themselves before the righteous God, who shuns every unrighteousness. It behoves all Christian men to love righteousness, and shun unrighteousness; and especially men in orders should ever exalt righteousness, and suppress unrighteousness; therefore should bishops, with temporal judges, direct judgments so, that they never permit, if it be in their power, that any injustice spring

maȝa þam unmaȝan· ne ȝe heaƿƿa þam heanƿan· ne ȝe rcıp-
man hıȝ ȝınȝƿan· ne ȝe hlaƿoƿð hıȝ mannum· ne ƿoƿðan hıȝ
nýð-þeoƿan. Be þæȝ rcƿıȝceȝ ðıhce ⁊ be hıȝ rýlƿeȝ ȝemece·
ȝebýƿeð mıð ȝıhce þ ða nýð-þeoƿan hlaƿeƿðum ƿýƿıcan oƿeƿ
ealle þa rcıƿe þe he on rcƿıƿe. ⁊nð ȝıhc ıȝ þ ne beo ænıȝ
mece-ȝýƿð lenȝƿe þonne oðeƿ· ac be þæȝ rcƿıȝceȝ ȝemece
ealle ȝeƿcýƿce· ⁊ ælc ȝemec on hıȝ rcƿıƿc-ƿcıƿe· ⁊ æȝþƿýlc
ȝeƿıhce· beo be hıȝ ðıhce· ȝeƿcýƿc ƿƿıðe ȝıhce· ⁊ ȝıƿ ðæȝ
hƿæc bıȝæceȝ ȝý· ƿeme ȝe bıȝcoƿ. Đıc bıð ælceȝ hlaƿoƿðeȝ
aȝen þeaƿƿ· þ he hıȝ nýð-þeoƿum býƿȝe· ƿƿa he becȝc mæȝe·
ƿoƿðam hı ȝýn Ȝoðe eƿen leoƿe· ⁊ þa ðe ȝýnðon ƿƿeolƿe· ⁊
uȝ ealle he ȝebohce mıð ȝelıcan peoƿðe· Ealle pe ȝýnðon
Ȝoðeȝ aȝene nýð-þeoƿan· ⁊ ƿƿa he ȝebemð uȝ ƿƿa þe heƿ
ðemað þam þe pe on eoƿðan ðom oƿeƿ aȝan· þý þe aȝan þeaƿƿe
þ þe þam beoƿȝan þe uȝ ƿcýlan hýƿan· þonne ȝebıðe þe þe
maƿe ȝebeoƿh æc Ȝoðeȝ aȝenum ðome:·

VIII. ITEM.

Bıȝceopeȝ ðæȝ-peoƿc.—þ bıð mıð ȝıhce hıȝ ȝebeðu æƿeȝc·
⁊ ðonne hıȝ boc-peoƿc· ƿæðınȝ oððon ƿıhcınȝ· laƿ oððon
leoƿnunȝ· ⁊ hıȝ cýƿıc-cıða on ȝıhclıcne cıman· ſ be þam
þınȝum þe þæƿ-co ȝebýƿıȝe· ⁊ þeaƿƿena ƿoc-þpeal· ⁊ hıȝ
ælmeȝ-ȝeðal· ⁊ peoƿc-pıƿunȝ be þam þe hıc neoð ȝý. Eac
hım ȝeƿıȝað hanð-cƿæƿcaȝ ȝoðe· þ man on hıȝ hıƿeðe cƿæƿcaȝ
beȝanȝe· huƿu þ þæƿ ænıȝ co ıðel ne pıunȝe· ⁊ eac hım
ȝeƿıȝð pel· þ he on ȝemoce· oƿc ⁊ ȝelome· ȝoðcunðe laƿe
ðæle þam ƿolce· þe he þonne mıð ȝý:·

IX. ITEM.

⁊ ȝeƿıȝc bıȝceopum pıȝðom ⁊ ƿæƿƿcýpe· ⁊ þa habban
peoƿðlıce pıƿan· þa þe heom ƿýlıan· ⁊ þ hý ƿunðoƿ-cƿæƿca
ƿumne eac cunne. Ne ȝeƿıƿeð ænıȝ unnýcc æƿƿe mıð bı-
ȝceopum· ne ðoll ne ðýƿıȝ· ne co oƿeƿ-ðƿuncen· ne cılðƿunȝ
on ƿƿæce· ne ıðel ȝeȝaƿ on ænıȝ pıƿan· ne æc ham· ne on
ƿıðe· ne on ænıȝƿe ƿcope· ac pıȝðom ⁊ ƿæƿƿcıpe ȝeðaƿenıað
heoƿa haðe· ⁊ ȝeðƿıhþa ȝeƿıƿaþ þam ðe heom ƿýlıað:·

up there. And on priests also it is incumbent, in their shrift-districts, that they diligently support every right, and never permit, if they can ameliorate it, that any Christian man too greatly injure another; nor the powerful the weak, nor the higher the lower, nor the shire man those under him, nor the 'hlaford' his men, not even his thralls. By the confessor's direction, and by his own measure, it is justly fitting that the thralls work for their 'hlafords' over all the district in which he shrives. And it is right that there be not any measuring rod longer than another, but all regulated by the confessor's measure; and let every measure in his shrift-district, and every weight be, by his direction, very rightly regulated: and if there be any dispute, let the bishop arbitrate. It is every 'hlaford's' own advantage, to protect his thralls as he best may, because they and those that are free are equally dear to God, and he bought us all with equal value. We are all God's own thralls, and so he will judge us as we here judge those over whom we have judgment on earth: it therefore behoves us to protect those who are to obey us; then may we look for the greater protection at God's own judgment.

VIII. LIKEWISE.

A bishop's daily work.—That is rightly, his prayers first, and then his book-work, reading or writing, teaching or learning; and his church hours at the right time, always according to the things thereto befitting; and washing the feet of the poor; and his alms-dealing; and the direction of works, where it may be needful. Good handycrafts are also befitting him, that crafts may be cultivated in his family, at least that no one too idle may dwell there. And it also well befits him, that at the 'gemōt' he oft and frequently promulgate divine lore among the people with whom he then is.

IX. LIKEWISE.

Wisdom and prudence are ever befitting bishops, and they have estimable ways who follow them; and that they also know some separate craft. Nothing useless ever befits bishops, neither extravagance, nor folly, nor too much drinking, nor childishness in speech, nor vain scurrility in any wise, neither at home, nor on a journey, nor in any place; but wisdom and prudence befit their order, and sobriety befits those who follow them.

X. INCIPIT DE SYNODO.

'Deus in adjutorium meum intende,' ter; ' Gloria Patri;'
' Kyrri eleison;' ' Pater noster;' ' Et ne nos inducas;' 'Adjuva
nos Deus;' ' Adjutorium nostrum;' ' Benedicamus Domino;'
' Benedicite Bened'.'

Omnipotens Deus suavos clementia benedicat, et sensum in
vobis sapientiæ salutaris infundat; catholice vos fidei documentis
enutriat, et in sanctis operibus perseverabiles reddat; gressus
vestros ab errore convertat, et viam vobis pacis et caritatis
ostendat, quod ipse prestare dignetur.

Biṛceopum ʒebýṛeð on ṛinoþe· æṗeṛt-þinʒa ꝥ hi ṛmeaʒan
ýmbe anṛædneṛṛe ⁊ ṛoðe ʒeṛibṛumneṛṛe· heom betṛeonan· ⁊
hu hi cṛiṛtendom maʒan ṛýṛmeṛt aṛæṛan· ⁊ hæþendom
ṛṗýþoṛt aṛýllan· ⁊ hæbbe ælc biṛceop canon-bóc to ṛinoðe.
Biṛceopum iṛ mýcel þeaṛṛ ꝼoṛ Liode ⁊ ꝼoṛ poṛulðe· ꝥ hi
ṛihtlice ánṛæðe peoṛðan· ⁊ ealle án luṛian· ⁊ ʒiṛ man anum
þoh beode· betan hit ealle· Biṛceopum ʒebýṛað· ꝥ ælc
oðeṛne paṛniʒe· ʒýṛ he hṗæt be oðṛum ʒehýṛe· oððe ṛýlṛ
aʒýte· ⁊ ælc oðeṛne bæṛtan peṛiʒe· ⁊ nán oðṛum hiṛ þeaṛṛe
ne hele· ac peoṛðiʒe ælc oþeṛne poṛðeṛ ⁊ ðæðe· ⁊ beo ṛpa
heom to-ʒebýṛeð· quaṛi coṛ unum et anima una:·

Biṛceopum ʒebýṛeð· ꝥ ṛýmle mið heom ṛaṛan ⁊ mið heom
ṛunian pel ʒeþunʒene pitan· huṛu ṛaceṛðhaðeṛ· ꝥ hi pið ṛæðan
maʒan· ꝼoṛ Liode ⁊ ꝼoṛ poṛulðe· ⁊ ꝥ heoṛa ʒepitan beon·
on æʒhṗýlcne timan· pealð hṗæt heom tiðe:·

Biṛceopum ʒebýṛeð· ꝥ æꝼṛe ṛý ʒoð laṛ on heoṛa hiṛeðum·
⁊ beon þæṛ hi beon· beon ſ ýmbe ṛiṛðóm· ⁊ æʒhṗýlc ʒeṛleaṛð
heom unṛýṛð lætan:·

Biṛceopum ʒebýṛeð· ꝥ hi ne beon to ʒliʒ-ʒeoṛne· ne hunða
ne haṛeca heðan to ṛpýðe· ne poṛulð-plence· ne iðelṛe ṛence:·

Biṛceopum ʒebýṛeð· ꝥ hi ne beon to ꝼeoh-ʒeoṛne æt
haðunʒe· ne æt halʒunʒe· ne æt ṛýn-bote· ne on æniʒe ṛiṛan
on unṛiht ne ṛtṛýnan:·

Biṛceopum ʒebýṛað· ʒýṛ æniʒ oðṛum abelʒe· ꝥ man ʒe-
þýlðiʒe oð ʒeṛeṛena ṛome· butan heom ṛýlṛe ʒepeoṛðan mæʒe·
⁊ na ṛceotan na to lápeðum mannum· ne ne ṛcenðan na hý
ṛýlṛe:·

ᚠ

X.

OF THE SYNOD.

It is incumbent on bishops in the synod, first of all to consider about unanimity and true concord among themselves, and how they may, before all things, exalt Christianity and most effectually suppress heathenism. And let every bishop have the book of canons at the synod. It is greatly needful to bishops, before God and before the world, that they be all strictly unanimous, and all desire one thing; and if any man do wrong to one, let all see it compensated. It is the duty of bishops to warn each other, if one hear anything of another, or know anything himself; and let each defend other behind his back; and no one conceal from another what it behoves him to know, but let each honour other by word and deed, and be, as it is their duty, 'quasi cor unum et anima una.'

It is incumbent on bishops, that venerable 'witan' always travel with them, and dwell with them, at least of the priesthood; that they may consult with them, before God and before the world, and who may be their counsellors at every time, betide whatever betide them.

It is incumbent on bishops, that there be always good instruction in their families, and, be they where they may, let them be ever [engaged] on wisdom, and let alone every triviality unworthy of them.

It is incumbent on bishops, not to be too prone to jesting, nor to care too much for hounds and hawks, nor worldly pomp, nor vain pride.

It is incumbent on bishops, not to be too eager for money at ordination, nor at consecration, nor at penance, nor in any wise to get wealth unjustly.

It is incumbent on bishops, if any one offend another, that he be patient until the arbitration of their associates, unless they can settle between themselves; and let them not refer to laymen, nor disgrace themselves.

Bıꞃceopum ᵹebýꞃaꝺ· ᵹ̇ý͛ hƿýlcum hꝥæꞇ eᵹliᵹe ꞃꞃýꝺe· þe he ne beꞇan ne mæᵹe· cýþe hıꞇ hıꞃ ᵹeꞃeꝼum· ꞑ beon ꞃýꝺꝺan ealle ᵹeoꞃne ýmbe þa boꞇe· ꞑ na ne ᵹeꞃꝽican æꞃ hı hıꞇ ᵹebeꞇan:·

Bıꞃceopum ᵹebýꞃeꝺ· ꝥ hı æꞃꞃe on ænıne man cuꞃꝼ ne ꞃeꞇꞇan· buꞇan hý nýꝺe ꞃcýlan· ᵹ̇ýꝼ hıꞇ þonne æniᵹ ꞃoꞃ mıcclum ᵹeꝼýꞃhꞇum nýꝺe ᵹeꝺo· ꞑ man ᵹebuᵹan nelle þonne ᵹ̇ýꞇ ꞇo ꞃıhꞇe· þonne cýꝺe hıꞇ man eallum ᵹeꞃeꝼum· ꞑ hı ealle þonne ꞃeꞇꞇan on ꝥ ýlce· ꞑ hım ꝥ cýꝺan· ᵹebuᵹe þonne ꞃýꝺꝺan· ꞑ ᵹebeꞇe þe ꝺeoꝛꝛoꞃ· ᵹ̇ıꝼ he Ɡoꝺeꞃ mılꞇꞃe ꞑ bleꞇꞃunᵹe ꞃecce:·

Bıꞃceopum ᵹebýꞃaꝺ· ꝥ hı æᵹꝺeꞃ ᵹe heoꞃa aᵹene ꝼıꞃan ꞃıhꞇlıce ꞃaꝺıan· ᵹe ælceꞃ haꝺeꞃ men ꞇo ꞃıhꞇe ᵹemýnᵹıan:·

[1] Bıꞃceopum ᵹebýꞃaꝺ· ꝥ hı mıꝺ ᵹeþýlꝺe ᵹeþolıan ꝥ hı ꞃýlꝼe ᵹebeꞇan ne maᵹan· oꝺ ꝥ hıꞇ þam cýncᵹe ᵹecýþeꝺ ꝛeoꝛꝺe· ꞑ beꞇe he ꞃýꝺꝺan Ɡoꝺeꞃ æbýlhþe þæꞃ bıꞃceop ne mæᵹe· ᵹ̇ıꝼ he Ɡoꝺeꞃ ꝛıllan ꞃıhꞇe ꝛýlle ꝛýꞃcean· ꞑ hıꞃ aᵹenne cýneꞃcıpe ꞃıhꞇlıce aꞃꝼꞃan:·'

XI. BE EORLUᛗ.

"Eoꞃlaꞃ· ꞑ heꞃeꞇoᵹan· ꞑ þaꞃ ꝛoꝛulꝺ-ꝺeman· ꞑ eac ꝛꝛa ᵹeꝛeꞃan· aᵹan nýꝺ-þeaꞃꝼe ꝥ hı ꞃıhꞇ luꝼıan· ꝼoꞃ Ɡoꝺe ꞑ ꝼoꞃ ꝛoꞃulꝺe· ꞑ nahꝛaꞃ þuꞃh unꝺóm· ꝼoꞃ ꝼeo ne ꝼoꞃ ꝼꞃeonꝺꞃcýꝛe· ꝼoꞃᵹýman heoꞃa ꝛıꞃꝺom· ꞃꝛa ꝥ hı ꝛenꝺan unꞃıhꞇ ꞇo ꞃıhꞇe· oꝺꝺon unꝺóm ꝺeman eaꞃmum ꞇo hýnꝺe· ac á hý ꞃculan cýꞃıcan· oꝼeꞃ ealle oꝺꞃe þınᵹ· ꝛýꝺꝺıan ꞑ ꝛeꞃıan· ꞑ ꝛuꝺeꞃan ꞑ ꞃꞇeop-cılꝺ hý ꞃculon ꞃeꞇan· ꞑ þeaꞃꝼena helpan· ꞑ þeoꝛeꞇlınᵹan beoꞃᵹan· ᵹ̇ıꝼ hı Ɡoꝺeꞃ ꝛıllan ꞃıhꞇe ꝛıllaꝺ ꝛýꞃcan· ꞑ

---

[1]' " De eꝛıꞃcoꝛıꞃ Pauluꞃ bıcıꞇ· Oꝛoꞃꞇeꞇ enım eꝛıꞃcopum ın-peꝛꝛehenꞃıbılem eꞃꞃe· eꞇ ceꞇ.——Bıꞃcoꝛum ᵹebıꞃaꝺ ealblıce ꝼıꞃan· ꞑ ꝛıꞃꝺom· ꞑ ꝼæꝛꞃcıꝛe· on ꝛoꞃꝺum· on ꝛeoꞃcum· ꞑ ᵹeꝛıncꝺa on þeaꝛum· buꞇan oꝼeꞃ-meꞇꞇum· Ne ᵹeꞃıꞃaꝺ heom ꝛꞃıꞇa· ne ıbele ꝛænca· ne mıcele oꝼeꞃ-meꞇꞇa· ne hꝛæbe ꝛea-meꞇꞇa· ne ænıᵹe hıᵹe-lıꞃꞇe· ꝛoꞃꝛeꞃ ne ꝛeoꞃceꞃ· ac ꝥ heom bıꝺ ꝛeoꞃꝺlıc· ꝥ hı á habban aꝛꝛuꝛꝺe ꝼıꞃan on eallum heoꞃa þeaꝛum· ꞑ beþencan heoꞃa bæba ꝛıꞃlıce ꞑ ꝛæꞃlıce· ꝥ hı aꝺoꞃ ne beon· ne ꝛoꞃꝛeꞃ ne ꝛeoꞃceꞃ· ne ealleꞃ ꞇo hꝛæbe· ne ꞇo ꞃꝛıꝺe læꞇe· ac ꞃꝛa ꞃꝛa hıꞇ ᵹeꞃıꞃe· ꝼoꞃþam ꞃoꝺ ıꞃ ꝥ ıc ꞃecᵹe· ᵹelýꝼe ꞃeþe ꝛılle· heaꝛblıc eoꞃꞃoꞃꞇ· ꞑ ꝛıꞃlıc ꝛæꝛꞃcıꝛe· ꞑ ꞃꞇeꝺe-ꝼæꞇ [ꞃꞇýꝺe- G.] moꝺ-ꞃꞇaꝺol· mıꝺ mıclum ᵹeþýlꝺe· ꞑ anꝼealbe ꝼıꞃe· on ꝼullan ᵹeꞃabe· bıꝺ ꝛıꞇena ᵹehꝛılcum· ꝛeoꝛꝺlıcꞃe mıcle þonne he hıꞃ ꝛıꞃan· ꝼoꞃ ænıᵹum þınᵹum ꝼaᵹıᵹe ꞇo ꞃꝛıꝺe· ꞑ huꞃu ne ᵹeꞃıꞃeꝺ bıꞃcopum æꝛꞃe· ne æꞇ ham ne on ꞃıꝺe· ꞇo hıᵹeleaꞃ [ıuncᵹlıc G.] ꝛıꞃe· ac ꝛıꞃꝺom ꞑ ꝛeoꝛꝺꞃcıꝛe ᵹebaꞃenaꝺ heoꞃa habe· ꞑ ᵹeꝺꞃıhꝺa ᵹeꞃıꞃaꝺ þam þe heom ꝼýlıaꝺ."

It is incumbent on bishops, if aught greatly afflict any one, for which he cannot obtain ' bōt,' that he make it known to his associates, and that they be then all diligent about the 'bōt,' and cease not before they have obtained it.

It is incumbent on bishops, never to lay a curse upon any man, unless they are compelled by necessity; but if any one do it by compulsion, for enormous deeds, and the party will not yet yield to right, then let it be announced to all his associates, and then let them all lay on the same, and announce it to him; let him afterwards submit, and the more deeply make 'bōt,' if he reck of God's mercy and blessing.

It is incumbent on bishops, that they both rightly direct their own ways, and admonish to right men of every order.

It is incumbent on bishops patiently to endure what they themselves cannot amend, until it shall have been announced to the king; and let him then get amends for the offence against God, where the bishop cannot; if he will rightly execute God's will, and righteously exalt his own kingship.

XI. OF 'EORLS.'

" ' Eorls,' and ' heretogs,' and these secular judges, and likewise reeves, have need to love justice, before God and before the world, and nowhere, through unjust judgment, for money or for friendship, neglect their wisdom, so that they turn injustice to justice, or adjudge unjust judgment to the injury of the poor; but it is their duty, above all other things, to honour and defend the church, and gladden widows and step-children, and help the poor, and protect slaves, if they

---

" De episcopis Paulus dicit: Oportet enim episcopum inreprehensibilem esse, et cet.——To bishops are befitting venerable habits, and wisdom, and prudence in words and in works, and dignity in manners, without haughtiness. Pride does not become them, nor vain ornaments, nor great arrogance, nor sudden sadness, nor any heedlessness of word or work; but (what is worthy of them), that they always have venerable habits in all their actions, and bethink them of their deeds wisely and prudently, that they be, neither in word nor work, neither altogether too hasty nor very slow, but so as is becoming: for true it is what I say, believe it who will; stern severity, and wise caution, and a stedfast basis of mind, with great patience, and simple deportment, in full activity, will be to every ' wita' by much more worshipful, than that he, on any account, too greatly vary his manners. And to bishops especially, neither at home nor abroad, is a too careless [youthful] deportment becoming, but wisdom and dignity are suitable to their order; and sobriety is befitting those who follow them."

þeoſaſ ⁊ þeod-ſceaðan hı ſcýlan hatıan· ⁊ ƿýþeſaſ ⁊ ſeaſ-
eþaſ hı ſculan hýnan· butan hý ȝeſpıcan· ⁊ ſýmle hý
ſculon unſıht ſpýðe aſcunıan· ſoꝋþam ſoð ıſ þ ıc ſecȝe· ȝelýſe ſeþe ƿılle· þa þam þe ꝧoh ðſuſð ealleſ to lanȝe· butan
he ȝeſpıce· ƿıtoðlıce he ſceall ðſeſan ðımne ⁊ ðeopne hel-pıteſ
ȝſund· helpeſ bedæleð· Ac to lýt ıſ þaſa· þe þ unðeſſtanðe·
ſpa ſpa man ſceolðe· ac Ꝉoð hıt ȝebete· ac ꝺo ſſeonða ȝe-
hpýlc eallſpa hıt þeaſſ ıſ· paſnıȝe hıne ȝeoſne· ⁊ beoſȝe hım
ſýlſum· þ he Ꝉoð ne abelȝe ealleſ to ſpýðe· ac cpeme hıſ
Dſıhtne mıð ſıhtlıcſe dæde:·"

XII. BE ꝉEREFAN.

Rıht ıſ þ ȝeſeſan ȝeoſnlıce týlıan· ⁊ ſýmle heoſa hlaſ-
oſðan ſtſýnan mıð ſıhte· ac nu hıt ıſ ȝepoſðen ealleſ to
ſpýðe· ſýððan Eadȝaſ ȝeenðoðe· ſpa ſpa Ꝉoð polðe· þ ma ıſ
þæſa ſýþeſa þonne ſıhtpıſſa· ⁊ ıſ eaſmlıc ðınȝ· þ ða ſýnðon
ſýþeſaſ þe ſcolðan beon hýnðaſ cſıſteneſ ſolceſ· Dý ſýſað
þa eaſman butan ælceſe ſcýlðe· oðſe hpıle ⁊ hýnað þa
heoſðe· þe hı ſceolðan healðan· ⁊ mıð ýſelan helan eaſme
men beſpıcað· ⁊ unlaȝa ſæſað on æȝhpýlce ſıſan· eaſmum
to hýnðe· ⁊ ſýðeſan beſtſýſað· oſt ⁊ ȝelome· Ac hpılum
man ceaſ ſıſlıce þa men on þeoðe· ſolce to hýþðum· þe nolðan
ſoſ populð-ſceame· ne ne ðoſſtan ſoſ Ꝉoðeſ eȝe· ænıȝ þınȝ
ſpıcıan· ne ſtſýnan on únſıht· ac ſtſýnðan mıð ſıhte· ⁊
ſýððan hıt man ſohte be þam ealſa ȝeoſnaſt· þe neaſplıcaſt
cuðan ſpıcıan ⁊ beſıcıan· ⁊ mıð leaſbſeȝðum eaſmum mannum ðeſıan· ⁊ oſ únbealaſullum naþoſt ſeoh ȝeſæcan·
ſýððan man ȝſemeðe Ꝉoð ſpýðe þeaſle· oſt ⁊ ȝelome· ⁊
þa þæſ ȝeſtſeoneſ þam þe hıſ mæſt haſaþ on unſıht ȝe-
ſtſýneð· butan he ȝeſpıce· ⁊ ðe ðeoppoſ ȝebete· ſoſ Ꝉoðe ⁊
ſoſ populðe:·

XIII. BE ABBODUM.

" Rıht ıſ þ abboðaſ· ⁊ huſu abbaðıſſan· ſæſte on mýn-
ſtſum ſınȝallıce punıan· ⁊ ȝeoſne heoſa heoſða ſýmle be-
ȝýman· ⁊ ſâ heom pel býſenıan· ⁊ ſıhtlıce boðıan· ⁊ næſſe
ýmbe populð-caſa· ne ıðele pſýða· ne caſıan to ſpýðe· ne
ealleſ to ȝelome· ac oſtoſt hı abýſȝıan mıð ȝoðcunðan neoðan·
ſpa ȝebıſeð abboðan ⁊ munuchaðeſ mannum :·"

will rightly execute God's will; and thieves and public prededators they shall hate, and spoilers and robbers they shall condemn, unless they desist; and they shall ever rigidly shun injustice; for true it is what I say, believe it who will: woe to him who practises wrong too long; unless he desist, verily he shall traverse the dim and dark abyss of hell, of help deprived: but too few are there of those who that understand, as a man ought, but may God amend it; and let every friend do as is needful, let him diligently take heed, and guard himself, so that he anger not God too greatly, but propitiate his Lord with righteous deed."

XII. OF REEVES.

It is right that reeves zealously provide, and always rightfully gain for their lords: but now it has been altogether too much the case, since Edgar ended, so as God willed it, that there are more robbers than righteous; and it is a grievous thing, that those are robbers who should be guardians of a Christian people. They rob the poor without any blame, and at another time devastate the flock that they ought to keep, and with evil pretexts defraud poor men, and set up unjust laws, in every wise, to the injury of the poor; and oft and frequently strip widows. But whilom those men were chosen wisely in the nation, as guardians of the people, who would not, for worldly shame, nor durst, for fear of God, obtain anything by fraud, or make gain unjustly, but ever gained with justice: and since that it has been sought, by means of those above all, who knew how, most oppressively to cheat and deceive, and with falsehoods to injure poor men, and most speedily to get money from the innocent, since then God has been exceedingly much angered, oft and frequently; and woe to him, for his money, who has gained most of it by injustice, unless he desist, and the more deeply atone, before God, and before the world.

XIII. OF ABBOTS.

" It is right that abbots, and especially abbesses, constantly dwell closely in their minsters, and ever zealously take care of their flocks, and always set them a good example, and rightly preach, and never about worldly cares, or vain pride either care too much or altogether too frequently; but oftenest busy themselves with ecclesiastical needs, as befits abbots and men of monkish order."

XIV. BE MUNECUM.

" Riht is þ munecas· dæȝes ⁊ nihtes· inweardre heortan·
â to Gode þencan· ⁊ ȝeornlice clypian· ⁊ mid eallum eadmedum geþollice libban·" ⁊ hý sýmle asýndrian fram
populb-býsȝan· swa hi ȝeornost maȝan· ⁊ ðon swa heom
þearf is· casian æfre hu hi swýðost maȝan Gode ȝecweman·
⁊ eall þ ȝelæstan· þ þ hi behetan· þa hi hað underfenȝon·
" fýlian heora bocum ⁊ ȝebedum ȝeorne·" leornian ⁊ læran·
swa hi ȝeornost maȝon. " ⁊ æȝhwýlce plence· ⁊ idele þence·
sýndriȝe æhte· ⁊ unnýtte dæde· ⁊ untid-spræca· forhoȝian
mid-ealle· swa ȝebýreð munecum." Ac hit is ýfel ȝod· swa
hit þincan mæȝ· þ sume sýnd to plence· ⁊ ealles to þance· ⁊
to wið-scuþole· ⁊ to unnýtte· ⁊ ealles to idele ælcere ȝod-
dæde· ⁊ to mán-dæde· on ðýrnlican ȝalscýpe· inne aidlode· ⁊
ute awildode. And sume sýn apostatan þe sceoldan· ȝýf hi
woldan· weran Godes cempan· innan heora mýnstran· þ sýnd

*heorða?   þa þe *hýrdas awurpan· ⁊ on populb-þinȝan wuniað mid sýnnan.
*Eala?   *Eall hit fareð ýfele ealles to wide. Swa swýðe hit wýrsað
wide mid mannum· þ þæs hades men þe þurh Godes eȝe hwý-
lum wæron nýttoste· ⁊ ȝerpincfulleste· on ȝodcundan þeow-
dome· ⁊ on boc-cræfte· þa sýndon nu wel forð unnýttaste
ȝeþelhwær· ⁊ ne swincaþ a swiðe ymbe æniȝe þearfe· for Gode
ne for populbe· ac maciað eall be lyste· ⁊ be ewnesse· ⁊ lufiað
oferwiste ⁊ idele blisse· wociað ⁊ wandriað· ⁊ ealne dæȝ fleard-
iað swelliað ⁊ swiliað· ⁊ næniȝe note dreoȝað. Þæt is
laðlic lif þ hi swa maciað· eac hit is þe wýrse· þe ealdras
hit ne betað· ne sýlfe swa wel fanað sume swa hi sceoldan·
ac we aȝan neode· þ we hit ȝebetan· swa we ȝeornost maȝan·
⁊ weorðan ânmode to ȝemænelicre þearfe· for Gode ⁊ for
populbe :·

XV. BE MÝNECENAN.

" Riht is þ mýnecena mýnsterlice macian· efne swa þe
*Qu.?   cwædon æror be munecan. ¹⁊ ne *topettan populb-mannum·
ne æniȝe sundor cýððe to heom habban· ealles to swiðe·' "
ac â geþollice libban· ⁊ hi sýmle asýndrian fram populb-
býsȝan· swa hi ȝeornost maȝan :·

---

¹ " ⁊ næfre wið populb-men æniȝe ȝemanan populblicne cýððe habban
to swiðe."

XIV. OF MONKS.

" It is right that monks, by day and by night, with inward heart, ever think on God, and earnestly call upon him, and, with all humility, regularly live," and always separate themselves from worldly occupations, as they best may, and do, as is their duty, ever care how they best may propitiate God, and all that perform which they promised, when they took order; " to attend diligently to their books and prayers," to learn and to teach, as they best may; " and every pomp, and vain pride, and separate property, and useless deed, and untimely speech wholly to despise, as is befitting monks." But it is truly an evil, as may be supposed, that some are too arrogant, and altogether too proud, and too widely erratic, and too useless, and altogether too idle in every good deed, and with regard to an evil deed, in secret profligacy, inwardly heartless, and outwardly indignant. And some are apostates, who ought, if they would, to be God's soldiers, within their minsters; such are those who have cast off their *shepherds, and who continue in worldly affairs, with sins. It *all goeth ill altogether too widely. So greatly doth it widely become worse among men, that those men in orders, who, through fear of God, were whilom the most useful, and most laborious in divine ministry, and in bookcraft, are now almost everywhere the most useless, and never labour strenuously on any thing needful before God or before the world; but do all for lust and for ease, and love gluttony, and vain pleasure, stroll and wander, and all day trifle and talk and jest, and do nothing useful. That is a hateful life that they so lead; it is also the worse, that the superiors do not amend it, nor some conduct themselves so well as they should; but it is our duty to amend it, as we most diligently may, and to be unanimous for the common need, before God and before the world.

* flocks?

* alas?

XV. OF MYNCHENS.

" It is right that mynchens behave monastically, even as we before said of monks, and not associate with secular men, nor too intimately have any separate acquaintance with them," but ever live according to their rule, and always separate themselves from worldly occupations, as they most diligently may.

" and never with secular men have too intimately any community of worldly acquaintance."

XVI. BE PREOSTAN ⁊ BE NUNNAN.

" Riht is þ preostas ⁊ efen ƿel nunnan reȝollice libban. ⁊ clænnyſſe healdan. be þam þe hi ƿillan on mynſtran ȝepunian. oððon foſ populde ƿeoſþſcypeſ ƿealdan :"

XVII. BE ÞUDEƿAN.

" Riht is þ ƿydeƿan Annan byſenan ȝeoſnlice fylian. ſeo ƿæſ on temple. dæȝeſ ⁊ nihteſ. þeoƿiende ȝeoſne. heo fæſte ſƿyðe þeaſle. ⁊ ȝebedum fylȝde. ⁊ ȝeomſiendum mode clypode to Cſiſte. ⁊ ælmeſſan dælde. oſt ⁊ ȝelome. ⁊ áá Gode ȝecpemde. þæſ þe heo mihte. ƿoſdeſ ⁊ dæde. ⁊ hæfð nu to edleane heoſonlice myſhðe. Spa ſceal ȝod ƿydeƿe hyſan hyſe Dſihtne :"

XVIII. BE GODES ÐEOƿUM.

Leoſan men. ic bidde. ȝehyſað hpæt ic ƿylle ſecȝan. þuſh Godeſ ȝyfe. uſ eallum to þeaſfe. ȝecnaƿe ſeþe cunne. ⁊ ic bidde eoƿ leoſan men. doð ſpa ic læſe. hlyſtað ſƿyðe ȝeoſne. hpæt ic nu ſecȝe. Eallum cſiſtenum mannum is mycel þeaſf. þ hi Godeſ laȝe fylȝean. ⁊ ȝodcundſe laſe ȝeoſnlice ȝyman. ⁊ huſu ȝehadodum is ealſa mæſt þeaſf. foſðam þe hi ſceolon æȝðeſ ȝe bodian ȝe byſnian Godeſ ſiht ȝeoſne oðſum mannum. Nu ƿille ƿe læſan Godeſ þeoƿaſ ȝeoſne. þ hi hy ſylfe þæſlice beþencan. ⁊ ðuſh Godeſ fultum clænnyſſe luſian. ⁊ Gode Ælmihtiȝum eadmodlice þeoƿian. ⁊ foſ eall cſiſten folc þinȝian ȝelome. ⁊ þ hi bocum ⁊ ȝebedum ȝeoſnlice fylȝean. ⁊ bodian ⁊ byſnian Godeſ ſiht ȝeoſne. ⁊ þ hi læſan ȝelome. ſpa hi ȝeoſnoſt maȝan. þ ȝehadode menn ſeȝollice libban. ⁊ læſede lahlice heoſa lif ſadian. to þeaſfe heom ſylſum. And ȝif hit ȝeſeoſðe þ folce miſlimpe. þuſh heſe oðþon hunȝeſ. þuſh ſtſic oððe ſteoſſan. þuſh unpæſtm oððe unƿedeſ. þonne ſædan hi ȝeoſne. hu man þæſ bote ſece to Cſiſte. mid clænlicum fæſtenum. ⁊ mid cyſc-ſocnum. ⁊ mid eadmedum benum. ⁊ mid ælmeſ-ſylenum. And æſſe hi ſylfe beon heom ȝeþþæſe. ⁊ ſſiðe ánſæde. foſ Gode ⁊ foſ populde. ſpa ſpa hit apſiten is. Quasi cor unum et animam unam habentes. And ȝyf mæſſe-pſeoſt hiſ aȝen lif ſihtlice ſadiȝe peaxe hiſ ƿyſþſcype. ⁊ ȝyf he elleſ do. ȝebete hit ȝeoſne :·

XVI. OF PRIESTS AND NUNS.

" It is right that priests, and equally well nuns, live according to their rule, and preserve chastity, as they desire to dwell in a minster, or command respect before the world."

XVII. OF WIDOWS.

" It is right that widows earnestly follow the example of Anna, who was in the temple day and night, zealously serving: she fasted very often, and was devoted to prayers, and with groaning mind called to Christ, and distributed alms, oft and frequently, and ever propitiated God, as much as she was able, by word and deed, and has now for reward heavenly mirth. So should a good widow obey her Lord."

XVIII. OF GOD'S SERVANTS.

Beloved men, hear, I pray, what I wish to say, through God's grace, for the need of us all, understand who can; and I pray you, beloved men, do as I enjoin; list very earnestly what I now say. To all Christian men it is much needful, that they follow God's law, and earnestly attend to divine instruction; and to men in orders especially it is of all most needful, because it is their duty earnestly both to preach and to exemplify God's righteousness to other men. Now will we earnestly enjoin God's servants, that they carefully bethink themselves, and, through God's support, love chastity, and humbly serve God Almighty, and frequently pray for all Christian people, and that they diligently attend to books and prayers, and earnestly preach and exemplify God's righteousness, and that they enjoin frequently, as they may most diligently, that men in orders live according to their rule, and laymen lawfully direct their lives to their own benefit. And if it happen that misfortune befall the people, through an army, or famine, through plague, or mortality; through barrenness, or storm; then let them earnestly consult how amends for this may be sought from Christ, with pure fasts, and with frequenting churches, and with humble prayers, and with alms-givings. And let them be always in harmony with themselves, and very unanimous, before God and before the world, so as it is written: Quasi cor unum et animam unam habentes. And if a mass-priest rightly direct his own life, let his reverence increase; and if he do otherwise, let him earnestly make atonement.

XIX. BE SACERDUM.

" Sacerdas sculan on heora gerist-scipum þristlice ⁊ ƿærlice
læðan ⁊ læran þa godcundan heorða þe hi healdan sculan.
Æȝðer hi sculan ȝe ƿel bodian ȝe ƿel byrnian" oðrum mannum. ⁊ æȝðer hi scylon æt Gode dome ȝersceað aȝyldan. ȝe
heora sylfra dæda. ȝe ealles þæs folces þe hi to Gode handa
healdan sceolan. ⁊ ȝyf hi aht ȝedon scylon. ne maȝon hi
ƿandian. naþer ne for eȝe ne for luse æniȝes mannes. þ hi
riht ne bodian ⁊ unriht forbeodan. Þac byð se hyrde æt

* nyð ?

falde *nyt. þe nele þa heorde þe he bealdan sceal mid hreame
beƿerian. butan he eller mæȝe. ȝyf þær hƿylc þeod-sceaþa
sceaðian onȝinneþ. Nys nan yfel sceaða spa is deofol
sylf. he bið aa embe þ an. hu he on manna saulum mæst
ȝersceaþian mæȝe. Ðonne motan þa hyrdas beon sƿyðe ƿacore.
⁊ ȝeorne clypiende. þe ƿið þone þeod-sceaþan ȝescylðan sculan.
Ðæt syndon bisceopas ⁊ mæsse-preostas. þe godcunde heorde
ȝeƿarian ⁊ beƿerian sculon mid þislicre lare. Ðy he ne mæȝ
ƿandian. ȝyf he him sylfrum ȝebeorȝan sceall. naþor ne for
luse ne for eȝe. þ he mannum þ rihterte ne recȝe. Ne mæȝ
he ƿandian. naðor ne for heanum ne for ricum. forðam ne
deð he naht. earȝie he oððon hine forsceamiȝe riht to spre-
canne. Earme ȝefareð he. ȝif þurh his hnescnysse seo
heord forƿurð. þe he healdan sceall. ⁊ he sylf forð mid.

* l. hyrða.

Ðeah ure *heorða hƿylc an sceap forȝyme. ƿe pillað þ he hit
forȝylde. ⁊ þæt ȝeraþað þonne æt Gode eȝeslican dome þa
hyrdas þe ne cunnon ȝehealdan þa godcundan heorða. þe Crist
mid his aȝenum life ȝebohte. ⁊ þe hi healdan sceoldan ȝif hi
cuðan. ac naþor þurh larleaste hine cunnon ne læðan. ne
læran. ne lacnian hi rihtlice. Mid hƿam pene þe forȝylðað
hi hi þonne. Þa heom þonne þ hi æfre undersenȝon þ hi
ȝehealdan ne cuðon. La hu mæȝ blind man oðerne læðan. hu
mæȝ unlæred dema oðerne læran. Þa þam pitoblice. þe godcunde heorde underfehð. ⁊ naþer ȝehealdan ne can. ne hine
sylfne. ne þa heorde þe he healdan sceolde. ⁊ pyrs þam þe
can ⁊ nele. Eala eala. fela is þæra þe sacerdhades on unriht ȝyrnað. spa hit þincan mæȝ. spyðort for idelum ȝylpe.
⁊ for ȝitsunge porulð-ȝestreona. ⁊ ne cunnon na þ hy cunnan

* l. sppæc.

sceoldan. Be þam *cpæð se piteȝa. ⁊ ðus cpæð. þe sacerdotibus. qui comedunt peccata populi. et rl. Þa þan sacerdum. he cpæð. þe fretað ⁊ forspelȝað folces synna. þ syndon
þa ðe nellað. oððe ne cunnon. oððon ne durron folc pið synna
ȝeparnian. ⁊ synna ȝestyran. ac ȝyrnað þeah heora sceatta

XIX. OF PRIESTS.

"It is the duty of priests, in their shrift-districts, wisely and prudently to lead and teach the spiritual flocks, which they have to keep. They shall both well preach, and give good example to other men;" and they shall, at God's judgment, both give an account of their own deeds, and altogether of the people's whom, at God's hand, they have to keep; and if they shall have done aught, they may not flinch, neither for fear, nor for love of any man, from preaching righteousness and forbidding unrighteousness. Weak is the shepherd at the need of fold, who will not with his cry protect the flock that he has to keep, (unless he otherwise can,) if there any public robber begin to rob. There is none so evil robber as is the devil himself; he is ever [busy] about that one thing, how he, among men's souls, may most devastate. Therefore must the shepherds be very watchful, and earnestly calling, who have to shield against the public spoiler. Those are bishops and mass-priests, who shall defend and protect the spiritual flock with wise instructions. Therefore he may not flinch, if he will secure himself, neither for love nor for fear, from saying to men what is most right. Nor may he flinch either before the lowly or the powerful, because he doeth naught, if he fear or be ashamed to speak righteousness. Ill will he fare, if through his lack of energy, the flock perish, which he has to keep, and himself along with it. Though any of our shepherds neglect but one sheep, we desire that he pay for it; but what, at God's awful judgment, shall then betide those shepherds, who cannot keep those spiritual flocks, that Christ bought with his own life, and which it is their duty to keep, if they can, but, through ignorance, can neither lead, nor instruct, nor heal them rightly. With what do we expect they shall then pay for them? Woe to them then, that they ever undertook what they could not keep. Lo, how can one blind man lead another? How can an unlearned judge instruct another? Woe then to them who undertake a spiritual flock, and can neither take care of themselves, nor of the flock that they should keep; and worse to those who can and will not. Alas, alas, there are many of those who unrighteously desire the priesthood, as it may seem, chiefly for vain pride, and for craving after worldly gains, and know not that which they ought to know. Of whom the prophet spake, and thus said: Wæ sacerdotibus, qui comedunt peccata populi, et rel. 'Woe

on teoþunȝum· ⁊ on eallum cýric-ȝerihtum· ⁊ naðor ne hi
mid býrnunȝum ƿel ne lædað· ne mid bodunȝum ƿel ne læpað·
ne mid dædbodum ƿel ne lacniað· ne mid ȝebedrædenne foþe

*del.? ne þinȝað· ac læccað of manna beȝeatum *loc hƿæt hi ȝefon
maȝan· eallrƿa ȝýffe hremnaʃ of holde doð· þær þær hi to-
maȝon· Dit iʃ ealleʃ þe ƿýrʃe rýððan hý hit ealleʃ habbað·
þonne ne ateoð hi hit na rƿa rƿa hi rceoldan· ac ȝlencȝað
heora ƿif mid þam þe hi þeorofa rceoldan· ⁊ maciað eall heom
rýlfum to populd-plence· ⁊ to idelne þence· ꝥ hi Lode rceol-
dan don to þeorðunȝe· on cýriclicum þinȝum· oððon on
earmra manna hýððum· oððon on her-numena býȝenum·
oððon on rumum þinȝum· þe mihte to lanȝrumeþe ðearre-
æȝðer ȝe heom rýlfum· ȝe eac þam þe heom on Lodeʃ eʃt
heora þinȝ rýllað· Ðonne iʃ mýcel þearf· ꝥ reþe æn ðirrum
mirðýde· ꝥ he heonon-forð hit ȝeorne ȝebete· Forþam·
underrtande reþe cunne· mýcel iʃ ⁊ mære ꝥ racerð ah to
donne· folce to þearfe· ȝif he hiʃ Drihtne ȝecƿemð mid
rihte :·

Mýcel iʃ reo halrunȝ· ⁊ mære iʃ reo halȝunȝ þe deorla
afýrrað· ⁊ on fleame ȝebrinȝað· rƿa oft rƿa man fullað·
oððon hurel halȝað· ⁊ enȝlaʃ þær hƿearfiað· ⁊ þa dæda be-
ƿeardiað· ⁊ ðurh Lodeʃ mihta þam racerdum rýlrtað· rƿa oft
rƿa hi Criʃte þeniað mid rihte· ⁊ rƿa hi doð rýmle rƿa oft
rƿa hi ȝeornlice innereardre heortan clýpiað to Criʃte· ⁊
for folceʃ neode þinȝað ȝeorne· ⁊ þi man rceall for Lodeʃ
eȝe mæþe on hade ȝecnaƿan mid rerceade :·

La leof· deope uʃ iʃ beboden· ꝥ ƿe ȝeornlice mýneȝian ⁊
læran rcýlan· ꝥ manna ȝehƿýlc to Lode búȝe· ⁊ fram rýnnum ȝecýrre· Se cƿýde iʃ rƿýðe eȝerlic· þe Lod þurh þone
ƿiteȝan be þam cƿæð· þe Lodeʃ folce riht bodian rculon· ꝥ
rýndon birceopaʃ ⁊ mærre-preortaʃ· De cƿæð be þam·

*neceʃʃe eʃt? Clama *neceʃʃeʃ quari tuba· et rl· Clýpa hlude ⁊ aheʃe up
þine rtemne rƿa hlude rƿa býme· ⁊ ȝecýð minum folce ꝥ hit
fram rýnnum ȝecýrre· ȝýf ðu þonne ꝥ ne deʃt· ac forrƿu-
ȝaʃt hit· ⁊ nelt folce hiʃ þearfe ȝecýðan· þonne rcealt ðu
ealra ðæra rapla on domeʃ-dæȝ ȝercead aȝýldan· þe þurh ꝥ
loriað· þe hi nabbað þa lare ⁊ þa mýneȝunȝe þe hi beþorftan·
Ðeʃ cƿýde mæȝ beon rƿýðe ȝemýndelic eallum þam þe to

to the priests,' he said, 'who devour and gorge the sins of the people,' &c. Such are those who will not, or cannot, or dare not warn the people against sins, and correct sins, but desire, nevertheless, their monies for tithes, and for all church-dues, and neither lead them well by examples, nor instruct them well with preachings, nor well heal them with penances, nor intercede for them with prayer, but seize from men's gettings whatever they can grasp, just as greedy ravens do from the corpse, wherever they can light upon it. It is all the worse when they have it all, for they do not dispose of it as they ought, but decorate their wives with what they should the altars, and turn everything to their own worldly pomp, and to vain pride, that they should do for the honour of God, in ecclesiastical things, or for the advantage of poor men, or in the buying of war-captives, or in some things that might be for lasting benefit both to themselves and also to those who give them their substance for the favour of God. It is therefore very needful, that he who hath ere done amiss, henceforth make amends diligently; because, understand who can, much it is and great that the priest has to do, for the people's need, if he will justly propitiate his Lord.

Much is the supplication, and great is the hallowing, which sendeth away devils and putteth them to flight, as often as baptism is performed or housel hallowed: and holy angels hover there around, and protect the deeds, and, through God's powers, support the priests, as often as they rightly minister to Christ; and so they always do, as often as they earnestly, with inward heart, call to Christ, and fervently intercede for behoof of the people; and, therefore, for fear of God, rank is discretely to be acknowledged in holy orders.

O beloved, solemnly are we commanded, that we should earnestly admonish and teach, that every man incline to God, and turn from sins. The saying is very terrible that God spake, through the prophet, concerning those who should preach righteousness to God's people; those are bishops and mass-priests; He spake concerning them: 'Clama necesse est quasi tuba,' et rł. 'Cry aloud, and raise up thy voice as loud as a trumpet, and announce to my people, that they turn from sins:' but if thou do not that, but silently neglect it, and will not announce to the people what is needful to them, then shalt thou, on doomsday, answer for all those souls which perish, because they have not the instruction, and the admonition

ðam gesette sýn· ꝥ hi Godes folce riht bodian sculan· ⁊ folc ah eac mýcele þearfe· ꝥ hi ƿære beon þæs cƿýðes þe þær-æfter gecƿeden is. He cƿæð se ƿitega æfter þam· Gif ðu folce riht bodast· ⁊ ðu hit gebigean ne miht to rihte· þonne gebýrhst ðu þeh þinre agenre saple· ⁊ se þe ƿoh drifð· ⁊ gesƿican nele· he sceal habban þær éce ƿite· ꝥ is ꝥ hi þonne sceolan to helle faran· mid saple ⁊ mid lichoman· ⁊ mid deofle ƿunian on helle ƿitum. Ƿa þam þe þær sceall ƿunian on ƿitum· him ƿære betere ꝥ he næfre on ƿorulde man ne geƿurde þonne he geƿurde. Nis se man on life þe areccan mæge ealle þa ýrmða þe se gebidan sceall· seðe on þa ƿitu ealles behreoseð· ⁊ hit is ealles þe ƿýrse þe his ænig ende ne cýmð næfre to ƿorulde:·

XX. [a]AD SACERDOTES.

La leof· understandað eoƿ sýlfe· ⁊ lufiað ⁊ ƿeorðiað God Ælmihtigne ofer ealle oðre þinc· ⁊ healdað his beboda georne. And lufige eoƿer ælc oþerne rihtlice· ⁊ beo ælc oðrum on helpe· for Gode ⁊ for ƿorulde. Libbað heononforð regollican life· secað eoƿre cýrican· ⁊ gefýllað eoƿre tida áá on gesetne timan. Lærað cristen folc georne· ⁊ lacniað hit georne:·[b]

XXI. AD SACERDOTES.

Tæcað cristenum mannum georne ⁊ gelome rihtne geleafan· ⁊ ꝥ hi cunnon heora cristendomes ⁊ heora fulluhtes gesceað ƿitan. An geleafa is on ænne *soðe God· ⁊ an fulluht ƿe habbað ꝥ ƿe sculon rihtlice healdan. Se gehealt his fulluht rihtlice seðe gehealt Godes beboda· ⁊ forbuhð deofles únlarum· ⁊ se abrecð his fulluht ⁊ forƿýrcð hine sýlfne seþe abrecð Godes bebodu· ⁊ fulfýligð deofles unlarum. God Ælmihtig is þeah sƿa mildheort· ꝥ he ƿile gemiltsiam þam þe fram sýnnum gecýrð· gýf he mid inƿeardre heortan hreoƿsunge to dædbote gecýrð· ⁊ geornlice bet ꝥ he to unrihte gedýde. Sýnfulles mannes læcedom is ꝥ he andette ⁊ bete georne· ⁊ æfre gesƿice. Uton ƿe don sýlfe· sƿa

* l. soðne.

[a] This is chapter XXI. in the MS.; chapter XX., entitled 'Sinodalia Decreta,' consisting solely of Edgar's Canons, being, of course, omitted.

which they need.' This saying may be very monitory to all those who are appointed for the purpose of preaching righteousness to God's people; and people have also much need that they be mindful of the saying which is afterwards uttered. He, the prophet, saith afterwards: 'If thou preach righteousness to the people, and thou cannot incline them to righteousness, then thou, at least, securest thine own soul; and he who perpetrates wrong, and will not desist, shall have therefore eternal punishment.' That is, that they shall then go to hell, with soul and with body, and with the devil dwell in hell-torments. Woe to those who there shall dwell in torments, better were it for him that he had never become a man in the world, than that he became one. There is not the man living who can recount all the miseries which shall await him, who falleth wholly into those torments; and it is altogether the worse, that no end thereof cometh ever to all eternity.

XX. TO PRIESTS.

O beloved, understand yourselves, and love and honour God Almighty above all other things, and zealously keep his commandments. And love each other righteously, and be a help to each other, before God, and before the world. Live henceforth a regular life, attend your churches, and observe your canonical hours always at the appointed time. Instruct Christian people diligently, and heal them diligently.

XXI. TO PRIESTS.

Teach Christian men earnestly and frequently right belief, and that they may know the distinction of their Christianity and their baptism. One faith there is in one true God, and one baptism we have, which we should righteously hold. He righteously holds his baptism, who holds God's commandments, and eschews the wicked precepts of the devil; and he violates his baptism, and foredoes himself, who breaks God's commandments, and follows the wicked precepts of the devil. God Almighty is, nevertheless, so merciful, that he will be merciful to him who turns from sins, if he, with inward heart's repentance, turn to penance, and earnestly amend what he did unrighteously. The medicine of a sinful man is, that he confess,

---

ᵇ Here follow in the MS. chapters IV.—IX., 'Of Penitents,' (see pp. 278–281.), which it is unnecessary to repeat.

uſ mycel þearſ iſ· healdan Ꞡodeſ bebodu· ꞇ bȳrnian· ꞇ bodian
ȝeorne þære heorde þe uſ betæht iſ. Ðurh þ̄ ƿe ſculon
oðrum mannum aht fremian· þe ƿe Ꞡode ȝeornlice heran.
Ðu mæȝ æniȝ man oðrum fremian· oððon to hiſ hlaforde
oðrum þinȝian· ȝif he hiſ hlaforde ſylf hæfð ſriðe abolȝen.
Ðu maȝe ƿe eac oðrum mannum to Ꞡode þinȝian· butan ƿe uſ
beorȝan þ̄ ƿe him ne abelȝan. Ac utan cƿeman Ꞡode Ælmihtiȝum mið clænum ȝeþance· ꞇ æȝðer ȝe on worðum· ȝe on
weorcum· ȝe on eallum dædum· dreoȝan hiſ ƿillan· þonne
maȝon ƿe æȝðer· ȝe uſ ſylfum ƿel fremian· ȝe eallum criſ-
tenum mannum :·

del.?

Leofan men· doð ſƿa ic eop· for Ꞡodeſ lufan ꞇ for Sᶜᵃ
Marian eac· *ic bidde· ȝemunað me on eoƿre ȝebedræddenne·
ꞇ helpað min· ſƿa ic mycele þearfe ah· ꞇ beoð me ȝearƿe to
uſſe ȝemænan þearfe· ſƿa oft ſƿa ic eop habban ƿylle. Hit
ȝebyreð eop þ̄ ȝe me ȝearƿe beon· ſƿa fyr ſƿa nyr· ſƿa
hƿæþer ic ƿille· ꞇ þ̄ ic huru ƿille· þ̄ ƿe heonan-forð ælce ȝeare
rume ſiðe uſ ȝeſomnian toȝædere ymbe uſſe ȝemænan þearfe.
Doð ſylfe ƿel· ꞇ læraþ ƿel þam þe ȝe læran ſculon· þ̄ hi
ȝeorne to ȝode don ſƿa mycel ſƿa hi mæſt maȝan· þonne helpe
ȝe ƿel þam þe ȝe lærað· ȝif hi eorrum larum fylȝean ƿillað·
ꞇ huru ȝe ȝebeorȝað eop ſylfum. Ꞡod Ælmihtiȝ helpe ure·
ꞇ Sᶜᵃ Maria· ꞇ ȝefultumie uſ eallum· þ̄ ƿe æȝðer ȝe uſ ſylfe·
ȝe þa þe ƿe ƿiſian ſceolan· ſƿa ȝeƿiſian motan· ſƿa ſƿa ure
ealra þearf ſȳ :·

XXII. BE LÆƿEDUM MANNUM.

" Riht iſ þ̄ ȝehadode men þam læƿedum ƿiſian hu hi heora
æƿe rihticorſt ſculon healdan. Ðæt bið rihtlic lif þ̄ cniht
þurhƿuniȝe on hiſ cnihthade· oð þ̄ he on rihtre mæden-æƿe
ȝeƿifiȝe· ꞇ habbe þa ſyððan· ꞇ næniȝe oðre· þa hƿile þe reo
libbe· ȝif hine þonne forð-ſið ¹ȝebȳriȝe· þonne iſ rihtorſt þ̄
he þanan-forð ƿydeƿa þurhƿuniȝe· þeah· be þæſ apoſtoleſ
leafe· læƿede man mot for neode oðre ſiðe ƿifian· ac þa
canoneſ forbeodaþ þa bletſunȝa þær-to· þe to frum-ƿifunȝe
ȝeſette ſȳn· ꞇ eac iſ ȝeſet dædbot ſƿylcum mannum to donne·
ꞇ preoſte iſ forboden þ̄ he beon ne mot· on þam ƿiſan þe he
ær þær· æt þam brȳð-lacum þær man eft ƿifað· ne þa bletſunȝe don· þe to frum-ƿifunȝe ȝebȳrað. Be þam man mæȝ
ƿitan þ̄ hit eallunȝa riht niſ þ̄ ƿer ƿifiȝe· oðþon ƿif ceorliȝe·

---

¹ ȝetimiȝe

and earnestly atone, and ever cease from sin. Let us ourselves do as is much needful to us, hold God's commandments, and set example, and earnestly preach to the flock that is committed to us. By zealously obeying God, we shall thereby somewhat benefit other men. How can any man benefit another, or intercede with his lord for another, if he have himself greatly offended his lord? How can we also intercede with God for other men, unless we so guard ourselves, that we do not offend him. But let us propitiate God Almighty with pure thought, and, as well in words as in works, and in all deeds, perform his will; then may we both well benefit ourselves, and all Christian men.

Beloved men, do as I, for love of God and Saint Mary, beseech you; remember me in your praying, and help me, as I much need, and be ready to me for our common need, as often as I desire to have you. It behoves you to be ready to me both far and near, whichever I desire; and this, at least, I desire, that we henceforth, at some time every year, assemble together for our common need. Do well yourselves, and well teach those whom ye have to teach, that they earnestly do good as much as they most can; then ye well help those whom ye teach, if they are willing to follow your instructions, and, at least, render yourselves secure. God Almighty and Saint Mary help us, and support us all, that we may so guide both ourselves and those whom we have to guide, as may be for the benefit of us all.

XXII. OF LAYMEN.

" It is right that men in orders direct laymen how they shall most rightly hold their conjugal state. It is a proper life, that a bachelor continue in his state of bachelor, until he take a wife in lawful maiden matrimony; and have her afterwards, and none other, as long as she lives; but if it happen that she dies, then is it most proper, that he thenceforth remain a widower; though, by the apostle's leave, a layman may, for need, marry a second time, but the canons forbid the benedictions thereto, which are appointed to a first marriage; and penance is also appointed for such men to do; and it is forbidden to the priest to be, in the manner he ere was, at the marriage, when a man marries again, or to give the benediction, which belongs to a first marriage. By this it may be known,

oꝼton þonne æne· ⁊ huꞃu hit byð to mæniȝꝼealð· ȝeꝼyꞃðe hit þꞃiddan ꞃiðe· ⁊ mið-ealle miꞃðon· ȝeꝼyꞃðe hit oꝼton· ⁊ þeah læꞃeðum mannum ꝼiꝼ ꞃy alyꝼeð· þeah hi aȝon þeaꞃꝼe· þ hi unðeꞃꞃtanðan hu hit iꞃ alyꝼeð· Naȝon læꞃeðe men ꞃꞃeolꞃ-tiðum ne ꝼæꞃten-tiðum· þuꞃh hæmeð-þinȝ· ƿiꝼeꞃ ȝemanan· þe ma þe heah-haðeꞃ men þ þinȝ aȝan æniȝum timan:"

XXIII. ¹BE ᏞEꝼᎪDEDUᏟ ᏣᎪNNUᏟ.

"Ꞁehaðeðum mannum ȝebyꞃeð ælc clænneꞃ· ꝼoꞃþam þe hi ꞃculon eallum oðꞃum mannum ælce unclænneꞃꞃe ꝼoꞃbeoðan· ⁊ ælce clænneꞃꞃe· ȝiꝼ hi ꞃiht ðoð· hi ꞃculon be heom ꞃylꝼum ȝeoꞃnoꞃt ȝebyꞃnian· þonne iꞃ hit ꞃꞃyðe eȝeꞃlic· þ þa þe ꞃcolðan eallum cꞃiꞃtenum mannum ꞃiht boðian· ⁊ eac ƿel byꞃnian· þ hi ꞃyn ꞃume ȝeꝼoꞃðene byꞃen to ꝼoꞃꝼyꞃðe ꞃꞃyðoꞃ þonne to þeaꞃꝼe· þ ꞃynðon þa æp-bꞃecan· þe þuꞃh healicne haðcꞃpꞃꝼe unðeꞃꝼenȝan· ⁊ ꞃyððan þ abꞃæcan· Niꞃ nanum peoꝼoð-þene alyꝼeð þ he piꝼian mote· ac iꞃ ælcum ȝoꞃboðen· nu iꞃ þeah þæꞃa ealleꞃ to ꝼela þe þone æpbꞃyce pyꞃcað· ⁊ ȝeꝼoꞃht habbað· ac ic biðde· ꝼoꞃ Ꞁioðeꞃ luꝼan· ⁊ eac eoꞃnoꞃtlice beoðe· þ man þæꞃ ȝeꞃpice· Læꞃeðum men iꞃ ælc piꝼ ꝼoꞃboðen· butan hiꞃ ꞃiht ꝼæpe· Ꞁehaðoðe ꞃynðon ꞃume ꞃpa þuꞃh ðeoꝼol beꞃpicene þ hi piꝼiað on ꞃnꞃiht· ⁊ ꝼoꞃꝼyꞃcað hi ꞃylꝼe· þuꞃh þone æpbꞃyce þe hi on-puniað· ac ic biðde ȝeoꞃne· þ man þæꞃ moꞃðeꞃ heonon-ꝼoꞃð ȝeoꞃne ȝeꞃpice· Ꞇiꞃic iꞃ ꞃaceꞃðeꞃ æpe:" ²

Ꞇonꞃtantinuꞃ ꞃe mæꞃe caꞃeꞃe ȝeꞃamnoðe ꞃpyðe mycelne ꞃinoð on þæꞃe ceaꞃtꞃe Nicea· ꝼoꞃ tꞃymminȝe ꞃihteꞃ ȝe-leaꝼan· On ðam ꞃinoðe pæꞃon ·ccc· ⁊ ·xviii· biꞃcopa· oꝼ manegum leoðꞃcipum ȝeȝaðeꞃoðe· ⁊ hi þæꞃ ȝeꞃputeloðen ꞃihtne ȝeleaꝼan· ⁊ ȝeꞃettan þa þæꞃ to ꞃputelunȝe· þone mæꞃꞃan cꞃeðan· þe man pide ꞃinȝð· ⁊ cyꞃic-þenunȝa heo ꝼæȝeꞃe

---

¹ "Eallum cꞃiꞃtenum mannum iꞃ micel þeaꞃꝼ· þ hi ꞃiht luꝼian· ⁊ unꞃiht aꞃcunian· ⁊ huꞃu ȝehaðeðum iꞃ þæꞃ mæꞃt þeaꞃꝼ· þe æȝðeꞃ ꞃculon· ȝe ƿel boðian· ȝe ƿel byꞃnian oðꞃum mannum." *D., where it is the beginning of the chapter.*

² "Nah he mið ꞃihte æniȝe oꞃꞃe· ꝼoꞃþam ne ȝebiꞃað ꞃaceꞃðan nan þinȝe· naðoꞃ ne to piꝼe· ne to poꞃlð-piȝe· ȝiꝼ he Ꞁioðe pillað ꞃihtlice hyꞃan· ⁊ Ꞁioðeꞃ laȝe healðan· ꞃpa ꞃpa heoꞃa haðe ȝebaꞃenað mið ꞃihte." *G. add.*

that it is altogether not right that a man take a wife, or a woman a husband oftener than once; and, at all events, it is too frequent, if it take place a third time, and altogether sinfully done, if it take place oftener: and though a wife be allowed to laymen, yet it is necessary that they understand how she is allowed. Let not laymen at feast-tides and fast-tides have connexion through concubinage with woman, no more than men of sacred orders may at any time."

XXIII. OF MEN IN ORDERS.

" To men in orders is fitting all chastity, because it is their duty to forbid every unchastity to all other men, and of all chastity, if they do rightly, they ought in themselves zealously to set an example; for it is very terrible, that they, who should preach righteousness to all Christian men, and also give a good example, are some become an example for perdition rather than for benefit: those are the adulterers who, through holy orders, have entered into an ecclesiastical marriage, and afterwards broken it. To no minister of the altar is it allowed to marry, but it is forbidden to every one; yet there are now altogether too many who commit and have committed adultery; but I pray, and, for love of God, earnestly command, that this may cease. To a layman every woman is forbidden, except his lawful wife. Men in orders are some so deceived by the devil, that they marry unrighteously, and foredo themselves by the adultery in which they continue; but I earnestly pray, that this deadly sin may henceforth carefully be abstained from. The church is a priest's spouse."

Constantine the great emperor assembled a very great synod in the city of Nice, for confirmation of the true faith. At that synod there were cccxviii. bishops gathered from many nations, and they there published the true faith, and established then, in manifestation thereof, the mass creed, which is widely sung, and the church services they excellently directed, and many

" To all Christian men it is very needful to love righteousness, and shun unrighteousness, and to those in orders it is especially most needful, who should both preach good and give good example to other men."

He has not lawfully any other, because neither a wife nor secular war are in any way befitting a priest, if he will rightly obey God, and hold God's law, as is properly becoming to their order.

ȝebihtan· ⁊ mæniȝe oðne þinȝ· æȝðen ȝe be Ionber þeopum ȝe
be Iobe ꞃylꞃum. Dȳ cƿæbon þæn ealle anꞃæblice· þ hit ꞃiht
pæꞃe· ȝiꞃ peoꞃod-þen· þ iꞃ biꞃcop· oððe mæꞃꞃe-pꞃeoꞃt· oððe
biacon ȝepiꞃobe· þ he þolobe æꞃꞃe hiꞃ hadeꞃ· ⁊ amanꞃumob
ƿunbe· buton he ȝeꞃpice· ⁊ ðe beoppoꞃ ȝebete. Feopen ꞃȳ-
noðaꞃ ƿæꞃon ȝeꞃamnobe ꞃoꞃ ꞃihtan ȝeleaꞃan ȳmbe þa Dalȝan
Đꞃȳnnȳꞃꞃe· ⁊ ȳmbe Cꞃiꞃteꞃ menniꞃcneꞃꞃe. Se ꞃoꞃma ƿæꞃ
on Nicea· ⁊ ꞃe oðeꞃ ƿæꞃ ꞃȳððan on Conꞃtantinopolim· þæꞃ
ƿæꞃon ·cl· biꞃcopa· ꞃe þꞃibba ƿæꞃ on Eꞃꞃeꞃum· ·cc· biꞃcopa·
⁊ ꞃe ꞃeoꞃða ƿæꞃ on Calcebonea· ꞃela biꞃcopa ætȝæbeꞃe· ⁊ ealle
hi ƿæꞃon anꞃæbe æt eallum þam ðinȝum þe man on ꞃꞃuman
on Nicea ȝeꞃette· ⁊ ealle hi ꞃoꞃbubon æꞃꞃe ælc ꞃiꞃlác peoꞃod-
þenum. Đencan ða nu þe to þam ðꞃȳꞃte ꞃȳn· þ hi Iob opeꞃ-
ꞃeoð· ⁊ ꞃƿa maniȝeꞃ haliȝeꞃ manneꞃ bom· ꞃƿa on þꞃꞃum
ꞃinoðum ȝeꞃamnobe ƿæꞃon· ⁊ ȝehꞃæꞃ ꞃȳððon. hƿȳlceꞃ leaneꞃ
hȳ hȳm penan maȝon· ⁊ eac penan ne þuꞃꞃon· ac ȝepitob
ƿitan· þ hi ȳꞃel lean habban ꞃculon· ⁊ ȝꞃimlice Iobeꞃ ȝꞃaman
þuꞃh þ þe hȳ ꞃƿa Iob ȝꞃemiað· þ hi eall heoꞃa liꞃ libbað on
ꞃȳlðe. Peoꞃod-þenaꞃ ic bibbe þ hi beðencan hi ꞃȳlꞃe ⁊ ȝeꞃpican ælceꞃe ꞃȳlðe· ⁊ þa ðe æꞃ þȳꞃꞃan þone unȝepunan
hæꞃðon· þ hi heoꞃa ꞃiꞃ ȝlenȝban ꞃƿa hi peoꞃoba ꞃceolban·
ȝeꞃpican þæꞃ unȝepunan· ⁊ ȝlencȝan heoꞃa cȳꞃican be þam þe
hi betꞃꞃt maȝon· þonne pealbað hȳ heom ꞃȳlꞃum· æȝðeꞃ ȝe
ȝobcunbeꞃ ꞃæbeꞃ· ȝe populbcunbeꞃ peoꞃðꞃcȳpeꞃ. Niꞃ pꞃeoꞃteꞃ
cpene æniȝ oðeꞃ þinȝ butan beoꞃleꞃ ȝꞃin· ⁊ ꞃeþe mib þam
ȝeȝꞃinob bȳð ꞃoꞃð oð hiꞃ enbe· he bȳð þuꞃh beoꞃol ꞃæꞃte ȝe-
ꞃanȝen· ⁊ he eac ꞃȳðꞃon mot ꞃaꞃan on ꞃeonba hanb· ⁊ ꞃoꞃ-
ꞃaꞃan mib-ealle. Ac helpe ȝehꞃa ȝeoꞃne hȳꞃ ꞃȳlꞃeꞃ· þa hpile
þe he maȝe ⁊ mote· ⁊ ȝebuȝe ælc man ꞃꞃam únꞃihte· þonne
ȝebȳꞃhð man pið ece pite· ⁊ eac ꞃeþe þuꞃhpunað on ȝóbum
bæbum ꞃoꞃð oð hiꞃ enbe· he þæꞃ habban ꞃceal éce eblean.
Nu eóp iꞃ ꞃoð aꞃæb· unbeꞃꞃtanbaþ eóp ꞃȳlꞃe· be ðam þe ȝe
pillan. Iob eop ȝetꞃȳmme to eopꞃe aȝenꞃe þeaꞃꞃe· ⁊ uꞃ
ealle ȝehealbe. Spa hiꞃ pȳlla ꞃȳ. Āmen:·

XXIV. BE EALLUM CRISTENUM MANNUM.

" Riht iꞃ þ ealle cꞃiꞃtene men heoꞃa cꞃiꞃtenbom ꞃihtlice
healban· ⁊ þam liꞃe libban þe heom to-ȝebȳꞃað· æꞃteꞃ Iobeꞃ
ꞃihte· ⁊ æꞃteꞃ populb-ȝeꞃȳꞃenum· ⁊ heoꞃa piꞃan ealle be þam
þinȝan ȝeoꞃnlice ꞃabian· þe ða piꞃan þe hȳ piꞃlice ⁊ pæꞃlice

other things, regarding both God's servants, and God himself. They said there all unanimously, that it was right, if a minister of the altar, that is a bishop, or a mass-priest, or a deacon, married, that he forfeited his order for ever, and should be excommunicated, unless he should repent and the more deeply atone. Four synods were assembled on account of true faith with respect to the Holy Trinity, and Christ's humanity. The first was at Nice, and the second was afterwards at Constantinople; there were CL. bishops; the third was at Ephesus, of CC. bishops, and the fourth was at Chalcedon, of many bishops together: and they were all unanimous in all those things, which had before been established at Nice, and they all for ever forbade all marriage to the ministers of the altar. Let them now, who are to that degree daring, that they contemn God, and the decree of so many holy men as were assembled at these synods, and everywhere since, think what reward they may expect for themselves, and indeed they need not expect, but know for certain, that they shall have an evil reward, and God's anger sternly, because they so anger God, by living all their live in filth. Ministers of the altar I beseech, that they bethink themselves, and refrain from every filth; and let those, who before this had the evil custom of decorating their women as they should the altars, refrain from this evil custom, and decorate their churches, as they best can; then would they command for themselves both divine counsel and worldly worship. A priest's wife is nothing but a snare of the devil, and he who is ensnared thereby on to his end, he will be seized fast by the devil, and he also must afterwards pass into the hands of fiends, and totally perish. But let every one earnestly help himself, the while he can and may; and let every man abstain from unrighteousness, then will he be secure against eternal punishment: and also he who shall continue in good deeds on to his end, shall for that have eternal reward. Now is the truth said to you, understand yourselves as you will. May God strengthen you to your own benefit, and preserve us all. So may his will be. Amen.

XXIV. OF ALL CHRISTIAN MEN.

"It is right that all Christian men righteously hold their Christianity, and lead that life which is befitting them, according to God's law, and according to worldly conventions, and diligently order all their ways by those things which they direct,

ƿıſıan cunnon· ⁊ þ̵ ıſ þonne ǣreſt· ræda fȳrmeſt· þ̵ manna
ȝehƿȳlc· ofer ealle oðre þınc· ænne Ȝod lufıȝe· ⁊ ænne ȝe-
leafan ánrædlıce hæbbe on þæne· þe uſ ealle æreſt ȝeƿorhte·
⁊ mıð deorƿȳrðum ceápe eft uſ ȝebohte. Ánd eac ƿe aȝan
þearfe þ̵ ƿe ȝeornlıce ſmeaȝan hu ƿe rȳmble maȝan Ȝoder
aȝene beboda rıhtlıcoſt healdan· ⁊ eall þ̵ ȝelæſtan þ̵ þ̵ ƿe
behetan· þa ƿe fulluht underfenȝon· oððon þa ðe æt fulluhte
uſe fore-ſpræcan ƿæron. Ðæt ıſ þonne æreſt· þ̵ þ̵ man
behateð þonne man fulluhteſ ȝȳrnð· þ̵ man â ƿıle deofol aſcu-
nıan· ⁊ hıſ unlaſe ȝeorne forbúȝan· ⁊ ealle hıſ unlaȝa rȳmble

* mān-rıðaſ ? aƿȳrpan· ⁊ écelıce ƿıðſacan ealleſ hıſ ȝemánan ⁊ *manırıðeſ
ſona þær-æfter· mıð rıhtan ȝeleafan· roðlıce ſƿȳtelað þ̵ man
þananforð â ƿıle on ænne Ȝod æfre ȝelȳfan· ⁊ ofer ealle
oðre þınȝ hıne â lufıan· ⁊ æfre hıſ laſum ȝeornlıce fylȝean·
⁊ hıſ aȝene beboda rıhtlıce healdan· ⁊ þonne bıð þ̵ fulluht
ſƿȳlce hıt ƿeðð ſȳ ealra þæra ƿorða· ⁊ ealler þær behater·
ȝehealde reþe ƿılle. Ánd roð ıſ þ̵ ıc reċȝe· enȝlaſ beƿearıað
þanan-forð æfre manna ȝehƿȳlcne· hu he ȝelærte· æfter hıſ
fulluhte· þ̵ þ̵ man behet ǣr· þa man fulluhteſ ȝȳrnðe.
Utan þȳ ȝeþencan· oft ⁊ ȝelome· ⁊ ȝeorne ȝelæſtan þ̵ þ̵ ƿe
behetan· þa ƿe fulluht underfenȝan· ealſƿa uſ þearf ıſ· ⁊
utan ƿorð ⁊ ƿeorc rıhtlıce fadıan· ⁊ uſe ın-ȝeþanc clænſıan
ȝeorne· ⁊ að ⁊ ƿeðð ƿærlıce healdan· ⁊ ȝelome underſtandan
þone mȳclan dom· þe ƿe ealle to-ſcylon· ⁊ beorȝan uſ ȝeorne
ƿıð þone ƿeallendan brȳne helle ƿıteſ· ⁊ ȝeearnıan uſ þa
mærða ⁊ þa mȳrhða· þe Ȝod hæfð ȝeȝearƿod þam þe hıſ ƿıllan
on ƿorulde ȝeƿȳrcað:·"

XXV. BE CYRICAN.

" Rıht ıſ þ̵ crıſtene men crıſtendom ȝeorne healdan mıð
rıhte· ⁊ Crıſteſ cȳrıcan æȝhƿær ȝeorne ƿeorþıan ⁊ ƿerıan.
Ealle ƿe habbað ænne heofonlıcne fæder· ⁊ áne ȝaſtlıce
modor· ſeo ıſ eccleſıa ȝenamod· þ̵ ıſ· Ȝodeſ cȳrce· ⁊ þa ƿe
ſculon æfre lufıan ⁊ ƿeorðıan. Ánd rıht ıſ þ̵ ælc cȳrıce ſȳ
on Ȝodeſ ȝrıðe· ⁊ on ealler crıſteneſ folceſ· ⁊ þ̵ cȳrıc-ȝrıð
ſtande æȝhƿær bınnan faȝum· ⁊ ȝehalȝoder cȳnıncȝeſ hand-
ȝrıð efen unƿemme· forþam ælc cȳrıc-ȝrıð ıſ Crıſteſ aȝen
ȝrıð· ⁊ ælc crıſten man ah mȳcele þearfe þ̵ he on þam ȝrıðe
mȳcle mæþe ƿıte· forþam ælceſ crıſteneſ manneſ nȳð-þearf
ıſ· þ̵ he Ȝodeſ cȳrıcan ȝeorne lufıȝe ⁊ ƿeorþıȝe· ⁊ hı ȝelom-

who are able wisely and prudently to direct them; and this then is first, of counsels foremost; that every man, above all other things, love one God, and stedfastly have one belief in him who first made us all, and with a dear price afterwards bought us. And also we have need earnestly to consider, how we may always most righteously hold God's own commandments, and perform all that which we promised, when we received baptism, or those who at our baptism were our sponsors. This then is first: that which we promise when we desire baptism (that we will ever shun the devil, and diligently eschew his evil lore, and always diligently renounce all his iniquities, and eternally deny all his fellowship, and evil courses immediately after, with true faith) truly manifests that we will henceforth ever believe in one God, and constantly love him above all other things, and ever earnestly follow his instructions, and righteously hold his own commandments: and then will that baptism be as it were a pledge of all those words, and of all that promise, observe it who will. And true is what I say, angels ever thenceforth watch every man, how he performs, after his baptism, that which he ere promised, when he desired baptism. Let us therefore call to mind, oft and frequently, and earnestly perform, that which we promised, when we received baptism, as is needful to us; and let us rightly order our words and works, and diligently purify our minds, and carefully hold oath and pledge, and frequently meditate on the great judgment, to which we all shall pass, and diligently secure ourselves against the raging fire of hell-torment, and earn to ourselves the glories and joys, which God hath prepared for those, who do his will in the world."

XXV. OF THE CHURCH.

" It is right, that Christian men zealously hold Christianity with righteousness, and Christ's church everywhere zealously honour and protect. We all have one heavenly father, and one spiritual mother; she is named Ecclesia, that is God's church; and her we should ever love and honour. And it is right, that every church be in God's 'grith,' and in all Christian people's; and that church-'grith' stand everywhere between walls, and a hallowed king's hand-'grith' equally inviolate; because every church-' grith' is Christ's own 'grith,' and every Christian man has great need, that he show great reverence for that 'grith;' because it is necessary, for every

lice Ᵹ ȝeoꞃnlice ꞃece· him ꞅylꝼum to þeaꞃꝼe· Ᵹ huꞃu ȝehabeðe,
þæꞃ ꞃculon oꞃtoꞃt þeoꞃian Ᵹ þenian· Ᵹ ꝼoꞃ eall cꞃiꞃten ꝼolc
þinȝian ȝeoꞃne. Ðonne aȝan peoꞃoð-þeȝnaꞅ to ꞅmeaȝenne
ꞃymble· Ᵹ hi huꞃu-þinȝa heoꞃa liꝼ ꝼaðian ꞅpa ꞅpa to cyꞃcan
ȝebyꞃiȝe mið ꞃihte. Cꞃice iꞅ mið ꞃihte ꞃaceꞃðeꞅ æþe· Ᵹ ꞃeþe
to cyꞃican peoꞃðe ȝehaðoð· naȝe hine æniȝ man þe Lioðeꞃ
laȝe ꞃecce þanon to ðonne· butan he hi mið heaꞃoð-ȝylte
ꝼullice ꝼoꞃpyꞃce· Ᵹ þonne ꞃceall Cꞃiꞅteꞅ ꞃciꞃ-ȝeꞃeꝼa Ᵹ pitan· Ᵹ
ymbe Ᵹ ðihtan Ᵹ ðeman· ꞅpa ꞅpa bec tæcan. Ænð ne ꞃceolðe
man æꝼꞃe cyꞃican ðeꞃian· ne æniȝ poh beoðan· on æniȝe
piꞅan· ac nu ꞅynðon þeah cyꞃican piðe Ᵹ ꞅiðe pace ȝeȝꞃiðoðe·
Ᵹ yꝼele ȝeþeoꞃoðe· Ᵹ clæne beꞃypte ealðꞃa ȝeꞃihta· Ᵹ innan
beꞅtꞃypte ælceꞃa ȝeꞃiꞃena· Ᵹ cyꞃic-þenaꞅ ꞅynðon mæðe Ᵹ
munðe ȝeþelhpæꞃ beðælðe· Ᵹ þa þam þe þæꞅ pealt· þeh he
ꞅpa ne pene· ꝼoꞃþam ælc þaꞃa byð pitoðlice Lioðeꞃ ꞅylꝼeꞅ
ꝼeonð· þe byð Lioðeꞃ cyꞃicena ꝼeonð· Ᵹ þe Lioðeꞃ cyꞃicena
ꞃiht ȝeꞃanað oððe pyꞃðeð· ealꞅpa hit apꞃiten iꞅ· Inimicuꞅ
enim Chꞃiꞅti eꝼꝼicituꞃ omniꞅ qui ecclesiaꞅticaꞅ ꞃeꞅ uꞅuꞃpaꞃe
iniuꞅte conatuꞃ· et ꞃeliq. Ænð eȝeꞃlice ꞅpꞃæc Sꞇꞃ Gꞃeȝo-
ꞃiuꞅ be þam eac· þa þa he þuꞅ cpæð· Si quiꞅ ecclesiam
Chꞃiꞅti ðenuðaueꞃit· uel ꞅanctimonia uiolaueꞃit· anaþema ꞅit·
að quoð ꞃeꞅponðeꞃ omneꞅ· ðixeꞃunt Æmen. Ꝏycel iꞅ
neoð-þeaꞃꝼ manna ȝehpylcon· Ᵹ he pið þaꞅ þinc beoꞃȝe him
ȝeoꞃne· Ᵹ æȝhpylc Lioðeꞃ ꝼꞃeonð paꞃniȝe hine ꞃymble· Ᵹ he
Cꞃiꞅteꞅ bꞃyðe to ꞅpyðe ne miꞅbeoðe. Ealle pe ꞃculon ænne
Lioð luꞃian Ᵹ peoꞃðian· Ᵹ ænne cꞃiꞅtenðom ȝeoꞃne healðan· Ᵹ
ælcne hæþenðom mið ealꞃe mihte apyꞃꞃan :."

Christian man, zealously to love and honour God's church, and frequently and zealously to attend it, for his own benefit; and those in orders especially should there oftenest serve and minister, and earnestly intercede for all Christian people. Then have ministers of the altar constantly to consider, that they, at all events, so order their lives as is justly fitting to the church. The church is rightly the priest's spouse, and with him who is ordained to the church, no man, who recks of God's law, has thenceforth aught to do, unless, through capital crime, he foully forfeit it, and then shall Christ's 'scir-gerefa' be informed of it, and thereupon direct and judge as the books prescribe. And no one should ever injure a church, or wrong it, in any way; but now churches are, nevertheless, far and wide weakly 'grith'd,' and ill served, and cleanly bereft of their old rights, and within stript of all decencies; and ministers of the church are everywhere deprived of their rank and power; and woe to him who is the cause of this, though he may not think so; because every one is certainly the foe of God himself, who is the foe of God's churches, and who impairs or injures the rights of God's churches, as it is written: Inimicus enim Christi efficitur omnis, qui ecclesiasticas res usurpare injuste conatur, et rel. And awfully spake Saint Gregory concerning him, when he thus said: 'Si quis ecclesiam Christi denudaverit, vel sanctimonia violaverit, anathema sit; ad quod respondentes omnes, dixerunt Amen.' Great is the necessity for every man, that he strenuously secure himself against these things; and let every friend of God constantly take care, that he do not too greatly misuse the bride of Christ. It is the duty of us all to love and honour one God, and zealously hold one Christianity, and with all our might renounce every heathenism."

·THE CANONS OF ÆLFRIC.

INCIPIT EPISTOLA DE CANONIBUS.

Ælfricus humilis frater venerabili episcopo Wulfsino salutem in Domino. Obtemperavimus jussioni tuæ libenti animo, sed non ausi fuimus aliquid scribere de episcopali gradu, quia vestrum est scire, quomodo vos oporteat optimis moribus exemplum omnibus fieri, et continuis admonitionibus subditos exhortari ad salutem, quæ est in Christo Jesu. Dico tamen, quod sæpius deberetis vestris clericis alloqui, et illorum negli-

BE PREOSTA SYNODE.

I. Ic recȝe eop pneoртum þ ic ȝ́lf nelle beþan eoppe ȝýmelearte on eoppum þeopdome· ac ic recȝe eop roðlice hu hit ȝeret ir be pneoртum. Cpirt ȝ́lf artealde cpirtendom ɏ clænnýrre¹· ɏ ealle þa þe rendon on hir pape mid him pon leton ealle populd-þinȝ· ɏ pirer neapirte· ropþon þe he ȝ́lf cpæð on rumum² ȝodrpelle. Seðe hir pir ne hatað nir he me pýпðe þen :·

II. Ða ærteп Cpirter up-rtiȝe ert to heopenan pice ɏ ærteп ȝeendunȝe hir appunðпa aportola· peapð rpa mýcel ehtnýr on middan-eapðe artýпod· þ man ne mihte ȝeȝadpian Loder þeopar to rinoðe· fop þam hæðenum cpællepum þe cepton heopa deaðer· oð þ Conrtantinur re carepe to cpirtendome beah· reðe eallne ýmb-hpýprt on hir anpealde hærðe :·

III. Ða ȝeȝadepode he rinoð on þæпe ceartпe Nicéa þпeo hunð birceopa ɏ eahta týne birceopar· or eallum leoðrcipum· fop þær ȝeleapan tпýmminȝe. Ðæп pæпon rpa mæпe bi-

---

¹ æпeyт *add.*   ² hir *add.*

(343)

*THE CANONS OF ÆLFRIC.

gentiam arguere, quia pene statuta canonum, et sanctæ ecclesiæ religio vel doctrina, eorum perversitate deleta sunt: ideoque libera animam tuam, et dic eis quæ tenenda sunt sacerdotibus et ministris Christi, ne tu pereas pariter, si mutus habearis canis. Nos vero scriptitamus hanc epistolam, quæ Anglice sequitur, quasi ex tuo ore dictata sit, et locutus esses ad clericos tibi subditos, hoc modo incipiens.

OF THE SYNOD OF PRIESTS.

1. I say to you priests, that I will not bear your negligence in your service, but I will truly say to you how it is constituted with regard to priests. Christ himself established Christianity and chastity, and all those who walked with him, in his way, forsook all worldly things, and society of woman; for he himself said in one of his gospels: 'He who hateth not his wife is not a disciple worthy of me.'

2. Then after Christ's ascension again to heaven's kingdom, and after the death of his venerable apostles, so great a persecution was raised up in the world, that God's servants could not be assembled in a synod, by reason of the heathen murderers, who meditated their death; until the emperor Constantine turned to Christianity, who had the whole globe in his power.

3. He then assembled a synod in the city of Nice, of three hundred and eighteen bishops, of all nations, for confirmation of the faith. There were so many great bishops at that synod,

* The text is from *O.*, the variations from *X.*

z 4

ſceopaſ maneȝe on þam ſynoðe þ hy ƿyncean mihtan punðꞃa·
⁊ ſƿa dydon. Ðy amanſumodon þeꞃ þone ¹mæſſe-pꞃeoſt
Äꞃꞃium· ꝼoꞃþan þe he nolde ȝelyꝼan þ þæꞃ hꞃiȝendan Lꞃodeſ
ſunu þæꞃe ealꞃa mihtiȝ ſƿa ²ſe mæꞃa ꞃædeꞃ iſ. Ða ꝼoꞃdem-
don hy ealle þone deoꝼleſ mann· ac he nolde ȝeſƿican æꞃþam
þe him ſah ſe innoð eall éndemeſ út· þa þa hé to ȝanȝe
eode :·

iiii. On þam ſinoðe þæꞃon ȝeſette þa halȝan cyꞃic-
þenunȝa· ⁊ ſe mæſſe-cꞃeda· ⁊ maneȝa oþꞃe þinȝ be Lꞃodeſ
biȝȝenȝcum· ⁊ be Lꞃodeſ þeoƿum :·

v. Ðy ȝecꞃædon þa ealle mid ánꞃædum ȝeþance· þ naðeꞃ ne
biſceop· ne mæſſe-pꞃeoſt· ne diacon· ne nán ꞃiht canónicuſ
næbbe on hiſ húſe nænne ƿiꝼman· buton hit ſy hiſ modoꞃ
oððe hiſ ſƿuſtuꞃ· ꝼaðu oððe móðꞃiȝe· ⁊ ſeþe elleſ dó ðoliȝe
hiſ háðeſ :·

vi. Nu þincð eoƿ³ þiſ ſyllic to ȝehyꞃenne· ꝼoꞃþan þe ȝe
habbað eoƿꞃe ƿꞃmðe ſƿa on ȝeƿunan ȝebꞃoht· ſƿylce hit nan
pleoh ne ſy þ ſe pꞃeoſt libbe ſƿa ſƿa ceoꞃl. Nu cƿeðe ȝe þ
ȝe ne maȝon beon butan ⁴ƿimmanneſ þenunȝum· ⁊ hu. mihtan þa halȝan ƿeꞃaſ þa ƿuniȝan butan ƿíꝼe.' Ðy habbað eac
nú ða meðe⁵ heoꞃa móðeꞃ clænnýſſe ſí butan énde on þam
écan líꝼe. Nu cƿeðað oꝼt pꞃeoꞃtaſ þ Petꞃuſ hæꝼde ƿíꝼ· ꝼul
ꞃoð hy ꞃecȝað⁶· ꝼoꞃþam þe he ſƿa moꞃte þa on þæꞃe ealdan
æ· æꝼþan þe he to Lꞃiſte ȝebuȝe· ac he ꝼoꞃlet hiſ ƿíꝼ ⁊ ealle
poꞃulð-þinȝ· ſyððan he to Lꞃiſte beah· þe ða clænnýſſe
aſtealde :·

---

¹ þꞃyꝼan　　　² hiſ　　　³ pꞃeoꞃtum *add.*

c. ⁴ ƿíꝼe· ac þa halȝan ꞃædeꞃaſ· þe beꝼoꞃan uſ ƿæꞃon· ſƿa ſƿa ƿæꞃ
S. Ieꞃonimuſ pꞃeoſt· ⁊ S. Änaſtaſiuſ pꞃeoſt· þe ðeꞃ Baꞃilluſ ſe ð
ȝeýꝼte· ⁊ S. Beda pꞃeoſt· þe hiſ ban ꞃeſtað on *Eoꝼeꞃ-ƿic· ⁊ unȝe-
ꞃime oþꞃe· þe ƿe heoꞃa naman ne cunnan· ȝeonð ealꞃa eoꞃþan ymb-
hƿýꞃꝼte mibban-eaꞃðeſ· hæꝼðen ꝼoꞃhæꝼeðneſſe ꝼꞃam ƿiꝼeſ neaƿeſte·
⁊ mið ealꞃa ȝehealdꞃumneſſe· ⁊ ȝehýꞃſumneſſe Lꞃodeſ· ⁊ heoꞃa ealð-
ꞃaſ· Lꞃode ƿel ȝecƿemban· ⁊

⁵ mið Lꞃode *add.*

⁶ ſumeꞃa þinȝa *add.*

ᵃ For traces of the legend here referred to, see Acta Sanctorum,
mens. Junii, Tom. ii. p. 951. § 49, 50.

that they might have wrought miracles, and so they did.
They there excommunicated the mass-priest Arius, because he
would not believe that the Son of the living God was as
mighty as the great Father is. Then they all condemned the
devil's man, but he would not cease, till, at last, his intestines
all fell out, when he went to the house of office.

4. At this synod were appointed the holy church services,
and the mass-creed, and many other things respecting God's
worship, and God's servants.

5. They all decreed, by an unanimous determination, that
neither bishop, nor mass-priest, nor deacon, nor any regular
canon, should have in his house any woman, unless it were
his mother, or his sister, or his father's sister, or his mother's
sister, and that he who should do otherwise should forfeit
his order.

6. Now this will seem to you strange to hear, because ye
have brought your wretchedness so into a custom, as if it were
no danger that the priest live as the 'ceorl.' Now ye say, that
ye cannot be without the services of a woman; but how could
then those holy men live without wives? They have now,
therefore, the meed of their mind's chastity, ever without end,
in the life eternal. Priests now often say, that Peter had a
wife: they say very truly, because he must so then, by the
old law, before he turned to Christ; but he forsook his wife,
and all worldly things, after he had turned to Christ, who
established chastity.

a wife, but the holy fathers, who were before us, so as was Saint
Jerome the priest, and Saint Anastasius the priest, whom Saint Basil
the bishop made known[a], and Saint Beda the priest, whose bones rest
in [b]Yarrow, and numberless others, whose names we know not, over
all the globe of the world, practised abstinence from the society of
woman, and with all continence, and obedience to God, and their
superiors, well propitiated God, and

[b] Beda's remains were first interred at Yarrow, but were stolen
from thence, between the years 1021 and 1041, by a priest, Ælfred
the son of Weston, and deposited in the cathedral church of Durham,
where they rested in peace till 1541. See Stevenson's Beda, Intr.
pp. xix and xx.

VII. On þære ealdan ǽ moſte ſe biſceop niman him an
clæne mæden· ⁊ ƿið hý týman on aſettum timan· foꝛþan þe
ꝥ án cýn ſceolde ſýmble beon þæſ habeſ· ⁊ oſ nanꝛe oðꝛe
mæȝðe ne moſte þæꝛ beon nan biſceop· he ne moſte ſƿa-þeah
butan ǽne ƿiſyan· ne ¹he ne moſte' on ƿýðewum ƿiſyan·
ne on apoꝛꝛenum ƿiſe· ac eallſƿa þe ǽſ ſædon on ſumum
mædene· Ðý mihton þa ƿel habban ƿiſ on þam daȝum· foꝛþan þe hý næſꝛe ne mæꝛꝛodon· ne menn ne huſlodon· ac
oꝛꝛꝛodon nýtenu on þa ealdan ƿiſan· oð ꝥ Cꝛiſt halȝode huſl
ǽſ hiſ þꝛoƿunȝe· ⁊ þa mæꝛꝛan aſtealde· þe ſtent nu þuꝛh
hýne :·

VIII. Ðæꝛ ƿæſ eac ȝeſett on þam ýlcan ſinoðe· ꝥ ſeðe
ƿiðeꝛan náme oððe apoꝛꝛen ƿiſ· oððe ſeþe eſt ƿiſode· ꝥ he ne
ƿuꝛþe næſꝛe ſýððan to nánum háde ȝenumen· ne ȝehalȝod to
pꝛeoſte· Ac ſeðe ǽſ hæſde him an clǽne² ƿiſ³· ſe þære
ȝecoꝛen to þam clǽnan háde· ſƿa ſƿa ſe apoſtol Pauluſ on hiſ
piſtole aƿꝛat :·

IX. Ne nan pꝛeoſt ne mot beon æt þam bꝛýð-lacum ahƿæꝛ
þæꝛ man eſt ƿiſað oððe ƿiſ eſt ceorlað· ne hý toȝædeꝛe
bletſian· ſƿýlce man býcniȝe him· ſƿa ꝥ him ſelꝛe þæꝛe ꝥ hý
ƿunodon on clǽnnýſſe· Se læƿeda mot ſƿa-þeah· be þæſ
apoſtoleſ leaſe· oðꝛe ſiðe ƿiſyan· ȝýſ hiſ ƿiſ him ætſƿýlð· ac
þa cánoneſ foꝛbeodað þa bletſunȝa þæꝛ-to· ⁊ ȝeſetton dǽdbóte ſƿýlcum mannum to donne :·

X. Seoſon hadaſ ſýndon ȝeſette on cýꝛcan· án iſ hoſtiaꝛiuſ·
oðeꝛ iſ lectoꝛ· þꝛidda exoꝛciſta· feoꝛða acolituſ· ſiſta ſub-
diaconuſ· ſixta diaconuſ· feoꝛoða pꝛeſbiteꝛ :·

XI. Hoſtiaꝛiuſ iſ þære cýꝛcean duꝛe-peꝛð· ſe ſceal mid
bellan bicniȝan þa tída· ⁊ þa cýꝛcan unlúcan ȝeleaſꝛullum man-
num· ⁊ þam unȝeleaſꝛullum belúcan ƿiðútan :·

XII. Lectoꝛ iſ ꝛǽdeꝛe þe ⁴ꝛǽd on Godeſ cýꝛcan· ⁊ bið þæꝛ-
to ȝeháðod ꝥ he bodiȝe Godeſ poꝛd :·

---

¹⁄ þonne   ² mæden ȝenumen to add.

7. By the old law, a bishop must take to him a pure maiden, and with her cohabit at fixed times; because that one race should always be of that order, and of no other tribe might there be any bishop; he might not, however, marry more than once, nor might he marry a widow, nor a repudiated woman, but, as we before said, a maiden. They might well have wives in those days, because they never celebrated mass, nor administered the housel to men, but offered beasts in the old wise, until Christ hallowed the housel before his passion, and appointed the mass, which now stands through him.

8. There was also determined at that same synod, that he who took a widow, or a repudiated woman, or he who married again, that he should never afterwards be received into any order, nor hallowed for a priest; but he who before had a pure wife, was chosen to the pure order, so as the apostle Paul hath written in his epistle.

9. Nor may any priest be at the marriage anywhere, where a man marries a second wife, or a woman a second husband, nor together bless them, as may be signified to him; so that it were better for them that they continued in chastity. The layman may, however, with the apostle's leave, marry a second time, if his wife desert him; but the canons forbid the blessings thereto, and have established penances for such men to do.

10. Seven degrees are established in the church: one is ostiarius, the second is lector, the third exorcista, the fourth acoluthus, the fifth subdiaconus, the sixth diaconus, the seventh presbyter.

11. Ostiarius is the church door-keeper, whose duty it is to announce the hours with bells, and unlock the church to believing men, and to shut the unbelieving without.

12. Lector is the reader, who reads in God's church, and is ordained for the purpose of preaching of God's word.

---

³ ꞇ nane oðꝛe buꞇan þa *add.*   ⁴ þæꞇ

XIII. Exorcista is on Englisc reþe mid aðe halꝼað þa apꝩrȝedan ȝastas. þe pꝩllað menn dreccan[1]. þurh þæs ²Dælendes naman. þ hꝩ þa menn forlæton:-

XIV. Acolitus is ȝecꝩeden reþe candele oððe tapor bꝩrð to Lodes þenunȝum þonne mann ȝodspell ræt. oððe þonne man halȝað þ husl æt þam peoꝼode. nã sꝩlce he to-dræꝼe þa dꝩmlican þeostra. ac þ he ȝebꝩcniȝe blꝩsse mid þam leohte. Criste to aꝼꝛurðnꝩsse. þe is ure leoht:-

XV. Sub-diaconus is roðlice under-diacon. reþe þa ꝼatu bꝩrð forð to þam diacone. ⁊ mid eadmodnꝩsse þenað under þam diacone æt þam halȝan peoꝼode mid þam husel-ꝼatum:-

XVI. Diaconus is þen þe þenað þam mæsse-preoste. ⁊ þa oꝼꝛrunȝa rett uppon þ peoꝼod. ⁊ ȝodspell eac ræt æt Lodes þenunȝum. Se mot ꝼulhȝan cild. ⁊ þ ꝼolc huslian. Da sceolon on hꝩtum album þam Dælende þeopiȝan. ⁊ þ heoꝼenlice liꝼ healdan mid clænnꝩsse. ⁊ eall duȝende beon. swa swa hit ȝedaꝼenað þam hade.

Se sacerd þe bið puniȝende butan diacone. re haꝼað þone naman ⁊ næꝼð þa þenunȝa:-

XVII. Preꞅbiter is mæsse-preost oððe eald-pita. na þ ælc eald sꝩ. ac þ he eald sꝩ on ꝼisdome. Se halȝað Lodes husel. swa swa se Dælend bebead. he sceal þ ꝼolc lænan to ȝeleaꝼan² mid bodunȝe. ⁊ mid clænum þeapum þam cꝛistenum ȝebꝩꞃnian. ⁊ his liꝼ ne sceal beon sꝩlce læpeðꞃa manna. Nis na mare betꝩꝛx mæsse-preoste ⁊ bisceop. buton þ se bisceop bið ȝeꞅett to hadiȝenne preostas. ⁊ to bisceopȝenne cild. ⁊ to halȝꝩenne cꝩꞃcan. ⁊ to ȝꝩmenne Lodes ȝeꞃihta. ꝼorþan þe hit þæꞃe to mæniȝꝼeald. ȝiꝼ ælc mæsse-preost swa dꝩde. ⁊ hꝩ habbað ænne had. þeah re oðer sꝩ ꝼurðor:-

XVIII. Nis nán had ȝeꞅette on cꝩꞃclicum þeapum butan þas reoꝼon. swa swa þe rædon nu. Munuc-had ⁊ abbud-had sꝩndon on oþre ꝼiꞃan. ⁊ ne sꝩndon ȝetealde to þꝩrum ȝetele. ne eac nunnan-had nis na ȝenamod heꞃ-to. Das hadas sꝩndon

---

13. Exorcista is in English, he who with oath conjures, in the Saviour's name, the accursed spirits, which torment men, that they forsake those men.

14. Acoluthus he is called who bears the candle or taper, in God's ministries, when the gospel is read, or when the housel is hallowed at the altar; not to dispel, as it were, the dim darkness, but, with that light, to announce bliss, in honour of Christ, who is our light.

15. Subdiaconus is truly underdeacon, who bears forth the vessels to the deacon, and humbly ministers under the deacon, at the holy altar, with the housel vessels.

16. Diaconus is the minister who ministers to the mass-priest, and sets the offerings upon the altar, and also reads the gospels at God's ministries. He may baptize children, and housel the people. They shall minister to the Saviour in white albs, and lead a spiritual life in chastity, and all be efficient persons, so as is befitting the order.

The priest, who continues without a deacon, has the name, but has not the services.

17. Presbyter is the mass-priest, or old 'wita;' not that every one is old, but that he is old in wisdom. He hallows God's housel, as the Saviour commanded. He has to instruct the people in belief with preaching, and with pure morals give example to Christians, and his life should not be as that of laymen. There is no difference betwixt a mass-priest and a bishop, save that the bishop is appointed for the ordaining of priests and confirming of children, and hallowing of churches, and to take care of God's dues; for it would be too multifarious if every mass-priest so did: but they have one order, though the latter have precedence.

18. There is no order appointed in the ecclesiastical ministries but these seven, as we have just said. Monkhood and abbothood are in another manner, and are not reckoned in this number, nor also is nunhood named herein. These

---

2 Ꝼlmihtiȝan   3 ꝺ add.

haliȝe· ⁊ to heoꝼenum ȝebꞃinȝað þæꞃa þꞃeoꞃta ꞃapla þe hy
ꞃýꝼeꞃlice healðað :·

XIX. Nu ȝebýꞃað mæꞃꞃe-pꞃeoꞃtum ⁊·eallum Ⳓoðeꞃ þeoꝼum·
þ hi healðan heoꞃa cýꞃcan mið halȝum þeoꝼðome· ⁊ þa ꞃeoꝼon
tið-ꞃanȝaꞃ ȝeꞃýnȝon þæꞃ-inne· þe him ȝeꝼette ꞃýnð· ꞃƿa ꞃƿa
ꞃe ꞃinoð hi ȝeðihte· uht-ꞃanȝ ⁊ pꞃim-ꞃanȝ· unðeꞃn-ꞃanȝ ⁊
miððæȝ-ꞃanȝ· nôn-ꞃanȝ ⁊ æꝼen-ꞃanȝ· ⁊ niht-ꞃanȝ ꞃeoꝼoðan :·

XX. Ānð hi ꞃceolon ȝebiððan ȝeoꞃnlice ꝼoꞃ þone cýninȝ· ⁊
ꝼoꞃ heoꞃa biꞃceop· ⁊ ꝼoꞃ þa þe him ȝôð ðoð· ⁊ ꝼoꞃ eall cꞃiꞃten
ꝼolc[1] :·

XXI. Ðe ꞃceal habban eac þa ƿæpna to þam ȝaꞃtlicum
peoꞃce ænþan þe he beo ȝehāðoð· þ ꞃýnð þa halȝan bec· ꞃal-
teꞃe· ⁊ piꞃtol-bôc· ȝoðꞃpell-bôc· ⁊ mæꞃꞃe-bôc· ꞃanȝ-bôc· ⁊
hanð-bôc· ȝeꞃim· ⁊ paꞃtoꞃalem· peniteꞃntialem· ⁊ ꞃ̄ðinȝ-bôc.
[2]Ðâꞃ bec ꞃceal mæꞃꞃe-pꞃeoꞃt neðe habban· ⁊ he ne mæȝ
bûtan beon· ȝiꝼ he hiꞃ hâð on ꞃiht healðan pýle· ⁊ þam ꝼolce
æꝼteꞃ ꞃihte ƿiꞃiȝan· þe him tô-locað·' ⁊ beo he æt þam ꝼæꞃ
þ hi beon ƿel ȝeꞃihte :·

XXII. Ðe ꞃceal habban eac mæꞃꞃe-ꞃeâꞃ· þ he maȝe aꞃpuꞃð-
lice Ⳓoðe ꞃýlꝼum þeniȝan· ꞃƿa hit ȝeðaꝼenlic iꞃ þ hiꞃ ꞃeâꞃ ne
beo hoꞃiȝ· ne huꞃu *to-ꞃiȝen ⁊ hiꞃ peoꝼoð-ꞃceataꞃ beon ƿel
behꞃoꞃꝼene. Beo hiꞃ calic eac oꝼ clænum antimbꞃe ȝepoꞃht·
unꝼoꞃꞃotiȝenðlic.[3] ⁊ eallꞃƿa ꞃe ðiꞃc· ⁊ clæne coꞃpoꞃale· ꞃƿa
ꞃƿa to Cꞃiꞃteꞃ þenunȝum ȝebýꞃað. Ⳗan ne mæȝ bûtan
ȝeꞃƿýnce ꞃƿýlc þinȝ ꝼoꞃðbꞃinȝan· ac þa beoð on ecnýꞃꞃe
aꞃpuꞃðe mið Ⳓoðe· þe him ƿel þeniað mið ꝼíꞃðome ⁊ mið
clænnýꞃꞃe :·

XXIII. Ꝩe mæꞃꞃe-pꞃeoꞃt ꞃceal ꞃecȝan· Sunnan-ðaȝum ⁊
mæꞃꞃe-ðaȝum· þæꞃ ȝoðꞃpelleꞃ anȝ̄t on Enȝliꞃc þam ꝼolce· ⁊
be þam Pateꞃ noꞃteꞃ· ⁊ be þam cƿeðan eâc· ꞃƿa he oꝼtoꞃt
maȝe· þam mannum to onbꞃýꞃðnýꞃꞃe· þ hi cunnon ȝeleaꝼan·
⁊ heoꞃa cꞃiꞃtenðôm ȝehealðan. Ꝥaꞃniȝe ꞃe laꞃeoƿ ƿið þ þe
ꞃe piteȝa cƿæð· Ⳓaneꞃ muti non poꞃꞃunt latꞃaꞃe. Ða ðumban
hunðaꞃ ne maȝon beoꞃcan· Ꝥe ꞃceolon beoꞃcan ⁊ boði-

---

[1] libbenðe ⁊ ꝼoꞃð-ȝepitene *add.*
[2]' Ðiꞃ iꞃ þ neað ƿꞃin þe pꞃeoꞃt habban ꞃceal·

*toꞃliten?

orders are holy, and bring to heaven the souls of those priests who seriously observe them.

19. Now it behoves mass-priests, and all God's servants, to officiate in their churches with holy service, and to sing the seven canonical hours therein, which are appointed to them, so as the synod has directed : matins, prime, tierce, sext, none, vespers, and compline seventh.

20. And they shall fervently pray for the king, and for their bishop, and for those who do good to them, and for all Christian people.

21. He shall also have for the spiritual work, before he is ordained, these weapons; that is, these holy books: psalter, epistle book, gospel book, and mass book, book of canticles, and manual, numeral, and pastoral, penitential, and reading book. These books the mass-priest should necessarily have, and he may not be without them, if he will properly observe his order, and rightly inform the people, who look to him; and let him be careful, that they are well directed.

22. He shall also have mass-vestments, that he may reverendly minister to God himself; so is it becoming, that his vestment be not dirty, nor by any means torn, and his altar-cloths in good condition. Let his chalice also be wrought of pure material, incorruptible, and so also the dish, and the corporale be clean, such as is befitting Christ's ministries. Such things cannot be produced without labour, but they will for ever be honourable with God, who well minister to him, with wisdom and with chastity.

23. The mass-priest shall, on Sundays and mass-days, tell to the people the sense of the gospel in English, and concerning the Pater noster and the creed also, the oftenest that he can, as a stimulus to men, that they may know the faith and cultivate their Christianity. Let the teacher warn against that which the prophet says : 'Canes muti non possunt latrare,' 'Dumb dogs cannot bark.' We ought to bark, and preach to

---

³ ȝylben oððe feolfepn· oððe tinen· *interlined in a very ancient hand.*

ȝan þam læƿeðum · þe læſ þe hý ſoſ laſ-lýſte loſian ſceolðan.
Cſiſt cƿæð on hiſ ȝoðſpelle be unſnoteſum laſeoƿum ·
Cæcuſ ſi cæco ðucatum pſæſtet · ambo in ſoueam caðunt.
Ȝiſ ſe blinða mann bið oðſeſ blinðan latteoƿ · þonne be-
ſeallað hý beȝen on ſumne blinðne ſeað. Blinð bið ſe
laſeoƿ · ȝiſ he þa bóc-laſe ne cann · ŋ beſſicð þa læƿeðan mið
hiſ láſ-leaſte · ſƿa paſniað eoƿ ƿið hiſ · ſƿa ſƿa ȝe þeaſſe aȝon :·

xxiv. Ða halȝan ſæðeſaſ ȝeſetton eac þ menn ſýllon heoſa
teoþunȝa into Ȝoðeſ cýſcan. Ánð ȝanȝe ſe ſaceſð to · ŋ
ðæle hý on þſeo · ænne ðæl to cýſc-bóte · ŋ oðeſne þeaſſum ·
þone þſiððan þam Ȝoðeſ þeoƿum þe þæſe cýſcan beȝýmað :·

xxv. Eac hý ȝeſetton þ mann ne ſceole mæſſian innan
nánum huſe · buton hýt ȝehalȝoð ſý · buton ſoſ mýcelſe
neoðe · oððe ȝýſ man bið untſum :·

xxvi. Ánð ȝiſ unȝeſulloð cilð ſæſlice bið ȝebſoht to þam
mæſſe-pſeoſte · þ he hit mot ſullian ſona mið oſſte · þ hit ne
ſƿelte hæðen :·

xxvii. Ánð þ nán pſeoſt ne ðo ¹hiſ halȝan þenunȝe ƿið
ſceattum ·' ne náneſ þinȝeſ ne biððe æt · naðoſ ne ſoſ ſulluhte · ne ſoſ nánſe þenunȝe · þ he ne beo þam ȝelíc þe Cſiſt
ſýlſ aðſæſðe mið ſƿíſe oſ þam temple · ſoſþan þe hý mánȝo-
ðon mán-ſullice þæſ-inne. Ne ðo ná ſe Ȝoðeſ þeoƿa Ȝoðeſ
þenunȝe ſoſ ſceattum · ac to þý þ he ȝeeaſniȝe þ ece puldoſ
þuſh þ :·

xxviii. ᵃNe nan pſeoſt ne ſaſe · ſoſ æniȝſe ȝitſunȝe ·
ſſam mýnſtſe to oþſum · ac æſſe þuſhpuniȝe þæſ he to ȝeháðoð ƿæſ · þa hƿíle þe hiſ ðaȝaſ beoð :·

xxix. Ne nan pſeoſt þuſh ðýſiȝ ne ðſince unȝemetelice ·
ne nænne mann ne neaðiȝe to mýcclum ðſýnce · ſoſþan þe he
ſceall beon ȝeaſo · ȝiſ cilð bið to ſulliȝenne · oððe man to
huſliȝenne · þ he hæbbe hiſ ȝepitt · ŋ þeah hit ſƿa ne ȝetimiȝe ·
ne ſceal he beon ðſuncen · ſoſþan þe uſe Dſihten ſoſbeað
ðſuncennýſſe hiſ þenum :·

---

the laymen, lest, for want of teaching, they should perish. Christ has said in his gospel, of unskilful teachers: 'Cæcus si cæco ducatum præstet, ambo in fossam cadunt,' 'If the blind be the guide of another blind, then they both fall into a blind ditch.' Blind is the teacher, if he know not book-learning, and deceive the laymen by his ignorance; therefore take ye heed against this, so as ye have need.

24. The holy fathers appointed also, that men pay their tithes into God's church. And let the priest go thither, and divide them into three: one part for repair of the church, and the second for the poor, the third for God's servants, who attend the church.

25. They also established, that no one should celebrate mass within any house, unless it were hallowed, except for great need, or if any one be sick.

26. And if an unbaptized child be suddenly brought to the mass-priest, that he must baptize it forthwith with haste, so that it die not heathen.

27. And that no priest do his holy ministry for money, nor demand anything, neither for baptism nor for any ministry; that he be not like to those, whom Christ himself drove with a whip from the temple, because they wickedly trafficked therein. Let not the servant of God do God's ministry for money, but to the end that he may merit eternal glory thereby.

28. Nor let any priest, for any covetousness, go from one minster to another, but ever remain in that to which he was ordained, as long as his days continue.

29. Nor let any priest, through folly, drink immoderately, nor force any man to much drink; because he shall be prepared, if there be a child to baptize, or a man to housel, so that he have his wits: and though it may not so happen, he ought not to be drunk, because our Lord forbade drunkenness to his disciples.

---

* This chapter, which is wanting in *O.*, is supplied from *X.*

xxx. Ne preoſt ne beo manȝepe ne ȝitriȝende mæſſepe·
ne he ne ſoplǽte hiſ ȝodcundnyſſe· ne ne ſó to populd-ſppǽ-
cum· ne he pǽppa ne pepiȝe· ne ne pipce ſace· ne he ne
dpince æt pin-tunnum· ſpa ſpa populd-menn doð· ne he aðaſ
ne ſpepiȝe [1]· ac mid anſealdnyſſe ſppece æfpe únleaſlice· ſpa
ſpa ȝelǽpeð Loveſ þeopa :·

xxxi. De ſceal eac mid ȝeſceade þa ſynȝiȝendan ſcupan·
ælcne be hiſ mæðe· ſpa ſpa he acuman maȝe· 7 he ſceal huſ-
liȝan unhale 7 ſeoce· þa hpile þe ſe ſeoca maȝe þ huſl ſoſ-
ſpelȝan· 7 he hit ne ſceal don ȝiſ he ſam-cucu bið· ſoſþan þe
Cſiſt [2]het þ mann æte þ huſl :·

xxxii. Se preoſt ſceal habban ȝehalȝodne ele on ſundſan
to cildum· 7 on ſundſan to ſeocum mannum· 7 ſmyſiȝan
þa ſeocan ſymble on leȝepe. Sume ſeoce menn ſoſpandiȝað þ
hý nellað ȝeþaſian þ hi man ſmyſiȝe on heoſa untſumnyſſe·
nu pýlle pe eop ſecȝan hu ſe Loveſ apoſtol Iacobuſ be þam
tæhte· he cpæð to þam ȝeleaſſullum þuſ· Tpiſtatuſ aliquiſ
ueſtſum· oſet æquo animo 7 ſpallat· Ȝiſ eopeſ hpýlc bið
ȝeunſótſod· he hýne ȝebidde mid emnum mode 7 hiſ Dpihten
heſiȝe· Ȝiſ hpa bið ȝeuntſumod betpux eop· he háte ȝe-
ſeccan him to þæpe ȝelaðunȝe mæſſe-pſeoſtaſ· 7 hý him
oſeſ-ſinȝon· 7 him ſoſe ȝebiddon· 7 hine ſmyſiȝon mid éle on
Dpihteneſ naman· 7 þæſ ȝeleaſſullan ȝebed ȝehælð þone
untſuman· 7 Dpihten hine apæpð· 7 ȝiſ he on ſynnum bið
hý beoð him ſoſȝyſene· Andettað eop betpýnan eopſe
ſynna· 7 ȝebýððað ſoſ eop eop betpýnan· þ ȝe beon ȝehealdene. Duſ cpæð Iacob ſe apoſtol be þæpe ſmyſunȝe ſeocſa
manna· ac ſe ſeoca ſceal ȝeandettan mid inpeaſone ȝeom-
ſunȝe þam ſaceſoe· ȝiſ he æniȝne ȝýlt unȝebet hæſð· æſ
he hýne ſmyſiȝe· ſpa ſpa ſe apoſtol heſ beſoſan tæhte· 7
hine ne mot nan mann ſmyſiȝan butan he þæſ bidde· 7 hiſ
andetnyſſe dó. Ȝiſ he æſ ſynſul pæpe 7 ȝýmeleaſ· he dó
þænne andetnyſſe· 7 ȝeſpýcennyſſe· 7 ælmeſſan· æſ hiſ
ȝeendunȝe· 7 he ne bið ſoſdémed to helle· ac he becýmð to
Loveſ miltſunȝe :·

xxxiii. Feopeſ ſinoðaſ pæpon ſoſ þam ſoðan ȝeleaſan
onȝean þa ȝeðpolmen· þe dýſlice ſppæcon be þæpe Halȝan

· 30. Nor let a priest be a monger, nor a covetous merchant; nor let him forsake his divinity; nor take to worldly conversations; nor let him wear weapons; nor work strife; nor let him drink at wine houses, as secular men do; nor let him swear oaths, but, with simplicity, ever speak truly, as a learned servant of God.

31. He shall also, with discretion, shrive sinners, each according to his degree, as he may bear; and he shall housel the infirm and sick, while the sick can swallow the housel; and he shall not administer it, if he be half living, because Christ commanded that the housel should be eaten.

32. The priest shall have hallowed oil apart for children, and apart for sick men, and always anoint the sick in bed. Some sick men are fearful, so that they will not consent to be anointed in their illness: now we will tell you how James, the apostle of God, taught respecting that point: he said to the faithful thus: ‘Tristatur aliquis vestrum, oret æquo animo, et psallat,’ ‘If any of you be sad, let him pray with even mind, and praise his Lord.’ ‘If any one among you be sick, let him order to be fetched to him the mass-priests of the church, and let them sing over him, and pray for him, and anoint him with oil, in the name of the Lord: and the prayer of a faithful man shall heal the sick, and the Lord shall raise him up: and if he be in sins, they shall be forgiven him. Confess your sins among yourselves, and pray for yourselves among yourselves, that ye may be saved.’ Thus spake James the apostle concerning the unction for sick men: but the sick must confess, with inward groaning, to the priest, whether he has any crime unatoned for, before he anoints him, as the apostle here before enjoined: and no man may anoint him, before he pray for this, and do his confession. If he were before sinful and heedless, let him then make confession, and promise cessation, and give alms, before his end; and he shall not be condemned to hell, but shall attain to God’s mercy.

33. There were four synods, for the true faith, against the heretics, who foolishly spake concerning the Holy Trinity, and

Ðꞃynnyſſe ⁊ þæſ Hælendeſ mennıſcnyſſe. Se ꝼoꞃma pæſ on Nıcêa. ſpa ſpa þe ȝeꝼyꞃn æꞃ ꞃædon. ⁊ ſe oðeꞃ pæſ ꞃyððan on Conſtantınópolım· oðeꞃ healꝼ hund bıſceopa· halıȝe Ȝodeſ menn· ſe þꞃyðða pæſ on Eꝼeſum· ¹þ̄ pæꞃon' tꞃa hund bıſceopa· ⁊ ſe ꝼeoꞃða pæſ on Ȝalcedonıa· ¹þ̄ pæſ' ꝛæla hund bıſceopa· ⁊ hy ealle pæꞃon ânꞃæde hım betꞃeonan to þæꞃe ȝeꝛætnyſſe þe mann ȝeꝛette on Nıcêa· ⁊ hy ȝebetton ȝehpæt þe tobꞃocen pæſ oꝼ þam. Ða ꝼeopeꞃ ꞃınoðaſ ꞃynð to heâldenne· ſpa ſpa þa ꝼeopeꞃ Cꞃıſteſ béc· on Cꞃıſteſ ȝelaðunȝe. Ƿaneȝa ꞃınoðaſ pæꞃon ꞃyððan ȝehæꝛde· ac þaꞃ ꝼeopeꞃ ꞃyndon ꝼyꞃmeſte ſpa-þeah· ꝼoꞃþan þe hy aðꞃæꞃedon þa ðꞃollıcan laꞃa· þe þa ȝedpolan ꝼundan ðꞃollıce onȝean Ȝod· ⁊ hı eac ȝeꝛetton þa cyꞃclıcan þenunȝa :·

xxxıv. Ðu ðuꞃꞃe ȝe nu ꝼoꞃꞃeón heoꞃa ealꞃa ȝeꝛetnyſſa· þonne munecaſ healdað âneſ manneſ ȝeꝛetnyſſa· þæſ halȝan Benedıctuſ· ⁊ be hıſ dıhte lybbað· ⁊ ȝyꝼ hy hꞃæꝛ hıt tobꞃæcað hı hıt ȝebetað eꝼt· be heoꞃa abbudeſ dıhte· mıd ealꞃe eadmodnyſſe. Ȝe habbað eac ꞃeȝol· ȝyꝼ ȝe hıne ꞃ̄ædan poldan· on þam ȝe maȝon ȝeꞃeón hu hıt ȝeꝛet ıſ be eop· ac ȝe luꞃıað poꞃuld-ſpꞃæca· ⁊ pyllað beon ȝeneꝝan· ⁊ ꝼoꞃlætað eopꞃe cyꞃcan· ⁊ þa ȝeꝛetnyſſa mıdealle :·

xxxv. Ðe pyllað ſpa-þeah ꞃecȝan þa ȝeꝛetnyſſa eop· þy læſ þe þe ꞃylꝼe loꞃıȝon ꝼoꞃð mıd eop.² Ȝe ne ꞃcylan ꝛæȝnıȝan ꝼoꞃð-ꝼaꞃenꞃa manna· ne þ̄ ᛚíc ȝeꝛécan· buton eop mann laðıȝe

---

¹' X. omit.

² Cꞃıſtene men ſculon ꞃecan cyꞃcan ȝelome·   Christian men should attend church frequently,
⁊ man ne mot ſpellıan·   and no one may discourse,
ne ſpꞃæca bꞃıꞃan·   nor conversations hold
bınnan Ȝodeſ cyꞃcan·   within God's church,
ꝼoꞃðan þe heo ıſ ȝebed-huſ·   because it is a prayer-house,
Ȝode ȝehalȝod·   hallowed to God,
to þam ȝaſtlıcum ſpꞃæcum.   for ghostly discourses.
Ne man ne ꞃceal dꞃıncan·   Nor may one drink,
oððe dollıce etan·   nor thoughtlessly eat,
bınnan Ȝodeſ huſe·   within God's house,
þe ıſ ȝehalȝod to þam·   which to that is hallow'd,
þ̄ man Ȝodeſ lıchaman   that God's body
mıd ȝeleaꝼan þæꞃ ðıcȝe.   be with faith there eaten.
Nu dôð men ſpa-þeah·   Yet men now do
byꞃlıce ꝼoꞃ oꝼt·   too oft foolishly,
þ̄ hı pıllað pacıan·   so that they will watch,
⁊ podlıce dꞃıncan·   and madly drink,

the Saviour's humanity. The first was at Nice, as we said long before; and the second was afterwards at Constantinople, of a hundred and fifty bishops, holy men of God; the third was at Ephesus, of two hundred bishops; and the fourth was at Chalcedon, of many hundred bishops. And they all were unanimous among themselves for the ordinance that had been established at Nice, and they amended everything of it that had been broken. These four synods are to be observed, so as the four books of Christ, in Christ's church. Many synods have been held since, but these four are, nevertheless, the principal, because they extinguished the heretical doctrines, which the heretics heretically invented against God; and they also appointed the church services.

34. How dare ye now despise all their ordinances, while monks hold the ordinances of one man, the holy Benedict, and live according to his direction? and if they anywhere violate it, they make amends afterwards, by their abbot's direction, with all humility. Ye also have a rule, if ye would read it, in which ye may see how it is established with regard to you; but ye love worldly conversations, and will be reeves, and neglect your churches, and the ordinances totally.

35. We will, however, recite the ordinances to you, lest we ourselves perish along with you: Ye shall not rejoice on account of men deceased, nor attend on the corpse, unless ye

binnan Lꝺoꝺeꞃ huꞃe·
ꞃ bẏꞃmoꝧlice pleȝian·
ꞃ miꝺ ȝeȝaꞃ-ꞃꝥꞃꝥꝥæcum·
Lꝺoꝺeꞃ huꞃ ȝeꞃẏlan·
ac þam ꝥæꞃe beꞇeꞃe ꝥ hi
on heoꝺa beꝺꝺe laȝon·
þonne hi ȝeȝꞃemeꝺon Lꝺoꝺ·
on þam ȝaꞃꞇlicum huꞃe·
Seꝺe ꝺẏlle pacian·
ꞃ ꝺuꞃꝺian Lꝺoꝺeꞃ halȝan·
pacian miꝺ ꞃꞇilnẏꞃꞃe·
ꞃ ne ꝺẏnce nan ȝehlẏꝺ·
ac ꞃꞃnȝe hiꞃ ȝebebu·
ꞃꞃa he ꞃeloꞃꞇ cunne·
ꞃ ꞃeꝺe ꝺẏlle bꞃincan·
ꞃ bꞃæꞃlice hlẏꝺban·
bꞃince him æꞇ ham·
na on Dꞃihꞇneꞃ huꞃe·
ꝥ he Lꝺoꝺ ne ȝeunꝺꞃ꞊ꝺẏȝe·
ꞇo piꞇe him ꞃẏlꞃum:· *add.*ꞁ

within God's house,
and play shamefully,
and with idle-speeches
God's house defile;   [they
but for them 't were better that
in their beds lay,
than that they God angered,
in that ghostly house.
Let him who will watch,
and honour God's saints,
with stillness watch,
and make no noise,
but sing his prayers,
as he best can:
and let him who will drink,
and idly make noise,
drink at his home,
not in the Lord's house,
that he God dishonour not,
to his own punishment.

þæp-to· ¹þænne ʒe þæp-to ʒelaðode ɼýn· þonne ɼoɼbeode ʒe
þa hæðenan ɼanʒaɼ þæpa læpeðɼa manna· Ᵹ heopa hluðan
cheahchetunʒa· ne ʒe ɼýlɼe ne eton· ne ne ðɼuncon· þæp ꝥ
Kíc inne hɪð· þe læɼ þe ʒe ɼýnðon eɼen-læce þæɼ hæðenɼcýpeɼ·
þe hý þæɼ beʒað.' Ne ʒe ne ɼceolon beon þance mið hɼunʒʒum
ʒeʒlenʒeðe· ne eopeɼ ɼeaɼ ne beo to þánclice ʒemacoð· ne
eɼt to paclice· ac pepɪʒe ʒehpa ɼpa hɪɼ háðe to-ʒebýɼɪʒe· ꝥ ɼe
pɼeoɼt hæbbe ꝥ ꝥ he to-ʒeháðoð ɪɼ· Ᵹ he ne pepɪʒe munuc-
ɼcɼuð· ne læpeðɼa manna· þe ma þe ɼe pep ɼepað ɼɪmmanna
ʒýplan. Cɽɪɼt cpæð be hɪɼ þenum þe hɪm þenɪað ʒeoɼnlice·
ꝥ hý ɼceolðon beon on blýɼɼe á mið hɪm· þæp þæp he ɼýlɼ
bɪð· on þam ɼoðan lɪɼe· þam ɪɼ pulðoɼ Ᵹ puɼðmýnt á to
populðe. Ámen:·

, xxxvi. Ic bɪððe eop· ꝥ ʒe ʒýmon eopɼa ɼýlɼpa ɼpa eopɼe
béc eóp pɪɼɼað hu ʒe ðon ɼceolon on þɪɼum topeaɼðum ðaʒum.
Ꝏan ne mot halʒian huɼel on Lanʒa Fɼɪʒe-ðæʒ· ɼoɼþan þe
Cɽɪɼt þɼopode on þone ðæʒ ɼoɼ uɼ· ac mann ɼceal ðón ɼpa-
þeah ꝥ þe to þam ðæʒe ʒebýɼað· ꝥ man ɼæðe tpa ɼæðɪnʒa mɪð
tpam tɼactum Ᵹ mɪð tpam collectum Ᵹ Cɽɪɼteɼ þɼopunʒe· Ᵹ
ɼýððan þa ʒebeðu· Ᵹ ʒebýððon hý to þæɼe halʒan ɼoðe· ꝥ hɪ
ealle ʒeʒɼeton þa Lioðeɼ ɼoðe mɪð coɼɼe. Lanʒe ɼe pɼeoɼt
ɼýððan to þam Lioðeɼ peoɼoðe mɪð þæɼe huɼel-laɼe þe he
halʒode on Ðunɼeɼ-ðæʒ· Ᵹ mɪð unʒehalʒoðum pɪne mɪð pæteɼe
ʒemencʒeð· Ᵹ behelie mɪð coɼpoɼale· Ᵹ cpeðe þonne beɼone.
Oɼemuɼ pɼeceptɪɼ ɼalutaɼɪbuɼ monɪtɪ· Ᵹ Pateɼ noɼteɼ oð
enðe· Ᵹ ɼýððan cpeðe ðɪʒellice. Libeɼa noɼ quæɼo Domɪne ab
omnɪbuɼ malɪɼ· Ᵹ hluðe. Peɼ omnɪa ɼecula ɼeculoɼum. Do
ɼýððan ɼumne ðæl þæɼ huɼleɼ ɪnto þam calice. ɼpa hɪt ʒe-
punelɪc ɪɼ ɼpa-þeah· mɪð ɼpɪʒean ʒanʒe he to huɼle ɼýððan· Ᵹ
elleɼ loc hpa pýlle. Þe ɼýnʒað on þone Ðunɼeɼ-ðæʒ upe tɪð-
ɼanʒaɼ toʒæðeɼe· Ᵹ ealle þaɼ pɼeceɼ ðɪʒellice· Ᵹ Ꝏɪɼeɼeɼe meɪ
Deuɼ· Ᵹ þa collectan. On þone Fɼɪʒe-ðæʒ þe ɼɪnʒað ealle þa
tɪð-ɼanʒaɼ on ɼunðoɼ ðɪʒellice· buton þam uht-ɼanʒe anum·
þe pe toʒæðeɼe ɼɪnʒað. Eallɼpa on þone Sæteɼneɼ-ðæʒ oð
nón-ɼanʒ bɪð ʒeɼunʒen· ne ðo man nænne ele to þam ɼante·
buton mann þæɼ cɪlð on ɼullɪʒe. On þone Eaɼteɼ-æɼen ne ɼý
ʒeɼunʒen· æt þæɼe mæɼɼan oɼɼeɼenða· ne Áʒnuɼ Deɪ ne
Lommunɪa· ac betpux þam þe híʒan to huɼle onʒɪnne ɼe can-
toɼ Álleluɪa. Álleluɪa. Álleluɪa. Ᵹ þone ɼealm þæp-to. Lau-
ðate Domɪnum omneɼ ʒenteɼ· ɼýððan þone antemn Veɼpeɼe

be thereto invited; when ye are thereto invited, then forbid ye the heathen songs of the laymen, and their loud cachinnations; nor eat ye, nor drink where the corpse lieth therein, lest ye be imitators of the heathenism which they there commit. Nor shall ye be proud, decorated with rings; nor let your garments be made too proudly, nor yet too poorly, but let every one wear what befits his order; so that the priest have that to which he is ordained; and let him not wear monk's clothing, nor laymen's, any more than a man wears women's garments. Christ said of his disciples, who zealously ministered to him, that they should ever be with him in bliss, there where he himself shall be, in that true life; to whom is glory and honour to all eternity.   Amen.

36. I pray you, that you take heed of yourselves, so as your books instruct you, how you should do in these days to come. Housel may not be hallowed on Good Friday, because Christ suffered on that day for us; but there must, nevertheless, be done what appertains to that day: so that two lectures be read, with two expositions, and with two collects, and Christ's passion; and afterwards, the prayers. And let them pray to the holy rood, so that they all greet the rood of God with kiss. Let the priest then go to the altar of God, with the housel bread that he hallowed on Thursday, and with unhallowed wine mixed with water, and conceal it with his corporale, and then immediately say: 'Oremus preceptis salutaribus moniti;' and 'Pater noster' to the end. And then let him say to himself: 'Libera nos quæso Domine ab omnibus malis,' and aloud: 'Per omnia secula seculorum.' Let him then put a part of the housel into the chalice, as it is, however, usual; then let him go silently to the housel; and for the rest, let look who will. We sing on the Thursday, our canonical hours together, and all these prayers to ourselves, and 'Miserere mei Deus,' and the collects. On the Friday we sing all the canonical hours separately to ourselves, except the matins only, which we sing together. In like manner, on the Saturday, until nones have been sung, let no oil be put into the font, unless a child be baptized therein. On Easter eve, let there not be sung at the mass-offering, neither 'Agnus Dei' nor 'Communia;' but among those who desire the housel, let the chanter begin: 'Alleluia, Alleluia, Alleluia,' and the psalm thereto: 'Laudate

autem Sabbati. ⁊ Magnificat oð ende. Cƿeðe ſyððan ſe
ſacerd. Dominus uobiſcum. Oremus. ⁊ þone collectan poſt
communionem. ⁊ ȝeendiȝe þa mæſſan ⁊ þone eꝼen-ſang ſƿa
mid anꞃe collectan Poſt communionem. Sume pꞃeoſtaſ
healdað þ huſl. þe bið on Eaſteꞃ-dæȝ ȝehalȝod. oꝼeꞃ ȝeaꞃ. to
ſeocum mannum. ac hi miſdoð ſƿiðe deope. þ þ haliȝe huſel
ſceole ꝼyneȝian. ⁊ nellað undeꞃſtandan hu mycele dæðbóte
ſeo Penitentialis tæcð be þam. ȝyꝼ þ huſel byð ꝼyniȝ. oððe
hæþen. oððe ȝiꝼ hit ꝼoꞃloꞃen bið. oððe ȝiꝼ myſ oððe nytenu
þuꞃh ȝymeleaſte hit etað. Man ſceal healdan þ haliȝe huſl
mid mycelꞃe ȝymene. ⁊ ne ꝼoꞃhealdan hit. ac halȝian oþeꞃ
eðniþe to ſeocum mannum. á embe ſeoꝼon niht. oððe ymbe
ꝼeoweꞃtyne-niht. þ hit huꞃu ꝼyniȝ ne ſy. ꝼoꞃþan þe ealſƿa
haliȝ bið þ huſel þe nu to-dæȝ pæſ ȝehalȝod ſƿa þ on Eaſteꞃ-
dæȝ pæſ ȝehalȝod. Ðæt huſel iſ Cꞃiſtes lichama. na licham-
lice. ac ȝaſtlice. na ſe lichama þe he on þꞃoƿode. ac ſe lichama
þe he embe ſpꞃæc. þa þa he bletſode hláꝼ ⁊ ƿín to huſle ánꞃe
nihte æꞃ hiſ þꞃoƿunȝe. ⁊ cƿæð be þam ȝebletſodan hláꝼe. Ðiſ
iſ min lichama. ⁊ eꝼt be þam ȝehalȝodan ƿíne. Ðiſ iſ mín
blód þe bið ꝼoꞃ maneȝum aȝoten on ſynna ꝼoꞃȝyꝼennyſſe.
Undeꞃſtandað nu þ ſe Dꞃihten. þe mihte apendan þone hláꝼ
æꞃ hiſ þꞃoƿunȝe to hiſ licháman. ⁊ þ ƿín to hiſ blóde ȝaſtlice.
þ ſe ylca dæȝhƿamlice bletſað þuꞃh ſacerda handa hláꝼ ⁊ ƿín
to hiſ ȝaſtlican licháman ⁊ blóde. Ac ſe ſacerd ſceal dón
clǽnlice ⁊ caꞃꝼullice Godeſ þenunȝa. mid clǽnum handum ⁊
mid clǽnꞃe heoꞃtan. ⁊ behealde he þ hiſ oꝼletan ne beon
eald bacene. ne yꝼele beꞃeꝼene. ⁊ menȝe he ſymble pæteꞃ
to þam ƿíne ꝼoꞃþan þe þ ƿín ȝetacnað une alýſednyſſe þuꞃh
Cꞃiſtes blód. ⁊ þ pæteꞃ ȝetacnað þ ꝼolc þe he ꝼoꞃe þꞃoƿode.
Mycele ȝeþinȝðu ȝeeaꞃniað þa þe Gode mid ȝeoꞃnꝼulnyſſe ⁊
eꞃꝼulnyſſe þeniað. ⁊ eꝼt iſ apꞃiten. þ ſe bið apyꞃȝed þe deð
Godeſ ¹þenunȝe mid ȝymeleaſte. Þe maȝon be þyſum to-
cnapan. þ ſe mann þe hiſ ȝeſyhðe næꝼð. ne ſceal he ȝedyꞃſt-
læcan þ he mæſſiȝe. þonne he ne ȝeſyhð hƿæt he oꝼꝼꞃað
Gode. hƿæðeꞃ þe clǽne þe ꝼúl. Ne mann ne ſceal mæſſian
mid nánum oðꞃum ꝼæte buton mid þam calice þe þæꞃ-to
ȝebletſod yſ.² Þe beodað eop mæſſe-pꞃeoſtum þ ȝe beodon
eallum þam ꝼolce þe eop to-locað. ⁊ ȝe oꝼeꞃ ſcꞃiꝼtaſ ſynt. þ
mann ꝼꞃeolſiȝe þa ꝼeoweꞃ ꝼoꞃman Eaſteꞃ-daȝaſ ælceꞃ þeoꞃ-
þeoꞃceſ. ꝼoꞃþan þe on ðæꞃe tide eall middan-ȝeaꞃd pæſ ȝe-

---

¹ þeoꞃc
² unꝼoꞃꞃotiendlic. ȝylden. oððe ſeolꝼꞃen. oððe tynen. oððe ȝlæꞃen.

Dominum omnes gentes;' then the anthem: 'Vespere autem Sabbati,' and 'Magnificat' to the end. Then let the priest say: 'Dominus vobiscum,' 'Oremus,' and the collect: 'Post communionem;' and end the mass so with one collect, 'Post communionem.' Some priests hold the housel, that was hallowed on Easter day, over a year, for sick people; but they misdo very deeply, that the holy housel should become mouldy, and will not understand, how great a penance the Penitential enjoins, if the housel be mouldy or discoloured, or if it be lost, or if mice or beasts eat it through negligence. The holy housel should be kept with great care, and not be retained; but other new be hallowed for sick men, always every seven days, or fortnight, that it may not at least be mouldy; because the housel that was hallowed to-day is just as holy as that which was hallowed on Easter day. The housel is Christ's body, not bodily but spiritually; not the body in which he suffered, but the body about which he spake, when he blessed bread and wine for housel, one day before his passion, and said of the blessed bread: 'This is my body;' and afterwards, of the hallowed wine: 'This is my blood, which shall be shed for many, in forgiveness of sins.' Understand now, that the Lord, who could, before his passion, change the bread to his body, and the wine to his blood spiritually, that the same daily blesses, by the hands of his priests, the bread and wine to his spiritual body and blood. But the priest shall purely and carefully do God's ministries, with clean hands and with clean heart; and let him see that his oblations be not old-baken, nor ill seen to; and let him always mix water with the wine; because the wine betokens our redemption through Christ's blood, and the water betokens the people for whom he suffered. Great honours they merit who minister to God with zeal and devotion; and also it is written, that he is accursed, who doth God's ministry with carelessness. We may by this know, that a man who has not his sight should not dare to celebrate mass, when he sees not what he offers to God, whether it be clean or foul. No man shall celebrate mass with any other vessel, save the chalice which is blessed thereto. We command you, mass-priests, that ye command all the people, who look to you, and over whom ye are confessors, that the four first Easter-days be freed from all servile work;

X. add. Here the text in X. ends; a leaf or more being cut out of the MS.

ꝼɲeoð ꝼɲam ðeoꝼleꞅ hæꝼꞇ-nýðe· ⁊ healðe mann Sunnan-ðæᵹeꞅ
ꝼɲeolꞅ· ꝼɲam Sæꞇeɲneꞅ-ðæᵹeꞅ none oð Coonan-ðæᵹ hhꞇınᵹe·
⁊ ælceꞅ mæꞅꞅe-ðæᵹeꞅ ꝼɲeolꞅ· þe on uɲe cýne-hlaꝼoɲðeꞅ
ýlðɲena ðaᵹum· ⁊ on uɲe ꝼoɲᵹenᵹena· ᵹeꞅeꞇꞇe ⁊ beboðene
pæɲon ꞇo ꝼɲeolꞅe. Ānð ꝼæꞅꞇe mann þæɲꞇo ꞅꝝa ꝼela ðaᵹa ꞅꝝa
þæɲ ꞇo ꝼæꞅꞇene aɲæɲðe pæɲon ⁊ þenunᵹ ꞇo-ᵹeꞅeꞇꞇ ıꞅ. Ānð
ꝼæꞅꞇe ælc mann ꞇꝝelꝼ monað ælcne Fɲıᵹe-ðæᵹ· buꞇon ꝼɲam
Eaꞅꞇɲon oð Penꞇecoꞅꞇen· ⁊ eꝼꞇ ꝼɲam mıððan-pınꞇɲa oð ꞅeoꝼon
nıhꞇ oꝼeɲ ꞇꝝelꝼꞇan ðæᵹ· buꞇón hýꞇ ꞅý ealleꞅ ꝼolceꞅ ꝼɲeolꞅ·
oððe þæɲ ꝼul þenunᵹ ꞇo ꞅý· elleꞅ naᵹe nan man þýꞅeꞅ ðæᵹeꞅ
ꝼæꞅꞇen ꞇo abɲæcenne. Ānð ꝝe bıꞅceopaꞅ ᵹeꞅæððon· þa ꝝe
æꞇᵹæðeɲe pæɲon· þ eall þeoðꞅcıpe ꝼæꞅꞇe ꞇo-ꝼoɲan Sēa Coaɲıan
mæꞅꞅe-ðaᵹum· ⁊ ꞇo þæɲa halıᵹɲa apoꞅꞇola mæꞅꞅe-ðaᵹum· ⁊
þ man ælcne Ƿoðneꞅ-ðæᵹe ᵹeꞅınᵹe on ælcum mýnꞅꞇɲe þa
mæꞅꞅan Conꞇɲa paᵹanoꞅ· ⁊ ælc mæꞅꞅe-pɲeoꞅꞇ æꞇ hıꞅ cýɲcan
ðo þ ꞅýlꝼe :·

xxxvii. Nu ᵹe habbað ᵹehýɲeð anꞅæðlıce hꝝæꞇ eop ꞇo
ðonne ıꞅ· ⁊ hꝝæꞇ eop ꞇo ꝼoɲᵹanne ıꞅ· ᵹıꝼ ᵹe oꝼ þýꞅum ðoð þe
naᵹon ᵹepealð· ⁊ þe pýllað beon clæne on Goðeꞅ ðome. Goð
ᵹeunne eop þ ᵹe hıꞇ moꞇon ꞅꝝa aɲeðıᵹan ꞅꝝa eopeɲ þeaꞅꝼ ꞅý :·

because at that tide all the world was freed from the thraldom of the devil. And let Sunday's festival be held, from the noon of Saturday until the dawn of Monday; and every mass-day's festival, which in the days of our royal lord's ancestors, and of our forefathers, was appointed and ordered for a festival. And also let as many days be held as fasts as were then established for fasting, and for which service is appointed. And let every man fast every Friday during the year, except from Easter to Pentecost; and again, from Christmas till seven days after twelfth day, unless it be a festival of the whole people, or there be full service thereto; otherwise no man ought to break the fast of this day. And we bishops have ordained, when we were together, that all the nation should fast before the mass-days of Saint Mary, and on the mass-days of the holy apostles; and that there be sung every Wednesday, in every minster, the mass 'Contra paganos;' and that every mass-priest do the same in his church.

37. Now ye have heard positively what ye have to do, and what to forego: whether ye will do any of them or not, is not in our control, but we wish to be pure at God's judgment. May God grant you, that ye may so resolve as may be beneficial to you.

*ÆLFRIC'S PASTORAL EPISTLE.

PROLOGUS VENERABILIS ÆLFRICI ABBATIS.

Ælfricus Abbas Vulstano venerabili Archiepiscopo salutem in Christo. Ecce paruimus vestræ Almitatis jussionibus transferentes Anglice duas Epistolas quas, Latino eloquio descriptas, ante annum vobis destinavimus; non tamen semper ordinem

TO ᵹEÐᚪᴅEᴅUꟉ ꟉᚪNNUꟉ.

ı. Uſ biſcopum ᵹeðaſenað· ꝥ ꝥe þa ᵹoðcunðan laꝛe· þe uꝛe canon uſ tæcð· Ᵹ eac þe uſ Cꝛiſteſ boc læꝛð· eoꝛ pꝛeoſtum ᵹeopenan on Enᵹliſcum ᵹeꝛeoꝛðe· ſoꝛðam þe ᵹe ealle ne cunnon ꝥ Læðen unðeꝛſtanðan· Ᵹ ꝥe ne ðuꝛꝛon ſꝛa-þeah ſoꝛſꝛeoᵹian· ꝥ ꝥe eoꝛ ne ꝛecᵹan uꝛeſ Dꝛihteneſ beboða· þy læſ þe ꝥe ſcilðiᵹe beon· ᵹiſ ꝥe hit ſoꝛſꝛeoᵹiað· ac ꝥe ꝛillað aꝛeꝛian uſ· ꝛite ᵹe hꝥæt ᵹe ðon ꝛððan :·

ıı. Ic þat þeah to ᵹeꝛiſſan· ꝥ hit ꝥile miſlician þeoſ uꝛe mýneᵹunᵹ eoꝛ ꝥel maneᵹum· ſoꝛðam maneᵹum mannum iſ unꝛiht to leoſ :·

ııı. Ic tꝛuꝛiᵹe þeah· ꝥ ſum ꝥuꝛðe abꝛiꝛð þuꝛh Lob· ꝥ hine hiꝛte ᵹehiꝛan þa halᵹan laꝛe· Ᵹ hine ſilſne ᵹeꝛihtlæcan ꝥille to hiſ aᵹenꝛe þeaꝛſe :·

ıııı. Ða ᵹoðan ꝥillað ᵹeoꝛne ᵹehýꝛan Loðeſ beboða· ac þa ýſelan nellað· heoꝛa ꝥillan· ac hi ſculon ſꝛa-þeah ꝥ him on ꝛumne ſæl huꝛu-þinᵹa ᵹeꝛcamiᵹe heoꝛa unꝛihteꝛ· Ᵹ þuꝛh ꝥ huꝛu ꝥ hi ᵹeſꝛican ýſeleſ :·

* The text is from *D*, the Latin procem from *O*.

*ÆLFRIC'S PASTORAL EPISTLE.

sequentes, nec verbum ex verbo, sed sensum ex sensu proferentes, quibus speramus nos quibusdam prodesse ad corr-
rectionem, quamvis sciamus aliis minime placuisse: sed non
est nobis consultum semper silere, et non aperire subjectis
eloquia divina; quia si præco tacet, quis judicem venturum
nuntiet? Vale feliciter in Christo.

TO MEN IN ORDERS.

1. It behoves us bishops, that we disclose to you priests, in
the English tongue, the divine doctrine, which our canon pre-
scribes to us, and which also the book of Christ teaches us;
because ye cannot all understand the Latin, and yet we dare
not silently refrain from telling you our Lord's commandments,
lest we should be guilty, if we silently refrained therefrom; but
we desire to guard ourselves: see ye to what ye may do
afterwards.

2. I know, however, for certain, that this our admonition
will displease a good many of you; because to many men is
unrighteousness too dear.

3. I trust, however, that one or other will be stimulated by
God, so that he desire to hear the holy doctrine, and will
correct himself to his own benefit.

4. The good will willingly hear God's commandments, but
the evil will not, of their own will; but they shall, nevertheless,
one day certainly be ashamed of their unrighteousness, and
thereby, at least, desist from evil.

v. Ge preostas sculon eowerne had healdan arwurðlice · ⁊ mid godum þeawum rymle geglæncan · ⁊ mid clænum mode Criste þenian · æt his halgan þeowode · swa swa eowrum hade gerist · forðam þe ge synd gesette rædlice to lað-þeorum ⁊ to lareowum ofer Godes folc · þ ge hi Gode gestrynon:·

vi. Þry timan synd getealde on þissere worlde · An tima wæs ær Godes æ · on þara heah-fædera timan þa ieo wæron · Oðer under Godes lage on Moyses ⁊ on ðære witegena timan · Þridde under Cristes agenre gife on cristenan tidan · æfter Cristes to-cyme:·

vii. Ærest on þam forman timan æfter Adame hit wæs · þ men wunodon on flæsclicum lustum ⁊ on ormætum synnum · ⁊ sume on hæðenscipe unræplice gelifdon · ⁊ mid deofles biggæncgum hy sylfe fordidon · ⁊ þone Scippend forsawon · ðe hi gescop to mannum · ⁊ þ hy didon þurh ðæs deofles lare · þe hwilum ær Adam forlærde:·

viii. Hwæt ða · se Ælmihti God · on Moyses timan · þær mæran here-togan · man-cynne to steore · gesette þa fif bec · on þam þe is Godes lagu · ⁊ Moyses hi awrat · ⁊ man-cynne forbead · þ hig nænne hæðenscipe habban ne moston · ac sculon æfre wurðian þone soðan God · þe ana is Ælmihti Scippend · ⁊ seo lagu forbead eac swilce man-cynne synna to gefremmenne · ⁊ eac lahlice gewitnode þa ðe wolice syngodon:·

ix. Ða æt nihstan soðlice se soðfæsta Crist sylf · þær Ælmihtigan Godes sunu · þe ealle þingc gescop · com on þas world · mid soðre menniscnesse · to þi þ he wolde þa synfullan alysan of deofles þeowete · ⁊ þa forlorenan men on hyre wege gebryngan · ⁊ artealde cristendom on clænnesse · sylf byrnode ⁊ tæhte þa clænnesse þe he lufað on his clænum þenum · þe him sculon þeowian symle on clænnesse · þ is on munecum ⁊ mynicenum · ⁊ huru on mæsse-preostum · ⁊ se ilca Godes sunu geceas him to medder þ clæne mæden Sca Marian · ⁊ he sylf is orð-fruma ealre clænnesse · ⁊ he ana wunode on ðyssere worlde on fulre clænnesse · swa swa nan oðer man · Iohannes eac se fulluhtere · þe hine gefullode · þurhwunode æfre on cnihthade · on micelre forhæfdnesse · ⁊ on clænnesse · And Iohannes se godspellere · ufer Drihtnes nyð-mæg · wunode on cnihthade ⁊ on clænnesse · oð his lifes ende:·

5. Ye priests should religiously observe your order, and always adorn it with good habits, and with pure mind minister to Christ, at his holy altar, so as is befitting your order; because verily ye are placed as guides, and as teachers over God's people, that ye may gain them to God.

6. Three periods are reckoned in this world. One period was before God's law, in the time of the patriarchs, who were of yore. The second, under God's law, in the time of Moses and the prophets. The third under Christ's own grace, in the Christian time, after Christ's advent.

7. First, in the earliest time after Adam, it was, that men lived in fleshly lusts, and in enormous sins; and some heedlessly lived in heathenism, and foredid themselves, by worship of the devil, and despised the Creator, who had formed them to men; and that they did through the devil's lore, who awhile before had misled Adam.

8. Then the Almighty God, in the time of Moses, the great leader, established, as a guide to mankind, the five books, in which is God's law; and Moses wrote them, and commanded mankind, that they should not have any heathenism, but should ever worship the true God, who alone is the Almighty Creator. And the law likewise forbade mankind to perpetrate sins, and also lawfully punished those who perversely sinned.

9. Then at last, verily, the righteous Christ himself, the Son of Almighty God, who created all things, came into this world, with real humanity, because he would redeem the sinful from the thraldom of the devil, and lost men bring into the way of life; and established Christianity in chastity; himself giving example, and teaching the chastity which he loves in his pure ministers, who have ever to serve him in chastity; that is in monks and mynchens, and especially in mass-priests. And the same Son of God chose him for mother the chaste maiden St. Mary. And he is himself the source of all chastity; and he lived alone in this world in perfect chastity, so as no other man. John also, the Baptist, who baptized him, continued ever in celibacy, in great abstinence, and in chastity. And John the Evangelist, our Lord's kinsman, continued in celibacy and in chastity, till his life's end.

x. Eac þa tƿelf apoſtelaſ· þe þam Dælende folȝodon· þa
þa he heſ on ƿoꝛlde ·ƿunode. mid mannum· ⁊ tƿa ⁊ hund-
ſeofantiȝ ƿeꝛa· þe ƿunodon mid him on hiſ laꝛeoꝛdome· þa
ꝛýnd leoꝛninȝc-cnihtaſ on bocum ȝenamode· ealle hi foꝛleton
heoꝛa ƿoꝛld-æhta ⁊ ƿiꝼ· ⁊ ƿunodon on clænneſſe· Cꝛiſte
folȝiȝende· ſƿa ſƿa Petꝛuſ dide· þe to Cꝛiſte ꝛihtum þuſ
cƿæð· Ecce noſ ꝛeliquimuſ omnia· et ꝛel. þ iſ on Enȝliſc·
Eꝼne ƿe foꝛleton ealle uꝛe ƿoꝛld-þinȝc· ⁊ þe þe folȝiað nu·
⁊ ſƿa ſƿa ƿillað:·

xi. Ƿe ſculon ƿitan· ȝif ȝe ƿiꝛdom luꝛiað· hƿæt ſý betƿux
ðam tƿam ȝecýðneſſum· ðaꝛe ealdan ſ̅e̅ æꝛ Cꝛiſteſ to-cýme·
⁊ þaꝛe niƿan ȝecýðneſſe undeꝛ Cꝛiſteſ ȝiꝼe· foꝛþon þe men
moꝛton æꝛ Moýſeſ laȝe miꝛtlice libban· ⁊ undeꝛ Moýſeſ ſ̅e̅
man-cýn eac hoꝛode on oðꝛe ƿiſan· on oðꝛan ƿe ſculan nu·
ðon be uꝛeſ Dꝛihteneſ laꝛe:·

xii. On ealdum daȝum men hoꝛodon be heoꝛa aȝenum
luſtum to ƿꝛiþe· æꝛ Cꝛiſteſ to-cýme· ac he cƿæð þ ƿe
ſcoldon mid ſtꝛecum mode ſtiðlicoꝛ libban· ⁊ ƿinnan ƿið
leahtꝛaſ· ⁊ unluſtaſ foꝛꝛeon· þ ƿe eꝼt ƿið þam heoꝛona ꝛice
habban moton:·

xiii. Ænd he eac cƿæð be þam maꝛtiꝛum þe he ƿiſte to-
ƿeaꝛde æꝼteꝛ hiſ þꝛoƿunȝe· þe æꝼteꝛ þam þꝛoƿedon foꝛ hiſ
luꝼe ⁊ ȝeleaꝼan· Ne ondꝛæde ȝe eoƿ· he cƿæð· þa ðe oꝼſleað
eoƿeꝛne lichaman· foꝛðon þe hi þa ſaƿle oꝼſlean ne maȝon·
ac ondꝛæbað þa þe þa ſaƿle mæȝ ⁊ eac þone lichaman on
helle beſæncan. Ðuꝛh ðaſ mineȝunȝe· ⁊ þuꝛh maneȝa oðꝛe·
ƿuꝛdon ȝemaꝛtiꝛode maneȝa þuꝛenda ƿide into ðaſ ƿoꝛld· ȝe
ƿeꝛaſ ȝe ƿiꝼmen· foꝛ Cꝛiſteſ ȝeleaꝼan· ⁊ hi mid anꝛædneſſe
ſƿa· ⁊ mid ſtꝛecneſſe· ȝeeaꝛnodon heoꝛona ꝛice. Eꝼt cƿæð
uꝛe Dꝛihten be hiſ halȝum andetteꝛum· þe ƿe hatað con-
ꝼeſſoꝛeſ on halȝum bocum. Sint lumbi ueſtꝛi pꝛecincti· ⁊
luceꝛne aꝛðenteſ in manibuſ ueſtꝛiſ· Beoð eoƿꝛe lændena· he
cƿæð· ýmb-ȝiꝛde· ⁊ leoht-ꝼatu biꝛnende on eoƿꝛum handum:·

xiv. On ðam lændenum iſ ȝetacnað· ſƿa ſƿa ƿe leoꝛniað
on bocum· ſeo ꝼule ȝalneſ· ⁊ þe ꝼæꝛtlice ſculon ða ȝeꝛꝛiðan
⁊ ȝeƿildan· uſ to clænneſſe· ⁊ habban uſ on handa uꝛe
leoht-ꝼatu. þ ſýn haliȝe ƿeoꝛc ſýmle· on ælmeſ-dædum ⁊ on
eallum ȝodneſſum· mannum to biſꝛne:·

10. Also the twelve Apostles, who followed the Saviour, when here in the world he dwelt with men; and the seventy-two men, who continued with him during his teachership, these are named his disciples in books; all these forsook their worldly possessions, and wives, and continued in chastity, following Christ, so as Peter did, who to Christ himself thus spake: 'Ecce nos reliquimus omnia,' &c., that is in English: Behold, we have forsaken all our worldly things, and we follow thee now, and ever so will.

11. Ye ought to know, if ye love wisdom, what difference there is between the two testaments; the old law, before Christ's advent, and the new testament, under Christ's grace; for before the law of Moses, men might live variously, and also under the law of Moses, mankind lived in another manner: it is our duty now to do otherwise, according to our Lord's doctrine.

12. In ancient days, before Christ's advent, men lived too much after their own lusts; but he said, that we should, with strong mind, live more rigidly, and strive against sins, and despise evil lusts, that we, in return therefore, may possess the kingdom of heaven.

13. And he also spake of the martyrs, who, he knew, were to be after his passion, who suffered afterwards for his love and faith: 'Fear ye not,' said he, 'those who slay your body, for they cannot slay the soul; but fear those who can sink the soul and also the body into hell.' Through this admonition, and through many others, many thousands were martyred widely over the world, both men and women, for Christ's faith, and they so, with their constancy and firmness, merited the kingdom of heaven. Again spake our Lord of his holy confessors, whom, in holy books, we call 'confessores:' 'Sint lumbi vestri præcincti, et lucernæ ardentes in manibus vestris,' 'Be your loins,' he said, 'girded about, and lamps burning in your hands.'

14. By the loins is signified, as we learn in books, foul libidinousness, and we ought to bind and control it, for our chastity, and have our lamps in hand; these are holy works constantly, in alms, and in all good deeds, for example to men.

xv. Iohannes ſe godſpellere· on hiſ ȝaſtlican ȝeſihðe· ȝeſeah urne Dꞃihten· ſiððan he to heoꝼonum aſtiȝen ƿær· mid alban ȝeſcꞃidne· ⁊ ſeo ƿæſ ſið niðeꞃ oð ða andcleoƿa· ⁊ mid ȝildenum ȝiꞃdle hiſ bꞃeoſt ƿæſ beꝼanȝen:·

xvi. He het uſ beȝiꞃdan uꞃe lændena· ſƿa þ ƿe ꝼoꞃſeon þa ꝼulan ȝalneſſe· ⁊ he ſilꝼ ƿæſ beȝiꞃd mid ȝildenum ȝiꞃdle æt hiſ halȝum bꞃeoſte· ꝼoꞃðon þe ƿe eac habban ſculon uꞃe modeſ clænneſſe ſymle on uꞃum heoꞃtum· ƿe huꞃu þe Cꞃiſte þeniað on hiſ þeoƿdome:·

xvii. Eꝼt Daniel ſe ƿiteȝa aƿꞃat on hiſ ƿiteȝunȝe· þ he Ʒod ȝeſaƿe on hiſ ȝaſtlican ȝeſihðe· ⁊ he cƿæð· He ƿæſ linen ƿeꞃiꞃed· ⁊ hiſ lændena ƿæꞃon ymb-ȝiꞃde· Iohanneſ ȝeſeah· ſƿa ſƿa ƿe ꞃædon æꞃ· þone Dælend ymb-ȝiꞃdne æt hiſ halȝan bꞃeoſte· ⁊ Daniel ȝeſeah þa lændena beȝiꞃde:·

xviii. Nu iſ uſ ȝeſƿutelad ſoðlice mid þam· ȝe on ðaꞃe ealdan æ ȝe eac on ðaꞃe niƿan· þ Ʒod ƿile habban on hiſ ȝaſtlican þeoƿdome haliȝe þenaſ ⁊ haliȝe þinena· þa ðe mid clænneſſe licháman ⁊ modeſ þ haliȝe huꞃl him ȝeoꝼꝼꞃian· ſƿa ſƿa he ſilꝼ ȝetæhte æꞃ hiſ ðꞃoƿunȝe:·

xix. Þiſeſ ƿæꞃon ȝemyndiȝe þa mæꞃan andetteꞃaſ· þe ƿe hataþ conꝼeſſoꞃeſ· ⁊ þa halȝan mædena· þe on clænneſſe liꝼedon heoꞃa liꝼ æꝼꞃe:·

xx. Hit ȝeƿeaꞃð æꝼteꞃ uꞃeſ Dꞃihteneſ þꞃoƿunȝe· ⁊ æꝼteꞃ hiſ up-ſtiȝe· þ ſe Halȝa Ʒaſt com oꝼ heoꝼonum to eoꞃðan· ſƿa ſƿa biꞃnende ꝼiꞃ· mid bꞃadum liȝe· oꝼeꞃ Cꞃiſteſ apoſte-laſ· ſƿa ſƿa Cꞃiſt him æꞃ behet· ⁊ hi ealle ȝeꝼilde buton ꝼꞃæcednyſſe· ſƿa þ hi ealle cuðon ealꞃa ðeoda ȝeꞃeoꞃð· ⁊ hi ealle þa laꞃe þe ƿe leoꞃniað· on bocum aƿꞃiton· ⁊ ȝeſetton be Ʒodeſ aȝenꞃe ƿiſſunȝe· Hi ƿoꞃhton eac ꝼela ƿundꞃa þuꞃh Cꞃiſt· ⁊ ða ylcan ƿundꞃa þe he ſilꝼ æꞃ ȝeƿoꞃhte· And þa bodode on ðam daȝum Petꞃuſ on ðaꞃe biꞃiȝ Ieꞃuſalem þam Iudeiſcum ꝼolce· ⁊ þa ȝeƿeaꞃð hit· þ ȝebuȝon to ꝼulluhte þꞃeo þuſend manna on anum dæȝe· ⁊ eꝼt ȝebuȝon æt oðꞃe bodunȝe ȝit ma manna· ⁊ ſƿa micclum ƿuꞃdon onbꞃiꞃde· þ hi heoꞃa æhta ealle ȝeſealdon· ⁊ þ ƿeoꞃð bꞃohton to ðaꞃa apoſtla ꝼotum· ⁊ heoꞃa nán næꝼðe ſiððan nan þinȝe ſindeꞃ-

15. John the Evangelist, in his ghostly vision, saw our Lord, after he was ascended to heaven, clad in a white garment, and it was wide, down to the ancles, and his breast was confined with a golden girdle.

16. He bade us begird our loins, so that we may despise foul libidinousness; and he himself was begirt with a golden girdle at his holy breast; therefore we also ought to have our mind's chastity always in our hearts; we especially who minister to Christ in his ministry.

17. Again, Daniel the prophet wrote in his prophecy, that he saw God in his ghostly vision; and he said: 'He was clad in linen, and his loins were girded around.' John saw, as we before said, the Saviour girded about his holy breast; and Daniel saw the loins girded.

18. Now is it truly thereby manifested to us, both in the old law, and also in the new, that God will have, in his spiritual service, holy ministers male and female, who, with chastity of body and mind, may offer to him the holy housel, so as he himself taught, before his passion.

19. Of this were mindful the great confessors, whom we call 'confessores,' and the holy maidens, who lived their lives ever in chastity.

20. It happened, after the passion of our Lord, and after his ascension, that the Holy Ghost came from heaven to earth, as a burning fire, with broad flame, over Christ's apostles, as Christ before had promised to them, and filled them all, without peril, so that they all knew the languages of all nations, and all the lore, which we learn, they wrote in books, and established by God's own direction. They wrought also many miracles through Christ, and the same miracles which he himself had before wrought. And then, in those days, Peter preached in the city of Jerusalem to the Jewish people; and then it happened, that three thousand men submitted to baptism in one day; and again, at another preaching, yet more men, and were so greatly stimulated, that they sold all their possessions, and brought the worth to the feet of the apostles:

liceꞃ· ac diðon him eal ᵹemæne· ælcon be hiꞃ neoðe. Ánd
Iacob ſe ꞃihtƿiſa apoſtol beƿiꞃte hi ealle þꞃittiᵹ ᵹeaꞃa:·

XXI. Deꞃ þæꞃ aꞃtealð· þuꞃh þiꞃne halᵹan heap· þaꞃa
muneca liꞃ· þe libbað æꝼteꞃ ꞃeᵹole· unðeꞃ heoꞃa abboðe· ⁊
ealle heoꞃa ðinᵹc him doð ᵹemæne· ꞃƿa ꞃƿa him ðiht ſe abboð.
⁊ þa ꞃiððan to-ꝼenðon þa apoſtolaꞃ ƿiðe lanðeꞃ· ᵹeonð ealle
þaꞃ ƿoꞃlð· ƿunðꞃa ƿyꞃcenðe· ⁊ boðiᵹenðe ꞃihtne ᵹeleaꝼan· ⁊
þa ᵹeliꝼenðan hi ꝼulloðon· ⁊ ciꞃcan aꞃæꞃðon· ⁊ ᵹeꞃetton bi-
ꞃcopaꞃ· ⁊ mæꞃꞃe-pꞃeoꞃtaꞃ ᵹehaðeðon· ⁊ maneᵹa Ⱡoðeꞃ þeoꞃaꞃ
on ðam ꞃeoꝼon haðum ᵹeenðebiꞃðan· ꞃƿa ꞃƿa uꞃ ꞃeᵹð ſe canon.
⁊ Ⱡoðeꞃ ᵹeleaꝼa ƿeox ꞃiððan· ⁊ ƿanoðe ſe hæðenꞃcipe:·

XXII. Dƿæt ða· æꝼteꞃ þam hit ᵹeꞃeaꞃð ꞃiððan ða aꞃꞃꞃanᵹ
ꝼæꞃlice oꞃmæte ehtneꞃ oꝼeꞃ ða cꞃiꞃtenan· ƿiðe ⁊ ꞃiðe· ⁊
man hi ᵹemaꞃtiꞃoðe miðe mæniᵹꝼealðum ƿitum· ⁊ mæꞃt ælcne
acƿealðe þe on Cꞃiꞃt ᵹeliꝼðe. Ác Ⱡoð ᵹeƿoꞃhte æꝼꞃe ƿunðꞃa
on-ᵹemanᵹ ðam þuꞃh hi· ꞃƿa ꝥ þa hæðenan ðe ꞃaðoꞃ þuꞃh ꝥ
on Cꞃiꞃt ᵹeliꝼðon. Oꝼt ᵹe þuꞃenð manna ætᵹæðeꞃe ᵹeliꝼðe·
þaꞃ man ænne maꞃtiꞃ oꝼꞃloh· þuꞃh ða micclan tacna þe ſe
halᵹa ᵹeꝼꞃemoðe. Ánd ſe cꞃiꞃtenðom ne mihte beon þanon-
ꝼoꞃð acƿænceð næꝼꞃe· ⁊ Ⱡoð eac æꝼteꞃ þam þa ꞃealðe ꞃiððan
ꞃibbe ⁊ liꞃꞃe on ƿoꞃlðe· ⁊ ſe ᵹeleaꝼa ƿeox ƿiðe ⁊ ꞃiðe:·

XXIII. Ða ꝼenᵹ ſe caꞃeꞃe Conꞃtantinuꞃ to ꞃice on Romana
biꞃiᵹ· ⁊ ſe ꞃiceꞃ ƿeolð oꝼeꞃ ealne miððan-eaꞃð· ⁊ he þæꞃ ſe
ꝼoꞃma caꞃeꞃe þe on Cꞃiꞃt ᵹeliꝼðe. Sᶜa Ðelenan ꞃunu ðaꞃe
eaðiᵹan cƿene· ⁊ ſe het ða ᵹaðeꞃian biꞃcopa ꞃinoð· ƿolðe ᵹe-
hiꞃan þa halᵹan laꞃe· ⁊ þone ꞃoðan ᵹeleaꝼan be þam ꞃoð-
ꝼæꞃtan Ⱡoðe· ðe he on-ᵹeliꝼðe. Ða coman to-ᵹæðeꞃe· on
Nicea biꞃiᵹ· þꞃeo hunð biꞃcopa ⁊ eahtatyne biꞃcopaꞃ ƿiðe
ᵹeꞃamnoðe· ⁊ ſe caꞃeꞃe com him to-ᵹeaneꞃ· ⁊ miðe ealꞃe
aꞃƿuꞃðneꞃꞃe hiᵹ ᵹeƿilcumoðe· ⁊ him eallum het ðon anðliꞃan
ᵹenohne· ⁊ heoꞃa laꞃe liꞃte miðe ᵹeleaꝼꝼullum moðe· ⁊ þaꞃ
pæꞃon heoꞃa maneᵹa þe mihton ƿyꞃcan openlice ƿunðꞃa þuꞃh
Ⱡoð· ⁊ hi ƿunoðon ðaꞃ lanᵹe æt-ᵹæðeꞃe:·

XXIV. Ðaꞃ pæꞃ eac ða ꞃum aꞃleaꞃ pꞃeoꞃt· ſe pæꞃ Áꞃꞃianuꞃ
ᵹehaten· oꝼ Álexanðꞃian biꞃiᵹ· ⁊ ſe pæꞃ ablænð on hiꞃ moðe·

and none of them had afterwards anything separate, but made all in common, each according to his need. And James, the righteous apostle, directed them all for thirty years.

21. Here was established, through this holy company, the life of those monks, who live according to rule, under their abbot, and have all their things in common, as the abbot directs them. And then afterwards, the apostles went apart, far away, over all this world, working miracles, and preaching true faith; and the faithful they baptized, and raised churches, and established bishops, and ordained mass-priests, and distributed many servants of God into the seven orders, as the canon tells us: and God's faith waxed afterwards, and heathenship waned.

22. What then? After that it happened that there sprang up a boundless persecution against the Christians, far and wide, and they were martyred with manifold torments, and almost every one slain, who believed in Christ. But God constantly wrought miracles among them through these; so that the heathens thereby the sooner believed in Christ. Oft even a thousand men together believed, where one martyr was slain, through the great miracles that the saint performed. And Christianity might not thenceforth be ever quenched; and God also gave afterwards peace and remission in the world, and the faith waxed far and wide.

23. Then the emperor Constantine succeeded to the empire, in the city of Rome, and he swayed empire over all the world; and he was the first emperor who believed in Christ, the son of Saint Helena, the blessed queen: and he then bade assemble a synod of bishops; he would hear the holy doctrine, and the true faith in the righteous God, in whom he believed. Then there came together, in the city of Nice, three hundred and eighteen bishops, assembled from afar; and the emperor came to meet them, and with all reverence welcomed them, and commanded abundant provision to be made for them all, and listened to their doctrine with faithful mind: and there were many of them who could openly work miracles through God; and they long continued there together.

24. There was also then an impious priest, who was called Arius, from the city of Alexandria: and he was blinded in his

⁊ ſe mæſta ȝeðoƿla þe oꝼ man-cýnne come. Se ƿolðe ȝelitlan
þone liꝼȝenðan Dꞃihten. ⁊ ſæðe þ he næꞃe on ꞃoðꞃe ȝoðcunðneſſe hiſ ꝼæðeꞃ ȝelica. ac þæꞃe læꞃſe on mihte:.

xxv. Ða amanꞃumoðon þa biſcopaſ þone mánꝼullan ȝeðoƿlan.
ac he nolðe ȝeꞇꞃican þeah hiſ ȝeðƿilðeſ. æꞃ ðam þe he ꝼoꞃ-
ƿeaꞃð mið-ealle:.

xxvi. Oðeꞃ ſinoð ƿæſ eꝼꞇ oðeꞃ healꝼ hunð biſcopa ƿiðan
ȝeſamnoð. on Theoðoſiuſ ꞇiman. þæſ æþelan caſeꞃeſ. ⁊ hi
þaꞃ ꝼoꞃðemðon þone ðƿeliȝenðan biſcop. þe ƿæſ Macedoniuſ
ȝehaꞇen. ⁊ hine amanꞃumoðon. ꝼoꞃðam ðe he ƿiðſoc. ⁊ ſæðe
on hiſ ȝeðƿilðe. þ ſe Halȝa Gaſꞇ næꞃe on nanꞃe ȝoðcunðneſſe
mið þam heoꝼonlican Fæðeꞃ ⁊ þam Dælenðum Cꞃiſꞇe. ⁊ hi ȝe-
ꞇæhꞇon ða ſpiꞇollice. þ he ſoð Goð iſ on anꞃe ȝoðcunðneſſe
mið þam Ælmihꞇiȝan Fæðeꞃ ⁊ hiſ acænneðan Sunu æꝼꞃe
puniȝenðe:.

xxvii. Se þꞃiðða ſinoð ƿæſ ꞇƿa hunð biſcopa. unðeꞃ þam
ȝinȝꞃan Theoðoꞃiȝe. ⁊ hi ꝼoꞃðemðon þaꞃ Neſꞇoꞃium þone
ȝeðoƿlan þe ðiꞃſꞇilice cƿæð. þ on Cꞃiſꞇe ƿæꞃon ꞇƿeȝen haðaſ.
⁊ hi hiſ ȝeðƿilð aðꞃæꞃꞇon þaꞃ mið-ealle. ꝼoꞃðam þe uꞃe
Dꞃihꞇen iſ ſoðlice on anum haðe æꝼꞃe puniȝenðe:.

xxviii. Se ꝼeoꞃða ſinoð ƿæſ ſix hunð biſcopa ⁊ .xxx.
ſaceꞃða ſƿiðe ƿiðan ȝeȝaðeꞃoðe. on Maꞃꞇinianeſ ꞇiman þæſ
mæꞃan caſeꞃeſ. Se ſinoð ꝼoꞃðemðe þone ðeoꝼollican abboð. þe
cƿæð on hiſ ȝeðƿilðe. þ uꞃeſ Dꞃihꞇeneſ licháma ⁊ hiſ ȝoð-
cunðneſ ƿæꞃe aneſ ȝecýnðeſ. Ða ƿeaꞃð he amanꞃumoð ꝼꞃam
þam micclan ſinoðe. ꝼoꞃþam þe Cꞃiſꞇ iſ. ſƿa ſƿa ȝe ȝehiꞃðan
oꝼꞇ. ſoð man ⁊ ſoð Goð ſimle puniȝenðe:.

xxix. Siððan ƿæꞃon ꝼoꞃ oꝼꞇ oðꞃe ſinoðaſ ƿiꞃꞃa biſcopa.
ƿiðe on ƿoꞃlðe. ac þaſ ƿæꞃon þa ꝼiꞃmeſꞇan. þe mið ꝼulꞃe laꞃe
þone ȝeleaꝼan ȝeꞇꞃýmðon. ⁊ þa ȝeðoƿlan amanꞃumeðon. þe
mið heoꞃa ȝeðƿilðe ƿolðon aƿenðan ƿoh ꞇo ꞃihꞇe. ⁊ aðꞃelian
man-cýn ꝼꞃam heoꞃa Dꞃihꞇene:.

xxx. Ðaſ ꝼeoƿeꞃ ſinoðaſ ȝeſeꞇꞇon eac ða ealle þa þenunȝa
þe ƿe habbað on Goðeſ þeoƿðome. ꞇo mæꞃꞃan. ⁊ ꞇo uhꞇ-ſanȝe.
⁊ ꞇo eallum ꞇið-ſanȝum. ⁊ hi ꝼoꞃbuðon ælce ƿiꝼunȝa æꝼꞃe
ƿeoꞇoð-þenum. ⁊ huꞃu mæſſe-pꞃeoſꞇum:.

mind, and the greatest heretic that had come of mankind.
He would lessen the living Lord, and said, that in true godhead he was not equal to his father, but was less in might.

25. Then the bishops excommunicated the wicked heretic;
but, nevertheless, he would not cease from his heresy, ere he
totally perished.

26. A second synod was afterwards, of a hundred and fifty
bishops, assembled from afar, in the time of Theodosius, the
noble emperor; and they there condemned the heretical
bishop, who was called Macedonius, and excommunicated him,
because he denied, and said in his heresy, that the Holy
Ghost was in no godhead with the heavenly Father, and the
Saviour Christ. But they there taught manifestly, that he is
true God, ever dwelling in one godhead with the Almighty
Father, and his begotten Son.

27. The third synod was of two hundred bishops, under
the younger Theodosius, and they there condemned Nestorius
the heretic, who audaciously said, that in Christ were two
persons; and they there totally extinguished his heresy;
because verily our Lord is ever continuing in one person.

28. The fourth synod was of six hundred bishops, and
thirty priests, assembled from very far, in the time of Martian
the great emperor. The synod condemned the diabolical
abbot, who said in his heresy that our Lord's body and his
godhead were of one nature. Then was he excommunicated
from the great synod, because Christ is, as ye have often
heard, true man and true God, ever continuing.

29. Afterwards there were very often other synods of wise
bishops widely throughout the world, but these were the principal, who with full doctrine confirmed the faith, and excommunicated the heretics, who with their heresy would turn
wrong to right, and seduce mankind from their Lord.

30. These four synods then also appointed all the services
which we have in God's ministry, at mass, and at matins, and
at all the canonical hours: and they forbade all marriages
ever to ministers of the altar, and especially to mass-priests.

XXXI. Seofon tid-sangas hi gesetton us to singenne dæg-hwamlice· urum Drihtene to lofe· swa swa se witega Dauid on his witegunge cwæð· Septies in die. et ꝥ. Seofon siðan· min Drihten· he cwæð. ic ræde þe lof on anum dæge· for þinra doma rihtwisnesse· Se forma tid-sang is uht-sang· mid þam æfter-sange þe þar-to gebirað· prim-sang· undern-sang· middæg-sang· non-sang· æfen-sang· niht-sang· Ðas seofon tid-sangas ge sculon singan mid micelum gemynde· eowrum Drihtene to lofe· dæghwamlice on circan· æfre on gesetne timan· and eac swilce on rihtne timan mærsian. And micel bið ꝥ man mote mærsian æne to anum dæge· þeah þe hit man oftor ne do· forðam ure Drihten æne þrowode and us ealle alysde· and nu is seo mæsse þe man mærsað gemynd his mæran þrowunge· and micclum mæg heo fremian eallum mancynne· ge libbendum ge forð-farenum· swa swa we leorniað on halgum bocum· and forðam man sceal georne eac mærsian mid micelre clænnesse· swa swa þa halgan didon þe we hatað con-fessores· Sume hi wæron wunigende æfre buton wife· sume hi forleton ꝥ unalyfede þingc· and mid clænnesse Criste þenodon· swa swa þa canonas us cyðað· and openlice beodað· ꝥ is ꝥ nan biscop· ne nan mæsse-preost· næbbe on his wican· ne on his huse wunigende· ænigne wifman· buton hit sy his modor oððe his swuster· faðu oððe moddrige· oððe mage of ðam· þe ne mage nan unhlisa aspringan· and gif he elles do· se canon cwæð ꝥ he forlige his hade :·

XXXII. Ðis eow preostum þingð hefelic· forðam þe ge hab-bað on gewunan eowre misdæda· swa ꝥ eow rihtum þingð· ꝥ eow nan rin ne sy ꝥ ge mid wifungum swa libban· swa swa læwede men· and gereccað ꝥ Petrus se apostol hæfde wif and cild· and ge eac reccað ꝥ he swa hæfde· and sume þa oðre· þe urum Drihtene folgedon· hæfdon eac wif and cild ær heora gecirrednesse· ac hi gewiston ðær siððan his coman to Cristes laþeordome· and heora æhta and wif forleton· and ealle heora world-þingc :·

XXXIII. Ł. we ne magon eow nu neadunga nydan to clæn-nesse· ac we myngiað eow swa ðeah· ꝥ ge clænnesse healdan· swa swa Cristes þegnas sculon· on godum geþingðum· Gode to gecwemednesse· swa swa þa halgan didon ðe we her beforan ræddon· þe eal heora lif lifedon on clænnesse :·

· 31. Seven canonical hours they appointed for us to sing daily to the praise of our Lord; as the prophet David said in his prophecy: 'Septies in die,' &c. 'Seven times, my Lord,' said he, 'I have said thy praise in one day, for the righteousness of thy judgments.' The first canonical hour is matins, with the after song appertaining thereto, prime, tierce, sext, none, vespers, compline. These seven canonical hours ye should sing with great attention, to the praise of your Lord, daily in church, always at the appointed hour; and, in like manner, celebrate mass at the appointed time. And it is much that mass may be celebrated once in one day, though it be not celebrated oftener; because our Lord suffered once, and redeemed us all; and now is the mass, which men celebrate, a memorial of his great passion; and much can it effect for all mankind, both living and departed, so as we learn in holy books; and therefore should mass also be fervently celebrated, with great chastity, so as those holy men did, whom we call confessors. Some of these ever continued without wife, some of them forsook that unallowed thing, and served Christ in chastity, so as the canons inform us, and openly command : that is, that no bishop nor priest have in his monastery, or in his house, any woman, unless it be his mother, or his sister, father's sister, or mother's sister, or a relation of them, from whom no evil report may spring up: and if he do otherwise, the canon says, that he should forfeit his order.

32. This to you priests will seem grievous, because ye have your misdeeds in custom, so that it seems to yourselves, that ye have no sin in so living in female intercourse, as laymen; and say that Peter the apostle had a wife and children; and we also say that he had so; and some others, who followed our Lord, had also wives and children, before their conversion, but they abstained therefrom after they came to Christ's teaching, and forsook their possessions and wives, and all their worldly things.

33. Beloved, we cannot now forcibly compel you to chastity, but we admonish you, nevertheless, that ye observe chastity, so as Christ's ministers ought, in good reputation, to the pleasure of God; as those saints did, whom we before mentioned, who all their lives lived in chastity.

XXXIV. L̃. seofon hadas syndon ȝesette on bocum· to Godes þenunȝum into Godes circan. Án is hostiarius· oþer is lector· ðridde exorcista· feorðe acolitus· fifta sub-diaconus· sixta diaconus· seofoða presbiter· fiue episcopus. Dostiarius is ðuru-weard seþe circan cæȝan healt. Lector is rædere seþe ræt on circan. Exorcista is halsiȝend seþe þæt ofer ða wit-seocan men ˥ þa untruman. Acolitus is seþe leoht berð æt Godes þenunȝum. Sub-diaconus is under-diacon seþe þone calic ˥ þone disc berð to ðare mæssan· ˥ þenað þam diacone. Diaconus is ȝecweden þeȝn seþe þenað ðam mæsse-preoste· oððe þam bisceope· æt ðare mæssan· ˥ godspel ræt· he mot eac hlaf sillan ˥ cild fullian· ȝif þearf bið:·

XXXV. L̃. understandað ꝥ beȝȝen sind on anum hade· se bisceop ˥ se mæsse-preost· ꝥ is on ðam seofoðan circ-hade· swa swa us halȝe bec secȝað· ˥ beȝȝen hi mæssiað ˥ mannum bodiað· ˥ beȝȝen hi sculon ȝelice clænnesse healdan· ˥ oðrum mannum riht bodian· ˥ wel bisnian· ˥ nis nan had ȝeteald to þare halȝan þenunȝe· buton ða seofon hadas þe we for asecȝað:·

XXXVI. Se bisceop is þeah ȝeset sumes to maran bletsunȝe ðonne se mæsse-preost sý· ꝥ is circan to halȝiȝenne· ˥ to hadȝenne preostas· men to biscopienne· ˥ to bletsiȝenne ele· forðam hit wære to mæniȝfeald· ȝif ealle mæsse-preostas hit don moton:·

XXXVII. Preostum ȝedafenað þeah· for ðam ealdorscipe· ꝥ hi heora biscope beon eadmodlice underþeodde· ˥ be his wissunȝe ˥ wisdome libbon· ˥ he hi ofersceawiȝe· ˥ heora sawla beȝime· swa swa his nama sweȝeð· his nama is ȝecweden episcopus· ˥ [is] ofersceawiȝend on Englisc· ꝥ he ofersceawiȝe symle his underþeoddan· ˥ hi ȝewihtlæce to rihtum þeawum· æfre swa he ȝeornost mæȝe:·

XXXVIII. Se forma bisceop wæs þe God silf ȝesette on ðare ealdan laȝe· Áaron ȝehaten· se wæs Moyses broðor· þæs maran here-toȝan· ac he ne mæssode næfre· forðam þe nan mæsse næs ȝeset· ærðam þe Crist silf on ðare niwan

· 34. Beloved, seven orders are appointed in books for God's ministries in Christ's church. One is ostiarius, the second is lector, the third exorcista, the fourth acoluthus, the fifth subdiaconus, the sixth diaconus, the seventh presbyter or episcopus. Ostiarius is the doorkeeper, who holds the keys of the church. Lector is the reader who reads in church. Exorcista is an adjuror, who reads over men diseased in mind, and the infirm. Acoluthus is · he who bears the light at God's ministries. Subdiaconus is the under deacon, who bears the chalice and the dish at the mass, and ministers to the deacon. Diaconus the minister is called, who ministers to the mass-priest, or to the bishop, at the mass, and reads the gospel: he may also give the bread, and baptize children, if need be.

35. Beloved, understand that both are of one order, the bishop and the mass-priest, that is, of the seventh church-order, as holy books tell us; and both celebrate mass, and preach to men, and both ought alike to observe chastity, and preach righteousness to other men, and set good example: and no order is reckoned for the holy ministry, except the seven orders which we have before mentioned.

36. The bishop is, however, appointed, in some degree, for greater benediction than is the mass-priest; that is, to hallow churches, and to ordain priests, to confirm men, and to bless the oil; because it were too multifarious, if all mass-priests must do this.

. 37. It is proper, for priests, however, on account of that seniority, to be humbly subordinate to their bishop, and live by his direction and wisdom; and that he superintend them, and heed their courses, so as his name expresses: his name is called episcopus, that [is] in English, *overseeing*, because he constantly oversees his subordinates, and directs them to proper manners, ever as he can most earnestly.

38. The first bishop, whom God himself appointed in the old law, was called Aaron, he was the brother of Moses the great leader; but he never celebrated mass, because no mass was established, before Christ himself, in the new covenant,

ʒecýðneʃʃe ʒehalʒode huʃel· ⁊ het uʃ æʃteʃ ðam eac ʃƿa don
ʃoʃ hiʃ ʒemýnde :·

xxxix. Nu þæʃ ʃeo mæʃʃe aʃtealð þuʃh uʃne Dʃihten
Cʃiʃt· ⁊ ʃe halʒa Petʃuʃ apoʃtol ʒeʃette þone canon þaʃto
ðe ƿe Te iʒituʃ cƿeðað. Se Aaʃon ʃcolde· ⁊ þa ealdan bi-
ʃcopaʃ· ðe ʃeo þæʃon· oʃʃʃian Lobe· on ða ealdan piʃan-
ʃeaʃʃaʃ· ⁊ ʃammaʃ· ⁊ ʒehʃilceʃ cýnneʃ niʒenu· ʃƿa ʃƿa nan
man ne mot on ðiʃum daʒum don· ʃoʃðam þe ða oʃʃʃunʒa
ealle ʒetacnode uʃeʃ Dʃihteneʃ ʃleʒe· þe þæʃ oʃʃlaʒen ʃoʃ úʃ·
⁊ on ʃode ʒeʃæʃtnod· ʃoʃ uʃe alýʃedneʃʃe· ⁊ he þa ʃƿa ʒeen-
dode þa ealdan ʒeʃetneʃʃe. And þa moʃte on ðam daʒum ʃe
Aaʃon ⁊ hiʃ æʃteʃ-ʒænʒan ʃiððan niman him to ʒemacan·
æʃteʃ Moyʃeʃ laʒe· an clæne mæden· ʃoʃðam þe nan ne
moʃte oʃ nanum oðʃum cýnne becuman to ðam hade þ he
biʃcop ƿæʃe· buton oʃ Aaʃoneʃ cýnne· ⁊ hiʒ ne moʃton na
piʃian eac on nánʃe puðuʃan· ne on ʃoʃlætenum piʃe· be Lobeʃ
leaʃe· ac on clænum mædene· ⁊ heoʃa clænneʃʃe hi ʃculon
þeah healdan· ʃƿa oʃt ʃƿa hi æʃʃe oʃʃʃodon þa laclican lac þe
ða ʒepunelice þæʃon· hi moʃton þa ʃoʃ neode ƿiʃ habban on
ðam daʒum· þ ne ƿuʃde ateoʃod huʃu þ mæʃe biʃcop-cýn þe
com oʃ Aaʃone· ʃoʃðam þe nan cýn ne moʃte becuman to
þam hade· buton þ an cýn þe com oʃ ðam Aaʃone· ⁊ hit ʃtod
æʃʃe þuʃ on ðaʃe ealdan æ :·

xl. Nu iʃ ʃeo ealde laʒu ʒeendod æʃteʃ Cʃiʃteʃ to-cýme· ⁊
men ne ceoʃað nu on ðiʃʃeʃe cʃiʃtenan laʒe oʃ nanum biʃcop-
cýnne oðeʃne biʃcop· ac oʃ ælcum cýnne þaʃ ðaʃ he clæne
bið· ⁊ on ðeaƿum ʒeþoʒen to Lobeʃ þenunʒum· ʒe oʃ munuc-
hade ʒe oʃ pʃeoʃt-hade. Maʃtinuʃ ƿæʃ munuc· ⁊ he ƿæʃ
ʃiððan mæʃe biʃcop. Cʃeʒoʃiuʃ ƿæʃ munuc· ⁊ he ƿæʃ mæʃe
biʃcop· Cuðbeʃhtuʃ ƿæʃ munuc· ⁊ mæʃe biʃcop· ⁊ maneʒa
oðʃe oʃ munuc-hade biʃcopaʃ ƿæʃon· ʃƿa ʃƿa ƿe on bocum
ʃædað. And eac oʃ pʃeoʃt-hade on clænneʃʃe libbende ƿæʃon
mæʃe biʃcopaʃ ⁊ mæʃʃe-pʃeoʃtaʃ· on micelʃe dʃohtnunʒe·
ʃƿiðe haliʒe peʃaʃ· ðe ƿe hatað conʃeʃʃoʃeʃ. Ac ʒe pʃeoʃtaʃ
ʃume ƿillað beon· þæʃ þe ƿe penað ⁊ heaʃde onðʃædað· oʃ
þam ýʃelan heape ʒehadodʃa manna· be þam þe uʃe Dʃihten
cƿæð on hiʃ halʒan ʒodʃpelle. Multi dicunt mihi in illo die·
hoc eʃt· in die iudicii· Domine· Domine· et ʃel. He cƿæð·
Maneʒa cƿeðað to me on ðam micclan dom-dæʒe· Dʃihten·
Dʃihten leoʃ· on uʃum liʃe þe poʃhton þe to puʃðunʒe

hallowed housel, and commanded us afterwards so to do in remembrance of him.

39. Now was the mass established by our Lord Christ; and the holy apostle Peter appointed the canon thereto which we call 'Te igitur.' Aaron, and the old bishops, who were of yore, offered, it is said, to God, in the old manner, bulls and rams, and cattle of every kind, so as no man in these days may do; because all those offerings betokened the slaying of our Lord, who was slain for us, and fastened on a rood, for our redemption; and he then so ended the old covenant. And then, in those days, must Aaron, and his successors afterwards take to them for mate, according to the law of Moses, a pure maiden; because no one of any other race might come to the degree of bishop, except of Aaron's race; nor might they marry with any widow, nor with a repudiated wife, with leave of God, but with a pure maiden; and they should, nevertheless, preserve their chastity, always as often as they offered the sacrificial offerings which were then usual. They must then of necessity have wives in those days, that, at all events, the great episcopal race, which came of Aaron, might not be extinguished; because no race might come to that degree, except that one race which came of Aaron; and thus it ever stood in the old covenant.

40. Now is the old law ended after Christ's advent; and men now, under this Christian law, do not choose another bishop of any episcopal race, but of any race, provided he be chaste, and grown up in manners for God's ministries, whether from monkhood or from priesthood. Martin was a monk, and he was afterwards a famous bishop; Gregory was a monk, and he was a famous bishop; Cuthberht was a monk, and a famous bishop; and many others were bishops from monkhood, as we read in books. And also from the priesthood living in chastity were many bishops and mass-priests, in great renown, very holy men, whom we call confessors. But ye priests will some be, as we think and greatly fear, of that evil crew of men in orders, of whom our Lord spake, in his holy gospel: 'Multi dicunt mihi in illo die, hoc est in die judicii, Domine, Domine,' &c. He said: 'Many will say to me in that great day of judgment, Lord, beloved Lord, in our lives we wrought in thy honour many miracles in thy great name, and we also

maneȝa tacna on ðinum mærian naman· ⁊ þe eac ƿiteȝodon þe
to ƿuꞃðmýnte. Ðonne cpæð uꞃe Dꞃihten him to. Ne can ic
eop na· ne ic eopeꞃ ne ꞃecce. ac ȝepitað ꞃaðe ꝼꞃam me ȝe
unꞃihtƿiꞃan ƿyꞃhtan· ⁊ ƿuniað ã heononꝼoꞃð þaꞃ ðaꞃ bið ece
ꝼóp ⁊ toða ȝꞃiꞃtbitunȝ :·

XLI. Cꞃiꞃt ƿat ealle þinȝc· ac he ne oncnæpð mid æniȝum
ȝode þonne þeah þa unclænan peoꝼoð-þeȝnaꞃ· þe ne ȝecpemdon
him æꞃ heꞃ on liꝼe mid þaꞃe clænneꞃꞅe þe hiȝ healdan ꞃcoldon·
ne hi eac þonne nan ðinȝc nabbað þæꞃ þe him liciȝe. ne hi
ꞃpa ꝼule ne moton into hiꞃ ꝼæȝeꞃan heoꝼon-healle. ac beoð
utan belocene to ðam ecum piton helle piteꞃ. Ánd ne mæȝ
þeah ꞃe ýꝼela pꞃeoꞃt mid hiꞃ ýꝼelneꞃꞅe. þeah ðe he mándeoꞃꝼ
ꞃý ⁊ mánꝼul on dædum· ne mæȝ he næꝼꞃe Hodeꞃ þenunȝe
ȝeꝼilan naðeꞃ ꞁe þ ꝼulluht· ne þa mæꞃꞃan. ac eal him ꞃilꝼum
cýmð to heaꞃme þ he on unꞃiht ȝedide. Nu ȝe habbað ȝe-
hiꞃed be ȝehadodum mannum· ȝe on ðaꞃe ealdan laȝe ȝe on
ðaꞃe nipan ȝecýðneꞃꞅe. hu hit ȝelaȝod ꞅæꞃ· paꞃniað eop ꞃilꝼe
be þam þe ȝe pillað :·

XLII. Ꝉ· canoneꞃ uꞃ tæcað hu þe uꞃe liꝼ ꝼadian ꞃculon.
Canoneꞃ ꞃýnd ȝecpedene ꞃihte ꞃeȝolaꞃ þe uꞃ ȝeꞃihtlæcað· ⁊
hi beodað þ ꞃeðe puðupan ȝenimð. on læꝼedum hade· him to
piꝼe· oððe ꝼoꞃlæten piꝼ· þ he næꝼꞃe ꞃiððan ne beo diacon ne
mæꞃꞅe-pꞃeoꞃt· ⁊ ꞃe ȝehadoda þe ꝼúl ꝼoꞃliȝeꞃ ȝeꝼꞃemme. hi
cpeðað þoliȝe hiꞃ hadeꞃ :·

XLIII. Þe ne duꞃꞃan ꝼoꞃꞃpeoȝian· þ þe ne ꞃecȝan eop þa
halȝan ȝeꞃetneꞃꞅa þe ȝe healdan ꞃculon· þe beoð unꞃcildiȝe
ȝiꝼ þe hit ꞃecȝað eop· pite ȝe hꞃaðeꞃ ȝe ꞃilꝼe eopꞃum ꞃaplum
beoꞃȝan· ⁊ eop ꞃilꝼe ȝeꞃihtlæcan pillan. Naȝe ȝe mid ꞃihte
piꝼeꞃ ȝemanan æniȝan timan· ac læpede men moton piꝼian ⁊
heoꞃa ꞃiht æꝼe ꞃihtlice healdan· ⁊ ꞃe læpeda man mot·
æꝼteꞃ hiꞃ piꝼeꞃ ꝼoꞃð-ꞃiðe· oðꞃe ꞃiðe piꝼian ꝼoꞃ neod· ⁊ ȝeonȝ
puðupe mot eꝼt ceoꞃlian· æꝼteꞃ hiꞃe peꞃeꞃ ꝼoꞃð-ꞃiðe. ac man
ne mot ꞃpa-þeah ꞃillan him bꞃyd-bletꞃunȝe. buton heo
mæden ꞃý· ac hi ꞃculon dædbote ðón ꝼoꞃ heoꞃa unȝeheald-
ꞃumneꞃꞅe :·

XLIV. Ꝉ· ȝe pꞃeoꞃtaꞃ ꞃculon beon ȝebocode ⁊ ȝeꞃeaꝼode·
ꞃpa ꞃpa eopꞃum hade ȝebiꞃað. Mæꞃꞅe-pꞃeoꞃt ꞃceal huꞃu hab-

prophesied for thy honour.'   Then said our Lord unto them :
' I know ye not, nor reck I of you; but depart quickly from
me, ye unrighteous doers, and dwell ever henceforth there,
where there is eternal weeping and gnashing of teeth.'

41. Christ knoweth all things, but he will not then, however, acknowledge with any kindness those unchaste ministers
of the altar, who did not ere please him here in life with the
chastity which they ought to have preserved; nor also shall
they then have any thing pleasing to them, nor may they so
foul enter into his fair heavenly hall, but shall be shut out
into the eternal pains of hell's torments.   And yet the evil
priest cannot with his evil, although he be wicked and sinful
in deeds, he cannot ever defile God's ministry, nor the
baptism, nor the mass; but all shall come to his own harm,
that he has done unrighteously.   Now ye have heard concerning men in orders, both in the old law, and in the new
covenant, how it was constituted: be heedful for yourselves
as ye will.

42. Beloved : the canons teach us how we should regulate
our lives.   Canons the right rules are called which direct us,
and they ordain, that he who of the lay order takes a widow
to wife, or a repudiated wife, be never afterwards deacon or
mass-priest; and they direct, that the man in orders, who
commits foul fornication forfeit his order.

43. We dare not silently refrain from reciting to you the
holy ordinances which ye ought to observe: we shall be guilt-
less, if we recite them to you; know ye, whether yourselves
will secure your souls, and direct yourselves.   Ye have not
lawfully intercourse with woman at any time; but laymen may
marry and justly hold their lawful wives; and the layman,
after his wife's decease, may, if needful, marry a second time;
and a young widow may marry again after her husband's
decease; but, nevertheless, the bridal benediction may not be
given them, unless she be a maiden, but they should do
penance for their incontinence.

44. Beloved : ye priests should be provided with books, and
with vestments, so as is befitting your order.   A mass-priest

þan mæſſe-boc· ſang-bec· ⁊ ꞃædinȝe-bec· ſalteꞃe· ⁊ hand-boc·
penitentialem· ⁊ ȝeꞃím· ⁊ ða beon ƿel ȝeꞃihte· ⁊ he ſceal
habban clæne mæſſe-ꞃeaꝼ to Cꞃiſteſ þenunȝum· Ænd ȝe
ſculon ꞃinȝan ꞃunnan-uhtan ⁊ mæſſe-uhton· æꝼꞃe niȝon
ꞃæpſaſ· mid niȝon ꞃædinȝum:·

XLV. Ænd ƿitað· þ beo ælc calic ȝeƿoꞃht oꝼ mylðenbum
antimbꞃe· ȝilðen oððe ꞃeolꝼꞃen· ȝlæꞃen oððe tinen· ne beo he
na hyꞃnen· ne huꞃu tꞃeopen· Ne man ne mæſſiȝe mid nanum
oðꞃum ꝼate buton mid þam calice þe Cꞃiſte ſy ȝehalȝod· ⁊
hiſ peoꝼod beo clæne· ⁊ ƿel ȝeſcꞃid æꝼꞃe· ⁊ na mid meoxe
beꞃileð· ⁊ ne mæſſiȝe man næꝼꞃe buton ƿine:·

XLVI. Þaꞃniað nu eac· ic biðde· þ ȝe beon beteꞃan ⁊ ƿiꞃſan
on eopꞃum ȝaꞃtlican cꞃæꝼte to Cꞃiſteſ þenunȝum· ſƿa ſƿa
eop mid ꞃihte ȝebiꞃað þ ȝe beon ſculon· þonne þa popld-men
ꞃindon on heoꞃa popld-cꞃæꝼtum· Lanȝe ſceal leoꞃnian ſe
ðe læꞃan ſceal· ⁊ ȝiꝼ he nele leoꞃnian· þ he laꞃeop beo ꞃihteſ
piꞃðomeſ· he ſceal beon eꝼt laꞃeop miceleſ ȝeðpilðeꞃ· ſƿa ſƿa
Cꞃiſt ſilꝼ cpæð on ſumon hiſ ȝodꞃpelle· Cecuſ ꞃi ceco ducatum pꞃeſtat· ambo in ꝼoueam cadent· Ȝiꝼ ſe blinda man
bið ðæſ blindan lað-ðeop· þonne beꝼeallað hi beȝȝen on ænne
pytt· Blind bið ſe lað-ðeop þe læꞃan ſceal Ⰳodeſ ꝼolc· ȝiꝼ he
laꞃe ne can· ne he leoꞃnian nele· ac miꞃlæt hiſ hyꞃ-men· ⁊
hine ſilꝼne ꝼoꞃð mid:·

XLVII. Ⱄe mæſſe-pꞃeoſt ſceal mannum mid ꞃihte bodian
þone ꞃoðan ȝeleaꝼan· ⁊ him laꞃ-ſpel ꞃecȝan· ⁊ þa ſeocan men
ȝeneoꞃian· ⁊ cild ꝼullian· ſƿa ꞃaðe ſƿa man ꞃaðoꞃt mæȝe hi
ȝeꞃabian to ꝼulluhte· Ænd ȝiꝼ ſe ſeoca læpede man ȝiꞃnð þ
man hine ſmeꞃiȝe· he do þonne hiſ andetneſſe· ⁊ ꝼoꞃȝiꝼe ælc
yꞃꞃe· æꞃ ðaꞃe ſmeꞃunȝe· ⁊ ȝiꝼ he eꝼt-ȝepyꞃð· ⁊ æꝼteꞃ
þaꞃe ſmyꞃunȝe hal puꞃð· buton he hit ꝼoꞃhaten hæbbe· he
mot piꝼeſ bꞃucan ⁊ ꝼlæꞃceſ· ȝiꝼ he ſilꝼ pile:·

XLVIII. On ðaꞃe ſmyꞃunȝe bið læcedom· ⁊ ꞃinna ꝼoꞃȝiꝼneſ·
⁊ ne bið na habunȝ· ſƿa ſƿa ſume men penað· Ænd ȝiꝼ he eꝼt
ſe man ſeoc bið· hine man eꝼt ſmeꞃiȝe· þonne þeaꞃꝼ ſy· ⁊
ȝiꝼ him ꝼoꞃð-ꞃið ȝebiꞃiȝe· beꞃtande man þ lic piꞃlice· ⁊ ȝeoꞃne
þa ſaple Ⰳode betæcan:·

should, at least, have a mass-book, books of canticles, and reading books, psalter and manual, penitential, and numeral; and these shall be sufficiently correct; and he should have clean mass-vestments, for Christ's ministries. And ye should sing sunrise matins, and mass-matins, always nine intervals with nine readings.

45. And know, that every chalice be wrought of molten material, of gold or of silver, of glass or of tin; let it not be of horn, especially not of wood. No man may celebrate mass with any other vessel save with the chalice which is hallowed to Christ; and let his altar be clean, and always well covered, and not befouled with dung; and let no man ever celebrate mass without wine.

46. Be careful also now, I pray, that ye be better and wiser in your ghostly craft for Christ's ministries, so as is rightly befitting you that ye should be, than the secular men are in their worldly crafts. Long should he learn who has to teach; and if he will not learn to be a teacher of right wisdom, he shall afterwards be a teacher of great error, as Christ himself said in his gospel: 'Cæcus si cæco ducatum præstat, ambo in foveam cadent:' 'If the blind man be the guide of the blind, then will they both fall into one pit.' Blind is the guide, who has to teach God's folk, if he neither have learning, nor be willing to learn, but misleads himself, and his parishioners along with him.

47. The mass-priest shall rightly preach the true faith to men, and recite sermons to them; and visit sick men, and baptize children, as speedily as they most speedily can be prepared for baptism. And if the sick layman desire to receive unction, let him then confess him, and forgive every grudge, before the unction: and if he recover, and, after the unction, become hale, he may, unless he have vowed the contrary, enjoy the society of woman, and flesh, if he himself will.

48. In the unction there is healing and forgiveness of sins; and it is no ordination, as some men imagine. And if the man be again sick, let him again receive unction, when it be needful; and if it happen that he dies, let the corpse be wisely buried, and the soul earnestly committed to God.

XLIX. Ac ſume pꞃeoſtaſ miſdoð þeah ealleſ to ſꞃiðe· ſæȝniað þonne men ſoꞃðꞃaꞃað· ⁊ unbeðene ȝaðeꞃiað hi to ðam lice· ſƿa ſƿa ȝꞃæðiȝe ꞃæmmaſ þaꞃ ðaꞃ hi holð ȝeſeoð· ac heom ȝebiꞃað mið ꞃihte to beꞃtanðenne þa men þe hiꞃað into heoꞃa mýnſtꞃe· ⁊ ne ſceal nan ſaꞃan on oðꞃeſ ſolȝoð to nanum lice· buton he ȝebeðen ſý· And ƿitað eac þ ne mot mið ꞃihte nan pꞃeoſt beon ȝitſienðe mánȝeꞃe· ne poꞃlð-ſtꞃuteꞃe on ȝeꞃeſſcipe· ne ðꞃincan æt ƿin-huſum ealleſ to ȝelóme· ne to ðꞃuncen-ȝeoꞃn puꞃðan· ne to moðiȝ· ne to ȝilpenðe· ne on hiſ ȝiꞃlum to ꞃanc· ne mið ȝolðe oſeꞃ-ȝlæncȝeð· ac mið ȝoðum ðeapum puꞃðiȝe hine ſilſne :·

L. Ne he ſacſul ne beo· ne cearte ne aſtiꞃiȝe· ac he ſceal þa ſacſullan ȝeꞃibbian· ȝiſ he áá mæȝ· And ne mot he ƿæꞃnu ꞃeꞃian mið ꞃihte· ne to ȝeſeohte ſaꞃan· ꞃeþe bið Loðeſ cæmpa· ſoꞃðon þe ſe canon uſ ſeȝð· ȝiſ he oſſlaȝen bið on ſolceſ ȝeſeohte· oððe ſoꞃ ꞃumeꞃe ꞃace þe he ſilſ ȝepoꞃhte· þ man nateſ-hƿón ne mot him mærſꞃian ſoꞃa· ne him openlice ſoꞃa ȝebiððan· ac bebiꞃȝan hine ſƿa-þeah on clænan leȝeꞃe· ⁊ lætan ſƿa ſiððan eal to Loðeſ ðome :·

LI. Nu ſecȝað ſume pꞃeoſtaſ· þ hi ſoꞃ neoðe ƿæꞃn moton ꞃeꞃian· ⁊ cƿeðað þ Petꞃuſ ȝeƿæꞃnoð ƿæꞃe· þa ða he hiſ Dꞃihten ꞃeꞃian polðe· þ þær þa he oſhæhte þær ſoꞃſcilðȝoðon eaꞃe· þe þær on ðam ȝeȝæncȝe· þaꞃ man Lꞃiſt bænðe· ac ƿe ꞃecȝað to ȝoðan· þ ſe ꞃoðſærta Loðeſ ſunu· ⁊ þa ðe him ſolȝoðon· ne ſenðon na ȝeƿæꞃnoðe· ne mið nanum poꞃlð-ƿiȝȝe ðaꞃ coman· ª þeah þa on-ȝemanȝ þam þa Iuðeaſ þe hine bænðon tƿa ſƿeoꞃð to hanða· ſƿa ſƿa hit ȝecƿeðen iſ· Domine ecce ȝlaðii duo hic· Dꞃihten leoſ· cƿæðon þa ðe him ſiliȝðon· heꞃ ſinðon tƿa ſƿeoꞃð· ⁊ ȝiſ hi þaꞃ æꞃ ƿæꞃon· ne cƿæðon hi na ſƿa· ⁊ ȝiſ Petꞃuſ moꞃte þone man ſul-ꞃlean· þonne ne hete hine Lꞃiſt na ȝeſꞃican þær ƿeoꞃceſ· ac he cƿæð to him· Do þ ſƿeoꞃð on ða ſceaðe ꞃaðe· ⁊ ȝeſꞃic þær ȝeſeohteſ· ⁊ he ꞃona ȝehælðe þone þe Petꞃuſ ȝeƿunðoðe· De mihte ȝiſ he polðe ƿiȝ-cꞃæſt habban ꞃona ȝenohne· ac eal he þoloðe ſoꞃ uꞃe þeaꞃſe þ he þa þoloðe· And ſe ýlca Petꞃuſ þe ða þær ƿæꞃ ſeohtenðe· ſe ƿeaꞃð eſt ahanȝen on ꞃoðe· ſoꞃ uꞃeſ Dꞃihteneſ ꞃiht ȝeleaſan· ⁊ he þá onȝean nan ðýnȝc ne ƿan· ne mið poꞃðe

---

ª Here the text is obviously defective.

49. But some priests, however, misdo altogether too much; they rejoice when men depart hence, and unbidden gather about the corpse, like greedy ravens, wherever they see a dead carcase; but it properly becomes them to bury those men who belong to their minster: and no one ought to go in another's following to any corpse, unless he be bidden. And know also, that no priest may rightfully be a rapacious monger, nor a public spoiler in 'gerefa'-ship, nor drink altogether too frequently in wine houses, nor be too given to drinking, nor too proud, nor too boastful, nor too showy in his garments, nor adorned with gold, but with good habits do honour to himself.

50. He shall not be litigious, nor stir up strife, but he shall pacify the litigious always, if he can. And he may not, who is God's soldier, lawfully wear weapons, nor go to battle; because the canon tells us, if he be slain in a national fight, or on account of some dispute, which he himself has made, that no man may, on any account, celebrate mass for him, nor openly pray for him, but, nevertheless, he may be buried in a clean grave; and so leave afterwards all to God's judgment.

51. Now some priests say, that they, in case of need, may wear a weapon, and say that Peter was armed, when he would defend his Lord; that was when he hacked off the sinful one's ear, who was in that gang, where Christ was bound: but we soothly say, that the righteous Son of God, and those who followed him, did not go armed, nor came thither with any worldly warfare; although among them, when the Jews were binding him, two swords [were] at hand, so as it is said: 'Domine ecce duo gladii hic,' 'Beloved Lord,' said those who followed him, 'here are two swords:' but if they had been there before, they would not have said so. And if Peter might have slain the man outright, then Christ would not have commanded him to desist from the work; but he said to him: 'Put the sword into the sheath quickly, and desist from the fight;' and he forthwith healed him whom Peter had wounded. He might, had he willed it, have instantly had warlike force abundant, but he suffered all for our need what he then suffered. And the same Peter, who was then fighting,

ne mið dæde· ac ᵹeþolode ᵹeþılðılıce ꝼoꞃ hıꞃ Dꞃıhteneꞅ luꝼan·
ꞁ ꝼoꞃ ꞃıhtan ᵹeleaꝼan eal þ̵ hım man to-ðẏðe· ꞁ þæꞅ he hæꝼð
to leane heoꝼonlıce mẏꞃhðe.   Be þam maᵹon Ḡoðeꞅ þeoꝼaꞅ
ᵹecnaꞃan· þ̵ hı naᵹon mıð ꝼıᵹᵹe ne mıð ꝼoꞃlð-campe ahꝼaꞃ to
ꝼaꞃene· ac mıð ᵹaꞅtlıcan ꝼæꝼnan campıan ꝼıð ðeoꝼol.   Ne
ᵹebıꞃað hım nan ðẏnᵹc naþeꞃ ne to ꝼıꝼe ne to ꝼoꞃlð-ꝼıᵹᵹe· ᵹıꝼ
hı Ḡoðe ꝼıllað ꞃıhtlıce ᵹehıꞃan· ꞁ Ḡoðeꞅ laᵹe healðan· ꞅꝼa ꞅꝼa
heoꞃa haðe ᵹeðaꝼenað mıð ꞃıhte.   Sıt nomen Domını benedıc-
tum· et ꝺeꞇ.   Amen.

was afterwards hanged on a rood, for our Lord's true faith, and he then strove against nothing, neither with word nor with deed, but suffered patiently, for his Lord's love, and for the true faith, all that was done to him, and therefore he has for reward heavenly mirth.   By this God's servants may know, that they ought not to go anywhere with war or with secular contest, but with ghostly weapons fight against the devil. Neither wife nor secular warfare are in anywise befitting them, if they will rightly obey God, and hold God's law, as is properly becoming their order.   Sit nomen Domini benedictum, &c.   Amen.

ᵃÆLFRIC'S EPISTLE,

ENTITLED

QUANDO DIVIDIS CHRISMA.

Eala ȝe mæſſe-pꞃeoſtaſ mine ȝebꞃoþꞃa. þe ꞃecȝað eoƿ nu
þ þe æꞃ ne ꞃædon. foꞃþon þe ƿe to-dæȝ ſceolan dælan uꞃne
ele on þꞃeo ƿiſan ȝehalȝodne. ſƿa ſƿa uſ ȝeƿꞃiſſað ꞃeo boc.
i. e. oleum ſanctum. et oleum cꞃiſmatiſ. et oleum inꝼiꞃ-
moꞃum. þ iſ on Enȝliſc. haliȝ ele. oþeꞃ iſ cꞃiſma. ᵹ ȝeocꞃa
manna ele. ᵹ ȝe ſceolan habban þꞃeo ampullan ȝeaꞃuƿe to
þam þꞃym elum. foꞃþan þe ƿe ne duꞃꞃan don hi toȝædeꞃe
on anum eleꝼate. foꞃþan ðe hyꞃa ælc bið ȝehalȝod on ſun-
dꞃon. to ꞃyndeꞃlicꞃe þenunȝe. Ƿið þam haliȝan ele ȝe
ſcylan þa hæþenan cild meaꞃcian on þam bꞃeoſte. ᵹ betƿux
ða ȝeſculdꞃu on middeƿeaꞃdan mid ꞃode tacne. æꞃþan þe ȝe
hit ꝼullian on þam ꝼant-ƿæteꞃe. ᵹ þonne hit oꝼ þæm ƿæteꞃe
cymð. ȝe ſcylan þyꞃcan ꞃode tacen uꝼp-on þæm heaꞃðe mid
þam haliȝan cꞃiſman. On þam haliȝan ꝼante. æꞃþan þe ȝe
hy ꝼullian. ȝe ſcylon don cꞃiſman on Cꞃiſteſ ꞃode tacne. ᵹ
man ne mot beꞃꞃenȝan men mid þæm ꝼantƿæteꞃe. ꞃyþþan ſe
cꞃiſma bið þæꞃ-on ȝedon :·

Ƿið ſeocꞃa manna ele ȝe ſcylan ꞃmyꞃian þa ꞃeocan. ſƿa
ſƿa Iacob ſe apoſtol on hiſ piſtole tæhte. Ut alleuet eoꞃ
Dominuſ. et ſi in peccatiſ ſint. dimittentuꞃ eiſ. þ Dꞃihten
hi æꞃeꞃe ꝼꞃam hyoꞃa ȝeocnyꞃꞃe. ᵹ ȝiſ hy on ſynnum ſyndon.
þ hy beon foꞃȝiꝼene :·

ᵇ Ƿan ſceal buꞃian þone ꞃeocan þa hƿyle þe he hit ꝼoꞃ-
ꞃƿelȝan mæȝ. ᵹ man ne ſceal hit nā don nanum ꞃám-cƿyce
men. foꞃþan þe he hit ſceal etan. ſƿa ſƿa uꞃe Dꞃihten cƿæð.
Qui manducat caꞃnem meam et bibit ſanȝuinem meum. in

ᵃ The text is from *O.*

ᵇÆLFRIC'S EPISTLE,

ENTITLED

QUANDO DIVIDIS CHRISMA.

O ye mass-priests, my brothers, we will now say to you what we have not before said, because to-day we are to divide our oil, hallowed in three ways, as the book points out to us; i. e. oleum sanctum, et oleum chrismatis, et oleum infirmorum, that is, in English, holy oil, the second is chrism, and sick men's oil: and ye ought to have three flasks ready for the three oils, for we dare not put them together in one oil vessel, because each of them is hallowed apart for a particular service. With the holy oil ye shall mark heathen children on the breast, and betwixt the shoulders, in the middle, with the sign of the cross, before ye baptize it in the font water; and when it comes from the water, ye shall make the sign of the cross on the head with the holy chrism. In the holy font, before ye baptize them, ye shall pour chrism on the figure of Christ's cross, and no one may be sprinkled with the font water after the chrism is poured in.

With sick men's oil ye shall anoint the sick, as James the Apostle taught in his epistle: 'Ut allevet eos Dominus, et si in peccatis sint, dimittentur eis,' 'That the Lord may raise them from their sickness, and if they are in sins, that they shall be forgiven them.'

The sick shall receive the housel while he can swallow it, and it shall not be administered to any half-living man, because he ought to eat it, as our Lord said: 'Qui manducat carnem meam, et bibit sanguinum meum, in me manet, et

---

ᵇ What follows has apparently been added by the copyist to the tract about chrism by mistake, having no connexion with it.

me manet· et eᵹo in eo· ꝥ iſ· Seþe ꝥt mín ꝼlǽſc ⁊ ꝺꞃincꝥ
nín blōꝺ· ſe punað on me· ⁊ ic puniᵹe on him. Sume ſéoce
ſýnꝺ ſƿa ꝺýſiᵹe· ꝥ hi onꝺꞃæꝺað him ꝥ hi ſceolan ſƿýltan ſóna
ꝼoꞃ þam huſle· ac ƿe ſecᵹeað to ſoþan ꝥ he ne ſƿýlt na
ꝼoꞃþý· þeah þe he ælce ꝺæᵹe unꝺeꞃꝼó ꝥ huſel· ac hiſ ſýnna
beoð aꝺýleᵹoꝺe þuꞃh þone ꝺꞃuhtenlican hlaꝼ· ⁊ he bið eac
ᵹeſcýlꝺ ƿið ꝺeoꝼleſ ſýꞃƿunᵹa:·

Se ſeoca man ſceal ſƿýþe behꞃeoꝼſian hiſ æꞃꞃan ſýnna· ⁊
ᵹeſꝼýcennýſſe behatan· ⁊ he mót hý anꝺettan oþ þa nýhſtan
oꞃþuncᵹe· ⁊ he ſceal ꝼoꞃᵹiꝼan eallum þam mannum þe him ǽꞃ
abulᵹon· ⁊ biꝺꝺan hým ꝼoꞃᵹiꝼnýſſe:·

Ƿe ſculon huꞃhan þa cilꝺ þonne hí ᵹeꝼulloꝺe beoð· ⁊ hý
man beꞃe to mæꞃꞃan ꝥ hýᵹ beon ᵹehuꞃloꝺe ealle þa ·vii· ꝺaᵹaſ
þa hƿile þe hiᵹ unþꞃoᵹene beoð:·

*Ƿe ne mótan mæꞃꞃian· on lǽƿeꝺꞃa manna huſe· ne man
ne mot ꝺꞃincan· ne ꝺƿollice pléᵹan· ne étan innan cýꞃican·
ne unnýtte ƿoꞃꝺ þæꞃ-inne ſpꞃecan· ac hine ᵹebiꝺꝺan· ꝼoꞃþon
þe heo iſ ᵹebeꝺhuſ· ⁊ eac ꝼoꞃþan þe ſe Ꝺælenꝺ aꝺꞃǽꝼꝺe· oꝼ
þam haliᵹan temple· ealle þa ᵹeꝺꞃolan· miꝺ hýꞃa ᵹeꝺꞃýlꝺe· ⁊
cƿæð þuſ· Mín huſ iſ ᵹecƿeꝺen ᵹebeꝺ-huſ:·

---

* This is alliterative, and, a few slight variations excepted, the
same as part of the lines given at pp. 356, 357.

ego in eo,' that is: 'Whoever eateth my flesh, and drinketh my blood, he shall dwell in me, and I shall dwell in him.' Some sick are so foolish, that they fear that they will die immediately, because of the housel; but we say in sooth, that he will not die in consequence, though he every day receive the housel; but his sins shall be obliterated by that divine bread, and he shall also be shielded against the devil's machinations.

The sick man ought earnestly to repent his former sins, and promise cessation, and he may confess them till his latest breath; and he shall forgive all those men who before had angered him, and pray for forgiveness for them.

Ye shall housel children when they are baptized, and let them be carried to mass, that they be all houseled during the VII. days they are unwashed.

Ye may not celebrate mass in the house of laymen: nor may any one drink, nor foolishly play, nor eat in a church, nor useless words therein speak, but pray; because it is a prayer-house, and also because the Saviour drove, from the holy temple, all the heretics, with their heresy, and said thus: 'My house is called a house of prayer.'

*ECCLESIASTICAL INSTITUTES.

Ic bidde eop ⁊ eaðmodlice læpe· men þa leofertan· þ ⁊e
peþen on þirre með-miclan tide fon eoppum rýnnum· fonþan
þe on þam to-peapdan life upe teaþar fon naht beoð ⁊etealde.
Þep ⁊ehýpð Dpihten þa þe hine biððað· ⁊ him rýlleð heopa
rýnna fon⁊ýfnerre· Þep he ir rpiðe fonebýpdi⁊ ofep ur·
ac he ir þæp rpiðe peðe· Þep ir hir mildheoptner ofep ur·
ac þep ir re eca dom· Þep ir reo lænlice pinrumner· ac þæp
ir reo rýn⁊ale neaponer· Þep rýnt þirre peopolde pýn-
luftar· ac þæp rýnt þa ecan tintre⁊u· Þep ir hlehtep· ac
þæp ir re un⁊eendoda hear· Þæp beoð þonne upe hpæ⁊la
fnetpodner on þam ecan rýpe *piðnode· Þep ir upep moder
up-ahafenner· ac þæp ir *þæpe þýftpo ðýmner· On⁊ýtað
nu þar· men þa leoreptan· þe eop to-peapde rýnt· ⁊ rýmble
beo ⁊erophfulle fon eoppe raple hælo· Þepað on þirre po-
pulde· þ ⁊e ne þuprfen eft pepan þone un⁊eendedan pop·
Leeaðmedað eop hep· þ ⁊e ne rýn þæp ⁊eniðpade· ⁊ þ ⁊e ne
rýn penðe on þa ýtemeftan þirtro· ⁊ on þ unaðpercedlice rýp.
Eala men þa leoreptan· hpa ir æpne rpa heapðe heoptan· þ
he ne mæ⁊e pepan þa topeapdan pitu· ⁊ him þa onðpædan·
Dpæt ir ur la relpe on þirre peopolde· þonne pe rýmble upe
rýnna hpeope don· ⁊ hi mið ælmerran lýfan· þ pe þuph þa
ælmerran þa ecan tintre⁊a ma⁊on ⁊eneran· fonþon þe þeor
popold ⁊epit ⁊ ealle þa þe on hýpe rýnð· ⁊ þonne mið upe
raple anpe pe rculon Lode Ælmihti⁊um piht a⁊ýldan· Ne
mæ⁊ þæp þonne ⁊efultumian re fæðep þæm runa· ne re runu
þæm fæðep· ac rceal þonne anpa ⁊ehpilc æften hir a⁊enum
⁊epýphtum beon demeð· Eala þu man hpæt ðeft þu þ þu
ne rý þam dumban nýtene ⁊elic· ⁊eþenc ⁊ on⁊ýt hu micel
⁊edal Lod betpeox ur ⁊erceop· Þe renðe on þa raple anð-
⁊ýt þ nafað þ nýten· Eala þu man paca ⁊ ⁊ebide ⁊ miltra

*l. pitnode.
*/ þæpa
þýftpa?

* The text is from *D*.

·ECCLESIASTICAL INSTITUTES.

———

1 pray you and humbly enjoin, most beloved men, that ye weep during this little time for your sins, because in the life to come our tears will be reckoned for nought. Here the Lord heareth those who pray to him, and granteth them forgiveness of their sins; here he is very forbearing with us, but there he is very stern; here is his mercy over us, but there is the everlasting doom; here is transient joyfulness, but there is perpetual anxiety; here are the joyous pleasures of this world, but there are eternal torments; here is laughter, but there is endless wail; there then will the decoration of our garments be punished in the eternal fire; here is exaltation of our mind, but there is the dimness of the dark. Understand now these things, most beloved men, which are future to you, and be always solicitous for the salvation of your souls. Weep in this world, that ye need not hereafter weep the weeping without end. Humble yourselves here, that ye be not there debased, and that ye be not sent into the uttermost darkness, and into the unquenchable fire. Alas most beloved men! Who is ever so hard of heart, that he cannot bewail the torments to come and dread them? O what is better for us in this world, than that we constantly do penance for our sins, and redeem them with alms, that through those alms we may be saved from eternal torments; because this world will pass away, and all those who are in it, and then with our soul alone we must render a just account to Almighty God. There the father may not support the son, nor the son the father; but every one then shall be judged according to his own works. Ah thou man! what dost thou not to be like to the dumb cattle? Think, and understand how great a separation God hath made betwixt us. He hath sent into the soul under-

þe þa hƿile þe þu mæȝe· ȝemun ꝥ Dꞃihten ꝼoꞃ þe oꝼ þæm
hean heoꝼone on þaꞃ neoꝺlan ȝeꞃceaꝼꞇ niðeꞃ-aꞃꞇah· ꞇo þæm
ꝥ he þe ꞇo þæm uplican liꝼe ȝelædde·   Ne mæȝ uꞃ þonne
uꞃe ȝolð ne uꞃe ꞃeolꝼeꞃ ȝeꝼylꞇan oꝼ þæm pæl-ȝꞃummum ꞇin-
ꞇꞃeȝum· ⁊ þæm unaðꝛæꞃceðlicum liȝum· ⁊ þæm unðeaðlicum
pyꞃmum þa hꝛeꞇꞇað hyꞃa bloðiȝan ꞇeð ꞇo þon· ꝥ hiȝ· buꞇan
ælcꞃe milðheoꞃꞇniꞃꞃe· uꞃne lichoman punðian ⁊ ꞃliꞇan·
Ðonne þa byman ꞃynȝað ⁊ hiȝ micelꞃe ꞃꞇemne ciað ⁊ cꝛeðað·
æꝼoꞃꞇ ꞇo þæm ꞃoðꝼæꞃꞇan· Aꞃiꞃað ȝe Cꞃiꞃꞇeꞃ þa ȝecoꞃenan·
eꝼne nu eoꝛ cymð ꞃe heoꝼenlica Cyninȝ· ⁊ ȝe þone un-
ðeaðlican bꞃyðȝuman ȝeꞃeoð þone ȝe æꞃ luꝼaðan· þaꞃ ꝛillan
ȝe æꞃ on eoꝛðan poꞃhꞇan· aꞃiꞃað ⁊ ȝeꞃeoð þone micclan ⁊
þone anðꝛꞃnlican Cyninȝ· cumað nu ⁊ onꝼoð ꞃꝛilc puldoꞃ
ꞃꞃilce eaȝe ne ȝeꞃeah· ne eaꞃe ne ȝehyꝛðe· ne on manneꞃ
heoꞃꞇan ne aꞃꞇah ꞃꝛilce eoꝛ Ľoð ꞇo-ðæȝ ꝼoꞃȝyꝼð·   Onȝen ꝥ
þonne hu unȝelicne cꝛiðe hiȝ beoð cꝛæþenðe ꞇo þæm ꞃynꝼul-
lan· Aꞃiꞃað ȝe aꝛleaꞃan ⁊ ꞃynꝼullan· eꝼne ꞇo-ðæȝe ȝe beoð
ꝼoꞃlæꞇene on þone neoꝺlan helle ꞃeað· ⁊ þæꞃ byð eoꝛeꞃ
eaðiȝneꞃ ⁊ bliꞃ ⁊ eoꝛeꞃ ȝeꝼea on ꝼoꞃꝛyꞃðe·   Cala hu eaꞃme
⁊ hu unȝeꞃæliȝe þa beoð þe hiȝ ꞃylꝼe ꞃpa Ľoðeꞃ beboðu
ꝼoꞃꞃeceleaꞃꞇað· ꝥ hiȝ þꞃꞃne eȝeꞃlican cꝛiðe ȝehyꝛan ꞃculon·
⁊ ꝼoꞃþon ne ꞃculon þe næꝼꞃe ꝼoꞃhleaꞃe beon· ac ꞃymble
uꞃne ðeaðeꞃ ðæȝ beꝼoꞃan uꞃeꞃ lichoman eaȝum ꞃeꞇꞇan· ꝼoꞃþan þꞃꞃe peoꞃolðe puldoꞃ iꞃ ꞃcoꞃꞇ· ⁊ ꝼeallenðe· ⁊ ꝼleonðe·
⁊ eaꞃme ꞃynꞇ þiꞃeꞃ miððan-eaꞃðeꞃ ȝeꞃꞇꞃeon· Ƿꝛæꞃ ꞃynꞇ þa
cyninȝaꞃ þe ȝeð pæꞃon· ⁊ þa peleȝan þiꞃꞃe peoꞃolðe· Ƿꝛæꞃ
iꞃ nu heoꞃa ȝolð ⁊ heoꞃa hꞃæȝel-ȝeꝼꞃæꞇꝛoðneꞃ· Ƿala ꝥ ꝼoꞃ
ꞃpa ꞃcoꞃꞇum liꝼe ꞇo ꞃpa lanȝum ðeaðe hi ꞃynꞇ lædðe· ꝼoꞃ
ꞃpa með-micelꞃe bliꞃꞃe ꞇo ꞃpa lanȝꞃe unꞃoꞇneꞃꞃe· ꝼoꞃ ꞃpa
liꞇlum leohꞇe ꞇo ꞃpa miclum þyꞃꞇꞃum· ꝼoꞃ ꞃpa með-miclum
ȝeꞃꞇꞃeone ꞇo ꞃpa heaꞃðum ⁊ ꞃpa heꞃȝum ꞇynꞇꞃeȝum· ꝼoꞃ
ꞃpa ꞃceoꞃꞇum hleahꞇeꞃ ꞇo ꞃpa lanȝum ⁊ biꞇeꞃum ꞇeaꞃum·
þæꞃ ꞃynꞇ þa þyꞃꞇꞃan ⁊ þa unaðꝛæꞃceðlican ꝼyꞃ· þæꞃ ꞃynꞇ
þa heaꞃðan ⁊ þa biꞇeꞃan puninȝa· þæꞃ ꞃynꞇ þa unmæꞇan
ꞇynꞇꞃeȝu ⁊ þa unaꞃecȝenðlican piꞇa on þam· Ða eaꞃman þe
nu Ľoðeꞃ beboðu hyꞃpiað þa beoð cꝛylmeðe· ⁊ him ne bið
næꝼꞃe nan ꞃeꞃꞇ ꞃealð· buꞇon emne þy ðæȝe þe Dꞃihten
Ðælenð Cꞃiꞃꞇ oꝼ ðeaðe aꞃaꞃ·

Ƿaȝon þe nu ȝehyꝛan ꞃecȝan be ꞃuman halȝan men ꞃe þæꞃ
on ȝaꞃꞇlice ȝeꞃyhðe ȝelædeð·   Ðe ȝeꞃeah ꞃumeꞃ manneꞃ ꞃaple·
ꞃeo þaꞃ ȝenyðeð ꝥ heo ꞃceolðe oꝼ hyꞃe lichoman uꞇ-ȝanȝan·
ac ꞃeo eaꞃme ꞃapl ne ðoꞃꞃꞇe uꞇ-ȝan· ꝼoꞃþam þe heo ȝeꞃeah þa

standing which the cattle have not. O thou man, watch and pray, and have pity on thyself while thou mayest: remember that the Lord for thee descended from the high heaven into this low creation, to the end that he might lead thee to the life above. Our gold and our silver may not help us then from the deadly grim torments, and the unquenchable flames, and the undying worms, which whet their bloody teeth that, without any mercy, they may wound and tear our body. When the trumpet shall sound, and with loud voice shall call and say, first to the righteous: 'Arise ye chosen of Christ, behold now cometh the heavenly King unto you, and ye shall see the undying bridegroom whom ye before have loved, whose will ye wrought on earth; arise and see the great and awful King; come now and receive such glory as eye never saw, nor ear ever heard of, nor ever rose in the heart of man, such as to you God to-day will give.' Then, against that, how unlike a speech will they speak to the sinful? 'Arise ye impious and sinful, even to-day ye shall be left in the lowest pit of hell, and there your happiness and bliss and exultation shall perish.' Alas how miserable and unhappy will be those, who have been so reckless of God's commandments, that they shall hear this dreadful utterance! And therefore ought we never to be careless, but always set our day of death before the eyes of our body; for the glory of this world is short, and falling, and fleeing, and poor are the treasures of this world. Where are the kings who were of yore, and the wealthy of this world? Where is now their gold, and their decoration of garments? Alas, that for so short a life they should be led to so long a death! for such scanty bliss to such long sadness! for so little light to so great darkness! for so scanty treasure to so hard and so heavy torments! for so short laughter to so long and bitter tears! where are darkness and unquenchable fires, where are hard and bitter dwellings, where are boundless darkness, and unspeakable torments therein. The miserable, who now despise God's commandments, shall be tormented, and to them shall no rest be given, save just on the day when the Lord Saviour Christ arose from death.

We may now here say of a certain holy man, who was in ghostly vision led. He saw the soul of a certain man, which was compelled to depart from its body; but the miserable soul durst not depart, because it saw the accursed spirits standing

apýnȝeðan ȝaſtaſ beꝼoꞃan hýne ſtanðan. Ða ꝥ ðeoꝼol hýne
to-cpæð. Hpæt iſ þiſ ꝥ þu ðeſt. To hpan ýlbſt þu ꝥ þu ut
ne ȝanȝe. Þen iſ ꝥ Michael ſe heah enȝel cume mið enȝla
þꞃeate ꞇ þe ȝenime naðe. Ða ſum oðeꞃ ðeoꝼol him anðꞃýnðe
ꞇ cpæð. Ne þunꝼe ȝe eop onðꞃæðan. ic ꝥ hýne poꞃc. ꞇ ic
ſýmble mið hýne þaſ bæȝeſ ꞇ nihteſ. Seo eaꞃme ſapel hiȝ
þa þaſ behealðenðe. ꞇ heo onȝan eaꞃmlice cleopian ꞇ cpæð.
Þa me eaꞃmꞃe. to hpon ſceolðe ic æꝼꞃe ȝeſceapen beon. oððe
ꝼoꞃ hpon ſceolðe ic æꝼꞃe inȝanȝan on þiꞃne ꝼuleꞃtan ꞇ pýn-
peꞃtan lichoman. Deo þa locaðe to hýne lichoman ꞇ cpæð.
Þa þe þu eaꞃma lichoma. þu þe þæꞃe nimenðe ꝼꞃemðꞃa manna
ſꞃeða. ꞇ þu þe æꝼꞃe þæꞃe oꝼeꞃ eoꞃðan pelena ſtꞃýnenðe. ꞇ
þu þe ȝeꝼꝼætꞃoðeꞃt þe mið ðeoꞃꝼuꞃðe hꞃæȝle. ꞇ þu þe þæꞃe
neoð. ꞇ ic me þæꞃ blac. þu þæꞃe ȝlæð ꞇ ic me þæꞃ unꞃot. þu
hloȝe ꞇ ic peop. eala þu eaꞃma nu þu býꞃt ȝepoꞃðen ꝥ ꝼuleꞃta
hꞃeap ꞇ pýꞃma mete. þu peꞃt þe nu með-micle tið on eoꞃðan.
ꞇ ic mið ſaꞃe ꞇ ȝeomuꞃunȝe to helle ſceal beon læðeð. Se
lichoma þa onȝan *þa ſꞃiðe ſꞃætan. ꞇ miſlic hip bꞃeðan. ꝥ
ðeoꝼol onȝan þa cleopian ꞇ cpæð. Stinȝað hýne mið ſaꞃe on
hiſ eaȝan. ꝼoꞃþan eal ſpa hpæt ſpa he mið hiſ eaȝan ȝeſeah
unꞃihteſ. ealleſ he hiſ ȝýꞃnðe. Stinȝað hýne mið ſaꞃe on
hiſ muð. ꝼoꞃþon eal ſpa hpæt ſpa hýne lýſte etan oððe
ðꞃuncan oððe ſpꞃecan. eall he hit aꞃæꝼnðe. Stinȝað hýne mið
ſaꞃe on hiſ heoꞃtan. ꝼoꞃþon þe on hýne ne punoðe aꞃꝼæſtniſ
ne milðheoꞃtneſ. ne Loðeſ luꝼu. Diȝ ȝenaman þa þa eaꞃman
ſaple mið micle ſaꞃe ꞇ ȝeomoꞃunȝe. ꞇ hi aſettan oꝼeꞃ hýne
þa ſpeaꞃteſtan ſýðꞃa. ꞇ mið þi þe hi þæꞃon ꝼeꞃenðe. ſeo
eaꞃme ſapl ȝeſeah miccle beoꞃohtneſſe. heo axoðe þa ðeoꝼlu
hpæt ſeo beoꞃohtnýſſe þæꞃe. Diȝ hýne anðꞃýꞃðen ꞇ cpæðen.
ne onȝýtſt þu ꝥ hit iſ heoꝼona ꞃiceſ ȝeſea. þanon þu þæꞃe
ut-ȝanȝenðe. þa þu on þinne lichoman in-eoðeꞃt. Nu þu
ꝼæꞃſt þuꞃh þa ꝼæȝeꞃeſtan ꞇ þa beoꞃhteſtan pununȝa. ac þu
þæꞃ ne moſt punian. nu þu ȝehýꞃſt enȝla þꞃeataſ. ꞇ þu
ȝeſýhſt eallꞃa haliȝꞃa beoꞃohtneſſa. ꞇ ſpa-þeah þe niſ lýꝼeð
þæꞃ to eaꞃðianne. Seo eaꞃme ſapl þa onȝan mið micelꞃe
ſaꞃe ꞇ poꝼe heoꝼian ꞇ cpæð. Þa me ꝥ ic æꝼꞃe ſpa eaꞃm mið-
ðan-eaꞃðeſ leoht ȝeſeon ſceolðe. Ða ðeoꝼlu hiȝ þa ȝelæððan.
ꞇ pepenðe ꞇ ȝeomꞃuȝenðe hý ſealðon ꞃuman ꝼýꞃenan ðꞃacan.
ſe ontýnðe hiſ þa ꝼýꞃenan ꞇ þa ſceaꞃpeꞃtan ȝoman. ꞇ he
hiȝ ſpealh ꞇ hiȝ eꝼt aſpap on þa hatteſtan liȝaſ. Ic eop
þonne biððe. men þa leoꝼeſtan. ꝥ pe þonne þiſ on býꞃne
aꞃettan. þeah pe þillico pito pitan ꞇ ȝeliꝼen. *þonne hpæðeꞃe

* del.?

* þeah?

before it. Then the devil said to it: 'What is this that thou dost? Why dost thou delay that thou goest not out? Dost thou expect that Michael the Archangel will come with a host of angels and quickly take thee?' Then another devil answered him and said: 'Ye need not fear, I know its works, and I was alway with it day and night.' The miserable soul was then beholding them, and it began to cry miserably, and said: 'Woe is me miserable, why should I ever have been created, or for what should I ever have entered this foulest and worst of bodies?' It then looked on its body, and said: 'Woe is thee, thou miserable body, thou that wast a taker of other men's riches, and thou that wast gaining wealth over the earth, and thou that adornedst thyself with precious raiment, and thou that wast red, and I was pale, thou wast glad and I sad, thou laughedst and I wept; alas thou miserable, now art thou become the foulest corpse, and meat for worms; thou wilt rest a short time on earth, and I with pain and groaning shall be led to hell.' The body then began to sweat violently, and to display various colours. The devil then began to call, and said: 'Pierce him sorely in his eyes, because all whatever unrighteousness he saw with his eyes, he desired it all. Pierce him sorely in his mouth, because all whatever he lusted to eat, or drink, or speak, he enjoyed it all. Pierce him sorely in his heart, becasuse in it uprightness, or mercy, or love of God never dwelt.' They then took the miserable soul, with much pain and groaning, and they placed over it the swartest wings; and while they were journeying, the miserable soul saw a great brightness: it asked the devils what that brightness might be? They answered it and said: 'Knowest thou not that it is the joy of heaven's kingdom, from whence thou proceededst, when thou enteredst into thy body? Now thou goest through the fairest and brightest abodes, but there thou mayest not dwell. Now thou hearest the hosts of angels, and thou seest the splendours of all the holy, and yet it is not allowed thee there to inhabit.' The miserable soul began then, with great pain and wail, to groan, and thus said: 'Woe is me that I miserable should ever have seen the light of the world.' The devils then led it, and weeping and groaning they delivered it to a fiery dragon, which opened its fiery and sharp jaws; and he swallowed it, and afterwards spat it into the hottest flames. I pray you, most beloved men, that we then set this for an example: although we may know of

ne ꞅceolon ƿe næꝼꞃe ȝeoꞃtꞃýpan be Ꞷoðeꞅ milðheoꞃtneꞅꞅe· ac
uꞅ ȝeðaꝼenað mið micelꞃe eaðmoðnýꞅꞅe ȝýꞃnan to þam ecean
ȝeꝼean· þaꞃ niꞅ ðeaðeꞅ eȝe· ne ðeoꝼleꞅ coꞃtnunȝ· ac þaꞃ
iꞅ ȝeoȝoð butan ýlbo· ⁊ leoht butan þiꞅtꞃo· ⁊ ȝeꝼea butan
unꞃotnýꞅꞅe· þaꞃ iꞅ ꞅeꞃt butan ȝewinne· þaꞃ ꞅýnt þa ꞃeað-
beꞃepan bloꞅtman ȝꞃoƿende· þa næꝼꞃe ne ꝼoꞃƿeoꞃniað· þaꞃ

næꝼꞃe heaꝼ ne ȝeomoꞃunȝ ne *ȝnoꞃnunȝe ne *ȝꞃanunȝe bið
ȝehýꞃeð· þaꞃ ne bið næꝼꞃe ƿite ȝeꞃepen ne ȝeꝼeleð· ne þaꞃ
næꝼꞃe bið biteꞃneꞅ· ne ȝeꞅƿeoꞃcneꞅꞅe ꞅtoꞃ ȝemeteð· ne þaꞃ
næꝼꞃe þunoꞃ-ꞃaða ne beoð· ne liȝettaꞅ lihteꞅ ȝeꞃapen·· ac
þaꞃ iꞅ áá ꞅinȝalic oꞃȝana ꞅƿeȝ· þe ꝼꞃom enȝlum ⁊ heah-
enȝlum on þaꞃ behꞅtan Ꞷýninȝeꞅ ȝeꞃihðe bið ꞅunȝen. Eala
ȝe men þa leoꝼeꞅtan· onȝýtað ꝥ þonne hu ꞅƿiðe uꞅ iꞅ to
ȝeþenceanne ꞅe to-ƿeaꞃða eȝe· ⁊ ꝼoꞃþæm þe ꞅculon ȝeþencean·
ꝥ þiꞅ liꝼ iꞅ lænlic ꝥ þe nu on libbað· ⁊ hit iꞅ ȝewinꝼul· ⁊
týððꞃe· ⁊ ꝼeallende· ⁊ eaꞃm· ⁊ biꞅꞃicol eallum þæm þe hit
luꞃiað. On ȝewinne þe libbað ⁊ on ꞅaꞃe þe ꞅƿeltað· ⁊ þonne
æꝼteꞃ þiꞅeꞅ liꝼeꞅ ȝeenðunȝe· ða eaꞃman ⁊ þa ꞅynꝼullan þa þe
nu nellað heoꞃa ꞅýnna hꞃeoƿe ðón ⁊ ælmeꞅꞅan ꞅýllan· on
helle tintꞃeȝo hiȝ beoð læððe· ⁊ þaꞃ ꝼoꞃ hýꞃa ꞅon-ðæðum
unmǽte tintꞃeȝo þꞃoƿiende· þaꞃ beoð þa eaꞃman ꞅapla
ahanȝene oꝼeꞃ þa hateꞅtan liȝeaꞅ· ⁊ þaꞃ þonne beoð ꝼoꞃð-
ꞃuccenðe· ⁊ ȝebunðene· ⁊ oꝼ-ðune apoꞃpene on þa ꞅƿeaꞃteꞅtan
ꞅtoꞃe· ꞅillice ƿita þa ꞅýnꝼullan beoð þꞃoƿiende· ⁊ ealꞃa ꞅꞃiðoꞅt
þa þe nu nane milðheoꞃtneꞅꞅe nabbað ƿið hýꞃa ȝýltýnðum.
Ac uton cýꞃꞃan to þam beteꞃan· ⁊ ȝeeaꞃnian ꝥ ece ꞃice mið
Ꞓꞃiꞅte· ⁊ mið eallan hiꞅ Ꞷalȝan· on ealꞃa poꞃulða poꞃulð· á
butan enðe. Ꞓmen:·

PROŒMIUM HORTATIVUM AD LEGENDUM HÆC
CAPITULA.

Ic eoƿ halꞅiȝe· bꞃoðꞃu ða leoꝼeꞅtan· ꝥ ȝe mið ƿæccenðꞃe
ȝýmen ȝehýcȝen ýmbe þa ꝼꞃemunȝe ȝoðꞃa ƿeoꞃca· ⁊ ýmbe þa
bóte *þa miꞃðæða eoꞃ þæꞃ unðeꞃþeoððan ꝼolceꞅ· hu ȝe heom
ꞅýmble mæȝen ꞅꞃeotoloꞅt ȝetǽcan þone ƿeȝ *þone ecan hælo·
æȝðeꞃ ȝe mið laꞃum· ȝe eac mið býꞅenum eoƿꞃeꞅ þæꞃ ꞃýhtan
liꝼeꞅ· ꝥ æȝðeꞃ ȝe· ȝe ꝼoꞃ heoꞃa ꝼꞃemunȝe ȝe þe ꝼoꞃ eoƿꞃe
ȝeoꞃnꝼulnýꞅꞅe· mæȝen Ꞷoðe hcꞃýꞃðe þæꞅtm-bæꞃe* bꞃinȝan

ᵃ The substantive is wanting; the Latin text

and believe such torments, yet ought we never to despair of God's mercy; but it befits us, with great humility, to yearn after the eternal joy, where is no fear of death, nor fear of devil, but where is youth without age, and light without darkness, and joy without sadness; where is rest without toil, where the ready-sown flowers are growing, which never fade, where never sigh nor lamentation, nor murmuring, nor groaning is heard, where torment is never seen nor felt, nor is bitterness ever there, nor for gloom a place found, nor are thunders ever there, nor the lightning's flashes seen; but there is ever constant sound of organs, which are played by angels and archangels in the sight of the highest King. O ye most beloved men! understand, therefore, how greatly is fear for the future to be borne in mind; and, therefore, we ought to think that this life in which we now live is transient, and it is laborious, and frail, and perishable, and miserable, and deceitful to all those who love it. In toil we live, and in pain we die; and then, after the end of this life, the miserable and the sinful, those who now will not repent of their sins, and give alms, shall be led into hell's torments, and there, for their misdeeds, unmeasured torments suffering, there the miserable souls shall be hanged over the hottest flames, and there shall then be tortured, and bound, and cast down into the swartest place. Such torments shall the sinful suffer, and, above all, those who have no mercy towards those trespassing against them. But let us turn to better, and merit the everlasting kingdom with Christ, and with all his saints, to all eternity, ever without end. Amen.

I implore you, most beloved brothers, that ye with watchful heedfulness meditate on the advancement of good works, and on the 'bōt' for the misdeeds of the people subjected to you; how ye may always most plainly teach them the way to everlasting salvation, both by instructions and also by examples of your upright life; that both ye, for the sake of their advancement, and we, through your zealousness, may bring to

has: 'fructuosos illi *manipulos* reportemus.'

oꝼ uꞅ þæꞃe beꝼæꞃtan nytte. Eac ic eoƿ bybbe ȝeoꞃne
bꞃoðꞃu. þ̵te þaꞃ ꞃeapan cꞃiðaꞅ· þe ic ꝼoꞃ uꞃe ȝemænne þeaꞃꝼe
oꝼ halȝum bocum ȝeȝaðeꞃaðe· ȝe ȝelome ꞃæden· ⁊ hyt on
eoƿꞃe ȝemynde ȝehealden· ⁊ ȝe eoƿeꞃ liꝼ dæȝhƿamlice mid
halȝꞃa boca ꞃædinȝe· ⁊ mið ȝoðꞃa peoꞃca biȝenȝe ꝼꞃætƿian ⁊
betan· ⁊ mið *eoƿ þæm undeꞃþeoðban ꝼolce· Ḡobe ꝼultumien-
ðum· to þæm heoꝼonlican ꞃice hiȝien :·

I. DE MUNERE ET DIGNITATE SACERDOTUM.

Butan tƿeon ȝe ꞅceolon ƿitan ⁊ ꞃymble ȝemunan· þ̵ ƿe þe
uꞅ beꝼæꞃt iꞅ ꞅeo ȝyminȝ Ḡoðeꞅ ꝼolceꞅ ⁊ ꞅe ꞃecenðbóm heoꞃa
ꞃapla· þ̵ ꝼoꞃ eallum þæm þe ꝼoꞃ uꞃe ȝymeleaꞃte ꝼoꞃƿeoꞃðað ƿe
ꞅceolon ꞃiht aȝyldan on domeꞅ dæȝe· ⁊ ꝼoꞃ þæm þe ƿe mið
uꞃum biꞅenum ⁊ laꞃum Ḡoðe ȝeꞅtꞃeonende beoð· ƿe beoð
onꝼóónde þæꞃe meðe eceꞅ liꝼeꞅ· To uꞅ iꞅ ȝecƿeðen þuꞃh uꞃne
Dꞃihten· Ḡe ꞃynðan eoꞃðan ꞅealt· ȝiꝼ þonne þ̵ cꞃiꞅtene ꝼolc
iꞅ Ḡoðeꞅ mete· ⁊ ƿe ꞃynðon þ̵ ꞅealt· þonne· Ḡoðe ꝼultumien-
ðum· þuꞃh uꞅ ꞅceal þ̵ ꝼolc beon Ḡoðe to ƿillan ȝehealden· Ḡe
ꞅceolon eac ƿitan þ̵ eoƿꞃe haðaꞅ ꞃynðan þa æꝼteꞃan haðaꞅ
æꝼteꞃ uꞃum haðum· ⁊ uꞅ þa nyꞅtan· ȝelice þa biꞅcopaꞅ
ꞃynðan on ȝeꝼꞃixle þaꞃa apoꞅtola on þæꞃe halȝꞃa ȝeꞅom-
nunȝe· ꞅƿa ꞃynðan þa mæꞅꞅe-pꞃeoꞅtaꞅ on þam ȝeꝼꞃixle
Cꞃiꞅteꞅ þeȝna· Ða biꞅceopaꞅ Āꞃoneꞅ ⁊ þa mæꞅꞅe-pꞃeoꞅtaꞅ
habbað þone hâð hiꞅ ꞅuna· ꝼoꞃþon hit ȝeðaꞃenað þ̵ ȝe ꞃien
ꞃymble ȝemynðiȝe ꞅƿa healicꞃe ȝeþinþeneꞅꞅe eoƿeꞅ haðeꞅ· ⁊
eac þæꞃe halȝunȝe ⁊ þæꞃe ꞅmyꞃinȝe· þe ȝe on eoƿꞃe hanða
onꝼenȝon æt biꞅcopa hanðum þa ȝe hâð undeꞃꝼenȝon· þ̵ ȝe
næꝼꞃe ꞅƿa healice meðumneꞅꞅe ne ꝼoꞃþyꞃcen· ne ȝe eoƿꞃe
hanða mið ꞅƿa halȝꞃe ꞅmyꞃinȝe ȝeꞅmyꞃeðe ꞃynȝienðe ne
beꞅmyten· ac healðenðe eoƿꞃe heoꞃtan ⁊ lichoman clænniꞅꞅe
eallum ꝼolce ȝe byꞅne aꞅtellen ƿel to lybbene· ⁊ þæm þe ȝe
ꝼoꞃe-ꞃynðan ȝetǽcan þone ꞃihtan peȝ to heoꝼona ꞃice :·

II. QUOD SACERDOTES DEBEANT ORATIONI ET
LECTIONI INCUMBERE.

Eop ȝeðaꞃenað þ̵ ȝe ꞃpiðe ꞃynȝallice halȝe béc ꞃædan· ⁊
eop ȝelome ȝebiðban· ꝼoꞃþon þe þaꞅ ꞃihtƿiꞅan peꞃeꞅ hꞅ· þuꞃh
þa ꞃædinȝe halȝꞃa bóca· to Ḡobe bið ȝetyhteð ⁊ ȝetꞃymeð·
⁊ þuꞃh þa ȝebeðu hit bið ȝeꞅꞃætƿeð· be þam cƿæð Daƿið·
In minꞃe heoꞃtan ic ȝehyððe þine ȝeꞅpꞃæcu þ̵ ic ne ȝeꞃyn—

ᵃ 'eoƿ þæm' for 'þæm eoƿ.' A similar inversion

God grateful fruit from the charge committed to us. I also earnestly pray you, brothers, that ye these few words, which, for our common benefit, I have gathered out of holy books, both frequently read, and hold in your mind, and that ye daily adorn and amend your life with the reading of holy books, and the practice of good works, and, with the people subjected to you, God aiding, strive after the heavenly kingdom.

Without doubt ye ought to know, and ever to bear in mind, that we, to whom is committed the care of God's people, and the direction of their souls, for all those, who through our negligence perish, shall have to account on doomsday: and for those, who, by our examples and instructions, are gained to God, we shall receive the meed of everlasting life. To us is said by our Lord: 'Ye are the salt of the earth.' If then the Christian people are God's meat, and we are the salt, then, God aiding, through us shall that people be held to God's will. Ye ought also to know, that your orders are the second orders after our orders, and the next to us; like as the bishops are in the stead of the Apostles in the church of the holy, so are the mass-priests in the stead of Christ's disciples. The bishops have the order of Aaron, and the mass-priests that of his sons; it is therefore fitting that ye be ever mindful of the high dignity of your order, and also of the hallowing, and of the anointing, which ye received on your hand at the hand of the bishop, when ye were ordained, so that ye never foredo such high dignity, nor sinning defile your hands, anointed with such holy unction, but, preserving the purity of your heart and body, ye set up to all people an example of well living, and to those whom ye are set over teach the right way to heaven's kingdom.

It is befitting you that ye very constantly read holy books, and pray frequently, because the righteous man's life, through the reading of holy books, is stimulated and confirmed to God, and by prayers it is adorned, of which David said: 'In my heart I hid thy sayings, that I sinned not against thee.' These

---

occurs in the third line of this preamble.

ȝobe ƿið þe. Ðiſ ſýnðon ƿitoðlice þa ƿǽpena þe ðeoſol mið
oſeſſſiðeð bið· þ iſ þonne oſthſæðlice ſæðinȝa haliȝſa boca
ꞓ ȝelomlice ȝebeðu. Ðiſ ſýnðan þa ȝetapa þe mon mæȝ
heoſena ſíce mið beȝýtan. Ϻið þiſſum ƿǽpnum beoð ælce
uncýſta ſoſbſicte ꞓ mið þýſſum anðlýſenum bið ælc mæȝen
ȝeſeð ꞓ ȝeſýſðſeð:·

III. QUOD VACANTES OPIFICIUM EXERCEANT MANUALE.

Ðæm tíðum þonne ȝe þa ſǽðinȝe haliȝſa boca ſoſlæten ꞓ
þa ȝebeða· þonne ſculon ȝe on ſum nýtlic peoſolð-peoſc ſón·
ſoſþon ſeo ýðelneſ iſ þæſe ſaþle ſeonð· ꞓ þ ſe ðeoſol ſſiðe
hſaþe on ſumum uncýſtum ȝebſincȝð þone þe he ȝemet
iðelne ælceſ ȝoðeſ peoſceſ. Ðuſh þone ȝeſunan haliȝſa
boca ſǽðinȝe ȝe maȝon æȝðeſ ȝe ȝeleoſnian hu ȝe ſýlſe to
heoſona ſíce cuman ſculon· ȝe eac hu ȝe oðſe læſan ſceolon·
Ðuſh þa ȝebeðu þonne ȝe maȝon æȝðeſ ȝe eóſ ſýlſum ȝe
oðſum mannum· þæm þe eóſ on ſoðſe luſan ȝeþeoððe beoð·
on ſſiðe micelan hýlpe beon· ȝe libbenðum ȝe ſoſðſaſenum·
Ðuſh þ hanðpeoſc ȝe maȝon eopeſne lichoman ȝepýlðan þ he
þý lætſa bið to uncýſtum· ꞓ eac ȝe maȝon ȝetýlian þuſh þ
peoſc þ ȝe maȝon mið eoſſum ȝóðum eaſmſa manna ȝehelpan·
þe ſýlſe nabbað· ꞓ þæſa mýhta nabbað þ hie ſýſcen maȝon:·

IV. AD SYNODUM VENIENTES QUID SECUM FERENT.

Ðæm týðum þe ȝe biſceopa ȝemot ſécen· habbað eop mið
* del.?
ſſýlc mæſſe-ſeaſ· ꞓ ſſýlce béc· ꞓ ſſýlce huſel-ſata· *ꞓ ſſýlce
ȝe mið ſiſnum eop þa beſæſtan þenunȝa þenian maȝon· ꞓ
·ıı· pſeoſtaſ oððe ·ııı· oþþe ſpa ſela læpeðſa to þæm ȝecýðſa·
þ hie þ haliȝe ȝeſýne aſſuſðlice mið eop bſeman mæȝen· þ
mon on eop ȝeſeon mæȝe hu ȝeoſnlice ꞓ hu hihtlice ȝe Ꞡoðe
on eoſſum þenunȝum þeopien:·

V. UT PANIS, VINUM, ET AQUA, IN MISSA SINT MUNDISSIMA.

Eac ƿe beoðað þ þa oſlætan þe ȝe on þam haliȝan ȝeſýne
Ꞡoðe oſſiað· oððe ȝe ſýlſe bacen· oððe eoppe cnihtaſ beſoſan
eop· þ ȝe piten þ hit clænlice ꞓ ſýſeſlice ȝeðon ſý· ꞓ þ
æȝðeſ ȝe þa oſlætan ȝe þ ſín ȝe þ pæteſ þe to þæſe oſſunȝa
ſceolon on þæm mæſſe-ſanȝe· þ hie ſýn mið ealſe clænnýſſe
ꞓ ȝeoſnſulneſſe ꞓ mið Ꞡoðeſ eȝe behoȝoðe· ꞓ beȝýmðe· þ

are indeed the weapons with which the devil shall be over-powered, that then is, the habitual reading of holy books, and frequent prayers. These are the instruments with which one may obtain the kingdom of heaven. With these weapons every vice shall be crushed, and with these aliments every virtue shall be fed and promoted.

At the hours when ye leave off the reading of holy books, and prayers, then shall ye undertake some useful secular work; because idleness is the soul's foe, and because the devil quickly brings into some vices him whom he finds devoid of any good work. By the custom of reading holy books, ye may learn both how yourselves shall come to heaven's kingdom, and also how ye shall teach others. By prayers also ye may be a great help both to yourselves and also to other men, who are associated with you in true love, both living and departed. By handywork ye may control your bodies, that they be the slower to vices, and also ye may provide so by that work, that with your goods ye may help poor men, who have not themselves, and have not the power to work.

At those times when ye attend the gemot of bishops, have with you such mass-vestments, and such books, and such housel vessels, such as ye may therewith decently administer the services committed to you; and II. priests or III., or as many laymen called, that they may reverendly celebrate the holy mystery with you; that it may be seen in you, how zealously and how cheerfully ye serve God in your ministries.

We also command that the oblations which, in the holy mystery, ye offer to God, ye either bake yourselves, or your servants before you, that ye may know that it is cleanly and neatly done; and the oblations, and the wine, and the water, destined for the offering in the mass-singing, be minded and reserved with all cleanness and earnestness, and with fear of

þær nan þinȝ unryrerner on ne ſy ne unclænner. Forþan nan mærre-ſanȝ beon ne mæȝ butan þæm þrim þinȝum. þ iſ oflætan. ⁊ ƿin. ⁊ ƿæter. ſƿa þ haliȝe ȝeƿrit cƿið. Eȝ Ɫoder eȝe mið eoƿ. ⁊ eall þ ȝe ðon ðo ȝe mið micelre ȝeoꝛnfulnyſſe. þ ƿin ȝetacnað uꝛer Dꝛihtener þꝛoƿunȝe. þe he foꝛ uſ þꝛoƿade. þ ƿæter þ folc. þe Cꝛiſt hir blod foꝛ aȝeat:·

VI. UT FŒMINÆ AD ALTARE IN CELEBRATIONE NON ACCEDANT.

Eac ƿe beodað þ þæm tidum þe mærre-pꝛeoſt mærran ſinȝe þ nan ƿiſ ne ȝenealæce þam ƿeofode. ac ſtanden on hyꝛa ſtedum. ⁊ ſe mærre-pꝛeoſt þær æt hiom onfo þære offrunȝe. þe hiȝ Ɫode offrian ƿyllað. Ƿiſ ſceolon ȝemunan hyꝛa mettꝛumneſſa. ⁊ hyꝛa haðeꝛ tyððeꝛneſſa. ⁊ foꝛþon hie ſculon onðꝛædan. þ hie æniȝ þaꝛa haliȝꝛa þinȝa onhꝛinen. þe to cyꝛcean þenunȝa belimpað. þ hiom ſceolon eac læpede peꝛaſ onðꝛædan. þy læſ hie ȝeeaꝛnian ſƿilc ƿite ſƿilce Oza ȝeeaꝛnode. þa he ƿolde þa Dꝛihtener aꝛce beꝛan. ſƿa him na to-ȝebyꝛede. foꝛþon he ƿeaꝛð ſona þa fꝛam Dꝛihtene ofſlæȝen:·

VII. UT SACERDOS SOLUS NON CELEBRET.

Ne ſculon mærre-pꝛeoſtaſ nateſ-hƿon næniȝ þinȝa ænlipie butan oðꝛum mannum mærran ſynȝan. þ he ƿite hƿone he ȝꝛete. ⁊ hƿa him oncƿæðe. De ſceal ȝꝛetan hiſ ymb-ſtandendan. ⁊ hiȝ him ſceolon andſƿaꝛian. De ſceal ȝemunan þone Dꝛihtenlican cƿide. þe he on hiſ ȝodſpelle cƿæð. he cƿæð. Dæꝛ þæꝛ tƿeȝen men oððe þꝛy ȝeȝadeꝛode beoð on minum naman. þær ic beo to-middeſ heoꝛa:·

VIII. UT NIHIL NON SANCTUM PONATUR IN ECCLESIIS: NON MESSES, NON FŒNUM, ETC.

Ƿe ȝeſaƿon eac oft in cyꝛcean æȝðeꝛ ȝe coꝛn. ȝe hiȝ. ȝe hƿylce ƿoꝛoldlicu þinȝ beon ȝehealdene. þonne nelle ƿe þ þæꝛ mon æniȝ þinȝ inne healde. butan þa þe to þæꝛe cyꝛcean fꝛætƿum belympað. þ iſ. haliȝe bec. ⁊ huſel-fata. ⁊ mærre-ꝛeaf. ⁊ cyꝛcean ȝeȝyꝛela on ȝehƿilcum þinȝum. ȝe on hꝛæȝelum ȝe on fatum. þylæſ ȝif þe elleſ*. ſy to uſ ȝecƿeden. ſƿa ſƿa to Iudeum ƿæſ. Min huſ iſ ȝecƿeden ȝebed-huſ. nu ƿoꝛhte ȝe hit ſceaðum to ſcꝛæfe:·

* ðon add.?

God, so that there be no uncleanness or impurity in it; because no mass-singing may be without those three things, viz. oblations, and wine, and water, as the holy writ says. Be the fear of God with you, and all that ye do, do with much zeal. The wine betokens our Lord's passion, which he suffered for us; the water the people, for whom Christ let his blood be shed.

We also command that, at those hours in which the priest sings the mass, no woman approach near to the altar, but let them stand in their places, and the mass-priest will there receive from them the offering which they desire to offer to God. Women should bear in mind their infirmities, and the tenderness of their sex, and therefore they shall dread to touch any of the holy things, belonging to the services of the church. That also laymen should dread, lest they merit such punishment as Uzza merited, when he would support the ark of the Lord, as was not befitting him; he was therefore instantly slain by the Lord.

Mass-priests shall not, on any account, [or] by any means, celebrate mass alone, without other men, that he may know whom he addresses, and who responds to him. He shall address those standing about him, and they shall respond to him. He shall bear in mind the Lord's saying, which he said in his gospel; he said: 'There where two or three men shall be gathered in my name, there will I be in the midst of them.'

We have seen also often in the church, corn, and hay, and all kinds of secular things kept; but we will not that anything be kept therein, save those things which belong to the equipments of the church, viz. holy books, and housel vessels, and mass-vestments, and church furniture of every kind, both robes and vessels; lest, if we otherwise do, to us be said as was to the Jews: 'My house is called a house of prayer, now ye have made it a den of thieves.'

IX. DE NON SEPELIENDO IN ECCLESIIS, ETC.

Ðit ƿæſ ealð þeaƿ on þiſſum lanðum· ᚦ mon oꝼt ꝼoꝛð-
ȝeꝼaꞃene men innan cýꞃcean býꞃiȝðe· ⁊ þa ſtoƿa þe ƿæꞃon to
Loðeſ þeoƿðome ȝehalȝoðe ⁊ ȝebletſoðe him on to oꝼꝼꞃuenne·
mon ƿoꝛhte to lic-tunum· Ðonne nelle þe nu heonon-ꝼoꝛð
ᚦ mon æniȝne in cýꞃcean býꞃie· butan hit hƿýlc ſaceꞃð-
haðeſ mon ſý· oððe eꝼt ſƿa ꞃihtƿiſ læþeðe· ᚦ mon ƿite ᚦ he
on hiſ liꝼeſ ȝeeaꞃnunȝe libbenðe ſƿilce ſtoƿe ȝeeaꞃnoðe hiſ
lichoman on to ꞃæꞃtanne·   Nelle þe eac ᚦ mon þa lichoman
þe æꞃ on cýꞃcean bebýꞃȝeðe ƿæꞃon ut-ƿeoꞃþe· ac þa býꞃȝena
þe þæꞃ ȝeꞃýne ſýn· ᚦ mon oðeꞃ þaꞃa· oððe hiȝ ꝼeoꞃ on
eoꞃðan beðelꝼe· oððe *oꝼeꞃƿꞃeȝe· ⁊ þæne cýꞃcean ꝼloꞃ emlice
⁊ ȝeꞃýꞃenlice ȝeꞃýꞃce· ᚦ þæꞃ nan býꞃȝen ȝeꞃýne ne ſý· ȝiꝼ
þonne on hƿýlceꞃe ſtoƿe ſƿa ꝼela þæꞃa býꞃȝena ſý· ᚦ hit to
eaꞃðꞃoðlic ſý to ðonne· þonne læte man þa ſtoƿe to lic-tune·
⁊ nime ᚦ ƿeoꝼoð þanon· ⁊ hýt on clæne ſtoƿe aꞃette· ⁊ þæꞃ
cýꞃcean ꞃæꞃe· þæꞃ mon Loðe aꞃƿuꞃðlice ⁊ hluttoꞃlice oꝼ-
ꝼꞃiȝean mæȝe :·

*oꝼeꞃƿꞃeȝe?

X. UT IN ECCLESIIS NON SINT VANILOQUIA, ETC.

Niſ hýt ꞃýht ᚦ man ꝼoꞃ æniȝum oðꞃum þinȝum to
cýꞃcean ȝanȝe· butan ꝼoꞃ ȝebeðum ⁊ ꝼoꞃ Loðeſ luꝼan· ꝼoꞃþan
þe þe ꝼoꞃbeoðað æȝðeꞃ ȝe ȝeꞃlýtu· ȝe pleȝan· ȝe unnýtta
ƿoꞃð· ȝe ȝehƿýlce unnýttneſſe· in þam halȝan ſtoƿum to
ðonne·   Butan tƿeon þæꞃ þæꞃ Loðeſ nama ȝelome ȝecýȝeð
bið· ⁊ þa haliȝe ȝehꞃýne on mæꞃſe-ꞃanȝe ȝeoꝼꝼꞃoð· niſ næniȝ
tƿeo ᚦ þæꞃ bið Loðeſ enȝla anðꞃeaꞃðneſ ſƿýðe ȝenehhe· ⁊
hit ꝼoꞃþon ſƿýðe pleolic iſ· ᚦ man on þam halȝum ſtoƿum
aðeꞃ oððe ᚦ ðó oððe ᚦ ſꞃꞃece ᚦ þæm ſtoƿum ne ȝeðaꞃenað·
Ða uꞃe Dꞃihten þa men aꞃeaꞃþ oꝼ hiſ temple þa þe æȝþeꞃ
ȝe bohten ȝe ꞃealðon ᚦ ᚦ hiȝ Loðe oꝼꞃeðon· hu micele ma
peneꞃtu ᚦ he mið ýꞃꞃe þa ut-aꞃeoꞃꞃe oꝼ hiſ temple þe mið
leaſunȝum ⁊ mið unnýttum ȝeſꝼꞃæcum ⁊ mið unȝemet
hleahtꞃum ⁊ mið ȝehƿýlcum unþeaƿum þa ſtoƿa þe to Loðeſ
þeoƿðome ȝehalȝoðe ƿæꞃon ꝼýlað ⁊ beſmýtað :·

XI. UT MISSA NON CELEBRETUR NISI IN LOCO
SACRO.

Niſ hýt eac ꞃýht ᚦ man mæꞃꞃan ſýnȝe on æniȝꞃe ſtóꝼe
butan on cýꞃcean· naðeꞃ ne on húꞃum ne on æniȝꞃe ſtoꝼe·
butan on þæm ſtoꝼum þe Loð to þæm ȝeceaſ· ſƿa ſƿa hýt

It was an old custom in these lands often to bury departed men within the church, and the places which were hallowed to God's service, and blessed for offering to him, to make into cemeteries. Now we will not henceforth, that any man be buried within a church, unless it be some man of the priesthood, or even so righteous a layman, that it is known that he living, by his life's deserts, merited such a place for his body to rest in. We will not, however, that the bodies, which have previously been buried in the church, be cast out; but the graves which are there seen, that either they be dug further in the earth, or covered over, and the church floor evenly and decently wrought, so that no grave be there seen: but if in any place there be so many graves, that that be too difficult to do, then let the place be left as a cemetery, and the altar taken thence, and set in a clean place, and a church be there raised, where people may offer to God reverently and in purity.

It is not right, that a man go to church for any other thing, except for prayers and for love of God; therefore we forbid brawls, and play, and useless words, and every idleness to be done in the holy places. Without doubt, there where the name of God is frequently invoked, and the holy mystery offered in the mass service, there is no doubt, that the presence of God's angels is there very near, and it is therefore very perilous for any one, in those holy places, either to do or to say that which is not befitting those places. As our Lord cast those men out of his temple, who both bought and sold that which they offered to God, how much more, thinkest thou, that he with anger will cast those out of his temple, who, with leasings, and with idle speeches, and with inordinate laughters, and with any evil practices defile and pollute the places, which have been hallowed to God's service.

Also it is not right that mass be sung in any place, except in a church, neither in houses, nor in any place, except in the places which God has chosen for it, as it is written: ' See

apnýten iſ· loca þ þu ne oſſnıʒe þine lác on ælcne ſtope þe
þu ʒeſeo· ac þæn on þæne ſtope þe Ꞅod to þan ʒeceaſ· þ he.
hiſ noman þæn ſette· butan hýt on ſýnðe ſý· þonne hæbbe
man ʒeteld to þæm anum· ⁊ ʒehalʒod peoſod· on þæm ſeo
þenunʒ þæſ mæſſe-ſanʒeſ ſý ʒeſýlled:·

XII. UT FŒMINA NON HABITET CUM SACERDOTE.

Nıſ hýt nýht þ æniʒ pıſmon mıð mæſſe-pneoſte on huſum
punıʒe· þeah hýt canoneſ meðen ⁊ ſpuſten alıſðen· ⁊ þæm
haðum þe mon naneſ unhlýſan æt penan ne þoſſte. Ðonne
ſonbeoðe þe hıt þeah ælcum pıſmen· ſonþon ʒıſ þæn þa ʒe-
ſýbban beoð· hıʒ habbað oðne ambıht-men þe mon mæʒ
onðnæðan· þ þone mæſſe-pneoſt to ſýnne ʒetýhte:·

XIII. UT SACERDOS EBRIETATEM ET TABERNAS
FUGIAT; ET INORDINATA ETIAM CONVIVIA.

Ꝼac ıſ ʒehpýlcum mæſſe-pneoſte ſpýðe mýcel þeaſſ· þ he
hýne ſýlſne pıð ðnuncennýſſe ſcýlðe· ⁊ eac þ ſolc þ hım
unðenþeoððe bıð þ ýlce læne. Ne ſceolon mæſſe-pneoſtaſ
æt ceap-ealeðelum ne etan ne ðnıncan· ne hýʒ ne ſceolon
ſnemðna manna tunaſ· ne huſ· ne ſon nanne pæſen-eonn-
nýſſe ſecan· ne mıð pıſum ne mıð nánum unclænum haðum
nane ʒebeoſ́cıpaſ habban· ac ʒýſ hıʒ hpýlc anpýnðe hýneðeſ
ſæðen to hıſ huſe ʒelaðıʒe· ſeþe pýle mıð hıſ pıſe ⁊ mıð
beaſnum on ʒaſtlıcum ʒeſean blıſſıan· ⁊ æt hım onſon þa
ʒeneoſð ʒaſtlıcne laſne· ⁊ hım ſýllan ſon ſoðne luſan lıchamlıce
ʒeneoſðo· þonne ıſ hıt cýn þ ʒe þone mıð eaðmeðum ʒeſecen·
⁊ þone mıð eoſnum ʒaſtlıcum laſum ʒeneoſðıan þe eop mıð
hıſ ponoldlıcum ʒoðum ʒeneoſðað:·

XIV. UT SACERDOTES ALIORUM PAROCHIANOS AD
SE NON ALLICIANT, OB CONTRAHENDAS DECIMAS.

Ne ſpane nan mæſſe-pneoſt nanne mon oſ oðne cýncean
hýnnýſſe to hıſ cýncan· ne oſ oðne pneoſt-ſcýne læne· þ
mon hýſ cýncan ʒeſece· ⁊ hım heoſa teoðınʒe ſýllan· ⁊ þa
ʒenýhtu þe hıʒ þam oðnum ſýllan ſceolðan. Ꜳc ʒehpýlc ſý
blýðe þæſ þe hım æt hıſ cýncan cume· ⁊ þæſ Ꞅoðe þancıe·
ſonþon hıt ıſ apnıten· þ nan man ne ſcýle oðnum ðón þ he
nelle þ hım man ðó· ⁊ hıt cpıð eac on þæm halʒan ʒoðſpelle·
loca· hpæt ʒe pıllen þ eop oðne men ðón· ðo ʒe hıom þ ýlce.
Ðonne loca· hpa onʒean þıſ pýnne· ⁊ uſne laſe ſonhıcʒen·

that thou offer not thy offering in any place that thou mayest see, but there in the place which God hath chosen for it, that he may set his name there:' unless it be in the army, then let a tent be had for that alone, and a hallowed altar, on which let the service of the mass-singing be fulfilled.

It is not right that any woman dwell in the house with a mass-priest, though the canons allowed mother and sister, and those persons from whom no evil report need be expected. But we, nevertheless, forbid every woman, because if the relatives be there, they have other attendants who, it may be feared, may instigate the mass-priest to sin.

It is also very much needful to a mass-priest, that he shield himself against drunkenness, and also enjoin the same to the people who are subjected to him. Mass-priests ought neither to eat nor drink at ale-houses, nor should they visit strange men's 'tuns' nor houses, from any eagerness for sights, nor with women, nor with any impure persons, have any convivial associations; but if any respectable father of a family invite them to his house, who, with his wife and with his children, desire to be glad in spiritual joy, and to receive from them refections of spiritual lore, and give them, for true love, bodily refections; then is it natural, that ye humbly visit him, and feed him with your spiritual instructions, who feeds you with his worldly goods.

Let no mass-priest entice any man, from the parish of another church, to his church, nor instruct any one, from another priest's district, to attend his church, and give him their tithe, and the dues, which they ought to give to the other; but let every one be content with that which comes to him from his church, and thank God for it, because it is written, that no man shall 'do to another what he will not that it be done to him:' and it is said also in the holy gospel: 'Behold, what ye will that other men do to you, do ye the

þonne ƿite he· ꝥ oðeꞃ þaꞃa· oððe he ꞅceal þæꞃ haðeꞃ þolian· oððe hit ꞅƿiðe ꞅꞇiðlice ʒebetan æꝼꞇeꞃ boca ðome:·

XV. UT SACERDOS ALTERIUS CLERICUM NON SUBDUCAT.

Eac ƿe beodað ælcum ʒemete ꝥ næniʒ mæꞅꞅe-pꞃeoꞅꞇ oðeꞃ mæꞅꞅe-pꞃeoꞅꞇeꞅ pꞃeoꞅꞇ ne ƿꝩꞃðe· ne hꝩne ne ꞅpane· ne þeah he hꝩne ʒeꞅece· ꝥ he hꝩne na ne unðeꞃꝼóð· ꝼoꞃþon hit iꞅ ꞅƿiðe ꝼæꞅꞇlice on canonum ꝼoꞃboðen:·

XVI. DE PRESBYTERO, QUI DATO MUNERE ALTERIUS ECCLESIAM AMBIERIT.

Gꝩꝼ hƿꝩlc mæꞅꞅe-pꞃeoꞅꞇ onꝼunðen bið· ꝥ he aðeꞃ· oððe pꞃeoꞅꞇ-haðeꞃ oððe læpeðeꞃ haðeꞃ men æniʒe meðꞅceat ꞅelð oððe ꞅealðe· ꝼoꞃþi þe he pilniʒe oðeꞃ pꞃeoꞅꞇeꞅ cꝩꞃcean oð-þinʒian· ƿite he ꝼoꞃ þꝩꞃꞅum neaꞃlace· ɉ ꝼoꞃ þiꞅꞅe neðan ʒꝩꞇ-ꞅunʒe ꝥ oðeꞃ þaꞃa· oððe he ꞅceal hiꞅ haðeꞃ þolian· oððe on cꞃeaꞃꞇeꞃne hit mið ꞅƿiðe lanʒꞃe ɉ ꞅꞇꞃenʒꞃe hꞃeoꞃꞅunʒe betan· æꝼꞇeꞃ boca ðome· ɉ be biꞅceopeꞅ hæꞅe ɉ ʒepitneꞅꞅe:·

XVII. UT NULLUS PRESBYTER ÆGROTANTEM PARVULUM RECUSET BAPTIZARE.

Giꝼ man hƿꝩlc meꞇꞃum cilð to mæꞅꞅe-pꞃeoꞅꞇe bꞃinʒe· ꞅꝩ oꝼ ꞅpꝩlcꞃe mæꞅꞅe-pꞃeoꞅꞇ-ꞅcꝩꞃe ꞅpꝩlce hꝩꞇ ꞅꝩ· þonne ꝼullie he hit ꞅona· ɉ ꝼoꞃ næniʒum unæmꞇan ne ꝼoꞃlæꞇe he* hit ne ꝼullie· ꞅꝩ þonon þe hit ꞅꝩ· ʒiꝼ he hit þonne ꝼoꞃ æniʒum þinʒe ꝼoꞃlæꞇ· ɉ hit buꞇan ꝼulluhꞇe ʒepiꞇ· þonne ƿite he ꝥ he ꞅceal on ðomeꞅ-ðæʒe ꝼoꞃ þa ꞅaꞃle nihꞇ aʒꝩlðan Goðe:·

ꝥ he *add.*?

XVIII. VASA SACRA NON PROFANANDA.

Ne ꞅꝩ nan ꞅaceꞃð-haðeꞃ man· ne læpeðeꞃ haðeꞃ þe ma· þe ðuꞃꞃe ʒeþꞃiꞅꞇlæcan ꝥ aðeꞃ oððe calic· oððe ðiꞅc· oððe æniʒ þaꞃa ꝼaꞇa· þe to ʒoðcunðum biʒonʒe ʒehalʒoð bið to æniʒum poꞃulð-þinʒe ðo· piꞇoðlice ꞅeþe oꝼ ʒehalʒoðum calice ahꞇ elleꞃ ðꞃincð buꞇan Cꞃiꞅꞇeꞅ bloð· ꝥ on þæm ʒeꞃꝩne þæꞃ mæꞅꞅe-ꞅanʒeꞅ bið ʒehalʒoð· oððe þone ðiꞅc to æniʒum oðꞃum þeninʒum ðeð· buꞇan to þæꞅ þeoꝼoðeꞅ· he mæʒ penan ꝥ him ʒebiꞃiʒe ꞅpa Balðazaꞃe ðꝩðe· þa þa he nam þa Dꞃihꞇeneꞅ ʒehalʒoðan ꝼaꞇa on hiꞅ þenunʒe· he ꝼoꞃleaꞅ æꞇꞃomne æʒðeꞃ ʒe hiꞅ liꝼ ʒe hiꞅ ꞃice:·

same to them.' Then behold, whoever strives against this, and despises our doctrine, be it known to him, that he shall either forfeit his order, or very rigidly make 'bōt,' according to the judgment of the books.

We also in every way forbid, that any mass-priest corrupt another mass-priest's priest, or entice him, or (though he seek him) that he receive him, because it is very strongly forbidden in the canons.

If any mass-priest be found either giving or to have given a bribe to one of the priesthood or of laical condition, because he desires to deprive another priest of his church; be it known to him, that for this robbery, and for this atrocious avarice, he shall either forfeit his order, or make 'bōt' in prison, with very long and rigorous penitence, according to the judgment of the books, and with the bishop's command and testimony.

If any one bring a sickly child to a mass-priest, be it of whatever mass-priest's district it may, then let him baptize it forthwith, and for no business let him neglect to baptize it, be it from whence it may. If he on any account neglect it, and it die without baptism, then be it known to him, that on doomsday he shall render an account for that soul to God.

Be there no man of the priesthood, nor of lay condition, who shall dare to put to worldly use either the chalice or the dish, or any of the vessels, which have been hallowed for divine worship. Verily he who from the holy chalice drinks aught else, save the blood of Christ, which is hallowed in the mystery of the mass-service, or puts the dish to any other services, except to those of the altar, may expect that to him will happen as it did to Belshazzar; when he took the hallowed vessels of the Lord for his service, he lost together both his life and his kingdom.

XIX. DE SCHOLIS IN ECCLESIIS.

Ᵹýꝼ hƿýlc mæſſe-pꞃeoſt ƿile hiſ neꝼan oððe hiſ maȝa hƿilcne to laꞃe ðón æt þæꞃe cýꞃcena hƿilcne þe uſ to healðenne beꝼæꞃte ꞃýnt· þonne unne ƿe þæꞃ ſꝛiðe ƿel:·

XX. UT PRESBYTERI PER VILLAS SCHOLAS HABEANT, ET GRATIS PARVULOS DOCEANT.

Mæſſe-pꞃeoſtaſ ꞃceolon ꞃýmble æt heoꞃa huſum leoꞃninȝ-monna ꞃceole habban· ⁊ ȝiꝼ hƿýlc ȝóðꞃa ƿile hiſ lýtlinȝaſ hiom to laꞃe beꝼæꞃtan· hiȝ ꞃceolon ſꝛiðe luſtlice hiȝ onꝼon· ⁊ him eſtlice tæcan. Ᵹe ꞃceolon ȝeþencean þ hit iſ apꞃiten· þa þe ȝelæꞃeðe beoð hiȝ ꞃcýnað ſꝛa heoꝼoneſ biꞃihto· ⁊ þa þe maniȝe men to ꞃihte týhtað ⁊ ȝelæꞃað· hi ꞃcýnað ſꝛa ſꝛa ſteoꞃꞃan in ecnýſſe. Ne ꞃceolon hiȝ þeah ꝼoꞃ þæꞃe laꞃe næniȝeſ þinȝeſ ꝼilnian æt hýꞃa maȝum· butan þæſ þe hiȝ hýꞃa áȝneſ þanceſ him ðón ƿýllað:·

XXI. DE VITA SANCTIUS INSTITUENDA PRÆCEPTA PLURIMA.

Ƿitoðlice þeah eall halȝu ȝeƿꞃitu mið biſenum ⁊ mið laꞃum ȝóðꞃa ƿeoꞃca ȝeꝼýllðe ſýn· ⁊ mon on þam ꝼelðum þaꞃa haliȝꞃa ȝeƿꞃýta ſꝛiðe eaðe·þa pæꞃnu metan mæȝ· mið þam mon þa uncýꞃta oꝼeꞃcuman mæȝ· ⁊ ȝoðe peoꞃc ꝼýꞃðꞃian· þeah uſ

* þýſſum ?
*2 ꝼýnþþinȝe.

ȝeþeaꞃð þ þe on *þýſſuꞃa ȝeƿꞃite ſumeſ haliȝeſ ꝼæðeꞃ cpidaſ ꞃettan to *ꝼꞃýðinȝe ⁊ to laꞃe ȝóðꞃa poꞃca. On þæm cpide iſ ſeaꞃum poꞃðum ȝeſéð hpæt þe ðón ꞃceolon· ⁊ pið hpæt þe uſ healðan ꞃceolon. Æꞃeſt on ꝼoꞃꞃeaꞃðum þæꞃ iſ on beboðen· þ ȝehpa luꞃie hiſ Dꞃihten Ᵹoð· mið ealꞃe hiſ heoꞃtan· ⁊ mið ealꞃe hiſ ſaple· ⁊ mið ealle hiſ mæȝene· ⁊ hiſ þone neꞃtan ſꝛa ſꝛa hýne ſýlꝼne. Onð æꝼteꞃ þon iſ beboðen· þ mon man ne ſlea· ne unꞃiht-hæmeð ne ꝼꞃemme· ne ne ſtele·ne naneſ oðꞃeſ manneſ þinȝa on unꞃiht ne ꝼilniȝe· ne on leaſꞃe ȝepitneſſe ne beo. Eac hit iſ beboðen· þ he ælcne mon áꞃie· ⁊ nanum men ne do þ he nelle þ him mon ðo· ⁊ pið ꞃace hiſ lichoman luꞃtum· ⁊ ꝼýliȝe Cꞃiſteſ beboðum· ⁊ clænȝiȝe hiſ lichoman· ⁊ poꞃulðe ȝlenȝe ne pilniȝe· ⁊ ꝼæꞃten luꞃie· þeaꞃꝼan ꝼeðe· ⁊ nacode ꞃcꞃýðe· untꞃume neoꞃiȝe· ðeaðe býꞃȝe· ælcum ſꝛyncenðum on helpe ſý· ⁊ þa ſoꞃȝienðan ꝼꞃeꝼꞃiȝe· ⁊ hýne ſýlꝼne þæꞃ þe he mæȝe ꞃýmble· æȝþeꞃ ȝe pið poꞃolð-ſpꞃæce ȝe pið poꞃolð-ðæða paꞃniȝe ⁊ healðe· ⁊ him nan þinȝ ſpá in ne læte ſpa Cꞃiſteſ luꝼan· ⁊ on hiſ ýꞃꞃe nan

If any mass-priest desire to put his nephew or any of his relations to learning, at any of the churches which are committed to us in charge, then we will grant that very readily.

Mass-priests ought always to have at their houses a school of disciples, and if any good man desire to commit his little ones to them for instruction, they ought very gladly to receive them, and kindly teach them. Ye ought to remember, that it is written: 'Those who are learned shall shine as the splendours of heaven;' and 'Those who many men incite to and instruct in learning, shall shine as the stars to eternity.' They ought not, however, for that instruction, to desire anything from their relations, except what they shall be willing to do for them of their own accord.

Verily although the Holy Scriptures are filled with examples and doctrines of good works, and in the fields of the Holy Scriptures very easily may be found the weapons with which vices may be overcome, and good works furthered; nevertheless, it has seemed good to us, in this writing, to set forth the lessons of a holy father, for the furthering of, and instruction in good works. In these lessons it is said, in few words, what we ought to do, and against what we should preserve ourselves. First of all, it is therein commanded, that every one love his Lord God with all his heart, and with all his soul, and with all his strength, and his neighbour so as himself. And after that it is commanded, that a man slay not another, nor commit adultery, nor steal, nor unrighteously desire another man's things, nor be in false witness. It is also commanded, that he forgive every man, and to no man do that which he will not shall be done to him, and to deny his body's lusts, and follow Christ's commandments, and purify his body, and not desire worldly pomp, and love fasting, feed the poor, and clothe the naked, visit the sick, bury the dead, be a help to every one afflicted, and comfort the sorrowful, and take heed and preserve himself, as much as he can, against both worldly speech and worldly deeds, and nothing so inwardly cherish as love of

þing ne ðo þe him eꝼt oꝼþyncean þyꞃꝼe· ne huꞃu nane hƿile
nan yꞃꞃe ne healðe· ⁊ on hiꞃ heoꞃtan nan ꝼácen næbbe· ⁊
nanum men ꞃybbe coꞃꞃe ne ꞃylle· butan he on heoꞃtan ꝑið
hyne ꝼulle ꞃybbe hæbbe· ⁊ ꝑyð nanne man nan yꞃꞃe næbbe
oꝼeꞃ ꞃunnan ꞃetl-ȝonȝ· ac ælcum þaꞃa þe ꝑyð hyne abelȝe æꞃ
ꞃunnan ꞃetl-ȝanȝe· he hyt on hiꞃ moðe ꝼoꞃȝiꝼe ⁊ ꞃoðe Loðeꞃ
luꝼan ⁊ monna he na ne ꝼoꞃlæte· ⁊ na ne ꞃƿeꞃiȝe þylæꞃ þe he
mán-ꞃƿeꞃiȝe· ⁊ oꝼ hiꞃ heoꞃtan ⁊ oꝼ hiꞃ muðe ꞃymble ꞃoð-
ꝼæꞃtnyꞃꞃe ꝼoꞃð-bꞃinȝe· ⁊ nanum men yꝼel mið yꝼele ȝylðe·
ne nanne teonan ne ðó· ac ȝiꝼ him hƿa hƿylcne ðó· he þ
ȝeþylðelice ꝼoꞃbeꞃe· ⁊ ꝼoꞃ Loðeꞃ luꝼan hiꞃ ꝼeonð luꞃie· ⁊ ȝiꝼ
hyne hƿá þyꞃiȝe· he þone na eꝼt ne þyꞃȝe· ac hine ma blet-
ꞃiȝe· ⁊ ȝiꝼ hine hƿá ꝼoꞃ hƿylcum ꞃyhte onꞃcunie ⁊ ehte·
ȝeþoliȝie he þ luꞃtlice·   Ne beo he oꝼeꞃmoðe· ne beo he
ðꞃuncen-ȝeoꞃn· ne beo he to ꞃlapol· ne beo he to micel æte·
ne beo he to ꞃlap· ne beo he to eoꞃniȝenðe· ne beo he to
tælenðe· ac ealne hiꞃ to-hopan ꞃette he on Loð· ⁊ þonne he
hƿæt to ȝoðe ðó· telle he þ Loðe næꞃ him ꞃylꝼum· ⁊ þ he to
yꝼele ðeð· oððe æꞃ ðyðe· ꞃite he þ þ com ꝼꞃam him ꞃylꝼum·
Ꝉemyne he ꞃymble ðomeꞃ-ðæȝe· ⁊ onðꞃæðe him helle ꝑite· ⁊
mið ælcꞃe ȝaꞃtlicꞃe ȝeꝑilnunȝe ꝑilniȝe he þæꞃ écan liꝼeꞃ· ⁊
ȝeþence he ðæȝhƿamlice þone ytemeꞃtan ðæȝ hiꞃ liꝼeꞃ· ⁊ ealle
tyða tiliȝe he tela to ðonne· ⁊ ȝeþence he buton tƿeon þ he
ꞃymble bið onðƿeaꞃð Loðeꞃ eaȝum· ⁊ ȝiꝼ him hƿylce yꝼele
ȝeþohtaꞃ on moð becumen· þonne anðette he þa ꞃona *⁊ hiꞃ
ȝaꞃtlicum læce· þ iꞃ hiꞃ ꞃcꞃiꝼte· ⁊ ȝeþence he ymbe uꞃeꞃ
Dꞃihteneꞃ þꞃoƿunȝe· hu he ꝼoꞃ hiꞃ eaðmoðnyꞃꞃe ⁊ ꝼoꞃ uꞃe
nyð-þeaꞃꝼe· þe ȝeꞃceoꝼ ealle ȝeꞃceaꝼta· þæꞃ ȝemeðomað on
ꞃoðe beon ahanȝen· ⁊ hu him ꝼæꞃon æȝðeꞃ ȝe ꝼet ȝe hanða
mið næȝlum þuꞃh-ðꞃyꝼene· ⁊ hu he þæꞃ mið ꞃƿeꞃe on hiꞃ
ꞃyðan ȝeꞃtunȝen· þonne mæȝ he mið þyꞃꞃum ȝeþohte ȝeꝼly-
man þa yꝼelan ȝeþohtaꞃ· ⁊ oꝼ hiꞃ moðe aꝼyꞃꞃan· Ðiꞃ muð
he ꞃceal ꞃymble ꝼꞃom þꞃeoꞃum ⁊ yꝼelum ƿoꞃðum healðan· ne
ꞃceal him beon leoꝼ ꝼela to ꞃꝑꞃecanne on unꞃyht· ne he ne
ꞃceal ꞃꝑꞃecan yðelu ƿoꞃð· þa þe unnytte hleahtoꞃ up-ahebben·
ne he eac ne ꞃceal luꝼiȝean micelne ⁊ unȝemetlicne *cancet-
tenðe hleahtoꞃ· ac haliȝꞃa boca ꞃæðinȝe he ꞃceal luꞃtlice ȝe-
hyꞃan· ⁊ ȝelome he ꞃceal hiꞃ ȝebeðu beȝan· ⁊ þa hiꞃ æꞃ-
ȝeðonan yꝼlu mið teaꞃum ⁊ mið ȝeomoꞃunȝe ðæȝhƿamlice on
hiꞃ ȝebeðu he ꞃceal Loðe anðettan· ⁊ him ꝼoꞃȝyꝼnyꞃꞃe biððan·
⁊ Loð ȝeoꞃne biððan· þ he hyne ȝehealðe æȝðeꞃ ȝe ꝑið þaꞃa
æꞃ-ȝeðonꞃa yꝼla eðlæcunȝe· ȝe ꝑyð ȝehƿylce miꞃðæða· Ðiꞃ

Christ, and in his anger do nothing of which he may afterwards repent, nor especially preserve any anger for any time, and have in his heart no guile, and to no man give the kiss of peace, unless in his heart he have full peace toward him, and against no man have any anger over sunset, but every one of those who may have offended him ere sunset, let him forgive in his mind, and let him not forsake the true love of God and men, and not swear, lest that he forswear, and from his heart and from his mouth ever bring forth righteousness, and requite to no man evil with evil, nor do any injury, but if any one do any to him, that he bear it patiently, and, for love of God, love his foe, and if any one curse him, that he curse him not again, but rather bless him, and if any one, on any account, detest and persecute him, let him endure it joyfully. Let him not be proud, nor given to drink, nor too much given to sleep, nor too much given to eating, let him not be too slothful, nor too eager, let him not be too evil-speaking, but let him place all hope in God, and when he does anything to good purpose, let him ascribe that to God, not to himself, and what he does for evil, or has before done, be it known to him, that that comes from himself. Let him ever remember doomsday, and dread hell's torment, and with every ghostly desire let him desire the life eternal, and let him daily think of the last day of his life, and at all times let him cultivate the doing of good, and let him think, without doubting, that he is ever present to the eyes of God, and if any evil thoughts shall come into his mind, then let him forthwith confess them to his ghostly leech, that is, his confessor, and let him ever think of our Lord's passion, how he, who created all creatures, in his humility, and for our need, vouchsafed to be hanged on a rood, and how both his feet and hands were driven through with nails, and how he was pierced in his side with a spear; then may he, with this thought, put those evil thoughts to flight, and remove them from his mind. His mouth he shall ever hold from perverse and evil words, nor shall he be fond of speaking much unrighteously, nor shall he speak idle words, which raise up useless laughter, nor shall he also love much and immoderate boisterous laughter, but the reading of holy books he should with pleasure hear, and he should frequently attend to his prayers, and the evils which he has before done, he shall, with tears and with groaning, daily confess to God in his prayers, and pray to him for forgiveness, and earnestly pray to God to preserve him against a

l. fylȝan?

lichoman luſtum ne ſceal he *fulȝan· hiſ aȝene pýllan he ne
ſceal *fulȝan· ac on eallum þinȝum he ſceal hiſ laſeopeſ
bebodum hýſan· ȝe þeah þe hýt ſý· ſpa ſpa Ʒod pýlle þ hit
ne ſý· þ ſe laſeop þe him tela tæce him ſýlf elleſ-hu do· he
ſceal ȝemunan þone cpýde þe uſe Dſihten on hiſ ȝodſpelle
cpæð· þ þ hiȝ eop dón haten· do ȝe þ· ﹠ þ þ hiȝ ſýlfe doð· ne
do ȝe þ· þonne hiȝ eop tela tæcean· ﹠ him ſýlf on þpeoſh
doð. Ne pilniȝe he þ he ſý haliȝ ȝecpeden· æſþon þe he ſý·
ac ȝeeaſniȝe æſeſt þ he ſý· þ he dſihtenlicoſ mæȝe beon
haliȝ ȝenemned. Lodeſ beboda dæȝhpamlice mid dædum
ȝefýlle he· clænnýſſe luſiȝe· ne næniȝne mon he ne hatiȝe·
ne æſeſt ne ándan ne hæbbe he· ȝeſlýtu ne luſie he· up-
aheſednýſſe fleo he· ealde men aſiȝe he· ﹠ ȝeonȝe luſiȝe in
Cſiſteſ luſan· ﹠ foſ hiſ feondum ȝebidde he· mid þam þe
pið hýne unȝeſædnýſſe hæbben· æſ ſunnan ſetl-ȝonȝe
ȝehpeoſfe he to ſýbbe· be Lodeſ miltſe ne ȝeoſtſýpe he
næſſe. Nu þonne þiſ ſýnt þa laſa ﹠ þa tól ȝaſtliceſ cſæſteſ
þa ȝif hiȝ fſom uſ dæȝeſ oððe nýhteſ unȝeteoſienblice be-
ȝonȝenne beoð· ﹠ æt uſeſ liſeſ ende ȝefýlde beoð· þonne bið
uſ ſeo med æt Dſihtene pitod· þe he ȝehet þæm þe hiſ
bebodu healdan ﹠ ȝelæſtan poldan· þa næſſe nan eaȝe ne
ȝeſýhð· ne nan eaſe ne ȝehýſðe· ne on naneſ manneſ heoſtan
ne aſtah· þa ȝeȝeaſpode Lod þæm þe hýne luſiað:-

XXII. DE ORATIONE DOMINICA, ET SYMBOLO DISCENDIS.

Ealle ȝe ȝeleaſfulle men ſýnt to mýnȝienne ȝemænlice·
fſom þon læſton oð þone mæſtan· Þte ælc mon ȝeleoſniȝe
Pateſ noſteſ ﹠ Cſedan· ﹠ him iſ to cýðenne ﹠ to bodienne·
þ on þiſſum tpam cpýdum iſ ſe ſtaðol ealleſ cſiſteneſ ȝe-
leaſan· ﹠ butan hpá þaſ tpeȝen cpýdaſ aſinȝan mæȝe· ﹠ ſpa
ȝelýſe ſpa ðæſ-on ſæȝð· ﹠ hýne mid oſt ȝebidde· ne mæȝ
he beon pel cſiſten. Dit pæſ ȝeſýſn ȝeſett þ nán þaſa
manna þe ne cuðe Cſedan ﹠ Pateſ noſteſ þ he ne moſte
naþeſ ne æt biſcopeſ handa ne æt fulpihte nanum men
onfóón· ne hine mon fuſðon fulluhte fullian ne moſte· ne
biſcopian· buton he þa ýlde næſde þ he þonne ȝýt þa æſ
ȝenemnedan cpýdaſ ȝeleoſnian ne mihte:-

repetition of the evils he has before committed, and against all misdeeds. He shall not follow his body's lusts, he shall not follow his own will, but in all things he shall obey the biddings of his teacher, yea though it be (so may God will that it be not) that the teacher, who teaches him what is good, do otherwise himself. He ought to remember the saying which our Lord in his gospel spake: 'That which they command you to do, do ye that, and that which they themselves do, do ye that not; for they teach you good, and themselves do perversely.' Let him not desire to be called holy ere that he be so; but let him first merit to be so, that he may the more authoritatively be named holy. Let him daily fulfil God's commands with deeds, let him love chastity, let him not hate any man, let him have neither envy nor rancour, let him not love strifes, let him flee arrogance, old men let him honour, and young men love in love of Christ, and for his foes let him pray, with those who are in discord with him let him turn to peace ere sunset, of God's mercy let him never despair. Now then these are the doctrines and tools of ghostly craft, which, if they be by day and by night indefatigably exercised by us, and fulfilled at our life's end, then will the meed be decreed us by our Lord, which he promised to those who would hold and execute his commandments: what no eye hath ever seen, nor any ear hath heard, nor ever entered any man's heart, hath God prepared for those who love him.

All ye faithful men are to be admonished in common, from the least to the greatest, that every man learn the Pater noster and Creed; and to him it is to be made known and to be preached, that in these two utterances is the basis of all Christian belief; and unless any one can sing these two utterances, and so believe as is therein said, he cannot well be a Christian. It was established formerly, that no man, who knew not the Creed and Pater noster, and often prayed withal, might receive any man, either at the bishop's hand or at baptism; nor indeed might he be baptized or confirmed, unless he had not the age that he could yet learn the before named utterances.

XXIII. DE MANE ET VESPERE ORANDO.

Eac iſ cɼiſtenum læpeðum mannum to cýðanne· ꝥte ȝehƿá him tupa huɼu ȝebiððe on dæȝe· butan hƿa oſtoɼ mæȝe· ꝥ iſ· on moɼȝen ꞇ on æſenne· Butan hƿa Pateɼ noſteɼ ꞇ Cɼedan cunne· ȝeſýnȝe ꞇ cƿeðe· Dɼihten þu þe me ȝehiƿadeſt ꞇ ȝoɼhteſt· ȝemiltſa me· Liod ȝemiltſa me ſýnꝼullum· ꞇ Liode þancie he hiſ dæȝhƿamlicɼe onðlýſene· ꞇ ꝥe he hine to hiſ anlicneſſe ȝeſceop· ꞇ hine ꝼɼom nýtenum aſceð· ꞇ þiſſum þonne ſƿa ȝedonum· ꞇ hiſ Scippende anum ȝeɼeoɼðoðon· he cleopie to Lioðeſ halȝum· ꞇ bidde ꝥ hiȝ him to Liode þinȝien· æɼoſt to Sc̃a Maɼian ꞇ ſýððan to eallum Lioðeſ halȝum· Da þe cýɼcean ȝeɼæcean maȝon· ðon hi þiſ on cýɼcean· þa þe þonne cýɼcean ȝeɼæcean ne maȝon· ðon hiȝ hit þæɼ þæɼ hiȝ ſýn· æȝðeɼ ȝe on æſenne ȝe on moɼȝenne· ſoɼþon ſe ſealm-ſceop cƿæð· On ælcɼe ſtope iſ Lioðeſ anpealð· ꞇ eſt he cƿæð to Liode· On ælcɼe ſtope þu biſt· ꞇ þeah ic on heoſonaſ aſtýȝe· þæɼ þu biſt· ſƿýlce he cƿæðe ne mæȝ ic nane ſtope ȝemétan· þe þin onpealð on ne ſý :·

XXIV. DE DIE DOMINICA CAUTIUS CELEBRANDA.

Sunnan-dæȝ iſ ſƿiðe healice to peoɼðianne· ſoɼþon þe bebeodað ꝥte næniȝ mon ne ȝeþɼiſtlæce on þone halȝan dæȝ on nan peoɼulð-peoɼc beſón· butan mon hiſ mete ȝeaɼƿiȝe· butan hƿam ȝebýɼiȝe ꝥ he nýde ſaɼan ſcýle· þonne mot he ſƿá ɼíðan· ſƿá ɼóƿan· ſƿa ɼƿilce ſæɼelðe ſaɼan· ſƿýlce to hiſ ſeȝe ȝebýɼiȝe· on þa ȝeɼað· ꝥ he hiſ mæſſan ȝehýɼe· ꞇ hiſ ȝebedu ne ſoɼléte· On Sunnan-dæȝ ȝeſceop Liod æɼeſt leoht· ꞇ on þæm dæȝe he ſende Iſɼahela ſolce on þam peɼtene heoſonlicne hlaſ· ꞇ on þone dæȝ he aɼaſ oſ deaðe· þa he æɼ hiſ ſýlſeſ pýllum ſoɼ mon-cýnneſ helo deað ȝeþɼoƿade· ꞇ on þone dæȝe he ſende þone Dalȝan Liaſt on hiſ þeȝenaſ· þonne ſoɼþon iſ hit ſƿýðe micel cýn· ꝥ ȝehƿýlc cɼiſten man þone dæȝ ſƿýðe aɼpuɼðlice peoɼðiȝe· ꞇ hit ȝedaɼenað ꝥ ȝehƿýlce cɼiſtene men þa þuɼhteon maȝon on Sæteɼneſ-dæȝ cume to cýɼcean· ꞇ him leoht mið bɼinȝe· ꞇ þæɼ æſen-ſanȝ ȝehýɼan· ꞇ on uhtan þone uht-ſanȝ· ꞇ on moɼȝenne mið heoɼa oɼ-ſſunȝum cuman to þæɼe mæſſan ſýmbelnýſſe· ꞇ þonne hiȝ þýðeɼ cumen· ne ſý þæɼ næniȝ ſácn· ne næniȝ ȝeſlýtu· ne næniȝ unȝeþƿæɼneſ ȝelýɼeð· ac ſmýlte mode· æt þæɼe halȝan þenunȝe· æȝðeɼ ȝe ſoɼ hiȝ ſýlſe· ȝe ſoɼ eal Lioðeſ ſolc þinȝien· æȝðeɼ ȝe mið heoɼa ȝebedum· ȝe mið heoɼa ælmeſſan·

Also is it to be made known to Christian laymen, that every one pray at least twice in the day, unless he oftener may; that is, in the morning and in the evening. Unless any one know the Pater-noster and Creed, let him sing and say: 'Lord! thou who hast formed me and wrought me, have mercy on me, God have mercy on me sinful.' And let him thank God for his daily sustenance, and that he has created him in his likeness, and distinguished him from the beasts. And, these being thus done, and his Creator only worshipped, let him call on God's saints, and pray that they intercede for him with God: first on Saint Mary, and afterwards on all God's saints. Let those who can attend church do this in church; but let those who cannot attend church, do it there where they may be, either in the evening or in the morning, because the psalmist said: 'In every place is God's power.' And again he said to God: 'In every place thou art, and though I ascend to the heavens, there thou art.' As if he had said, I can find no place in which thy power is not.

Sunday is very solemnly to be reverenced, therefore we command that no man dare on that holy day to apply to any worldly work, unless for the preparing of his meat; except it happen to any one that he must of necessity journey; then he may either ride, or row, or journey by such conveyance as may be suitable to his way; on the condition that he hear his mass, and neglect not his prayers. On Sunday God first created the light, and on that day he sent to the people of Israel in the desert, heavenly bread; and on that day he arose from death, when he before, with his own will, had suffered death, for the salvation of mankind; and on that day he sent the Holy Ghost into his disciples. It is therefore very highly fitting, that every Christian man very reverently honour that day. And it is fitting that every Christian man, who can accomplish it, come to church on Saturday, and bring light with him, and there hear even-song, and before dawn, matins, and in the morning come with their offerings to the celebration of the mass: and when they come thither, let there be no iniquity, nor any strifes, nor any discord heard, but with calm mind, at the holy service, let them intercede both for themselves and for all God's people, both with their prayers and with their alms; and after the holy

ɟ æɼcep þæpe halȝan þenunȝe hım ȝehpa ham hpyɼɼe· ɟ mıð
hıɼ ɼpeonðum· ɟ hıɼ nyhɼcum· ɟ mıð ælðeoðıȝum hıne ȝaɼclıce
ȝepeopðıȝe· ɟ hıne pıð ofeɼ-æc ɟ ðpuncennyɼɼe beopȝe:·

XXV. DE SUSCIPIENDIS HOSPITIBUS SINE MUNERE.

Eac ıɼ ȝehpylcum mæɼɼe-ppeoɼce mıcel þeaɼf· ꝥ he hıɼ
hype-men ȝeopne cyhce ɟ læpe· ꝥ hıȝ cum-lyðe ɼyen· ɟ næ-
neȝum ɼapenðum men hypa huɼa ne pypnen· ðon hım elleɼ
Lioþeɼ þanceɼ co ȝoðe ꝥ hıȝ þonne pıllen oððe mæȝen· fopþon
bucan cpeon ꝥ mon Lioþeɼ þanceɼ cumun ȝeðeð· ꝥ mon ðeð
Lioðe· ɼpa ɼpa he ɼylf on ðomeɼðæȝ cpıð co þam þe hım on þa
ɼpyðpan hanð ȝececce beoð· Ic þæɼ cuma ɟ ȝe me onɼenȝon·
Ða þonne þe Lioðeɼ þanceɼ hpylcne cuman unðeɼɼon· ne pıl-
nıȝen hıȝ þæp nanna populð-leana· Ðuph cum-lıðnyɼɼe ɼpıðe
monıȝe men Lioðe ȝecpemðon· co þon ɼpıðe ꝥ hıȝ þæɼ pypðe
pæpon ꝥ Lioðeɼ enȝlaɼ hıȝ ɼohcon· Ne ɼceal nan man populð-
meðe pılnıan æc þam cuman· fopþam þe hım ıɼ ȝehácen ece
ȝeɼeá ɼope on Lioðeɼ pıce:·

XXVI. DE PERJURIO.

Eac ıɼ ɼpıðe mıcel þeaɼf ꝥ ȝe ȝeopne mænpa aða ɼcypan· ɟ
eoppum hype-monnum cyðon hu unȝeɼohlıcu ɼcylð ꝥ ıɼ· ɟ
hu ɼpyðe hıc ıɼ ɼopboðen· æȝðep ȝe on þæpe æ· ȝe on pıceȝna
bocum· ȝe on Cpıɼceɼ aȝenum bocum· þonne habbað þe
ȝeahɼoð ꝥ hıc ɼume men ðoð co lycelpe ɼcylðe· þonne nıɼ hıc
na ɼpa· ac ıɼ an þæpa mæɼcena ɼcylða· ɟ on þa ylcan pıɼan
hıc ıɼ co becanne þe man-ɼlyhc oððe æp-bpıce· oððe elleɼ hpılc
þapa heaɼoðlıcpa leahcpa co becanne ıɼ· Eac ȝe ɼceolan
pıcan ɟ eoppum hypıȝ-monnum cyðan· ꝥce ȝehpylc þapa þe
þapa heoɼoðlıcpa leahcpa hpylcne ȝefɼemeð haɼað· ɟ co ðæðboce cyppan nele· ꝥ hım ıɼ co ɼopbeoðenne æȝhpylc ȝemána
mıð cpıɼcenum mannum· ȝe ın cypcean· ȝe bucan· ȝe æc· ȝe
ðpınc· ȝe ɼamoð-punung on huɼum· bucan hıȝ co ðæðboce
ȝecyppan pıllun:·

XXVII. DE FALSO TESTIMONIO.

Eac ıɼ mæɼɼe-ppeoɼcum mıcel þeaɼf· ꝥ hıȝ hypa mannum
cyðen· ꝥ hyne ȝehpa ȝeopne pıð ꝥ ȝepıcnyɼɼe ȝehealðe· fopþon hıc ɼpıðe heɼeȝu ɼcylð ıɼ· ɟ upe Dpıhcen ɼpyðe ɼæɼce on
Synaí þem munce þa ɼcylðe ɼopbeað· ɟ þuɼ cpæð· Ne beo ȝe
næɼpe on nanpe leaɼpe ȝepıcnyɼɼe· fopþon ɼe leaɼa ȝepıca ne

service, let each return home, and with his friends, and his neighbours, and with strangers enjoy ghostly refection, and guard himself against gluttony and drunkenness.

It is also very needful to every mass-priest, that he diligently exhort and teach his parishioners that they be hospitable, and not refuse their houses to any wayfaring man, but do for his comfort, for love of God, what they then will or can; because, without doubt, what a man does, for love of God, for strangers, that he does for God, as he himself, on doomsday, will say to those who shall be set at his right hand: 'I was a stranger, and ye received me.' But let those who, for love of God, receive every stranger, desire not any worldly rewards. Through hospitality many men have propitiated God to that degree, that they have been worthy that God's angels should visit them. No man ought to desire worldly meed of the stranger, because everlasting joy is therefore promised him in God's kingdom.

There is also very much need that ye diligently correct perjuries, and make known to your parishioners how enormous a crime that is, and [how strongly it is forbidden both in the law and in the books of the prophets, as well as in Christ's own books. But we have been given to understand, that some men make it for a little crime, yet it is not so, but is one of the greatest crimes, and is to be atoned for in the same way as homicide, or adultery, or any of the capital crimes is to be atoned for. Also ye ought to know, and to make known to your parishioners, that every of those, who shall have perpetrated any of the capital crimes, and will not turn to penance, that to him is to be forbidden all community with Christian men, both in the church and without, both in eating and drinking, and dwelling together in houses, unless they will turn to penance.

It is also greatly needful to mass-priests, that they make known to their parishioners, that every one strictly preserve himself from false witness, because it is a very heavy crime, and our Lord, on the mount of Sinai, very strongly forbade that crime, and thus said: 'Be ye never in any false witness, because

bið he næfre ungeƿitnoð. Sƿilc mon rƿylce þa rcylde gefremeð oððe gefremeð hafað· mid þære ylcan dædbote he
hyne rceal geclænrian þe he ær bufan rædon· be þæm mænum
aðum· ꝛ eac oðrum heafoðlicum leahtrum· oððe fram eallum
crirtendome beon arceaden· Þæt mæg beon þærlicne þonne
hƿa fon gytrunge golder ꝛ reolfrer· oððe deorƿyrða hrægla·
oððe ænigra ƿoruld-þinga on rƿa herige rcylde gehreoſe· þ he
rceole oððe ·vii· gear on rƿiðe nearƿre ymðe on þære dædbote lybban· oððe fram eallum crirtendome beon aƿorpen·
Ure Drihten cƿæð· þ þam men naƿiht ne forrtode· þeah he
ealne middan-eard gertrunde· gif he hir rawle forleoran ƿolde :·

XXVIII. UT SACERDOS QUILIBET MODO ALIQUÒ PLEBEM DOCEAT.

Eac ƿe beodað þæm mærre-ƿreortum þe ur underþeodde
rynt· þ hig rƿiðe geornlice ymb þær folcer lare ryn· þa þe
on bec gelærede ryn· þ hig gelomlice ꝛ geornlice heora hyrig-
men of þæm bocum læren· þa þe þonne rƿa forð on bec
gelærede ne ryn· þonne beoden hig hyra gyngrum þ hig
yfeler gerƿicen ꝛ don god· recen rybbe· ꝛ folgien þære· ꝛ
recgen him þ Loder eagan beoð ofer þa rihtƿiran men· ꝛ hir
earan gehyrað þara rihtƿirra bene· ꝛ Drihtener onðƿlita
bið ofer þa yfel-dondan men· to þon þ he hig forrƿille· ꝛ
adylige of eorðan hyra gemynd· Ne mæg eoƿer nan hyne
lare beladian· ælc eoƿer hafað tungan· reþe god rprecan ƿile·
rymble he mæg rumne mon gebetan· Ðona rƿa racerda hƿylc
hƿone on-poh geryhð he rceal ealle mægene tilian þ he hyne
on rihtum gebrynge· ægðer ge þreagende· ge halrigende· ge
biddende· ꝛ hine na ne forlætan ær he hyne on rumum godum ƿeorcum gebrynge· And ic ƿylle þæm tidum þe æt
gemetinge· Lode fultumiendum· ƿe toromne æt reonoðum
cumen· þ gehƿa me ƿite to recganne hƿylcne þærtm he· Lode
gefultumiendum· on hir rcyre gertryned hæbbe· ꝛ hƿæt he
hir hyre-men on rihte gebroht hæbbe· þe ær on poh liðe· ꝛ
gif hƿa miner fultumer beþearf· þonne bið he him rona gearo
on roðre lufan Loder ꝛ manna· rƿa forð rƿa ic fyrmert
gelærtan mæg :·

XXIX. DE FORMULA ORANDI.

Eac ge rceolon myngian eoƿre hyremen þ hig hyra gebedu
genehlice began· On þar piran ge hig rceolan læran þ hie
hig gebidden· æperr hig rceolan ryngan Lredan· þonne bið þ

the lying witness shall never be unpunished.' Whatever man shall commit or has committed that crime, shall purify himself with the same penance of which we already said before concerning homicide, and also other capital crimes, or be cut off from all Christian men. What can be more fitting, when any one, from craving after gold and silver, or precious garments, or any worldly things, falls into such grievous crime, than that he shall either live VII. years in very narrow misery in penance, or be cast out from all Christian men? Our Lord said, that it availed naught to a man, though he should gain all the world, if he would lose his soul.

Also we command those mass-priests, who are subjected to us, that they very earnestly [busy] themselves about the people's learning: that those who are learned in books frequently and zealously teach their parishioners from these books, who may not be so far learned in books. Then let them enjoin their pupils to abstain from evil, and do good, to seek peace and follow it; and tell them that the eyes of God are over the righteous men, and his ears hear the prayer of the righteous; and the face of the Lord is over the evil-doing men, in order that he may destroy them, and blot their remembrance from the earth. None of you may excuse himself from learning; each of you has a tongue; he who will say what is good, may always better some one. As soon as any priest sees any one in error, he shall labour with all his might to bring him to right, either by reprehending, or beseeching, or praying, and shall not leave him, ere he shall have brought him into some good works. And I desire, at those times, that at meeting, God aiding, we come together in synods, that every one will be able to tell me, what fruit he, God aiding, has begotten in his district, and what of his parishioners he has brought to right, who before lived in error. And if any one need my aid, then shall it be forthwith ready to him, in true love of God and men, to the utmost that I am able.

Ye shall also admonish your parishioners, that they sufficiently cultivate their prayers. In this wise ye shall teach them to pray: first they shall sing the Creed, for that is most like to

ᵹelicoꞃt þon þe hiᵹ æteopen þone ꞃtaðol hypa nyhtan ᵹe-
leaꝼan· ⁊ æꝼteꞃ þon þe he Cꞃedan ᵹeꞃunᵹen hæbbe· þonne
cpeðe he þꞃýpa· Loð þu þe me ᵹeꞃceope ᵹemýltꞃa me· ⁊ þꞃipa·
Loð ᵹemýltꞃa me ꞃýnꝼullum· ⁊ æꝼteꞃ þon ᵹeꞃýnᵹe Pateꞃ
noꞃteꞃ· ⁊ æꝼteꞃ þon ᵹiꝼ he þone ꞃtede hæbbe ⁊ þone ꞅemtan·
þonne bidde he Sᵹ̃a Waꞃian ꞅeꞃeꞃt· ⁊ þa halᵹan apoꞃtolaꞃ· ⁊
þa halᵹan maꞃtýꞃaꞃ· ⁊ ealle Lꞃodeꞃ halᵹan· þ hiᵹ him to Lꞃode
þinᵹien· ⁊ þonne hiꞃ heaꝼod ꝼoꞃepeaꞃð mid þæꞃe halᵹan ꞃode
tácne ᵹeꞃæꞃniᵹe þ iꞃ· ᵹeꞃeniᵹe hine· ⁊ þonne· up-ahæꝼenum
handum ⁊ eaᵹum· on hiꞃ heoꞃtan he Lꞃode þancie ealleꞃ þæꞃ
þe he him ꝼoꞃᵹeaꝼ· æᵹðeꞃ ᵹe ýðꞃan ᵹe unýðꞃan· Liꝼ he
þonne þone ꞅemtan næbbe· þ he eall hit þuꞃ ᵹedón móte·
þonne ᵹedó he ꞃpa-þeah· ꞃpá ꞃe ꞅeꞃ buꞃan cpædon· þ iꞃ· cpeðe
þꞃipa· Loð þu þe me ᵹeꞃceope ᵹemýltꞃa me· ⁊ þꞃýpa· Loð
ᵹemýltꞃa me ꞃýnꝼullum· ⁊ æꝼteꞃ þon· ýnpeaꞃðꞃe heoꞃtan
ᵹeꞃýnᵹe Pateꞃ noꞃteꞃ· ⁊ hýne ᵹeꞃeniᵹe:·

XXX. DE EODEM, ET DE CONFESSIONE.

Æᵹhpýlce ðæᵹ pe ꞃculon Lꞃode ꞅene· oððe tupa· oððe oꞃtoꞃ
ᵹýꝼ pe maᵹon· on upum ᵹebede uꞃe ꞃýnna andettan· cpæðendum þæm pýtᵹan· Dꞃuhten mine ꞃcýlde ic ðýðe þe cuðe·
⁊ mine unꞃýhtpiꞃnýꞃꞃe ic þe ne hæl· ic· cpæð· ic andette þe
Dꞃuhten mine unꞃihtpiꞃnýꞃꞃe pið me ꞃýlꝼum· ⁊ þu Dꞃuhten
me ꝼoꞃᵹeaꝼe þa apleaꞃnýꞃꞃe mýnꞃe ꞃýnne·   Ðonne æꝼteꞃ
þæꞃe andetneꞃꞃe· mid ᵹeomꞃunᵹe ⁊ heoꞃtan onbꞃýꞃðneꞃꞃe pe
ꞃceolon uꞃ to Dꞃýhtene ᵹebiddan· ⁊ þone ꝼiꞃtiᵹan ꞃealm
ꞃýnᵹan· oððe þone ·xxiiii· oððe þone ·xxv· oððe þapa ꞃumne
þe þæꞃ to ꞃpýlcum bélýmpð· ⁊ ꞃpa þ ᵹebed ᵹeꝼýllan·   Seo
andetneꞃ þe pe mæꞃꞃe-pꞃeoꞃtum doð úꞃa ꞃýnna· þiꞃ heo uꞃ
deð to ᵹóðe· þ onꝼonᵹnum ꝼꞃam him halpendum ᵹeþeahtum· ⁊
læcedómum þaꞃa pamma þe pe him on uꞃ ꞃýlꝼe ꝼoꞃ uꞃum
aᵹnum ᵹepýꞃhtum ꞃecᵹað· ⁊ ᵹehealdnum þonne þæm beboðum
þe hiᵹ uꞃ beoðað· pe mid þon maᵹon uꞃe ꞃýnna adiliᵹian·
Ðonne ꞃeo ꞅandetneꞃ þe pe Lꞃode ꞅanum andettað deð hio úꞃ þ
to ᵹóðe· ꞃpá pe oꞃtoꞃ hiᵹ ᵹemunað ꞃpá ꝼoꞃᵹýt Lꞃod hýꞃa
hꞃaðoꞃ· Dꞃuhten cpæðendum þuꞃh þone pitᵹan· Ðinꞃa ꞃýnna
ne ᵹeman ic·   Ðonne onᵹean þon· ꞃpa pe oꞃtoꞃ miꞃðæða ꝼoꞃ-
ᵹýtað· ꞃpá ᵹemon hiᵹ Lꞃod ᵹeóꞃnoꞃ·   Uꞃ iꞃ þeaꞃꝼ þ pe ᵹe-
þencen hpæt Dauid ꞅe pitᵹa cpæð· ⁊ eac þon don ꞃpa pe nýhꞃt
maᵹan· he cpæð· Wine unꞃýhtpiꞃneꞃꞃe ic oncnape ⁊ min ꞃýu
bið ꞃýmble onᵹean me:·

disclosing the foundation of their true faith; and after he shall have sung the Creed, then let him say thrice: 'God, thou who hast created me, have mercy upon me;' and thrice: 'God, have mercy upon me sinful;' and after that let him sing 'Pater noster;' and after that, if he have the place and the leisure, then let him pray, first to Saint Mary, and the holy apostles, and the holy martyrs, and all God's saints, that they intercede for him to God; and then let him arm his head in front with the sign of the holy rood, that is, let him sign himself, and then, with upraised hands and eyes, in his heart let him thank God for all that he has given him, both easy and difficult. But if he have not the leisure, that he can do it all thus, then let him at least do, as we before said, that is, say thrice: 'God, thou who hast created me, have mercy upon me,' and thrice: 'God have mercy upon me sinful;' and after that, with inward heart, let him sing 'Pater noster,' and sign himself.

Every day we ought once or twice or oftener, if we can, in our prayer, to confess our sins to God, according to what the prophet says: 'Lord, my sin I have made known unto thee, and my unrighteousness I have not concealed from thee; I said, I will confess to thee, O Lord, my unrighteousness against myself, and thou Lord hast forgiven me the impiety of my sin.' Then after the confession, with groaning and compunction of heart, we should pray to the Lord, and sing the fiftieth psalm, or the xxiiii[th], or the xxv[th], or one of those which belong to such cases, and so complete the prayer. The confession of our sins, which we make to mass-priests, does this for our good, that, having received from them salutary counsels and remedies for the stains in ourselves, which we tell them, from our own works, and having held the commands which they shall have commanded us, we may thereby blot out our sins. But the confession, which we confess to God alone, does this for our good: the oftener that we remember them, so does God the sooner forget them, according to the saying of the Lord through the prophet: 'Thy sins I remember not.' But on the contrary, the oftener that we forget misdeeds, the more readily does God remember them. It is needful to us to reflect on what David the prophet said, and also then do it as immediately as we can; he said: 'I acknowledge my unrighteousness, and my sin is ever before me.'

XXXI. DE PECCATIS IN CONFESSIONE ENUMERANDIS.

Ælce ꞅýnne mon ꞅceal hiꞅ ꞅcꞃiꝼte anꝺettan þaꞃa þe he æꞃne ᵹeꞅꞃemeꝺe· oððe on poꞃꝺe· oððe on peoꞃce· oððe on ᵹeþohte. Eahta ꞅýnꝺan heaꞃoꝺlice ꞅýnna. þonne iꞅ ꞅꝛiðe lýt monna þ ne ꞅý miꝺ þæm ꞅumum oððe eallum beꞅmiten. Ǣn iꞅ ᵹýꝼeꞃneꞅ meteꞅ· oðeꞃ unꞃiht-hæmeꝺ· þꞃýꝺꝺe poꞃuloe-unꞃotneꞅ· ꝼeoꞃꝺe ᵹýtꞃunᵹ ꝼeóꞅ· ꝼýꝼta ýꝺel ᵹýlp· ꞅýxta æꞅeꞅt· ꞅeoꝼoða ýꞃꞃe· eahtoða oꝼeꞃmeꝺla. Ðonne hꝛa to hiꞅ ꞅcꞃiꝼte cýmeð on þa ᵹeꞃáꝺ þ he ꝩille hiꞅ þeaꞃꝼa to him ꞅꝛꞃecan ⁊ hiꞅ ꞅýnna anꝺettan. þonne ꞅceal ꞅe ꞅcꞃiꝼt hine ᵹeoꞃne ahꞃian be þæm þe he him anꝺettað· hu þa þinᵹ ᵹeꝺón pæꞃon· hpæðeꞃ þe ᵹepealꝺeꞅ þe unᵹepealꝺeꞅ· ⁊ hpæðeꞃ þe ꝼæꞃlice þe þuꞃh æꞃ beþohte ꝩíꞅan· ⁊ him þonne be ælcꞃe miꞅꝺæꝺa þa bote ꞅcꞃiꝼe· be þon þe ꞅeo ꝺæꝺ ᵹeꝺón pæꞅ. Spiðe unᵹelíc bið ꞅe mon þe hýne ꞅýlꝼne peꞃᵹenꝺe oðeꞃne mon oꝼꝼlýhð þæm þe oðeꞃne ᵹeꞃæcað ⁊ hýne oꝼꝼlýhð· ꞅpa hit býð æᵹðeꞃ ᵹe æt hæmeꝺum ᵹe æt ᵹehꝛýlcum miꞅꝺæꝺum. Se ꞅcꞃiꝼt ꞅceal ahꞃian ᵹehꝛýlceꞅ þinᵹeꞅ þone þe to him hiꞅ þeaꞃꝼe ᵹꞃꝛýcð· ⁊ hine læꞃan· þ he him nan þinᵹ ne hele· ne on poꞃꝺe ne on peoꞃce· þæꞅ þe he æꞃne péne· þ he piꝺ Loꝺeꞃ pýllan ᵹepoꞃohte· ⁊ ꞅe ꞅcꞃiꝼt him ꞅceal æt ᵹehꝛýlcum þinᵹum þa bote ꞅecᵹan :·

XXXII. UT OPERA CHARITATIS QUISQUE FACIAT, ET QUONAM MODO FIENT.

Dýnᵹꞃuenꝺum þe ꞅceolon ꞅýllan mete· ⁊ þýꞃꞅtenꝺum ꝺꞃýnc-nacoꝺe þe ꞅceolan oꝼeꞃꞃꞃeon· ⁊ untꞃume ⁊ þa þe on caꞃceꞃne ꞅýn þe ꞅceolon neoꞅian· ⁊ cumum þe ꞅceolon onꝼón· ꞅpa uꞃe Dꞃihten ꞅýlꞅ cpæð· Ꝩe hýnᵹꞃeꝺe ⁊ ᵹe me ꞅealꝺon etan· me þýꞃꞅte ⁊ ᵹe me ꞅealꝺon ꝺꞃýncan· ic pæꞅ nacoꝺ ⁊ ᵹe me ꞅcꞃýꝺꝺon· ic pæꞅ untꞃum ⁊ on þæm caꞃceꞃne ⁊ ᵹe mín neoꞃoꝺon. Ðonne ꞅceal ælc mon on him ꞅýlꝼum þaꞅ þinᵹ ᵹaꞅtlice habban· ⁊ on oðꞃum monnum he ꞅceal hiꞅ licamlice ᵹeꝼýllan· ꝼoꞃþon þeah he þiꞅ eal licamlice ᵹeꝼýlle· ne mæᵹ hit him to þan écan liꝼe ᵹehelpan· ᵹýꝼ he on pꞃænneꞅꞅe· ⁊ oꝼeꞃmeðlan· ⁊ on æꝼeꞃte· ⁊ on oðꞃum maniᵹꝼealꝺum unþeapum· þa þe nu lonᵹe to tellan iꞅ· hiꞅ liꝼ lýꝼað. Ac ꞅona ꞅpa ꞅe mon onᵹýte þ he Cꞃiꞅt on him næbbe· þe cpæð. Ic eom ꞅe libbenꝺa hláꝼ þe oꝼ heoꝼenum aꝺune aꞅtah· ⁊ þa ꞅoðan luꝼan ꞅeo iꞅ þæꞃe ꞅaꝼle ꝼoꞅtoꞃ· buton tpeon þonne he bið hýnᵹꞃuenꝺe· ac þonne ᵹýꝼ he þuꞃh ᵹóꝺ peoꞃce· ꝼoꞃlætnum hiꞅ æꞃꞃan unþeapum· him Cꞃiꞅt to ᵹelaðað· ⁊ hýne ꞅýlꝼne miꝺ þæꞃe ꞅoðan

Every sin a man shall confess to his confessor, which he ever committed, either in word, or in work, or in thought. There are eight capital sins, and there are very few men, who are not defiled with some or all of them. One is gluttony, the second adultery, the third worldly sadness, the fourth avarice, the fifth vainglory, the sixth envy, the seventh anger, the eighth pride. When any one comes to his confessor, for the sake of telling him his needs, and confessing his sins, then ought the confessor earnestly to ask him concerning those things which he confesses to him, how they were done, whether intentionally or unintentionally, and whether suddenly, or in a before resolved way; and let him then for every misdeed prescribe the 'bōt,' according as the deed has been done. Very unlike is the man who defending himself slays another man, to him who seeks another and slays him: so it is, both in adulteries, and in every misdeed. The confessor shall ask him everything, who imparts his need to him, and enjoin him to hide nothing from him, neither in word nor in work, of what he supposes he may have ever wrought against God's will; and the confessor shall, for everything, declare the 'bōt.'

To the hungry we should give meat, and to the thirsty drink, the naked we should cover, and the infirm, and those who are in prison we should visit, and strangers we should receive, as our Lord himself says: 'I was hungry, and ye gave me to eat; I was thirsty, and ye gave me to drink; I was naked, and ye clothed me; I was sick and in prison, and ye visited me.' Now every man should have in himself these things spiritually, and towards other men he should fulfil them bodily; because, although he fulfil all this bodily, it cannot help him to the everlasting life, if he live his life in luxury, and in pride, and in envy, and in other manifold vices, which it were now tedious to recount. But as soon as the man is sensible that he has not Christ in him, who said: 'I am the living bread, which came down from heaven,' and the true love, which is the nutriment of the soul, then, without doubt, he will be hungry; but then, if, through good works, having forsaken his former vices, he call Christ unto him, and fill himself with the sweet-

luɼan ɼpetneɼɼe ʒeꝼylleð. þonne ꝼet he þonne hiʒne ꝼeolꝼne
hynʒɼuenðe on hiɼ moðe. Se þonne ꝼe hine ɼylꝼne ʒeꝼyhð
beðæleðne beon þaɼa ꝼtɼeama haliʒɼa ʒeꝼɼuta laɼa· ⁊ þæɼ Dal-
ʒan Laɼteɼ· þonne bið he ʒenoh þuɼꝼtiʒ· Ac ʒiꝼ he þonne
hyne ꝼylꝼne mið þæm S-ꝼpɼynʒum Loðeɼ poɼða ʒelecð· ⁊ hiɼ
moð mið þæɼe ꝼpetnyɼɼe þæɼ ʒaɼtlican ʒeðɼunceɼ ʒeꝼylleð·
he ɼeleð þæɼ þonne ðɼyncan hiɼ þyɼɼtenðum moðe. Se þonne
ꝼeþe ʒeꝼyhð hine ꝼylꝼne nyhtpiɼneɼɼe ⁊ oðeɼa ʒoðɼa peoɼca
beɼceaðenne. hu ne bið he ʒenoh nacoð. Lɼꝼ he þonne mið
nyhtpiɼnyɼɼe ⁊ mið oðɼum ʒoðum peoɼcum hine ꝼylꝼne be-
ʒæð· hpæt ðeð he þonne butan hyne ꝼylꝼne nacoðne ʒeɼcɼiðð·
Se þonne ꝼeþe liʒeð on þæm beððe hiɼ uncyɼta· ⁊ on þæɼe
æðle hiɼ unnyhtpiɼneɼɼe ꝼpinceð· ⁊ ʒebunðen bið mið þæm
ɼapum hiɼ ꝼynna· ⁊ ẏmb-ɼeteð mið þæm paʒum hiɼ miɼðæða·
⁊ in þæm þyɼtɼum bið hiɼ unɼuhtpiɼneɼɼe. þonne bið he
ʒenoh ꝼeðc ⁊ on ꝼpiðe þyɼtɼan canceɼne. Ac ʒyꝼ he þonne
aɼiɼeð oꝼ þam beððe hiɼ unþeapa· ⁊ þuɼh anðetnyɼɼe utʒæð·
⁊ þuɼh þone pðp ɼoðɼe ðæðbote bið alyꝼeð ꝼɼam hiɼ ꝼynnum·
⁊ þanon ut-ʒæð to þam leohte ʒoðɼa peoɼca biʒonʒeɼ· butan
tɼeon hyne ꝼylꝼe untɼumne ⁊ on canceɼne he neoɼað· Se
þonne ꝼeþe hyne ꝼylꝼne ʒeꝼyhð on þam peʒe þiɼɼeɼ anðɼeanðan
liꝼeɼ ꝼpincan· ⁊ mið þæm ꝼtoɼmum unþeapa ꝼpā ꝼpā mið
ꝼtɼanʒan lyꝼte ꝼtoɼmum beon ʒeꝼpenceðne· ⁊ ʒeꝼyhð ꝥ he
þa hlypðe ʒoðɼa peoɼca næɼð· þonne mæʒ he þonne pitan ꝥ he
bið on ꝼyð-ɼæte ⁊ pel ʒyɼt-huꝼeɼ beþeaꝼ. Ac ʒyꝼ he þonne
hyne ꝼylꝼne ʒelæðeð to þæm huꝼe haliʒɼa mæʒena· ⁊ he hine
*þaɼa on heoɼa ʒeꝼcylðneɼɼe ʒehealðeð· þonne onꝼehð he
þonne cuman on him ꝼylꝼum. Eall þaꝼ þinʒ þonne ꝼe mon þe
him ꝼylꝼum ʒaɼtlice ðeð. Cɼiꝼt on him. þæɼ Kɼm ꝼe mon iꝼ·
he ꝼeðeð· ⁊ he ðɼenceð· ⁊ he ʒeꝼcɼiðeð· ⁊ he neoɼað· ⁊ he
onꝼehð:·

*l. þaɼa.

XXXIII. DE MUTUIS PARENTUM ET LIBERORUM OFFICIIS.

Eac ꝼynðon Loðeɼ ꝼɼynð to mynʒianne· ꝥ hiʒ hyɼa beaɼn
læɼan ꝥ hiʒ hyɼa ylðɼum ʒehyɼꝼume ꝼyn· ꝼoɼþon Dɼuhten
cpæð· Aɼa þinum ꝼæðeɼ ⁊ þinɼe meðeɼ· ꝥ þu ꝼy þe lenʒ liꝼɼa
oꝼeɼ eoɼðan. Eac ꝼceolan þa ylðɼan beon hyɼa beaɼnum
ʒeþpæɼe· cpæðenðum þæm apoɼtole. Le ylðɼan ne ꝼceolan ʒe
eoɼɼu beaɼn to yɼɼunʒe ʒeciʒean. Ne ꝼceolan ʒe þeah him
nane miɼðæða lætan on unʒeɼitnoðe. Salomon cpæð. Seþe
ꝼpaɼað þa ʒyɼðe. he hatað hiɼ beaɼn. Ne bið nan miɼðæð on

ness of true love, then will he hungering feed himself in his mind. But he who sees himself deprived of the streams of the doctrines of the holy writings, and of the Holy Ghost, he shall then be sufficiently thirsty; but then if he will allay his thirst with the fountains of God's words, and will fill his mind with the sweetness of that spiritual drink, then gives he thereby his thirsty mind to drink. But he who sees himself separated from righteousness and other good works, how shall he not be sufficiently naked? But if with righteousness and with other good works he exercise himself, what does he then, but clothe his nakedness? But he who lies in the bed of his vices, and labours with the disease of his unrighteousness, and is bound with the ropes of his sins, and encompassed by the walls of his misdeeds, and is in the darkness of his unrighteousness; then is he sufficiently sick, and in a very dark prison. But then if he arise from the bed of his vices, and, by confession, go out from it, and through the weeping of true repentance be released from his sins, and go out thence to the light of the practice of good works, without doubt, he visits himself sick and in prison. But he who sees himself labouring on the way of this present life, and with the storms of vices is afflicted, as with the strong storms of the air, and sees that he has not the shelter of good works, then may he know, that he is on a journey, and well needing a hostel. But if he then lead himself to the house of holy virtues, and hold himself in their safeguard, then in himself will he receive a stranger. Therefore the man who does to himself spiritually all these things, in himself feeds Christ, (whose member the man is) and gives drink to, and clothes, and visits, and receives.

God's friends are also to be admonished that they teach their children to be obedient to their parents; because the Lord said: 'Honour thy father and thy mother, that thou live the longer on earth.' Also ought the parents to be kind to their children, according to the saying of the apostle: 'Ye parents ought not to provoke your children to anger.' Nevertheless, ye ought not to let any of their misdeeds pass unpunished. Solomon said: 'He who spareth the rod, hateth his child.' No misdeed

þæꞃe topeaꞃdan populde butan ƿꞃace foꞃlæten· butan hit æꞃ
þeꞃ ȝebet ſý· foꞃþý iſ ȝehþæm micele beteꞃe· þ he heꞃ hiſ
beaꞃn þꞃeaȝe foꞃ hiſ miſdædum· þonne ſý him þæꞃ Loꞃeſ
ýꞃꞃe ȝehealden:-

XXXIV. DE VERA CHARITATE.

Eac þa ſacenðaſ ſceolan þam folce ſecȝan· þ þ iſ ſoð
lufu on þæꞃe ſe mon lufað Loð ſpiðoꞃ þonne hýne ſýlfne· ꞇ
hiſ nýhſtan ſpá ſpá hýne ſýlfne· ꞇ næniȝum men nelle ðón
naht þæſ þe he nýlle þ him mon ðó· ꞇ moniȝu oðꞃu þinȝ þe
nu lonȝe to ꞃeccanne ſýnt. Ðonne þenað ſume men þ on
mete ꞇ on ðꞃence ſý ſoð lufu· þonne niſ hit na ſpá· be þon
cpæð ſe apoſtol· Loðeſ ꞃice niſ hýt naðeꞃ ne mete ne
ðꞃýnc· ac þeah þæꞃ þæꞃ mon mete ꞇ ðꞃýnc foꞃ ſoðꞃe Loðeꞃ
lufan ſeleð· hýt bi"ð ſpiðe ȝód peoꞃc· ꞇ hit bi"ð ȝemonȝ oðꞃum
halȝum peoꞃcum ȝetealð:-

XXXV. UT DECIMÆ ET ELEEMOSYNÆ TAM EX NEGO-
TIATIONE DEBEANTUR, QUAM E FRUCTIBUS.

Eac ſýnt to maniȝenne þe be cýpinȝum libbað· þ hiȝ ſpa
þaꞃa populð-ȝeſtꞃeona pilniȝen ſpa hiȝ huꞃu þ éce líf ne
foꞃleoꞃan. Buton tpeon þa þe ſpiðoꞃ þenceað ýmbe populð-
licu ȝeſtꞃeon· þonne ýmbe hýꞃa ſaple hælo ſpiðe ſpiðe hiȝ
ðꞃoliað· ꞇ be þon ſum ſíſ mon cpæð· Dýꞃa in-ȝeþanc hiȝ
foꞃleoꞃað on hýꞃa peȝe· þiſ anðꞃeꞃðe líf he nemðe heꞃ foꞃ
peȝ. Ac him iſ þeaꞃſ þ hiȝ ȝehýꞃen þæſ apoſtoleſ laꞃe· ſe
apoſtol cpæð· Ne beſpice eopeꞃ nan oðeꞃne on cýpinȝe· foꞃþon lóca hpæt hpá oðꞃum on þon to pó ȝeðó oððe on æniȝum
þinȝum· Loð hiſ bi"ð ſpꞃecenð. Ðæm ſcip-mannum iſ beboðen
ȝelice ꞇ þæm lanð-buenðum þ ealleſ þæſ þe him on heoꞃa
ceape ȝepeaxe· hiȝ Loðe þone teoðan ðæl aȝýſen· ꞇ eac oſ
þæm nýȝon ðælum heoꞃa ælmeſſan ðón. Spá iſ eac ȝe-
hpýlcum men beboðen þ he oſ þæm ýlcan cꞃæſte þe he hiſ
lichoman nýð-þeaꞃſe foꞃð-bꞃinȝeð· he ſcýle hiſ ſaple þeaꞃſe
foꞃð-bꞃýnȝan· ſeo iſ beteꞃe þon ſe lichoma:-

XXXVI. UT IN HEBDOMADA ANTE QUADRAGESIMAM
CONFESSIONES ET PŒNITENTIÆ FIANT, ETC.

On þæꞃe nýhſtan pucan æꞃ halȝan nýht ſceal ȝehpá to hiſ
ſcꞃiſte ȝán· ꞇ hiſ *dæðú ȝeanðettan· ꞇ hiſ ſcꞃiſt him ſceal
ſpá ſcꞃiſan ſpa he þonne on hiſ dæðum ȝehýꞃeð þ him to

* dæða?

in the world to come shall be left without punishment, unless it have been before atoned for; therefore it is better for every one, to correct his children here for their misdeeds, than that God's anger be reserved for them there.

Also ought the priests to tell the people, that that is true love with which a man loves God better than himself, and his neighbour as himself, and will not do to any man aught that he will not shall be done to him; and many other things, which it were now tedious to recount. Now some men think that true love is in meat and drink, but it is not so, according to what the apostle said: 'The kingdom of God is neither meat nor drink;' but, yet, wherever meat and drink are given for true love of God, it is a very good work, and it shall be reckoned among other holy works.

Those also are to be admonished who live by tradings, that they so desire worldly gains, that they, at all events, lose not everlasting life. Without doubt, those who think more about worldly gain, than about their soul's salvation, greatly greatly err, and, as a certain wise man said, 'They lose their conscience on their way:' this present life he here named a way. But it is needful for them to hear the apostle's doctrine: the apostle said: 'Let none of you defraud another in traffic, for lo, what any one therein does wrongfully to another, or in anything, God will be its avenger.' To shipmen it is commanded, and, in like manner, to husbandmen, that of all which increases to them of their stock, they give the tenth part to God, and also, of the nine parts do their alms. So it is also commanded to every man, that from the same craft, from which he provides for the necessity of his body, he shall provide for the need of his soul, which is better than the body.

In the week immediately before Lent, every one shall go to his confessor, and confess his deeds; and his confessor shall so shrive him as he then may hear by his deeds what he is to

ðonne bið· ꝺ he ꞃceal hıꞅ hýꞃıȝ-monnum eallum beoꝺan on
Lıoꝺeꞃ beboꝺe· ꝥ ȝýꝼ hýꞃa ænıȝ ƿıð ænıȝne mon ænıȝe unꞃome hæbbe· ꝥ he ƿıð þone ȝeþınȝıe· ȝýꝼ þonne hƿa to þan
cýꞃꞃan nýlle· þonne ne mæȝ he þam ꞃꞇꞃꝼan· ac þonne he
ꞃceal cýðan bıꞃceope· ꝥ he hýne to ꞃýhte ȝecýꞃꞃe· Lýꝼ he
Lıoꝺeꞃ beon pýlle· þonne man ꞃceal ælce unꞃome ꝺ ealle ȝe-
ꞃꝝꞇu ȝeꞃꞇýllan· ꝺ ȝýꝼ hpýlce þæꞃ beoð þaꞃa þe hpæꞇ æbýlhða
ƿıð oðꞃe habbað· þonne ꞃceolan hıȝ þa ꝼoꞃȝýꞃan· ꝥ hıȝ þe
ꝼꞃeolıcoꞃ cꝛeðan mæȝen on þam Dꞃıhꞇenlıcan ȝebeꝺe· Dꞃıhꞇen
ꝼoꞃȝýꝼ uꞅ uꞃa ȝýnna ꞅꝼa ꝼa þe ꝼoꞃȝýꝼað þam þe ƿıð uꞅ
aȝýlꞇeð· ꝺ þonne· ꞅꝼa ȝeclænꞃoꝺum moꝺum· ınȝȝanȝen on þa
ꞇıð þæꞅ halȝan ꝼæꞅꞇeneꞅ· ꝺ þuꞃh ꝺæðboꞇe hıȝ ꞃýlꝼe clænꞃıen
ƿıð þaꞃa halȝena Eaꞅꞇꞃena· ꝼoꞃþon ꝼeo ꝺæðboꞇe ıꞅ æꝼꞇeꞃum
ꝼulpıhꞇe ȝelíce· ꝺ on þæm ꝼulpıhꞇe beoð þa æꞃȝeꝼꞃemeꝺan
ꞃýnna ꝼoꞃȝýꝼene· ꞅꝼa beoð eac þuꞃh þa ꝺæðboꞇe ȝeclænꞃoꝺe þa
ꞃýnna þe æꝼꞇeꞃ þam ꝼulpıhꞇe ȝeꝼꞃemeꝺe beoð· Seoꝼon ȝe-
meꞇum uꞅ cýðað halıȝe ȝeꞃꝛıꞇu ꝥ ꞃýnna beoð ꝼoꞃȝýꝼene· æꞃeꞅꞇ
on ꝼulpıhꞇe· ꝥ uꞅ þæꞃ ꞃealꝺ ꝼoꞃ ꞃýnna ꝼoꞃȝýꝼneꞅꞅe· ꝺ oðꞃe
ꞃýðe· ꝼoꞃ þꞃopunȝe· be þon cꝛæð ꞅe ꞃealm-ꞅceop· Eaꝺıȝ bıð
ꞅe þeꞃ ꞅe hım Dꞃıhꞇen ꞃýnne ne ȝeꞇealꝺe· Æꝼꞇeꞃ þæꞃ
ýlcan Dauıꝺ cꝛıꝺe· ꞃýnna beoð ꝼoꞃȝýꝼene þuꞃh ꝼulpıhꞇ· ꝺ hıȝ
beoð oꝼeꞃ-pꞃıȝenne ꝼoꞃ ꝺæðboꞇe· ꝺ heo ne bıð ȝeꞇealꝺ ꝼoꞃ
maꞃꞇýꞃhaꝺe· Onꝺ þꞃıðꝺan ꞃýðe· þuꞃh ælmeꞅꞅan hıȝ beoð
alýꞃeꝺe· be þon cꝛæð Danıel to Nabachoꝺonoꞅꞅeꞃe þam cý-
nınȝe· Lýꞅ þıne ꞃýnna mıꝺ ælmeꞅꞅum on þeaꞃꝼena ȝemýlꞇ-
ꞃunȝe· ꝺ ꝥ· Sꝼa ꞅꝼa pæꞇeꞃ aꝺꝛæꞃceð ꝼýꞃ· ꞅꝼa aꝺꝛæꞃceð ꝼeo
ælmeꞅꞅe þa ꞃýnne· ꝺ Dꞃıhꞇen cꝛæð on þam ȝoꝺꞅpelle· Sýllað
eoꞃꝼe ælmeꞅꞅan· þonne maȝon ȝe þuꞃh ꝥ beon clæne· Feoꞃ-
ðan ꞃýðe· ȝýꝼ þu ꝼoꞃȝýꝼeꞅꞇ þæm þe ƿıð þe ȝeꞅýnȝoꝺe· ꞅꝼa
hıꞇ on þæm ȝoꝺꞅpelle cꝛıð· Foꞃȝýꝼað· þonne bıð eoꞃ ꝼoꞃȝýꝼen-
ꞃýllað þonne bıð eoꞃ ȝeꞃealꝺ· ꝺ eꝼꞇ· Lýꝼ ȝe ꝼoꞃȝýꝼað þæm
þe ƿıð eoꞃ ȝeꞅýnȝoꝺe· þonne ꝼoꞃȝýꝼeð eoꞃ eoꞃꞃe heoꝼonlıca
Fæꝺeꞃ eoꞃꞃa ꞃýnna· Fýꝼꞇan ꞃýðe· ȝýꝼ hpa þuꞃh laꞃe ꝺ
þuꞃh boꝺunȝe Lıoꝺeꞃ beboꝺa hpone ꝼꞃom hıꞅ pó to ꞃıhꞇan ȝe-
cýꞃꞃeð· ꞅꝼa ꞅꝼa ꞅe apoꞅꞇol cꝛæð· Seþe ȝeꝺeð ꝥ ꞅe ꞃýnꝼulla
ꝼꞃom hıꞅ póó to ꞃıhꞇe ȝecýꞃꞃeð· hıꞅ ꞅaple he alýꞅeð ꝼꞃam
ꝺeaðe· ꝺ þa menȝo hıꞅ ꞃýnna he oꝼeꞃpꞃýbð· Sýxꞇan ꞃýðe·
ꝼoꞃ ꞃoðꞃe luꝼan Lıoꝺeꞃ ꝺ manna· ꞅꝼa ꞅꝼa hıꞇ ȝecꝛeðen ıꞅ· Seo
ꞃoðe luꝼu Lıoꝺeꞃ ꝺ manna oꝼeꞃpꞃýbð þa menȝo ꞃýnna· þuꞃh
þone Dælenꝺ Cꞃıꞅꞇ uꞃne Dꞃıhꞇen· Seoꝼoðan ꞃýðe· þuꞃh ꝺæð-
boꞇe· ꞅꝼa Dauıꝺ cꝛæð· Ic beo ȝecýꞃꞃeꝺ on mýꞃꞃe ýꞃmðe·
þonne me bıð ꞇoþꞃocen ꞅe hꞃýcȝ· ꞅpýlce he cꝛæðe· Sona ꞅꝼa

do. And he shall command all his parishioners, with God's command, that if any of them against any man have any enmity, that he make peace with him: but if any one will not agree to that, then he may not shrive him, but then he shall acquaint the bishop, that he may turn him to right. If any one desire to be of God, then ought he to still every enmity and all strifes. And if any there shall be, who have any grudges against others, then shall they forgive them, that they may the more freely say in the Lord's prayer: ' Lord, forgive us our sins, as we forgive them who sin against us': and then, with minds thus purified, let them enter on the tide of the holy fast, and by penance purify themselves against the holy Easter; because penance is like to a second baptism, and in baptism the sins before committed are forgiven; so also through penance the sins are purified, which were committed after baptism. Holy writings inform us that sins are forgiven in seven ways: first by baptism, which was given to us for forgiveness of sins; and secondly by suffering, of which the psalmist said: ' Blessed is the man to whom the Lord hath imputed no sin.' According to the saying of the same David, sins are forgiven through baptism, and are covered over by penance, and are not reckoned through martyrdom. And thirdly, they are redeemed by alms, of which Daniel said to Nebuchadnezzar the king: ' Redeem thy sins with alms, in mercy to the poor;' and that: 'As water extinguisheth fire, so alms extinguish sin.' And the Lord said in the gospel: ' Give your alms, then may ye through that be pure.' Fourthly, if thou forgivest those who have sins against thee, as it says in the gospel: ' Forgive, then shall ye be forgiven; give, then shall be given unto you.' And again: ' If ye forgive those who have sinned against you, then will your heavenly Father forgive you your sins.' Fifthly, if any one by instruction, and by preaching God's commandments, shall turn any one from his error to right, as the apostle said: ' He who so doeth that the sinful man turn from his error to right, redeemeth his soul from death, and the multitude of his sins he covereth over.' Sixthly, through true love of God and men, as it is said: ' The true love of God and men covereth over the multitude of sins, through the Saviour Christ our Lord.' Seventhly, by penance, as David said: ' I am turned in my misery, then is my back broken.' As if he had said, as soon as I cease from my pride and my vices,

ic mines ofermedlan ⁊ mynra unþearfa gefwice. ⁊ heora
hreofrunge ⁊ dædbote do beforan Gode. fwa hæbbe ic forgyfnesse :·

XXXVII. DE OBSERVATIONE QUADRAGESIMÆ.

Ðæt lengten-fæsten mon sceal mid griðe healicre gymene
healdan. swa þ þær nán dæg ne sy. butan Sunnan-dagum
ánum. þ æniʒ mon æniʒes metes bruce ær þære teoðan tíde
oððe þære twelfte. butan hwa to þan mettrum sy þ he fæstan
ne mæge. ⁊ geongum mannum. þe þa yldo nabbað. þ hiʒ þ
fæsten ahebban magon. forþon þas dagas synt teoðung-dagas
þæs geares. ⁊ we hiʒ forþon sceolon mid ealre arfæstnysse ⁊
haliʒnesse begongen. Dit is þeaw þ mon oðru fæstenu oft
for freonda lufan mid ælmessan lýtað. þonne ne mot mon
þis mid nænegum þingum brecan. On oðre tíd þa men þe
fæstað hý mýð fæstene mede æt Gode geearniað. ⁊ hiora
synna forgyfnysse. ʒyf hiʒ þ fæsten þeah mid ælmessum
gefwætriað. ac on þas tíd þonne seþe fæstan mæge ⁊ nele.
butan tweon ecer wítes he him sylfum earniað. forþon þe
Drihten sylf þas dagas þurh Moysen. ⁊ þurh Eliam. ⁊ þurh
hyne sylfne. mid halgum fæstene gehalgode :·

XXXVIII. UT JEJUNANTIUM CIBUS PRÆTERMISSUS
PAUPERIBUS EROGETUR.

Dæʒhwamlice is gehwylcum men þearf. þ he his ælmessan
sylle þearfendum mannum. ac swa-þeah þonne we fæstað
þonne sceolan [we] maran ælmessan syllan þonne oðrum
dagum. forþon þe þone mete ⁊ þone drync þe we þonne brucan
sceoldan. ʒif we ne fæsten. þonne we sceoldan þone þearfan
gedælan. forþon ʒyf we fæstað ⁊ þ unðern-gereord to þam
æfen-gifle healdað. þonne ne bið þ nan fæsten. ac bið seo
mete-tíd geufered. ⁊ bið þ æfen-gyfel getwifeald :·

XXXIX. UT JEJUNIUM NON SOLVATUR ANTE
VESPERAS.

Wonegra monna gewuna is þonne he fæstan sceolan. þ
sona swa hiʒ þá nón-bellan gehyrað hiʒ to mete foð. ac nis
hit naht gelýfedlic þ þ sy medeme fæsten. ac þ is riht þte
æfter nón-sange mon mæssan gehyre. ⁊ æfter þære mæssan
his æfen-sang on þa tíd. ⁊ æfter þam æfen-sange gehwa his
ælmessan sylle. swa swa him to onhagie. ⁊ syððan to mete

and repent and do penance for them before God, so have I forgiveness.

The Lenten fast ought to be kept with very particular care, so that there be no day, except only the Sundays, on which any one may take any meat, before the tenth or the twelfth hour; except any one who is so weak, that he cannot fast, and young men, who have not the age, who may dispense with the fast; because these days are the tithing days of the year, and we should therefore solemnize them with all piety and holiness. It is a custom, that people often, for love of friends, redeem other fasts with alms, but this may, on no account, be broken. At another time, those men who fast, earn with their fast a reward from God, and forgiveness of their sins, if, however, they adorn the fast with alms; but then at this time, he who can fast, and will not, without doubt, earns for himself everlasting punishment; because the Lord himself, through Moses, and through Elias, and through himself, hallowed these days with holy fast.

It is daily needful for every man, that he give his alms to poor men; but yet, when we fast, then ought we to give greater alms, than on other days; because the meat and the drink, which we should then use if we did not fast, we ought to distribute to the poor; because if we fast, and reserve the morning repast for the evening refection, then is that no fast, but the hour of meat will be deferred, and the evening refection doubled.

It is the custom of many men, when they fast, that, as soon as they hear the none-bell, they take to meat; but it is not allowable, that that be a fitting fast, but it is right, that, after none-song, mass be heard, and after the mass, even-song at the time, and after the even-song let every one give his alms, so as his means will permit him, and after that take to

ꝼon· ȝẏꝼ þonne hpa mið hpẏlcum unæmtan ȝenẏð ꞃẏ· þ̵ he to
þæꞃe mæꞃꞃan cuman ne mæȝe ne to þæm æꝼen-ꞃanȝe· þonne
ꞃpa-þeah ȝepuniȝe he ꝼæꞃtenðe· þ̵ he ꝼīte þ̵ ꞃeo mæꞃꞃe ꞇ ꞃe
æꝼen-ꞃanȝ ꞃẏ ȝeꞃunȝen· ꞇ ꞃpā þonne· ȝeꝼẏlðum hiꞃ aȝnum
ȝebeðum ꞇ hiꞃ ælmeꞃꞃum· he hiꞃ ȝoða bꞃuce ꞇ ȝeꞃeoꞃðe
onꝼōō:·

XL. A QUIBUS REBUS ET QUOMODO ABSTINENDUM
SIT.

* ıꞃ?
On þaꞃ tīð ꞃceal beon ꞃoꞃhæꞃeðneꞃ ȝehpẏlcꞃa ꞃmea-metta·
ꞇ ꞃẏꞃeꞃlice ꞇ clænlice *uꞃ to libbenne. Ða þe on þaꞃ halȝan
tīðe maȝon cẏꞃe· ꞇ æȝꞃu· ꞇ ꝼıꞃc· ꞇ ƿīn ꞃoꞃȝān· ꞃpıðe healic
ꝼæꞃten þ̵ bıð· þa þonne þe ꞃoꞃ untꞃumneꞃꞃe· oððe ꞃoꞃ hpẏlcum oðꞃum þınȝum· hıt ꞃoꞃȝan ne maȝon· him ıꞃ þeaꞃꝼ þ̵
hıȝ hıꞃ ȝemetlice bꞃucan· ꞇ þæm tīðum þe hıt alẏꝼeð ıꞃ· þ̵
ıꞃ· æꝼteꞃ þæm æꝼen-ꞃanȝe· ꞇ naðeꞃ ne ƿīn· ne oðeꞃne ðꞃenc
he ne unðeꞃꝼō· to naꞃꞃe ðꞃuncennẏꞃꞃe· ac to hıꞃ heoꞃtan
ȝeꞃeoꞃðnẏꞃꞃe. Þıneꞃ ðꞃuncenneꞃ ꞇ ꞃẏnluꞃtaꞃ ꞃẏnt ꝼoꞃbo-
ðene· næꞃ meoloc ne cẏꞃe. Ne cpæð ꞃe apoꞃtol· na ne ete
ȝecẏꞃe ne æȝꞃu· ac he cpæð. Ne oꞃeꞃðꞃuncað ȝe eop ƿīneꞃ ne
oðeꞃa ealeða ın þæm bıð ꞃẏꞃen-luꞃt:·

XLI. DE CREBRA CORPORIS ET SANGUINIS DOMINI
SUSCEPTIONE IN QUADRAGESIMA.

Ælce Sunnan-ðæȝe on þıꞃꞃe halȝan tīðe ıꞃ to huꞃle to ȝanȝ-
enne· butan þæm monnum þe amænꞃumeðe beoð· ðpā eac
on Ðunꞃeꞃ-ðæȝ æꞃ Eaꞃtꞃum· ꞇ on Fꞃıȝe-ðæȝ· ꞇ on Eaꞃtoꞃ-
æꝼen· ꞇ on Eaꞃtoꞃ-ðæȝ. Onð ealle þa ðaȝaꞃ þæꞃe Eaꞃtoꞃ-
pıcan ꞃẏnt mıð ȝelıceꞃe eaꞃꞃæꞃtnẏꞃꞃe to beȝanȝenne:·

XLII. DE LITIBUS ET DEBITIS IN JEJUNIO
REMITTENDIS.

On þæm halȝum ꝼæꞃten-ðaȝum ne ꞃceal mon nāne ȝeꝼlẏtu ne ȝecīð ūp-ahebban· ac ꞃẏmble ın Iɩoðeꞃ loꝼe ꞇ ın nẏð-
beheꝼum peoꞃcum þe ꞃceolon ꞃtaðol-ꝼæꞃtlice ȝepuniȝan· ꝼoꞃþon þe uꞃe Dꞃıhten þꞃeað þa þe on ꝼæꞃten-ðaȝum pıllað hıoꞃa
boꞃȝa manıan· ꞇ ȝeꝼlẏtu ꞇ ȝecīð up-aꞃæꞃan· þuꞃh þone ƿıtȝan
þuꞃ cpeðenðe. On ꝼæꞃten-ðaȝum bıð ȝeꞃẏne hꞃılcne ƿıllan
ȝe habbað· on þæm ðaȝum ȝe aꞃecað ealle eopꞃe boꞃȝaꞃ· ꞇ to
ȝecīðe ꞇ to ȝeꝼlẏtum ȝe ꝼæꞃtað· ꞇ ꞃpıðe aꞃleaꞃlice ȝe bæꞃað
hẏnað eopꞃe bꞃoðꞃu. Ealle cꞃıꞃtene men ꞃẏnt on Iɩoðe
ȝebꞃoðoꞃu:·

meat. But if any one be constrained by any occupation, so that he cannot come to the mass, nor to the even-song, then, at least, let him continue fasting, until he know that the mass and the even-song have been sung, and then, having thus completed his own prayers, and his alms, let him enjoy his good things, and take refection.

At this tide there should be abstinence from all delicacies, and soberly and chastely we should live. If any one, at this holy tide, can forego cheese, and eggs, and fish, and wine, it is a very strict fast; but for those who, from infirmity, or any other reasons, cannot forego them, it is needful that they enjoy them moderately, and at the times when they are allowed; that is, after the even-song, and let him take neither wine, nor other drink, for any drunkenness, but for his heart's refection. Drunkenness from wine, and sinful lusts are forbidden, not milk, nor cheese. The apostle said not, eat neither cheese nor eggs, but he said: 'Do not overdrink yourselves with wine, nor other drinks, in which be sinful pleasure.'

Every Sunday, at this holy tide, people should go to housel, except those men who are excommunicated. So also on the Thursday before Easter, and on the Friday, and on Easter eve, and on Easter day: and all the days of the Easter week are with like piety to be celebrated.

On the holy fast-days neither brawls nor strife shall be raised up, but we should steadfastly continue in praising God, and in necessary works; because our Lord reproves those who on fast-days will urge their debtors, and raise up brawls and strife, thus speaking through the prophet: 'On fast-days is seen what will ye have, on those days ye all seek your debtors, and for strife and brawls ye fast, and very impiously ye oppress your brothers.' In God all Christian men are brothers.

XLIII. UT CONJUGES INVICEM SE JAM ABSTINEANT.

Eác ir ʒerynrcipum micel þearf þ hi hiʒ on þar halʒan tíd
clænlice healdan· butan ælcer hæmeðer bermýtennýrre· þte
hiʒ þurh anrært lir· ʒeclænredre heortan ꞇ hiora lichoman
ʒode· mið ʒecpemum dædum to þam halʒan Earter-dæʒe
becuman mæʒen· forþon ne foryrtondeð þ færten noriht þ
mið ʒerynrciplice peorce bið bermýten· ne þ forneh ðon þe
má· þ ne bið mið ʒebedum· ꞇ mið pæccum· ꞇ mið ælmerrum
ʒefrætpeð :·

XLIV. UT POPULUS EXCITETUR AD CREBRAM COR-
PORIS ET SANGUINIS DOMINI SUSCEPTIONEM,
ETC.

Eác þæm folce ir to reʒʒanne· þte þæm tídum þe hiʒ
þæm halʒan ʒepýne onfón Cpirter lichoman ꞇ bloder· þ ir
þæm halʒan hurle· þ hiʒ þ mið micle eʒe ꞇ anpýðnerre ðon·
ꞇ hiʒ æp þæm· æʒðer ʒe mið færtenum· ʒe mið ælmerrum·
ꞇ hiʒ rýlre clænriʒen· ꞇ hiʒ forhæbben from þæm ʒeryn-
rcíplican peorce ꞇ from ʒehpýlcum uncýrtum· ꞇ hiʒ æʒðer
ʒe mið ʒebedum· ʒe mið ælmerrum· ʒe mið ʒehpýlcum ʒodum
peorcum· hiʒ frætpien· rpa þonne mið micelne anpýðnýrre
hir onfón. Æʒðer ir rpiðe frecendlic· ʒe þ him hpa un-
ʒeclænrod ꞇ unmeðonlice onfóð· ꞇ eác þ him hpa to lanʒe
butan rý· ꞇ him huru nan mon onfón ne rceal butan hir
reripter leare· þæm he rceal habban æp ʒeándet eal þ he
pið Lioðer pillan ʒeporhte· þær þe he ʒeþencan mæʒe· ꞇ æfter
hir dome betan. Moniʒe mýnrter-men þeah rýnt ꞇ piðran
rpa haliʒer eapfærter lirer· þ hiʒ þ dæʒhpamlice ðón maʒon·
þonne hiʒ pillað :·

XLV. UT MISSÆ PUBLICÆ NON OFFICIAT
PECULIARIS.

Ðonne beodað pe eác þæm mærre-preortum· þe æʒðer ʒe
Sunnan-daʒum ʒe eac oðrum mærre-daʒum· æp þære heah-
mærran rýnʒan pillað· þ hiʒ þ deaʒolice ðón· þ hiʒ nanne
dél þær folcer from þære heah-mærran ne ateón· forþon
hit ir re pýnerta ʒepúna þ moniʒe men· æʒðer ʒe Sunnan-
daʒum ʒe eác oðrum mærre-daʒum beʒað· þ ir þte hiʒ rona
on ænne meriʒen pillað mærran ʒehýran· ꞇ rona æfter þære
mærran from ærþe meriʒenne ofer ealne dæʒ on druncen-

For those married it is also very needful, that they hold themselves chastely at this holy tide, without defilement of any cohabitation, that they, through pious life, with purified heart, and their bodies' chastity, with acceptable deeds, may come on the holy Easter day; because the fast avails naught, that is defiled with conjugal act, nor that hardly more so, that is not adorned with prayers, and with watchings, and with alms.

Also to the people it is to be said, that at those tides, when they receive the holy mystery of Christ's body and blood, that is, the holy housel, that they do so with great awe and piety, and that they previously, both with fasts and with alms, both purify themselves, and refrain from conjugal act, and from all vices, and adorn themselves with prayers, and with alms, and with all good works, then so receive it with great piety. Either is very perilous, whether any one receive it unpurified and negligently, or that any one be too long without it: and especially no one ought to receive it without his confessor's leave, to whom he shall have previously confessed all that he has wrought against God's will, as far as he can recollect, and have made atonement, according to his sentence. There are, however, many monastic men and widows of such holy religious life, that they may do it daily, when they will.

Then we also command those mass-priests who, both on Sundays, and other mass-days, wish to sing before the high mass, that they do so privately, so that they draw off no portion of the people from the high mass; for it is a very bad custom, that many men practise, both on Sundays and also other mass days: that is, that, straightways, at early morn, they desire to hear mass, and immediately after the mass, from early morn, the whole day over, in drunkenness and feasting they minister to

nÿrre ɟ on pirte hioꝓa ꝓombe þeopiað nar Ꞁrode. Ðonne be-
beoðe þe ꝥ næniᵹ mon naner meter onbíte ærþon þe reo
þenunᵹ ᵹefÿlleð rÿ þæꝓe heah-mærran. ac ealle. ᵹe pir ᵹe
pæpneð. hie ᵹeromnien to þæꝓe heah-mærran. ɟ to þæꝓe
halᵹan ɟ ᵹaꝓtlican cÿꝓcean. ɟ þæꝓ þa heah-mærran ɟ Ꞁroðer
puꝓðer boðunᵹe ᵹehÿꝓen. ɟ rꝥ þe æꝓ cpæðon. þa mærre-
pꝓeortar ᵹeonð þa ᵹebeð-húr na ne rÿnᵹen. buton hiᵹ hit
rꝥ ðeaᵹollice ðón. rꝥa hiᵹ nanne man rꝓam þæꝓe heah-mærran
ne ateón. ɟ ꝥ rÿ æꝓ miðɖe-moꝓᵹenne. ꝥ hiᵹ maᵹon him rÿlr
ert æt þæꝓe heah-mærran beon. Ꞁrehꝓÿlcer haðer mannum
þe beoðað. ꝥte hpꝡ þa heah-mærran réce. buton þam ᵹehal-
ᵹeðum mæðenum ꝡnum. þam þeap oððe ᵹepuna nꝙr. ꝥ hiᵹ or
hÿꝓa mÿnrtꝓe ᵹꝡn. þa rceolon binnan heoꝓa mÿnrtꝓer locum
ᵹepunian. ɟ him þæꝓ mærran ᵹehÿꝓan :·

their belly, not to God.   But we command, that no man taste
any meat, before the service of the high mass be completed,
but that all, both females and males, assemble at the high
mass, and at the holy and spiritual church, and there hear the
high mass, and the preaching of God's word.   And, as we before
said, let not the mass-priests sing about the house of prayer,
unless they do so privately, so that they draw off no man from
the high mass: and let that be before mid-morning, that they
may themselves be at the high mass.   We command men of
every order, that every one attend the high mass, except only
the hallowed maidens, whose custom or practice it is not to go
out of their minster: these should continue within the enclosures
of their minster, and there hear mass.

LEGUM ANGLO-SAXONICARUM

VERSIO ANTIQUA.

LEGUM ANGLO-SAXONICARUM
VERSIO ANTIQUA.

———

·LEGES
ALUREDI REGIS WEST-SAXONUM.

———

Postquam natus, pro salute nostra, Dei filius, Dominus et Salvator noster Jesus Christus venit in mundum, ait: 'Non veni legem solvere, sed adimplere pietate sola et misericordia.' Et post passionem et resurrectionem suam, antequam discipuli essent in omnem terram ad prædicandum dispersi, dum adhuc simul erant, multos ex gentium populis ad Deum converterunt, et nuncios miserunt Antiochiam, et Syriam, et Ciliciam, evangelizare regnum Dei. Et cum cognovissent quid inter eos ageretur, scripserunt eis. Et hæc est epistola, quam apostoli miserunt omnibus Antiochiam, et Syriam, et Ciliciam, qui nunc ex gentili servitute ad Dominum sunt conversi.

'Apostoli et seniores fratres hiis qui sunt Antiochie, Syrie, et Cilicie fratribus ex gentibus, salutem. Quoniam audivimus, quod quidam ex nobis exeuntes turbaverunt vos verbis, potius evertentes animas vestras, quibus non mandavimus, placuit nobis collectis in unum eligere viros, et mittere ad vos cum karissimis nostris Barnaba et Paulo, hominibus qui tradere cupiunt animas suas pro nomine Domini nostri Jesu Christi. Misimus eciam ad vos Judam et Silam, qui et ipsi vobis verba referrent eadem. Visum est enim Spiritui Sancto et nobis, nichil ultra inponere vobis oneris quam hoc necessario, ut abstineatis vos ab immolatis simulacrorum, et sanguine, et

———

* Textus est ex *T.*, cum *Br.* collato.

suffocato, et fornicatione, a quibus custodientes vos bene agetis. Valete. Quod vobis non vultis fieri, non faciatis aliis.'

Ex hoc uno judicio perpendi potest, ut unicuique justum judicetur, nec opus est aliquo libro judiciali præter hoc fatigari, quam ne quis alii judicet, quod sibi judicari nollet, si judicium haberetur super eum.

Postquam contigit, quod plures nationes fidem Christi susceperunt, religione crescente, plures synodi circumquaque convenerunt. Et ita eciam in Anglorum gente, postquam ad Christianitatem pervenit, sancti episcopi et sapientes laici statuerunt, pro misericordia, quam Deus docuit, ut terreni domini audeant ex eorum licentia, sine peccato, in prima culpa pecunialem emendationem capere, quam ibi decreverunt; præter proditionem domini, in qua nullam pietatem ausi sunt intueri, quia Deus Omnipotens nullam adjudicavit contemptoribus suis, nec Dei filius Jude proditori suo; et præcepit Dominum diligere tanquam seipsum. Et in multis synodis suis multorum forisfactorum emendationes aptaverunt, et ex multis synodalibus libris undecumque capitula conscripserunt. Ego tunc Æluredus rex hec collegi simul et scribi precepi; multa, que predecessores nostri tenuerunt, et michi placuerunt, reservavi, et multa que displicuerunt abjeci, consilio sapientum meorum, et aliter observari precepi. Et nolui multa de meis in scriptura ponere, quia dubitamus quid posteris inde placeret; sed que repperi diebus Ine regis, cognati mei, vel Offe Mercenorum regis, vel Æthelbrihtes, qui primus in Anglorum gente babtizatus est rex, que michi justiora visa sunt, hec collegi, et cetera dimisi. Ego Æluredus West-Saxonum rex ostendi hec omnibus sapientibus meis, et dixerunt, 'Placet ea custodire.'

DE JURAMENTIS ET VADIIS.

I. Inprimis est, quod maxime necessarium est cuicunque fidelium, fidem et juramentum suum, multa, ut convenit, observantia custodire. Si quis tamen ad alterutrum cogatur injuste, vel ad proditionem domini, vel injustum aliquod adjutorium; rectius est hoc ementiri quam implere. Si quis autem

* Textus est ex *T.*, cum *Br. Hk.* et *M.* collato.

vadiet quod fieri justum sit et transgrediatur, committat arma
sua et pecuniam amicis suis in custodiam, et sit XL. noctibus
in carcere, ad mansionem regiam, et peniteat ibi, secundum
jussionem episcopi sui, et parentes ejus pascant eum, si ipse
victum non habeat. Si autem parentes non habeat, aut cibum,
præpositus regis procuret eum. Et si cogi oporteat, et aliter
nolit, si ligetur, perdat arma sua, et totam pecuniam suam. Si
occidatur, inultus jaceat. Si aufugiat ante terminum, et iterum
capiatur, sit XL. noctibus in carcere, sicut ante debuerat. Si
amittatur, sit forbannitus, et excommunicatus ab omnibus
Christi ecclesiis. Si tunc aliquis plegius intersit, emendet infracturam plegii, sicut rectum edocebit, et infracturam vadii,
secundum penitencie censuram.

DE CONFUGIO AD ECCLESIAM.

II. Si quis ad ecclesie mansionem, pro qualicunque culpa
confugiat, quæ ad firmam regis non pertineat, vel alteri commodo deserviat, et *venialis sit, habeat trium noctium terminum   *venerabilis?
cavendi sibi, nisi reconciliari quesierit. Si quis infra hunc
terminum malignaverit eum, vinculis aut verberibus, emendet
singulum eorum, secundum rectitudinem patrie, wera, wita; et
ecclesie ministris cxx. sol, pro infractione pacis.

DE INFRACTIONE PLEGII REGIS.

III. Si quis plegium regis infringat, emendet inculpationem,
sicut rectum sit, et infracturam plegii v. libris merorum denariorum. Archiepiscopi borhbryce, sive mundbrice, emendetur
III. libris; aliorum episcoporum vel comitum II. libris.

DE PRODITIONE DOMINI.

IV. Si quis per se, vel susceptam, vel suspectam personam, de
morte regis tractet, vite sue reus sit, et omnium que habebit.
Si se velit adlegiare, secundum regis weregildum hoc faciat.
Sic eciam ponimus de omni ordine vel natione, villanorum vel
comitum, qui de morte domini sui cogitabat; sue ipsius vite
culpabilis habeatur, et omnium que sua sunt, vel, secundum
natale domini sui, festinet abnegare.

DE PACE ECCLESIARUM ET EARUM LIBERTATE.

V. Item statuimus omni ecclesie dedicate pacem hanc. Si
quis facinorosus incurrat, vel ad eam confugiat, nullus eum

VII. diebus contingat, vel extrahat; si quis hoc praesumat, culpabilis sit infractionis regie pacis et ecclesie, et amplius, si forisfaciat amplius, si pro fame vivere possit, si non inde prelietur. Si editui majus opus habeant ecclesia sua, custodiant eum in alia domo, que non habeat plura ostia quam ecclesia; et caveat ipsius ecclesie senior, ne interim reum pascat. Si inimicis suis arma sua reddiderit, et se dederit, servetur xxx. noctibus, et parentibus, et amicis suis interim offeratur. Item qui ad ecclesiam confugiet pro quacumque culpa, que nondum propalata sit, et eam in nomine Domini gratis confitebitur, dimidium forisfacti condonetur ei. Qui furatur die Dominica, vel in sancto Natali, vel in Pascha, vel in Sancto die Jovis, in Ascensione Domini, in quolibet eorum volumus dupliciter emendandum sit, sicut in quadragesimali jejunio.

DE FURATIS IN ECCLESIA.

VI. Si quis in ecclesia furetur aliquid, restituat et hoc semel, et forisfactum, sicut ad angildum pertinet, et amputetur ei manus de qua furatus est. Si manum redimere velit, et hoc ei permittatur, componat sicut ad weram ejus pertinebit.

SI QUIS IN DOMO REGIS PUGNET.

VII. Si quis in domo regis pugnet, vel arma extrahat, et capiatur, sit in arbitrio regis, sic vita sic mors, sicut ei condonare voluerit. Si aufugiat, et iterum aliquando capiatur, redimat se precio nativitatis sue; et culpam emendet, sic wera, sic wita, sicut egerit.

¹DE CONCUBITU NUNNE.'

VIII. Si quis sanctimonialem ab ecclesia duxerit, sine licentia regis, aut episcopi, det cxx. sol, dimidium regi, dimidium episcopo et ipsius ecclesie domino, cujus monacha fuit. Si ipsa diutius vivat quam qui eam abduxit, nichil de pecunia ejus habeat. Si infantem procreaverit, nichil inde habeat infans, sicut nec mater ejus. Si puer eorum occidatur, habeat partem rex materne cognationis, parentes patris partem suam habeant.

1' De ducente sanctimonialem ab ecclesia *Br.*.

DE PUERO IN MATRE OCCISO.

IX. Si femina prægnans occidatur, dum puer in ea sit, solvatur ipsa pleno gildo, secundum weram patris, et partus dimidio gildo, secundum weram patris. Sit semper wita LX. sol, donec angildum exurgat ad XXX. sol; postquam angildum ad id crescit, postea sit wita CXX. sol. Aliquando fuit de eo qui aurum furabatur, vel equas sylvestres, vel apes, et multe wite majores quam alie; sed nunc sunt omnes pares, præter qui hominem furatur CXX. sol.

DE MULIERE XII.-HINDI HOMINIS, VEL VI.-HINDI, FORNICATA.

X. Si quis fornicetur cum uxore hominis twelfhindes, emendet ipsi marito CXX. sol. Homini sexhindo C. sol, cirlisco LX. sol emendet.[1]

DE APPREHENSIONE CIRLISCRE FEMINE, VEL INGENUE.

XI. Si quis cirliscre femine pectus apprehendat, v. sol emendetur ei. Si supinet eam, nec tamen concumbat cum ea, X. sol emendetur. Si concubuerit, LX. sol emendet. Si aliquis cum ea jacuit antea, sit emendatio medietas hec. Si accusetur inde, adlegiet se per LX. hidas, vel dimidium emendationis amittat. Si hoc in nobilius oriunda muliere contigerit, crescat emendatio, sicut ejus natalis ingenuitas erit.

DE NEMORE COMBUSTO VEL SECATO.

XII. Si quis nemus alterius sine licencia comburat vel taliet, solvat omne grossum lignum v. sol; et deinceps omne quotquot sint v. denariis restituat et XXX. sol wite, id est forisfacti.

[2]DE INTERFECTO A CASU IN COMMUNI OPERE.'

XIII. Si quis in communi opere alium casu dejiciat, reddatur lignum parentibus interfecti, et habeant hoc infra XXX. dies eductum de terra illa, vel habeat hoc cujus erit nemus.

---

[1] Et hoc in viventi captali componatur, et nemo vendatur pro eo. *Br. Hk. M. add.*
[2]'De secante casu ligni oppresso. *Hk.*

DE MUTI HOMINIS VEL SURDI FORISFACTO.

xiv. Si quis surdus sit aut mutus natus, ut non possit negare, vel confiteri peccata sua, emendet pater ejus forisfacta sua.

DE ILLIS QUI PUGNANT CORAM ARCHIEPISCOPO, VEL EPISCOPO, VEL ALDREMANNO.

xv. Si quis coram archiepiscopo pugnet, vel arma extrahat, emendet [1]cxxx. sol. Si coram alio episcopo, vel aldermanno faciat, c. sol emendet.

DE VACCIS VEL EQUABUS FURATIS, VEL PREGNANTIBUS AFFLIGATIS.

xvi. Si quis vaccam vel equam furetur, vel pregnantes affligat, reddat partum solido uno, et matrem secundum precium estimatum.

DE ALIQUO IMBECILLI IN COMMENDATIONE MORTUO.

xvii. Si quis alii suum imbecille quid commendet, et in illa commendatione moriatur, adlegiet se facinoris qui pascebat illud, si ab aliquo compellatur inde.

DE APPREHENSIONE NUNNE.

xviii. Si quis nunnam, causa fornicationis, in vestes aut in sinum, sine licentia, comprehendat, sit hoc duplo emendabile, sicut ante simpliciter de laica decrevimus.

[2]DE PRESTANTIBUS ARMA AD OCCISIONEM.

xix. Si quis præstet arma sua ad occidendum aliquem, licet eis, si velint, weram mortui conjectare. Sin simulari nolint, reddat, qui arma præstiterit, terciam partem ipsius were. Si velit se purgare, quod ad eam commendationem malum nescivit, hoc ei liceat. Si quis forbator alicujus arma susceperit ad purgandum, vel faber alicujus opus faciendum, ipsi hoc quietum reddant, sicut exceperunt, si non eorum custodiam diffinitis prelocutionibus abdicarant.

---

[1] cxx. *T.*
[2] De illis qui præstant arma sua ad occisionem. *Hk.*

DE PECUNIA COMMISSA MONACHO.

xx. Si quis alterius monacho pecuniam commendaverit, sine licentia domini ipsius monachi, et amittatur, nichil inde recipiat qui commisit ei.

DE RIXA SACERDOTUM.

xxi. Si quis presbiter hominem occidat, capiatur, et totum unde sibi mansionem emerat, et exordinet eum episcopus, et tunc ab ecclesia reddatur; nisi dominus suus componere velit weram ejus.

DE PROCLAMATIONE OSTENSA.

xxii. Si quis in conventu publico preposito regis proclamationem ostendat, vel ostensionem denuntiet, et postea cessare velit, pertrahat hoc ad rectiorem manum, si possit; si non possit, perdat suum angildum, et reddat witam præposito.

DE CANUM DISSUBITATIONE VEL MORSU.

xxiii. Si canis hominem desubitet aut mordeat tacitus, in prima culpa reddantur vi. sol, si ei victum dederit; in secunda vice reddat dominus ejus xii. sol; et tercia vice xxx. sol. Si in hiis forisfactis aliquibus canis perdatur, procedat tamen hec emendatio. Si canis amplius peccet, et habeatur, emendetur plena wera, sic malum sic inflixit.

SI PECORUM MALEFACTO.

xxiv. Si alicujus animal hominem vulneraverit, reddatur ipsum animal, vel inde componatur.

DE VIOLENTO CONCUBITU FEMINE VILLANE.

xxv. Si quis ceorles mancipium ad violentum concubitum comminetur, emendet ipsi ceorlo, id est rustico, v. sol, et lx. sol wite. Si servus servam cogat ad violentiam perferendam, castretur.

DE ¹VIRGINE VI SUBACTA.

xxvi. Si quis virginem immaturam violenter opprimat, sit hoc sicut adulte mulieris emendatio.

---

¹ adolescentula *Hk.*

DE HOMICIDA, VEL OCCISO CARENTE COGNATIONE.

XXVII. Si quis ex parte patris sui cognatione carens homicidium faciat, si ex materna cognationem habeat, reddat ipsa tertiam partem compositionis, tertiam congildones, pro tercia parte fugiat. Si nec maternam cognationem habeat, solvant congildones ejus dimidiam compositionem, et pro dimidia fugiat.

DE HUJUSMODI OCCISIONE.

XXVIII. Si quis occidatur hujusmodi qui parentes non habeat, compositionis medietas solvatur regi, medietas gildonibus.

DE HOMINE TWIHINDO, i. e. DUCENTENO, OCCISO A HLOÐ, i. e. A COHORTE.

XXIX. Si quis hominem twihindum innocentem cum hloþe, id est cohorte occidat, reddat qui ictum confitebitur weram et witam, et omnis qui interfuerit reddat xxx. sol pro hloþbota.

DE HOMINE SEXHINDO, i. e. SEXCENTENO.

XXX. Si sit homo sexhindus, unusquisque reddat pro hloþbota LX. sol, et percussor weram cum plena wita.

DE XII.-HINDO, QUI EST PLENE NOBILIS.

XXXI. Si XII.-hindus sit, quotquot interfuerint cxx. sol reddant, et occisor weram et witam. Si hloþ, id est cohors vel collectum contubernium, hoc faciat, et postea negare velint, incausentur omnes, et omnes mortis illius compositionem conjectent in commune, et omnes unam witam persolvant, sicut ad ipsam weram pertinebit.

DE PUBLICO MENDACIO CONFICTO.

XXXII. Si quis publicum mendacium confingat, et in ipso denique firmetur, non emendetur hoc aliqua levi re, sed amputetur ei lingua; nec minori precio redimi liceat, quam secundum weram ejus appreciabitur.

DE DEI PLEGIO VIOLATO.

XXXIII. Si quis alii Dei plegium intemptet, et compellare velit, quod ei aliquod ipsorum non compleverit, præjuret hoc in quatuor ecclesiis, et si alius se purgare velit, in XII. ecclesiis hoc faciat.

DE MERCATORIBUS.

xxxiv. Eciam de mercatoribus statutum est, ut homines, quos secum ducunt in negotiationem suam, ostendant præposito regis in publicis actionibus, et edicant quot sint, et eos denique secum assumant, quos ad rectum publicum possint adducere. Et cum opus evenerit, ut secum plures habeant, [a]simul hoc notificent præposito regis, in publici conventus testimonio.

DE VILLANO HOMINE INJUSTE LIGATO, VEL SUSPENSO, VEL RASO.

xxxv. Si quis hominem cirliscum injuste ligaverit, x. sol emendet. Si eum verberet, xx. sol emendet. Si eum in [1]suspendio[b] mittat, xxx. sol emendet. Si eum radat in contumeliam ad collificium, x. sol emendet. Si eum radat in presbiterum solutum, xxx. sol emendet. Si barbam ei radat, x. sol emendet; si eum ligaverit et ad prebiterum radat, lx. sol emendet.

DE INCUSTODIA LANCEE.

xxxvi. Inventum est eciam, si quis habeat lanceam super humerum suum, et homo [2]asnasetur vel inpungatur, solvat weram ejus sine wita. Si ante oculos asnaset, reddat weram ejus, et si possibilitatis accusetur in eo facto, purget se juxta modum wite. Et ita remaneat de wita, si acutum lancee sit altius tribus digitis quam cuspis; si equaliter ferantur acies et cuspis, sine culpa reputetur.

[3] DE MUTATIONE MANSIONIS.[']

xxxvii. Si quis ab una mansione in aliam transire velit, faciat hoc testimonio aldermanni in cujus comitatu prius folgavit. Si preter illius licentiam abscedat, qui eum in hominem susceperit, cxx. sol forisfacture reddat. Dividatur tamen hoc dimidium regi, in comitatu quo ante incoluit, dimidium vero in eo quo venerit. Si quid eciam male fecerit ubi prius fuit, hoc emendet qui eum recipit ad hominem, et regi cxx. sol wite.

---

[1] suspenso *Br.*   [2] assuasetur *Br.*
[3'] De edificii ratione. *T.*

---

[a] Adverbium 'rymle' sic redditur.   [b] A.S. 'henȝenne.'

DE PUGNA IN PLACITO CORAM ALDERMANNO.

XXXVIII. Si quis coram aldermanno regis pugnet in ¹placito, emendet weram et witam, sicut rectum sit, et super hoc cxx. sol ad witam. Si quis folcmot, id est populi placitum, armorum exercione turbabit, emendet aldermanno cxx. sol wite, id est forisfacture. Si horum aliquid coram regis aldremanno juniori contigerit, aut coram presbytero regis, sit wita xxx, sol.

SI QUIS PUGNET IN DOMO VILLANI, VI.-HINDI, VEL XII.-HINDI.

XXXIX. Si quis in ceorlisces mannes flet gefeohte, id est in rusticani hominis domus area pugnet, v. sol emendet ipsi rustico. Si arma extrahat, nec inde pugnet, sit dimidium hoc. Si horum aliquid accidat homini sexhindo, tripliciter exurgat emendatio super emendationem rustici: xII.-hindi hominis dupliciter a sexhindo.

DE INFRACTURA BURGI.

XL. Regis burhbrece est cxx. sol. Archiepiscopi xc. sol. Episcopi, et aldermanni, quem Latine comitem vel seniorem dicunt, LX. sol. xII.-hindes xxx. sol. Sexhindi hominis xv. sol. Ceorli eodorbrece, id est rustici sepis fractio, v. sol emendetur. Si horum aliquid eveniat quando exercitus foris est, vel in quadragesimali jejunio, sit dupliciter emendandum. Si quis in Quadragesima sanctum velum in populo sine recto deponat, emendet cxx. sol.

DE TERRA HEREDITARIA.

XLI. De eo qui terram hereditariam habet, quam ei parentes sui dimiserunt, ponimus, ne illam extra cognationem suam mittere possit, si scriptum intersit testamenti, et testis quid eorum prohibuerit, qui hanc inprimis adquisierunt, et ipsorum qui dederunt ei ne hoc possit: et hoc in regis et episcopi testimonio recitetur coram parentela sua.

DE FACTIONE.

XLII. Etiam instituimus, homo qui inimicum suum residentem scit, non ante impugnet eum, quam sibi rectum postulet. Si vim habeat ut hostem suum circumveniat et

obsideat, custodiat eum VII. noctibus intus, nec assaliat eum,
si ille velit inmorari. Si velit in manus ire, et arma sua
reddere, custodiat eum XXX. noctibus illesum, et parentibus
suis eum offerat, et amicis. [1]Si ecclesiam incurrat, sit secundum veniam ipsius ecclesie, sicut supra diximus.' Si vim
non habeat ut eum intus obsideat, vadat ad aldermannum, et
querat auxilium. Si ei subvenire nolit, adeat regem, priusquam assaliat eum. Si quis eciam superveniat in hostem
suum, et eum antea residentem nesciat, si hostis ille velit
arma sua reddere, custodiatur XXX. noctibus, et amicis offeratur; si nolit arma sua reddere, tunc licet eum inpugnare.
Si velit in manus ire, et arma sua reddere, et aliquis super
hoc inpugnet eum, solvat sic weram, sic vulnus, sicut egerit,
et witam, et perdat quod de cognatione sua requirebat. Item
diximus, ut homini liceat pugnare cum domino suo sine wita,
si quis assaliat ipsum dominum. Sic liceat domino pugnare
cum [2]servo suo. Ad eundem modum potest homo pugnare
cum germano cognato suo, si quis assaliat eum injuste; præter
contra dominum, hoc non concedimus. Et item potest homo
pugnare, sine forisfacto, si alicui obviet cum sponsa sua, clausis
ostiis, vel sub una veste, vel cum filia sua desponsata, vel
cum sorore sua que de sponsa sit nata, vel cum matre sua que
patri suo fuerit desponsata.

DE FESTIVITATUM OBSERVATIONE.

XLIII. Omnibus liberis hominibus dies isti condonati sunt,
preter servos et pauperes operarios: XII. dies in sancto Natali
Domini, et dies in qua Dominus Jesus Christus de diabolo
triumphavit; et Sancti Gregorii memorialis dies; et VII. dies
in Pascha, et VII. supra; et unus dies in festo sanctorum
Apostolorum Petri et Pauli; et in Augusto plena hebdomada,
ante festum Sancte Marie; et in Omnium Sanctorum vene-
ratione unus dies; et IIII. dies Mercurii, in IIII. legitimis
jejuniis. Servis omnibus indulti sunt dare cui magis voluerint,
vel qui eis pro nomine Domini aliquid benefecerit, vel ipsi
deservire poterint, in aliqua portione vicis sue.

DE PLAGA IN CAPITE.

XLIV. Capitis vulnus, si utrumque os perforatum sit, XXX.
sol emendetur. Si os exterius pertusum sit, XV. sol emendetur.

---

[1]' *Br. omit.*   [2] homine *Br. T.*

DE PLAGA SUB CAPILLIS.

XLV. Si in capillis sit vulnus longitudinis unius uncie, componatur solido uno. Si ante cesariem sit vulnus unciam habens longitudinis, II. sol emendetur.

DE AURIS AMPUTATIONE.

XLVI. Si auris amputetur alicui, XXX. sol emendetur ei. Si auditum inde perdat, LX. sol emendetur.

DE OCULORUM ET MULTORUM PLAGIS MEMBRORUM.

XLVII. Si quis alii crepet oculum, solvat ei LXVI. sol, et VI. denarios, et terciam partem unius denarii, que est triens. Si oculus in capite remaneat, nec tamen inde videat, remaneat tercia pars emendationis.

XLVIII. Si quis alii faciem sive maxillam amputet, LX. sol multetur.

XLIX. Si quis homini primos dentes, i. præscisores, excusserit, VIII. sol culpa sit; si secundos, quos caninos vocant, IIII. sol emendabit; molares dentes hominis xv. sol æstimantur.

L. Si quis homini genas frangat, emendet xv. sol.

Si quis homini mentum frangat, XII. sol emendetur.

LI. Qui gurgulionem perforabit alicui, XII. sol emendet.

LII. Si linguam extrahat, sicut de oculo componat.

LIII. Si quis sit in humero vulneratus, ut compaginis glutinum effluat, XXX. sol emendetur.

LIV. Si brachium homini fractum sit supra cubitum, xv. sol est emendandum.

LV. Si utrumque os brachii fractum sit, emendatio est xxx. sol.

LVI. Si pollex manus amputetur homini, xxx. sol emendabitur. Si unguis excutiatur, v. sol emendetur.

LVII. Si secundus digitus, i. index vel salutatorius, amputetur, xx. sol culpa sit; unguis ejus, III. sol.

LVIII. Si medius amputetur, ejus emendatio sit XII. sol; unguis, II. sol.

LIX. Si quartus, qui annularis dicitur, amputetur, XVII. sol culpa judicetur; unguis IIII. sol emendetur.

LX. Si minimus digitus amputetur, IX. sol emendetur; unguis ejus, uno solido.

LXI. Si quis in ilibus vulneretur, sit emendatio xxx. sol; si transforatum sit ad utrumque os, emendetur xxx. sol.

LXII. Si coxa transpungatur homini, xxx. sol emendetur ei; si frangatur, eque sit emendatio xxx. sol.

LXIII. Si crus transforetur alicui sub genu, XII. sol emendetur; si confringatur sub genu, XXX. sol emendetur.

LXIV. Si primus et major articulus pedis amputetur, XX. sol mulcta judicetur; si secundus articulus sit, XV. sol emendetur; si tercius, IX.; si quartus, VI.; si minimus, V. sol constet.

LXV. Si quis in testiculis plagietur, ut generare non possit, emendetur ei LXXX. sol.

LXVI. Si homini sit brachium cum manu penitus amputatum ante cubitum, emendetur hoc ei LXXX. sol. Omne vulnus ante capillos, et ante manicam, et sub genu, duplo majoris emendationis sit.

LXVII. Si lumbi truncentur alicui, LX. sol mulcta judicetur. Si intus pungantur, ad id faciant XV. sol; si transpuncti sint, id componant XXX. sol.

LXVIII. Si quis in humero plagietur, emendetur LXXX. sol, si vivat.

LXIX. Si quis homini manum extra plagiaverit, XX. sol culpa sit; si dimidia manus avolaverit, ad id reddantur XL. sol.

LXX. Si quis homini costam fregerit intra cutem integram, det X. sol ad emendationem; si cutis aperta sit, et eos extrahatur, det XV. sol ad emendationem.

LXXI. Si quis oculum, vel manum, vel pedem excutiat alicui, parem emendationem componat de singulis, i. LXVI. sol et VI. deñ et terciam partem unius denarii.

LXXII. Si crus alicui perexcussum sit sub genu, LXXX. sol culpa judicetur.

LXXIII. Si quis homini scapulam truncaverit, XX. sol mulctetur.

LXXIV. Si quis intro plagietur, ut os extrahatur, sit emendatio XV. sol.

LXXV. Si grossi nervi truncentur alicui, ut sanari non possint, XII. sol culpa sit. Si homo claudicet pro vulneribus nervorum, et medicamentum sanationis non admittunt, XXX. sol emendetur.

LXXVI. Si graciles nervi truncentur, VI. sol culpa judicetur.

LXXVII. Si quis in collo plagietur, ut inde perpetuam et insanabilem contrahat invalitudinem, et tamen vivat ita contumeliatus, emendetur C. sol; si non ei rectius et amplius sapientum judicia destinabunt; hoc est, ut reddantur afflictiones liberorum per plenum, servorum autem per dimidium.

LEGES INÆ REGIS WEST-SAXIÆ.

Ego Ine Dei gratia West-Saxonum rex, exhortatione et doctrina Cenredis patris mei, et Heddes episcopi mei, et Ercenwoldes episcopi mei, et omnium aldermannorum meorum, et seniorum sapientum regni mei, multaque congregatione servorum Dei, sollicitus de salute animarum nostrarum, et de statu regni mei, constitui rectum conjugium, et justa judicia, pro stabilitate et confirmatione populi mei benigna sedulitate celebrari; et nulli aldermanno vel alicui de toto regimine nostro conscripta judicia liceat abolere.

DE REGULA MINISTRORUM DEI.

I. Imprimis præcipimus, ut ministri Domini rectam discipline sancte regulam juste custodiant. Postea volumus, ut totius conjugia populi sint et judicia devote conservata.

DE INFANTIUM BAPTISMO.

II. Puer infra xxx. noctes baptizetur. Si non sit, xxx. solidis emendetur. Si moriatur sine baptismo, emendetur tota pecunia.

DE OPERE DIEI DOMINICE.

III. Si servus operetur Dominica die, per preceptum domini sui, sit liber, et dominus emendet xxx. solidos ad witam. Si servus sine testimonio domini sui operetur, corium perdat. Si liber operetur ipsa die, sine jussu domini sui, perdat libertatem suam.

DE CYRICSCEATTIS.

IV. Ciricsceatta reddita sint in festo Sancti Martini. Si quis hoc non compleat, sit reus Lx. sol, et duo decuplo reddat ipsum ciricsceattum.

DE CIRICSOCNA.

V. Si quis sit mortis reus et ad ecclesiam confugiat, vitam habeat, et emendet, sicut rectum consulet. Si quis corium suum forisfaciat, et ad ecclesiam incurrat, sit ei verberatio condonata.

DE PUGNA.

VI. Si quis pugnet in domo regis, totius pecunie sue sit reus; et sit in arbitrio regis, utrum vitam habeat vel non. Si quis in ecclesia pugnet, cxx. sol emendet. Si quis in domo aldremanni, vel alterius sagibaronis pugnet, LX. sol emendet. Si autem in gavelgilda, id est, in gablum reddendi domo fiat, vel in gebures, xxx. sol culpa judicetur, et ipsi geburo, VI. sol. Et licet in mediis campis sit dimicatum, cxx. sol wyte reddantur. Si quilibet in potatione decertent, et alter eorum cum patientia sustineat, reddat alius xxx. sol forisfacti.

DE FURTO[1].

VII. Si quis furetur sic ut uxor ejus nesciat hoc, et pueri sui, reddat wite LX. sol. Si in testimonio et conscientia totius familie sue furetur, transeant omnes in servitutem. Puer decem annorum debet scire, ne furtum faciat.

DE POSTULATIONE RECTI.

VIII. Si quis sibi rectum roget coram aliquo scirmanno, vel alio judice, et habere non possit, et accusatus ei vadium recti dare nolit, emendet xxx. sol, et infra VII. noctes faciat ei recti dignum.

DE VINDICANTIBUS ANTEQUAM RECTUM POSTULENT.

IX. Si quis vindicet antequam rectum sibi postulet, quodcumque per vim ceperit reddat, et emendet xxx. sol.

DE ROBARIA ET VIOLENTA CAPTIONE.

X. Si quis intra commarciones regni nostri robariam, et violentam captionem faciat, reddat ipsam robariam, et persolvat, et emendet LX. sol pro wita.

DE ILLIS QUI COMPATRIOTAS SUOS EMUNT.

XI. Si quis compatriotam suum emat, servum vel liberum, licet reus sit, ultra mare, solvat eum wera sua.

---

[1] sciente vel nesciente familia *Hk. add.*

DE FURE CAPTO.

xii. Si fur capiatur, mortem patiatur, vel vitam suam weregildo suo redimat.

DE ILLIS QUI CORAM EPISCOPO TESTIMONIUM SUUM, VEL VADIUM INFRINGUNT.

xiii. Si quis coram episcopo testimonium suum et vadium mentiatur, xxx. sol emendet.

Fures nominamus usque ad septem homines; a septem hloþ, id est, cohortem vel satellites, usque ad xxv.; deinceps est here, id est exercitus.

QUI FUERIT ACCUSATUS DE HLOÐ, ID EST COHORTE.

xiv. Qui de hloþ fuerit accusatus abneget per cxx. hidas, vel sic emendet.

QUI DE HEREG͂, ID EST EXERCITU.

xv. Qui hereteamus, id est, de conductione exercitus fuerit accusatus, weregildo, id est natalis sui precio, se redimat, vel secundum weram suam neget; et debet esse medietas jurantium per hulsgonges, id est xii.-hyndos.

Fur postquam est in vinculis regis, non habet hanc abnegationem.

DE FURE OCCISO.

xvi. Qui furem occiderit, debet inveritare cum juramento, quod illum culpabilem, et de vita forisfactum occidisset, et non solvat.

DE CARNE FURTIVA.

xvii. Qui furtivam carnem invenerit occultatam, si audeat, licet ei inveritare jurejurando quod sua sit. Qui investigabit eam habeat þ melde feoh, id est, pecuniam indicationis vel delaturam.

DE CIRLISCO FURE CAPTO.

xviii. Cirliscus homo qui sæpe fuerit accusatus de furto, et deinceps invenietur reus in capitali vel in alia manifesta culpa, truncetur ei manus vel pes.

DE COLONO REGIS FISCALINO.

xix. Regis geneat, id est, colonus fiscalinus, si wera sua sit xii. hund soł, id est, duodecies c. soł, potest jurare pro lx. hidis, id est, pro hominibus vi., si sit huslgenga, i. e. xii.-hindus, vel husbonda.

DE IGNOTO IN NEMORE DEVIANTE.

xx. Si quis alienigena, vel ignotus sine via vadat in nemus, ut nec ore clamet, nec cornu sonet, pro fure probandus est, vel occidendus, vel etiam redimendus.

DE WERA HOMINIS SIC OCCISI.

xxi. Si quis sic occisi weram exigat, licet inveritari, quod pro fure sit occisus, et non solvatur ipsius occisi congildonibus, vel domino suo. Si celaverit, et fiat deinceps quandoque notum, tunc ampliabit mortuo ad juramentum, quod licet parentibus suis purgare eum.

DE COLONO VEL VILLANO ALICUJUS, QUI EST FUR.

xxii. Si tuus geneat, i. e. colonus, vel villanus furetur, et amittas eum; si habeas plegium, admone eum de angildo; si non habeas, redde tu angildum, et non sit ei in aliquo remissius.

DE WERA ADVENE OCCISI.

xxiii. Si homo alienigena occidatur, habeat rex duas partes were sue, et terciam partem habeant filii, vel parentes sui. Si parentes non habeat, dimidiam habeat rex, dimidiam consocii. Si autem abbas vel abbatissa intersit, dividant eodem modo cum rege.

Wealh qui gablum reddit cxx. soł; filius ejus c. soł, servus lx. soł, somhwylcne l., servi corium xii.

DE FURE ANGLICO.

xxiv. Si Anglicus furetur, qui per forisfacturam inservierit, suspendatur, et non solvatur domino suo. Si occidatur, non solvatur parentibus suis, si eum intra xii. menses non redemerint.

Wealh, si habeat v. hidas, est sixhinde.

DE MERCATORIBUS ¹ALIQUID EMENTIBUS.'

XXV. Si mercator in populis emat aliquid, faciat hoc coram testibus. Si quid furtivum intercietur super mercatorem, et hoc coram bonis testibus non emerit, juret secundum witam, quod nec furti conscius, vel coadjutor fuerit in eo, vel emendet XXXVI. sol̃ wite, i. e. forisfacture vel emendationis.

DE NUTRITURA INVENTI PUERI.

XXVI. Ad inventicii pueri victum, primo anno VI. sol̃ reddantur; secundo anno XII. sol̃; tercio anno XX. sol̃; deinceps secundum precium suum.

DE PUERO IN OCCULTO PROCREATO.

XXVII. Qui in occulto puerum genuerit, et celaverit, non habeat pueri ipsius weram, si occidatur, sed rex et dominus suus.

DE FURE CAPTO CUM FURTO.

XXVIII. Qui furem ceperit habeat inde X. sol̃, et rex ipsum furem; et parentes ejus abjurent ei factionem. Si repugnet vel aufugiat, reus sit wite; si negare velit, abneget secundum modum pecunie et wite.

DE PRESTANTIBUS GLADIUM, VEL LANCEAM, VEL EQUUM, AD HOMICIDIUM.

XXIX. Qui gladium præstabit ad homicidium, si occidatur homo, reddat tertiam partem compositionis ejus. Qui lanceam prestiterit, dimidiam weram. Qui equum prestiterit, totum reddat.

SI CIRLISCUS HOMO FORISBANNITUM FIRMET.

XXX. Si cirliscus homo forisbanniti firmationis accusetur, per suam ipsius weram neget. Si non possit, persolvat eum wera sua: et se gesiþman etiam sic per weram suam.

DE EMENTE FEMINAM, ET PRECIUM RETINENTE.

XXXI. Si quis emat sibi feminam, preciumque non compleat, reddat ipsam pecuniam, et persolvat, et emendet plegio, sicut erit infractio plegii sui.

---

¹' patriantibus. *Hk.*

DE WERA ¹WALISCI.

XXXII. Si homo Waliscus habeat hidam terre, wera sua est cxx. sol̃; si dimidiam habeat, Lxxx. sol̃; si nullam habeat, Lx. sol̃.

DE WERA WALISCI STABULARII REGIS.

XXXIII. Regis equi stabularius Waliscus, qui sibi nuntiare possit ad eum, weregildum ejus est cc. sol̃.

DE PRESENTE UBI ALIQUÏS FUERIT OCCISUS.

XXXIV. Qui in collegio fuerit ubi aliquis occisus sit, adcredulitet se, quod eum non percussit, vel emendet, secundum occisi weregildum. Si weregildum ejus sit cc. sol̃, emendet L. sol̃: et idem rectum fiat de carius genitis.

DE INTERFICIENTE FUREM.

XXXV. Qui furem occiderit, licet ei probare jurejurando, quod eum fugientem pro fure occidit, et parentibus ipsius occisi juret unceases aþ, i. e. sacramentum sine electione vel nominatione. Si concelaverit, et sit deinceps manifestatum, tunc persolvat eum.

Si ad illum hominem pecunia vocetur, qui prius abjuraverat, vel abjurare vult, perneget secundum modum wite et precium pecunie. Si nolit abjurare, emendet ipsum mainaδ, i. e. perjurium dupliciter.

DE FURE CAPTO ET DIMISSO, VEL FURTO CELATO.

XXXVI. Qui furem ceperit, vel captum reddiderit, et ipsum dimiserit, vel furtum celaverit, reddat ipsum furem, secundum weram suam. Si aldermannus sit, perdat comitatum suum; nisi ei rex parcere velit.

DE CULPA CIRLISCI HOMINIS DE FURTO SUSPECTI.

XXXVII. Cirliscus homo, qui fuerit sepe inculpatus de furto, et postea culpabilis inventus in capitali vel aliter in manifesto reus, amputetur ei manus, vel pes.

---

¹ cordubi hominis terram habentis. *Hk.*

[1]DE FEMINA QUÆ PER CEORLUM PUERUM HABEAT, ET IPSE ABEAT.[1]

XXXVIII. Si ceorlus et femina puerum simul habeant, et abeat homo viam suam, habeat mater puerum suum, et nutriat; reddantur ei VI. soł ad nutriendum; vacca in estate, bos in hyeme. Custodiant parentes ejus hoc primum captale, donec puer excreverit.

DE DISCEDENTE A DOMINO SUO SINE LICENTIA.

XXXIX. Si quis discedat a domino suo sine licentia, vel in alium comitatum se furetur, et deinceps inveniatur, redeat illuc ubi antea fuit, et emendet domino suo LX. soł.

DE VILLANI [2]MANSIONE CLAUDENDA.

XL. Ceorles weorðig, i. e. rustici curtillum, debet esse clausum estate simul et hyeme. Si disclausum sit, et introeat alicujus vicini sui captale per suum apertum, nichil inde recipiat, sed educat et patiatur dampnum suum.

DE PLEGIO NEGANDO.

XLI. Plegium licet homini pernegare, si sciat quod rectum faciat.

DE VILLANORUM [3]PASCUIS CLAUDENDIS.

XLII. Si ceorli habeant herbagium in communi, vel aliam compascualem terram, vel divisam claudendam, et quidam eorum partem suam clauserint, quidam vero non, et comedant eorumdem compascuales acras, vel herbagium; eant tunc illi quorum porta fuerit, et emendent illis, qui partem suam clausam habent, dampnum quod factum sit, et adquirant sibi de captali sic rectum, sicut congruum sit. Si vero sit animal quod sepes frangat, et quolibet introeat, et dominus cujus animal est nolit ipsum custodire, vel non possit; capiat hoc in cujus acra obviabit, et occidat, et recipiat agenfriga corium ejus et carnem, et patiatur de cetero.

DE NEMORIS COMBUSTIONE.

XLIII. Si quis in nemore trabem combusserit, et notum

---

[1][1] Si recte contubernales puerum habeant, et vir abeat. *Hk.*
[2] cíola *Hk.*　　　　[3] divisis *Hk.*

denique fuerit in auctore, solvat plenam witam, et emendet
LX. sol; quia ignis est fur.

Si quis in nemore multa ligna ceciderit, et postea compareat,
solvat tria ligna, unumquodque xxx. sol; neque amplius cogitur
per legem solvere, quotquot fuerint; quia securis acclamatrix
potius est, non fur.

DE LIGNO TRUNCATO, SUB QUO XXX. PORCI STARE POSSUNT.

xliv. Si quis lignum truncabit, sub quo xxx. porci stare
possint, et compareat, xxx. sol emendet ad witam.

DE BURGI FRACTURA.

xlv. Burgi fractura debet emendari cxx. sol, regis et episcopi, ubi sedes ejus est; aldermanni, lxxx. sol; taini regis
lx. sol; et sibcundi hominis, terram habentis, xxxv. sol, aut
per id negare.

DE HOMINE DE FURTO VEL RETECTO CULPATO.

xlvi. Quando aliquis inculpatur, quod furtum fecerit, vel
furtivum aliquid firmaverit, tunc debet per lx. hidas, id est,
per vi. homines abnegare, si juramento dignus sit. Si vero
Anglicus in furto compellabitur, neget dupliciter. Si sit
Waliscus non sit jusjurandum eo amplius.

Omni homini licet firmationem et were factionem negare,
si possit et velit.

NON DEBET ADVOCARI AD SERVUM, SI FURTIVUM INTERCIETUR.

xlvii. Si aliquid furtivum intercietur, non debet advocari
ad servum.

DE ILLO QUI PROPTER FORISFACTUM IN SERVITUTEM TRANSIT.

xlviii. Si quis propter forisfactum suum noviter inservierit,
et accusetur quod furtum fecerit antequam in servitutem
transierit, tunc habeat compellator verberationem unam in eo;
perducat eum ad verbera, secundum captale suum.

DE OBVIANTE PORCO IN PASNAGIO SUO.

xlix. Si quis obviet porcis sine licentia in pasnagio suo,
capiat vadium vi. sol valens. Si non fuerint ibi sepius quam

semel, det agenfriga I. sol, et inveritet. quod sepius non fuerunt ibi, secundum captale precium. Si fuerint illic bis, det II. sol.

Si pasnagium capiatur de porcis, de tridigitali tercius, de duodigitali quartus, þimelo quintus.

DE COMPOSITIONE SIÐCUNDI HOMINIS CUM REGE, VEL ALDERMANNO REGIS, PRO FAMILIA SUA, VEL CUM DOMINO, PRO SERVO ET LIBERO.

L. Si homo siþcundus agat cum rege, vel cum regis aldermanno, pro familia sua, vel cum domino suo, pro servo vel libero, non habeat ibi aliquam wite redditionem ea vice, quia noluit eos prius a malo castigare domi.

DE SIÐCUNDO EXPEDITIONEM REGIS SUPERSEDENTE.

LI. Si homo siþcundus terrarius expeditionem supersedeat, emendet cxx. sol, et perdat terram suam; non habens terram, LX. sol.; cirliscus, xxx. sol, pro fyrdwita.

DE ACCUSATIONE ALICUJUS OCCULTI.

LII. Qui de occultis actionibus fuerit accusatus, neget cxx. hidis, aut cxx. sol emendet.

DE FORISFANGIO FURTIVI HOMINIS.

LIII. Si homo furtivus intercietur super aliquem, et sit ille mortuus qui vendidit eum homini, super quem interciatur, advocet tamen ipsum ad mortui tumulum, sic aliam pecuniam, sicut sit; et juret per LX. hidas, quod ea mortua manus vendidit ei; et per hoc jusjurandum wita remaneat, et reddatur interciatus domino suo. Si tunc sciat, quis mortui pecuniam hæreditavit, appellet in ipsam pecuniam, et roget ipsam manum, ut hoc captale quietum ei faciat, vel ostendat, quod nunquam ipsius mortui pecunia fuit.

DE ACCUSATO DE HOMICIDIO, ET NEGARE VOLUERIT.

LIV. Qui wer fehthe, id est, de homicidio fuerit accusatus, et negare voluerit occisionem illius cum jurejurando, tunc debet esse in ea societate unum regium jusjurandum per xxx. hidas; sic de siþcundo homine, sic de cirlisco. Si reddatur, licebit dare in illa societate quorumcumque hominum loricam et gladium, si opus sit, in weregildo.

Wita servus, homo Waliscus, debet superjurare per XII. hidas; sic servus ad verbera; Anglicus homo per XXIIII. hidas.

DE PRECIO OVIS CUM AGNO SUO.

LV. Ovis cum agno suo valet unum solidum, usque ad XIII. noctes post Pascha.

¹DE ANIMALI INFIRMO VENDITO.ʹ

LVI. Si aliquod vivum captale persolvatur, et inveniatur quelibet infirmitas in eo, infra XXX. noctes, rejiciatur in manus toagenti, vel juret, quod nullum facinus inesse sciebat, quando vendidit ei.

²DE NATIVO, IN CUJUS DOMO ANIMAL FURATUM INVENIATUR.ʹ

LVII. Si ceorlus furetur aliquod captale, et deferat in habitaculum suum, et intercipiatur ibi, sit sue parti reus, præter feminam suam; si audeat jurejurando satisfacere, quod de ipso furto non gustavit, habeat suam terciam partem pecunie.

DE EMENDATIONE CORNU, VEL CAUDE, VEL OCCULI, BOVIS VEL VACCE.

LVIII. Bovis cornu debet emendari v. denariis.

DE VACCE CORNU.

LIX. Vacce, v. den.; bovis cauda, v. den.; vacce, v. den.; bovis oculus v. den. componendus est; vacce, I. soł.

Man sceal simle to beregafule agyfan æt anum wirhtan VI. pundpæga.

DE BOBUS CONDUCTIS.

LX. Si villanus alterius boves locaverit, si habeat totum in annona persolvere, videatur hoc, et reddat. Si non habeat, reddat dimidium in annona, dimidium in alio captali.

---

¹ʹSi inveniatur infirmitas in captali persoluto, vel vendito. *Hk.*
²ʹSi ceorlus intercipiatur furatum quid in domum suam attulisse. *Hk.*

DE CIRICSCEATTIS, UBI DANDE SUNT.

LXI. Ciricsceattum debet reddere homo a culmine et mansione, ubi residens erit in Natali.

¹DE ACCUSATO PRO DELICTO ET ITERUM FUIT ACCUSATUS.'

LXII. Quando aliquis homo fuerit accusatus, et ad fauces coartatur, nec habet aliquid ad dandum ante certamen, et vadit alius, et dat suum captale pro eo, tali pacto, ut idem transeat in manum ei, donec captale suum possit illi intimare. Si iterum accusetur alia vice, et ad componendum pertrahatur, si ei præesse nolit, qui captale suum dedit pro eo antea et hoc anticipaverit, perdat captale suum, quod antea pro eo dederat.

DE HOMINE SIÐCUNDO MUTANTE MANSIONEM SUAM.

LXIII. Si homo siþcundus transmigret, liceat ei habere socios suos secum, et fabrum, et nutricem suam.

DE HABENTE XX. HIDAS, ET MUTANTE MANSIONEM.

LXIV. Qui habet xx. hidas, debet committere xii. hidas vestite terre, quando velit abire.

LXV. Qui habet x. hidas terre debet reddere vi. hidas vestitas.

LXVI. Qui habet tres hidas terre, ²tecnet unam hydam et dimidiam.

DE VIRGATA TERRE AD GABLUM ACCIPIENDUM.

LXVII. Si quis componat pro virgata terre vel amplius ad gablum, et arabit, si dominus velit ei terram illam ponere ad gablum et opus, non necesse est hoc excipi, si nulla domus commissa sit ei, nec perdat acras ipsas.

DE HOMINE SIÐERCUNDO FUGATO.

LXVIII. Si homo siþcundus fugetur, profugio domus erit, non ipsius sedes.

---

¹' Si quis accusatus transierit in manus redimentis, et iterum delinquat. *Hk.* ² reddat *Hk. Br.*

DE OVIS TERMINO CUM VELLERE SUO.

LXIX. Ovis debet ire cum vellere suo usque ad mediam estatem, aut persolvatur vellus II. den.

DE TWIHINDI. HOMINIS WERA, VEL VI.-HINDI, VEL XII.-HINDI.

LXX. De twyhindi hominis wera debent reddi xxx. sol ad manbotam; de VI.-hindo LXXX. sol debent reddi; de XII.-hindo cxx. sol.

De x. hidis ad correditum debent reddi x. dolia mellis, ccc. panes, XII. ambre cervisie Walisce, xxx. hluttres, duo boves, vel x. arietes, galline xx., casei x., plena ambra butyri, salmones v., xx. pondia fodri, et c. anguille.

DE HOMICIDA ACCUSATO PRIMO NEGANTE, POST CONFITENTE.

LXXI. Si quis sit de homicidio accusatus, et idem confiteatur ante jusjurandum, et prius abnegasset, exspectetur de wite redditione, donec ipsa wera reddita sit.

DE WEREGILDI FURIS FORISFANGIO.

LXXII. Si weregildus fur capiatur, et ipsa die perdant eum qui ceperant illum, si iterum capiatur ipsa nocte, non habebitur amplius inde quam plena wita.

DE FURTO QUOD VETUS EST UNA NOCTE.

LXXIII. Si vero sit una nocte vetus furtum, emendent illi culpam qui ceperunt illum, sicut inde componere poterunt apud regem et præpositum suum.

DE SERVO WALISCO ANGLICUM OCCIDENTE.

LXXIV. Si servus Waliscus Anglicum hominem occiderit, debet ille cujus est reddere eum domino et parentibus, aut LX. sol dare pro vita sua. Si dominus ejus nolit hoc captale pro eo dare, liberum faciat eum, et solvant parentes illius weram occisi, si cognationem habeat liberam: si non habeat, observent eum inimici sui. Non cogatur liber cum servo cognationem solvere, nisi velit eum factione liberare; nec servus cum libero.

DE FURTIVI CAPTALIS FORISFANGIO.

LXXV. Si furtivum captale intercietur, et ille super quem intercietur advocet inde: si advocatus nolit hoc recipere, et dicat, quod nunquam hoc ei vendidit, sed aliud, tunc licebit appellanti ipsam manum in verum mittere, quod nullum aliud vendidit ei quam id ipsum.

DE OCCIDENTE FILIOLUM, VEL PATRINUM ALICUJUS.

LXXVI. Si quis filiolum alterius occidat, vel patrinum, sit simile cognationi, et crescat emendatio secundum weram, sicut manbota facit erga dominum. Si sit filiolus regis, emendet secundum weram ejus regi, sicut cognationi. Si de parentela ipsius sit, qui occidit eum, tunc excidat emendatio patrini, sicut manbota domini. Si episcopi filius sit, sit dimidium hoc.

[a]FŒDUS

INTER

ALFREDUM ET GUTHRUN.

Hec sunt instituta pacis, que Alfredus rex, et Godrun rex, et omnes Anglie sapientes, et omnes populus, qui sunt in East-Anglia constituerunt, et jurejurando confirmaverunt, pro seipsis et junioribus suis, progenitis et ingenitis, qui Dei misericordiam diligunt et nostram.

DE COMMARCIONIBUS.

I. Imprimis de nostris commarcionibus sursum in Tamesi, et tunc [1]superius in Liga, et tunc in longum usque ad exortum ejus, tunc in rectum ad [2]Bedefordium, tunc sursum in Usa ad Wetelinga Strete.

DE PRECIO OCCISI DACI VEL ANGLI.

II. Hoc est autem primum: Si quis occidatur, omnes reputamus eque caros, Dacum et Anglum, ad VIII. dimidias marcas cocti auri, preter ceorlum, i. e. rusticum, qui in gafulland, i. e. in terra censaria manet, et eorum redemptiones, sunt eque care, cc. sol.

SI TAINUS ACCUSETUR HOMICIDII.

III. Si tainus regis accusetur de homicidio, si se purgare velit, faciat hoc cum XII. tainis regis. Si tainus accusetur, qui minus possit quam tainus regis, adlegiet secum XI. parium suorum, et cum uno taino regis. Et sic in omni causa, que major sit quam IIII. mance. Et si non audeat, solvat illum tripliciter, sicut adpreciabitur.

---

[1] secundum Ligan, *Hk.*   [2] Redefordium *Hk. M.*

---

[a] Textus est ex *T.*, cum *M.* et *Hk.* collato.

UT SCIAT QUISQUE SUUM ADVOCATUM DE OMNI RE EMPTA.

IIII. Et omnis homo sciat advocatum suum de hominibus, et de equis, et de bobus.

NE QUIS ADEAT EXERCITUM VEL REGEM, SINE LICENTIA VEL NECESSITATE.

v. Et omnes ediximus in illa die qua juramenta facta sunt, ne servus vel liber audeant in exercitum ire sine licentia, nec eorum aliquis ad nos. Si eveniat, quod pro necessitate velit aliquis illorum erga nos emptionem habere, vel nos cum ipsis, de pecore, vel pecunia, hoc tolerandum est eatenus ut fidejussores dent ad vadium pacis, et ostensionem, ut sciatur quod clene bec, i. e. mundam carnem habeant.

*LEGES REGIS EDWARDI.

DE JUDICIIS JUSTE JUDICANDIS, ET PLACITO RECTE TERMINANDO.

Edwardus Rex mandat et precipit omnibus prefectis, et amicis suis, ut justa judicia judicent quam rectiora possint, et in judiciali libro stant, nec parcant, vel dissimulent, pro aliqua re, populi rectum et jus publicum recitare; et unumquodque placitum terminum habeat, quando peragatur, quod tunc recitabitur.

DE EMPTIONE ET ADVOCATIONE.

I. Et volo, ut omnis homo habeat advocatum suum, et nemo barganniet extra portum, sed habeat portireve testimonium, vel alterius non mendacis hominis, cui possit credi. Quod si quis extra portum barganniet, overhyrnesse regis culpa sit, et procedat tamen advocatio, donec sciatur in quo consistet. Amplius diximus de illo, qui advocare debet, ut habeat credibile testimonium de hoc quod recte advocat, vel jusjurandum inveniat, cui repetens credere debeat. Sic diximus de propriatione similiter, ut adducat credibile testimonium de eo, vel jusjurandum inveniat, si possit, non tamen selectum, in quo repetenti satis sit. Si non possit, nominentur ei sex homines de eadem geburscipa in qua ille residens est, et adquirat ex illis sex unum pro animali uno vel pecore, quod hoc valeat, et postea crescat, secundum captalis estimationem, si plures adesse debeant. Eciam diximus, si aliquis malorum esset, qui vellet alterius pecus per plegium mittere pro wiðertihlan, i. e. pro injusta accusatione, ut jurejurando monstret, quod pro nullo facinore hoc faciat, sed plena rectitudine, butan brede and bigswice, id est, sine figmento et seductione; et faciat quod audeat super quem invenitur; vel sibi propriet, vel advocet.

---

* Textus est ex *T.*, cum *Hh. M.* et *Br.* collato.

DE DIFFORCIANTE ALICUI RECTUM, VEL IN FOLCLAND VEL IN BOCLAND.

II. Item diximus cujus dignum esset, qui rectum alicui difforciet, vel in bocland, vel in folcland, et ut ei adterminetur in folcland, quando velit ei rectum facere, coram preposito suo. Si tunc rectum non habeat, nec in bocland, nec in folcland, sit ille qui rectum difforciat reus xxx. sol erga regem, et altera vice item sic, ad terciam vicem, overhyrnesse regis, hoc est cxx. sol, si non cesset, et antea satisfaciat.

DE PERJURIIS.

III. Item diximus de illis hominibus qui perjuri fuerint, si manifestum sit, vel eis juramentum fregerit, vel overcythed fuerit, ut deinceps non sint digni juramento, sed ordalio.

DE PACE, ET NE QUIS ALII RECTUM SUUM DIFFORCIET.

IIII. Edwardus Rex admonuit omnes sapientes suos, quando fuerunt Exonie, ut investigarent simul et quererent, quomodo pax eorum melior esse possit quam antea fuit; quia visum est ei, quod hoc mediocrius impletum sit quam deceret, et quam antea precepisset. Inquisivit itaque qui ad emendationem velit redire, et in societate permanere, qua ipse sit, et amare quod amet, et nolle quod nolit, in mari et in terra; hoc est tunc, ne quisquam rectum difforciet alicui. Si quis hoc faciat, emendet, sicut supra dictum est, prima vice xxx. sol, secunda vice similiter, ad terciam vicem cxx. sol regi.

DE PREPOSITIS, AUDITO TESTIMONIO, RECTUM FACERE NOLENTIBUS.

v. Et si prepositus amoveat rectitudinem, per eorum testimonium qui testes adnumerati sunt ei, reddat overhyrnessam meam.

DE HOMINE FURTO ACCUSATO.

VI. Si quis accusetur de furto, capiant eum in plegium, qui domino suo commendaverunt illum, quod de hoc se adlegiet, vel alii amici, si habeat, faciant hoc. Si nesciat quis eum capiat in plegium, accipiant illi, quibus hoc pertinet, de pecunia sua inborhgum. Si neutrum habeat, nec pecuniam suam nec alium plegium, tunc servetur ad judicandum.

DE ILLIS QUI SUUM PROPRIUM NOLUNT QUERERE CONDUCENDIS.

VII. Etiam volo, ut omnis homo simul habeat illos homines paratos in terra sua qui conducant eos, qui suum proprium querere volunt, et eos pro nulla mercede manuteneant; nec inmundum alicubi pacificent vel firment, ex possibili vel impossibili.

DE ILLO QUI INMUNDUM PACIFICAVERIT VEL FIRMAVERIT.

VIII. Si quis hoc superhabeat, et juramentum suum frangat, et vadium, quod omnis populus contulit, emendet, sicut liber judicialis dicit. Si autem nolit, perdat omnium nostram amicitiam, et omne quod habebit. Si quis eum deinceps firmabit, emendet, sicut liber judiciorum docet, ac debet, qui flyman, i. e. forsbannitum confirmabit, si sit hic intus ; si sit East intus, si sit North intus, sicut scripta pacis continent, emendet.

DE EO QUI LIBERTATEM SUAM FORISFECERIT.

IX. Si quis pro furti compellatione libertatem suam foris-faciat, et manum suam in manum mittat, et parentes sui deserant eum, et nesciat quis emendet pro eo, tunc sit dignus opere servili, quod ad id pertinet, et excidat wera parentibus ejus.

NE QUIS RECIPIAT ALTERIUS HOMINEM SINE LICENTIA.

X. Et non recipiat aliquis hominem alterius, sine licentia illius cui ante servivit, priusquam innocens sit apud omnem manum. Si quis hoc secus faciat, emendet overhyrnissam meam.

QUIBUS TERMINIS PREPOSITI PLACITA SUA TENERE DEBEANT.

XI. Volo ut omnis prepositus habeat gemotum semper ad quatuor ebdomadas, et efficiat ut omnis homo publicum rectum habeat, et omne placitum capiat terminum, quando proveniat, et finem. Si quis hoc excipiat, emendet, sicut ante dictum est.

*LEGES

REGUM ALFREDI ET GODRINI.

ADHUC DE LEGIBUS DICTORUM REGUM ALFREDI ET GODRINI.

Hoc est consilium quod Æluredus rex et Gudrun rex elegerunt et condixerunt, quando Angli et Dani ad pacem et ad concordiam plene convenerunt, et sapientes, et qui postea successerunt, sepius hoc et assidue renovantes, in bonum semper adauxerunt.

Imprimis est, ut unum Deum diligere velint, et omni paganismo sedulo renunciare. Et instituerunt secularem justitiam, pro eo quod sciebant, quod non poterant multos aliter castigare; plures vero nolebant ad Dei cultum, sicut deberent, aliter inclinari. Et secularem emendationem instituerunt communem Christo et regi, ubicumque recusabitur lex Dei juste servari, secundum dictionem episcopi.

[1] DE DILECTIONE DEI ET PACIS ECCLESIE.

1. Et hoc est primum edictum ut ecclesie pax, inter parietes suos, et regis handgrith, semper inconvulsa permaneant.

DE NEGLIGENTIBUS LEGEM CHRISTI, ET PAGANISMUM VENERANTIBUS.

II. Et si quis Christianitatem suam male mittat, vel paganismum veneretur, verbis vel operibus, reddat sic weram, sic witam, sic lahslit, secundum quod factum sit.

---

[1] De emendacione seculari communi Christo et regi, et de pace ecclesie, et regis handgriᵭ. *Hk.*

---

* Textus est ex *Br.*, cum *Hk. M.* et *T.* collato.

¹DE ORDINATIS MALE VIVENTIBUS.'

III. Et si quis ordinatus vel furetur, vel prælietur, vel perjuret, vel fornicetur, emendet sicut factum erit, sic weram, sic witam, sic lahslit, et erga Deum saltem emendet juxta sanctorum canonum doctrinam; et plegium faciat inde, vel mittatur in carcere. Et si presbiter populum suum misdoceat de festo vel de jejunio, reddat xxx. sol cum Anglis, et cum Danis III. dimidias marcas. Si presbiter ad rectum terminum sanctum crisma non perquirat, vel baptismum perneget ei cui necesse sit, reddat witam cum Anglis et cum Danis lahslit, id est XII. oras.

DE SIBLEGERIS.

IIII. Et de siblegeris sapientes instituerunt, ut rex habeat superiorem, et episcopus inferiorem, nisi dignius emendetur, pro Deo et pro seculo, juxta modum facti, sicut episcopus docebit. Si duo fratres, vel duo cognati cum una aliqua fornicentur, emendent in omni mansuetudine, sicut eis permittetur, sic wita, sic lahslite, secundum modum facti.

Et si ordinatus homo se forisfaciat in morte plectendis actibus, exsuperetur, et episcopi judicio reservetur.

DE REO MORTIS QUI CONFITERI DESIDERAT SACERDOTI.

v. Et si quis reus mortis profiteri desideret sacerdoti, nunquam negetur ei. Et omnes Dei rectitudines pacificentur sedulo, per Dei misericordiam, et per witam quam sapientes addicent.

DE DECIMIS DEI RETENTIS, ET ALIIS ECCLESIE RECTITUDINIBUS.

VI. Et si quis decimam contrateneat, reddat lahslit cum Danis, witam cum Anglis. Si quis Romfech superteneat, reddat lahslit cum Danis, witam cum Anglia. Si quis non reddat simbolum luminis, reddat lahslit cum Danis, witam cum Anglis. Si quis Dei rectitudines aliquas difforciet, reddat lahslit cum Danis, witam cum Anglis. Si contra stet, et hominem vulneret, de wita componat. Si aliquem dejiciat in mortem,

---

¹' Si ordinatus furetur, vel prelietur, vel perjuret, vel fornicetur. *Hk.*

sit utlaga vel exlex, et persequatur eum cum clamore omnis qui rectum amat. Et si faciat ut occidatur, pro eo quod contra Dei rectum et regis imperium stet, si hoc inveritetur, jaceat [1]orgilde.

DE ILLIS QUI MERCANDISANT IN DIEBUS DOMINICIS.

vii. Si quis in die Dominica negotiationem facere praesumat, perdat ipsum captale, et xii. oras cum Dacis, et xxx. sol cum Anglis. Si liber festis diebus operetur, perdat libertatem suam, vel reddat witam vel lahslit. Servus corium suum perdat, vel hyd-gildum. Si dominus cogat servum festis diebus operari, reddat idem dominus lahslit cum Dacis, et witam cum Anglis.

DE JEJUNIIS INFRACTIS.

viii. Si liber homo rectum jejunium frangat, reddat witam vel lahslit. Si servus hoc faciat, perdat corium suum, vel hyd-gildum.

DE DIEBUS IN QUIBUS ORDALIUM ET JUSJURANDUM PROHIBENTUR.

ix. Ordalium et jusjurandum festis diebus et legitimis jejuniis legibus est interdictum; et qui hoc fregerit, reddat lahslit cum Dacis et witam cum Anglis.

Si fieri possit, nunquam occidatur aliquis in festo Dominice diei, quicquid peccaverit, sed capiatur et servetur, donec festus dies transierit.

[2]DE FORISFACTIS ET DISFACTIS MEMBRIS.

x. Si quis forisfactus, et de membris disfactus dimittatur, et idem, post afflictionem suam, tres noctes vivat, potest ei deinceps, per episcopi licentiam, subveniri, si quis ejus doloribus condescendat et anime.

DE SORTILEGIS, INCANTATORIBUS, VENEFICIS, PERJURIS, ET HIIS SIMILIBUS.

xi. Si sortilege vel incantatrices, perjuri et venefici, vel mortem facientes, fede fetide, vel meretrices cognite alicubi compareant, relegentur de patria, et emundetur populus, vel in patria dispereant omnino, nisi cessent et profundius emendent.

---

[1] egilde. *Hk. M.*   [2]De penitentiali subventione disfacto. *Hk.*

DE ORDINATIS VEL ALIENIGENIS IN ALIQUO, DE PECUNIA VEL VITA, SEDUCTIS.

XII. Si ordinatus, vel alienigena seducatur in aliquo, de pecunia vel vita, tunc debet ei esse rex, vel comes illius terre, et episcopus gentis ipsius, pro cognatione et advocato, si penitus alium non habeat; et emendetur sedulo, juxta modum facti, Christo et regi, sicut decebit, vel illud factum profunde nimis vindicet, qui rex sit in populo.

ᵃDE WEREGILDIS.

Twelfhindi hominis weregildum est twelf-hund scillinga, i. e. duodecies c. sol̃, qui faciunt libras xxv.

Twihindi hominis wera est twa-hund, scilicet ducenti sol̃ ex v. scl̃ denariis, qui faciunt IIII. lib̃ et XL. d.

Si homo occidatur, sicut natalis ejus erit persolvatur. Et rectum est, ut homicida, ¹postquam weregildum mortui vadiaverit, inveniat were plegios, sicut ad eam pertinebit: hoc est, de twelfhindi hominis weregildo debent dari XII. homines ad wereplegium, VIII. de cognatione patris, et IIII. de cognatione matris. Cum hoc factum erit, elevetur inter eos regis munde, i. e. pax; hoc est, ut omnes, communi manu, de utraque cognatione, in uno ²armor mediatori dent, ᵇqui regis munde   ᵇ quia? stet inter eos. A die illa in XXI. noctes reddentur cxx. sol̃ pro ealfango. De twelfhindi hominis weregildo, healfangum debent habere filii, fratres, et federan, i. e. fratres patris. Non pertinet alii cognationi pecunia ista, nisi illis qui sunt intra cneowe, i. e. genu. A die illa qua healfangum redditum sit, in XXI. noctes reddatur manbota; inde in XXI. noctes fihwita, i. e. forisfactura pugne; inde in XXI. nocte ipsius were frumgildum, i. e. prima redditio; et sic postea, donec persolvantur infra terminum, quem sapientes instituent. Deinde liceat per amorem procedere, si perfectam velit amicorum consocietatem habere.

---

¹ priusquam *M.*   ² amor *Hk.*

ᵃ Textus est ex *M.*, cum *Hk.* collato.

Eodem modo debet per omnia de cirlisci hominis wera fieri, secundum mensuram que pertinet ei, sicut de twelfhindo narravimus.

---

*DE JURAMENTIS.

JURAMENTA LEGITIMA FIDELITATIS, REPETITIONIS, ALLEGATIONIS.

I. In illo Deo, pro quo sanctum hoc sanctificatum est, volo esse domino meo N. fidelis et credibilis, et amare que amet, et absoniare que absoniet, per Dei rectum et seculi competentiam; et nunquam, ex velle vel posse, verbo vel opere, quicquam facere, quod ei magis displiceat; ut me teneat, sicut deservire volo, et totum mihi compleat, quod in nostra prelocutione fuit, quando suus deveni, et ejus elegi voluntatem.

II. Per illum Deum, pro quo sanctum hoc sanctificatum est, ita causam prosequor, plena populi rectitudine, sine brede et biswice et omni facno, sicut mihi furtivum est hoc pecus N., de quo loquor, quod cum N. deprehendi.

III. In illo Deo, non fui in consilio, vel in acta consulens, vel agens, ubi, per injustitiam vel facinus, abduceretur pecus hoc N. Sed sic pecus habeo, sicut recte adquisivi. Et sic advoco, sicut hoc mihi vendidit, cui in manu mitto. Et sic pecus habeo, sicut mihi vendidit, cui jure pertinebat. Et sic pecus habeo, sic de meo proprio venit, et sicut in jure publico meum intus genitum et educatum.

IIII. In Omnipotenti Deo, non attraho mihi hoc N. pro amicitia, vel inimicitia, vel pro injusto lucro; nec verius inde scio, quam mihi sagemannus meus dixit, et ipse in veritate loquor, quod pecunie mee latro fuit N.

V. In Omnipotenti Deo, innocens sum actionis et dictionis ab ea compellatione, qua N. me compellat.

VI. In ipso Deo, jusjurandum est de me in memet ne quod N. juravit, neque * *.

---

* Textus est ex *Hk.*, cum *M.* collato.

VII. Per Omnipotentis Dei nomen, tu mihi promisisti sanum
* * *.

IX. * * * illa re de qua loqueris, fûl nec facnum, non
wac non wom, illius diei termino quo tibi vendidi: sed utrumque fuit, et hâl et clene, sine omni facno.[a]

x. In Dei viventis nomine, sic pecuniam exigo, sicut mihi
minus est de eo quod N. in conventione habuit, quando meum
N. ei vendidi.

XI. In Dei viventis nomine, non debeo N. pecuniam, vel
solidum, nec denarium, nec denarii valens, sed totum ei per-
solvi, quicquid debeam, sicut verba nostra dicta sunt a prin-
cipio.

XII. Misse-presbyteri, et secularis tayni jusjurandum, in
Anglorum lege, reputatur eque carum; et pro VII. ordinibus
ecclesie, quo sacerdos, per Dei donum, ascendit, ut haberet
tayni rectitudinem dignus est.

XIII. Twelfhindes hominis jusjurandum contravalet jusjurandum VI. villanorum; quia si twelfhindus homo vindicari
deberet, plene vindicaretur in VI. ceorles, et ejus weregildum
est VI. ceorlorum weregildum.

---

[b]DE WEREGILDIS
SINGULARUM PERSONARUM CUM ANGLIS.

I. Regis weregildum est cum Anglis in jure publico XXX.
millia þrimsa, id est XV. millia þrimsa sunt de wera, et XV.
millia cynedomes, id est regie censure. Ipsum natalis ejus
precium pertinet cognationi, et cynebot ipsius terre nationi.

II. Comitis weregildum est XV. millia þrimsa.

III. Episcopi et aldermanni VIII. millia þrimsa.

---

[a] In MSS. cap. VII. ex capitum VII. et IX. fragmentis componitur.
Cap. VIII. utrique deest.
[b] Textus est ex *Hk.*, cum *M.* et *T.* collato.

IIII. Holdes et summi prepositi IIII. millia þrimsa.

v. Messe-þegnes et woruld-þegnes, id est presbiteri et secularis thayni, II. millia þrimsa.

vi. Ceorles weregildum est cc. et LXVI. þrimsa, id est cc. sol, secundum lagam Mercennorum.

vii. Et si Waliscus promoveatur, ut habeat familiam, et terram, et possit gablum regis reddere, tunc est wera ejus ccxx. sol. Et si non assurgat nisi ad dimidiam hidam, tunc sit wera, id est precium solvendi eum, LXXX. sol.

viii. * * *.[1]

ix. Et si ceorlman promoveatur, ut habeat v. hidas terre, ad utweram regis, et occidatur, reddantur II. millia þrimsa.

x. Et si assequatur, ut habeat loricam, et galeam, et deauratum gladium, si terram non habeat, tamen est ceorlus.

xi. Et si filius ejus, et filius filii ejus hoc assequatur, ut tantum terre habeat, postea est qui nascetur ex eis siþcunde generationis ad II. millia þrimsarum.

xii. Et si non habeat hoc, nec ad id conscendat, componatur de eis sicut de cirlisco.

DE EODEM IN MERCENNORUM LAGA.

Ceorles weregildum est in Mercennorum laga cc. sol. Tayni weregildum est sexies tantum, i. e. duodecies c. sol. Regis simplum weregildum est sex taynorum weregildum, in Mercennorum laga, hoc est xxx. millia sceatta, id est totaliter cxx. libre; tantum est de weregildo; sed pro dignitate regni debet addi tantundem in cynegildo. Ipsam weram debent habere parentes ejus, et regni emendationem ipsius terre populus.

---

[1] in MSS. deest.

°DE VETERI CONSUETUDINE PROMOTIONUM.

I. Aliquando fuit in Anglorum laga, quod populus et leges consilio regebantur, et tunc erant sapientes populi magni prorsus nominis et precii, comes et villanus, tainus et alii singuli, pro modo suo.

II. Et si villanus excrevisset, ut haberet plenarie v. hidas terre sue proprie, ecclesiam et coquinam, timpanarium et januam sedem, et sunder-notam in aula regis, deinceps erat taini lege dignus.

III. Et si tainus ascendisset, ut serviret regi, et equitatus sui vice fungeretur in familia sua; si tunc habebat tainum, qui ministraret ei, qui ad utwaram regis v. hidas haberet, et in aula regis domino suo serviret, qui tercio venisset in nuntium ejus ad regem; iste poterat deinceps jurare pro domino suo, in magna necessitate, et accusatione ejus recte admallare, ubicunque opus esset.

IIII. Et qui sic promotum hominem non habet, ipse causam suam superjuret, vel amittat.

V. Et si tainus provehebatur ad consulatum, sit postea dignus rectitudine comitis et honore.

VI. Et si massere ascenderet, ut ter mare magnum transfretaret [1]pro proprio negotio' suo, fuit deinde taini dignus rectitudine.

VII. Et si scolaris profecisset in doctrina, cur ad sacerdotis ordines transiret, et Christo Domino ministraret, erat denique dignitatis et pacis dignus, quanta pertinebat super illud, nisi forisfaceret, cur ipsius ordinis officio non uteretur.

VIII. Et si eveniret, ut ordinatus, vel alienigena [2]distraheretur alicubi, verbis vel opibus, tunc pertinebat regi et episcopo hoc emendare, quam citius possent.

---

[1]' per proprium negotium suum *T.*   [2] disturbaretur *T.*

° Textus est ex *T.*, cum *Hk.* et *M.* collato.

---

^aLEGES ÆTHELSTANI.

I.

Ego Æþelstanus rex consilio Wlfelmi, archiepiscopi mei, et aliorum episcoporum meorum, mando prepositis meis omnibus in regno meo, et precipio, in nomine Domini et Sanctorum omnium, et super amiciciam meam, ut in primis reddant de meo proprio decimas Deo, tam in vivente captali quam mortuis frugibus terre; et episcopi mei similiter faciant de suo proprio, et aldermanni mei, et prepositi mei. Et volo, ut episcopi et prepositi mei hoc indicant omnibus qui eis parere debent, et hoc ad terminum expleant, quem eis ponimus, id est, decollatio Sancti Johannis Baptiste. Cogitemus quod Jacobus pater excelsus dixit Deo: 'Decimas et hostias pacificas offeram tibi.' Et Dominus dicit in Evangelio: 'Omni habenti dabitur, et habundabit.' Recolendum quoque nobis est, quam terribiliter in libris positum est, si decimam dare nolumus, ut auferantur nobis novem partes, et decima sola relinquatur. Et volo, ut ciricsceatta reddantur ad eum locum cui recte pertinent, et inde gaudeant in ipsis locis qui hec dignius erga Deum et nos volunt deservire. Hortatur nos sermo divinus, eterna cum terrenis, celestia cum caducis promereri. Nunc auditis quid Deo precipiam, et quid complere debeatis. Facite eciam ut michi mea propria cupiatis, que michi recte poteritis adquirere. Nolo ut aliquid michi injuste conquiratis, sed omnia vestra concedo vobis, eo tenore quo michi mea similiter exoptetis. Cavete simul et vobis et eis, quos admonere debetis, ab ira Dei et transgressione mea.

Ego Æþelstanus rex notifico prepositis meis omnibus in regno meo, quod consilio Wlfelmi, archiepiscopi mei, et omnium episcoporum meorum, et Dei ministrorum, ad remissionem peccatorum meorum, et adquisitionem vite eterne, volo, ut pascatis omni via pauperem unum Anglicum indigentem, si

---

^a Textus est ex *Br.*, cum *Hh. M.* et *T.* collato.

sit ibi, vel alium inveniatis. De duabus meis firmis detur ei singulis mensibus ambra plena farine, et una perna, vel unus aries, qui valeat IIII. den. et casei IIII., et in tercia die Pasche XXX. den., ad vestitum XII. mensium unoquoque anno. Et liberetis unum wite theowne, i. e. forisfactum servum; et hoc totum peragatur in misericordia Dei, et amicicia mea, sub testimonio episcopi, in cujus episcopatu sit. Et si prepositus hoc superteneat, emendet XXX. soł, et dividatur hec pecunia, per testimonium episcopi, pauperibus qui in ipsa villa erunt ubi hoc non fuerit executum.

DE LATRONIBUS NON PARCENDIS.

I. Inprimis est, ut non parcatur alicui latroni, qui furtum habens in manibus capietur, super XII. annos et VIII. den. Si quis hoc presumat, persolvat ipsum furem, secundum weram suam, et non sit ipsi furi remissius in aliquo, vel ita se adlegiet. Si velit se defendere, vel aufugere, tunc ei postea non parcatur. Si fur ponatur in carcere, sit ibi XL. noctibus, et inde redimatur foras per CXX. soł, et eat cognatio ejus in plegium, quod deinceps se abstineat. Et si furetur postmodum, wera sua gildet eum, vel reddat similiter in carcerem: et si quis obstabit, persolvat se wera sua, sic regi, sic ei cui rectum erit. Et omnis qui coadunabit, emendet CXX. soł regis wite.

DE ACCUSATIS QUI DOMINOS NON HABENT.

II. Et diximus de illis, qui dominos non habent, de quibus rectum difficile conquiritur, aut nullum: precipiatur cognationi eorum, ut eos ad rectum adducat, et dominum eis inveniat in conventu publico; et si hoc efficere nolit, vel non possit ad terminum, sit ille forsbannitus deinceps, et capiat eum pro fure, qui consequetur. Qui eum postea firmabit, persolvat eum wera sua, vel sic neget.

DE DOMINIS MANUTENENTIBUS SUOS MALOS HOMINES.

III. Et dominus qui rectum difforciabit, et malum hominem suum manutenebit, ut regem oporteat inde requiri, captale suum repetenti restituat, et emendet regi CXX. soł. Et qui regem requisierit antequam sibi rectum postulet, quociens ad hoc pertinet, emendet ipsam witam, i. e. forisfacturam, quam aliis emendare debuerat, si justiciam difforciasset. Dominus qui servo suo conscius in furando fuerit, convictus noxe servum illum perdat, et were sue reus sit prima vice. Si sepius hoc presumat, reus sit omnium que habebit. Et quicunque hordera regis, vel prepositus furi consentaneus erit, simili sententie subjacebit.

DE PRODICIONE DOMINI.

IIII. Diximus de proditoribus dominorum suorum, ut sue ipsius vite culpabiles habeantur, si non poterit abnegari, vel in triplici ordalio noxa compareat.

DE INFRACTURIS ECCLESIARUM.

v. Et de infracturis ecclesiarum; si quis reus appareat in triplici ordalio, emendetur sicut judicialis liber dicit.

DE SORTILEGIS ET LIBLACIS.

VI. Decrevimus etiam de sortilegis, et liblacis, et mortem dantibus; si hominem occiderint, et negare non possint, vite sue culpa judicentur. Si pernegare velint, et in triplici ordalio culpabiles inveniantur, sint cxx. noctibus in carcere, et cognatio eorum educat eos, et emendetur regi cxx. sol, et occisum hominem reddant parentibus suis, et eant eis in plegium, quod super hiis abstineant in eternum.

Et blasigeras, et qui furem vindicaverint, sint ejusdem digni. Et qui furi vindex esse presumpserit, et tamen neminem plagiet, emendet regi cxx. sol pro ipsa conclamatione.

DE SIMPLICI ORDALIO.

VII. Diximus de simplici ordalio: Homo qui sepe fuerit accusatus, et reus appareat, et nesciat quis eum sumat in plegium, ponatur in carcere, et educatur inde, sicut predictum est.

DE ILLIS QUI TERRAM NON HABENT, ET IN ALIO COMITATU FAMULANTUR.

VIII. Item ediximus: Si quis non habens terram serviat in alio comitatu, et ad cognatos suos quandoque redeat; qui eum in ipsa visitatione firmabit, eum ad jus publicum representet, si forisfaciat inibi, vel emendet pro eo.

DE ILLIS QUI PECUS INTERCIANT.

IX. Si homo pecus aliquod interciet, nominentur ei v. vicinorum suorum, et de illis quinque perquirat unum, qui cum eo juret, quod in recto publico manum mittat ad propria; et qui hoc propriare sibi voluerit, nominentur ei XI. homines, et ex illis adquirat duos; et jurent quod illud pecus N. interciatum in peculio suo natum sit, sine rimaþ, et stet ðes cyreaþ, i. e. hoc jusjurandum electum, super xx. den.

NE CAMBIATUR SINE TESTIMONIO.

X. Diximus etiam, ut nemo cambiat aliquid sine testimonio prepositi, vel sacerdotis, vel hordarii, vel terre domini, vel alicujus veridici hominis. Si quis hoc faciat, emendet xx. sol, et manum mittat dominus ad eam cambitionem.

Si autem pernoscatur quod eorum aliquis in falso testimonio sit, ejus testimonium nunquam deinceps prestet aliquid, et eciam emendet xxx. sol, et habeat dominus illam cambitionem.

DE ILLIS QUI CULPAM EXIGUNT DE FURE OCCISO.

XI. Dictum est de illo qui culpam exigit pro fure occiso, ut eat se tercio, et duo sint de cognatione vel tribu patris, tercius de cognatione matris, et jurent quod in cognato suo nullum furtum erat, pro quo vite sue reus esset: et eant alii cum XII. et superjurent eum in contaminationem, sicut ante dicebatur. Quod si parentes mortui nolint illuc ire, condicto termino, emendet unusquisque cxx. sol, qui hoc superloquebatur.

DE EO, NE QUIS NEGOTIETUR EXTRA PORTUM.

XII. Et diximus, ne quis emat aliquid extra portum supra xx. den., sed in eo barganiet sub testimonio portireve, vel alius credibilis hominis, vel item in testimonio prepositorum in folcmoto.

QUO TERMINO BURGA DEBEANT REFICI.

XIII. Constituimus, ut omne burgum refectum sit XIIII. noctibus supra rogationes.

Et omne mercatum sit intra portum.

DE MONETARIIS.

XIIII. Placuit nobis, ut una moneta sit in toto regis imperio, et nullus monetet extra portum. Si monetarius reus fuerit, amputetur ei manus, et ponatur super monete fabricam. Si inculpatio sit, et se purgare velit, eat ad ferrum calidum, et adlegiet manum adcausatam, quod non falsum fecit. Si in ordalio reus fuerit, fiat ei quod supradictum est.

In Cantuaria sint VII. monetarii; regis IIII., episcopi II., abbatis I.

In Rouecestria III.; regis II., episcopi I.

In Londonia VIII.

In Wyntonia VI.

In Lewes II.

In Hastingecestra I.

In Cirecestre I.

In Hamtona II.

In Warham II.

In Dorchecestre I.

In Sceaftsburie II.

In Exonia II., et in aliis burgis.

DE SCUTA FACIENTIBUS.

XV. Et nullus scyldwirhta, id est scutum faciens, ponat pellem ovis in scuto. Si quis hoc faciat, emendet XXX. sol.

QUOT HOMINES VEL EQUOS HABEAT, QUI CARUCAM POSSIDET.

XVI. Et omnis homo habeat duos homines cum bonis equis, de omni caruca.

DE ILLIS QUI A FURE MUNERA SUSCIPIUNT.

XVII. Si quis a fure mercedem suscipiat, et rectum alicujus adnichilet, aut pervertat, were sue reus sit.

DE EQUO LOCANDO ULTRA MARE.

XVIII. Ne quis dimittat equum ultra mare, nisi velit eum dare.

DE SERVO QUI REUS EST AD ORDALIUM.

XIX. Diximus de servo: Si reus sit in ordalio, reddatur captale simplex, et verberetur servus ille ter, vel secundam redditionem addat: et sit dimidia wita de servo.

DE SUPERSEDENTIBUS VENIRE AD GEMOTUM.

xx. Si quis gemotum, id est publicum comitium, adire supersederit ter, emendet overhyrnessam, id est subauditionem, regis, si placitum ipsum vii. diebus prenunciatum sit. Si tunc eciam rectum facere nolit, nec overhyrnessam reddere, eant seniores homines omnes, qui ad eam curiam obediunt, et capiant quicquid habet, et eum mittant per plegium. Si quis tunc nolit ire illuc cum sociis suis, emendet overhyrnessam regis. Et educatur in placito, ut pacificetur quicquid rex pacificari velit; et omnis homo cesset a furto, pro vita sua. Et qui propter hoc abstinere noluerit, eant omnes majores natu, qui adjacent ipsi curie, et capiant quicquid habet, et manus injiciat rex ad dimidium, ipsi homines ad dimidium, qui in ipso itinere sint, et ponant eum sub fidejussoribus. Si plegium non habeat, idem capiatur. Si repugnet, occidatur, nisi aufugiat. Si quis eum vindicare presumat, vel aliquem perimat, sit inimicus regis et omnium amicorum ejus. Si aufugerit, et aliquis eum interim firmabit, were sue reus sit, nisi se possit idoneare, secundum ipsius profugi weram, quod eum nesciebat flyman, id est, fugitivum esse.

DE ILLIS QUI COMPONUNT PROPTER ORDALIUM.

xxi. Si quis pro ordalio componere velit, componat in captali quod poterit, non eciam in wita; si non ille permittat ad quem pertinebit.

NE QUIS RECIPIAT ALTERIUS HOMINEM SINE LICENTIA.

xxii. Et nemo recipiat alterius hominem, sine licentia ejus cui antea servivit. Si quis hoc faciat, reddat ipsum hominem, et regis overhyrnessam. Et nemo suum hominem accusatum dimittat, donec rectum per omnia fecerit.

DE ILLIS QUI VADIANT ORDALIUM.

xxiii. Si quis judicium ferri vel aque vadiaverit, accedat ante tribus noctibus ad presbiterum, qui sanctificare debebit eum, et pascat se pane et sale et aqua et herbis, et audiat missas ipsorum singulorum trium dierum; et offerat, et eat ad sacrosanctam communicationem, ipsa die qua ad ordalium examinari debebit; et juret, quod jure publico sit innocens illius accusationis, antequam ad ordalium veniat. Et si judi-

cium aque frigide sit, tunc inmergatur una ulna et dimidia
in fune. Si ferrum calidum sit, tres noctes transeant antequam inquiratur, et videatur manus ejus.   Et persequatur
omnis homo compellationem suam prejuramento, sicut supradictum est.   Et sint utrique jejuni, ex precepto Dei et
archiepiscopi; et non sint in alterutra parte amplius quam
in alia, et hoc sit utrobique xii. homines.   Si autem accusatus
homo majorem defensionem habeat quam xii. hominum, sit
ipsum ordalium fractum in eo, nisi recedere velint ab illo.

DE ILLIS QUI PECUS EMUNT PER TESTIMONIUM.

xxiiii. Qui aliquid emit, emat cum testibus; et si appel-
landum inde sit, recipiat hoc venditor suus a quo emit, sit liber
sit servus, sit quod sit.

Et non fiat aliqua negociatio vel forensis actio die Dominica;
si quis hoc presumat, perdat ipsum captale, et emendet overhyrnessam meam.

DE CONVICTO SUPER FALSO JURAMENTO.

xxv. Qui falsum juramentum jurabit, et convictus inde
fuerit, nunquam postea juramento dignus sit, nec in sanctificato atrio aliquo jaceat, si moriatur; si non habebit episcopi
testimonium, in cujus diocesi sit, quod penitentiam exceperit.
Et presbiter hoc referat episcopo infra xxx. noctes, utrum ad
emendationem et satisfaccionem venerit.   Si non faciat hoc,
componat, sicut episcopus ei concedit.

DE PREPOSITIS ET ALIIS QUI HOC NON OBSERVANT.

xxvi. Si quis prepositorum meorum hoc efficere nolit, vel
minus inde curabit quam constituimus, emendet overhyrnessam
meam, et ego inveniam michi alium qui velit.   Et episcopus
moneat overhyrnessam illam a preposito, in cujus hoc manitione
sit.   Qui de hac institutione recedet, emendet prima vice
v. lib, alia vice weram suam, tercia vice perdat quicquid habet,
et omnium nostrum amicitiam.

Totum hoc institutum est, et confirmatum in magna sinodo
apud Greateleiam, cui archiepiscopus Wlfelmus interfuit, et
omnes optimates et sapientes, quos Æþelstanus rex congre-
gare potuit.

IV.

EPISTOLA ÆÐELSTANI AD OMNES SUBJECTOS.

DE MALEFACTORIBUS ET EOS FIRMANTIBUS.

Ego Æþelstanus rex notifico vobis, sicut innotuit michi, quod pax nostra pejus observata est quam michi placeat, vel apud Greateleiam fuerit institutum; et sapientes mei dicunt, quod hoc diutius pertuli quam debueram. Nunc inveni, cum illis sapientibus, qui apud Exoniam fuerunt mecum, in sancto Natali Domini, quod parati sunt omnino, quando velim, cum seipsis, et uxoribus, et pecunia, et omni re sua, ire quo tunc voluero, nisi malefactores conquiescant, eo tenore quo nunquam deinceps in patriam istam redeant. Et si unquam amplius inibi compareant, sint ita culpabiles sicut qui furtum in manibus habens capietur. Qui eos firmabit vel suorum aliquem, vel ad eos quenquam mittet, sui ipsius reus sit, et omnium que habebit. Et hoc igitur est, quod juramenta, et vadia, et plegia penitus superexcepta sunt, et infracta, que antea fuerant data, et nescimus alii rei credere, nisi hec sit.

DE EO QUI ALTERIUS HOMINEM INJUSTE SUSCEPERIT.

1. Et qui alterius hominem suscipiet, quem pro malefactis suis a se dimittat, et castigare non possit, reddat eum domino cui prius servivit, et regi cxx. s. Si tunc velit eum dominus diffacere, disrationet se, si possit, in conventu publico; et si culpa careat, perquirat sibi dominum quem velit in testimonio; quia concedo ut omnis qui innocens sit, serviat domino cui velit. Et prepositus qui hoc pervertet, et inde curare nolet, emendet regi suam overhyrnessam, si pernoscatur hoc in veritate, et si non possit rejicere. Et prepositus qui mercedem recipiet, et alicujus rectum propter hoc evertet, emendet overhyrnessam regis, et contumeliam habeat, sicut prediximus. Et si tainus sit, idem faciat.

Et nominentur in manunga singulorum prepositorum tot homines quot pernoscuntur esse credibiles, qui sint in testimonio singularum causarum. Et sint eorum juramenta credibilium hominum butan cyre, id est, sine eleccione.

SI PECUS INVESTIGETUR IN TERRA ALICUJUS.

II. Et si investigetur pecus in alicujus terram, educat terre dominus vestigium illud extra terram suam, si possit; si non possit, stet ipsum vestigium pro superjuramento, si aliquis compelletur ibi.

QUID OMNI DIE VENERIS PRO REGE ET POPULO SIT CANTANDUM.

III. Et decantetur omni die Veneris, in singulis ecclesiis, unum quinquagenarium psalmorum pro rege, et omni populo qui vult quod ipse.

Tam longe debet esse pax regis a porta sua ubi residens erit a IIII. partibus, hoc est tribus miliaribus, et tribus et quarentenis, et tribus acris in latum, et IX. pedibus, et IX.* ? granis ordei.

DE TRIPLICI JURAMENTO, VEL ORDALIO BLASERIORUM VEL MURDRITORUM.

Dictum est de blaseriis, et murdritoribus, ut augeatur juramentum hujus abnegationis tripliciter, et majoretur judiciale ferrum, ut appendat LX. sol. Et adeat ipse homo compellatus; et sit in arbitrio compellantis ordalium aque vel igniti ferri, quod ei carius vel complacentius erit. Si jusjurandum non direxerit et culpabilis sit, stet in seniorum hominum judicio, utrum vitam habeat aut non habeat, qui ad ipsam curiam pertinent.

DE FORFANG.

Forfang ubique, sit ab una scyra sit a pluribus, VI. d. fuit, et de omni parvo pecore semper pro solido denarius reddatur.

De forfang, id est preventione vel anticipatione, decrevimus, ut per totam Angliam idem judicium teneri debeat, hoc est, de homine XV. deñ et de equo similiter reddantur, sit ultra unum comitatum, sit ultra plures, ne impotens homo longe pro suo proprio fatigetur, et eciam nimium det. Aliquando fuit, quod forfang dabatur secundum numerum comitatuum; sed antiquum rectum est, ut de omni furtivo pecore forfangum detur secundum precium æstimatum, id est, de unoquoque solido unus denarius, sit ejusmodi pecus quod sit, si de manibus latronum excutiatur; si vero aliter inveniatur occultatum, tunc potest forfangum esse minoris precii, quia minori fuit precio conquisitum.

DE ORDALIO.

De ordalio precipimus, in nomine Dei, et precepto archiepiscopi et omnium episcoporum, ne aliquis intret ecclesiam postquam ignis infertur unde judicium calefieri debet, preter presbiterum et eum qui ad judicium iturus est. Et sint mensurati IX. pedes a staca usque ad marcam, ad mensuram pedum ejus, qui ad judicium ire debet. Et si aque judicium sit, calefiat donec excitetur ad bullitum; et sit alfetum ferreum, vel eneum, vel plumbeum, vel de argilla. Et si anfeald tyhle sit, inmergatur manus post lapidem, vel examen, usque ad priste. Et si triplex accusatio sit, usque ad cubitum. Et quando judicium paratum erit, ingrediantur ex utraque parte duo homines, et certi sint, ut ita calidum sit sicut prediximus. Introeant totidem ex amba parte, et consistant ex utraque parte judicii, de longo ecclesie; et sint omnes jejuni, et ab uxoribus suis se contineant ipsa nocte; et aspergat presbiter aquam benedictam super eos omnes, et humilient se singuli ad aquam benedictam utraque parte, et det eis omnibus osculari textum Sancti Evangelii, et signum sancte crucis; et nemo faciat ignem diutius quam benedictio incipiat, sed jaceat ferrum super carbones, usque ad ultimam collectam; postea mittatur super staplas; et non sit illic alia locutio quam ut precentur sedulo Deum Patrem Omnipotentem, ut veritatem suam in eo manifestare dignetur. Et bibat accusatus aquam benedictam, et inde conspergatur manus ejus, qua judicium portare debet, et sic adeat. Novem pedes mensurati distinguantur inter terminos. In primo signo secus stacam teneat pedem suum dextrum; in secundo, sinistrum pedem; in tercium signum quando ferrum projiciet et ad sanctum altare festinet, et insigilletur manus ejus, et inquiratur die tercia, si munda vel inmunda sit, intra sigillacionem. Et qui leges istas fregerit, sit ordalium, vel judicium, vel examen fractum in eo, reddat regi cxx. sol wite.

Wealreaf, i. e.- mortuum refere, est opus niþingi; si quis hoc negare velit, faciat hoc cum xlviii. taynis plene nobilibus.

V.

*JUDICIA CIVITATIS LONDONIÆ.

Hoc consultum est, quod episcopi et prepositi qui Lundoniensi curie pertinent edixerunt, et jurejurando confirmaverunt, in suo friþgildo, comites et villani, in adjectione judiciorum, que apud Greateleiam et Exoniam instituta sunt, et iterum apud Đunresfeldam.

ET EST IN PRIMIS,

i. Ut non parcatur alicui latroni supra xii. annos, et supra xii. đ. de quo vere fuerit inquisitum, quod reus sit, et ad negationem aliquam non possit, quin occidatur, et capiatur omne quod habet. Et excipiatur inprimis captale repetentis de pecunia ipsius; et dividatur postea superplus in duas partes, unam partem habeat uxor ejus, si munda sit, et facinoris ejus conscia non fuerit; reliquum dividatur in duas partes, dimidium habeat rex, dimidium societas. Si sit bocland, vel biscopland, i. e. terra testamentalis vel episcopalis, tunc erit media pars terre domino cum societate communis.

ii. Et qui furem occulte firmabit, et facinoris et sordis ejus conscius sit, fiat ei hoc idem.

iii. Et qui cum fure stabit et conpugnabit, cum fure deponatur.

iiii. Et fur, qui sepe forisfactus erit aperte, et ad ordalium vadat, et reus appareat, occidatur, nisi tribus sua vel dominus velit eum redimere, secundum weram suam, et pleno ceapgildo, et plegiare, quod semper in reliquum cesset a malo. Et si postea furetur, reddat eum cognatio illa justiciabilem, sicut antea ab ordalio eum ceperit, preposito, qui ad hoc pertinebit, et occidatur. Si quis obstabit, et eum eripere velit reum in

ordalio quin occidatur, vite sue culpabilis sit; nisi regem requirat, et ei vitam perdonaverit, sicut apud Greateleiam, et
Exoniam, et apud Ðunresfeldam dictum est.

v. Et qui furem vindicare velit, et evocationem faciat, vel
ad liberandum eum in via descendat, cxx. soł reus sit erga
regem. Si hominem occidat in ea vindicta, de vita forisfactus
sit, et de omnibus que habebit, nisi rex velit ei misereri.

SECUNDUM

Diximus, et unusquisque nostrum ponat unum denarium ad
nostrum commune commodum, et persolvamus omne pecus
quod captum est, postquam pecuniam nostram contulimus, et
habeamus nobis omnes eam inquisitionem communiter, et con-
ferat omnis homo denarium suum, qui habet pecus xxx. denarios valens, exceptis pauperibus viduis, que nullam in eo
culpam habent, nec terram aliquam.

TERCIUM,

Ut computemus x. homines simul, et senior ex eis ix. conservet ad omnes impletiones eorum que diximus. Et postea
ipsi hindeni obaudiant simul, et uni hindeno homini, qui illos
x. homines commoneat ad nostrum omnium commune commodum, et ille undecimus custodiat ipsorum hindenorum pecuniam, et sciat quid ipsi mittent, quando gildare debebunt, et
quid recipiant, si nobis pecunia surgat de nostra communi
locutione; sciant etiam, ut omnis executio proveniat eorum que
simul ediximus, ad nostrum omnium utilitatem, per xxx. đ.
vel unum animal hoc valens; ut hoc totum impleatur, quod in
nostra consultatione dictum est, vel in nostra prelocutione
stat.

QUARTUM,

Ut omnis homo alii sit coadjutor et investigando et coequi-
tando, eorum qui bannum hoc audiant, quamdiu vestigium
sciatur; et postquam vestigium deerit, inveniatur semper de
duabus decimis unus homo, ubi magis populi sit; sic de una
decima, ubi minus sit populi, ad equitandum vel eundum; nisi
amplius oporteat, ubi majus necesse sit, et omnes elegerint.

QUINTUM,

Ne admittatur alia vestigatio, vel a septentrionali marca vel
australi, priusquam omnis homo unam equitationem equitaverit,

qui equum habeat; et qui non habet, operetur domino, qui equitabit pro eo, vel pedes eat, donec ille domum redeat; si non possit antea consequi.

SEXTUM,

I. De nostro ceapgildo, i.e. de solvendo captali nostro, equus x. sol, si tam bonus sit. Si sit betre, i.e. melior, reddatur secundum precium appreciatum, et sicut ille comprobabit, cujus intererit; nisi testes habeant, quod tantum valens fuit, sicut dicit; et habeamus nobis superplus, quod ante constituimus.

II. Et bos una manca, i.e. xxx. d., et ovis v. d. persolvatur.

III. Diximus de servis nostris eis, qui men habent; si furetur, solvatur x. sol. Si autem gildum erigamus, ut apprecietur super hoc, secundum precium suum, et habeamus nobis superplus, quod abhinc impetrabimus. Si denique furtum faciat, ducatur ad lapidandum, sicut ante dictum est. Et mittat omnis, qui hominem habet, sic denarium, sic obolum, secundum societatis admonitionem, sicut hoc valens colligi possit. Si aufugiat, persolvatur precio vultus sui, et omnes inquiramus inde. Si assequi possimus, fiat ei sicut de servo fure dictum est, vel suspendatur.

IIII. Et ceapgildum assurgat semper super xxx. d. et ad x. s. postmodum demandabimus hoc in antea, si ceapgildum illis elevemus, pleno angildo; et sit inquisitio precedens, sicut predictum est, quamvis etiam minor sit.

SEPTIMUM

Diximus, faciat quicunque faciat, qui omnium nostrum molestiam vindicet, ut simus omnes unius amicicie vel inimicicie, sicut tunc eveniet; et qui furem ante alios homines dejiciet, sit de communi pecunia nostra melioratus per xii. d. pro incepto et effectu illo; et ipse cujus pecunia erit pro qua gildabimus, non dimittat inquisitionem istam, per nostram overhyrnessam et admonitionem cum ea, donec ad ejus gildum veniamus, et eam gratiemus pro labore suo de communi pecunia nostra, sicut dignum erit, ne forte remaneat ipsa minigunga.

OCTAVUM,

I. Ut conveniamus semper ad unum mensem, si possimus et licitum habeamus, per hindenos homines, et eos qui decimas custodiunt; sic cum buccellorum impletione, sic aliter, sicut poterimus; et sciamus quid edictorum nostrorum compleatur; et habeant ipsi xii. homines convictum suum simul, et pascant se, sicut deceat, et remanens dividant pro amore Dei.

II. Et si eveniat, ut aliqua tribus ad hoc magna sit et fortis, intra vel extra, twelhindi vel twihindi, ut rectum nostrum difforciet, ac furem defendat, adeamus omnes una cum preposito in cujus manitione sit.

III. Et etiam mittamus hinc et inde ad prepositos, et queramus ab eis auxilium de quot hominibus tunc videbitur competens, ut homo forisfactus magis timeat; et accedamus simul, et vindicemus molestiam nostram, et furem occidamus, et qui cum eo pugnabunt et stabunt; nisi discedant ab eo.

IIII. Et si vestigium minetur de una scyra in aliam, excipiant hoc qui proximiores aderunt, et educant vestigium illud, vel indicetur preposito, et ipse postea suscipiat monitione sua, et minet vestigium illud extra schiram suam, si possit; si non possit, reddat ipsum pecus uno gildo, et habeant ambe preposituræ placitum questionis hujus in communi, sit alterutrum sit, sic a septentrionali marca, sic ab australi, semper de schira in schiram omnis prepositus adjuvet alium, ad pacem omnium nostrum, per regis overhyrnessam.

V. Et item omnis homo alium adjuvet, sicut dictum est, et vadio confirmatum; et qui hoc ultra marcam dimittet, xxx. đ. reus sit, vel unius bovis, si aliquid eorum superhabeat, que in scripto nostro stant, et vaditione nostra confirmavimus.

VI. Et diximus etiam omnibus hominibus illis, qui in nostram gildscipam vadium dedit, si contingat ei mori, omnis congildo det unum panem et companagium pro anima ejus, et cantet unum quinquagenarium psalmorum, vel perquirat cantandum, infra xxx. noctes.

VII. Precipimus etiam hiremannis nostris, ut omnis homo sciat quando pecus suum habeat, et quando non habeat, in testimonio vicinorum suorum, et nobis monstret vestigium, si non possit invenire, infra tres noctes; quia credimus plures idiote non curant quomodo peculium suum agant et superfidunt in pace nostra.

VIII. Unde precipimus, ut ipse infra tres noctes vicinis suis indicet, si persolutionem velit habere, et sit tamen inquisitio procedens, sicut ante dictum est; quia nolumus aliquod pecus incustoditum, et per inobservantiam perditum reddere, nisi quod furtivum est; quia multi confingunt fraudulentes locutiones. Si vestigium nesciat ad monstrandum, [1]juramento annunciet cum' tribus vicinis suis, quod infra tres noctes ei furatum sit; et exigat postea suum ceapgildum.

IX. Nec tacendum est nec pretereundum, si dominus noster vel prepositorum nostrorum aliquis ullum augmentum excogitare possit ad nostrum friþgildum, ut hoc gratanter excipiamus, sicut nobis omnibus convenit, et nostrum necesse sit. Et in Deo confidimus et regni nostri domino, si totum hoc ita complere volumus, res tocius populi meliorabitur contra fures quam antea fuit. Et si remissius egerimus de pace et vadiis que simul dedimus, et quam rex nobis precepit, timere possumus vel magis scire, quod fures isti regnabunt, plusquam ante fecerint. [2] Sed fidem teneamus et pacem, sicut domino nostro placeat; quia magnum nobis opus est, ut insistamus et peragamus quod ipse velit; et si amplius precipiat, cum omni jocunditate et devotione parati sumus.

NONUM

Diximus de illis latronibus, qui in hredige nequeunt culpabiles inveniri, et postmodum inquiritur quod rei sunt et inmundi; dominus vel parentes eorum sic educant eos, quomodo educitur qui in ordalio contaminatus invenitur.

DECIMUM,

Quod sapientes omnes dederunt vadium suum insimul archiepiscopo apud Ðunresfeldam, quando Ælpheagus [3] Styb, et Brithnotus, Odonis filius, venerunt ad concilium ex ore regis, ut omnis prepositus vadium capiat in suo comitatu de pace servanda, sicut Æþelstanus rex apud Fefresham, et quarta vice apud Ðunresfeldam, coram archiepiscopo, et episcopis, et sapientibus, quos ipse rex nominavit, qui interfuerunt, ut judicia conservarentur, que in hoc concilio fuerant instituta; preter hoc quod ante fuit exceptum, i. e. negociatio Dominice diei, et quod, pleno testimonio et credibili, possit emi extra portum.

UNDECIMUM,

Quod Æþelstanus rex precepit episcopis suis et prepositis omnibus, in toto regno suo, ut pacem ita custodiant, sicut reci-

---

[1]' vicum *Hk. M. Br.*   [2] Si *Hk. M. Br.*
[3] Scyb *T.*

tavit, et sapientes sui. Si aliquis supersedeat, et non obtemperet, ut hoc vadium ab hiremannis, vel a subditis suis capere nolit, et patiatur occultas acciones, et de justitia non procurabit, sicut precepimus, et scriptis instituimus, perdat prepositus preposituram suam et amiciciam meam, et emendet regi cxx. sol̄; et dimidium hoc, omnis baro meus vel taynus, qui terrarius sit, et justiciam servare noluerit, sicut institui.

DUODECIMUM,

i. Quod rex dixit nunc iterum apud Witlanbirig sapientibus suis, et precepit ostendi archiepiscopo, et ceteris episcopis, quod ei miserabile videtur, quod aliquis tam juvenis occidatur, vel pro tam parva re, sicut innotuit ei quod ubique fiebat. Dixit itaque, quod ei videbatur, et eis cum quibus hoc egerat, ne aliquis occidatur junior quam quindecim annorum, nisi se defendere velit, vel aufugere, et in manus ire nolit, ut tunc deducatur, sicut majori sic in minori, [1]qualecumque sit. Si se dederit, ponatur in carcere, sicut apud Greateleiam dictum est, et per idem redimatur.

ii. Vel si *veniat in carcerem, et hominem non habeat, qui   * non *add.*? sumat eum in plegium, plena wera sua, quod omnis mali deinceps abstineat. Si cognatio sua nolit eum educere, nec ei transire in fidejussionem, tunc juret, sicut episcopus docebit eum, quod ab omni malo cessabit in reliquum, et sit in servitute pro wera sua.

iii. Precepit etiam rex, ne aliquis occidatur pro minori precio quam xii. đ. valens, nisi fugiat vel repugnet, ne dubitetur tunc, licet minus sit. Si hec ita conservemus, in Domino Deo confidimus, quod pax nostra melior erit quam antea fuit.

---

[1] qualiscunque *Br.*

*LEGES REGIS EADMUNDI.

ECCLESIASTICE.

Eadmundus rex congregavit magnam sinodum Dei ordinis et seculi apud Lundonie civitatem, in sancto Pasche solenni, cui interfuit Oda et Wulstanus archiepiscopi, et alii plures episcopi, perquirentes de consilio animarum nostrarum, et eorum qui subditi sunt illis.

DE CASTITATE ORDINATORUM.

I. Inprimis est vero, ut sanctis ordinibus evecti, qui plebem Dei docere debent lumen vite, castitatem teneant, secundum ordinem suum, sic perhades sic pifhades, sit alterutrum sit. Alioquin sint ejus digni quod in canone dictum est, hoc est, ut perdant secularem pecuniam, et sanctificatum legerstopa, i. e. positionis loca; si non convertantur et emendent.

DE DECIMIS ET ALIIS DEBITIS ECCLESIE.

II. Decimam precipimus omni Christiano, super Christianitatem suam, et emendent cyricsceatum, i. e. ecclesie censum, et elmesfech, i. e. elemosine pecuniam. Si quis hoc dare nolit, excommunicatus sit.

DE HOMICIDIO.

III. Si quis sceleratis manibus effundat sanguinem Christianum, non appareat in conspectu regis, priusquam emendationem ineat, sicut episcopus docebit, et penitentiam consulet.

DE FORNICATIONE CUM NUNNA, VEL SANCTIMONIALI, ET DE ADULTERIO.

IIII. Qui cum nunna vel sanctimoniali fornicabitur, sancti-

---

* Textus est ex *Hk.*, cum *M. T.* et *Br.* collato.

ficato atrio sit indignus; nisi emendet sicut homicida. Sic idem diximus de epbrice, i. e. adulterio vel infracto conjugio.

DE APPARITIONE ECCLESIARUM.

v. Amplius diximus, ut omnis episcopus reficiat Dei domos in suo proprio, et regem admoneat, ut omnes ecclesie Dei sint bene parate, sicut magnum nobis opus est.

DE PERJURIO ET LIBLACO.

vi. Qui falsum jurabunt, vel liblacum facient, sint in eternum a Dei consortio segregati, nisi ad dignam satisfaccionem per omnia revertantur.

SECULARES.

Ego Eadmundus rex mando, et precipio omni populo, seniorum ac juniorum, qui in regimine meo sunt, quod investigans investigavi, cum sapientibus clericis et laicis. Inprimis: quomodo possem Christianitatem magis erigere. Et magnum nobis necesse visum est, ut amicitiam nostram et boni diligentiam teneamus inter nos, in toto regno meo. Et mihi valde displicent, et nobis omnibus, multiplices et injuste pugne, que inter nos ipsos fuerint; unde diximus:

i. Si quis posthac hominem occidat, ipse sibi portet inimicitie faccionem; nisi amicorum suorum auxilio, intra unum annum, persolvat eum pleno weregildo, sit natus sicut sit. Si eum cognatio sua deserat, et pro eo gildare nolit, tunc volo, ut omnis tribus vel cognatio illa sit extra faccionem, preter solum malefactorem; si deinceps ei nec victum det nec pacem. Si quisquam cognationis sue firmet eum postea, reus sit omnium que habebit erga regem, et portet faidiam erga contribules mortui; quia primitus reprobaverat eum. Si ex mortui cognatione quis vindictam perpetret in aliquem alium, preter ipsum malefactorem, sit inimicus regis et omnium amicorum ejus, et perdat totum quicquid habet.

ii. Si quis ecclesiam requirat, vel burgum meum, et ibi assaliatur vel affligatur; qui hoc fecerint, sint ejusdem culpabiles quod supra dictum est.

III. Et nolo ut aliqua fihtepita vel manbota condonetur.

IIII. Amplius indico, quod qui sanguinem fundet humanum, nolo socnam habere in familia mea, antequam divinam emendationem susceperit, et ad omne rectum inclinetur, sicut episcopus docebit, in cujus scira fuerit.

V. Et jam gratias ago Deo, et vobis omnibus, qui bene juvatis me de pace, quam pro furtis nuper instituimus; et ideo confido, quod adjuvare velitis ad eam tanto melius, quanto magis opus est nobis ut conservata sit.

VI. Item diximus de mundbryce et hamsocna; qui deinceps hec egerit, perdat omne quod habebit, et sit in arbitrio regis an vitam habeat.

VII. Sapientum est sedare faccionem. Inprimis, juxta populi lagam, debet prolocutor occisoris in manum dare cognationi, quod rectum ei per omnia faciet. Deinde oportet, ut prolocutori detur in manum, quod interfector audeat accedere cum pace, et ipse weram vadiare. Et quando vadiaverit eam, inveniat were plegios. Postquam hoc factum erit, erigatur inter eos pax regis: ab illa die in vicesimum primum diem reddatur halsfangium; inde ad vicesimum primum diem manbota; inde ad vicesimum primum diem reddatur ipsius were frungildum.

DE SPONSALIBUS CONTRAHENDIS TEMPORE REGIS EADMUNDI.

I. Si quis virginem vel viduam ducere velit, et hoc illi placeat, et amicis suis; tunc rectum est, ut bridguma, per Dei justitiam et seculi jus, competens in primis promittat et vadiet eis qui paranimphi sunt, quod eo modo querat eam, ut secundum Dei rectum pertinere velit, sicut sponsus debet legitimam sponsam: et plegient hoc amici sui.

II. Postea sciendum est cui foster leanum pertineat: vadiet hoc bridguma, et plegient amici sui.

III. Postea dicat bridguma, i. e. sponsus, quid ei dare disponat, cur ejus eligat voluntatem, et quid ei destinet, si supervixerit ipsum.

IV. Si sic quoque conveniat, rectum est, ut dimidiam pecuniam habeat, et totam, si simul puerum habuerint; nisi deinceps virum capiat.

V. Totum hoc vadio confirmetur, et amici sui plegient.

VI. Si tunc in omni re concordent, adeat cognatio, et despondeat eam to wive and to riht live, i. e. in uxorem et rectam vitam, et excipiat inde plegium, qui jus habet in vadio.

VII. Sed si de ipsa terre velit eam ducere, in terram alterius tayni, consilium est, ut amici habeant pactionem, ne quis ei faciat injuriam; et si illa forisfaciat, ut possint esse propinquiores emendationi; si non habeat unde componat.

VIII. Huic dationi debet interesse presbiter, qui cum Dei benedictione debet eorum consortium adunare in omnem sanctitatem.

IX. Bonum est etiam previdere, ne ex aliqua consanguinitate sibi pertineant; ne juste postmodum separentur, qui sceleratis nupciis convenerunt.

LEGES REGIS EADGARI.

***

[*] HOC EST JUDICIUM QUALITER HUNDRETUM TENERI DEBEAT.

I. Inprimis, ut conveniant semper ad IIII. ebdomadas, et faciat omnis homo rectum alii.

II. Si necesse sit in manibus, indicetur hominibus hundreti, et ipsi postea denuncient hominibus decimarum; et eant omnes pariter quo Deus annuerit ut invenire possint; et faciant furi rectum suum, sicut prius Eadmundi regis fuit institutum. Et reddatur ceapgildum ei cujus pecus est, et reliquum in duo dividatur, dimidium hundreto, dimidium domino, preter homines; et habeat eos dominus suus.

III. Si quis supersedeat, et hundreti judicium reprobet, ut in eum denique recitetur; det hundreto XXX. đ, et secunda vice LX. đ, dimidium hundreto, dimidium domino. Si tercio quis faciat, det X. soł: ad quartam vicem, perdat omne quod habet, et sit utlaga, id est exul vel exlex, nisi rex ei patriam concedat.

IIII. Diximus de ignotis pecoribus, ut nemo habeat sine testimonio hominis hundreti, vel hominum decimalium, et sit hoc bene credibile; et nisi alterutrum habeat, nolumus ei permittere cenningam aliquam.

V. Amplius diximus: si hundretum minet vestigium in aliud hundretum, ut notificetur homini ipsius hundreti, et idem cum eo vadat; si hoc pretermittat, emendet regi XXX. soł.

VI. Si quis rectum declinet vel aufugiat, persolvat angildum, qui eum tenuit ad damnum illud. Et si compellabitur, quod eum emiserit, adlegiet se, sicut in terra lex est.

***

[*] Textus est ex *Hk.*, cum *M. T.* et *Br.* collato.

VII. In hundreto, sicut in omni placito, volumus, ut rectum et jus publicum judicetur in omni causa, et adterminetur quando hoc impleatur. Et qui terminum illum infregerit, nisi sit pro banno domini, vel infirmitate monstrabili, XXX. sol emendet, et ad constitutum diem faciat quod ante debuerat.

VIII. Pecoris [1]tintinnum, et canis hoppa, et blauhornum, horum trium singulum est unum solidum valens, et unumquodque reputatur melda, id est manifestatio.

IX. Ferrum quod facit ad triplex ordalium debet ponderare LX. sol.

I.

[a] Hoc est institutum quod Eadgarus rex, consilio sapientum suorum, instituit, Deo ad gloriam, et sibi ad regiam dignitatem, et genti sue ad commodum.

DE DEBITIS SUIS ECCLESIE REDDENDIS.

I. Primum est, ut ecclesie Dei recti sui digne sint, et reddatur omnis decimatio ad matrem ecclesiam, cui parochia adjacet, de terra taynorum et villanorum, sicut aratrum peragrabit.

SI TAINUS HABET ECCLESIAM UBI SIT CEMETERIUM, VEL NON—DE CYRICSCEATTIS.

II. Si quis taynorum sit, qui in feudo suo ecclesiam habeat, ubi cemeterium sit, det ei terciam partem decime sue. Si non sit ibi atrium, det, ex suis novem partibus, presbitero quod vult; et eat omne cyricsceatum ad matrem ecclesiam de omni libera domo.

DE TERMINO DECIMANDI.

III. Et omnis decimatio juventutis reddita sit ad Pentecosten, et terre frugum ad equinoccium, et omne cyrisceatum ad festum Sancti Martini, per plenam forisfacturam, quam

---

[1] MSS. ticinnum et titinnum.

---

[a] Textus est ex *Hk.*, cum *M. T.* et *Br.* collato.

judicialis liber docet. Si quis decimam dare nolit, sicut diximus, adeat prepositus regis, et episcopi, et sacerdos illius ecclesie, et reddant ecclesie, cui pertinebit, decimam suam, et nonam partem dimittant ei, qui decimam suam detinuit: et octo partes in duo dividantur, dimidium domino, dimidium episcopo, sit homo regis, sit homo tayni.

DE NOLENTE DECIMAS DARE.

IIII. Et omnis heorð-peni reddatur ad festum Sancti Petri, et qui non persolverit ad terminum illum, deferat eum Romam, et eciam xxx. ð, et afferat inde significationem, quod tantum ·ibi reddidit; et cum redierit domum, emendet cxx. sol. Et si iterum reddere nolit, deferat eum Romam iterum, et eandem emendationem, et cum redierit, emendet cc. sol regi. Ad terciam vicem, si adhuc non reddiderit, perdat totum quod habebit.

DE SOLENNITATIBUS ET JEJUNIIS OBSERVANDIS.

v. Et sollenne diei Dominice conservetur, ab hora nona Sabbati usque ad lucidum diei Lune, super forisfactura, quam liber judiciorum docet; et omnis alia festivitas, sicut a sacerdote nunciabitur; et omne indictum jejunium cum omni devotione servetur.

II.

INSTITUTIO SECULARIS.

I. Hæc est institutio secularis, quam volo per omnia teneri. Volo ut omnis homo sit dignus juris publici, pauper et dives, quicunque sit, et eis justa judicia judicentur; et sit in emendationibus remissio venialis apud Deum, et apud seculum tolerabilis.

NE QUIS REGEM REQUIRAT, NISI RECTUM EI NEGETUR; ET DE FORISFACTURA.

II. Et nemo requirat regem, pro aliqua causa, nisi domi negetur ei omne dignum recti, vel rectum impetrare non possit. Si rectum grave nimis est, postea querat inde veniam apud regem: et de nulla emendabili re forisfaciat homo plusquam weram suam.

DE JUDICIBUS INJUSTE JUDICANTIBUS.

III. Et judex, qui injustum judicium judicabit alicui, det regi cxx. sol; nisi jurare audeat, quod rectius nescivit: et admanniat scyre presul emendam illam ad manum regis.

SI QUIS ALIUM SUPERDICERE PRESUMPSERIT.

IIII. Et qui aliquem injuste superdicere presumat, unde vita vel commodo pejor sit, lingue sue reus erit, si accusatus se idoneare, et accusationem falsare poterit; nisi redimat se wera sua.

DE HUNDRETO, ET BURGHMOTO, ET SCYREMOTO.

V. Et requiratur hundretum, sicut antea fuit institutum: et habeatur in anno burgmotus ter, et scyremotus bis; et intersit presul comitatus et aldremannus, et utrique doceant Dei rectum et seculi.

DE PLEGIO ET PLEGIATO.

VI. Et omnis homo inveniat sibi plegium, et idem custodiat et ducat eum ad omne rectum; et si quis injuriam faciat et aufugiat, portet plegius quod ille portare debuerat. Si latro plegiatus aufugiat, et plegius infra XII. menses possit eum rehabere, reddat eum ad rectum, et rehabeat quicquid ante propter hoc dederat.

DE INCREDIBILI ET EI PARCENTI.

VII. Et qui fuerit accusationibus infamatus, et populo incredibilis, et hec placita declinaverit, videatur de placito qui mittantur ad eum, et inveniat etiam sibi tunc fidejussores, si possit; si non possit, exsuperetur quibus modis poterit, sic vivus sic mortuus, et capiatur omne quod habebit, et reddatur repetenti captale suum semel, et reliquum habeat dominus dimidium, hundretus dimidium. Et si aliquis, vel cognatus vel extraneus, illuc ire negaverit, emendet regi cxx. sol: et querat fur quicquid querat, vel qui de morte domini sui cogitaverit, nunquam sibi vitam perquirat.

DE MONETA, ET MENSURA, ET PONDERE.

VIII. Et sit una moneta per totum regis imperium, et nemo sonet eam; et mensura, sicut apud Wincestriam habetur. Et eat pondus lane pro dimidia libra, et nemo carius vendat eam.

ˢ INSTITUTIONES
ÆTHELREDI REGIS.

I.

Hoc est consilium quod Æþelredus rex et sapientes sui condixerunt, ad emendationem et augmentum pacis, omni populo, apud Wudestocam in Mircena lande, id est, in terra Mircenorum, post Anglie lagam; hoc est:

DE ACCUSATO ET EJUS PLEGIO, VEL DOMINO; ET UT OMNIS DOMINUS FAMILIAM SUAM IN PLEGIO HABEAT.

1. Ut omnis liber homo habeat credibilem plegium, qui eum ad omne rectum presentet, si fuerit accusatus. Si tyht-bysig sit, id est accusationibus infamatus, ad triplex ordalium vadat. Si dominus ejus dicat, quod neutrum ei fregit, vel aþ vel ordel, postquam consilium fuit apud Brundonam, assumat idem dominus sibi duos credibiles taynos in ipso hundreto, et juret, quod nunquam jusjurandum fregit, nec furigildum persolvit; nisi talem prepositum habeat qui dignior eo sit, ut hoc facere possit. Si jusjurandum procedat, eligat accusatus quod horum voluerit, vel simplex ordalium, vel jusjurandum unius libre, in tribus hundretis, super xxx. denarios. Si jurare pro eo non audeant, vadat ad triplex ordalium. Et si culpabilis erit, in prima vice reddat compellatori duplo quod repetit, et domino suo weram suam, et mittat credibiles plegios, quod omnis mali deinceps se abstineat. Ad secundam vicem, non sit alia emendatio nisi caput. Si aufugiat et ordalium vitet, reddat plegius ejus captale suum repetenti, et domino weram suam, qui ea dignus sit. Et si dominus ejus accusetur, quod consilio suo fugerit, et antea malum fecerit, assumat secum v. taynos, et idem sit sextus, et ladiet se. Et si lada procedat,

---

ˢ Textus est ex *T.*, cum *Hk. M.* et *Br.* collato.

sit were sue dignus. Si non procedat, habeat rex weram, et sit ipse fur utlagatus apud omnem populum. Et habeat omnis dominus familiam suam in plegio suo. Sin autem accusetur aliquis, et aufugiat, emendet dominus regi weram hominis accusati. Et si dominus accusetur, quod consilio suo fugerit, ladiet se cum v. taynis, et idem sit sextus. Si lada frangat ei, reddat regi weram suam; et sit homo forsbannitus apud omnes.

Et habeat rex forisfacturas omnium eorum qui liberas terras habent; nec componat aliquis pro ulla tyhtla, si non intersit testimonium prepositi regis.

DE SERVIS QUI CULPABILES IN ORDALIO APPARENT.

II. Et si servus culpabilis appareat in ordalio, signetur in prima vice; ad secundam vicem non sit illic alia emendatio quam capitalis.

QUI EMERIT ET CAMBIAVERIT SINE PLEGIO ET TESTIBUS.

III. Et nemo alterutrum faciat, vel emat, vel cambiet, nisi plegium habeat et testes: si quis hoc presumat, capiat illud terre dominus, et custodiat pecus illud, donec sciatur cujus sit secundum rectum.

DE EO QUI HIIS INSTITUTIS NON CONSENSERIT.

IIII. Et si aliquis hominum sit, qui omni populo sit incredibilis, adeat prepositus regis, et mittat eum sub plegio, ut ad rectum perducatur eis, qui compellabunt eum. Si tunc plegium non habeat, occidatur, et cum dampnatis inhumetur. Si quis eum disforciet, sint ambo unius recti digni. Et qui supersederit, et parvipendet, vel complere nolet, sicut omnium nostrum est institutum, emendet regi cxx. solidos.

II.

Hec sunt verba pacis, et prolocutiones, quas Æþelredus rex, et omnes sapientes ejus cum excercitu firmaverunt, qui cum Analavo et Justino, et Guðmundo, Stegitaini filio venit.

DE PACE.

I. Hoc inprimis, ut pax mundi stet inter Æþelredum regem, et omnem populum ejus, et omnem exercitum, cui rex pecuniam suam dedit, post elocutiones, quas Sigericus archiepiscopus, et Æþelredus aldremannus, et Ealfricus aldremannus fecerunt, postquam impetraverunt a rege, quod possent illi parciuncule pacem emere, quam sub manu regis superhabebant. Si navalis exercitus Angliam infestet, ut habeamus omnium eorum auxilium; et ministrabimus eis victum, quamdiu nobiscum erunt. Et omnis terra, que aliquem eorum manuteneat, qui Angliam inquietant, sit exlex apud nos et omnem exercitum.

DE NAVE ADVENE INSTITORIS, SI IN PORTUM VENERIT.

II. Et omnis ceapscip, i. e. navis institoris, pacem habeat, que in portum veniet, licet navis sit inimicorum, si non sit abacta tempestatibus. Et licet abacta sit, et applicetur ad aliquam curiam pacis, et homines evadant in ipsam curiam, pacem habeant, et quod attulerint secum.

DE FRIÐMANNO REGIS.

III. Et omnis friðmannus noster pacem habeat, in terris et aquis, et intra portum et extra. Si regis Æþelredi friðmannus veniat in unfriðland, i. e. in hostilem terram, et exercitus adveniat, pacem habeat navis ejus et omnis pecunia ejus. Si navem suam extraxerit, vel tuguriolum congerat, vel papilionem tendat, habeat inibi pacem, et tota pecunia sua. Si pecuniam suam inter pecuniam unfriðmannorum, i. e. pacem non habentium, in domo mittat, perdat pecuniam suam, et ipse tamen pacem habeat, et vitam, si se manifestat. Si friðman, i. e. homo pacis, fugiat vel repugnet, et se nolit indicare, si occidatur, jaceat ungeld, i. e. insolutus.

DE ROBATO IN NAVE.

IIII. Si homo sit de pecunia sua robatus, et sciat in qua navi, reddat steoresman, i. e. gubernator, pecuniam illam, vel cum IIII. juret, et idem sit quintus, quod per rectitudinem cepit, sicut antea prolocutum erat.

SI ANGLICUS LIBER DACUM LIBERUM OCCIDAT, VEL E CONVERSO.

v. Si Anglicus homo Dacum occidat, liber liberum, persolvat eum xxv. lib, vel ipse malefactor reddatur; et tantum dabit Dacus de Anglico, si eum occidat. Si Anglicus Dacum servum occidat, reddat eum xx. s.; et Dacus similiter Anglicum reddat, si occidat eum. Si Eahta men occidantur, pertineat infractio pacis intra curiam vel adjacentias ejus. Eahta men persolvantur plena wera.

DE INFRACCIONE PACIS INFRA BURGUM ·REGIS.

vi. Si intra burgum regis fiat infraccio pacis, adeant burgenses, et conquirant illum malefactorem, vivum vel mortuum, proxima cognatio ejus, caput pro capite. Si nolint, adeat aldremannus: si nolit, rex: si nolit, sit pars illa preter pacem.

De omni homicidio, et omni robaria, et omnibus incendiis, que facta sunt antequam pax fuerat instituta, totum dimittatur, et nemo vindictam, vel emendationem exigat. Et ut nec ipsi neque nos alterius servum vel inimicum receptemus.

DE COMPATRIOTA FURTI VEL HOMICIDII ACCUSATO; ET SI HOMO SCEIÐMANNI PECUNIAM NOSTRAM OCCIDERIT.

vii. Si dicatur in compatriota, quod furtum fecerit, vel hominem occiderit, et hoc dicat unus sceiþmannus, et unus laodesmannus, tunc non sit aliqua negatione dignus. Et si homines eorum occidant pecuniam nostram, utlage sint apud nos et illos, et non admittantur ad emendationem. Viginti duo milia librarum auri et argenti data fuerunt exercitui de Anglia pro pace.

SI RES AMISSA DEPREHENDATUR.

VIII. Si quis deprehendat quod amisit, advocet inde ille, cum quo deprehenditur, unde venerit ei, et mittat in manum, et det plegium, quod adducet advocatum suum. Si viventem warantem vocet, et sit in alia scira quem vocat, terminum habeat, qui ad hoc pertinet. Mittat in manum venditoris, qui vendidit ei, et roget ut mundificet et acquietet eum, si possit. Si recipiat, tunc acquietat eum, cum quo fuerat deprehensum. Appellet deinceps unde venerit ei. Si advocet ultra unam sciram, habeat terminum, i. e. ebdomadam : si advocet ultra duas sciras, habeat duas septimanas de termino. Et ad quot sciras cennabit, totidem habeat septimanas de termino ; et veniat ubi primitus fuit interciatus.

DE ADVOCATIONE ET TERMINO GUARANDI INVENIENDI.

IX. Aliquando fuit, quod ter advocandum erat ubi prius aliquid interciabatur, et deinceps eundum cum advocante, quocunque advocaret. Unde consuluerunt sapientes, quod melius erat, ut saltem advocaretur ubi deprehendebatur, donec innotesceret in quo stare vellet; ne forte impotens homo longius et diutius pro suo laboraret, et ut vexetur magis qui injuste conquisitum habeat in manibus, et minus qui juste prosequitur. Admoneat eciam eum ille, qui suum prosequitur, ut ad singulas appellationes habeat credibile testimonium, et caveat ne injuste interciet; ne per hoc disturbetur, sicut alium disturbare cogitaverat. Si mortuum hominem advocet, si non habeat heredes, qui purgent eum, manifestet hoc cum testibus, si possit, quod recte advocet, aut id per se purget. Tunc erit mortuus in culpa, nisi amicos habeat, qui eum mundificent, sicut idem faceret, si posset et viveret. Si tunc amicos habeat, qui audeant hoc facere, tunc deficit advocatio, sicut si ille viveret ac negaret. Et habeatur furti reus ille qui in manibus habet; quia semper est negatio fortior quam affirmatio. Etiam inter advocandum, si quis hoc incipiat, nec ultra advocet, si propriare sibi velit, non potest hoc ei jure denegari, si credibile testimonium locum ei faciat accedendi; quia propriatio propinquior semper est possidenti quam repetenti.

III.

Hæ sunt leges, quas Æþelredus rex et sapientes sui constituerunt apud Wanetingum, ad emendationem
pacis, et felicitatis incrementum.

i. Id est, ut pax ejus firma sit, sicut prius exstitit in diebus
antecessorum suorum, et preter emendationem sit infractio
pacis, quam per manum suam dabit; et pax quam aldermannus,
vel prepositus regis, in v. burgorum geþincða dabit, emendetur
xii. libris; et pax que dabitur in unius burgi þincþa, emendetur vii. hundretis; et ubi dabitur in wapentako, emendetur
infracta pax i. hundreto; et pax que dabitur in ealahus,
emendetur de homine occiso vi. dimidiis marcis, de vivo xii.
oris.

ii. Et hoc quod per legitimum testimonium monstrabitur,
nemo pervertat, de vivo plusquam de mortuo. Et eat omnis
homo ad testificandum illud, unde possit, et velit, et audeat in
sanctuarium jurare, quod ei dabitur in manibus.

iii. Et landcopum, et domini donum, quod per rectum
habeat dari, et lahcopum, et witword, et gewitnessam, hoc ita
permaneat ut nullus evertat. Et habeantur placita in singulis
wapentakis; et exeant seniores xii. tayni, et prepositus cum
eis, et jurent super sanctuarium, quod eis dabitur in manus,
quod neminem innocentem velint accusare, vel noxium con-
celare. Et capiantur accusati, qui cum preposito causam
habent, et omnis eorum det vi. dimidias marcas vadii, dimidium domino ipsius terre, dimidium wapentako. Et omnis
emat sibi lagam xii. oris, dimidium landesrico, dimidium
wapentako. Et omnis infamatus homo vadat ad triplex ordalium, vel reddat quadruplum.

iiii. Si dominus tunc velit eum purgare, cum duobus bonis
taynis, quod nunquam furigildum reddidit, postquam consilium
fuit apud Brundonam, nec accusatus fuerit, vadat ad triplex
ordalium, vel persolvat triplum. Si tunc sit inmundus, per-
cutiatur, ut collum ei frangatur. Et si vitet ordalium, reddat
semel captale suum repetenti, et terre domino xx. oras, et eat

rursus ad ordalium; et si agenfria venire nolit ad ordalium videndum, reddat viginti oras, et perdat placitum suum; et ille tamen eat landesrico, id est, terre domino, ad ordalium, vel reddat duplum.

v. Et si quis habeat pecus sine plegio, et dominus tunc hoc percipiat, reddat ipsum pecus et emendet xx. oris.

vi. Et omnis ¹accusator, vel qui alium impetit, habeat optionem quid velit, sive judicium aque vel ferri. Et omnis advocatio, et omne ordalium sit in curia regis; et si fugiet ab ordalio, reddat eum plegius wera sua.

vii. Et si quis furem innoxiare velit, unum hundretum in vadio ponat, dimidium tunc domino, dimidium preposito regis intra portum, et adeat triplex ordalium. Si mundus sit in ordalio, diffodiat cognatum suum: si vero sit inmundus, jaceat ipse fur ubi jacebat, et alius reddat.

viii. Et omnis monetarius, qui accusabitur, quod falsum fecit, postquam interdictum fuit, adeat triplex ordalium; et si culpabilis sit, occidatur. Et nullus habeat aliquem moneta-rium, nisi rex. Et omnis monetarius, qui infamis sit, redimat sibi lagam xii. oris.

ix. Et nemo pecus aliquid occidat, si non habeat duorum hominum credibilium testimonium; et custodiat corium ejus iii. noctes, et caput; et ovis similiter. Et si corium antea vendat alicui, reddat xx. oris.

x. Et omnis flyma sit flyma in omni terra, qui fuerit in una.

xi. Et nemo habeat socnam super taynum regis, nisi solus rex.

xii. Et de placito regis ponatur vadium vi. dimidie marce; comitis et episcopi vadium xi. ore.

xiii. Et si aliquis accusetur, quod paverit eum, qui pacem domini nostri fregerit, ladiet se mid þrinna xii., i. e. cum ter xii., qui faciunt xxxvi.; et prepositus nominet ipsam ladam. Et si inveniatur cum eo, sint ambo unius rectitudinis digni.

---

¹ MSS. accusatus.

Et judicium stet ubi tayni consenserint; si dissideant, stèt quod ipsi VIII. dicent; et qui supervicti erunt ex eis, reddat unusquisque VI. dimidias marcas. Et ubi taynus habet duas optiones, amicitie vel lage, et amiciciam eligit, stet hoc ita firmum sicut ipsum judicium. Et qui super id ladam prorogat, vel qui dat, reddat VI. dimidias marcas.

XIIII. Et qui robaverit hominem in luce diei, et in tribus villis indicabit, non habeatur simile ac si concelasset.

XV. Et qui permanet, sine cravatione et calumpnia, in pace sua, dum vivit, nemo super heredes ejus loquatur inde post mortem.

*SENATUS CONSULTUM

DE

MONTICOLIS WALIÆ.

Hoc est consilium quod Anglie sapientes et plebis Walie consiliarii inter Dunsetas habuerint; hoc est:

DE VESTIGIO FURATI PECORIS MINANDO.

I. Si vestigium furati pecoris minetur de loco in locum, tunc commitatur ipsum vestigium land hominibus, vel cum marca monstretur, quod rectum prosequantur. Et recipiat illud in cujus terra deducetur, et habeat inquisitionem, et inde ad IX. dies reddat ipsam pecuniam, vel vadium ponat ipsa die, quod valeat quesitam et investigatam pecuniam sesquialteram, vel inde ad IX. dies ipsum vadium redimat, recta persolutione. Si dicatur, quod vestigium illud injuste minetur, tunc debet homo, qui per vestigium sequitur, ad locum ducere, et ibi se sexto ungecorenra, i. e. non electorum, qui credibiles tamen sint, jurare, quod in recto publico, super illam terram loquatur, sicut pecunia super eam venit.

QUO TERMINO RECTUM FACIAT ALIUS ALII, ET DE LADA INTER WALOS ET ANGLOS.

II. Semper ad IX. noctes decet inter stationes, ut rectum faciat alius alii, et de lada et de alia causa, que inter eos sit. Non stat alia lada, i. e. purgatio de tyhla, i. e. compellatione, nisi ordalium inter Walos et Anglos; nisi pati velint de utraque steðe in aliam posse namiari, si non aliter rectum possit adquiri.

DE NAMO.

III. Si namum capiatur de alicujus pecunia, pro alterius causa, perquirat ille namum pro quo captum est, vel de suo

---

proprio restituat ei, cujus pecunia [1]capta est. Postea vel coactus rectum faciat, qui antea gratis noluit. Duodecim lahmen, i. e. legis homines, debent rectum discernere Walis et Anglis, VI. Walisci, et VI. Anglici; et perdant omne quod suum est, si injuste judicent, vel se adlegient, quod rectius nescierunt.

SI LADA DEFICIAT ANGLICO VEL WALISCO.

IIII. Licet in furti compellatione lada deficiat Anglico vel Walisco, reddat angildes unde fuerat accusatus. De alio gildo nichil reddat, vel de wita.

SI WALISCUS ANGLICUM OCCIDAT, VEL E CONVERSO.

v. Si Waliscus Anglicum occidat, non cogitur eum super reddere, nisi dimidio weregildo; nec Anglicus Waliscum, sit de tainis, sit de villanis oriundus; dimidia wera cadit ibi.

DE TRANSITIONE ANGLICI IN WALIAM.

VI. Non licet alterutrum transire, vel Waliscum in Angliam, vel Anglicum in Walias, nisi residentes homines terre, hi debent eos ad statum recipere, et item inde sine facno reducere. Si landman, i. e. homo patrie, alicujus facinoris conscius fuerit, wite sue culpa sit, nisi se adlegiet de conscientia illa. Sic omnis qui cooperans, vel conscius sit, ubi unlandiscus homo inlandiscum derie, i. e. extraneus indigene noceat, adlegiet super conscientia illa, secundum precium captalis, et hoc jurejurando electo, quod dicitur cyreað: et qui eum impetit, inducat causam suam mid foraðe, i. e. cum prejuracione. Si lex ista deficiat, reddat twygilde, i. e. duplo gildo, et domino witam suam.

DE PRECIO CUJUSLIBET ANIMALIS SI AMITTATUR.

VII. Equus debet reddi XXX. sol, vel secundum id negari; equa XX. sol, vel per id negari; et winter-steal, et wilde-weorf, XII. sol, vel ita negari; bos XXX. đ; vacca XXIIII. đ; porcus VIII. đ; homo XX. sol; ovis I. sol. Cetere res ungesepene, i. e. non vise, possunt juramento comprobari, et secundum hoc reddi; capra II. đ.

---

[1] capta *T.*, causa *Hk.* et *M.*

SI PECUS INTERCIETUR ULTRA FLUMEN.

VIII. Si pecus intercietur, et ultra flumen advocetur, tunc ponatur inborh, vel underwed mittatur, ut placitum illud finem habeat. Qui sibi repetit, det VI. sol jusjurandum, quod ita sibi attrahat, sicut ei furatum fuit: et qui advocat, unus et solus juret, quod ad manum illam vocet que vendidit ei. Si quis trans flumen propriare sibi velit, tunc erit hoc per ordalium. Similiter debet Anglico Waliscus rectum facere.

DE WENSETE ET DUNSETE.

IX. Aliquando Wentsete parebant in Dunsetas, sed pertinet rectius ad Westsexam: illuc debent gabli plegios dare. Et Dunsetis expedit, si rex concedat, ut saltem friðgyslas, i. e. pacis obsides, habeant.

LEGES REGIS CNUTI.

---

* Hec sunt instituta Cnuti, regis Anglorum, Danorum, et Norwegarum, venerando sapientum ejus consilio, ad laudem Dei, et suam regalitatem, et commune commodum habita, in sancto Natali Domini, apud Wintoniam, diligenter ac fideliter in Latinum translata, compendiosa brevitate, cum simplicitate lucida, velut suis asteriscis illustrata, unde quantam rerum et verborum affinitatem, paucorum adjectione vel omissione curaverim, facile sobrius lector agnoscet.

LEGES ECCLESIASTICE.

DE DILECTIONE DEI ET DOMINI SUI.

I. Inprimis est, ut Deum et Dominum nostrum tota mente diligamus, honoremus, et unam Christianitatis sancte fidem catholicam orthodoxe teneamus.

DE PACE ECCLESIARUM, ET DE INFRACTIONE PACIS EARUM.

II. Et sanctam Dei ecclesiam pacificare, custodire, frequentare, ad nostram semper utilitatem gaudeamus. Omnis ecclesia sub propria Dei Omnipotentis protectione consistit, et Christianis omnibus magnam super his reverentiam exhibere convenit; quia pax Dei super omnem pacis actionem specialius exoptanda, propensius est observanda, et postea regis. Et valde justum est, ut ecclesie pax intra parietes suos, et pax Christiani regis, quam manu sua dederit, semper inconvulsa permaneat: quicunque alterutrum perfregerit, de vita et omnibus in misericordia regis sit. Si quis amodo pacem ecclesie Dei violabit, ut intra parietes ejus homicidium faciat, hoc inemendabile sit, et persequatur eum omnis qui Deum

---

* Textus est ex *T.*, cum *Hk.* et *Br.* collato.

diligit, nisi contingat, ut, per aliquod pacis confugium, rex ei vitam concedat, plenis emendationibus erga Deum et homines. Et hoc tunc inprimis sit: ut precium natalis sui Christo persolvat et regi, et per hoc se inlegiet ad emendandum: si tunc ad emendationem veniat, et rex ita patiatur, emendet ecclesie pacem in ipsam ecclesiam, plena regis mundbryce, et reconciliationem ecclesie querat, sicut ad eam pertinebit; et megbotam et manbotam plene reddat; et saltem apud Deum sedulo componat.

DE MULCTA PRO DIGNITATE ECCLESIE CONFERENDA.

III. Si vero aliter, sine interfectione, pax ecclesie fracta sit, emendetur secundum quod acciderit, sit per pugnam, sit per robariam, sit per id quod sit. Emendetur primitus infractio pacis in ipsam ecclesiam, juxta quod culpa fuerit, et ipsius ecclesie dignitas; quia non omnes ecclesie parem emendationis dignitatem habent, licet eandem sanctificationis benedictionem consequantur. Capitalis ecclesie pacis infractio, in rebus emendabilibus, est sicut infractio regie pacis, i. e. quinque lib in Anglorum lege; mediocris ecclesie cxx. sol, i. e. wita regis; et adhuc minoris, ubi parva parochia sit, et atrium tamen sit, LX. sol; et campestris ecclesie, ubi atrium non sit, xxx. sol.

DE DIGNITATE SACERDOTUM, ET ACCUSATIONE EORUM.

IIII. Christianis omnibus sincere convenit, sanctuaria, et ordines, et Deo dicata loca, summa discretione, et tota devotione pacificare, custodire, venerari, juxta modum singulorum: et qui scit intelligat, magnum est et mire precipuum, quod ad velle Dei, pro salute populi faciendum, creditur sacerdoti, et magna conjuratio, multaque benedictio est, que propellit diabolum, et in fugam redigit, quociens divina cooperante potentia, beatorum spirituum prosequente custodia, per manus temporalium sacerdotum, sacri baptismatis, vel eucharistie sacrosancta misteria, celebrantur.

DE PURGATIONE ORDINATORUM.

v. Si contingat sacerdotem regulariter viventem aliqua criminum compellatione pulsari, missam celebret, ac sancta

communione se purget, solus solum, si compellatio simplex sit :
et in triplici calumpnia, cum duobus sui ordinis. Diaconus
regularis, in simplici compellatione, cum duobus sui ordinis; in
triplici, cum vi. diaconibus se adlegiet. Plebeius sacerdos, qui
regularem vitam non habet, purget se sicut regularis diaconus.
Si quis altari ministrantium accusetur, et, amicis destitutus,
consacramentales non habeat, vadat ad judicium, id est ad
panem conjuratum, quod Anglice dicitur corsned, et fiat sicut
Deus velit; nisi super sanctum corpus Domini permittatur ut
se purget. Si quis ordinatus homicidii particeps, consilio vel
auxilio, fuisse compelletur, purget se cum parentibus suis,
quorum interest occisionis factionem tolerare vel emendare. Si
parentes non habeat, cum sociis se purget, vel jejunium ineat,
si opus sit, et applicetur ad corsned, et fiat inde voluntas Dei.
Monachus ecclesiasticus non debet aliquam de homine occiso
persolutionem exigere vel emendare; quia cognationis sue
legem exiit, cum se regularis conversationis discipline manci-
pavit. Si sacerdos aliquando falsus testis vel perjurus extiterit,
vel furtum fecerit, vel in aliquo consenserit, deponatur, et
omnium bonorum societate et dilectione careat et honore, si
non erga Deum et homines, dignis penitentie fructibus, secundum episcopi sui jussionem, preparetur ad veniam, et emendationis et legalitatis plegios deinceps inveniat. Si se purgare
velit, secundum facti mensuram sit, vel per triplicem negationem, vel per singularem.

EXHORTATIO SINGULORUM, ET MAXIME PRELATO-RUM, UT LEGITIME VIVANT, ET IN ORATIONE PERSEVERENT.

vi. Et volumus, ut quicumque sint in ordine clericatus
constituti, puris mentibus inclinentur singulariter ad eam
rectitudinem que ipsis pertinet; et saltem ut ministri Domini,
pontifices, abbates, monachi, monache, canonici, nunne regulariter vivant, diebus ac noctibus sepius et assidue clament ad
Deum, pro Christiani populi necessitate, et ei digne serviant,
et castitatem diligant; quia perfecte sciant, quod non est
rectum ut, causa cohabitandi, cum mulieribus habitent. Et
qui super his abstinebit, et castitatem servabit, Dei misericordiam habeat, et ad honorem secularis taini lege dignus sit.
Et omnis Christianus, pro timore sui Creatoris, injustum
concubitum vitet, et Dei legem teneat.

DE DUCENDIS UXORIBUS LEGITIME, ET NE MERETRICES VAGENTUR.

VII. Unde commonemus, petimus, et in nomine Dei precipimus, ut nemo in parentela sua, intra sextam generationem, uxoretur; nec in dimissa cognati sui, qui intra sextum geniculum pertineat ei; nec in cognatione uxoris sue; nec commatrem, vel filiolam suam, nec sanctimonialem, nec repudiatam aliquis ducat uxorem; nec cum meretricibus circumeundo fornicetur; sed unam legitimam habeat, quamdiu vixerit, qui Dei legem juste servare desiderat, et a gehenne ignibus animam suam liberare.

DE REDDENDIS DEBITIS DEO, IN DECIMIS ET ALIIS.

VIII. Et reddantur Deo debite rectitudines annis singulis; hoc est elemosina carucarum xv. diebus post Pascha; decime de novellis gregibus in Pentecosten; terrenorum fructuum in festo Omnium Sanctorum. Si quis hanc decimam dare nolit, sicut omnium nostrorum commune est institutum, hoc est decima acra, sicut aratrum peragrabit, eat prepositus regis, et episcopi, et domini ipsius terre, cum sacerdote, et ingratis auferant, et ecclesie cui pertinebit reddant; nonam vero partem relinquant ei, qui decimam dare noluit; et octo partes reliquas in duo dividant, et sit una medietas episcopi, alia terre domini, sive regis homo sit, sive taini.

DE ROMFECH.

IX. Et Romfech, i. e. Rome census, quem beato Petro singulis annis reddendum, ad laudem et gloriam Dei, regis nostra larga benignitas semper instituit, in festo Sancti Petri reddatur: qui supratenuerit, reddat episcopo denarium illum, et XXX. denarios addat, et regi det cxx. solidos.

DE CYRICSCEATTIS.

X. Cyricsceat, i. e. ecclesie census, in festo Sancti Martini; et qui sine licencia supertenebit, eum reddat episcopo, et undecies persolvat, et regi cxx. sol.

DE TAINIS QUI ECCLESIAS HABENT UBI ATRIUM SIT, VEL NON SIT.

XI. Si quis tainus in hereditate sua terram habeat, in qua cemeterium sit, det ibi terciam partem proprie decime sue. Si quis ecclesiam habeat, ubi positionis locus non sit, det ex suis novem partibus presbitero suo quod velit. Et eat omnis cyricsceat ad matrem ecclesiam, per omnes liberas domos.

DE LUMINIBUS ECCLESIARUM.

XII. Et fiat ter in anno sinbolum luminis: primum in vigilia Pasche obolata cere de omni hida; in festo Omnium Sanctorum tantundem; tercio tantundem in festo Sancte Marie candelarum.

DE PRECIO SEPULTURE.

XIII. Pecunia sepulture justum est ut aperta terra reddatur. Si corpus aliquod a sua parochia deferatur in aliam, solvatur pecunia tamen sepulture ejus in eam cui jure pertinebat ecclesiam.

DE FERIATIONE DIEI DOMINICE, ET SOLEMPNI-TATIBUS SANCTORUM CELEBRANDIS.

XIIII. Et omnes rectitudines et sancte Dei ceremonie, sicut omnibus opus est, totis desideriis observentur, in festivitatibus, in jejuniis, et in feriatione diei Dominice, ab hora noua Sabbati, usque ad diluculum secunde ferie, et in Sanctorum omnium solempnitatibus, sicut a sacerdote fuerint nunciate.

DE DIE DOMINICA.

XV. Ipsa vero die Dominica publica mercimonia, vel placitationum conventicula, venationes, et hujusmodi secularium acciones exerceri, modis omnibus prohibemus, nisi pro magna necessitate sit.

DE JEJUNIIS OBSERVANDIS.

XVI. Omne indictum jejunium devote conservetur, sive quatuortemporale, sive quadragesimale, vel deinceps aliud quodcumque sit; et ad omnes Beate Marie festivitates, et sanctorum apostolorum omnium jejunia votiva preveniant, preter Philippi et Jacobi, pro solempnitate Paschali; non enim sunt secundum legem indicta jejunia a Pascha usque ad Pentecosten, nec a Natali Domini usque ad octabas Epiphanie, nisi quis per penitentiam vel sponte jejunat.

DE TEMPORIBUS LEGES FACIENDI ET NON FACIENDI.

XVII. Et festis diebus juramenta, et ferri vel aque vel hujusmodi legis examina fieri prohibemus, et quatuor temporum, et diebus quadragesime, et aliis legitimis jejuniis, et ab adventu Domini usque in octavum diem post duodecimum a Natali, et a Septuagesima usque ad xv. dies post Pascha. Et sancti regis Edwardi gloriosum passionis diem, per totam Angliam volumus celebrari xv. kalenĨ Aprilis. Et Sancti Dunstani xiiii. kaƚ Junii. Et sit in his sanctis observationibus, sicut vere justum est, Christianis omnibus pax et concordia, et omnis ira tollatur. Et si quis alteri debitor est de plegiatione, vel aliqua contingentium secularium emendatione, reddat ei sedulo, prius aut postea.

DE CONFESSIONE ET PENITENTIA, VIGILIIS, JEJUNIIS, ORATIONIBUS ET ELEMOSINIS, DE DILECTIONE, DE KARITATE, FIDE, SPE.

xviii. Et in Dei dilectione petimus, ut quisque Christianus suam ipsius benefaciendi necessitatem intelligat; quia nos singulos tempus exspectat, quo nobis esset carius quam quicquid in orbe terrarum mundus obtinuit, Dei nostri voluntatem fecisse, dum licuit; tunc sane recipiemus uniforme stipendium, secundum opera nostra; ve qui promeruerit supplicia sempiterna. Renunciemus sedulo peccatis nostris, et confessionibus et abstinentiis expiemus, et quod nobis fieri volumus, aliis faciamus: hoc judicium justum est; et sane beatus et Deo gratus est, qui judicium hoc sincere tenuerit, ad gloriam Omnipotentis Dei, cujus sumus miseratione conditi, et precio magno redempti.

AD EUCHARISTIAM ET PROBITATEM.

xix. Quicunque Christianus, sicut vere necessarium est, dignam Christianitati sue curam impendat, et ad perceptionem communionis Dominice ter saltem in anno se preparet, ut non hoc ad judicium, sed ad remedium salutare manducet. Et quisquis, qui amicus Dei est, verbis et operibus rectitudinem flagitet, fidem et sacramenta caute custodiat, omnis injusticia de finibus nostris, quantum possumus, expellatur, et Dei justiciam, dictis et factis, deinceps amplectamur, et tunc ejus misericordiam propitiacius impetrabimus.

DE FIDELITATE DOMINIS EXHIBENDA.

xx. Item faciamus sicut adhuc persuadere volumus; simus dominis nostris per omnia fideles et credibiles, et eorum gloriam totis viribus exaltemus, et velle faciamus; quia quicquid pro recta dominorum fidelitate facimus, ad magnam nobis utilitatem facimus; et [1]scienter Deus illi fidelis est, qui domino suo recte fidelis est: et unicuique domino magnum opus est ut hominem suum recte deducat.

EPITHOMA DOCTRINE CHRISTIANE.

xxi. Omnes Christianos sedule commonemus, ut puro corde semper Deum diligant, et catholice Christianitatis fidei digne serviant, sancte ecclesie doctoribus devote pareant, Dei leges et doctrinam subtiliter investigent, semper et assidue, sibimet ad utilitatem.

UT ORATIONEM DOMINICAM ET SIMBOLUM CALLEANT.

xxii. Et omnis Christianus addiscat, ut saltem sane fidei rectam intelligentiam habeat, et sciat Pater noster, et Credo in Deum; quia per illud Deum exoramus, per aliud rectam fidem declaramus. Christus ipse primus hanc orationem protulit, et discipulos suos docuit, in qua septem sunt petitiones; et quis eam intimo corde cantabit, cum ipso Deo agit de quacumque necessitate vite, presentis et future. Sed quomodo potest aliquis devotas ad Deum preces effundere, qui non habet intime rectam fidem in eo? non habet sane, post transitum ejus, aliquam portionem cum Christianis, in requie Sanctorum; nec sancta communione dignus, nec vere Christianus habendus est, qui non vult eam discere; nec ad eum juste pertinet aliquem in sancto baptismo suscipere, nec a manibus episcopi, in confirmatione et datione Spiritus Sancti, antequam bene sciat eam.

UT EXITIALIA FUGIANT.

xxiii. Et docemus, ut a summis criminibus totis viribus caveamus in omni tempore: et qui impulsu diaboli in peccatum inciderit, propensius emendet, consilio penitentie sue.

ET INTER HEC STUPRUM.

xxiiii. Et ab inmundis gaudiis, id est a libidine, et injusto concubitu, vel adulterio caveat.

---

[1] Sax. pitoblice, ab interprete sic redditum; similiter occurrit Legg. Sec. cap. xxxv.

UT CAVEANT SIBI DE TREMENDO JUDICIO.

xxv. Et omnes Dei timorem et amorem in mente habeant, et diebus ac noctibus a peccatis fugiant, diem judicii metuant, et inferni cruciatus, et semper ultimum vite sue terminum cogitent advenisse.

UT EPISCOPI ET SACERDOTES FIDE OBEANT OFFICIA.

xxvi. Episcopi sunt precones et doctores legis Dei, qui predicationibus et exemplis Dei debent misteria declarare, curet qui velit; quia supervacue pastor est, qui commisso sibi gregi non vult saltem clamore succurrere, si quid ei noceat. Non est aliquis tam nocens adversarius, sicut accusator humani generis inimicus, qui totis semper viribus inhiat, totis desideriis estuat, quomodo plures animas in supplicium pertrahat. Sit itaque pastor solers, pervigil, et attente proclamans, qui contra spirituales nequitias debet populo providere; qui sane sunt episcopi et sacerdotes, qui gregem Domini sapienti doctrina debent custodire et defendere, ne diabolica vesania illum vulneret vel occidat: et qui Dei preceptis obedire neglexerit, hic cum ipso Deo commune non habeat.

INSTITUTIO LEGUM SECULARIUM.

Hec est institutio legum secularium, quam communi sapientum meorum consilio, per totam Angliam teneri precipio.

DE JUSTICIA EFFERENDA.

i. Imprimis volo, ut juste leges erigantur, et injuste subvertantur, et omnis injustitia, quanta possumus observantia, de finibus nostris sarculetur et explantetur. Et Dei justitia modis omnibus exaltetur; et amodo omnis homo dignus publica rectitudine reputetur, pauper et dives, quicumque sit, et eis justa judicia judicentur.

DE MISERICORDIA IN JUDICIO HABENDA.

ii. Si quis peccaverit, et seipsum profunde forisfaciat, temperetur in eo justitia, sicut erga Deum sit clementius, et in

seculo tolerabilius. Et multa sedulitate cogitet, qui jus habet
in judicio, quid sibi postulet a Domino, dicens: 'Demitte nobis
debita nostra, sicut et nos dimittimus.' Prohibemus autem,
ne Christianus aliquis, pro penitus parva re saltem, ad mortem
seducatur; sed justicia pacificans, pro necessitate populi, ex-
quiratur, ne pro levi re dispereat opus manuum Dei, et suum
ipsius precium, quod profunde redemit.

NE CHRISTIANI VENDANTUR.

III. Precipimus ne Christiani passim in exilium vendantur,
vel in gentilitatem; ne forte pereant anime, quas propria vita
sua mercatus est Dominus noster Jesus Christus.

DE SORTILEGIS ET ALIIS VENEFICIS, ET NE QUIS COLAT IDOLUM.

IIII. Et totis viribus semper patriam mundare in omnibus
ejus finibus studeamus, et ab inmundis operibus circumquaque
cessemus. Et si sage, vel incantatrices, venefice, aut murdri
operarii, vel meretrices alicubi compareant, expellantur a
finibus nostris, vel in eis pereant; nisi cessaverint, et profundius emendent.

Precipimus ut wiðersacan, i. e. apostate, et utlage Dei et
hominum patriam exeant, si non resipuerint, et digne peniteant: fures, et ejusmodi dampna populi, propediem pereant,
si non conquiescant.

DE GENTILIUM SUPERSTITIONIBUS ABOLENDIS.

V. Omnem quoque gentilitatem modis omnibus interdicimus.
Gentilitas est, si quis idola colet, i. e. gentilium deos, solem
aut lunam, ignem vel fluctus, aquas fontium, vel lapides, vel
alicujus generis ligna; vel wiccencreft, id est incantationis
artem, diligat; aut murdri opus quolibet modo sectetur; aut in
sacrificio, vel mortificia quoquo modo suscipiat; aut in sorte,
aut in fyrthe, vel in similibus fantasiis, vel prestigiaturis
aliquid agat.

DE HOMICIDIS ET PERJURIS.

VI. Homicide, et perjuri, sacrorum ordinum contemptores,
et adulteri peniteant et emendent, aut cum peccatis suis a
cognitione discedant.

DE MALEFACTORIBUS, ET PACIS ACTIONE.

VII. Liguritores, i. e. seductores, mendaces, rapaces, raptores
Dei gravamen habeant, nisi cessent, et prolixius emendent:
et qui patriam juste purgare desiderat, et injusticiam sternere,
veramque sapientiam diligere, multo debet studio talia compescere, et talia devitare.

DE PACE TUENDA, ET MONETA CORRIGENDA.

VIII. Agamus etiam omnes sedulo de stabilitate pacis, et
emendatione pecunie. De pacis accione, sicut patrifamilias
magis placeat, et furi plus displiceat. De correctione pecunie,
ut una moneta per totas has nationes, sine omni falso, teneatur,
et nemo repudiet eam; et qui posthac falsabit, manum perdat
unde fecerit, et nec argento, nec auro, vel ullo modo redimat.
Si prepositus accusetur, quod ejus licentia quis falsum fecerit,
purget se triplici lada: quod si purgatio fregerit, idem judicium
habeat quod qui falsum composuit.

DE PONDERIBUS ET MENSURIS.

IX. Mensure, pondera justificentur, et omnis deinceps injusticia opprimatur.

DE BURHBOTA, BRIGBOTA, ET ALIIS.

X. Burhbotam et brigbotam, i. e. civitatum et pontium emendatio, et scipforðunga et fyrðunga, que navigii vel expeditionis
sonant apparatum, sedulo procuremus, cum necesse fuerit, ad
commune regni nostri commodum.

DE CONSILIIS AD UTILITATEM REIPUBLICE
PERTINENTIBUS.

XI. Et perquiramus simul, modis omnibus, quomodo precipuum possit consilium ad profectum populi obtineri, rectaque
Christianitas propensius erigi, et quicquid injustum est solertius enervari.

QUE JURA REX HABET SOLUS ET SUPER OMNES IN
WESTSEXA, QUE IN MERCENIS.

XII. Hec sunt jura, que rex habet super omnes homines in
Myrcenis et Westsexa: mundbreche, i. e. infractionem pacis;
hamsocnam, i. e. invasionem mansionis; forsteal, i. e. prohi-
bitionem itineris; et fyrðunga, i. e. expeditionem; nisi aliquem
amplius honorare velit.

DE UTLAGIS.

XIII. Et qui opus utlagii fecerit, ejus revocatio sit in misericordia regis. Et si terram testamentalem habeat, que Anglice dicitur bocland, ipsa in manum regis transeat, sit ejus homo cujus sit. Qui forisbannitum paverit, vel ei firmationem aliquam exhibuerit, emendet regi v. lib; nisi se adlegiet, quod infugatum eum nesciebat.

XIIII. *   *   *

REX MULCTAS PACIS VIOLATE IN REGIONIBUS DACORUM ACCIPIAT.

XV. In Denalaga habet rex fyhtwitan, i. e. forisfactum pugne; et fyrðwite, i. e. forisfactum expeditionis; grithbrice, i. e. infractionem pacis; et hamsocnam, i. e. invasionem mansionis; si non aliquem specialius honoraverit. Si quis hominem pro culpa exiliatum tenuerit aut paverit, emendet hoc, sicut ante legitimum fuit. Si quis deinceps unlagam, i. e. non legem erigat, vel injustum judicium judicet, pro lesione, vel aliqua pecunie susceptione, sit erga regem cxx. sol reus in Anglorum lege; nisi cum juramento audeat inveritare, quod reccius nescivit; et dignitatem sue legalitatis semper amittat, si non eam redimat erga regem, sicut ei permittetur. In Denalaga lahslihtes reus sit, si non juret, quod melius nescivit. Et qui recte legi, vel justo judicio refragabit, reus habeatur erga eum cui pertinebit; et erga regem sit cxx. sol; si erga comitem LX. sol; si erga hundretum xxx. sol; sic erga singulum eorum, si sic accidat in Anglorum lege: in Denelaga lahslihte.

DE ACCUSANTIBUS NEC PROBANTIBUS.

XVI. Qui aliquem accusare presumet, unde pecunia vel commodo pejor sit, et denique mendacium pernoscatur, linguam suam perdat, vel weregildo redimat.

DE HUNDRETO REQUIRENDO.

XVII. Nemo regem requirat de justicia facienda, dum ei rectum offertur in hundreto suo; et requiratur hundretum super witam, sicut justum est.

QUOCIENS DEBEAT HABERI BURHMOT ET SCYREMOT.

xviii. Et habeatur in anno ter burgimotus, et scyremotus bis; nisi sepius sit necesse. Et intersint episcopus et aldermannus; et doceant ibi Dei rectum et seculi.

DE NAMIS CAPIENDIS.

xix. Et nemo namum capiat in comitatu, vel extra comitatum, priusquam ter in hundreto suo rectum sibi perquisierit. Si tercia vice rectum non habeat, eat quarta vice ad conventum tocius comitatus, quod Anglice dicitur scyremotus, et ipse comitatus ponat ei quartum terminum. Qui si fallat, tunc licentiam accipiat, ut, abhinc et inde, suum audeat perquirere.

UT OMNIS HOMO LIBER SIT IN HUNDRETO ET IN DECIMA.

xx. Et volumus, ut omnis homo liber in hundreto et in decima positus sit, qui purgatione dignus esse velit, aut wera, si quis eum post duodecimum etatis sue annum accuset, vel non sit aliqua liberorum rectitudine dignus; sit heorðfest, sit folgarius, sit in hundreto et in plegio constitutus; et teneat eum plegius, et adducat ad omne rectum. Multi strecman, i. e. potentes sive fortes, volunt, si possint et audeant, defendere homines suos ad utrumlibet, sicut eis videbitur quod tunc procedat, modo pro servo modo pro libero; sed nolumus hanc injusticiam pati.

DE FURIBUS.

xxi. Volumus, ut omnis homo, post duodecimum etatis sue annum, juret, quod fur esse nolit, nec furi consentaneus.

DE LEGE CREDIBILIS ET INCREDIBILIS ACCUSATI.

xxii. Et sit omnis homo credibilis, qui non fuerit accusationibus infamatus, i. e. latrocinio occupatus, et neutrum ei fregerit, vel juramentum vel ordalium in hundreto, simplici lada dignus. Incredibili eligatur simplex lada in tribus hundretis, et triplex juramentum, tam late sicut ad ipsam curiam obeditur, vel eat ad ordalium; et inducatur simplex lada, i. e. purgatio, simplici prejuramento, triplex lada triplici prejuramento. Si taynus habeat credibilem hominem ad antejuramentum pro eo, sit. Si non habeat, ipse taynus causam suam prejuret: et nullum unquam antejuramentum condonetur.

DE ADVOCATIS.

XXIII. Et non sit quisquam alicujus advocationis dignus, nisi credibile testimonium habeat, unde venerit ei quod cum eo deprehenditur; et inveritent hoc ipsi testes in fide Dei, et domini sui, quod ei in vero testimonio sint, sicut oculis superviderint, et auribus superaudierint, quod recte hoc adquisivit.

QUOD EMENDUM SIT ET ADVOCANDUM SUB. LEGALIUM TESTIMONIO.

XXIIII. Et nemo aliquid emat super IIII. denariorum valens, mobile vel immobile, nisi habeat credibile testimonium IIII. hominum, sit in civitate sit extra civitatem. Et si tunc super eum intercietur, et tale testimonium non habeat, non liceat ei advocare; sed reddat repetenti captale suum, et secundam solutionem, et forisfacturam cui pertinebit. Si testimonium habeat, sicut prediximus, tunc liceat inde ter advocari, et quarta vice proprietur, aut reddatur ei cujus erit. Et nobis non videtur rectum, ut aliquis propriare cogatur, ubi testimonium est, et cognosci potest quod ibi brede sit. Et nemo illud propriare debeat, ante sex menses postquam furatum est.

DE INFAME ET SUSPECTO, ET DE SUPERSEDENTIBUS VENIRE AD COMITATUM.

XXV. Qui fuerit accusationibus infamatus, et populo incredibilis, et hec placita ter subterfugerit, videatur qui quarto placito mittantur ad eum, et inveniat etiam tunc plegios, si possit; si non possit, exsuperetur, sicut alterutrum poterit, sive vivus sive mortuus; et capiatur omne quod habebit. Et solvatur repetenti captale suum; reliqui habeat dominus ejus dimidium, hundretus dimidium. Et si aliquis, vel cognatus vel alienus, illuc ire negaverit, solvat regi cxx. sol.

DE FURE PROBATO, ET PRODITORE.

XXVI. Et perquirat fur probatus quicquid perquirat, vel qui de morte domini sui tractaverit, nunquam sibi vitam adquirat: et qui deinceps furabitur, querat quicquid querat, nunquam sibi vitam impetret.

DE ANTITHETARIO.

xxvii. Et qui in placito seipsum, vel hominem suum distortis compellationibus defendere presumpserit, habeat totum hoc forspecen, i. e. cassatum; et contingat de reliquo sicut hundreto rectum videbitur.

DE HOMINIBUS SUSCIPIENDIS ET DIMITTENDIS.

xxviii. Et nemo suscipiat aliquem ultra trinoccium, nisi ipse commendet, cui antea servivit. Et nemo suum hominem a se dimittat, priusquam mundus sit in causis omnibus, quibus ante fuerit accusatus.

DE ILLIS QUI FURIBUS OBVIANT.

xxix. Si quis furi obviaverit, et sine vociferatione gratis eum dimiserit, emendet secundum weram ipsius furis, vel plena lada se adlegiet, quod cum eo falsum nescivit. Si quis, audito clamore, supersederit, reddat overhyrnessam regis, aut plene se ladiet.

DE INCREDIBILI ACCUSATO IN HUNDRETO, ET DE EJUS ADLEGATIONE.

xxx. Si quis adeo sit incredibilis hundreto, et a tribus simul accusetur, tunc nichil aliud interveniat, quin ad triplex ordalium eat. Si dominus ejus dicat tunc, quod ei neutrum, vel juramentum vel ordalium, fregit, postquam consilium fuit apud Wincestriam, assumat idem dominus secum duos homines credibiles in ipso hundreto, et juret, quod illi nunquam juramentum vel ordalium fregit, nec furigildum reddidit; nisi talem prepositum habeat, qui eo dignus sit, qui hoc facere possit. Si juramentum procedat, eligat accusatus alterutrum quod velit, sive simplex ordalium, sive juramentum unius libre, in tribus hundretis, super xxx. denarios. Et si jurare non audeat, eat ad triplex ordalium. Et inducatur triplex ordalium hoc modo: sumat quinque, et idem sit sextus; et si reus fuerit, in prima vice sit calumpniatori duplo reddens, et domino suo weram suam, qui ea dignus erit; et ponat credibiles plegios, quod omni malo deinceps abstineat. Ad secundam vicem, non sit alia emendatio, si reus fuerit, nisi ut amputentur ei manus aut pedes aut utrumque, secundum quod factum fuerit. Et si adhuc amplius peccaverit, eruantur ei oculi, et truncentur ei nasus et aures et superlabium, vel decapilletur; quicquid horum consuluerint, quorum tunc intererit; sic corrigi poterit, et anime provideri. Si aufugerit, et ordalium vitaverit, solvat plegius compellanti captale suum, et regi weram suam, vel ei qui wita sua dignus erit. Et si dominus compelletur, quod ejus consilio fugerit, et antea malum fecerit, adsumat secum v. credibiles, et idem sit sextus, et inde se purget. Si purgatio perficiatur, sit were sue dignus; si deficiat, habeat rex ipsam weram; et fur apud omnem populum utlaga sit.

QUOD OMNIS DOMINUS DEBET TENERE FAMILIAM SUAM IN PLEGIO SUO.

xxxi. Et habeat omnis dominus familiam suam in plegio suo; et si accusetur in aliquo, respondeat in hundreto ubi compellabitur, sicut recta lex sit. Quod si accusetur et fugiat, reddat dominus ejus regi weram, i. e. precium nativitatis hominis illius. Et si dominus accusetur, quod consilio suo fugerit, adlegiet se cum quinque taynis, id est nobilibus, et idem sit sextus. Si purgatio frangat ei, solvat regi weram suam; et qui fugit, extra legem habeatur.

DE SERVO QUI IN ORDALIO EST CULPABILIS.

xxxii. Si servus in ordalio reus fuerit, signetur prima vice; secunda vice, nulla sit emendatio nisi caput.

DE INCREDIBILI APUD OMNES.

xxxiii. Si quis homo sit, qui omni populo sit incredibilis, adeat prepositus regis, et ponat eum sub plegio, qui ad rectum habeat eum omnibus accusantibus. Si plegium non habeat, occidatur, et cum dampnatis mittatur; si quis eum defendere presumat, sint ambo unius recti digni. Quisquis hoc supersederit, et facere noluerit, sicut omnium nostrum verbum est, det regi cxx. sol.

UT SIT UNA LEX INTER BURGOS.

xxxiiii. Et stet inter burga lex una purgandi.

DE PEREGRINIS ACCUSATIS.

xxxv. Si quis amicis destitutus vel alienigena ad tantum laborem venerit, ut plegium non habeat, in prima tihle, i. e. accusatione, ponatur in carcanno, et ibi sustineat, donec ad Dei judicium eat. [1] Scienter qui amicis destituto vel extraneo deterius judicium judicat quam socio suo, seipsum ledit.

SI QUIS PERJURABIT SE SUPER SANCTA.

xxxvi. Si quis falsum juramentum super sancta jurabit, et convictus inde fuerit, manum perdat, vel dimidiam weram; et hoc commune sit domino suo et episcopo; et non habeatur deinceps juratione dignus, si erga Deum profundius non emendet, et plegios inveniat, quod semper in reliquum cesset.

SI QUIS FALSUM TESTIMONIUM DICET.

xxxvii. Si quis in mendaci testimonio manifeste stabit, et probatus inde fuerit, non admittatur deinceps in legitimum testimonium, sed solvat regi vel terre domino suum healsfang.

DE JUSTICIA NON FACIENDA IN FESTIS.

xxxviii. Non est in aliquo tempore concessa injusticia; et tamen est festis diebus et sanctificatis locis propensius interdicta. Semperque sicut homo potentior est, vel majoris ordinis, sic debet solertius, pro Deo et seculo, quod justum est emendare; et Deo gratam emendationem sedulo perquiramus de scripturis sanctis, et secularem juxta legem seculi.

SI QUIS MINISTRUM ALTARIS OCCIDAT.

xxxix. Si quis altaris ministrum occidat, utlaga sit erga Deum et homines, nisi dignis satisfaccionibus veros penitentie fructus ostendat, et erga parentes ejus emendet, vel werelada se adlegiet; et infra xxx. noctes hoc incipiat apud Deum et homines, super omne quod habet.

QUI ORDINATUM VEL ALIENIGENAM MALIGNABIT.

xl. Si quis ordinatus vel alienigena seducatur in aliquo, de pecunia vel vita, sit ei rex pro cognatione et advocato, si penitus alium non habeat; et emendetur regi, sicut justum est; vel illud factum nimis profunde vindicet. Christiano regi jure pertinet, ut injurias Deo factas vindicet, secundum quod acciderit.

---

[1] Conf. Legg. Eccl. cap. xx. et notam ibidem.

DE ORDINATO QUI HOMINEM OCCIDAT.'

XLI. Si quis minister altaris hominem occidat, vel malis actibus ultra modum differatur, ordine simul et dignitate privetur, et peregrinetur, sicut ei papa suus injunget, et opus emendet sedulo. Si se purgare velit, tripliciter hoc faciat; et si non infra xxx. noctes hoc incipiat, erga Deum et homines extra legem habeatur.

DE CLERICIS LIGATIS VEL VERBERATIS.

XLII. Si quis ordinatum aliquem verberibus, aut vinculis, vel aliquatenus affligat, emendet ei, sicut rectum sit, et episcopo emendationem altaris, secundum dignitatem ordinis; regi vel domino plenam infraccionem pacis; aut plena laga neget.

SI CLERICUS SE FORISFACIAT AD MORTEM.

XLIII. Si quis ordinatus se forisfaciat in morte plectendis actibus, capiatur, et servetur episcopi judicio discutiendus, secundum quod factum sit.

QUOD CONFESSIO NON NEGETUR DAMPNATO.

XLIIII. Si quis morti dampnatus confessionem desideret, nunquam negetur ei; et si quis ei perneget, emendet regi cxx. sol, vel se adlegiet; sumat quinque, et idem sit sextus.

NE QUIS OCCIDATUR DIE DOMINICA SI VITARI POSSIT.

XLV. Et si vitari possit, nunquam occidatur aliquis die Dominica morte forisfactus, nisi fugiat vel repugnet, sed capiatur, et servetur, donec festum transierit. Si liber festis diebus operetur, emendet hoc secundum suum halsfang, et saltem erga Deum sedulo emendet, sicut edocebitur. Si servus operetur, corium suum perdat, (i. e. aut solutionem corii sui, pro modo facti,) vel xxx. denariis redimat, secundum quod factum erit. Si dominus cogat servum suum diebus festis operari, ipsum servum perdat, et sit deinceps publice liber, et _solvat dominus lahslit cum Dacis, witam cum Anglis, secundum facti meritum.

DE JEJUNIUM VIOLANTE.

XLVII. Si liber legitimum jejunium infringat, reddat lahslit cum Dacis, witam cum Anglis, secundum quod acciderit. Si servus tale quid egerit, careat corio, vel redimat solutionem corii, pro facti qualitate. Malum est, ut tempore jejuniorum ante horam comedat, et adhuc deterius, ut carnis cibo quis seipsum inquinet.

SI QUADRAGESIMALE JEJUNIUM INFRINGATUR, PER PUGNAM VEL PER ALIUD.

XLVIII. Si quis aperte quadragesimale jejunium frangat, per pugnam, vel per concubitum, aut rapinam, vel per aliquid summorum criminum, sit hoc duplo corrigendum, sicut in summis festivitatibus, secundum quod factum erit: si negetur, triplici lada fiat.

SI QUIS DEI RECTA PER VIM SUPERTENEAT.

XLIX. Si quis Dei rectitudines prohibeat, solvat lahslit cum Dacis; plenam witam cum Anglis, vel se adlegiet; assumat XI. et idem sit duodecimus. Si aliquem vulneret, hoc emendet, et reddat plenam witam domino, et ab episcopo manum suam redimat, vel eam amittat. Si aliquem occidat, sit utlaga, et capiat eum cum clamore omnis qui rectum velit. Si efficiat ut occidatur, per hoc quod contra rectum resistat, si hoc inveritetur, inultus jaceat.

SI QUIS ORDINIS INFRACTURAM FACIAT.

L. Si quis ordinis infracturam faciat, emendet hoc, secundum ordinis dignitatem, wera, wita, lahslite, et omni misericordia.

DE ADULTERIO IN VACUA, VEL SPONSA ALTERIUS, VEL ORDINATA.

LI. Si quis adulterium faciat, emendet, secundum quod factum sit. Malum adulterium est, si sponsus cum vacua fornicetur, et multo pejus, cum sponsa alterius, vel cum ordinata.

DE INCESTO IN COGNATA.

LII. Si quis cum pertinente sua jaceat, emendet hoc, secundum cognationis modum, sic wera, sic wita, sic omni pecunia. Non equale est, si quis cum sorore sua concumbat, et fuerit de longe pertinens.

DE VIRGINIBUS ET VIDUIS VI SUBACTIS.

LIII. Si quis violenter virginem opprimat, wera componat. Si quis viduam per vim capiat, wera emendet.

DE ADULTERA.

LIIII. Si mulier, vivente marito suo, faciat adulterium, et manifestetur, sit ad dedecus seculi sibi ipsi, et habeat legalis maritus omne quod ipsa habebat, et ipsa perdat nasum et aures; et si compellatio sit, et in emundando miseveniat, sit in episcopi potestate, et ipse graviter judicet.

DE ADULTERO, QUI ADULTERATUR CUM ANCILLA SUA.

LV. Si quis uxoratus fornicetur cum ancilla sua, perdat eam, et pro seipso peniteat erga Deum et homines. Et qui sponsam et concubinam simul habebit, non faciat ei presbiter aliquid rectitudinum que Christiano fieri debent, priusquam peniteat, et ita emendet, sicut episcopus injunget, et semper deinceps super his abstineat.

DE ALIENIGENIS ILLICITE SE HABENTIBUS.

LVI. Alienigene si concubitus suos dirigere nolint, extra patriam, cum peccatis et pecunia, recedant.

DE MURDRO APERTE PERPETRATO.

LVII. Qui murdrum aperte perpetrabit, reddatur parentibus interfecti, et si compellatio sit, et in emundatione miseveniat, judicet episcopus.

DE TRACTANTE MORTEM REGIS ET DOMINI SUI.

LVIII. Si quis de morte regis, vel domini sui, quoquo modo tractabit, vite sue reus sit, et omnium que habebit; nisi triplici judicio se purget.

DE FRANGENTE PLEGIUM REGIS, VEL ARCHIEPISCOPI, VEL FILII REGIS, VEL EPISCOPI, VEL ALDERMANNI.

LIX. Si quis plegium, i. e. pacem regis frangat, emendet quinque libras. Si quis archiepiscopi, vel filii regis plegium frangat, III. libras emendet. Si quis episcopi, vel aldermanni plegium frangat, II. libras emendet.

DE PUGNANTIBUS IN FAMILIA REGIS.

LX. Si quis in familia regis pugnet, vite sue reus sit, nisi rex ei misereri velit.

SI QUIS EXARMETUR VEL LIGETUR INJUSTE.

LXI. Qui aliquem exarmabit injuste, solvat eum secundùm suum halsfang; si ligabit, dimidia wera reddat eum.

DE INFRACTIONE PACIS IN EXERCITU REGIS.

LXII. Si quis in exercitu regis pacis infractionem perficiat, vitam perdat, vel weregildo redimat. Si non perfecerit, emendet, juxta quod factum sit.

DE HAMSOCNA.

LXIII. Si quis hamsocnam faciat, v. libras emendet regi in Anglorum laga; et in Denalaga, sicut lex stetit antea. Quod si quis eum inter agendum perimat, ægylde, i. e. insolutus jaceat.

DE ROBARIA.

LXIV. Si quis robariam faciat, reddat et persolvat, et were sue reus sit erga regem.

DE HUSBRECHE, ET BERNET, ET OPENÐYFÐE, ET EBEREMORÐ, ET HLAFORDSWICE.

LXV. Husbreche, i. e. infractura domus; et bernet, quod dicimus incendium; et openþyfð, i. e. apertum furtum; et æbere morð, i. e. apertum murdrum; et hlafordspice, i. e. infidelitas erga dominum, secundum legem seculi inemendabile est.

SI QUIS BURHBOTAM, VEL BRIGBOTAM, VEL FERD-FARE SUPERSEDERIT.

LXVI. Si quis burhbotam, vel brigbotam, i. e. burgi vel pontis refeccionem, vel fyrdfare, i. e. in exercitum ire, supersederit, emendet hoc erga regem cxx. sol in Anglorum laga; in Denelaga, sicut stetit antea; vel ita se adlegiet, nominentur ei xiiii. et adquirat ex eis xi. Ad refeccionem ecclesie debet omnis populus, secundum rectum, subvenire.

DE HABENTIBUS INJUSTE DEI FUGITIVOS.

LXVII. Si quis Dei fugitivum habeat injuste, reddat eum ad rectum, et persolvat ei cui jus erit, et regi emendet, secundum weregildum. Si quis excommunicatum vel utlagam habeat, et manuteneat, desperatio sibi est, et omni quod possidet.

DE MISERICORDIA EXHIBENDA.

LXVIII. Et si aliquis velit ab injusticia reverti ad rectum, remittatur ei pro timore Dei, sicut melius poterit.

QUID MAXIME EXPEDIAT IN JUDICIIS.

LXIX. Et faciamus sicut nobis expedit, succurramus semper ei primitus, qui magis indiget, tunc metemus inde mercedem nostram, ubi nobis carius erit; quia semper debet inpotenti, pro Dei timore et amore, clementius judicari quam forti. Sane possumus scire, quia non potest debilis cum strenuo pariter; unde mediare debemus, et distincte discernere senium et juventutem, habundantiam et inopiam, libertatem et servitutem, felicem et infelicem, sanitatem et infirmitatem; et utrobique debet hoc diligenter adverti, tam in divinis legibus, quam in secularibus judiciis. Item, in multis quando aliquis coactus peccat, magis veniale est, si necessitate·fecit quod fecit: et si quisquam agat aliquid impossibiliter, non est omnino simile, si voluntarie faciat.

ALLEVIATIO, QUAM TOTI REGNO SUO REX INDULSIT, SUPER INJUSTIS EXACCIONIBUS.

LXX. Hec est alleviatio, quam omni populo meo previdere volo, in quibus nimis omnino fuerant aggravati. Precipio prepositis meis omnibus, ut in proprio meo lucrentur, et inde mihi serviant. Et nemo cogatur eis, ad firme adjutorium, aliquid dare, nisi sponte sua velit. Et si quis forisfacturam inde cravabit, were sue reus sit erga regem.

DE RELEVATIONIBUS COMITUM ET THAYNORUM, PROVECTORUM ET ALIORUM.

LXXI. Si quis ex hac vita decedat sine distribucione rerum suarum, vel per incustodiam, vel per mortem inprovisam, non usurpet sibi dominus ejus de pecunia sua, nisi quantum ad justam relevationem pertinet, que Anglice vocatur heregat; sed sit secundum dictionem ejus ipsa pecunia recte divisa uxori, pueris, et propinquis, unicuique secundum modum qui ad eum pertinet.

DE HERIOTIS.

LXXII. Et sint relevationes ita invente, sicut modus sit. Comitis, sicut ad eum pertinet, hoc est, VIII. equi, IIII. sellati,

IIII. insellati; et galee IIII., et lorice IIII., cum VIII. lanceis, et totidem scutis; et gladii IIII., et cc. mance auri. Postea taini regis, qui ei proximus sit, IIII. equi, II. sellati, et II. insellati; et II. gladii, et IIII. lancee, et totidem scuta, et galea cum lorica sua, et L. mance auri. Et mediocris taini, equus cum apparatu suo, et arma sua, vel suum halsfang in Westsexa. In Mircenis II. lib. In Eastanglia II. lib. Et taini relevatio cum Dacis, qui socnam habet, IIII. lib. Et si notus sit regi, equi duo, unus cum sella, alius sine sella, et unus gladius, et due lancee, et totidem scuta, et L. mance auri: et qui minus potest det II. libras.

DE UXORE ET HEREDIBUS BONDE.

LXXIII. Et ubi bonda, i. e. paterfamilias manserit, sine compellatione et calumpnia, sint uxor et pueri in eodem, sine querela. Et si compellatus in vita sua in aliquo fuerat, respondeant heredes ejus, sicut ipse deberet, si viveret.

DE VIDUIS INFRA ANNUM NUBENTIBUS, ET EARUM MARITIS.

LXXIIII. Et sit omnis vidua sine marito XII. mensibus, et eligat postea quem velit; et si, intra unius anni spacium, marito se ligaverit, perdat morgangifam suam, et omnem pecuniam, quam ex priori marito habebat, et manus injiciant proximi amici ejus ad terram et pecuniam, quam antea habebat. Et sit ipse maritus were sue reus erga regem, vel cui rex concesserit. Et licet eciam per vim capiatur, perdat tamen totam pecuniam, si non ab eo recedere velit in domum suam; et nunquam deinceps fiat uxor ejus. Et vidue nunquam velentur nimis cito. Et persolvat omnis vidua relevationem suam intra XII. menses, sine forisfactura, si non possit antea.

NE VIS FIAT VIRGINI VEL FEMINE IN MARITANDO.

LXXV. Et nunquam cogatur virgo vel femina ad eum qui sibi displiceat; nec pro pecunia detur, nisi idem aliquid sponte sua dare velit.

SI MALUM FIAT DE ARMIS ALTERIUS IN BELLO.

LXXVI. Et volo, licet aliquis lanceam suam ponat ad ostium domus alterius, et intus habeat ad faciendum; vel si aliquid armorum discrete ponatur, ubi quiete posset esse, si permitteretur, et quilibet hoc arripiat, et dampnum inde faciat, rectum est, ut qui dampnum fecit, dampnum eciam emendet. Et si ille, cujus armis malefactum est, se adlegiare audeat, quod nec velle vel posse suam fuerit, vel testimonium, Dei rectum est ut inde quietus sit; et videat alius, ut quod forisfecit emendet, sicut lex docebit.

DE FURTO IN DOMO INVENTO.

LXXVII. Si homo furtivum aliquid in domo sua occultaverit, et ita fuerit abarnatus, rectum est ut habeat quod quesivit. Et nisi sub custodia uxoris sue positum sit, innocens habeatur; sed suum hordern, quod dicere possumus dispensam, et cistam suam, et teage, id est scrinium suum, debet ipsa custodire. Si sub aliquo istorum inveniatur, tunc ipsa quoque culpabilis habeatur. Non potest uxor aliqua sponsum suum prohibere, quin mittat in tugurio suo quod vult. Fuit antea, quod infans, qui jacebat in cunabulis, licet nunquam cibum gustasset, a rachinburgiis putabatur eque reus ac si intelligens esset; sed hoc ego prohibeo, modis omnibus, in eternum, et talia multa que Deo sunt odiosa.

DE TRANSFUGIS A DOMINIS VEL A SOCIIS IN BELLO.

LXXVIII. Et qui fugiet a domino, vel socio suo, pro timiditate, in expeditione navali vel terrestri, perdat omne quod suum est, et suam ipsius vitam, et manus mittat dominus ad terram, quam ei antea dederat; et si terram hereditariam habeat, ipsa in manum regis transeat.

DE CADENTIBUS PRO DOMINIS IN BELLO.

LXXIX. Et qui in bello ante dominum suum ceciderit, sit hoc in terra, sit alibi, sint relevationes condonate, et habeant heredes ejus terram, sicut et pecuniam suam, et recte dividant inter se.

DE ILLIS QUI TERRAM ADQUIETAVERUNT, TESTIMONIO COMITATUS.

LXXX. Et qui terram adquietatam habet scyre, id est comitatus testimonio, habeat sine querela in die et post diem, ad dandam ei quem plus amabit.

DE LIBERTATE VENATIONIS.

LXXXI. Volo, ut omnis homo sit venatione sua dignus, in nemore et in campo, in dominio suo. Et abstineat se omnis homo a venariis meis, ubicunque pacem eis haberi volo, super plenam witam.[1]

DE DRYNCELEAN, ET RECTO DONO DOMINI.

LXXXII. Et drynclean, id est retribucio potus, et domini rectum donum, semper stet inconvulsum.

DE PACE EORUM QUI AD PLACITA VENIUNT.

LXXXIII. Et volo, ut omnis homo pacem habeat eundo ad gemotum, vel rediens de gemoto, id est placito, nisi probatus fur sit.

DE PREVARICATIONIBUS HARUM LEGUM, PRIMO, SECUNDO, VEL TERCIO.

LXXXIV. Qui leges istas apostabit, quas rex modo nobis omnibus indulsit, sit Dacus sit Anglus, were sue reus sit erga regem; et si secundo faciat, reddat bis weram suam; et si quis addat tercio, reus sit omnium que habebit.

BREVIS ADMONITIO RECTE VITE AD POPULUM.

LXXXV. Denique sedulo precor, et in nomine Dei precipio omnibus hominibus, ut intimo corde convertantur ad Deum; et semper assidue et diligenter inquirant, quid eis sit faciendum, quid vero dimittendum. Omnibus nobis magnum opus est, ut Deum vere diligamus, et Dei legem servemus, sanctis doctoribus devote pareamus; quia ipsi producent nos in judicio, quando Christus Dominus judicabit omnem hominem, ex antefactis suis. Et felix erit pastor, qui tunc gregem suum in Dei [2]divitias, et celeste gaudium letum producere poterit, ex pristinis operibus; et exultatio erit gregi, qui pastori paruerit, per quem segregatus erit a diabolo, multiplicatus autem Deo. Satagamus omnes uniformi corde semper Creatori

---

[1] Si quis furatus fuerit pisces in stagno, quod Angli dicunt fiscpol, persolvat domino stagni despectum suum, quod Angli ofersaunesse [dicunt]. Si quis canem, qui custodire domini sui caulas debet, et lupum abigere, occiderit, persolvat domino canis VI. sol̄. Canem, quem Angli dicunt greihund, qui nondum cepit leporem, nec aliam bestiam, XL. đ. persolvat. Si vero doctus est, et cepit, LXXX. đ. reddat. Canem, qui in pluvia, sine alicujus cura vigilat, quem Angli dicunt renhund, XII. đ. Canis vero, qui vocatur vealtris, et Angli dicunt lanlegeran, X. sol̄ persolvatur. *T. add.*

[2] Sax. pice ab interprete Anglo-Normanno sic vertitur.

nostro digne placere, et amodo simul provideamus nobis a sempiternis ignibus, et gehenne cruciatibus. Et faciant doctores et Dei precones sicut rectum est, et omnibus necessarium; predicant sepius que ad Deum pertinent; et omnis qui discretionis sciens est, et zelum Dei habet, audiat illos gratissime, et Dei doctrinam in mente habeat firmiter, sibimet ad utilitatem. Et omnis homo semper ad honorem Creatoris sui faciat boni quod potest, verbo et opere, hilariter usquequaque, et tunc erit nobis ejus misericordia preparatior. Sit nomen ejus benedictum in secula, et laus ei gloria et honor pariter in secula seculorum. Deus Omnipotens omnibus nobis indulgeat, sicut ei velle sit. Amen.

(547)

MONUMENTORUM
ECCLESIASTICORUM

VERSIO ANTIQUA.

ᵃMONUMENTORUM
ECCLESIASTICORUM
VERSIO ANTIQUA.

ᵇDE EMENDATIONE ET INFRACTURA
ORDINIS.

I. *   *   *

II. Et ad ordinis emendationem, si ordinatus occidatur, super rectam weram, primus gradus emendetur una libra, et digna pœnitentia sedulo perquiratur.

III. Et ad emendationem ordinis, si vite sit amissio, super rectam weram, in secundo gradu, due libre reddantur, cum Deo digna pœnitentia.

IIII. Et ad emendationem ordinis, si plena infractio fiat, super rectam weram, in tertio gradu, tribus libris emendetur, cum digna penitentia.

V. Et ad emendationem ordinis, si plena fiat infractio, super rectam weram, in quarto gradu, IIII. libre reddantur, cum penitentia.

VI. Et ad ordinis infracturam, super rectam weram, in quinto gradu, v. libre componantur, cum idonea penitentia.

VII. Sexto infracto gradu, super rectam weram, VI. libris emendetur, cum digna penitentia.

VIII. Septimo gradu infracto, super rectam weram, VII. libris emendetur, cum injuncta penitentia.

ᵃ Textus est ex *T.*, cum *Hk.* et *M.* collato.
ᵇ Saxonice, p. 240.

ix. Et ad ordinis infracturam, de pace digne componatur, secundum factum.

x. Semper enim debet judicium factum, et moderatio secundum mensuram, pro Deo et seculo fieri.

xi. Et de emendatione ordinis, pars sit episcopi, secunda altari, tercia societati.

ᵃDE OFFICIO EPISCOPI.

Episcopo jure pertinet omnem rectitudinem promovere, Dei videlicet ac seculi. Inprimis debet omnem ordinatum instruere quid eis jure sit agendum, et quid hominibus secularibus indicare debeant. Debet eciam sedulo pacem et concordiam operari cum seculi judicibus, qui rectum velle diligunt; et in compellationum adlegatione docere, ne quis alii perperam agat in jurejurando, vel in ordalio. Nec pati debet aliquam circumventionem injuste mensure, vel injusti ponderis; sed convenit, ut per consilium et testimonium ejus omne legis scitum, et burgi mensura, et omne pondus ponderis sit, secundum dictionem ejus, institutum valde rectum; ne quis proximum suum seducat, pro quo decidat in peccatum. Et semper debet Christianis previdere contra omnia que peccata sunt; et ideo debet se magis de pluribus intromittere, ut sciat quomodo grex agat, quem ad Dei manum custodire suscepit, ne diabolus eum laniet, nec malum aliquid superseminet. Nunquam enim erit populi modulo bene consultum, nec digne Deo conservabitur, ubi lucrum impium et magis falsum diligitur; ideo debent omnes amici Dei, quod iniquum est enervare, quod justum est elevare, non pati ut, propter falsum et pecunie questum, se forisfaciant erga vere sapientem Deum, cui displicet omnis injustitia. Christianis autem omnibus necessarium est, ut rectum diligant, et iniqua condempnent, et saltem sacris ordinibus evecti justum semper erigant, et prava deponant. Hinc debent episcopi cum seculi judicibus interesse judiciis, ne permittant, si possint, ut illinc aliqua pravitatum germina pullulaverunt.

ᵃ Saxonice, p. 312.

Et sacerdotibus pertinet, in sua diocesi, ut ad rectum sedulo quemcunque juvent, nec patiantur, si possint, ut Christianus aliquis alium noceat, non potens inpotenti, non summus infimo, non prelatus subditis, non dominus hominibus suis, servis aut liberis, molestus existat. Et secundum dictionem, et per mensuram suam convenit, ut servi testamentales operentur super omnem scyram cui preest. Et rectum est, ut non sit aliqua mensurabilis virga longior quam alia, sed per episcopi mensuram omnes institute sint et exequate, per suam diocesin, et omne pondus constet secundum dictionem ejus. Et si aliquid controversiarum intersit, discernat episcopus. Et uniuscujusque domini necesse proprium est, ut compatiatur et condescendat servis suis, sicut indulgentius poterit; quia Domino Deo viventi sunt eque cari servus et liber, et omnes eodem precio redemit, et omnes sumus Dei necessario servi; et sic judicabit nobis, sicut ante judicavimus eis, quibus judicium superhabuimus in terris.

ERRATA.

Page 145. cap. XVII. line 2. *for* ejus *read* eorum.

— 215. note (ᵏ) *for* XXX. 18. *read* XXXI. 18.

ABBREVIATIONS EXPLAINED.

INDEX.

A.

Abbot and Abbess.

If an abbot command his monk to say mass for heretics, Th. P. xxx. 11.

Various regulations concerning, Th. C. p. 63. 64.; Ecg. E. 63–66; Ecg. P. A. 15.

Abbots in subjection to bishops, Ecg. E. 63.

If an abbot lend money on usury, Ecg. P. III. 7.

Of their duties, I. P. 13.

Accusation.

That no ecclesiastic may accuse one of higher degree, Th. C. p. 73. ; Ecg. C. 42.

If any wellborn (ingenuus) Christian be accused, Th. C. p. 75.

If a priest or deacon be accused, Ecg. D. 3.

Acephalus, Ecg. E. 160.

Acoluthus, } Th. C. p. 73.; Ecg. C. 42.; Ælf. C. 14.; Ælf. P. 34.
Acolytus, }

Adultery and Fornication. *See also* Marriage—Husband and Wife.

If a man sin with a virgin, Th. P. xvi. 2. 3. 13.; Th. C. p. 76.; Ecg. E. 113.; Ecg. C. 39. *n.* 3.; Ecg. P. IV. 68.; Ecg. P. A. 33.

Si mulier aut cum seipsa aut cum altera fornicata fuerit, Th. P. xvi. 4. xviii. 20.; Th. C. p. 77. 83.; Ecg. C. 31.; Ecg. P. IV. 68.

If a wife commit adultery, Th. P. xvi. 5. *n.* 4. xix. 17. 18. 19.; Ecg. E. 123.; Ecg. C. 19.; Ecg. P. IV. 68.; Ecg. P. A. 12.

Si laicus cum laica, Th. P. xvi. 5. 6. 7.; Ecg. C. 12.

Si quis sæpe fornicatus fuerit, Th. P. xvi. 5. *n.* 3.; Ecg. P. IV. 68.

Si inter femora vel crura, Th. P. xvi. 8. 9.; Th. C. p. 83.

Si quis adulterare voluerit, et non potuerit, Th. P. xvi. 10. xix. 11.; Th. C. p. 79.; Ecg. P. IV. 68.

If a layman fornicate with a widow or girl, Th. P. xvi. 11.

If a nun fornicate, Th. P. xvi. 14. 26. xviii. 2. 3. 19.; Th. C. p. 77. 82. 83.; Ecg. E. 134.; Ecg. C. 13. 14.; Ecg. P. IV. 9.; N. P. L. 63.

INDEX.

INDEX.

INDEX.

INDEX.

INDEX.

Blæc (Ink), Edg. C. 3.

Blasphemia, Th. P. xxxiv.

Blot, N. P. L. 48. *See* Superstitions.

Bóc-fel (Vellum), Edg. C. 3.

Books, Edg. C. 3. 32. 34.; Ælf. C. 21.; Ælf. P. 44.

Brother and Sister.

If any one involuntarily slay his brother, Th. P. iii. 1. 2.
If a man marry his sister, Th. C. p. 83.

Burying, Th. P. xlv. 12. xlvii. 1.; Ecg. C. 36.; Edg. C. 29.; E. I. 9.

C.

Catechumen, Th. P. xlviii. 22. 24.; Ecg. C. 18.

Chalice, Edg. C. 41.; Ælf. C. 22.; Ælf. P. 45.; E. I. 18.

Child (Puer — Puella). *See also* Virgin.

If a youth and girl have connexion, Th. P. xvi. 2. 3. 11. 13.;
Ecg. E. 113.; Ecg. C. 39. *n.* 3.; Ecg. P. IV. 68.; Ecg. P. A.
33.

That a boy till the age of fifteen is in his father's power, Th. P.
xix. 26.; Ecg. E. 96.; Ecg. C. 27.

That a girl till the age of sixteen or seventeen (thirteen) is in
the power of her parents, Th. P. xix. 26. *n.* 2. *&* 27.; Ecg. C.
27.

That a father may, if compelled by necessity, deliver his son into
slavery, until he is seven years, Th. P. xix. 28.; Ecg. C. 27.

That a boy of thirteen may make himself a slave, Th. P. xix.
29.

If any one slay his child, Th. P. xxi. 19.; Th. C. p. 74.; Ecg. C.
12.; Ecg. P. II. 1.; M. I. P. 8.

If children beat each other, Th. P. xxi. 31.

If a child die without baptism, Ib. 34.; Th. C. p. 82.; Ecg. C.
18. *n.* 10.; M. I. P. 42.; N. P. L. 10.; Ælf. C. 26.; E. I. 17.

If any one overlay his child, Th. P. xxi. 36.; Ecg. P. A. 4.;
M. I. P. 41.

If a child steal, Th. P. xxiii. 6. 7.; Ecg. C. 15.

De puerorum variis pollutionibus, Th. P. xxviii. 4–7. 12. 17.
18.; Ecg. C. 15. 16.

If any one sell his child or near relation, Th. P. xlii. 3. 4. 5.;
Ecg. P. IV. 26.

One child, instead of another, may be given to a monastery,
Th. C. p. 65.; Ecg. P. A. 3.

If a mother place her child too near the fire, and one scald it
to death, Th. C. p. 76.

A child in a monastery of fourteen years may eat flesh, Ib. p. 76.

Children at years of puberty either to marry or profess continence, Ecg. E. 115.

If any one carry off another's daughter, Ecg. P. IV. 13.; M. I. P.
34.

That every child be baptized within nine days, N. P. L. 10.

Of the housel for children, Ælf. E. 5.

INDEX.

INDEX.

F.

G.

INDEX.

INDEX.

Husband and Wife — *continued.*

That persons of gentle birth should marry with each other, Th. C. p. 76.

That a man may not communicate with his adulterous wife, Ib. p. 77.

De eo qui conjuge non cupidine voluntatis, sed creandorum liberorum gratia, utitur, Ecg. E. 112.

Quod mulier corporis sui potestatem non habet, sed vir; et vice versa, Ib. 116.

That a man or woman, after separation, may not marry, during the other's life, Ib. 122.

If a woman leave her husband through contempt, Ib. 124.

Hwata,
Hwatunga, } Ecg. P. II. 23. IV. 19.; Edg. C. 16. *See* Superstitions.

I.

Idola-warþing, N. P. L. 48. *See* Superstitions.

Imperator, Ecg. E. 7.

Incest.

If a man marry a nun, Th. P. xx. 1.; Ecg. E. 131. 136.; Ecg. P. II. 19.

If a man marry or sin with his commatrem spiritalem, &c. Th. P. xx. 2. 18.; Ecg. E. 131. 134.

Various cases of incest, Th. P. xx. 3-9. 13-26.; Th. C. p. 83.; Ecg. E. 128-131. 134.; Ecg. P. IV. 68.

If any one having a lawful wife, lie with her daughter, Th. P. xx. 10.

If a man defile the sister of a woman betrothed to him, Ib. 11.

If a woman marry two brothers, Ib. 12.; Ecg. P. II. 11.; M. L. P. 19. 20.

Si quis cum matre, sorore, vel filia coiverit, Th. P. xx. 13. 14.; Ecg. C. 14.; Ecg. P. II. 18. IV. 68.

If a man marry his sister or mother, Th. C. p. 83.

Of the degrees of consanguinity, and indulgence to the English converts, Ecg. E. 133. 139. 140.

Infirm and Sick.

That the infirm may take food whenever they desire it, Th. P. XXXII. 2.

If the sick desire communion before penitence, Th. P. XLI. 4.

Of housel for the sick, Edg. C. 65.; Ælf. C. 31.; Ælf. E. 3.

How the sick may redeem his fast, Pen. 18.

Ink (Blæc), Edg. C. 3.

Insanity.

If an insane person commit suicide, Th. C. p. 65.

That the exorcist daily lay his hands on those possessed, Ecg. E. 84.

Si qui palam arrepti sunt, Ib. 85.

If an insane person commit homicide, Ecg. P. A. 29.

Inwerc,
Inwræc, } Ecg. C. XXXVIII. *n.* [3].

M.

INDEX.

INDEX.

INDEX.

INDEX.

INDEX.

INDEX.

INDEX.

INDEX.

INDEX.

Tithe.

Of tributum ecclesiæ — ne tantum pauperes in decimis, &c. vim patiantur, Th. C. p. 65.

That it is not lawful to give tithes, except to the poor and strangers, Ib. p. 65.

That the priests receive tithes from the people, and of the tripartite division of them, Ecg. E. 4. 5.; Edg. C. 54.; Ælf. C. 24.

That churches antiquitus constitutæ be not deprived of their tithes, &c., Ecg. E. 24.

Admonition to render tithes, Ecg. E. 101–105.; Edg. C. 54.; E. I. 35.

If any one withhold his tithe, N. P. L. 60.

Tonsure, Th. C. p. 64.; Ecg. E. 152. 153. 154.; Ecg. P. A. 5.; Edg. C. 47.; N. P. L. 34. 40.

Treasure Trove, Th. P. XXIII. 20.; Th. C. p. 65.

Treow-weorþung, Edg. C. 16. & n.². *See* Superstitions.

U.

Unction, *see* Chrism.

Unlibbe, Ecg. C. 29. *See* Superstitions.

Usury.

If any one exact usury, Th. P. xxv. 3. 5.

General prohibition of, Ecg. P. II. 30.

If a bishop, abbot, or priest lend money on usury, Ecg. P. III. 7.

V.

Veil (Velamen).

That a woman may receive the eucharist under a black veil, Th. P. XLVI.; Th. C. p. 65.; Ecg. C. 37.

Prayer may be said under a veil, if necessary, Th. C. p. 65.

Regulations concerning it, Ecg. E. 92.

Vellum (Bóc-fel), Edg. C. 3.

Viaticum, Ecg. E. 20.

Virgin.

If a man have connexion with a virgin, Th. P. xvi. 2. 3. 13. xix. 4.; Th. C. p. 76. 82.; Ecg. E. 113.; Ecg. P. IV. 68.; Ecg. P. A. 33.

If any one ravish a virgin, Th. P. xvi. 15.

If a virgin after a vow of virginity marry, Ib. 24.

If a virgin commit fornication in the house of her parents, Ib. 27.

Parents may not give a betrothed virgin to another, Ib. 29.

Her penance and a widow's alike, Th. C. p. 76.; Ecg. C. 31.; Ecg. P. IV. 68.

If a maiden be betrothed and led into captivity, Ecg. P. II. 15.; Edg. C. 24.

If any one by artifice take a girl for illicit purposes, M. I. P. 22.

INDEX.

Vow.

A woman may not make a vow without her husband's consent, Th. P. xvi. 23.

If any one after a vow of virginity marry, Ib. 24.; Th. C. p. 80.

If a secular make a vow without the bishop's consent, the bishop may dissolve it, Th. P. xix. 22.

If a monk and nun break their vow, Ecg. P. III. 11.

W.

Waller-Wents, N. P. L. 51.

Wapentake, N. P. L. 57.

Weapons.

If a priest enter a church with weapons, N. P. L. 37.

Weights and Measures.

That there be just weights and measures, Th. C. p. 75.

Wents, N. P. L. 52. 53.

Widow.

If a layman fornicate with a widow, Th. P. xvi. 11.

If any one carry off or ravish (rapuerit) a widow, Ib. 15. xx. 9.

Si vidua stuprum fecerit, vel infantem in utero, vel post nativitatem occiderit, Th. P. xvi. 17.; Ecg. C. 39. *n.*[3].

Her penance and a young girl's alike, Th. C. p. 76.; Ecg. C. 31.; Ecg. P. IV. 68.

If a man marry a widow, Th. C. p. 77.; Ecg. E. 32.; Ælf. C. 8.; Ælf. P. 42.

Regulations respecting the sacrum velamen, Ecg. E. 92.

Of a widow's duty, I. P. 17.

That a widow may marry a second time, Ælf. P. 43.

Wife, *see* Husband and Wife.

Wil-weorþung, Edg. C. 16. *See* Superstitions.

Wine, Th. P. xxvi. 14.; N. P. L. 16.

Witan, I. P. 5.

Witness.

Whether a priest or deacon can be witness to a last will, Ecg. D. 2.

Of those who may not be witnesses, Ecg. E. 144.

Wit-word, N. P. L. 67.

Woman. *See also* Husband and Wife.

Si mulier aut cum seipsa aut cum altera fornicata fuerit, Th. P. xvi. 4.; Th. C. p. 77.; Ecg. C. 31.; Ecg. P. IV. 68. si sanctimonialis, Th. C. p. 83.

If a woman commit adultery, Th. P. xvi. 5. *n.*[4]. xix. 17. 18. 19.; Ecg. E. 123.; Ecg. C. 19.; Ecg. P. IV. 68.; Ecg. P. A. 12.

If a christian woman fornicate with jews, Th. P. xvi. 35.

Si quis cum muliere tempore menstrui sanguinis nupserit, Th. P. xvii. 5.

X.

Ð.

———————

GLOSSARY.

A. S. = Anglo-Saxon.
M. H. G. = Middle High German.
O. H. G. = Old High German.
O. N. = Old Norsk or Norse, *i. e.* Icelandic.
O. S. = Old Saxon.

N. B. — *Words having the prefix* Ge *are placed under the initial letter of their roots.*

A.

ABARNARE — A. S. ABÃRIAN — denudare, detegere, to lay bare, discover, detect. Hence æbeþe þeoꝼ, fur probatus, convictus; æbeþe moꝛð, homicidium probatum.

ACQUIETARE, to acquit, absolve, quietum reddere.

ADVOCARE, defendere, tutari; it. vocare (ad warantiam), to vouch to warranty. A. S. týman, Ꝼetýman.

ADVOCATIO, defensio, *see note to* H. LXXXV. 1.

ÆBERE. *See* ABARNARE.

ÆFESN — PASNAGIUM, PANNAGIUM. The privilege, or remuneration to the proprietor of a domain for the privilege, of feeding swine under the oaks and beeches of his woods. This remuneration, according to Ine 49. (*see note ib.*), consisted of the third hog, when the fat was three fingers thick, and so on in proportion. For payment in kind a payment in money appears to have been customary at the time of the Survey (*see* Sir H. Ellis's Introd. to Domesday, vol. i. p. 99 *note*). Spelman cites one or two rather far-fetched etymons of the word pannage (or pasnage), but its derivation is obviously from the French *paisson*, pasture.

ÆFTER-GILD (*n.*), *see note to* C. S. 24.

ÆGYLDE,
AGYLDE, } inultus, uncompensated, unpaid for, unavenged. From the particle of exclusion, a, æ, or, *ex*
ORGYLDE, } (Goth. us), and 'gild,' *payment, requital,* &c.

GLOSSARY.

Æ-HLIP (*m.*), transgression of the law.

ÆHTE-SWAN — SERVUS PORCARIUS. A swine-herd, from 'æht,' *possessio, pecus,* and 'swan' (O. N. sveinn), *a servant.*

ÆT-HLYP (*m.*), evasio, escape, assault? The old Latin version renders it *conclamatio.*

ÆWDA, *see note to* H. & E. 2.

ÆÞELING, a noble, though generally signifying *a prince of the blood.*

ALDERMANNUS. *See* EALDOR-MAN.

ALGARUM MARIS, enumerated among the rights of the crown in H. x. 1. Du Cange suggests, with great probability, that this is a corruption for *Laganum Maris.* 'Lagan' was a well known right in the middle ages, like 'Jetson' and 'Flotson,' by which the goods thrown from a vessel in distress became the property of the king or lord, on whose shores they were stranded. *See* Du Cange *voce* Lagan, Spelman *voce* Flotson, *and* Jacob's Law Dictionary.

ALEIER,
ALLEGIARE, } 'lege seu sacramento interposito se purgare, culpa se eximere, facinus diluere.' Du Cange.

AMBER — AMBRA — a measure of four bushels. *See* the Registri Honoris de Richm. App. p. 44., where, in an extent of the manors of Crowhurst and Fylesham, in Sussex, 8 Edw. I., we read, 'XXIIII. ambræ salis, quæ faciunt XII. quarteria, secundum mensuram Londoniæ.' Ibid. p. 258. it is added: 'Quarterium Londinense octo modios sive bussellos continet, AMBRA *igitur quatuor modios.*' *See* Introduction to Domesday, vol. i. p. 133.

AMBIHT-SMIÐ, *see note to* Ethb. 7.

ANDÆG
ANDAGA { (*m.*), a day or term appointed for hearing a cause; hence ANDAGIAN, to appoint the day, *adjurnare,* diem dicere, citare.

ANGYLDE (*n.*), the rate fixed by the law, at which certain injuries were to be paid for, either to person or property. In the former case, it seems from Alf. 9. to comprise or be equivalent to the 'wér.' The 'angylde' seems also to have been the fixed price at which cattle and other goods were received as currency, and appears to have been much higher than the market price or 'ceap-gild.'

ANTEJURAMENTUM. *See* OATH.

APLATA, pro certo, plane : Fr. à plat.

AR (*f.*), honour, benefice.

GLOSSARY.

AR (*f.*). *See* MISERICORDIA.

ARATURA PRECUM. *See* BĔN-YRŎ.

ASTRIKIBTHET; of this extraordinary combination of syllables, or its variations, I can offer no explanation.

AVERIA — AVEIR. All animals used in agriculture, or constituting the property of a husbandman.

AVERIAN — AVERIARE — cum *averiis*, vel curru, res vehere. Custum. de Hecham Prioris Lewensis, p.18., 'Omnis lanceta *averabit* ter in anno ad acram vel linnam.' Spelm.

AVESAN and ÆVESAN, i.q. ÆFESN, which see.

AŎ. *See* OATH.

B.

BÆDLING. *See* MOLLIS.

BARO — ÐEGN — 'vassallus capitalis. Hujusmodi sunt qui pagos, urbes, castra, vel eximiam ruris portionem, cum jurisdictione, acceperunt a rege, suos utique *barones* seu vassallos, valvasores, milites, et libere tenentes sub se habentes. Dicebantur autem alias *barones capitales*, alias *barones regis*, alias *capitanei regni*, quod de rege, qui caput regni est, immediate tenuere, et propriis suis vassallis, eorumque clientibus, capitis instar habebantur. Tales sunt quibus reges antiqui Franciam divisere, Willielmus primus (ut in Domesdei paginis exhibentur) Angliam. Reperiuntur autem, juxta potentiæ suæ speciem, alii *majores*, alii *minores*.
'*Baro* pro *vassallo capitali majore :* hoc est pro *duce, marchione, comite, vicecomite,* et simplici magnate. Sub *baronis* appellatione recte veniunt hi omnes, cum vel maximus principis sit vassallus, eique teneatur homagii vinculo, seu potius baronagii, hoc est *de agendo* vel *essendo barone* suo.
'*Baro* pro *simplici magnate* hodie notissimum, sed non pari ubique consideratione.' *Vide* Spelman, *sub voce.*

BEFÓN, to attach.

BEL-FLYS (*n.*) — TIMPANI VELLUS — fleece of a bellwether.

BEL-HÛS (*n.*) — TYMPANARIUM — bell-house; probably the same as the Fr. TINEL, 'hôtel, maison, salle basse, rez de chaussée, dans lesquels mangent les domestiques d'un grand. Dans les cours plenières l'on disoit que le Roi tenoit son *tinel*, pour désigner que ses barons et leur suite seroient défrayés par le Roi. Les Italiens disent *tinello* pour une salle du commun.' Roquefort.

BÉN-FEORM (*f.*) — FIRMA PRECUM. *See* FEORM.

BÉN-RÍP (*f.*) — AD PRECES MESSIO. *See* BÉN-YRÐ.

BÉN-YRÐ (*f.*) — ARATURA PRECUM. 'Sic dicta a corvatis, quæ a tenentibus quasi precario exigebantur.' Regestum Abbat. Welbekensis, fol. 108. 'Hoc donum ———— quietum ab omni exactione et servitio seculari, quæ mihi pertinent, excepto quod singulis annis, pro eadem terra, quinque solidos mihi dabunt, similiter tres preces de una caruca, et tres preces in autumno, prima videlicet cum uno homine, secunda cum duobus hominibus, tertia vero die cum tot hominibus, quot in eadem terra cotidie metentes inventi fuerint.' Vetus charta apud Somnerum in tractatu de Gavelkind, p. 19. 'Arant preces semel ad conredium curiæ.' Alia ibid. p. 20. 'In villa de Ickham sunt sedecim cotarii, quorum quilibet habet quinque acras, et hæ sunt eorum consuetudines : ducunt brasium, ———— quilibet tres preces, id est, quando rogantur per ser-vientem curiæ, debent facere, sive aliud facere quod ex-pedit domino per tres dies ; et si noluerint facere, possint artari, &c.' Du Cange, *voce* Preces.

BEO-CEORL, } — BOCHERUS — apum custos. The Barbaro-
BEOCERE, } Latin term was perhaps originally Beocherus, from 'beo,' *apes*, and 'cherus' (for herus), *domi-nus, master*, &c. The form 'beoceɲe' is apparently the Latinized word Saxonized.

GEBEORSCIPE. *See* GEBURSCIPE.

BERE-GAFOL (*n.*)—TRIBUTUM HORDEI — one of the rents paid in kind, which, by this enactment, is fixed at the rate of six pounds per head for every labourer (wyrhta) employed in the barley harvest. Wyrhta is the term generally used to express a husbandman or reaper, as, 'Ƿicel ɲíp iſ· ɲ ɲeapa pýɲhꞇena. — biððað þ he ɲenðe pýɲhꞇan ꞇo hiſ ɲípe.' Matt. ix. 37, 38.

GEBÉTAN. *See* BÓT.

BILLUM — Ger. Beil — an axe, bill ?

BIRELE, pincerna, skinker, cup-bearer ; *verb*, birilian, *haurire.*

BLÆSERE } (*m.*), incendiary.
BLYSIERE }

BLEDSTODII, } H. LXXVIII. 5. To neither of these readings,
BELDSTOTI, } which seem equally corrupt, can I assign any meaning.

BLÓDWITA — FORISFACTURA SANGUINIS. The fine imposed for drawing blood by wound or blow ; reckoned, H. LXXXI. 3., among the minora forisfacta.

Blot (*n.?*), a sacrifice or offering to idols; *verb*, Goth. blotan; O. H. G. blozan; O. N. blóta; sacrificare, libare, idola colere.

Bocherus. *See* Beo-ceorl.

Bóc-land (*n.*), 'land held by book or charter. It was land that had been severed by an act of government from the folcland, and converted into an estate of perpetual inheritance. It might belong to the church, to the king, or to a subject. It might be alienable and devisable at the will of the proprietor; it might be limited in its descent without any power of alienation in the possessor. It was often granted for a single life or for more lives than one, with remainder in perpetuity to the church. It was forfeited for various delinquencies to the state.

'Estates in perpetuity were usually created by charter after the introduction of writing, and on that account, bocland and land of inheritance are often used as synonymous expressions. But at an earlier period they were conferred by the delivery of a staff, a spear, an arrow, a drinking horn, the branch of a tree, or a piece of turf; and when the donation was in favour of the church, these symbolical representations of the grant were deposited with solemnity on the altar; nor was this practice entirely laid aside after the introduction of title deeds. There are instances of it as late as the time of the Conqueror. It is not therefore quite correct to say, that all the lands of the Anglo-Saxons were either folcland or bocland. When land was granted in perpetuity it ceased to be folcland, but it could not with propriety be termed bocland, unless it was conveyed by a written instrument.

'Bocland was released from all services to the public, with the exception of contributing to military expeditions, and to the reparation of castles and bridges. These duties or services were comprised in the phrase of trinoda necessitas, which were said to be incumbent on all persons, so that none could be excused from them. The church, indeed, contrived, in some cases, to obtain an exemption from them, but in general its lands, like those of others, were subject to them. Some of the charters granting to the possessions of the church an exemption from all services whatever, are genuine, but the greater part of them are forgeries.

'Bocland might, nevertheless, be subjected to the payment of an annual rent to the state by its original charter of creation. We have an instance of this among the deeds of Worcester cathedral collected by Heming. Æthelbald, king of the Mercians, had, it appears, granted to Eanulf, grandfather of Offa, an estate of inheritance, burthened

Bóc-land—*continued.*

with an annual payment of ale, corn, cattle, and other provisions to a royal vill; and this estate, with the rent-charge attached to it, Offa afterwards gave in remainder to the see of Worcester, after his own life and that of his sons.

'Bocland might be held by freemen of all ranks and degrees.

'The estates of the higher nobility consisted chiefly of bocland. Bishops and abbots might have bocland of their own in addition to what they held in right of the church.

'The Anglo-Saxon kings had private estates of bocland, and these estates did not merge in the crown, but were devisable by will, gift, or sale, and transmissible by inheritance, in the same manner as bocland held by a subject.'

The above extracts are from "An Inquiry into the Rise and Growth of the Royal Prerogative in England." By John Allen. 8vo. 1830. p. 143—151. *See also* Kemble's Cod. Diplom., Introd. p. CIII—CVI.

Bold-getæl, *see note to* Alf. 37. I am not aware of the occurrence of this word elsewhere; the Latin translator renders it 'mansio.'

Bonda, boor, paterfamilias. This word was probably introduced by the Danes, and seems occasionally to have been used for 'ceorl;' its immediate derivation is from O. N. búandi, contr. bóndi, villicus, *colonus qui foco utitur proprio,* part. pres., used substantively, of 'at búa.' Goth. gabauan, *habitare;* modern Danish, bonde, *peasant, husbandman.*

Bordarius — Bordier. One occupying a tenement denominated a bord. 'Qui *bordam* aut domum sub *bordagii* vel *bordelagii* onere possidet.' Du Cange. Borde is thus defined by Roquefort: 'Loge, petite maison, cabane bâtie à l'extrémité de la ville, dans le faubourg; de là ce nom a signifié petite ferme, masure ménil, closerie, petite grange, petite métairie; en bas Lat. *boaria, borda, bordellum, boria.*' Gloss. Rom. sub voce. *See also* Introd. to Domesday, vol. i. p. 82.

Borh } (*m.*), a surety. 'On boþh níman,' to be security (for
Byrigea } any one).

Borh-bryce (*m.*), breach of security or surety, either on the part of the party giving it, or of him for whom it is given.

Bót (*f.*), amends, atonement, compensation, indemnification.
  Gebétan, to better, atone for, &c.
    Hád-bót (emendatio ordinis), atonement or compensation for the offence of 'hád-bryce' (ordinis infractio). A

GLOSSARY.

Bót—*continued.*

> fine payable by the party who had slain or maltreated a man in holy orders, which was usually divided into three portions, one for the bishop, one for the fraternity, and the third, or

Weofod-bót (altaris emendatio), the application of which in E. B. 12. and H. LXVIII. 5. is not specified, while in other places (C. S. 42.; H. XI. 8. LXVI. 3.) it is assigned to the bishop, without mention of any tripartite distribution.

BRASIL, perhaps the same as Brasium (malt).

BRICG-BÓT. *See* TRINODA NECESSITAS.

GEBÚR (*m.*), boor. For the etymon of this word, *see* BONDA.

BURH-BÓT (*f.*). *See* TRINODA NECESSITAS.

BURH-BRYCE (*m.*), the violation of a man's castle (burh) or dwelling; also the mulct for such violation. This was one of the rights of the crown.

GEBURSCIPE (*m.*), GEBEORSCIPE (*m.*), an association, the precise nature of which is not apparent, though, from the passages where mention of it occurs, it would seem to be a club of persons united for the sake both of conviviality and mutual support, in which respect it closely resembled the 'gilds,' though perhaps wanting the legal sanction possessed by the latter. From Ed. 1. it appears to have been an association of persons in a certain district, and at least acknowledged by the state.

BURH-GEAT-SETL (*m.*), literally a seat at a town gate, but used as a court for trying causes of family and tenants. Selden.

BYRIGEA. *See* BORH.

BYTT-FYLLING — BUCCELLORUM IMPLETIO. This expression occurs only in Ath. V. VIII. 1. I am unable to suggest even a conjectural illustration of its meaning.

C.

CACEPOLLUS, receiver of duties, exactor, lictor. The modern *catchpoll* is undoubtedly derived from this word, but of its own etymon nothing seems to be known with certainty. Ælfric in Gloss. has 'hæcepoll,' *exactor*, for which, perhaps, we ought to read 'hæcepoll,' the Saxon 'þ' being mistaken for 'p.' The 'c' may have been prefixed to strengthen the aspirate, the word being also written 'chacepollus.'

GLOSSARY.

CACEPOLLUS—*continued.*

Spelman gives the following from the Testa de Nevil: ' Hospitalarii tenent in Hereford unum mesuagium, quod Philippus filius Odonis tenuit per sergantiam *chachepolli*,' &c. Roquefort, without citing an authority, describes ' chacepol' as *un sergent préposé à la levée des impôts.*

CÆNNAN, i. q. **CLÆNSIAN**, to clear, justify. *See note to* Wih. 17.

CAN (*f.*), clearance, averment.

CASTELLATIO, the castellating of a dwelling, or erecting of a castle; also one of the rights of the crown (H. x. 1.), being the fine payable to the king for license to castellate or fortify a dwelling, or to erect a castle. In H. XIII. 1. ' Castellatio sine licentia' is enumerated among the offences placing the perpetrator in 'misericordia regis.' Of this right no mention occurs in the Saxon times.

CEAC (*m.*),
CEAP (*m.*), { Fr. cep, chep; Lat. cippus; Low Ger. kake, kaek; Dan. kag; a sort of stocks or pillory. These terms seem used indiscriminately to signify a kind of fetter, in which the feet of the criminal were confined when he was put to the question. Roquefort gives the following description of the apparatus: ' Le cep étoit composé de deux pièces de bois entaillées sur le bord et justement à la même distance, qui, venant à se joindre, serroient les pieds ou les mains, et même quelquefois les unes et les autres ensemble. Ce n'étoit dans l'origine qu'une espèce de prison où l'on détenoit les criminels jusqu'à leur jugement définitif; de là le nom de *ceppier*, pour désigner celui qui en avoit la garde, terme qui répond à celui de geolier.'

Our word *jack*, signifying several kinds of engines and instruments, is probably derived from ' ceac,' pronounced, as in later times, chack.

CEAP (*m.*), pactio, bargain; anything for sale, and the price of it; also cattle, as being the usual medium of barter; chattel. *See note to* Ethb. 77. It may also be observed, that ' ceap' is sometimes used instead of ' ceap-gild,' as ' wér' and ' leod' for ' wér-gild' and ' leod-gild.'

CEAP-GILD (*n.*) — **CAPTALE**. In its general acceptation, this seems to have been the price which a chattel would actually bring, if exposed for sale, and which, as at the present day, was fluctuating according to circumstances. In the Jud. Civ. Lund. (Ath.V.) it appears to represent the rate fixed by the friŏ-gilds at which they indemnified their members for property stolen, and which, though lower than the ' angylde,' might, under certain circumstances, rise to an equality with it (Ath.V. VI. 4.); while the

CEAP-GILD—*continued.*

'angylde' was the rate fixed by the state at which cattle were to pass as the medium of traffic, at a period when coined money was rarely to be met with in commerce.

'Ceap-gild' may therefore be rendered *market price*, 'angylde' being the fixed rate at which certain kinds of cattle are to be taken in lieu of money. For the more remote derivation of 'ceap-gild,' *see* Grimm, D. R. A., p. 383.

CEAPIAN, paciscor, make a bargain. The phrase 'mæʒðe ʒebicʒan,' to buy a wife, though expressive of a transaction rarely occurring in modern times, was, till late in the middle age, preserved in Germany, marriage being originally a purchase, the suitor paying to the party (father, brother, or guardian), in whose power the girl or widow chanced to be, a price, for which she was engaged and delivered to him. *See* Grimm, D. R. A., p. 421. 601.

CENTENARIUS. *See* HUNDREDES EALDOR.

CEORL — O. H. G. charal. A freeman of ignoble rank, a churl, twy-hinde man, villanus, illiberalis.

CHURCH-FRITH.
CHURCH-GRIÐ. } *See* GRIÐ.

CILTRE, corruptly SILTRE, Chiltern.

CIRIC-BRYCE (*m.*), any violation of the privileges of a church.

CIRIC-SCEAT (*m.*) — PRIMITIÆ SEMINUM — church-scot or shot, an ecclesiastical due payable on the day of St. Martin, consisting chiefly of corn. In Cnut's letter from Rome occurs the following passage regarding 'ciric-sceat.' After enjoining the payment of the other dues, he adds, 'et in festivitate S. Martini primitiæ seminum ad ecclesiam, sub cujus parrochia quisque deget, quæ Anglice 'cyric-sceatt' nominantur.' Flor. Wigorn. Ann. 1031. And in an old law book quoted by Lambarde it is said, 'Chircheseed (chirchesced?), ou chirceomer, ou chirceamber, fuit un certein de blee batu, que chescun home devoit, al temps des Brytons et des Engles, porter a lour eglise le jour Seint Marten.' Pref. to Archaionomia, ed. 1568.

From the above quotation from Cnut's epistle it is evident that, during the times with which we are concerned, this payment was made as the first-fruits of all things sown, i.e. all esculent seeds or grain. It has been suggested, that 'ciric-sceat' was an offering of the first of the seed corn, as a means of drawing down a blessing on what was sown, and of obtaining thereby a good return for it in the following year; and, considering the antiquity of 'ciric-

GLOSSARY.

Ciric-sceat—*continued.*

sceat' (which occurs 200 years before any other church due is specifically mentioned), that it might have been a pagan superstition, adopted by the clergy and incorporated with their system, like many other lucrative or indifferent practices. To the above suggestion, though of too much weight to be rejected on slight grounds, it may, however, be objected, that the heavy penalties with which 'ciric-sceat' was enforced, show, and even almost prove, that it was no light tax on the people, nor is it probable that mere superstitious motives would have urged the clergy to the imposition of such penalties, a class of men who, of all others in the community, were the least infected with superstition. For its modifications after the Conquest, *see* Introduction to Domesday, and the authorities there cited; also, a judicious pamphlet evincing much research, entitled, 'A few Historical Remarks upon the supposed Antiquity of Church Rates,' &c. Ridgway, 1837.

Cleta, crates; A.S., hipðel; Ælf. Gloss., a hurdle.

Collificium. *See* **Homola.**

Comatio. *See* **Hættian.**

Congildo. *See* **Gegilda.**

Conus, 'cuneus monetalis, coin, sigillum ferreum, quo nummi cuduntur.' Du Cange.

Corsnæd, panis conjuratus, offa consecrata; a species of ordeal, in which the accused had to place in his mouth a slice of bread or cheese; if he ate it freely and without hurt, he was considered innocent; but guilty, if it stuck in his throat, and had to be extracted. In christian times the host was used for this purpose. From 'cor,' 'kur,' *trial, proof.* Grimm, D.R.A., p. 932. *See also* D.M., p. 642. *note.* For the Exorcisms, *see* Text. Roffens., p. 19–36.

Cote-setla, { —**Cotsetus**—a cottager. That he was a free-man, though of a very inferior degree, is apparent from the notice .given of him in the
Cot-setla, { 'Rectitudines Singularum Personarum,' and was probably on a footing with the German köther, kothsassen, brinksassen, scil. 'homines casati, qui casam habent cum particula agri, ex beneficio domini.' 'Qui nullum vel non multum agri habeant, ad manuales operas exhibendas sunt obstricti.' *See* Haltaus, col. 187. According to H. lxxxi. 3. the 'cothseti' occupy a place between the villanus or 'ceorl,' and the slave; the 'overseunessa' of the first being xxx. den., of the second xv., and of the third vi. In Domesday these are distinguished from the *Cotarii,* though in what the difference consisted is not apparent.

GLOSSARY.

CRASPICE and CRASPISCE, i. e. crassus piscis. The grampus may possibly be the fish thus designated. Though often rendered *balæna*, it can hardly have been the whale that was brought to London by the men of Rouen, and which would certainly not have been mentioned as 'piscis, qui dicitur crassus piscis,' i. e. in other words, a fish without a name; nor was it the porpoise, distinct mention being made of each species in the documents quoted by Du Cange, *voce* Aquatia, and *voce* Craspiscis. Spelman derives 'grampoise' from *grand* and *poisson*, or *magnus piscis*.

CRAVARE, postulare, petere, in judicium mittere, from A. S. 'cɲaꝼian;' hence MISCRAVATIO, injusta postulatio.

CROCCA, a pot. In the West of England the word *crock* is still used for a pot employed in culinary purposes. The phrase 'crocca towallet' is explained in H. XCIV. 3., and receives further illustration from the following note by Mr. Kemble, 'We have transformed the Saxon 'potꝥeallenaɲ' (i. e. potboilers, householders, men who keep up a fire in their house,) into potwallopers. There are many small glossaries of these words in various MSS. of the 12th century; and some Norman charters which, while they confirm the privileges, frankly state that they do not know the meaning of the words they are confirming.' Cod. Diplom. Ævi Sax., Introd. p. xliii. *note*.

CYNE-BÔT (*f.*) ⎧ The portion belonging to the nation of the
                    ⎪ mulct for slaying the king, the other portion
CYNE-GILD (*n.*) ⎩ or 'wêr' being due to his family.

CYNING, king. Though evidently a derivative of 'cyn,' *gens, natio*, (as M.G. þiudans, from þiuda; A. S. þeoden, from þeod; drihten, from driht,) its formation is extremely doubtful; Mr. Allen has the following passage relative to the word: 'The word *cyning*, from its structure, is manifestly a patronymic, like *Æscing*, son of Æsc; *Uffing*, son of Uffa; *Ælling*, son of Ælle; *Cerdicing*, son of Cerdic; *Iding*, son of Ida; *Cryding*, son of Cryda; *Ætheling*, son of the *Æthel* or noble. According to this analogy, the person who had the title of *cyning* given to him was considered as one standing in the same relation to the tribe that a man does to his father or to the founder of his race. In other words, the *cyning* was considered as the son or child of the nation, a more appropriate designation, perhaps, than the modern phrase of father of his people.' Inquiry into the Rise and Growth of the Royal Prerogative, *note H*. With the above definition accords that given by B. Haldorsen, viz. 'konûngr' *qu.* 'koni-ûngr,' *heroum progenies*. May it not be a decomposite, and thus formed: cyn–cynen–cynening, *contr.* cyning?

GLOSSARY.

D.

DÆD-BÁNA, the actual perpetrator of a homicide. *See* RÆD-BÁNA.

DAPIFER, a steward, either of the king or a lord. In H. VII. 7. he seems to occupy the place of the Saxon 'geréfa,' the word 'legitime' referring, apparently, to the qualifications stated in Eth. I. 1. and C. S. 30., which, in certain cases, enabled a 'geréfa' to act in place of his 'hlaford.' *See* Spelman, Gloss. *sub voce.*

DECANIA. } *See* TEOÐING.
DECIMA. }

DENEGELDUM; 'Danegilt, tributum Anglis indictum, alias ob pacandos Danos, alias ob arcendos. Danis autem non videtur concedi, sed ipsimet regi, ad conducendum militem adversus Danorum irruptiones.' Spelman.

'Danegild' continued a tax till the time of Stephen, who, according to Henry of Huntingdon, at the commencement of his reign, 'vovit quod Danegeldum, id est, duos solidos ad hydam, quos antecessores sui singulis annis accipiebant, in æternum condonaret.'

Spelman is incorrect in stating that it was not granted to the Danes, but to the king, as is evident from H. xv. He was, no doubt, misled by the vicious reading instead of the genuine one 'þingemannis.' *See also* Ed. C. 12.

'Danegild' was one of the rights of the crown.

DEOR-HEGE (*m.*), the hedge inclosing a deer park.

DESTITUERE, deserere.

DESTITUTIO, 'statutum vel decretum legi et rationi contrarium.'

DIFFORCIARE. *See* DIFFORCIATIO.

DIFFORCIATIO, 'juris æqui denegatio, quando ab eo petitur, cujus interest ut rectum fiat; Sax. ꝛihter pýꞃnunᵹ. Talis recti a judice inferiori requisiti denegatio jurisdictionem suam ei adimit, altius provocandi causam præbet, et in aliorum forum et potestatem jurisdictionem transire facit.' Somner.

DIRATIONARE, { — Fr. derehdner, dereiner. This word,
DISRATIONARE, { according to Spelman, has a variety of sig-
{ nifications; viz. *causam agere; rem probare; assertionem contrariam refellere,* quod *traversare* dicunt; *examen litis subire (triare); lite potiri,* et *rem litigatam evincere, seu recuperare.* Du Cange renders 'desraisnier' by 'prouver son droit en justice'; but, although it may

DIRATIONARE, &c. — *continued.*

be used in all the significations given above, it is clear that its primitive meaning is *to disprove.*

DIVIDIATIO, *see note to* H. XXIII. 1.

DIVISA—Fr. devise. The boundary of landed property; also, a court held on the boundary, in order to settle disputes of the tenants.

DOS, an assignment of property from the husband to the wife for her maintenance after his death. It is thus defined by Glanvile, a nearly contemporary authority: ' Dos duobus modis dicitur; dos enim vulgariter dicitur id, quod aliquis liber homo dat sponsæ suæ ad ostium ecclesiæ tempore desponsationis suæ. Tenetur autem unusquisque, tam jure ecclesiastico quam jure seculari, sponsam suam dotare tempore desponsationis. Cum quis autem sponsam suam dotat, aut nominat dotem aut non. Si non nominat, tertia pars totius tenementi liberi sui intelligitur dos; et appellatur rationabilis dos cujuslibet mulieris tertia pars totius liberi tenementi viri sui, quod habuit tempore desponsationis, ita, quod inde fuerit seisitus in dominico. Si vero dotem nominat, et plus tertia parte, dos ipsa in tanta quantitate stare non poterit; amensurabitur enim usque ad tertiam partem, quia minus tertia parte, scilicet tenementi sui, potest quis dare in dotem, plus autem non.'— Lib. ii. c. 1. *See also* Asega-Buch, p. 151.

DRIHTIN-BEAH (*m.*), *see note to* Ethb. 6.

DRINCE-LEÂN (*n.*)— RETRIBUTIO vel TRIBUTUM POTUS; Lambardo vero, 'dona potionis honoraria;' idem forte quod alibi 'Scotale.' Somner. He afterwards describes scotale as a contribution due by the tenants, to purchase ale for the entertainment of their lord or his steward on the fee. Du Cange defines POTUS to be 'præstationis species; *potus vini* qui domino præstatur, mensura scilicet vinaria sic dicta in charta an. 1255, in Tabulario S. Dionysii: *Robertus de Clergiaco armiger vendit abbati inter alia duos denarios censuales, et partem suam quam habet in* poto et roagio.'

DRҰ-CRÆFT (*m.*), witchcraft, magic. Celt. draoi, *magician,* draoidheadh, *magic;* hence also *druid.*

DUCATUS, defensio in via per alicujus territorium. Gall. saufconduit, sauvegarde. Epist. Gregorii VII. PP. apud Brunonem de Bello Saxon., p. 139. *Henricum atque Rodulfum commoneatis, quatenus nobis viam illic secure transeundi aperiant, et adjutorium atque* ducatum *per tales personas, de quibus vos bene confidatis præbeant, ut iter nobis, Christo protegente, pateat.*

GLOSSARY.

E.

EALDORMAN—ALDORMANNUS. Originally a dignity of the highest rank, both hereditary and official, nearly synonymous with that of king. In the Sax. Chron., Cerdic, founder of the kingdom of Wessex, and his son Cynric are denominated 'aldormen.' They were also governors of provinces, and, in that capacity, presided in the Hundred Court. After the breaking up of the 'Heptarchy,' we find them, under the supremacy of Wessex, occupying the place of kings in the conquered kingdoms of Mercia and East Anglia. In the latter days of Anglo-Saxon sovereignty, under those miserable princes Ethelred and his son Edward, the dignity of 'ealdorman' seems to have reached its highest point, from which it rapidly descended, their functions being either suppressed, or exercised by officials under other denominations, until the once great name remained alone to that civic magistrate, of whom the earliest traces are, perhaps, to be found in the continuation to Ed. C. 32. (*See* vol. i. p. 613. *n.*ª.) 'Sic transit,' &c.

EDOR-BRECÐ (*f.*) ⎫
EDOR-BRYCE (*m.*) ⎭ *see note to* Ethb. 27.

ELLEN (*n.?*), elder. 'This tree was held in great veneration by our forefathers; when they had to lop it, they usually repeated this prayer: *Frau Ellhorn*, gib mir was von deinem holz, dann will ich dir von meinem auch was geben, wann es wächst im walde; i. e. *Lady Elder, give me some of thy wood, then will I give thee also some of mine, when it grows in the forest.* This was generally repeated kneeling, with head uncovered, and folded hands.' ' In Hildesheim, when any one dies in the country, the grave-digger goes in silence to an elder tree, and cuts a wand to measure the corpse by; the man who takes it to the grave does the like, and holds this wand in place of the usual whip.' 'Elder planted before the stall door preserves the cattle from magic.' Grimm, D.M., p. 375. and Anhang, p. ciii.

EORL—O.S. erl, O.N. jarl, comes, satelles principis. This is the prose definition of the word; in A. S. and O.S. poetry it signifies *man*, though generally applied to one of consideration, on account of his rank or valour. Its etymon is unknown, one deriving it from O.N. 'ár,' *minister, satelles*; another from 'jara,' *prælium*. (*See* B. Hald. *voce* Jarl, *and the* Gloss. to Sæmund's Edda, t. i. p. 597.) This title, which seems to have been introduced by the Jutes of Kent, occurs frequently in the laws of the kings of that district, the

EORL — *continued.*

first mention of it being in Ethb. 13. Its more general use among us dates from the later Scandinavian invasions, and though originally only a title of honour, it became in later times one of office, nearly supplanting the older and more Saxon one of 'ealdorman.'

EORĎE (*f.*), earth. The process of drawing children or cattle through the earth, as a means of cure, prevailed both here and in Germany. 'The earth was hollowed out, and the child made to creep through the passage or tunnel thus formed. This kept off or neutralized all magic. Mulieres, 'quæ habent vagientes infantes, effodiunt terram, et ex parte pertusant eam, et per illud foramen pertrahunt infantem.' Nurses also took the new-born child, and thrust it through a hole.' Grimm, D.M., p. 676.

ERMINGE STRÆTE (*f.*), one of the Roman roads of Britain, leading from St. David's to Southampton, thus described by Trevisa: 'The thirde waye is called Erymyngestrete, and stretcheth out of the west norweste into eest southest, and begynneth in Menevia, that is in Seint Davids londe, in Weste Wales, and stretcheth forth unto Southampton.' Polychron., lib. i. c. 45.

For conjectures as to its etymon, *see* Grimm, D.M., p. 212.

ERTHMIOTUM, a court held on the boundary of two lands.

ESNE ⎰ (*m.*)—Goth. asneis, O. H. G. asni, mercenarius. If the rubric of In. 29., be correct, 'esne'
ESNE-WYRHTA ⎱ and 'þeow' seem synonymous. In general the 'esne' seems to have been a hireling of servile condition.

ESSARTUM, a clearing of the woods and forests by uprooting trees and removing the underwood; from *sarrire,* barbare *essartare* and *exartare.*

ESSOIGN. *See* SOINUS.

EVOCATIO, enumerated, H. xL., among the species of 'pundbreche' (parci infractura), and consisted probably in enticing the deer from their enclosure.

EXACTIONALIS CAUSA, perhaps the same with *criminalis, capitalis,* H. LXI. 19.

EXCUSSIO, i. q. 'RESCUSSUS, rescue, a Gall. *rescousse,* i. e. liberatio vel redemptio; utpote cum aliquis aut captivum aut prædam vi hosti eripit. Pari ratione *rescussus* dicitur in jure nostro, cum quis legitime comprehensus, per regium breve vel aliam potestatem, i. arestatus, per vim eripitur a mi-

EXCUSSIO — *continued.*

nistris; vel si quod per districtionem capitur, capienti auferatur illegitime.' Spelm. *voce* Rescussus. ' *Recousse,* deliverance, reprise des choses enlevées.' Roquefort. Hence 'excutere namium,' for definition of which *see* H. LI. 8.

EXPEDITATIO, ' vox forestariorum, et significat, canes juxta leges forestæ ita compescere, ut ad insequendas feras minus sint pernices: Anglice, *lawing of dogs.* Fit duobus modis, scil. vel abscindendo tres ortellos (id est, ungues pedis dexteri anterioris) juxta ipsam cutem, vel exscindendo montem pedis (pollotam vocant), *the ball of the foot.'* Spelm.

F.

FÆDER-FEOH. *See* FEOH.

FÆHÐ (*f.*) — O. H. G. faida — deadly feud.

FÆHÐ-BÓT (*f.*), compensation for homicide committed in 'fæhð,' by which the slayer redeemed himself from feud on the part of the family of the slain.

FÆR-BÉNA, evidently synonymous with 'ceorl' or *rusticus; its* derivation is doubtful.

FAH-MON, a foe, more especially one who has slain another, and thereby exposed himself to the 'fæhð,' or deadly feud, on the part of the family of the slain.

FARE, fara? ' Niȝe ȝaþan to tûne ȝeccan: novam faram adducere.' R. S., p. 185.

FEAX-FANG (*m.*), called also HÆRGRIPA, a seizing by the hair; *see note to* Ethb. 23.

FELAGUS. *See* GESIÐ.

FEOH }
FIOH } (*n.*) — Goth. faihu ; O. H. G. fihu — cattle, money.

Fæder-feoh, the portion brought by the wife to her husband, and which reverted to the widow, in case the heir of her deceased husband refused his consent to her second marriage; i. e. it reverted to her family, in case she returned to them. Legg. Langob. edict. Rotharis, 182. 199. *See also note to* Ethb. 81.

FEORM (*f.*) —FIRMA. Farm, purveyance, food, but here applied to a certain portion of the produce of the land, due by the grantee to the lord, according to the terms of the charter. Of the various descriptions of ' feorm' we find —

FEORM — *continued.*

Bén-feorm, or Firma precum, in which, as well as in ‘ bén-ýꝥ’ (aratura precum), &c., the word ‘bén’ is no longer to be taken in its usual acceptation, which is here quite lost sight of, though, without doubt, originally applicable to the case. What was once *a request*, became in later times *a demand or exaction*, the name remaining, though the thing was changed to its opposite; such was the case also with the Ger. ‘beta,’ ‘bete,’ *petitio, rogatio,* respecting which Grimm remarks : ‘ Nach der ältesten sitte wurde freiwillig dargeboten, allmählig bittweise verlangt, endlich herrisch befohlen: *According to the oldest custom it was freely offered, by degrees* precariously *requested, lastly despotically demanded.*’ *See* D. R. A., p. 297.

Easter-feorm, *or* Firma Paschalis, *and* Winter-feorm, *or* Firma Natalis Domini, } a certain quantity of produce to be rendered at those periods, according to the terms of the grant.

Gyt-feorm *or* Gut-firma (ꝼoꞃ ýꝥꬱe, *or* ad arandum): of the nature of this exaction I am unable to give any illustration. It is mentioned in R. S., but does not, I believe, occur elsewhere.

Cyninges-feorm, a tax in kind, levied on the produce of the land, for the supply of the king and his household.

FERDINGUS, apparently a freeman of the lowest class, being named (H. xxix. 1.) after the ‘cotseti.’ In the Statutes of the Gild at Berwick, anno 1284, published by Houard, and reprinted by Wilda, the ferthingmen are classed after the aldermen of the gild and before the decani, by which it appears that the alderman’s jurisdiction was subdivided into four as well as into ten; but these persons can have nothing in common but the name with those mentioned in the law of Henry. *See* Traités sur les Coutumes Anglo-Normandes, t. ii. p. 467. *and* Gildenwesen, p. 376. For *ferdingi,* Wilkins reads *pardingi.* The nearest approximation to this word seems to be the O. N. ferdarómagi, defined as ‘ *alendus circulatorius, qui ex constitutione paganorum prædia legendo sustentationem sibi quærat.*’ Cf. Index in Grágás, p. 18.

FESTRE (*f.*). *See* **FOSTER**.

FEUDUM, seu Beneficium, ‘est illud quod ex benevolentia alicui ita datur, ut proprietate quidem rei immobilis beneficiatæ penes dantem remanente, ususfructus illius rei ita ad acci-

GLOSSARY.

pientem transeat, ut ad eum hæredesque suos, masculos et femineos, si de his nominatim dictum fuit, in perpetuum maneat, ob hoc ut ille et sui hæredes fideliter domino serviant, sive id servitium nominatim quale esse debeat, expressum sit, sive indeterminate promissum sit.'—Otbertus, Lib. 2. Feudor. apud Du Cange et Spelman.

Brevius Cujacius—'Feudum est jus in prædio alieno, in perpetuum utendi fruendi, quod pro beneficio dominus dat ea lege, ut qui accipit, sibi fidem et militiæ munus aliudve servitium exhibeat.'—Lib. I. Feud. tit. I. apud eosdem.

For ample information respecting the several kinds of feuds, the reader is referred to Du Cange and Spelman. Of the *feudum loricatum* (mentioned in H. II. 3.) Spelman says: 'FEUDUM LORICATUM (*Fief de haubert*) est quod hominem edit lorica indutum; et videtur alias idem hoc esse quod *hauberticum,* alias vero diversum: *hauberticum* enim *feudum* semper notare animadverto cataphractum, seu equitem instructum; *loricatos* vero sæpe dici in historiis nostris de illis quos *armigeros* nuncupamus.'

The etymon of this word is extremely doubtful; *see* Du Cange, *and* Palgrave's English Commonwealth, vol. 2. p. ccvi.

FINIS, 'amicabilis compositio et finalis concordia, ex consensu et licentia domini regis vel ejus justitiariorum.'—Glanv. lib. viii. c. 1. ' Ideo dicitur, quia imponit finem litibus, et est exceptio peremptoria.'—Bracton, lib. v. 5. 28.

FIRMA. *See* FEORM.

FITUNG (*f.*), rixa, dimicatio, strife.

FLET (*n.*), cubile, cœnaculum, stratum; *also* house, home.

FLYMA, a runaway, fugitive, one escaped from justice, or who has no ' hlaford.'

FLYMAN-FYRMŎ (*f.*), the offence of harbouring a fugitive, the penalty attached to which was one of the rights of the crown.

FOLC-LAND, ' The land of the folk or people. It was the property of the community. It might be occupied in common, or possessed in severalty; and, in the latter case, it was probably parcelled out to individuals in the *folcgemot* or court of the district; and the grant sanctioned by the freemen who were there present. But, while it continued to be folcland, it could not be alienated in perpetuity; and therefore, on the expiration of the term for which it had been granted, it reverted to the community, and was again distributed by the same authority.

GLOSSARY.

'Spelman describes folcland as terra popularis, quæ jure communi possidetur — sine scripto. (Gloss. Folcland.) In another place he distinguishes it accurately from bocland: Prædia Saxones duplici titulo possidebant: vel scripti authoritate, quod bocland vocabant, vel populi testimonio, quod folcland dixere. (Ib. Bocland.)

'Folcland was subject to many burthens and exactions from which bocland was exempt. The possessors of folcland were bound to assist in the reparation of royal vills, and in other public works. They were liable to have travellers and others quartered on them for subsistence. They were required to give hospitality to kings and great men in their progresses through the country, to furnish them with carriages and relays of horses, and to extend the same assistance to their messengers, followers, and servants, and even to the persons who had charge of their hawks, horses, and hounds. Such at least are the burthens, from which lands are liberated, when converted by charter into bocland.

'Folcland might be held by freemen of all ranks and conditions. It is a mistake to imagine, with Lambarde, Spelman, and a host of antiquaries, that it was possessed by the common people only. Still less is Blackstone to be credited, when, trusting to Somner, he tells us it was land held in villenage by people in a state of downright servitude, belonging, both they and their children and effects, to the lord of the soil, like the rest of the cattle or stock upon the land. (Blackstone, ii. 92.) A deed published by Lye exposes the error of these representations. (Anglo-Saxon Dict., App. ii. 2.) Alfred, a nobleman of the highest rank, possessed of great estates in bocland, beseeches king Alfred in his will to continue his folcland to his son Æthelwald; and if that favour cannot be obtained, he bequeaths in lieu of it to his son, who appears to have been illegitimate, ten hides of bocland at one place, or seven at another. From this document it follows, first, that folcland was held by persons of rank; secondly, that an estate of folcland was of such value, that seven or even ten hides of bocland were not considered as more than equivalent for it; and lastly, that it was a life estate, not devisable by will, but, in the opinion of the testator, at the disposal of the king, when by his own death it was vacated.

'It appears also from this document, that the same person might hold estates both in bocland and in folcland; that is to say, he might possess an estate of inheritance, of which he had the complete disposal, unless in so far as it was limited by settlement; and with it he might possess

FOLC-LAND — *continued.*

an estate for life, revertible to the public after his decease. In the latter times of the Anglo-Saxon government it is probable there were few persons of condition, who had not estates of both descriptions. Every one was desirous to have grants of folcland, and to convert as much of it as possible into bocland. Money was given and favour exhausted for that purpose.

'In many Saxon wills we find petitions similar to that of Alfred; but in none of them that I have seen is the character of the land, which could not be disposed of without consent of the king, described with the same precision. In some wills, the testator bequeaths his land as he pleases, without asking leave of any one (Somner's Gavelkind, 88. 211. Hickes, Pref. xxxii. Diss. Epist. 29. 54. 55. 59. Madox, Formul. 395.); in others, he earnestly beseeches the king that his will may stand, and then declares his intentions with respect to the distribution of his property (Lambarde, Kent, 540. Hickes, Diss. Epist. 54. Gale, i. 457. Lye's Append. ii. 1. 5. Heming, 40.); and in one instance, he makes an absolute bequest of the greater part of his lands, but solicits the king's consent to the disposal of a small part of his estate. (Hickes, Diss. Epist. 62.) There can be no doubt that bocland was devisable by will, unless where its descent had been determined by settlement: and a presumption therefore arises, that where the consent of the king was necessary, the land devised was not bocland but folcland. If this inference be admitted, the case of Alfred will not be a solitary instance, but common to many of the principal Saxon nobility.

'That folclands were assignable to the thegns, or military servants of the state, as the stipend or reward for their services, is clearly indicated in the celebrated letter of Bede to archbishop Ecgbert. (Smith's Bede, 305. 312.) In that performance, which throws so much light on the internal state of Northumberland, the venerable author complains of the improvident grants to monasteries, which had impoverished the government, and left no lands for the soldiers and retainers of the secular authorities, on whom the defence of the country must necessarily depend. He laments this mistaken prodigality, and expresses his fears that there will be soon a deficiency of military men to repel invasion; no place being left where they can obtain possessions to maintain them suitably to their condition. It is evident from these complaints, that the lands so lavishly bestowed on the church, had been formerly the property of the public, and at the disposal of the government. If they had been boclands, it could have made no difference to the state, whether they belonged to the church or to

GLOSSARY.

FOLC-LAND — *continued.*

individuals, since in both cases they were beyond its control, and in both cases were subject to the usual obligations of military service. But, if they formed part of the folcland, or property of the public, it is easy to conceive how their conversion into bocland must have weakened the state, by lessening the fund out of which its military servants were to be provided.

'A charter of the eighth century conveys to the see of Rochester certain lands on the Medway, as they had been formerly possessed by the chiefs and companions of the Kentish kings (Textus Roffens. 72. edit. Hearne; Kemble, Cod. Diplom. N° cxi.) In this instance folcland, which had been appropriated to the military service of the state, appears to have been converted into bocland and given to the church.' Allen's Inquiry into the Rise and Growth of the Royal Prerogative in England, p. 143–149.

FOLC-MÔT. *See* GEMÔT.

FOLC-RIHT (*n.*), the original, unwritten, understood compact, by which every freeman enjoys his rights as a freeman. The common or customary law of the land.

FOLGERE (*m.*), a freeman who has no house or dwelling of his own, but is the follower or retainer of another (heorðfæst), for whom he performs certain predial services.

FOLGOÐ (*f.*), præpositura, official dignity.

FORCEAPUM facere; to forestal the market.

FORESTEAL (*m.?*), Assultus super aliquem in via regia factus; accurately defined in H. LXXX. 2. 4.; from 'fore,' *ante, before,* and 'stellan,' *to leap, spring;* therefore signifying, at least originally, an assault, consisting in one man springing or placing himself before another, so as to obstruct his progress. Its acceptation of 'viæ obstructio, ut quando quis rem annonariam in via intercipiens, eam ibidem mercatur, aut aliter impedit, quo minus ad forum rerum venalium adducta, publice exponatur venditioni,' which is of later date, and still retained, has no place in these laws. 'Foresteal' was one of the rights of the crown.

FORFANG (*m.*), the seizing and rescuing of stolen or strayed cattle from the hands of the thief, or of those having illegal possession of it; also the reward fixed for such rescue. In Ine 53. 72. 75. the rubric and text do not agree, the law itself relating to the attaching, not 'forfang,' of property.

RR 2

GLOSSARY.

FORISFACTURA—Fr. forfeit. This word is sometimes the translation of the A. S. 'pite,' but, in times subsequent to the Conquest, was used to express any kind of crime, mulct, or penalty. In Wil. I. 39. it is given as the translation of 'bót,' in Edg. II. 3., which in H. XIII. 4. is rendered by *reus*, and XXXIV. 1. by *culpa*. In Ath. I. procem. 'wite-þeow' is glossed *forisfactus servus*.

FORISFACTURA SANGUINIS. *See* BLÓD-WITE.

FOR-SPÊCA,
FOR-SPRÊCA, } prolocutor, paranymphus.

FOR-WYRHTA, *see note to* Ath. V. II. The passage to which it relates is thus rendered in the old Latin version: 'quæ nullam in eo culpam habent,' which seems manifestly erroneous.

FOSSE, the Fossway; one of the four Roman highways, leading from Cornwall to Lincoln; thus described by Trevisa: 'The first and gretest of the foure weyes is called *Fosse*, and stretcheth oute of the south into the north, and begynneth from the corner of Cornewaille, and passeth forth by Devenshyre, by Somersete, and forth besides Tetbury, upon Cotteswold, beside Coventre, unto Leycestre, and so forth by wylde pleynes toward Newerke, and endeth at Lincoln.' Polychron., lib. i. c. 45.

FOSTER
FOSTER-LEÂN (n.) { In the laws of Ine, the word 'foster' seems equivalent to 'foster-leân,' *the remuneration fixed for the rearing of a foster-child.* It is variously rendered in the Latin version: In In. 26. 'to foptpe' is translated *victus*; Ib. 38. *ad nutriendum*, Ib. 70. *corredium*; while in Edm. B. 2. 'foptep-leân' is left in Saxon untranslated, the Latin neuter termination only being added. To Mr. Price's explanation of this passage I cannot assent (*see his note*), the word 'foster' and its compounds never, to my knowledge, being applied to the rearing or support of any but a child: the definition of the word in O. N. implying as much, viz. 'at fóstra,' *nutrire*; also 'fóstr,' *fœtus, partus, embryo*; 'fóstri, fóstra,' *nutritor, nutrix, alumnus, alumna*; 'fóstbródir,' *collactaneus*; 'fóstur-land,' *patria*; 'fóstur-laun,' *nutricia*. In fact, judging from the passages just cited, it would seem that the custom of placing a child out, as foster son or daughter, with another having a child or children, so that all might be bred and educated together, was as prevalent among the Anglo-Saxons as among the Scandinavian nations. The law of Edmund therefore simply provides for the expense of rearing the child, for which the bridegroom is required to give his 'wed,' under the guarantee of his friends. 'Cild-festre,' In. 63., is evidently a nurse, and is

FOSTER, &c. — *continued.*

rendered *nutrix* in the Latin version. The passage quoted by Grimm, from the Laws of Sweden, refers to a later period, when the word had probably lost its original import: 'Fostri, altn. *alumnus*; in den Schwed. gesetzen ist *fostre* ein im haus erzogener knecht, der milder behandelt wurde, als þræl und annödug: *In the Swedish laws* fostre *is a slave reared in the house, who was more gently treated than the* þræl *or* annödug.' D. R. A., p. 319.

FRANCPLEGIUM. *See* FRIð-BORG.

FREONDLEAS-MAN. *See* OUTLAW.

FRIð (*m. n.*) — O.H.G. fridu; O.N. fridr — peace; *also* freedom from molestation; privilege of granting protection, Alf. 5.

FRIð-BORG (*m.*), frankpledge. The system so called by which all free persons, whose rank and property were not in themselves an adequate security for good behaviour, were associated in tithings, whose members were mutual security or 'borh' for each other. The chief of each of these associations was the *tithing man*. Of this institution, which in its perfected form dates probably from the Conquest (though traces of it appear in Edgar's laws (II. 6. S. 3.), where it is directed that every man have a 'borh'), must not be confounded with the older one of the Saxon times, by which every 'hlaford' was bound to have his 'man' in his 'borh,' or under his guarantee; nor has it any connexion with the 'frið-gilds,' or voluntary associations formed for the security of property. The 'hundredes ealdor' or 'hundredes man,' mentioned in the laws of Edgar, was undoubtedly the 'aldormannus' of later times. *See* Spelm. *voce* Friborga, *and* Sir F. Palgrave's English Commonwealth, vol. i. p. 191–204.

FRIð-GEARD (*m.*), an asylum, sanctuary. From N. P. L. 54. it appears that a 'frið-geard' was the enclosure around a sacred stone, tree, or fountain, and that it was regarded as a sanctuary. This is the German 'fried-hof,' thus defined by Haltaus: 'area circa templum consecrata, asyli perinde munita, vulgo cœmeterium.' 'Friedhof' also in modern German signifies a churchyard. In a sermon of S. Eligius in D'Achery Spicileg., quoted by Grimm, we have the following passage: 'Nullus christianus ad fana, vel ad *petras*, vel ad *fontes*, vel ad *arbores* —— vota reddere præsumat.' Burchhard also enjoins (Interrog. 42.) that inquiry be made, 'si aliquis vota ad *arbores*, vel ad *fontes*, vel ad *lapides* faciat?' In another place he speaks of '*lapides* quos in ruinosis locis et sylvestribus venerantur.' For further information on this subject, *see* Grimm, D. M., pp. 47. & 371., Anhang, pp. xxx. xxxiii. *and passim.*

FRIð-GILD (*n.*), a gild for the maintenance of peace and security. This name was given to certain gilds or clubs established during or before the reign of king Athelstan, for the repression of theft, the tracing of stolen cattle, and the indemnification of parties robbed, by means of a common fund raised by subscription of the members· (gegildan). The statutes of these gilds are contained in the JUDICIA CIVITATIS LUNDONIÆ (Ath. V.), set forth, under royal authority, by the bishop and reeves of the city.

FRIð-SÓCN (*f.*), }
FRIð-STÓL (*m.*), } an asylum, sanctuary.

FRIð-SPLOT; the latter part of this compound I take to be equivalent to the English *spot* and *plot*, and ‘frið-splot’ to mean the same as ‘frið-geard,’ *a spot or plot of land*, encircling some stone, tree, or well, considered sacred, and therefore affording sanctuary to criminals. The word ‘splot,’ signifying *spot, macula*, occurs once in the poem of the Phœnix: ‘þonne ir re pinta· ræʒre ʒedæleð· rum bpun rum baru· rum blacum rplottum· reapolice bereteð.’ Cod. Exon. fol. 60.

FRUM-GYLD (*n.*), the first payment or instalment of the ‘wér.’ *See note* p. 75.

FRUM-STÓL (*m.*), original or paternal dwelling. With the explanation of this word in note to Ine 38. I wholly disagree. Alfred in his Boethius, speaking of the four elements, says: ‘Dabbað þeah þa reopen· rrum-rtól hiopa· æʒhpilc hiopa· aʒenne rtebe:’ where ‘rrum-rtól’ and ‘aʒen rtebe’ are evidently synonymous expressions. The Latin version has ‘primum captale.’

FRUM-TALU (*f.*), prima testium dicta, prima delatio. Lye.

FRUM-TYHTLE (*f.*), prima accusatio, prima calumnia.

FRYMð, } (*f.*), the affording harbour and entertainment to any
FYRMð, } one.

FÚL, { —O.H.G. fúli. The Saxon ‘on rul’ and ‘on rulan’
FÚLE, { is rendered *cum damnatis* in the Latin version, and is fully explained by Haltaus, viz.: ‘Sepelire aliquem in campo, i. e. in loco profano, non dedicato, extra fines cœmeterii aut templi, ut canones volunt sepeliri excommunicatos, hæreticos, usurarios manifestos,’ &c. ‘Tales criminosi sortiri dicuntur *sepulturam caninam, asininam.*’ Glossarium, *voce* Begraben.

FULL-WÍTE. *See* WÍTE.

FURST and FONDUNG, space of time, and trial; A. S. fýrrt y fondunʒ.

GLOSSARY.

FYHT-WÎTE (*n.*), one of the fines incurred for homicide, and one of the rights of the crown.

FYRD
FYRDUNG
(*f.*), exercitus, expeditio, army, the military array of the whole country. Contribution to the 'fyrd' was one of the imposts forming the *Trinoda necessitas.* By the simple appellation of 'fyrd' the land force is to be understood; the naval armament was denominated the 'scip-fyrd' and 'scip-fyrðung.' *See* TRINODA NECESSITAS.

FYRD-WÎTE (*n.*), the fine incurred by neglecting to join the 'fyrd;' one of the rights of the crown.

FYRHT, one of the superstitious practices prohibited by C. S. 5., and N. P. L. 48. I regret my inability to offer any satisfactory illustration as to what it consisted in.

G.

GÆNGANG, pregnant? *See note to* Ethb. 84.

GAFOL (*n.*), vectigal, portorium, census, rent.

GAFOL-GELDA, one paying 'gafol' or rent for the land which he occupies, opposed to 'land-âgende,' *land-owner.*

GAFOL-HWITEL, a whittle or blanket (the terms are synonymous, both being derived from the colour) of a size and quality to render it a legal tender, in the place of coin, as payment of 'gafol' or rent for a 'hiwisc,' or hide of land. The value of such a whittle, fixed by this rider to the law of Ine 44. at sixpence, is its 'ângylde.'

GAFOL-LAND (*n.*), land let out for rent or services; the person occupying such land was termed 'unland-âgende,' in opposition to 'land-âgende,' signifying the proprietor of the same. Land held by military tenure was exempt from all other services.

GAFOL-SWÂN — PORCARIUS AD CENSUM. A swineherd paying a certain census, or portion of his stock, for the privilege of feeding pigs on the land.

GAFOL-YRÐ (*f.*), the cultivation of 'gafol-land.'

GALDOR (*m.*), cantio, incantatio, enchantment; from A. S. ʒalan, O. H. G. kalan, O. N. gala, *to sing, enchant,* at galldra, *fascinare.*

GANG-DAGAS (*pl. m.*), Rogation days, 'seu tres dies Rogationum, qui celebrantur ante Ascensionem Domini, juxta morem ecclesiæ Gallicanæ, constituit S. Mamertus, Viennensis episcopus.' *See* Du Cange, *voce* Rogationes. It is singular

RR 4

GANG-DAGAS — *continued.*

that the Icelandic writers, by the transposition of two letters, reading 'gagn' for the A. S. 'ȝanȝ,' give a totally different derivation to the word; the word 'gagn' (mod. Dan. 'gavn') signifying *utilitas, usus.* 'Gagn-dagar' are therefore, according to them, 'dies utilitatis, (publicæ) feriæ emolumenti. Sic dicebantur dies sancti, qui incipiebant quinta hebdomade post festum Paschatos peracta, in id instituti ut preces pro salute publica, terræ fertilitate, paceque fierent.' That the term as written and understood by us was also known to them, appears from the following: '*legitur et* gâng-dagar, *dies amburbalium vel processionis.' See* Ind. *ad* Grâgâs.

GEGEMED, *see note to* Ethb. 62. In MS. Reg. 12. D. XVII. f. 125. *b.* a recipe for this injury is given; beginning, 'Liſ man ſie ȝeȝymeb ꝡ ꝺu hıne ȝelâcnıan ſcẏle· ȝeſeoh ꝺæt he ſie ꞇopeaſꝺ ꝺonne ꝺu ınȝanȝe, &c.,' but which affords no clue to the signification of the word.

GEGILDA — CONGILDO — member of a gild.

GILD (*n.*), a club or association of persons instituted for mutual protection and benefit. Of these institutions there were various kinds, viz. 'Frið-gilds,' (which see *sub voce*); Trades' Gilds (the original of our civic companies); Merchants' Gilds; Ecclesiastical Gilds. Mention is made of Gilds in Capitul. of 779. § 16. and Legg. Langob. Carol. M. 13. For an ample and interesting account of these institutions the reader may consult 'Das Gildenwesen im Mittelalter von Dr. W. E. Wilda,' 8vo. 1831, a work of great research and merit.

GOD-BORH (*m.*) — DEI PLEGIUM. A divine or sacred security, the nature of which is unknown. *See note to* Alf. 33.

GOD-BÔT (*f.*), an atonement made to the church, which, if commuted into a pecuniary mulct, or 'feoh-bôt,' was to be employed in the manner directed by Eth. VI. 51.

GRIÐ (*n.*) — O. N. grið. Peace, protection, particularly that granted by the king or other high official to those requiring it; also the privilege of security within a certain distance, i. e. within the verge of the king's court. It differs from 'frið,' the latter signifying the general peace and security of the state, also that existing between one state and another; the two terms seem, however (as in the instance of 'church-frið' and 'church-grið'), to be sometimes used indiscriminately. *See Mr. Price's note to* E. & G. 1.

GUARDIREVE, defined Wil. I. 28. as præpositus custodum (viarum publicarum).

GYFT (*f.*). *See* Dos.

GLOSSARY.

H.

HABA; some copies read 'Bada,' qu. Bath?

HÁD-BÓT (*f.*) — ORDINIS EMENDATIO. Compensation or atonement for injury done to persons in holy orders, or 'hád-bryce.'

HÁD-BRYCE (*m.*) — ORDINIS INFRACTURA. Injury done to persons in holy orders.

HÆRFÆST-HANDFUL — MANIPULUS AUGUSTI. A due belonging to the husbandman (æhteman) on an estate, the nature of which is sufficiently expressed by its name.

HÆTTIAN, to scalp; *see note to* C. S. 30.

HÁLIGDÓM (*m.*), relics of saints.; the Gospels.

HALLE-GEMÓT. ⎫
HALIMOTUM.   ⎬ *See* GEMÓT.

HÁM-FARE — Fr. hemfare. *See* HÁM-SÓCN.

HAM-SCYLD, *see note to* Ethb. 32.

HÁM-SÓCN (*f.*) ⎡ — DOMUS INVASIO. A breach of the peace by
                 ⎢   forcible entry into a man's house. For ample
HÁMFARE   ⎣   illustration, *see* H. LXXX. 10, 11.; *see also*
   HARAIDUM.   'Hám-sócn' was one of the rights of the crown.

HAND-GRIÐ. *See* GRIÐ.

HAND-HÆBBENDE, i.e. having in hand: a thief is said to be 'hand-hæbbende,' who is taken with the stolen goods upon him in manu, *with the mainour.*

HARAIDUM, the same as the 'Herireita' of the Bavarian Laws, where (tit. iii. cap. 7.) it is enacted: ' Si quis liberum hostili manu cinxerit, quod *herireita* dicunt, id est cum quadraginta duobus clypeis, et sagittam in curtim projecerit, aut quodcunque telorum genus, cum quadraginta solidis componat. Si autem minus fuerint scuta, veruntamen ita per vim injuste cinxerit, quod *heimzuht* vocant, cum duodecim solidis componat.' On the distinction between *herereita* (haraidum) and *heimzuht* (hám-sócn) Wachter says: ' Invasio erat major, vel minor, pro numero aggressorum. Si quis agmine scutato domum cinxisset numero armatorum XLII., tunc committebat magnam invasionem; si minori numero, minorem. Illa dicebatur *herireita*, hoc est *invasio* militaris, ab 'her,' *exercitus*, quia talis

GLOSSARY.

HARAIDUM — *continued.*

numerus censebatur exercitus: hæc 'heimsuht,' hoc est, *invasio domus,* ab 'heim,' *domus,* et 'suchen,' *infestare.*' Gloss. *voce* Reite.

Compare the above with In. 13.

HEAFOD-WEARD (*f.*) — CUSTODIA CAPITIS. One of the services to be rendered by a thane and a 'geneat' or villanus (*see* R. S. vol. i. p. 432, 433.), but in what it consisted seems uncertain. 'Custodia' is defined by Du Cange as 'obligatio qua tenentur vassalli *excubias* facere in castris dominorum, quas vulgo *gardes* vocant.' Custodia capitis may therefore signify holding watch at the tent of the lord.

HEALS-FANG (*m.*) — APPREHENSIO COLLI; COLLISTRIGIUM — a kind of pillory: this is at least the original signification of the term, but which seems to have fallen into disuse at a very early period, no mention of it in that sense occurring in all these laws, where it merely means a certain fine graduated according to the degree of the offender, and was probably the amount of mulct annexed to every class as a commutation for a degrading punishment. 'Healsfang' may therefore be defined: 'The sum every man sentenced to the pillory would have had to pay to save him from that punishment, had it been in use.'

HEARM. *See* HREAM.

HEMOLDBORH, HEIMELBORCH, } a title to possession; from O. N. 'heimilld' (Dan. 'hjemmel,' *just claim to a thing*), and 'borh.' The admission of this old Norsk term into the laws of the Conqueror it is difficult to account for; it is not found in any Anglo-Saxon law extant; and admitting these laws (whether originally in French or Latin) to be genuine, we know from Dudo de St. Quentin (lib. iii. p. 112.) and Benoît de Sainte More, that William I., Duke of Normandy (slain an. 942, above a century before the battle of Hastings,) was obliged to send his son and successor, Richard I., to Bayeux to learn the Norman tongue, the French having already completely supplanted it at Rouen and other parts of Upper Normandy.

It is a rare instance of the kind, nearly every trace of the conquest of Neustria by the North-men being limited to the names of certain places.

HENGEN, ergastulum, a prison, in which those confined were condemned to hard labour.

HENGWITE, the fine for letting an offender escape from prison (hengen).

GLOSSARY.

Heorðfæst — Hudefæst — having a fixed dwelling, keeping house. A man was designated 'heorð-fæst' to distinguish him from a lower class of freemen; viz., 'folgeras (folgarii),' who had no habitations of their own, but were house retainers of their lord.

Heorð-penig (*m.*). *See* Rom-feoh.

Here (*m.*), an army; but, according to In. 13., any number of men above thirty-five.

Here-geatu for Here-geatwu (*f.*) — Relevatio, Relevium, Relief — heriot. The O. G. 'heergewäte,' *apparatus bellicus, military habiliments* or *equipments*, which, after the death of the vassal, escheated to the sovereign or lord, to whom they were delivered by the heir. In the Conqueror's time this became the law of relief, defined by Haltaus as, 'Relevium seu præstatio heredum, qui ut successionem hereditariam in feudo relevent, vel equum defuncti vasalli, vel alias res, vel pecuniæ summam offerre tenentur domino.' *See* Gloss. *voce* Hergewette. For the more modern law of heriots, *see* Blackstone, book ii. c. 6. 28.

Here-team (*m.*) — Conductio exercitus. A band of armed men; also the crime of assembling a band of armed men.

Here-toga (from 'here,' *an army*, and 'teohan,' *to draw* or *lead*,) dux belli. This title, among the Anglo-Saxons, was, as it implies, given originally to the leader of an army; but in the latter days of the monarchy it seems to have become hereditary in the families of those on whom the government of the provinces formed out of the kingdoms of the heptarchy were bestowed, and was sometimes used synonymously with those of 'ealdorman' and 'eorl.'

Hergripa, the same as Feax-fang, which see.

Heriot. *See* Here-geatu.

Hikenilde Strete, one of the four Roman Roads of Britain, leading from St. David's to Tynemouth, thus described by Trevisa: 'The fourthe is called *Rykenyldestrete*, and stretcheth forth by Worchestre, by Wycombe, by Byrmyngeham, by Lichefeld, by Derby, by Chestrefeld, by Yorke, and forth unto Tynmouthe.' Polychron, lib. i. c. 45.

*R*ykenildestrete has, I suspect, originated in a clerical error for *H*ikenildestrete.

Hion (*f.*), *see note to* Ethb. 36.

Hired-man, } a man belonging to the 'hired' or family of a
Hire-man, } lord; a retainer.

Hiwisc, the same as a hide (of land), *see* Wg. 7.

GLOSSARY.

HLĂF-ÆTA (*m.*), literally 'loaf-' or 'bread-eater,' and correlative to 'hlâf-ord.' This term was applicable to all servants who were fed at their master's cost, like the O.G. 'brotessan' or 'brotlinge,' described by Haltaus as, *famuli, ministeriales, domestici pane domini victitantes.* See Gloss. *in voce, and* Grimm, D. R. A., p. 318. § 28.

HLAFORDES GIFU (*f.*) In what this impost consisted does not anywhere, to my knowledge, appear. It seems to be the 'Dominatio,' explained by Du Cange as *tributum quod domino præstatur,* and also the 'Herren-Gult' of the Germans, mentioned in a charter of the abbot of Kœnigsbrunn, an. 1479, quoted by Haltaus, where it is stated to be an annual payment of ten guilders.

HLAFORD-SOCN. *See* SOCN.

HLOÐ (*f.*), any number of men from eight inclusive to thirty-five, In. 13.

HLÓÐ-BÓT (*f.*), compensation for homicide committed by a 'hloð.'

HLYTAS (*m. pl.*), lots, sortes, sortilegium; *verb,* 'hleotan,' *sortiri.* See SORTES SANCTORUM.

HOGGE, the town of Sluys, called also Sluys Hogge, or Hogge Sluys, formerly a flourishing town, and regarded as the port of Bruges: it was even emphatically styled the port of Flanders. Sanderi Flandria Illustrata, lib. iv. p. 211. From Eth. IV. 2. it appears that the local names Normannia, Francia, Hogge, Leodium, Nivella, are made to express the *men of those places,* who, on payment of toll and scavage (ostensio), were allowed to trade through the country.

HOLD — O. N. HÖLLDR. In its old Norse acceptation, this title is defined by Biörn Haldorsen as *dominus fundi aviti* vel *allodialis.* The index to the Grágás describes a 'höldr' as *colonus odalicus,* vel *fundum avitum tenens.* From the amount of his wergild, which is double that of a priest or a thane, it is evident that he enjoyed a very high rank in the state. The title was most probably introduced by the Danes, and limited to East Anglia.

HOMOLA — COLLIFICIUM. What is meant by the Latin translation of this word is as unknown as the derivation of the original. With respect to the latter, I am at a loss even to form a conjecture, but the Latin 'radere ad collificium' (which is evidently a compound of *collum* and *figere*,) may probably be rendered : *shave him so as to fit him for the pillory (collistrigium).* The following phrases tend to corroborate the above : '*dimidio capite tonderi,*' a punishment for slaves and thieves ; '*tondere in crucem, in modum furis;*'

GLOSSARY.

HOMOLA — *continued.*

'si aliquis deprehenditur cum furto minoris valoris, scopis punitur, et buccas, et crines sui *per medium caput* suum *tondentur.*' (*See* Grimm, D. R. A., p. 702. *See also* Edg. C. 20.) A passage in 'The Lyfe of Ipomedon,' where the hero is made to disguise himself, may possibly bear some relation to this law of Alfred: —

> 'Righte vnsemely, on queynte manere,
> He hym dight, as ye shall here.
> A barber he callyd, withouten more,
> And shove hym bothe behynd and before,
> Queyntly endentyd, out and in;
> And also he shove half his chynne:
> He seemyd a fole, that queynte sire,
> Bothe by hede and by atyre.'
>
> *Weber's Metrical Romances,* vol. ii. p. 340.

Lambarde renders 'to homolan,' *morionis in morem.* His interpretation, whether conjectural or not, receives considerable support from the above extract.

HÔR-CWENE, *see note to* E. & G. 11.

HORDERE, treasurer; such was at least the original import of the term, for in later times his functions seem by no means to have been limited to the care of the 'hord-ern,' as we find him and the reeve classed together in the penalty, in case of being cognizant of theft, and here he is named the king's 'hordere.' (Ath. I. 3.) He afterwards occurs, together with the reeve and mass-priest, as one of the officials empowered to ratify all bargains made before them.

HORS-WEALH, the Wealh or Briton, who had the care of the (king's) horses. This term seems to justify the inference that, about the time of Ine, the British inhabitants of the country excelled in the knowledge and treatment of horses, and were consequently preferred as keepers of the royal stud.

HORS-WEARD (*f.*), a service or corvée, consisting in watching the horses of the lord.

HREAC-COPP—MACHOLI SUMMITAS—the cap or summit of the rick. In the glossaries the definition given of *macholum* is *horreum sine tecto,* which is not applicable to the passage in question (vol. i. p. 440, 441). Spelman, however, adds: 'Habetur *macholum* pro ipsa frugum seu garborum strue, quam hodie dicimus *a reach or stack of corn.* Hujus olim ad constructionem epulari solebant agricolæ et messores.' Hence it appears that this was a treat given to the labourers on capping, i. e. completing, the rick or stack.

'Hreac-croppum' in the Latin text is manifestly an error of the copyist for 'hreac-coppum.'

HREÂM ⎰ (*m.*)—UTHESIUM *vel* HUTESIUM —'Strepitans clamor
⎱ et ejulatio, quibus fugientem latronem et rei capitalis
HEARM ⎱ sontem excipientes omnes tenentur prosequi, donec
malefactor deprehendatur. Angl. 'hue and cry;' a Gall.
'huyer,' *ejulare, exclamare;'* Spelm. *voce* Hutesium, who
adds from Bracton the following, which is in strict confor-
mity with the Saxon law: 'Omnes tam milites quam alii,
qui sunt quindecim annorum et amplius, jurare debent,
quod utlagatos, murdritores, robbatores, et burglatores non
receptabunt, ——— et si *hutesium* vel clamorem de talibus
audiverint, statim audito clamore sequantur cum familia et
hominibus de terra sua.' Lib. iii. tr. 2. cap. 1. For the
phrase 'hentan mid hearme,' *see note to* E. & G. 6. The
above process is identical with the *Clameur de Haro* of the
Normans, for which *see* Du Cange.

HUNDRED (*n.*), a subdivision of the country, the nature of which
is not known with certainty. In the Dialogus de Scaccario
it is said, that a hundred 'ex hydarum aliquot centenariis,
sed non determinatis constat; quidam enim ex pluribus,
quidam ex paucioribus constat.' Some accounts make it
consist of precisely a hundred hides, others of a hundred
tithings, or of a hundred free families. Certain it is, that,
whatever may have been its original organization, the
hundred, at the period when it became known to us, differed greatly as to extent, in the several parts of England.
This division is ascribed to King Alfred, and he may possibly have introduced it into England, though in Germany
it dates from a very remote period, where it was established
among the Franks in the sixth century. In the Capitularies of Charlemagne we meet with it in the form known
among us. *See* Capit. lib. iii. c. 10. *& passim.*

To Alfred's claim, as the author of this division in
England, it may be objected, that the hundred is named in
the Penitential of Ecgbert, but this objection is not fatal;
it is there mentioned in the rubric only, to which it seems
attached as an afterthought, and does not appear in the
text, between which and the rubric there is little accord-
ance; and, moreover, it is evident from its dialect, that the
Penitential has not reached us in its original state, being
bereft of every vestige of its Northumbrian origin, and, in
its present dress, is most probably much later than the time
of Alfred.

An interesting schedule in Saxon of the hundreds of
Northamptonshire is given in Introd. to Domesday, vol. i.
p. 185.

HUNDREDES EALDOR, ⎰ ALDERMANNUS HUNDRETI —the presid-
⎱ ing officer in the hundred court. From
HUNDREDES MAN, ⎱ the laws of Edgar it would seem that
these two denominations apply to the same functionary,

HUNDREDES EALDOR, &c.—*continued.*

though on the continent there appears to have existed a considerable difference in authority between the Cent-grafius and the Centenarius. Cf. Eccardi Not. ad Pact. Leg. Sal. Antiq. ap. Canciani, t. ii. p. 87.

HUNDRED-GEMÓT. *See* GEMÓT.

HUSTING—A. S. HÚS-þING (*n.*)—council, court, triounal; apparently so called from its being held within a building, at a time when other courts were held in the open air. It was a local court, the functions of which are recited in Ed. C. vol. i. p. 456. *n.*², upon which, however, no great reliance is to be placed, the whole piece being manifestly an interpolation, and, in one clause, describing the Court of Husting in a manner corresponding rather to the Court of Exchequer or the King's Bench; in short, as Spelman justly remarks, 'Galfridum Monemutensem totum spirat.' It is, however, justly termed one of the king's courts, and there may anciently have been times, when the Court of Exchequer was held at the London Hustings, as was afterwards the case in 18 Edw. I. Madox, Hist. Excheq. ch. 20. 85.

There were Hustings at York, Winchester, Lincoln, Shepey, and in other places, which appear to have been courts of the same nature as the London Hustings.

HWATA (*m.?*), HWATUNG (*f.*), { augury, divination. What it consisted in appears from Ecg. P. II. 23. Its derivation is uncertain. From the weak form, we have, Lev. xix. 26. the gen. 'hpatena.' I am not aware of having met with the nom. sing. of the plural 'hpata.'

HÝD (*f.*), hide, skin. The phrase *to pay with his hide,* or *suffer in his hide,* is applicable only to the servile portion of the community, scourging being the punishment inflicted on slaves for offences which freemen atoned for by a pecuniary mulct. The slave seems, however, to have had the option either of undergoing the punishment, or of commuting it by a certain payment called 'hýd-gild.'

HÝD (*f.*), a measure of land, containing at present a hundred acres, which quantity is also assigned to it in the Dialogus de Scaccario. It seems, however, that the hide varied in different parts of the kingdom. In a MS. of Malmesbury Abbey, cited by Spelman from Agarde, it is said to have consisted of ninety-six acres only : 'Virgata terræ continet viginti quatuor acras, et quatuor virgatæ constituunt unam hidam.' *See* Spelman *voce* Hida, and Introd. to Domesday, vol. i. p. 145.

For swearing according to a certain number of hides, *see* OATH.

HYNDEN (*f.*), an association of ten men, first mentioned in In. 54. (*see note*), where it signifies the persons from among whom the consacramentals were to be chosen in a case of deadly feud. From Ath. V. III. it appears that the members of the 'frið-gilds' (congildones) were formed into associations of ten, the enactment running thus: 'That we count ten men together, and let the senior direct the nine in all those things that are to be done; and then let them count their hyndens together, with one hynden-man, who shall admonish the ten (i. e. the ten hyndens) for our common benefit.' Hence it would seem, that the eleven, who are to hold the money, consisted of the senior of each hynden, together with the hynden-man, who presided over the hynden of the hyndens, i. e. ten hyndens. The number XII. mentioned in Ath. V. VIII. 1. is apparently an error for XI.

HYRNES (*f.*), parochia, parish.

I.

IKENILDE STRETE. *See* HIKENILDE STRETE.

IN-BORH (*m.*), a security, pledge, hypotheca; consisting in the chattels of a party unable to obtain a personal 'borg' or surety.

INDUCIARE, to prorogue, postpone, respectare, respite.

INFANGENTHEF, 'jurisdictio domino manerii concessa in quemcunque, sive hominum suorum sive aliorum, furti reum, et intra limites dominii sui prehensum.' Somner.

'Regale privilegium, et in antiquis diplomatibus majoribus regni frequenter concessum. De vocis latitudine non plane convenit; quidam enim èxponunt de omni fure infra dominium capto; quidam de hominibus solummodo dominii; quidam de his tantum, qui cum latrocinio deprehenduntur. Certissima interpretatio a locorum usu petitur.'

'*Utfangenthef* vero dicitur latro extraneus, veniens aliunde de terra aliena, et qui captus fuit in terra ipsius, qui tales habet libertates. Sed non sequitur quod ille posset hominem suum proprium, captum extra libertatem suam, reducere usque infra libertatem suam, et ibi eum judicare ex tali libertate; debet enim quis juri subjacere, ubi delinquit: proprios enim latrones et alienos, infra libertatem suam captos, judicare possunt.' Spelman.

INFIHT or INSOCNA, violence committed on a person by one inhabiting the same dwelling.

INFORCIARE PLACITUM, 'est cum ad illud peragendum plures judices conveniunt; *renforcer la cour.*' Du Cange.

INLAGIAN — INLEGIARE — to in-law, render law-worthy. This is the usual acceptation of the term, but in H. LIII. 3. it is evidently the French 'enlegier,' *in legem seu in jus quempiam mittere.* Du Cange.

INLAND (*n.*), 'terra dominicalis, pars manerii dominica,' Spelm., demesne land. That part of a domain which the lord retained in his own hands, in contradistinction to 'ût-land,' *outland,* or 'geneat-land,' (for that the two terms are synonymous is evident from Edg. 1. 1.,) *terra tenementalis,* signifying land granted out for services.

INTERCIARE — Fr. entiercer. 'In manum tertiam ponere, tertio tradere, sequestrare. Proprie autem dicitur res intertiari, cum furto sublata, et alteri vendita, a domino repetitur ab eo penes quem deprehenditur.' *See* Spelm. *and* Du Cange.

INVULTUACIO, a species of witchcraft, the perpetrators of which were called *vultivoli,* and are thus described by John of Salisbury: 'Qui ad affectus hominum immutandos, in molliori materia, cera forte vel limo, eorum quos pervertere nituntur effigies exprimunt.' De Nugis Curial. lib. i. c. 12. To this superstition Virgil alludes : —

'Limus ut hic durescit, et hæc ut cera liquescit,
Uno eodemque igni, sic nostro Daphnis amore.'

Of the practice of this superstition, both in England and Scotland, many instances are to be met with; among the most remarkable, that of Eleanor Cobham, duchess of Gloucester, and Stacey, servant to George duke of Clarence.

L.

LAAD-RINC, *see note to* Ethb. 7.

LÂD (*f.*), purgation, exculpation. Of the 'lâd' the following kinds occur : — 1. That wherein the accused cleared himself by his own oath, supported by the oaths of his con-sacramentals (compurgators), according to the number of which the 'lâd' was said to be either simple or threefold. 2. Ordeal; of which there were two kinds, viz., that of hot iron, and water ordeal. When the iron weighed one pound, it was single or simple ordeal; when it weighed three pounds, the ordeal was said to be threefold. 3. Cors-næd, which *see* sub voce. When the number of consacramentals was regulated by the 'wêr' of the accused it was called a 'wêr-lâd,' or, as it is defined in H. LXIV. 4., 'Pernegatio secundum natale, quæ est werelada.' 'Plena lada' is identical with 'be fullan âðe' in C. S. 29., meaning,

LĀD — *continued.*

probably, that the 'lād' be executed without any remission, or relaxation, with regard to the number of compurgators.

LĀD (*f.*) — SEAM; SUMMAGIUM. A service, which consisted in supplying the lord with beasts of burthen, or, as defined by Roquefort (*voce* Somey): 'Service qu'un vassal devoit à son seigneur, et qui consistoit à faire faire quelques voyages par ses bêtes de somme.' *See* Spelman *sub voce, and* Du Cange *voce* Sagma.

LÆT — LITUS, LIDUS, LETUS. One of a class between servile and free. According to Legg. Langob. Car. Magn. 83., equivalent with *fiscalinus*: 'Aldiones ea lege vivant in Italia, in servitute dominorum s͟um, qua fiscalini vel *liti* vivunt in Francia.' The follow͟ passages will serve to show the distinction between *litus* a͟d *servus*: 'Si quis servum suum tributarium aut litum fecerit.' Lex Rip. 62. ' Inter cxx. homines, nobiles et ingenuos, similiter et litos, servum et ancillam eidem ecclesiæ tribuant.' ͟ap. de Part. Sax. 15. 'Qui hominem ingenuum occide͟ ͟idos cc., qui lidum, solidos c., qui servum, solidos L., c͟ ͟onat.' Cap. Car. an. 813. By the Frisic law, tit. 15. the ͟po-sition for a noble was 11 pounds; for a freeman, 5¼, or 5 pounds 6 ounces; for a litus, 2 pounds 9 ounces; for a slave, 1 pound 4¼ ounces. These particulars are noticed, because, according to some traditions, Kent was settled in part by Frisians. These Læti or Leti were Germans, who voluntarily placed themselves under the Roman govern-ment, and received lands (terræ læticæ) to cultivate, for which they probably paid rent, and were obligated to per-form military service. If the enactment of Ethb. 26. be genuine, and not servilely copied from some Germanic code by the compiler of those laws, the question presents itself, at what period came this class of persons into Kent? The most obvious solution seems to be that they must have been foreigners or their descendants settled here during the Roman government, and that the high value set upon their lives was in consequence of their consanguinity with the Germanic conquerors of the country. *See* Grimm's D. R. A., p. 305-309. Graff's Sprachschatz, vol. ii. p. 190. Eichhorn, i. p. 319. edit. 1834. Palgrave, i. p. 354.

LÆÐ, Lathe, a division or district so called, peculiar to the county of Kent. It is thus described by Spelman: 'Est portio comitatus plures continens hundredos seu Wapen-tachia, suoque olim subaudiens magistratui, quem *ledgrevium* appellabant.' He then cites Ed. C. 31.: '*In quibusdam vero provinciis, Anglice vocabatur* læð, *quod isti dicunt* ðrihinge.' It is, however, to be observed that MS. *L.* reads 'ꞇþꞇ͟ɜe' instead of 'þꞃꞇhꞇnɜe.'

GLOSSARY.

Lagu (*f.*) Law. This word was also used to express the territory or district in which a particular law was in force, as 'Dena lagu,' 'Mercna lagu,' &c. which may be looked upon as abbreviated forms of *the district under Danish law, Mercian law,* &c. without supposing, with Bishop Nicholson, that in these instances the word 'lagu' does not stand for *law,* but for *regio, provincia. See* Præfatio ad Wilkins, LL. Anglo-Sax. p. xvi.

Lah-cóp, *see note to* Eth. III. 3.

Lah-man — Lagemannus. The O. N. Lögmaðr, thus defined in the Index to the Grágás: 'Jurisconsultus, nomophylax, qui leges rogaret et proclamaret, et quod justum sit et legibus consentane in casu quæstionis, declararet.' The number of lag anni appointed in any particular place seems consta tly to have been twelve, and it is clear that their functions were judicial. They were thanes, having 'socam et sacam super homines suos,' and are, no doubt, identical with the twelve senior thanes (þa yldestan xii. be mentioned in Eth. III. 3. The institution was m t probably of Danish origin, as we generally meet with em in the Danish portion of the country, and the document of Ethelred, above referred to, seems, in great measure, to have been published for the sake of the Five Burgs. Of their rank a further judgment may be formed from the heriot of the lagemanni of Cambridge at the time of the conquest; viz. 'De harieta lagemannorum habuit isdē Picot viii. lib., et unum palefridum, et unius militis arma. Aluricus Godricsone, quando fuit vicecomes, habuit harietam unius istorum xx. sol.' Domesday, vol. i. fol. 189.

Lah-slit (*m.n.?*),
Lah-slite (*m.*),
a mulct for offences committed by the Danes, for which the English were condemned in the 'wite.' The 'lah-slit' of a priest refusing baptism, or neglecting to fetch chrism, is (E. & G. 3.) fixed at twelve ores, but it does not follow that it was always the same. *See note to* E. & G. 2., which, in the opinion of Somner, gives us the 'lah-slit' of a 'twelf-hinde,' 'six-hinde,' and 'twy-hinde,' man. According to H. xi. and lxvi. 5. it is equivalent to the 'plena wita,' or the 'negatio cum xi.' In H. xxxiv. 1. it is evidently classed with the king's wite, or 120 shillings. That the 'lah-slit' varied with the 'wite' seems certain, but that it was always equal to the 'wite' is a point yet remaining in doubt.

Land-ágende,
Land-hlaford,
Land ríca,
The proprietor of the land, lord of the soil. O. N. 'landeigandi, dominus fundi, colonus prædiatus, si non odelicus.'

LAND-CEAP, { Purchase of land: 'contractus vel transactiones
LAND-CÔP, { præditoriæ de terris, scil. aut venditioni expo-
{ sitis, aut ad censum vel emphyteusin elocatis.'
Somner. (*See note to* Eth. III. 3.)

LAPIS. *See* OATH.

LEGER-WITA, { — A. S. Leȝeꞃ-pĩte. 'Stupri seu concubitus
LEIER-WITA, { illegitimi mulcta: in adulteros, fornicatores,
{ virginumque corruptores animadversio. Ad
maneriorum dominos (nescio an ad omnes ex consuetudine)
olim pertinuit jurisdictio de nativis suis (id est, servis et
ancillis) corruptis cognoscendi, mulctamque delinquentibus
tam viris quam fœminis inferendi. Ad quosdam etiam non
de his solum, sed et de aliis quibuscunque, intra dominium
ipsorum sic peccantibus. Convenire videtur Fletæ, lib. i.
c. 47. et aliorum opinio, qui *laierwite* dicunt esse consuetudinem vindicandi adulterium, et fornicationem, in quoslibet
delinquentes.' Spelman.

LEOD (*m.*?) vir, homo; *see note to* Ethb. 2. and Gloss. to Kemble's Beowulf, *voce* Leode.

LEOD-GELD (*n.*), or simply, LEOD (*m.*), the 'wer-gild' so called
in the laws of Ethelbirht. *See* WER-GILD.

LEODIUM, Liege. *See* HOGGE.

LEOHT-GESCEOT (*n.*?) — SYMBOLUM LUMINIS. A tax for supplying the church with lights.

LESTAGIUM, Lastage, a duty laid on the cargo of a ship. 'Consuetudo exacta in nundinis et mercibus.' Bromton.

LIBLAC (*n.*?) Veneficium, witchcraft, particularly that kind
which consisted in the compounding and administering of
drugs and philtres. O. H. G. luppi, *maleficium;* luppôn,
medicare; (M. H. G. lüppen, *venenare*); luppari, *veneficus.*
Wieland, in Oberon, says : —

'Der Ritter steigt herab, und ungesäumt erscheint,
'Ganz *in verlupptem Stahl*, sein trotzig sichrer Feind.'

which is explained in his Glossary: 'in bezauberten
Waffen. *Luppen, verluppen*, hiess in der alten Allemannisch-
en Sprache *vergiften;* daher *verlüppte Pfeile.* Weil aber,
wie Wachter wohl anmerkt, im gemeinen Volksglauben
giftmischen und zaubern verwandte und associierte Begriffe
sind, so bekamen die Worte *luppen, verluppt*, auch die
Bedeutung von *zaubern* und *bezaubert.* So sagt, zum
Beispiel, König Tyrol (beym Goldast), Der konnte *luppen*
(d. i. *zaubern*) mit die (dem) Speer; und der Dichter
Nithart (ebenfalls in Goldasts Parænet.) Zoverluppe für
Zauber, *fascinum magicum.*'

LÍC-WIGLUNG (*f.*). *See* WIGLERE.

Liesing,
Lysing, { —O. N. leysíngi — libertus. The Danish 'lysing' and Saxon 'ceorl' appear to have been on an equal footing.

Ligaturæ, 'Amuleta quædam ad arcendos et depellendos morbos, quæ aut ad collum suspendebantur, aut circa alias corporis partes alligabantur.' Du Cange. These *ligaturæ* or bindings consisted either in bands or knotted strings, those by whom they were prepared being called *obligatores.* This superstition seems to have been much used on the continent. The Salic law (xxii. 4.) says : 'Si quis alteri aliquod maleficium superjactaverit, sive cum *ligaturis* in aliquo loco miserit.' Lex Visigoth., vi. 2. 4. 'Ut clerici vel laici phylacteria, vel falsas scriptiones aut *ligaturas,* quæ imprudentes pro febribus aut aliis pestibus adjuvare putant, nullo modo ab illis vel a quoquam christiano fiant.' Cap. vi. 72. 'Admoneant sacerdotes, non *ligaturas ossium* vel *herbarum* cuiquam adhibitas prodesse, sed hæc esse laqueos et insidias antiqui hostis.' *See* Grimm, D. M., p. 630.

Ligius, a person bound to another by a solemn tie or engagement. It is now used to express the relation of a subject to his king ; hence our word *allegiance ;* but formerly a person might be the *liegeman* of a subject, as appears from a charter of the abbot of Ramsey (Lib. Rames. § 244.), and in Glanvile (Lib. 7. § 10.), those are termed 'capitales domini, quibus ligeantiam debent, sicut de primis eorum feodis.' There can be no doubt that the word is used here in its primitive sense.

A liegeman was antiently bound to his liege lord against all men, without exception, but Frederic Barbarossa, in 1152, 'cavit imperatorem in omni fidelitatis sacramento excipiendum,' in which he was followed by other princes ; and the feudal law added, 'antiquiores dominos eximendos ;' hence the modern clause : 'salva fide domino nostro regi, et aliis dominis meis,' which was unknown to more antient times.

Lignagium, the right of cutting wood in a forest ; also the payment for the privilege of cutting wood.

Loc-bóre—Capillata. One entitled by her rank to wear long hair. Among the Goths we find mention of the capillati or κομῆται ; these did not, however, belong to the highest class, but took rank after the pileati, from whom the kings and priests were chosen. *See* Grimm, D. R. A., pp. 239. 240. 286. *See also note to* Ethb. 73., where the word appears to be merely a gloss to fri-wíf.

Lorica. *See* Feudum.

Lyswe, *see note to* Ethb. 3.

Lupinum Caput. *See* Wargus.

M.

Mæg-bót (*f.*), compensation for homicide paid by the perpetrator to the kinsmen or family ('mæg-burh') of the slain.

Mæg-burh (*m.*), kindred, family.

Mallum *and* Mallus. *See* Meþel.

Man-bót (*f.*), a fine payable to the lord of a man slain, the amount of which was regulated by that of the 'wēr.'

Manca.
Mancus. } *See* Money.

Amânian, to exact, admonish.

Manipulus Augusti. *See* Hærfæst-Handful.

Mânung,
Mōnung, { (*f.*) The district within the jurisdiction of a reeve, apparently so called from his power to exercise therein one of his chief functions; viz. to exact (amânian) all fines.

Manupastus, famulus, a domestic; perhaps the same as 'hlâf-æta.'

Man-wyrð (*n.*), the value or price at which a man is estimated, according to his degree; apparently synonymous with 'wer-geld.' It occurs only in the Laws of Hlothhære & Eadric.

Marc (*n.*). *See* Money.

Maritacio, 'Donatio propter nuptias, id scil. quod sponsæ a sponso datur; aliter *dotarium* et *dotalicium* dictum.' The 'maritacio' has by some been considered identical with the 'morgengiva,' but in H. lxx. 22. it is ordered, that, 'Si sponsa virum suum supervixerit, dotem, et *maritacionem suam* ——— *et morgangivam suam* perpetualiter habeat.' It was more probably the 'foster-lean' or 'cild-foster' of the A. S. Laws.

Maritagium, the marriage portion, the *dos*, according to the Roman acceptation of the word: 'In alia enim acceptione accipitur dos secundum leges Romanas, secundum quas proprie appellatur dos id quod cum muliere datur viro, quod vulgariter dicitur *maritagium*.' Glanv. lib. vii. c. 1. In Ed. C. xix. *maritagium* is evidently either a mistake for, or used indiscriminately in the sense of, the preceding *maritacio*: 'cum maritagiis suis et dotibus.'

Maritagium signifies also the payment made by a feudal vassal to his lord, in whose wardship he was, for permission to marry. Spelman.

GLOSSARY.

Mēd-sceat (*m.*), a bribe, hush money.

Meld-feoh (*n.*), delatura, information money, reward paid to an informer.

Mentonalis, (a hedge) reaching to the chin of a person of middling stature.

Meþel (*n.*)—Mallum. Sermo, concio; *verb* maðlian, to speak, harangue.

Miscravatio. *See* Cravatio.

Misericordia—Ar. A penalty or fine; so called because it was not fixed by law, but left to discretion, à merci: thus defined by Du Cange: 'Poena seu mulcta de quovis crimine, aut quavis forisfactura, nullis definita legibus, sed judicis relicta arbitrio, qui minorem vel majorem in reum pro delicti modo, decernit: non quod soleat hujusmodi mulcta irrogari confitenti, et misericordiam petenti, ut quidam volunt, sed quod ea ex misericordia judicis unde pendeat. Galli efferunt *mercy*, Angli *amerciamentum.*'

'*Misericordia*, mulcta lenior, sic dicta, quod lenissima imponitur misericordia; graviores enim mulctas fines vocant; atrocissimas, redemptiones.' Spelman.

'Est misericordia domini regis, qua quis, per juramentum legalium hominum de vicineto, eatenus amerciandus est ne aliquid de suo honorabili contenemento amittat.' Glanv. lib. ix. c. 11.

'De quolibet placito, quod in comitatu deducitur et terminatur, misericordia, que inde provenit, vicecomiti debetur, que, quanta esse debeat per nullam assisam generalem determinatum est, sed, pro consuetudine singulorum comitatuum, debetur in quodam comitatu plus, in quodam minus.' Ib. c. 10.

Miskenning, 'Variatio loquelæ in curia; est autem loquela idem quod causa, placitum, juris sui prosecutio judicialis. Ita variare loquelam dicitur, qui aliud petit, quam quod initio et in prima litis contestatione petierat; vel qui in prosecutione juris sui non sibi constat.' Du Cange.

Persons guilty of this offence were subject to a fine, also called *miskenninga* and *meschenninga*; but as the judges were apt to levy these fines on very trivial occasions, thereby causing great vexation to the subject, they were totally abolished by king Stephen: 'Omnes exactiones, et injusticias, et meschenningas, sive per vicecomites, vel alios quoslibet male inductas, funditus extirpo.' R. Hagustald. cit. Du Cange.

See grant of right to levy this fine by Hen. II., in Madox, Formul. p. 45. Also many instances of exemptions from it in the Monasticon.

GLOSSARY.

Mollis—Bædling. 'Molles (inquit Alcuinus de Offic. Divin.) sunt effeminati, qui vel barbas non habent, sive qui alterius fornicationem sustinent.' These are the μαλαχοὶ mentioned by St. Paul, 1 Corinth. vi. 9. οὔτε μαλαχοὶ οὔτε ἀρσενοχοῖται, κ. τ. λ.

The derivation of the Saxon term is very uncertain.

Monetagium, mintage. A payment to the lord from his tenants and vassals, on condition that he would not alter the coinage. It obtained chiefly in Normandy, and was paid every three years: it was also called 'focagium.' Du Cange.

Another species of monetagium was 'id quod monetarii, seu monetæ fabricatores, domino, cujus est moneta, exsolvunt ex monetarii fusionis et signaturæ proventibus.' Ib.

Money. The following descriptions of money occur in these Laws:

I.—Saxon money; viz. The Pund (libra, pondus); the Scilling (solidus); the Pening or Penig (denarius); the Sceat: of which

$$1 \text{ pund} = 48 \text{ scill.} = 240 \text{ pen.} = 960 \text{ sceats.}$$
$$1 \text{ scill.} = 5 \text{ pen.} = 20 \text{ sceats (?)}$$
$$1 \text{ pen.} = 4 \text{ sceats.}$$

Besides the above, there were the Mancus and the Marc, each of the value of 30 penings; and the Ora = 16 pen.; therefore 15 oræ = 1 pound.

In H. xxxv., where it is said, 'xx. manc̄, quæ facient L. sol,' the shillings are Norman. See also H. lxxvi. 4., where the Saxon shillings are reduced to Norman.

In Mercia a different calculation prevailed; viz.

$$1 \text{ pund} = 60 \text{ scill.} = 240 \text{ pen.} = 250 \text{ sceats.}$$
$$1 \text{ scill.} = 4 \text{ pen.}$$

Consequently, 5 Mer. scill. = 4 Sax. scill.

Also 266⅔ thrymsas = 200 scillings; therefore, the thrymsa = 3 pen. Mercian.

II.—Norman money; of which,

$$1 \text{ pound} = 20 \text{ shillings} = 240 \text{ pence.}$$

The maille, it is said, was equal to a halfpenny.

The mære peningas mentioned in Alf. 9. are no doubt intended for the *meri denarii* occurring in the Capitularies. To the quotation given in the note may be added the following from Capit. Car. Mag. ad Leg. Sal. tit. iii. c. 11.: ' Illi autem denarii, qui modo monetati sunt, si pensantes et *meri* fuerint, habeantur.' And in Edict. Carisiaco Car. Cal.: ' Ne aliquis bonum denarium, id est *merum* et bene pensantem, rejicere audeat.' Du Cange.

GLOSSARY.

MONEY — *continued.*

Instead of marcs, the amount of fines, &c. is frequently found in half-marcs; a singular mode of reckoning, which must not be confounded with that still prevalent in Germany and the Northern kingdoms, and even in some parts of Scotland, where the use of the ordinal number before the word signifying *half* indicates that the sum mentioned is diminished by half a unit, respecting which see vol. i. p. 154. *n.* ".

In the Anglo-Saxon Laws there is no passage from which the value of the 'sceat' can be ascertained with certainty, though from some places in the laws of Ethelbirht it would appear, that, in Kent at least, 20 sceats were equal to 1 scilling.

In Ethb. 54. the 'bót' for the thumb nail is said to be 3 scill., and in Ethb. 55. the 'bót' for every other nail (of the hand apparently), 1 scill.

In Ethb. 70. 'bóts' for the toes are said to be half as much as 'bóts' for the fingers, from which it may be conjectured, that 'bóts' for the nails were in the same proportion.

But in Ethb. 72. the 'bót' for the great toe nail is said to be 30 sceats, and the 'bóts' for every one of the other toe nails, 10 sceats; presuming therefore that these 'bóts' are equal to half the 'bóts' for the finger nails, it will follow that 30 sceats = 1½ scill., and 10 sceats = ½ scill., or 20 sceats = 1 scill.

Again, in Ethb. 10. the 'bót' for lying with the king's maiden is said to be 50 scill.; and in Ethb. 11. for lying with his grinding slave, 25 scill., and with one of the third class, 12 scill.; and in Ethb. 12., with his 'fed-esl,' 20 scill.

In Ethb. 16. the 'bót' for lying with a 'ceorl's birele' is said to be 6 scill., with his second female slave, 50 sceats, and with one of the third class, 30 sceats. Now supposing the 'birele' to be to the 'ceorl' what the maiden was to the king, the 'bót' for the 'birele' was nearly one eighth of the 'bót' for the maiden; and supposing the 'fed-esl' to be of the same degree with the second slave, and preserving the same proportions, we have 50 sceats = 2½ scill, and 30 sceats = 1½ scill., which agrees with the foregoing valuation.

MORGEN-GIFU (*f.*) — MORGANGIVA. Morning gift; a gift from the husband to the wife on the morning after marriage, in token of satisfaction with his choice. The 'Morꝰ Ʞ-gifu' was the property of the widow after her husbaꞈ death. For ampler details, see Grimm, D. R. A., p. 441.

MORÐ (*m.* ?) — Goth. Maurþr. Homicidium clandestinum, murdrum ·cont. to 'slege,' which signifies open homicide, and

MORÐ — *continued.*

therefore not murdrum. Morð answers exactly to the French *assassinat*, or *muerte de guet-apens*, both with regard to its secrecy, and from the circumstance that, to constitute it, the consequent death of the object is not necessary, as is manifest from Ath. I. 6. The compounds ' Morð-dæd,' ' Morð-sliht,' ' Morð-wyrhta,' require no illustration. ' Æbere morð' was probably synonymous with 'slege.' *See* MURDRUM.

GEMÓT (*n.*), a mote or moot, meeting, public assembly. The various kinds were —

1. The ' folc-gemót,' or general assembly of the people, whether it was held in a city or town (burg), or consisted of the whole shire. This meeting, it appears, was on extraordinary occasions summoned by the ringing of a bell, called the ' moot-bell,' though its regular meetings were annual, viz. ' in capite kalend. Maii.' See it fully described in vol. i. p. 613. *n.* ª.

2. The ' shire-gemót,' or county court, which met twice a year. *See* vol. i. p. 613. *n.* ˣⱽᴵ· *and* 619. *n.* ˣᴸⱽᴵ·

3. The ' burg-gemót,' which met thrice a year.

4. The ' hundred-gemót,' or hundred court, which met twelve times a year in the Saxon times, but afterwards a full (perhaps an extraordinary) meeting of every hundred was ordered to be held twice a year. This was the sheriff's *tourn*, or view of frankpledge. *See* vol. i. p. 614. *n.* ˣⱽᴵᴵ·

5. Halimotum, A. S. ' Halle-gemót,' ' conventus aulæ, hoc est curiæ dominicalis, manerii, vel baronis in villis et dominiis ; seu tribuum, wardarum, et societatum, in burgis et urbibus.' *See* Spelm. *voce* Haligemot.

6. Wardemotus, ' wardarum conventus vel curia.'

MUFFLAS, fur or fleecy gloves for winter.

MUND, MUND-BYRD, { (*f.*) — MUNDIUM, MUNDEBURDIUM. Munimen, protectio, guardianship ; from 'mund,' the hand ; holding out the hand to, or taking another by the hand, being a token of protection ; a similar idea is contained in the term 'hand-griÐ.' Hence ' mund-bóra,' *protector, patron,* or literally *the bearer of protection,* and its abstract ' mund-byrd.'

These words are also commonly used to signify the price of violation of the ' mund,' or ' mund-bryce.' *See note to* Ethb. 75.

MURDRUM, secret assassination, said in Ed. C. XVI. to have been defined and the penalty fixed for it by Cnut, with a view to the security of his adherents, when he sent his army back to Denmark, though it is evidently the same with the A. S. 'morð,' which *see* sub voce.

MYNECEN, fem. of munuc, monialis. *See* NUNNE.

MYNSTER (*n.*) — MONASTERIUM. A minster, monastery.

MYNSTER-HÂM (*m.*) — ECCLESIÆ MANSIO. Monastic habitation; perhaps the part of a monastery set apart for purposes of hospitality, or as a sanctuary for criminals.

N.

NÂM (*f.*), namium, distress, seizure.

GENEAT (*m.*), villanus, a base tenant, especially one holding or enjoying land for services or rent (gafol); from neotan, *to enjoy*.

GENEAT-LAND (*n.*), land granted for services or rent (gafol).

NIVELLA, Nivelles. *See* HOGGE.

NOFFUS or NAUFUS, a wooden coffin. Fr. 'nau' and 'nauf,' *bierre, cercueil;* so called from its resemblance to a ship.

NUNNE — NUNNA — nun. Du Cange defines nuns as 'sanctimoniales, præsertim antiquæ et senes virgines, aut sacræ viduæ; sicut enim nonnus reverentiam paternam, ita *nonna* maternam denotat.' From the above it would seem that the chief distinction between nuns and mynchens consisted in the superior age and strictness of the former. In C. E. 6. nuns are classed with canons, and mynchens with monks.

O.

OATH — Að; JURAMENTUM. Of oaths the following kinds are mentioned in these laws; viz.

Fore-áð (Antejuramentum); so called because it was that by which every accuser or plaintiff commenced his accusation or suit against the accused or defendant, according to H. LXIV. 1., which directs that, 'omnis tihla tractetur antejuramento, plano vel observato.' To this the defendant opposed his own 'fore-áð,' thereby pleading not guilty to the charge. The oaths both of plaintiff and defendant were supported by consacramentals, respecting the number of which (in

GLOSSARY.

OATH — *continued.*

Wessex, Mercia, and Denelaga) *see* H. LXVI. 8. If the 'fore-að' of the accuser failed, the charge was quashed, and the accused set at liberty.

The distinction into *planum* and *observatum* does not occur before the time of the Conquest. The former is defined by legists as 'non solenne, quod summarie et de plano præstatur, sine delectu verborum aut locorum;' and from Wil. II. 3. it appears to be identical with 'unfored,' and the opposite to *observatum, fractum* (*frangens*), and *verborum observantiis.* This is contrary to the opinion of Somner, which seems at perfect variance with the passages cited, *see note to* H. LXIV., where the expressions, 'juramentum observatum' and 'jurare verborum observantiis' are reasonably accounted for; but why an oath is denominated 'fractum' or 'frangens' is a question to which no satisfactory answer has hitherto been given. Formulæ of fore-oaths are given O. 2. & 3., 4. & 5.

Rím-að (juramentum numeri) or Ungecóren-að. This oath, as its name implies, was taken by the accused, together with the whole number of persons named by him as consacramentals; and is thus defined by Somner: 'Quod quis cum toto conjuratorum nominatorum cœtu vel numero daret;' whereas the —

Cyre-að (juramentum electum) was the oath of a certain number only, selected by the accuser from among the persons named by the accused as consacramentals; or, 'quod quis cum quibusdam aliis conjuratoribus e majori numero selectis præstaret.'

Cyning-að. The only mention made of this oath is in In. 54., where it is described as 'be xxx. hida (per xxx. hidas);' but whether this is meant as the definition of a 'cyning-að,' or that the particular one here required was one of thirty hides, is doubtful. For further information, *see* Mr. Price's elaborate notes to In. 14. & 54.; *see also* Phillips's Geschichte des Angelsächsischen Rechts, p. 185. It is, however, to be feared that the data afforded by the passages cited by these eminent scholars are inadequate to the formation of a basis whereon to found any certain knowledge concerning this obscure subject.

Unceases *or* Unceastes að. This was an oath taken on the adjustment of cases of deadly feud (fæhð), &c., and was therefore sometimes called an 'unfæhðe að;' by it a man swore not to entertain hostility (ceast) against another for wrong sustained through the mur-

GLOSSARY.

Oath — *continued.*

der of a relative: 'Cognati interfecti jusjurandum præstent, cædem ejus se non vindicaturos.'

Hyld-áð, an oath of homage or fealty. O. I. affords a formula of this oath.

Pundes wyrðe áð: 'Sic, ni fallor, dictum, quia infamatus, qui ad purgationem simplicem, juratoriam puta, admissus, in tali sua purgatione defecerat, eamque ad effectum non perduxerat, tali summa, libra sc. jure mulctabatur; ut qui in triplici purgatione (judicium tripondii audit, H. LXIV. 1.) defecerat, tribus libris, vel LX. solidis.' The foregoing is Somner's explanation, which, as his authority in such matters is of weight, I was unwilling to omit, though I cannot agree with him in the supposition, that an oath which had failed (and therefore no oath at all) should be named from the amount of fine imposed for its non-completion. To me it appears more probable that the oath was thus denominated from its value, founded on a calculation analogous to that in Ed. I., where mention is made of an oath for one ox, which, adopting the valuation given in Ath. V. VIII. 5., would be equal to an oath of thirty pence; a pound worth oath would then be equivalent to an oath for eight oxen. It may also be equivalent to one of as many hides, and merely another mode of expressing the same thing.

Juramentum per lapidem, *see note to* H. v. 29. This clause, referring to a custom of a far remoter age, and of which there exists no other trace in the Anglo-Saxon or Anglo-Norman laws, is most probably an interpolation of the compiler of the laws ascribed to Henry I. It may, however, allude to the altar, which was generally formed of stone, and be equivalent to *jurare per altare lapideum,* it being a christian practice in swearing (derived no doubt from their pagan forefathers) to touch the altar, or the grave-stone of some saint.

The expression, *jurare manu sexta, duodecima,* &c., has reference to the number of consacramentals, 'porrectis namque manibus jurabant, tactisque sacrosanctis evangeliis, aut altari, aut etiam, quod frequentissimum erat, sanctorum reliquiis.' Bignon, *nota ad* Form. Marculfi, lib. i. c. 38. This practice was general among the Germanic nations. Hoveden (anno 1194) mentions, that the bishop of Ely, in his reconciliation with the archbishop of York, was required to swear 'cum centesima manu sacerdotum,' and among the Welsh we find a purgation requiring three hundred con-

OATH — *continued.*

sacramentals (trecentesima manu). *See* Spelman *voce* Assath.

The term 'að-fultum,' or support to the oath, is a collective, expressive of the body of compurgators or consacramentals brought forward by either party in support of his cause.

For the valuation of an oath by hides, *see* In. 54. *n.*ᶜ.

OBEDIENTIARIUS, a monastic officer thus defined by Du Cange: 'Obedientiarii' sunt 'qui vel aliqua in monasterio officia exercebant, vel qui in cellas et prioratus, seu *obedientias* mittebantur, easque procurabant; qui *regebant obedientiam. Obedientiæ* vero [sunt] præsertim dictæ cellæ, præposituræ, et grangiæ, a monasteriis dependentes, quod monachi ab abbate illuc mitterentur, *vi ejusdem obedientiæ,* ut earum curam gererent, aut eas deservirent.'

OFERHYRNES (*f.*),
OVERSEUNESSA,
— Fr. sursise. Contempt, disobedience; contempt in the present legal sense of the term; also the penalty annexed to such contempt, the various rates of which were fixed according to the party offended, *see* H. XXXIV. 3.; XXXV. 1, 2, &c.

OFGANGFORDELL. A combination of letters formed by some Norman scribe or lawyer (perhaps from dictation), to whom the original was a sealed book, out of the following passage of C. S. 30.: 'oꝼʒã man þæt þnýꞃealðe oꝛðal.' This comprehensive compound he skilfully renders 'triplex judicium.'

ONSTAL, *see note to* In. 46.

ORDEAL (*n.*) — O. H. G. Urteili, mod. Urtheil. Trial by fire, or by hot or cold water. It was called single or threefold from the weight of the iron; for the process, *see* Ath. IV. 7. The ritual appropriated to the several kinds of ordeal is given in Canciani, tom. ii. p. 453. It begins with the following directions: 'Inquisitus aliquis de furto, vel adulterio, vel de quocunque alio crimine, si nolit confiteri, pergat sacerdos ad ecclesiam, et induat se vestimentis sacris excepta casula, portans in læva sacrum evangelium cum chrismario, et reliquiis sanctorum, calicemque cum patina, expectante plebe cum illo, qui criminis reus esse deputatur, in atrio ecclesiæ; et dicit plebi, Videte fratres christianæ religionis officium,' &c. *See also* Spelman, *voce* Ordalium. The cold water ordeal, at least as practised on the continent, is thus described: 'The accused, having a cord fastened round his body, was cast into the water, if he floated on the surface, he was deemed guilty, if he sank, innocent. He was

ORDEAL — *continued.*

then immediately drawn out.' *See* Grimm, D.R.A., 923.; who adds: 'Herein an old heathen superstition seems to prevail, that the holy element, the pure stream, will receive within it no misdoer.' The ornest, or trial by battle, does not seem to have been usual in England before the time of the Conqueror, though without doubt originating in the kingdoms of the north, where it was practised under the name of *holmgang,* from the custom of fighting duels on a small island or *holm.*

ORA. *See* MONEY.

ORGYLDE. *See* ÆGYLDE.

ORIGE; this word occurs only in In. 28., where *see* Mr. Price's note, with whose conjecture I cannot, however, concur; believing rather that 'orige' is an erroneous orthography for 'orwige,' and the meaning to be: 'if he run away and become 'orwige,' i.e. place himself in a state that any one may slay him with impunity. *See* ORWIGE *and* ÆGYLDE.

ORNEST (*n.*). *See* ORDEAL.

ORWIGE—SINE WITA—without war or feud; such security being provided by the laws, for homicides under certain circumstances, against the 'fæhð' or deadly feud on the part of the family of the slain.

OSTENSIO, the same as Scavagium; 'Tributum a mercatoribus exigi solitum pro facultate *ostendendi* et exponendi merces in nundinis.' Du Cange.

P.

PANNUS, 'pellitium, pili molliores; Gallis, panne.' Du Cange. 'Peau, fourrure, étoffe, cuir; de *pannus,* en Bas Bret. *pann.*' Roquefort, who gives the following quotation from Joinville: 'Ses robes estoient de camelin ou de pers; les pennes de ses couvertouers et de ses robes estoient de gamites, ou de jambes de lievres.' Hist. de S. Louis.

Pannus grisengus, *or* griseus, a grey pellice or upper robe.

Pannus madidus, one dyed or tinged.

Pannus usatus, one used or worn.

PASNAGIUM, pannage. *See* ÆFESN.

PECURA, pecus.

PENING (*m.*). *See* MONEY.

GLOSSARY.

PLOUGH-ALMS. *See* SULH-ÆLMYSSAN.

PLOUGH OF LAND or PLOUGH-LAND, the carucata of the Norman times, or as much land as could be ploughed by one plough in a year.

PORCARIUS. *See* ÆHTE-SWÎN *and* IN-SWÎN.

PORCARIUS AD CENSUM. *See* GAFOL-SWÎN.

PORT-GERÊFA. *See* GERÊFA.

PRÆFECTUS. Of the functions of the præfect little seems to be known. Of his rank an idea may be formed from the order in which he stands among those named to attend the county court (H. VII. 2.); viz., after the aldermen and before the præpositi, barons, and vavassours. Perhaps he was the king's 'gerêfa' of the Saxon times.

PRÆPOSITUS; of præpositi there were evidently two kinds; viz., the 'præpositus regius,' who seems to have been next in authority to the alderman of the hundred; and the 'præpositus' of a lord, who was a steward or bailiff of an estate, answering to the A.S. 'wicnere.'

PRÆSUMPTIO (TERRÆ vel PECUNIÆ REGIS). Invasio, usurpatio; *see note to* H. x. 1. The clause from the Lex Burgundionum there cited is: 'Jubemus ut quidquid hii, qui agris et mancipiis nostra munificentia potiuntur, de hospitum suorum terris contra interdictum publicum præsumpsisse docentur, sine dilatione restituant.' This was one of the rights of the crown.

PUND (*n.*). *See* MONEY.

R.

RÆD-BÂNA, one who counsels or instigates another to commit homicide or murder, *opp. to* 'dêd-bâna,' the actual perpetrator.

RÆD-BÔRA, counsellor, senator.

RÆDE-GAFOL (*n.*), *see note to* In. 67. Perhaps 'gafol' to be paid in ready coin, not in kind.

GERÆF,
GERESP, } firmus, convictus, Alf. 32. This translation is supported by the Latin version of the passage: 'si in ipso denique *firmetur.*' I have not met with either word elsewhere.

RÆPSAS, interstitia.

REAFLAC, robaria, rapina. *See note to* In. 91.

GLOSSARY.

RECEPTIO, one of the offences constituting 'pundbreche' (infractura parci). It consisted probably in receiving or harbouring any beast of venery that might have strayed out of the enclosure.

RECORDATIO, remembrance; in which sense the word is to be understood in H. XXXI. 4. and XLIX. 4., the 'recordatio curiæ regis' being the testimony of the legal witnesses, founded on memory, regarding any former decision of the court, which oral testimony was, in the curia regis, incontrovertible. This practice was usual in the time of Glanvile, who says: 'Presentibus itaque justiciis in curia, et in recordo bene concordantibus, necesse est eorum recordo stare sine contradictione alterius partis, ut predictum est. Si vero super hoc dubitaverint, inde quod non possunt inde acertari, tunc de novo placitum illud incipietur et deducetur in curia. Sciendum tamen, quod nulla curia recordum habet generaliter preter curiam domini regis; in aliis enim curiis, si quis aliquid dixerit unde eum penituerit, poterit id negare contra totam curiam, tertia manu, cum sacramento id se non dixisse affirmando; vel cum pluribus vel cum paucioribus, secundum consuetudinem diversarum curiarum.' Lib. VIII. c. 8. Here the Anglo-Saxon practice seems to be so far changed that the witnesses or *recorders* were no longer, as in the time of Edgar (Edg. S. 3. 4. 5.), men chosen especially for the office, but that the justices themselves were the recorders. This usage continued to the time of John. *See* Palgrave's Engl. Common. vol. i. p. 145.

GERÊFA, reeve; Frank. grafio, graphio, gravio. Of reeves, mention of the following classes occurs in these laws: —

1. The Gerêfa, by which simple denomination the same official seems to be meant who is elsewhere called the 'scír-gerêfa,' or *sheriff*. He was the fiscal officer of the shire or county, or city, under the ealdorman or comes. His duties were many, as a reference to the places where his name occurs will abundantly testify. The king's 'gerêfa' was probably identical with the 'scír-gerêfa.' The court of the reeve was held monthly. In the Anglo-Norman times he is usually stiled *vicecomes*.

2. The Tungrevius (Tún-gerêfa),
3. The Port-gerêfa (Port-reeve),
4. The Wic-gerêfa (Wick-reeve),

} Inferior classes of fiscal officers employed, as their names imply, in the towns, ports, and wicks (hamlets) of the kingdom.

Besides the above-mentioned, it appears that each bishop, 'hlaford,' or 'gesiðcund-man' had his reeve, who could make oath for him, and was a kind of steward or bailiff, like the modern Scotch *grieve*.

RELEVATIO.
RELEVIUM. } *See* HERE-GEATU.
RELIEF.

RESPECTARE, to postpone, from *respectus*, mora, dies dilatus, prorogatio diei; Gall. respit. Du Cange.

GERIHTA CYNINGES—JURA REGIA—rights of the crown. Fines arising from certain offences, accruing to the king, and constituting a considerable portion of his revenue.

RÍM-AÐ. *See* OATH.

ROGATION DAYS. *See* GANG-DAGAS.

RÓM-FEOH—HEORÐ-PENIG; DENARIUM SANCTI PETRI; DENIER SEIN PIERE. A due payable to the see of Rome on Saint Peter's day. *See note to* E. & G. 6.

RUGERN, one of the months so called in the proem to the laws of Wihtræd. What month is intended is uncertain, though it was probably that in which the rye (ryg) was housed, or carried to the 'ern,' and therefore called 'rug-ern' or 'ryg-ern,' analogously with 'arn' or 'barn-monað' (i. e. 'ber-ern-monað,' or that in which the barley was housed, from 'bere,' *barley*, and 'ern,' *house*), mentioned by Verstegan as a name of August. Hence the Engl. *barn*.

If, supposing 'Rugern' a clerical error, we read in its stead 'Bugern,' we get a word of precisely the same meaning as 'barn,' the O. N. 'bygg' (Dan. byg), signifying *barley*, like the A. S. 'bere;' and it is certainly not unreasonable to suppose, that among the Jutes of Kent the O. N. term was the one in current use.

S.

SAC—SACA. 'Cognitio quam dominus habet in curia sua, de causis litibusque inter vassallos suos exorientibus.' Spelman. From 'sacu,' *lis, causa*. Clemens Regnerus, quoted by Wilkins, defines sacca as 'regale privilegium, quo quis gaudeat in suo manerio circa placita, et correctiones delinquentium.'

SÆMEND (*m.*), an umpire, arbitrator; *verb* seman, *litem componere, judicare*.

SÆ-WEARD (*f.*), custodia maris; one of the services exacted from the cotseti.

SAGEMANNUS or SAGIBARO, 'homme de loy ou de causes.' Pithœi Gloss. ad Leg. Sal. 'Sagibarones' are thus defined by Bignon: 'Viros ætate et sapientia maturos, quibus ob

SAGEMANNUS — *continued.*

peritiam legum, et multarum rerum experientiam, judicibus consilium dandi, et controversias definiendi facultas erat. Nomen ipsorum compositum est a *sache*, caussa, controversia, et *baro*, vir, ut adeo *sachbaro* idem sit ac *sachman* —— In veteribus monumentis hi *sachbarones* latine *boni homines* vocantur, et post comitem, et rachimburgios sive scabinos, hoc est, judices collocantur.' Cf. notam ad Pact. Leg. Sal. Antiq. tit. 57. ap. Canciani, & Grimm, D. R. A., p. 783. Other authorities make the 'scabini' and the 'boni homines' identical. Savigny, Rom. Recht im M. A., i. 218, 219.

SAWL-SCEAT (*m.*) — SYMBOLUM ANIMÆ; PECUNIA SEPULTURÆ. Soul-scot or shot; an ecclesiastical due payable at the open grave, for the repose of the soul of the deceased.

SCANNORUM, H. x. 1.; this is the reading of the Red Book of the Exchequer. Other MSS. have *stannorum;* Du Cange reads *annorum.* The meaning of either is involved in obscurity.

SCEAT *or* **SCÆT**. *See* MONEY.

SCHELDWITE,
SCYLDWITA,
{ I take this compound word to signify the same as the latter of its components; viz. 'wite,' *fine, punishment;* every 'wite' being, in fact, a 'scyld-wite,' or penalty for *scyld*, or crime. The intent of the law will then appear to be to prohibit the inflicting or imposing of any 'wite' without the pale of the 'burg' or court. This applies to ordinary cases; for in a case where a special prohibition existed, the forisfactum was no longer limited to thirty pence, but increased in proportion to the contempt.

SCHOT AND LOTH, Scot and Lot. All taxes in general are usually understood under this denomination. Scot is the A. S. 'sceat,' *money, tax, contribution;* 'Contributiones publicæ *scotta* appellarunt veteres. Lot, A. S. 'hlot,' *sors, symbolum*, pars tributi sive solutionis alicujus, quam inter alios quis tenetur præstare.' Spelman.

SCILLING (*m.*). *See* MONEY.

SCÍN-CRÆFT (*m.*), magic, the art of delusion, of causing false appearances, apparitions; from 'scína' (scínna) (*m.*), *shine, appearance.*

SCÍP-ÆTERE (*m.*), 'ovis corpus;' so rendered R. S., p. 436, 437. This, I believe, is the only place where the word is at present to be found.

GLOSSARY.

Scip-Fyrd.
Scip-Fyrðung. } *See* **Fyrd.**

Scír-gemót (*n.*), county court. *See* **Gemót.**

Scír-man, apparently another denomination for 'Scír-geréfa.'

Scorp (*n.*), garment, scarf. 'Scorp to friðscipe' (*r.* fyrd-scipe), 'sceorpum in hosticum,' a garment or habiliment for military service (to be rendered by a thane), the same with 'hilde-sceorp,' Beow. l. 4305, and 'guð-sceorp,' Anal. A. S. p. 141. l. 11.

Seam (*m.*) — **Summagium.** *See* **Lâd.**

Six-hynde. *See* **Syx-hynde.**

Gesið,
Gesið-mon,
Gesiðcund-mon, { —**Felagus.** The 'gesiths,' 'gesith-men,' or 'gesithcundmen,' were the military companions or followers of the Anglo-Saxon chiefs and kings. That this is the true sense of the word appears from many passages in king Alfred's translation of Bede (iii. 14. 22.; iv. 4. 10. 22.; v. 4. 5.) Some of these 'gesiths' had lands, others had not (In. 45. 51). The lands they held were, in some cases at least, not their own (In. 63. 68). When companions of the king, that is, servants of the state, the lands they held were probably 'folc-land.' In the latter periods of the Anglo-Saxon history, the appellation of 'gesiths' fell into disuse, and appears to have been superseded by that of 'thegn.' The 'gesiths' were the same with the 'Leudes' of the Franks and Visigoths, and both were derived from the *comites* of the ancient Germans. It would seem that the comites of the king had the designation of 'thegn,' before it was given to the comites of inferior chiefs.' (In. 45.) 'Gesiths' might receive grants of 'bocland.' Hickes, Gram. Anglo-Sax. 139. Smith's Bede, 786. (Allen's Inquiry, p. 149.)

Siþessocna, the soke or 'socn' of a 'sith' or 'gesið.' 'As the kings and great men rose in rank and importance, their retainers gradually exchanged the title of 'gesith' for that of 'thegn.' Some districts, it is probable, were withdrawn from the hundreds before this change of appellation became universal, and, remaining still privileged jurisdictions, retained the name of 'siþessocna' after the 'gesith' or 'sith' had lost the name. It appears from Dugdale's Warwickshire, that so late as the time of Henry II., there were three of the present hundreds still called 'siþessocna.' Allen.

Smeremangestre, a woman who deals in butter, from 'smere,' *butter,* and 'mangestre,' fem. of 'mangere,' *monger.*

GLOSSARY.

Socman,
Socheman, { 'Sokmannus proprie talis est, qui est liber et tenet de rege, seu de alio domino in antiquo dominico, terras seu tenementa vilenagia; et est privilegiatus ad hunc modum; quod nullus debet eum ejicere de terris nec de tenementis suis, dum poterit servitia facere, quæ ad terras et tenementa sua pertinent. Et nemo potest ejus servitia augere, aut eum constringere ad faciendum plura servitia quæ non debet facere. Et propter hoc Sokmanni isti sunt cultores terrarum dominorum suorum in antiquo dominico. Et non debent summoniri, nec inquietari in juratis vel inquisitionibus, nisi in maneriis ad quæ ipsi sunt appendentes: in placitis vero transgressionis, debiti, et aliis actionibus personalibus, summoniti sunt, ut alii homines; et de istis tenentibus in vilenagio.' De Natura Brevium, cit. Spelm. In the Anglo-Norman laws, the 'ceorl' of the Saxons is often rendered *socheman* and *socman. See also* Phillips, Engl. Reichs- und Rechts-geschichte, ii. p. 91.

Socn
Soca { (*f.*), soke, sanctuary, place of refuge, protection, right of sanctuary. Such at least is the Anglo-Saxon acceptation of the term. In Ed. C. 22. it is thus defined: 'Soche est, quod si aliquis querit aliquid in terra sua, etiam furtum, sua est justicia, si inventum fuerit an non.' Fleta, lib. i. c. 47. says: 'Soke significat libertatem curiæ tenentium, quam *sokam* appellamus.'

'Soc' is a liberty, privilege, or franchise granted by the king to a subject. 'Soc' also denotes the territory or precinct within which 'sac,' 'tol,' 'team,' &c. were possessed. From 'soc,' in the sense of privilege or franchise, is derived the term 'socage,' because land held by that tenure was exempt from all services, except those particularly specified and enumerated.

'Hlaford-socn' was the protection due from a lord to his vassal.

Soinus — Essonium; Essoign. Hindrance, excuse. ' Omnis autem excusatio a jurisconsultis nostris *essonium* non dicitur, at ea solum, quæ vel in realibus actionibus, parti reæ, vel in curiis baronum, sectatoribus, absentiæ rationem exhibentibus, admittitur. Et *essoniorum* quidem multa sunt genera, sed jam olim quinque capitibus distributa.

    1. *Malum viæ,* seu *de malo veniendi :* cum venire quis vel non poterit propter impossibilitatem, vel non audeat propter periculum; vel non tam cito propter longinquitatem itineris. Hoc *commune essonium* appellatur.

    2. *Malum lecti :* cum morbo detineatur; quod apud Glanvillam (lib. i. c. 19.) sub reseantisæ essonio reponitur:

GLOSSARY.

Soinus, &c. — *continued.*

> et huic pro qualitate morbi (puta languidi) annus interdum et dies datur.

> 3. *Trans mare :* cum in partibus transmarinis hæreat, non solum Æoli et Neptuni, sed principis alterius potestate constitutus. Dabuntur in tali casu ipsi essoniato ad minus quadraginta dies. Glanv. lib. i. c. 25.

> 4. *Servitium Regis :* cui forenses omnes necessitates cedunt: remanebitque loquela (i. e. juris actio) sine die, donec constiterit eum ab illo servitio domini regis rediisse.' Ib. c. 27. (Hacteneus Spelmannus.)

> 5. *De esse in peregrinatione :* sed distinguendum est, utrum is, qui taliter se essoniat, fuerit positus inde in placitum, antequam iter ipsum arripuerit, an non. Quod si prius summonitionem inde habuerit, observabitur cursus curiæ et juris ordo. Si vero prius inde nullam habuerit summonitionem, tunc iterum distinguendum est, utrum iverit ad Hierusalem an alium locum. Si versus Hierusalem iverit is, qui se essoniare facit, tunc solet ei dari respectus unius anni, et unius diei ad minus ; de aliis vero peregrinationibus solet dari respectus pro voluntate domini regis et beneplacito, vel ejus justicie, pro longitudine vel brevitate itineris, prout viderint temperandum.' Glanv. lib. i. c. 29.

Solidarius, one serving for pay, (solidata, soldum) soldier.

Sortes Sanctorum; 'sic appellatur evangelii aut cujuslibet libri sancti inspectio, ραψῳδομαντείας species; cum scilicet aperto libro quicquid oculis se subjiciebat, pro sorte, id est, oraculi loco, habebatur.' Du Cange.

Splot. *See* **Friŏ-splot.**

Spræc (*f.*), loquela, locutio, suit, action. When the defendant's oath was deemed credible, the suit or accusation was simple (ânfeald spræc), and he was entitled to (wyrŏe) a single 'lâd' or purgation; but if he were a 'tyhtbysig' or 'ungetrywe' man (malam habens famam—incredibilis), the accusation was said to be threefold, in which case the 'lâd' was also threefold.

Stabilita, probably the same as 'stabulatum,' *a buckstall.* The forest plea, 'Qui ad stabilitam non venit,' may then signify, 'If any one, when called upon by the officers of the forest to assist in driving the deer into the stall or toil, fail to obey.'

Stáca (*m.*), palus, stake; also a pin, needle.

GLOSSARY.

STÁCUNG, a sticking. The practice of sticking pins or needles into a waxen image of the person against whom the witch-craft was directed, consisted probably at first in sticking them actually into the body of the individual: 'ᵹıꝼ hƿā ðꝛıꝼe ꝛácan on ǽnıᵹne man;' but as this process was no doubt sometimes attended with inconvenience and danger to the operator, the easier and safer method was devised of substituting a waxen proxy, instead of the true man. This practice was known under the name of *defixio*, 'quod ejus-modi incantatores acus subinde *defigerent* in imagines cereas, iis locis quibus viros ipsos pungere decreverant, qui punctu-ras ipsas, ac si ipsi pungerentur persentiebant.' Du Cange. To it Ovid alludes:

> ' Devovit absentes, simulacraque cerea fingit,
> Et miserum tenues in jecur urget acus.'

See INVULTUACIO.

STÆÐ (*m.?*), a station. In O.D. it is evidently the station on each side of the river (probably the Wye) where the 'land-men' of the English and Welsh were placed, in order to accompany any traveller from the one country who might have occasion to visit the other.

STAPELA, *see note to* Ath. IV. 7.

STERMELDA, *see note to* H. & E. 5.

STRETBRECHE, *see definition* H. LXXX. 5.

STRUBLUS } a goad? In H. LXXX. 3. the reading in the Red
STUMBLUS } Book, whether it be *stumbli* or *stimuli*, is doubtful; but whatever their meaning may be, the two words seem used synonymously.

GESUFEL — COMPANAGIUM. Whatever food is eaten with bread. The 'gesufel hláf' (Ath. V. VIII. 6.) must therefore signify a particular kind of bread to be eaten together with other food. Lye, without citing any authority, has 'ᵹeꝛýꝛleð hláꝼ, *panis lacticinio et ovorum luteo maceratus.*' In the A. S. charters frequent mention occurs of 'ᵹeꝛuꝼle hláꝼaꞅ,' which are distinguished from wheaten loaves, as, 'cxx. huǽcenꝛa hláꝛa and cxx. ᵹeꝛuꝼlꝛa hláꝛa.' Cod. Diplom., vol. i. p. 293. In R. S. 'sufel' would seem to stand for food in general. The etymon is obscure.

SULH-ÆLMYSSAN, plough-alms, *see* E. & G. 6.

SUMMAGIUM. *See* LÁD.

SURSISE. *See* OFERHYRNES.

SYNAXIS, officium ecclesiasticum.

Syx-hynde man, one whose rank was between the 'twelf-hynde' man and the 'ceorl' or 'twy-hynde' man, the 'wér' of the former being twelve hundred, and of the latter two hundred shillings. The 'six-hynde' man's 'wér' was six hundred shillings.

T.

Team *(m.)*, thus defined in Ed. C. 22.: 'Si aliquis aliquid interciebatur super aliquem, et ipse non poterat
Theam warantum suum habere, erit forisfactura, et justicia similiter de calumpniatore, si deficiebat, sua erit.' 'Jurisdictio cognoscendi in curia sua de advocationibus, sive intertiatis; hoc est, ut jureconsulti hodie loquuntur, *de vocatis ad warrantiam*.' Spelman. *See* Vouching to Warranty.

Telonium,
Tolonium, toll, duty. In the Latin documents *telonium* and its variations generally signify the duty levied
Tolneum, on imports from abroad. *Toll* in conjunction
Thelonium, with *team* is usually left untranslated.

Teoðing, *(f.)* — Decima; Decania — tithing. This division, with reference to the 'frið-gilds,' was strictly per-
Teoðung, sonal *(see* Ath. V. iii. viii. 1.), consisting of ten members (gegildan, congildones), of which the senior (se yldesta) directed the nine others. *See* Hynden.
With the above species of tithing must not be confounded that connected with the 'frið-borg,' or frankpledge system; this was no doubt territorial, and varied, as to magnitude and population, in like manner with the hundred. This kind of tithing was under a tithing-man (teoðing-man — friðborg-heued — tyenðe-heued — decanus). Ten of these tithings composed the 'frið-borg' or hundred, the chief of which was the 'aldorman' or 'hundredes ealdor.'

Thane. *See* Ðegn.

Thascis (De), H. lxxviii. 5. This section is very corrupt in all the MSS. I believe it to be unintelligible.

Tihtbysig, — Malam habens famam; infamatus — of bad repute, from having been previously charged
Tyhtbysig, with crime, from 'tihtle,' *accusation,* and 'bysig,' *occupatus, implicated in.*

Tihtle *(f.)*, accusation, suit.
Anfeald Tihtle,
Ðryfeald Tihtle, *see* Spræc.
Frum-tihtle, 'prima accusatio.'
Wiðer-tihtle, a cross-action. *See note to* Ed. I.

GLOSSARY.

TINEMAN, tithing-man.

TITISLAMUS, H. VI. 2., possibly an error for *titulamus*, the reading of the other MSS.

TOFT (*f.?*), 'Et Stykke Jord næst ved Bondens Huus,' *a piece of land adjacent to the house of a peasant.* Molbechs Ordbog. Such is the modern Danish definition, which agrees apparently with the Anglo-Saxon. B. Haldorsen describes *toft* as 'area domus vacua, parietina,' à tomr (*empty*).

TÔL; 'Licentia mercaturæ, seu nundinandi, sicuti cum rex concesserit villam aut dominium aliquod cum *sac, soc, thol, team,* &c. concessisse videtur jus mercati; nam, *tol* (Ed. C. 22.), quod nos vocamus *thelonium,* est quod habeat libertatem emendi et vendendi in terra sua.' Spelman.

TONELLUS CABALLINUS, probably a cask, two of which, slung together and full of vinegar, were a horse-load.

TRINODA NECESSITAS; under this denomination are comprised three distinct imposts, to which all landed possessions, not excepting those of the church, were subject; viz.,

    1. Brygc-bôt, for keeping the bridges and high roads in repair.

    2. Burg-bôt, for keeping the burgs or fortresses in an efficient state of defence.

    3. Fyrd, or contribution for maintaining the military and naval force of the kingdom.

TÛN — VILLA. Originally a plot of ground enclosed with a hedge (Ger. 'Zaun.') It came afterwards to signify a dwelling, with the land enclosed about it, then many dwellings within the enclosure, till it became what we now denominate a *town.*

TUNGREVIUS. *See* GERÊFA.

TWELF-HYNDE (MAN), a man whose 'wêr-gild' was twelve hundred shillings. This was the highest class of Anglo-Saxon aristocracy.

TWY-HYNDE (MAN), a man whose 'wêr-gild' was two hundred shillings. This was the lowest class of freemen, otherwise called 'ceorls.'

TYMPANI VELLUS. *See* BEL-FLYS.

U.

UNCTUM, grease, fat. For unctum *dissutum* (Eth. IV. 2.) we should apparently read *dissolutum,* i. e. tallow.

GLOSSARY.

UNGEBENDRO or **UNGEBENDEO**, (PLACITUM DE), Eth. IV. 4. I am unable to assign a meaning to this word, which appears to be corrupt. The nearest approximation to it is, perhaps, 'Ungebodending,' rendered *curia non indicta*, for which, *see* Spelman *and* Du Cange.

UNGETRYWE — INCREDIBILIS. Unworthy of belief; said of a man not under surety or 'borh,' (*see* Eth. I. 4. C. S. 33.), or one 'accusationibus gravatus,' who was deemed disqualified from clearing himself by a simple oath or simple 'lád.' An individual thus circumstanced is styled in Capit. Car. Calv. tit. 37. § 4., 'infidelis regno.'

UNLYBBE, maleficium. *See* LIBLAC.

UTHESIUM. *See* HREAM.

ÛT-WARE, *see note to* Wg. 9. I rather take the term to signify a species of tenure, the precise nature of which cannot now be ascertained, but which may have some relationship to the old German system, by which every sharer in the public or common land (mark) belonging to a town, was required to have private property also in the district (gaumark) in which the woodland or mark was situate. Such a person was said to hold a *ware*. Five hides 'to cynges ût-ware' may therefore mean, five hides of public land granted out by the king to an individual, in virtue of his holding an adequate possession in private property.

V.

VAVASSOR; both the etymon and the exact original import of this word are extremely doubtful. At the period in which we find mention of 'vavassours' in these laws, it seems clear that they were an inferior class of barons, holding probably of the great tenants in capite. (*See* BARO.) In the chapter on Heriots (Wil. I. 20.) they represent the 'medemran þegnas' of C. S. 72., while the barones are placed on an equality with the 'cyninges þegnas.' In H. VII. 2. they are placed immediately after the barons, in the enumeration of persons who are to attend the county court. *See* Spelman's English Works, p. 58.

VELTERIS, ⎤ —Langera; Lanlegera—'Germanis *welter;* canis
VELTRIS, ⎦ sagax, vel odorisequus, leporarius.' Du Cange.

VICARIUS, apparently identical with the Vicecomes.

VICECOMES — VESCUNTE. In the Anglo-Norman times, this title supplanted that of 'scír-geréfa' or sheriff, though probably with some modification of functions. *See* VICEDOMINUS.

GLOSSARY.

VICEDOMINUS; from the order in which the vicedomini stand, in the enumeration of those who are to attend the county court, viz. 'episcopi, comites, vicedomini, vicarii,' it would seem that, as in France, they exercised a delegated authority under the bishop, as the vicecomes did under the duke or count. They were called *vidames*, and had both civil and criminal jurisdiction, while the vicecomes had civil jurisdiction only. (Selden, Tit. Hon., part ii. c. 3. § 21.) Among other definitions of *vidame* given by Roquefort is, *grand vicaire d'un évêque.*

VILLA. *See* TÚN.

VOUCHING TO WARRANTY — GETŶMAN. A process by which a person, in whose possession lost or stolen property was found, was compelled to show from whom he bought or had it, which latter was, in like manner, obliged to declare how it came into his hands, and so on to a third holder, beyond whom, provided he could prove lawful possession, the tracing might not proceed.

The person from whom the accused party had the property, and who came forth as his warrantor, was called the 'getŷma' or 'geteama,' and the process itself 'team.'

W.

WÆPEN-GETÆC (*n.*?), wapentake; the hundred so denominated in some of the counties north of Trent, or, according to Ed. C. 30., Yorkshire, Lincolnshire, Nottinghamshire, Leicestershire, and Northamptonshire.

WAL-REAF, the crime of despoiling the dead, fully defined in H. LXXX. 4—6.

WARGUS, an outcast, exile, one driven for his crimes from the society of man; from A. S. 'wearh;' O. N. 'wargr,' *wolf, outlaw.*

Hence a man who was declared 'wargus' was said 'lupinum caput (wluesheued) gerere.'

WATLINGA STRÆT, one of the Roman roads, leading from the coast of Kent, through London, to Cardigan; thus described by Trevisa: 'The seconde chief kynges high way is named Watlingstrete, and stretcheth thwert ouer Fosse, oute of the south eest in to the northe weste, and begynneth at Douer, and passeth by the myddell of Kente ouer Temse, beside London, by West Westmestre, and so forth by Seint Albon, in the west syde, by Donstable, by Stratford, by Towcetre, by Wedon, by South Lylleborn, by Atheriston, unto Gilbertes hille, that now is called Wrekene, and forth by

GLOSSARY.

WATLINGA STRÆT — *continued.*

Sevarn, and passeth besides Wrokcestre, and then forth to Stratton, and so forth, by the myddell of Wales, unto Cardykan, and endeth atte Irisshe see.' Polychron., lib. i. c. 45.

WEALH, *see note to* In. 23.

WED (*n.*)—VADIUM. Pledge, security. In O.D. 1. an 'underwed' is mentioned, but in what it differed from a 'wed' is not apparent: it is rendered *vadium* in the old Latin version.

WEG-REAF (*m.?*), highway robbery; *see note to* Ethb. 19.

WEMMING, from 'wem,' 'wæmme,' a *blot, blemish,* or *fault,* and means, 'judicationis contraventio, scil. causæ vel sententiæ frustratio appellationis remedio ; vel vitii, erroris, falsitatis, injustitiæ, decreti vel sententiæ, per judicem inferiorem in prima instantia latæ, coram judice superiori ostensio, et judicii inde redditi abolitio sive abrogatio.' Somner.

WENT-SÆTAS, the inhabitants of the part of Wales called 'Gwent,' comprising the shires of Monmouth and Glamorgan. The 'Waller-wents' were probably the Celtic inhabitants of Cumbria, so designated by the Anglo-Saxons.

WEOFOD-BÓT. *See* BÓT.

WEORÐIG (*m.*) — CURTILLUM. 'Area, vel quicquid spatii intra curtis seu habitaculi sepimentum jacet; viridarium, hortus.' Spelman. 'Jardin qui est ordinairement enfermé de murailles, de haies, ou de fossés.' Roquefort, *voce* Courtieus.

WÉR (*m.*),
WÉR-GILD (*n.*), { — PRETIUM NATIVITATIS; CAPITIS ÆSTIMATIO. The price at which every man was valued, according to his degree, which, in the event of his being slain, was to be paid to his relatives, or to his 'gild-brethren,' by the homicide or his friends, and which he was himself condemned to pay, if proved guilty of certain offences specified in the laws. From p. 174, 175. and H. LXXXVI. 5. 7. it appears that the 'wér' of a man slain was payable by instalments, the first of which, or 'frumgild,' in sixty-three days after the payment of the 'healsfang,' and the others as the 'witan' might direct.

Besides the 'wér' and 'heals-fang' to the relations, a homicide had to pay 'wite' (called in this case 'fiht-wíte') to the king, for violation of the public peace, and 'man-bót' to the lord of the slain.

'Wér' and 'wér-gild' I conceive to be perfectly interchangeable terms, and that the former is merely an abbreviated form of expression for the latter, as in the instance of 'ceap' and 'ceap-gild,' 'leod' and 'leod-gild,' &c.

GLOSSARY.

Wêr-borh (*m.*), security given for payment of the instalments of the 'wêr' of the slain, within the term directed by the 'witan.' For the particulars of this security, *see* p. 174, 175.

Wêr-fæhð (*f.*), synonymous apparently with the simple term 'fæhð' or deadly feud; every 'fæhð' being in reality 'wêr-fæhð,' from involving the penalty of the 'wêr' or 'wêr-gild.'

Wêr-lâd (*f.*). *See* Lâd.

Werminga, apparently an error for Wemminga, which see.

Wêr-tihtle (*f.*), an accusation involving the penalty of the 'wêr.'

Wic (*f. or n. ?*), vicus, oppidum.

Wic-gerêfa. *See* Gerêfa.

Wicce, a witch.

Wicnere, villicus, dispensator, steward; from 'wic,' in its signification of *monastery, mansion*, &c.

Wiglere, a soothsayer, magician, wizard. I believe this word, in default of the word 'wicca,' to stand as masculine to 'wicce,' *a witch.* Hence 'wiglung,' in the compound word 'lîc-wiglung,' *necromancy.*

Wilde-weorf, i. q. Wilde-orf, wild cattle. Lye cites a Cottonian and a Bodleian ms. of Ælfric for the identity of 'weorf' and 'orf,' which, apparently on the same authority, he renders *asellus.*

Wil-weorþung (*f.*), well or fountain worship. This superstition was very general among the Germanic nations, whose veneration for, if not adoration of streams and fountains continued long after the introduction of Christianity. In the northern kingdoms traces of it subsist to this day; what was once done in commemoration of Baldur being still practised in honour of St. Olave or St. John the Baptist; for, as Professor Finn Magnusen (speaking of the Midsummer festival) justly remarks, 'The people of the North would not, on the introduction of Christianity, forsake so ancient and dear a national festival, with which was associated the superstition, that wells, (as *Baldurs Brönd, Tis-væld*, and many others in Denmark,) baths, certain plants, &c. at the mysterious summer solstice possessed a supernatural power of healing sickness, neutralizing pernicious witchcrafts, &c. —— The converters of the North acted here, as in other cases, according to circumstances, by transferring the heathen Midsummer festival dedicated to Baldur to the eve of St. John, which happened about the same time; for as the people of the North had formerly commemorated the death of Baldur, they could now mourn

Wil-weorþung—*continued.*

over the similar fate of John the Baptist; if they had previously seen Baldur's blood on the root of a plant, since named after St. John, the christian populace now believed that what they there saw was the blood of the martyr, but which in fact consisted in the eggs of certain insects, containing a red fluid; if Baldur had previously been the healing god, his miracles were now transferred to the new saints.' Den Ældre Edda, ved Finn Magnusen, vol. i. p. 16.

Winter-steal, a stallion a year, or winter, old. 'Stalhenghst,' equus admissarius. Kilian.

Wita (*m.*), a member of the supreme council of the nation, hence called the 'wítena gemót.' This title was also applied to members of the shire-mote.

Wíte (*n.*), mulct, fine. This was the penalty falling to the king (except in cases of alienation to others) or to the st , for violations of the law; though Wih. 11. exhibits a case where half the 'wíte' went to the informer. 'Full-wíte,' 'wita regis,' 'capitalis wita,' 'plena wita,' 'regis forisfactura,' seem only different forms of expression for the same thing.

'Wíte-ræden' does not seem to differ much in signification from 'wíte,' 'ræden' in general adding little or nothing to the signification of the words with which it is joined. In In. 50. it may, however, be observed, that it is rendered in the ancient version 'witæ redditio,' which does not ill accord with the context.

Wítena-gemót (*n.*), the supreme council of the nation, or meeting of the 'wítan.' This assembly was summoned by the king; and its members, besides the archbishop or archbishops, were the bishops, ealdormen, duces, eorls, thanes, abbots, priests, and even deacons. In this assembly, laws, both secular and ecclesiastical, were promulgated and repealed, and charters of grants made by the king confirmed and ratified. Whether this assembly met by royal summons, or by usage at stated periods, is a point of doubt.

Wíte-þeow (*m.*). *See* **Ðeow.**

Wit-word (*n.*), *see note to* Eth. III. 3. In the O. N. glossaries 'vitorð' is explained merely *notitia, scientia,* the last syllable being apparently redundant, like 'ræden' in 'wíte-ræden.'

Wiðer-tihtle. *See* **Tihtle.**

Wringh-wæg—Siringia. The pressing of the cheese vat, from which it seems butter was to be made. R. S., p. 438, 439.

Wluesheued. *See* **Wargus.**

Y.

YOONGMAN, O. N. 'ûngmenni,' *juvenis.*

Ð.

ÐEGEN, ÐEGN, ÐEN, ÐENG, thane, minister, hence 'þegnian,' *ministrare, to perform the duty of a thane.* This, like the words *knight* and *sergeant*, from a term implying service became a title of honour, of which we find the two following grades: 1. A king's thane (cyninges þegn), of whose rank a judgment may be formed by his heriot, which was half that of an earl. 2. A thane, simply so called, or, as he is sometimes stiled, 'læsse maga,' 'medeme,' or 'lesþegn,' whose heriot was trifling in comparison with that of a king's thane. In Wih. 20. a king's thane and a stranger (gest) are placed on the same footing, from respect, perhaps, to the rights of hospitality. Ihre is of opinion that 'þegen' was originally a title of honour.

That the thane, at least originally, was a military follower, a holder by military service, seems certain, though in later times the rank seems to have been enjoyed by all great landholders, as the natural concomitant of possessions to a certain value. By Mercian law he appears as a 'twelf-hynde' man, his 'wēr' being twelve hundred shillings.

That this dignity ceased from being exclusively of a military character is evident from numerous passages in the laws, where thanes are mentioned in a judicial capacity and as civil officers. In Edg. II. 3. the judge (dēma) who judges wrongfully is to forfeit his 'þegenscipe' or thaneship.

Thaneship (þegenscipe) and thane-right (þegen-riht) must not be regarded as identical. A priest who conducted himself with propriety was worthy of thane-right, but that he was not consequently considered a thane is evident from H. LXVIII. 3., which says: 'Et licet omnis presbyter, undecumque oriundus, si canonicam vel regularem vitam ducat, in seculari dignitate, thaini legem habeat, *si tamen occidatur, secundum natale suum reddatur.*' This is undoubtedly the repetition of a Saxon law no longer existing. In like manner a 'ceorl' possessing five hides of land, and a merchant who had made three voyages on his own account, were deemed worthy of thane-right.

In the compounds 'mæsse-þegn' and 'weofod-þegn,' the word 'þegn' is not a title of honour, but is used in its primitive sense of *servant, minister.*

GLOSSARY.

Ðeod-wita (*m.*), *see note to* R. i.

Ðeof-gild (*n.*) — Furigildum. Money paid in compensation for robbery.

Ðeow, servus, slave; commonly a slave by birth; one who had been condemned to slavery for crime, or from inability to pay the fines incurred for violation of the law, being designated a 'wíte-þeow' or penal slave.

Ðing (*n.*), concilium, conventus, apparently synonymous with 'gemót,' though more usual perhaps in the Jutish and Danish portions of the island.

Geþing, *see note to* In. 52.

Ðingeman: a body of Danish soldiery in England so denominated. The following passage will serve to illustrate H. xv. which has hitherto, owing to a false reading, been lamentably misunderstood: 'I þann tíma settu Danir þingamannalið í Englandi, þar váru þá málamenn, ok var þat eð frœknasta lið, ok héldu þingamenn mjök upp orrostu af hendi Dana við Englismenn: At that time the Danes raised the body of 'thingamen' in England, which was a paid corps, and was a very valiant army. The 'thingamen' fought for the Danes many battles with the English.' Knytlinga Saga, p. 185. ed. 8vo. 1828.

Ðræl — O. N. Ðræll — a thrall, slave; synonymous apparently with 'þeop.'

Ðrymsa. *See* Money.

LONDON: Printed by George E. Eyre and Andrew Spottiswoode,
Printers to the Queen's most Excellent Majesty. 1840.

CPSIA information can be obtained at www.ICGtesting.com
Printed in the USA
LVOW051510150412

277693LV00015B/46/P